다다 혁명 운동과
희랍 속의 인도

Movement Dada & *India in Greece*

다다 혁명 운동과 희랍 속의 인도
Movement Dada & *India in Greece*

초 판 인 쇄	2018년 02월 19일
초 판 발 행	2018년 02월 27일
저 자	정 상 균
발 행 인	윤 석 현
발 행 처	도서출판 박문사
책 임 편 집	최 인 노
등 록 번 호	제2009-11호
우 편 주 소	서울시 도봉구 우이천로 353 성주빌딩 3층
대 표 전 화	02) 992 / 3253
전 송	02) 991 / 1285
홈 페 이 지	http://www.jncbms.co.kr
전 자 우 편	bakmunsa@hanmail.net

ⓒ 정상균, 2018 Printed in KOREA.

ISBN 979-11-87425-78-6 93160   정가 47,000원

다다 혁명 운동과
희랍 속의 인도

Movement Dada & *India in Greece*

정 상 균

박문사

❶ 크리슈나(Krishna, 3100 b. c.)
❷ 호머(Homer, 8세기~7세기 b. c.)
❸ 헤시오도스(Hesiod, 750~650 b. c.)
❹ 피타고라스(Pythagoras, 570~495 b. c.)
❺ 불타(Buddha, 563~480 b. c.)
❻ 소크라테스(Socrates, 470~399 b. c.)
❼ 플라톤(Plato, 428~348 b. c.)
❽ 포콕(E. Pococke, 1604~1691)
❾ 브리안트(J. Bryant, 1715~1804)
❿ 존스(W. Jones, 1746~1794)
⓫ 윌크(C. Wilks, 1759~1831)
⓬ 콜브룩 (H. T. Colebrooke, 1765~1837)
⓭ 워즈워스(W. Wordsworth, 1770~1850)
⓮ 바이론(L. Byron, 1778~1824)
⓯ 니부르((B. G. Niebuher, 1776~1831
⓰ C. J. 토드(C. Tod, 1782~1835)
⓱ 윌슨(H. H. Wilson, 1786~1860
⓲ 프린셉(H. T. Prinsep, 1792~1878)
⓳ 그로우트(G. Grote, 1794~1850)
⓴ 데이비스(J. F. Davis, 1795~1890)
㉑ 털월(B. Thirlwall, 1797~1875)
㉒ 모튼(S. G. Morton, 1799~1851)
㉓ 프린셉(J. Prinsep, 1799~1840)
㉔ 무어(C. Mure, 1799~1860)
㉕ 부르노프(E. Bournouf, 1801~1852)
㉖ 테넨트 경(Sir E. Tennent, 1804~1869)
㉗ 후크(M. Huc, 1813~1860)
㉘ 뮐러(F. M. Mueller, 1823~1900)

머리말

　포콕(E. Pococke)의 <희랍 속의 인도(1852)>는 볼테르(Voltaire)의 <역사철학(The Philosophy of History, 1765)> 정신(精神)을 계승한 인류 최초의 '상고(上古)시대 세계사'이다.

　포콕(E. Pococke)은, 그동안 '아동(兒童)의 꿈 이야기 수준(水準)'의 '희랍 신화(神話)'에 전제된 '초기 희랍의 역사(歷史)'를 자신의 '범어(梵語, Sanskrit)와 희랍어(希臘語) 실력'으로 인도 팔레스타인 희랍 이집트 지역에 흩어져 있던 인명(人名) 지명(地名) 도시(都市) 하천(河川) 해양(海洋) 산악(山岳)의 명칭들을 상세하게 분석 고찰하여, 그동안 '신비(神秘)의 미망(迷妄)' 속에 있던 '상고사(上古史)'에 최초로 신뢰할 수 있는 그 '주체(主體) 종족(種族)'과 '역사 전개의 현장(現場)'을 비로소 확인할 수 있게 하였다.

　포콕의 <희랍 속의 인도>는 이전에 없었던 구체적인 '세계사의 전개'를 살폈으니, 이 포콕의 <희랍 속의 인도>를 읽고서야 비로소 서구(西歐) 각국의 '인종' '종교' '풍속' '사상'에 논의가 가능할 수 있게 되고, 그 구성 종족들의 개성과 특장(特長)을 구체화할 수 있게 된다.

　한 마디로 포콕(E. Pococke)의 <희랍 속의 인도>는 '사해동포주의' '합리주의' '과학주의' '평화주의'로 무장(武裝)한 그의 '현하(懸河)의 논설(論說)'이다. 이것은 F. 니체의 그 '차라투스트라의 웅변'을 오히려 능가한 것이니, 포콕이 차분하게 '희랍 상고(上古) 시대 역사'를 밝혔던 것은 오직 포콕(E. Pococke)의 '과학 정신'과 그 '인류애(人類愛)'가 합친 바로서 그의 확신 속에서 터져 나왔던 전(全) 인류를 향(向)한 일대(一大) '교향악(交響樂)'이다.

2017년 10월 30일 추수자(秋水子)

차 례

7

제1부

포콕과 다다 혁명 운동

제1장

총 론

포콕(E. Pococke)은 그의 <희랍 속의 인도>에서, **'서북부 인더스(신데) 강(江)'** 영역의 '히말라야(Himalaya)' '카슈미르(Cashmir)' '펀자브(Punjab)'에 거주(居住)했던 힌두(Hindu)의 '바라타(Bharata)' '바이자야(Vaijaya)' '판데아(Pandea)' '케르크로피아(Cecropia)' 등 기마(騎馬) 무사(武士) 족(族)과 인더스 강 어구(御溝)에 항해(航海) 족(族)이 중심이 되어, 상고(上古)시대 희랍(希臘)의 '올림포스' '아테네' 문명을 이루었고, 그들이 역시 '로마 문명'을 이루었다는 것으로 최초로 '서양사(西洋史)의 대강(大綱)'을 잡았다.

포콕(E. Pococke) 이전의 시대, 더 구체적으로 말해 볼테르의 <역사철학(*The Philosophy of History*, 1765)> 이전의 시대는, '과학'과 '합리' '변화'와 '개혁'을 거부했던 '신정(神政, Theocracy) 시대' '종교 철학(哲學)의 시대' '폐쇄(閉鎖)' '배타(排他)' '정채(停滯)' '신비(神祕)주의 시대'였다.

그러한 시대 속에서, 혁명(革命)의 포콕(E. Pococke)은, 볼테르가 선창(先唱)한 '과학시대' '교류시대' '변화 시대' '평화주의' '자유 시대' '사해동포주의' 정신에 입각하여, 세계 최초의 **'상고(上古) 시대 세계사'**를 완벽하게 엮어내었다.

인류 '역사의 진전(進展)'에는 '전쟁(戰爭)'보다 큰 문제가 없고, 살아가는 데는 '평화(平和)'보다 더욱 소중한 것은 없다. 그 '문제(戰爭)'를 어떻게 극복'하고 '그 평화(平和)'를 어떻게 정착시킬 것인가의 문제도 우리는 역시 그 '역사(歷史)'를 돌이켜 보는 수밖에 없다.

무엇보다 포록(E. Pococke)의 '탁월한 안목(眼目)'은 어느 누구보다도 앞서 '최초의 세계사 원본'이 될 수밖에 없는 '(원시 힌두인의)**역사(歷史)를 움직였던 가장 확실한 동력(動力)**'을, ① **'힘**(크샤트리아 계급의 체력, 라지푸트)'과 ② **'상업 자본**(아티카의 황금)'과 ③ **'사상**(힌두 브라만의 윤회론)' ④ **'개방된 사회로의 지향**(疏通과 交流의 航海術)' ⑤ **'이단(異端) 수용주의(收容主義, The Admission of Paganism)'**로 간략하게 요약하고, 그것을 중심 축(軸)으로 <희랍 속의 인도>를 저술했다.

이것은 '고대 힌두 희랍 역사'뿐만 아니라 오늘날에도 역시 **'변함없는 역사(歷史) 동력(動力)의 5대 요소'**로서, 포록은 자연스럽게 그의 **'세계 상고사(上古史) 복원'**에서 그것들을 기정사실(既定事實)로 먼저 확실하게 하였다.

이렇게 그 중요 사실(事實, 史實)을 선점한 포록은, 자신의 그 고유(固有) 능력인 '범어(梵語, Sanskrit) 실력'을 히말라야 카슈미르 펀자브 인도 팔레스타인 희랍의 상세 지도(地圖)를 바탕으로, '종족 명칭' '도시의 명칭' '지역 명칭' '하천의 명칭' '산악의 명칭' '해양의 명칭' '족장 왕의 명칭' '힌두 신화' '희랍 신화'를 면밀히 상호 대조하고, 그것들을 바탕으로 **'힌두(Hindu)의 상고사(上古史)=희랍(Greece)의 상고사(上古史)'**라는 전제를 상세히 입증하여, 그동안의 '신화(神話)적 편견(偏見)' '지역적 단절(斷絕)성'에 '안주(安住)했던 나태(懶怠)한 역사(歷史) 무시 영혼'들을 깨끗이 일깨워, '세계 상고시대 대대적인 살아 있는 역사(歷史) 전개'에 소중한 기반을 앞서 제시하였다.

포록은 '희랍(希臘) 초기 역사의 복원(復原)'에서, 무엇보다 상고(上古) 시대 '세계 문명의 무적(無敵)의 강대국(强大國) 언어' '힌두(Hindu)의 범어(Sanskrit)'를 '원시 문명의 보편언어(普遍言語)'로 상정(想定)을 해 놓고, **'무 동음 무 이론(無 同音 無 理論-No Theory, No merely Similarity of Sound : 類似한 音聲[音韻]에 同一한 역사 비로소 논의가 있된.)'**과 '형태소(形態素, morpheme- 의미의 최소 단위)' 중심의 '범어 학(梵語 學)'을 '고대 문명의 전역(全域-인더스, 갠지스, 희랍, 중동, 이집트, 페루)'에 확실하고 철저하게 적용하여, 소위 지구촌(地球村) 중심의 '태양족(Solar Race)'의 이동 경로(移動 經路)와 그 분포 범위를 상세하게 밝혔다.

포콕은 '꿈의 거대'한 만큼이나, 구체적인 (서술)면에서는 다소 '소활 (疎闊)' 느낌도 있을 수 있으나, 당시 이미 '세계사의 원동력(原動力)'으로 작용했던 상고(上古)시대부터 강력한 힌두 '(크샤트리아의)체력'과 '(아티카의 황금)자본', '(세계적으로 유행한)윤회론' '교류 소통의 능력' '이교 용납주의'로 돌아가 먼저 그의 탁견(卓見)들을 수용하고 나면, **포콕의 '총명 혜안(慧眼)'으로 행한 그 과감한 전제, '신데(인더스)인=페니키아인' 이라는 그 공식(公式)의 수납이 결국 옳았음을 알게 된다.** [플라톤(Plato)에 대한 '크리슈나-Krishna'와 '불타-Buddha' 영향 참조]

그동안 '상호 교류(交流)가 없었다고 생각한(무시했던) 상고(上古)시대 세계사 개시에 그 역사적 동력(動力)'을, '힘(체력, 무력)'과 '자본(資本)' '사상(思想)'과 '개방 사회 지향'의 4대 요소를 바탕으로 '원시 세계사'를 과감하게 탐구했던 그 포콕의 빼어난 안목을 고려하면, 사실상 우리는 그 이후 '세계 역사' 서술자들을 망라(網羅)해 보더라도 포콕의 탁월함은 어느 누구에서도 배울 수가 없는 '역사 서술의 요점(要點)'이라는 것을 이에 거듭 명시하지 않을 수 없다.

그 포콕에 의해 처음 확실하게 된 '세계사 전개의 5대(大) 원리'는, 고대 중세(印度를 向한 地理上의 발견 시대)사는 물론이고, '현재 세계 역사'를 움직이고 있고, 앞으로 전개될 '세계 역사 전개의 그 기본 원리'이니, 소위 '안목 있는 사학자(史學者)'라면 그것의 소중성은 오히려 상식(常識)으로 삼아야 할 사항이다.

그리고 **'지구상(地球上)에서 앞으로 행해질 모든 역사연구'는 우선 그 '세계사 전개 원리' 속에 '개별 지역(地域)의 역사(各國의 역사)'가 자리 잡을 밖에 없는 것이니,** 이러한 측면에서 포콕의 <희랍 속의 인도>는 그동안 우리 동양인(한국인)이 무관심했던 그 '세계 인류사의 서장(序章)'이라는 중차대(重且大)한 의미를 아울러 가지고 있다고 하겠다.

제2장

'희랍 역사 서술'에의 실체들

I. 베다(Veda)의 최고신 - 크리슈나(Krishna)

포콕(E. Pococke)은 '초기 희랍(希臘) 역사'와 '초기 힌두(印度) 역사'를
동일시하였다.

그런데 그 포콕(E. Pococke)이 가장 중시한 '힌두 문헌'은 서사시 <마하
바라타(*Mahabharata*)¹>이고['마하바라타 전쟁'은 기원전 3100년경의 사
건임], 가장 주목을 했던 존재는 '크리슈나(Krishna)'이고, 가장 주목한
이론은 힌두의 '윤회설(輪回說, Transmigration)'이었다.

그 크리슈나(Krishna)는 <마하바라타(Mahabharata)> 18책 중 제6권 '비슈
마의 책(Bhishma Parva)'에 있는 그 '지존(至尊)의 노래(Bhagavad-gita)'를 통해,
'**크리슈나(Krishna) 자신**'이 바로 '**천지만물**'을 창조한 '**최고신**'임을 밝
히고, 모든 인간들은 생전(生前)에 크리슈나(Krishna)에게 영원한 '귀의
(歸依)'를 위해 '제사(희생)'를 지성으로 바쳐서, '생사윤회(生死輪回)'로
부터의 궁극적 '해탈(解脫, Final Freedom)'을 해야 한다고 강조하였다.

이것은 힌두뿐만 아니라 '상고(上古)시대 인류 소유의 최고(最高) 사
상'으로 '상고사(上古史)'를 지배하고 있는 막강한 이론이었는데 그 기

---

1 M. N. Dutt, *Mahabharata*, Parimal Publications, 2004 V. 1. pp. iv~ⅴ ;

원은 힌두의 바라문(婆羅門)이 개발했던 '영혼불멸(靈魂不滅, immortality)' 이론에 기초를 둔 것이다.

여기에 그 '크리슈나(Krishna) 말'의 요지(要旨)를 대략 제시해 보면 다음과 같다.

[a] 힌두 최고신 - '크리슈나(Krishna)'

(("9장. 16절. '나'는 '제사(sacrifice)'이며 죽은 자를 위한 '공물(offering)' 이며 '약초(sacred plant)'이다. '나'는 '제물(holy food)'이며 '불(holy fire)'이다.

9. 17. '나'는 이 세계(universe)의 '아버지(Father)' '어머니(Mother)' '창조 자(Creator)'다. '나'는 '알아야만 할 것(the Highest to known)'이고, '깨끗하게 되는 것(Path of Purificaton)'이고, '옴(Om)'이고, '베다(Vedas)'이다.

9. 18. '나'는 '방법(Way)', '주인(Master)', '친구(thy friend)', '피난처(thy shelter)', '평화(the peace)'이다. '나'는 '우주의 창조 소멸 유지의 씨앗(seed of Eternity)'이며 '최고의 보물(Treasure supreme)'다.

9. 19. 태양의 열기가 '내'게서 나오게 하고, '나'는 비(the rain)를 내리게 하고 멈추게 한다. '나'는 불사의 생명이며 죽음이고, '존재(what is)'이며 '비존재(what is not)'이다."[2]

"10. 20. '나'는 만물의 심장 속에 거주하는 '영혼(soul)'이고, '승리의 왕' 이다. '나'는 모든 생명의 시작이고, 중간이고, 끝이다."[3]))

◆◆◆◆

(a) 위의 진술들은, '원시(原始) 사회'가 '신(神, 크리슈나, 나)'을 모시는 '사제(司祭, 나) 중심 사회'임을 명시하고 있다.

---

2 J. Mascaro, *The Bhagavad Gita*, Penguin Books, 1962, p. 81
3 J. Mascaro, *The Bhagavad Gita*, Penguin Books, 1962, p. 85

(b) (힌두의) '사제(司祭, 神)'는 스스로가 '천지 창조자' 대신임을 명시하여, '사제(司祭)=최고신'의 등식(等式)에 있었음을 위의 진술에서 확인할 수 있다.['신의 찬송 자'='신의 대변자'='신']

(c) 사제(司祭)의 '기본 임무'는 '제사(祭祀, sacrifice)'로서 그것은 '불(holy fire, 죽음)'과 긴밀한 연관 속에 행해졌던 것을 확인할 수 있다. [힌두교=배화(拜火)교=제사 중시]

(d) 그리고 그 '제사(祭祀, sacrifice)'의 결과가 인간 '생존'과 긴밀한 '태양의 열기'와 '비(the rain)'에 직결되어, 그들이 모두 그 '창조주(神=사제)의 힘'임을 강조했던 것을 알 수 있다.

(e) 사제(司祭)는 기본적으로 모든 사람들이 그 **'절대신(God, Om)'**을 마땅히 알아야 하고 거기로 돌아갈 대비(對備)에 온 힘을 기우려야 함을 당연시 하였다.[최초 '義務 意識' 강조]

(f) 위에서 언급된 것만으로도, **'크리슈나(Krishna)' ='천지 창조자' = '제사(sacrifice)' ='제물(holy food)' ='약초(sacred plant)' ='우주의 창조 소멸 유지의 씨앗(seed of Eternity)' ='존재(what is)' ='비존재(what is not)'** 등 '신의 힘'은 무한의 영역에 펼쳐져 있었음을 확인할 수 있다.

(g) 그런데 그 **'절대신'**이, **'역사(歷史)적인 존재(存在)'**인 **'크리슈나(Krishna)'에 나타나 있다는, '힌두인의 사고(思考)'에 가장 주목을 해야 한다.**[이것이 포콕의 주목한 '신비주의' 극복의 열쇠임]

(h) 위의 진술은, 물론 '크리슈나(Krishna)의 진술'로 제시되었으나, '크리슈나(Krishna, b. c. 3100)'와 크리슈나 생존 시(時)에 시인 마하르시 비아사(Maharshi Vyasa)와 그리고 역시 당시의 산자야(Sanjaya)의 서술(敍述)이라고 하나, 유구한 '힌두 사제(司祭, 婆羅門) 문화'를 대표하는 일종의 '적층(積層)문학'이다.

(i) '인간 사회 현실' 속에 그 인간들과 공존(共存)하는(했던) '현실 속에 살아 있는 신(神)'의 문제에 포콕(E. Pococke)은 가장 크게 관심을 보였다.

(j) 포콕(E. Pococke)의 설명을 빌리면 당대 '계관 시인(桂冠詩人, poet-laureate)'의 입을 빌어, '크리슈나(Krishna)'를 칭송하고 역시 '창조자'를 칭송하고 '사제(司祭)의 권능'을 강화하였다는 것이다.

(b) '반대 신(神)'-'악귀(惡鬼, demons, -asura)'-'자기 망상에 빠진 사람(the man lost in selfish delusion)'

(("3. 12. 제물(祭物, sacrifice)로써 기뻐졌기에 신들은 그대에게 모든 욕망의 기쁨(the joy of all thy desires)을 허락한다. '도둑(a thief)'은 '제물(祭物, sacrifice)'도 없이 '신들의 선물'을 받는다.

3. 13. 성스런 사람들은 '모든 죄에서 벗어난 제물(祭物, sacrifice)'을 먹지만, 성스럽지 못 한 사람들은 정말 '죄악 속에 만들어진 것'을 먹으며 잔치를 한다.

3. 27. 모든 행동은 '자연적인 힘'으로 얽혀 있다. 그런데 '자기 망상에 빠진 사람(the man lost in selfish delusion)'은 자신이 그 행동 '주관자'라고 생각한다."[4]))

(("7. 15. '악행을 하는 사람들(men who do evil)'은, '나(절대신)'를 추구하지 않는다. 그들의 영혼은 '망상(妄想, delusion)'에 어둡다. 그들의 시각은 '가상(假像, appearance)'의 구름에 가려져 있고, '그들의 심장(heart)'은 악(the path of evil)의 길을 택한다."[5]))

(("9. 12. 그들의 희망, 작업, 학습, 사고(思考)는 헛된 것들이다. 그들은 '악귀의 본성(the nature of demons)'을 향하고, '지옥 같은 암흑의 망상(the darkness of delusion of hell)'을 따른다."[6]))

(("10. 30. '나'는 악귀(惡鬼, demons) 중에는 왕 프라흘라다(Prahlada)이고, '만물' 중에서 측량자(測量者, measure) '시간'이며, 짐승 중에서는 '사자'이고, 새 중에서는 신을 운반하는 '바이나테이아(Vainateya)'이다."[7]))

---

4 J. Mascaro, *The Bhagavad Gita*, Penguin Books, 1962, pp. 57, 58
5 J. Mascaro, *The Bhagavad Gita*, Penguin Books, 1962, p. 75
6 J. Mascaro, *The Bhagavad Gita*, Penguin Books, 1962, p. 81
7 J. Mascaro, *The Bhagavad Gita*, Penguin Books, 1962, p. 86

◆◆◆◆

(a) 이 '지존(至尊)의 노래(Bhagavad-gita)' 속에 흥미로운 사항은, '확실한 지고의 창조주'를 명시하면서도 동시에 그에 대한 '(신의)반대자'를 극히 '철학적'으로, **'자기 망상에 빠진 사람(the man lost in selfish delusion)'** 으로 구체화했다.

(b) '지존(至尊)의 노래(Bhagavad-gita)' 제작자(사제, 또는 그 대리자)가, 바로 '악귀(惡鬼)'를 '자기 망상(妄想)에 빠진 사람'으로 규정했던 것은, '신비의 공포(恐怖)적 속성'을 지극히 단순화했다는 점에서 높이 평가할 만하다.['高度의 철학적 眼目']

(c) '신(神)'이 '모든 욕망의 기쁨(the joy of all thy desires)'을 제공하였는데, 그에 대한 아무런 **'제물(祭物, sacrifice)'도 드릴 줄 모르는 자는 바로 '도둑(a thief)'**이라는 규정이다. 모든 '제사 의식의 필요'가 역시 간단하게 명시되었다.

(d) 여기에 바로 '아버지(神)와 아들(人間)' 관계로 설명했던 '기독교적 신관'을 확인할 수 있다. 그리고 현실적은 그 '아버지(神)와 아들(人間)'의 관계 속에 '삼라만상의 창조자'와 '피조물(被造物)'이 역시 논의가 되고 있다.

(e) 위의 진술만으로도 첨예(尖銳)하게 대립을 보인 두 가지 극점(極點)은, **'욕망의 기쁨(the joy of all thy desires)'과 '제사(祭祀, 犧牲, sacrifice)'** 의 두 가지 문제이다.

(f) '악귀(惡鬼, demons)'란 단지 '신(神)을 찬양하는' '제사(祭祀, 犧牲, sacrifice)'를 모르는 '자기 망상에 빠진 사람(the man lost in selfish delusion)'이라는 규정이다.

(C) 비유 찬양 – '히말라야', '갠지스'에의 비유

(("10. 21. '빛의 아들(the sons of light)' 가운데서 '나'는 '비슈누(Vishnu)'이며, 광명(光明)중에는 '태양'이고, '나'는 '풍우(風雨)'에 주인'이고, '나'는 밤중에는 '달(moon)'이다.

10. 22. 나는 베다(Vedas) 중에는 '노래의 베다'이고, 신중(神中)에는 '인드라(Indra)'이고, 감각(senses) 중에는 정신(mind)이고, 생명 중에는 의식(consciousness)이다.

10. 23. 괴력(怪力) 중에서는 '나'는 파괴의 신이고, 비테사(Vittesa) 마귀 중에는 부(富)의 주인이고, 빛의 영혼들 속에서는 불(fire)이고, 높은 산 중에서 '신들의 산(the mountain of gods)'이다.

10. 24. 사제(司祭) 중에는 '브리하스파티(Brihaspati)' 사제이고, 무사 중에서는 전쟁의 신 '스칸다(Skanda)'이고, 호수 중에는 대양(大洋)이다.

10. 25. '나'는 위대한 지자(知者) 중에는 브리구(Bhrigu)이고, 말[言語] 중에는 영원의 말[言語] '옴(Om)'이다. 기도 중에는 '침묵(silence)'이고, 물건으로는 움직이지 않는 히말라야이다.

10. 26. 나무 중에는 생명의 나무이고, 천상(天上)의 지자(知者) 중에서는 나라다(Narada)이고, 음악가 중에는 키트라라타(Chitra-ratha)이고, 지상(地上)의 지자(知者) 중에서는 카필라(Kapila)이다.

10. 27. 말[馬] 중에는 인드라(Indra) 말이고, 코끼리 중에는 아이라바타(Airavata) 코끼리이고, 사람들 중에는 대왕(大王)이다.

10. 28. 무기(武器)로는 천둥벼락이고, 소(cow) 중에는 신비의 소(the cow of wonder, 난다)이고, 창조자 중에서는 사랑의 창조자이고, 뱀 중에서는 '영원의 뱀(the serpent of Eternity)'이다.

10. 29. 신비의 뱀 중에서 나는 아난타(Ananta)이고, 수중(水中)에 탄생한 것 중에서 나는 그들의 왕 바루나(Varuna)이다. 아버지의 영혼 중에 나는 아리아만(Aryaman)이고, 정복자 중에서는 죽음의 정복자 야마(Yama)이다.

10. 31. '나'는 맑게 하는 바람이며, 무사 중에는 최고의 영웅 라마(Rama) 이고, 바다의 물고기 중에서는 신비의 마카라(Makara)이고, 강(江) 중에서는 갠지스 강이다."[8]))

◆◆◆◆

(a) 모든 '종교적' '철학적' '과학적' 논의 속에, 그 **'말(言語)'의 구분과 판별**은 그 제일차적인 문제인데, '말'의 '신비성'에 제일 먼저 걸터앉은 '위세를 과시'했던 것이 '베다(Veda) 문학'이고, '말'에 가장 정확한 자세를 견지한 '사람'은 공자(孔子, '말이란 의사(意思) 전달의 수단일 뿐이다-辭達意已矣')였다.

(b) 그런데 '신(神)을 존중한 사제(司祭)', '절대 불멸의 권위'를 강조했던 '힌두의 베다(Veda)주의'에서는 그 '언어' 자체를 신성화하여, '절대 신'을 따로 특별히 '**옴(Om)**'이라 일컬어 명시하였다.

(c) 우선 이 '지존(至尊)의 노래(Bhagavad-gita)', '크리슈나(Krishna)의 말씀' 중에 어쩔 수 없이 드러나 있는 감출 없는 가장 적나라한 모습이 '**절대신(神)=그 사제(司祭)=찬송 자(지지자)**' 세 가지 모습이다. 이 구분은 아주 명백한 사실인데도 과거 '신앙인'은 자주 구분 자체를 거부하는 '열정(熱情)'에 있었다.

즉 '천지만물의 창조자'는, 특히 '한 종족' '한 사람'에게 국한됨은 완전한 모순 사항인데, '지존(至尊)의 노래(Bhagavad-gita)' 제작자는 '그것의 모순을 망각'하고 '최고신 크리슈나 칭찬'에 정신을 놓고 있다.

(d) '지존(至尊)의 노래(Bhagavad-gita)' 제작자는, 이미 '크리슈나'가 '우주의 창조자'이며, '존재와 비존재'를 공유한 자임을 명시하고서 '모든 것에 일등(一等)'이라고 말했으니, 그의 '졸렬(拙劣)한 말하기 능력'이 폭로된 것을 어쩔 수 없게 되었다.['세상 기준으로 찬양된 절대자'란 矛盾]

(e) 가장 구체적은 '히말라야' '갠지스' 뿐만 아니라 이 '지구' '태양'

---

8 J. Mascaro, *The Bhagavad Gita*, Penguin Books, 1962, pp. 86, 87

'모든 별' '있는 것' '없는 것'까지 모두 가능하게 한 '신(神)-크리슈나'를 기지(既知)사실로 했던 마당에, '하나의 강물' '하나의 산'으로 거듭거듭 말함은 '순전히 대중(大衆, 신자들)'을 위한 것이고, '인기 몰이'일 뿐인데, 기술자는 그것도 역시 '지존(至尊)의 노래(Bhagavad-gita)'라 칭하고 있으니, 실로(오늘날 생각해보면) '낯 두꺼운' 면이 있다.

(f) 이후 포콕(E. Pococke)이 전제하고 있는바, 로마(Rome)에서 행해진 '라마이즘(Ramaism)'에서는 많이 다듬어진 면은 있으나, '신(神)의 말씀', '사제(司祭)의 말씀', '인간 대중(詩人)의 말'에서 그 '화자(Speaker)'의 판별 문제에서, 모든 '과학적 인문학'의 출발점이 마련이 되었다.[포콕은 '오직 인간 심성(mind)'이 있을 뿐임]

(d) '신(神)에 도달(합일)'의 방법 – '제사(consecration)' '신성한 희생(a holy sacrifice)'

(("3. 9. '제사(祭祀, consecration)'가 없으면, 행동(行動, action)은 (죄로) 묶인다. 그대의 행동을 순수하게 하여, '욕망의 속박(the bonds of desire)'에서 벗어나라.

3. 10. '인간'과 '제물(祭物, sacrifice)'를 만들었던 창조주(the Lord of Creation)는 말했다. – '제물(祭物, sacrifice)로 그대는 번성(蕃盛)할 것이고 욕망을 성취하리라.'

3. 11. 그대의 '제물(祭物, sacrifice)'로써 신들을 영광스럽게 될 것이고, 신들이 그대를 사랑할 것이니, 이 조화 속에 그대는 최고의 선(善)을 달성할 것이다.

3. 14. 음식은 모든 존재의 생명이고, 모든 음식은 '천상의 비(rain avove)'로부터 생긴다. '제물(祭物, sacrifice)'이 천상의 비를 부르고, '제물(祭物,

sacrifice)'이 '성스런 행동(sacred action)'이다.

3. 15. '성스런 행동(sacred action)'은 베다(Veda)에 있고, '영원(the Eternal)'에서 온다. '영원(the Eternal)'은 '제물(祭物, sacrifice)' 속에 나타난다.

3. 17. 그러나 '성령의 기쁨(the joy of the Spirit)'을 알고, 성령에 만족하고, 성령 속에 편안하면, 그는 '행동의 법(the law of action)'을 초월한다.

3. 18. 그는 '행한 일'이나, '행해지지 못한 것'을 초월하고, '사멸하는 존재들의 도움(the help of mortal beings)'을 초월한다."[9]))

(("4. 23. 그는 '자유(liberation)'를 획득했다. 그는 모든 속박(all bonds)에 벗어나 자유롭고, 그의 정신(mind)은 지혜 속에 평화롭고 그의 작업은 신성한 '제사(祭祀, a holy sacrifice)'이다. 그와 같은 사람의 작업은 순수하다.

4. 24. 그 모든 작업에서 그는 신(God)을 알고 있으며, 진정으로 그는 신(God)을 향하고 있다. 신(God)이 그의 경배(敬拜) 대상이고, 그의 공물(offering)은 신(God)에게 드리고, '신(God)의 불' 속에 제공된다.

4. 25. '요가 행자(Yogis)'는 신들(gods)에게 '제사(sacrifice)'를 행하고, 다른 사람들은 자기들의 영혼을 신(God)의 불 속에 '제사(sacrifice)'한다.

4. 28. 다른 사람들은 '고행(austere vows)'을 '제사(sacrifice)'로 바치며, 어떤 사람은 부(富)로, '속죄(贖罪, penance)'로, '요가 실천(practice of Yoga)'으로, '신성한 탐구'로, '그들의 지식'을 '제사'로 바친다.

4. 30. 다른 사람들은 '절제(abstinence)'를 실행하여, '생명(Life)'에게 생

---

9 J. Mascaro, *The Bhagavad Gita*, Penguin Books, 1962, p. 57

명을 바친다. 이 모든 사람들은 '제사(제사, sacrifice)'를 알고 있으며, '제사(제사, sacrifice)'를 통해 '죄(sins)'를 씻는다.

4. 31. '제사(제사, sacrifice)'를 행하지 않은 사람에게는 이 세상도 저 세상도 없다. '제사(제사, sacrifice)'에 머물러 즐기는 사람들이 '신(Brahman)'에게로 갈 것이다.

4. 32. 이처럼 여러 가지 '제사(祭祀, sacrifice)'로 그들은 신(Brahman)에게 간다. 모든 '제사(祭祀, sacrifice)'는 신성하며 '제사(祭祀, sacrifice)'를 알면 자유롭게 될 것이다.

4. 33. 그러나 '지상의 제사(earthly sacrifice)'보다 '신성한 지혜의 제사(the sacrifice of sacred wisdom)'가 더욱 위대하다. 왜냐하면, '지혜'는 진실로 '모든 신성한 작업의 목표(the end of all holy work)'이기 때문이다.

4. 34. '진리'를 알고 있는 사람들이, '지혜의 스승'이 될 것이다. 그들의 종(servant)이 되어 경배하고 가르침을 받들어라.

4. 41. 요가(Yoga)로써 작업을 청정하게 한 사람은 자신의 영혼을 알고, 지혜로 의심을 파괴하고, 자애(自愛)의 속박에서 해방이 된다.'"[10]))

◆◆◆◆

(a) 위의 진술은 <u>'신에 대한 존경', '신에 다가가는 방법', '제사(祭祀, sacrifice)'의 의미를 구체화하고 있다. 이것은 <마하바라타(Mahabharata)> 14 책 '아슈라마바시카 파르바(Ashvamedhika Parva, 말 희생의 책)'</u>에 그 '제사 방법'이 더욱 자세히 서술이 되었다.

(b) 앞서 '지존(至尊)의 노래(Bhagavad-gita)' 제작자는 우선 '우주(universe)의 창조자(Creator)' '크리슈나'를 전제해 놓고(9. 17.), '모든 욕망의

10 J. Mascaro, *The Bhagavad Gita*, Penguin Books, 1962, pp. 63, 64, 65

기쁨(the joy of all thy desires)'을 누리는 인간과 '**제사(祭祀, sacrifice)**'를 드리는 인간의 행동(3. 12.)을 말하였다.

(c) 그러므로 '지존(至尊)의 노래(Bhagavad-gita)'의 구극의 의도는 바로 '제사(祭祀, sacrifice)'에 집중이 되어 있다.

(d) 모두 알고 있듯이 기본적으로 그 '**제사(祭祀, sacrifice)' 의미는 '희생(sacrifice)의 제공(offering)'**이고 힌두의 '**황소(말)의 살해**'가 근본 전제이다.

(e) 포콕은 힌두의 '**말[馬]의 살해**'(또는 '**돼지 희생**')를 구체화하였다.

(f) 그런데 '신(크리슈나)'은, '학식 있는 바라문(婆羅門)이나, 소, 코끼리, 개, 개를 먹는 사람'을 동등하게 본다.(5. 18.)

(g) 그렇다면 그 '제사(祭祀, sacrifice)' 의미는 무한대로 확대가 된다. 그리고 이에 바로 그 '제사(祭祀, sacrifice)'에 대한 '무식(無識)' '무감각(無感覺)' '맹목(盲目)'이 그대로 노출이 된다.['祭祀 萬能 主義-the supremacy of sacrifice']

(h) 그런데 '지존(至尊)의 노래(Bhagavad-gita)' 서술자는 그 '제사(祭祀, sacrifice)'의 의미를 현실적으로는 '번성(蕃盛)할 것이고 욕망을 성취'라 했다.(3. 10) 그렇다면 '현실적 목적 성취'에도 '제사(祭祀, sacrifice)'는 필요하다는 전제이다.

(i) 그런데 더욱 주목이 되는 점은 그 '제사(祭祀, sacrifice)'는, '고행(苦行, austere vows)'을 '부(富)', '요가 실천(practice of Yoga)', '신성한 탐구', '그들의 지식'으로 행할 수 있다(4. 28.)고 하니 역시 크게 그 의미가 확장이 되어 있음을 볼 수 있다.

(j) 그래서 '제사(祭祀, sacrifice)'는 신에게 '공물(貢物)을 바침'에서 일반적인 '선행(善行)'으로 확산된 결과가 이미 '지존(至尊)의 노래(Bhagavad-gita)'에 반영되어 있음을 알 수 있다.

(k) 특히 이 '지존(至尊)의 노래(Bhagavad-gita)'에서 '요가 실천(practice of Yoga)'이란 신에게 바쳐질 '공물(貢物, offering)의 순수성 유지'라는 측면에서 각별한 '제사(祭祀, sacrifice)'의 의미를 유지했다고 할 것이다.

(l) 크리슈나는 '제사(제사, sacrifice)를 통해 죄(罪, sins)를 씻는다.'(4. 30.)라

고 했는데, '신약'에 예수는 스스로를 '제물(祭物, sacrifice)'로 전제했던 것은, 이 '크리슈나 원칙'을 그대로 적용한 것이다.

[⊖] 기본 전제―'업보(業報, Karma)', '윤회(輪回, Transmigration)'와 그 '해탈(解脫, Final Freedom)

(("2. 12. 왜냐하면 <u>'우리는 어느 때나 항상 있기(we all have been for all time)'</u> 때문이다. 나와 당신과 인간들의 왕이 모두 그렇다. <u>우리는 항시 있을 것이고, 영원히 그러할 것이다."[11]</u>))

(("3. 16. '법의 수레바퀴(the Wheel of the Law)'가 돌아가는데, '쾌락의 죄스런 생활(a sinful life pleasure)'은 그 전개(展開)에 무용(無用)한 것이다."[12]))

(("5. 17. '신(God)'에게 생각을 머물게 하고 '신(God)'과 함께하고 그 속에 살면, 여행의 목표가 '신(God)'이 된다. 그래서 '다시 돌아 올 수 없는 곳(the land of never-returning)'에 이르게 되니, 그들의 지혜가 죄를 씻게 했기 때문이다.

5. 18. 그들은 학식 있는 바라문(婆羅門)이나, 소, 코끼리, 개, 개를 먹는 사람을 '동등한 자애(慈愛, the same evenness of love)'로 본다.

5. 19. 마음이 '평정(平靜, serene)'한 사람은 지상(地上)의 승리를 획득한다. 신은 순수하고 하나여서 그들은 신 안에 있다.

5. 27. 침묵의 성자가 영혼의 문을 닫고

5. 28. 양미간(兩眉間)을 응시하고, 숨을 쉴 때까지 평화롭고 생명과 정신과 이성이 조화(調和)에 있으면, 욕망(desire)과 공포(fear)와 진노(wrath)가 사

---

11 J. Mascaro, *The Bhagavad Gita*, Penguin Books, 1962, p. 49
12 J. Mascaro, *The Bhagavad Gita*, Penguin Books, 1962, p. 57

라지고, 구극의 자유 앞에 영혼이 침묵하게 되니, 그는 마지막 '해탈(解脫, freedom)'을 획득하게 된다."[13]))

(("15. 1. 영원한 '아스바타(Asvattha) 나무', '<u>윤회(輪回)의 나무(the tree of Transmigration)</u>'가 있다. 그의 뿌리는 하늘에 있고, 그의 가지는 하계(下界)에 있다. 그 나무의 잎들을 신비스런 노래를 하는데. 베다(Veda)를 아는 사람이 그것을 안다.

15. 2. 땅에서 하늘로 가지를 뻗은 나무는, 자연이 그들에게 힘을 제공한다. 그에 싹은 감각의 쾌락이다. 더욱 아래로 내려오면 그의 뿌리는 인간 세계로 뻗어서 '자애(自愛)의 행동(selfish actions)'으로 육신을 묶는다."[14]))

(("8. 24. 만약 불(the flame) 속에 이 세상을 떠나면, 빛과 대낮 달이 밝은 주일(週日)과 태양이 빛을 더하는 속에 떠나서 '신(Brahman)'을 알고 '신(Brahman)'에게로 가는 것이다.

8. 25. 그러나 연기 속에 출발하여 밤과 달이 없는 주일과 햇빛이 줄어드는 달에 떠나면, 그들은 월궁(the lunar light)으로 들어가고 '죽음의 이 세계(the world of death)'로 돌아와야 한다.

8. 26. 이 두 가지 길은 영원하다. '광명(light)의 길'과 '어둠(darkness)의 길'이 그것이다. 하나는 '영원히 돌아오지 않는 땅(the land of never-returning)'으로 향하는 길이고, 다른 것은 '슬픔(sorrow)'으로 되돌아오는 길이다."[15]))

◆◆◆◆
(a) '지존(至尊)의 노래(Bhagavad-gita)'에서 가장 유명한 논리는 '영혼 불멸(immortality)'과 '윤회(transmigration)' 이론이다.

---

13 J. Mascaro, *The Bhagavad Gita*, Penguin Books, 1962, p. 67, 68
14 J. Mascaro, *The Bhagavad Gita*, Penguin Books, 1962, p. 106
15 J. Mascaro, *The Bhagavad Gita*, Penguin Books, 1962, p. 79

(b) 위에서 크리슈나가 '우리는 어느 때나 항상 있다.(we all have been for all time.)'(2. 12.)라고 명시했던 것은 **'힌두이즘'의 가장 '큰 승리'**였고, 역시 가장 결정적인 **'패착(敗着)'이다**.

(c) 세계의 모든 종교가 '영혼불멸(immortality of the soul)'에 기초했기에 '힌두이즘'을 그 머리를 차지했기 했고, '고대 희랍의 모든 사람들'이 그것을 믿었다.

(d) 뉴턴은 <프린키피아>를 저술하여 그 '종교적 사조(思潮)'에 큰 대강(大綱)을 다시 세우게 했다.['천체 우주관의 새로운 정립'에 따른 근본적 '인생관'의 혁명-'영혼불멸'의 부정-Kant]

(e) 볼테르는 인간이 '꿈'을 전제로 인간의 '영혼 상상'을 유추했다.

(f) 칸트는 '영혼불멸'을 인정할 수 없다고 명시했다.['Kant'항 참조]

(g) 어떻든 이 **'지존(至尊)의 노래(Bhagavad-gita)'**에서는 그것이 기본 전제이다.

(h) 그리고 '힌두'는 철저한 '염세주의(pessimism)'로서 불교에서도 거듭 명시한 '생로병사(生老病死)'의 '고해(苦海)'로 규정하였다.

(i) 그 **'생로병사(生老病死)'의 반복이 계속되는 것이 소위 '윤회(輪回, Transmigration)'이고 그것은 '생을 즐긴 죄의 업보(業報, Karma)'로 그렇게 될 수밖에 없다는 이론이다**.

(j) 이에 그 '죄짓기'에서 벗어나 '해탈(解脫, Final Freedom)'을 이룬 이상적인 상태가 바로 '신(God)'에 도달한 경지를, 역시 예수는 그것을 '하늘나라(heaven)'로 전제했다.

(k) 이러한 생각들은 F. 니체에 의해 크게 비판되었는데, **그 F. 니체 이전에, 포콕(E. Pococke)은 <희랍 속의 인도>를 저술하여 '초기 인도 사상'이 바로 '초기 희랍 사상'임을 구체적으로 입증을 하였다**.

(f) 크리슈나(Krishna)의 역사적 위치

(("2장. 32절. 아르주나(Arjuna)여! '하늘의 문(the door of heaven)' 전쟁은 활짝 열리었다. 그와 같은 전장에 싸우는 것은 무사들(the warriors)의 행복이라.

2. 33. '정의(正義)를 위해 싸우는 것을 포기(to forgo this for righteousness)' 는, '그대의 의무와 명예의 포기(to forgo thy duty and honour)'이니, 멸망(輪回, transgression)에 떨어질 것이다.'"[16]))

◆◆◆◆

(a) '크리슈나(Krishna)'는 인도의 고대 전쟁 '마하바라타(摩訶婆羅多, Mahabharata)' 전쟁 속의 영웅이다.

(b) 원래 '쿠르크세트라 전쟁(Kurukshetra War)'은 '쿠루(Kuru)' 왕가 4촌 간의 왕위 쟁탈 전쟁이었는데 야다바(Yadava) 족장 '크리슈나 (Krishna)'는 '판두(Pandu) 왕의 5명의 왕자' 편에 섰는데, 그 중에서 제3왕자 '아르주나(Arjuna)'의 '전차(戰車) 몰이(Charioteer)'가 되었 는데 그 '아르주나(Arjuna)'가 '형제간의 싸움'을 무서워하고 싫어 함에 '크리슈나(Krishna)' 위와 같이 충고했다는 것이다.

(c) 위의 진술은 역사적(歷史的)이고 현실적인 '마하바라타(摩訶婆羅多, Mahabharata)' 전쟁을 힌두 특유의 '윤회(輪回, transgression)'와 연결하 고, 그것을 다시 사회적 '정의(righteousness)' '의무(duty)' '명예(honour)' 를 확실히 했다는 점에서 <마하바라타(摩訶婆羅多, Mahabharata)> 서 사문학에 가장 정밀하게 주목될 필요가 있는 대목이다. 왜냐하면 이 진술을 바탕으로 이후 희랍의 '전쟁 존중' '올림포스 문화'가 펼 쳐졌고, 결국에는 플라톤의 <국가(The Republic)>에까지 그 의식에 계승되었기 때문이다.

(d) 우선 '크리슈나(Krishna)'의 현실적 모습은 전쟁을 주도한 '크샤트 리아' 족으로서 '장대(壯大)한 체구(體軀)'였을 것이라는 점은 움직 일 수 없는 전제이다.

(e) 거기에 '죽음을 (하늘로)돌아가는 것(視死如歸)'으로 보았을 뿐만 아 니라 '무사들(the warriors)의 행복'이라고 했던 것은 '전쟁이 국가 사회 운영 최대 문제'인 사회 상황에서 그 책임을 지는 귀족(왕족) 의 기본 방향을 역설했다는 측면에서 '크리슈나(Krishna)'는 '힌두

---

16 J. Mascaro, *The Bhagavad Gita*, Penguin Books, 1962, p. 51

집단 국가 사회 운영'에 '절대적 표준'이 된 것이다.

(f) 신체적으로 '거구 장신(巨軀長身)'은 크샤트리아의 기본 속성임을 포콕(E. Pococke) 거듭 반복하였다.[인도에 '코끼리' '황소'가 인격화했음은 그 '거구(巨軀)' 자체를 우상화한 결과임]

(g) '크리슈나(Krishna)'는 '정의(正義, righteousness)' '의무(義務, duty)' '명예(名譽, honour)'를 앞세워 '힌두 최고(最古) 최대(最大) 쿠르크세트라 전쟁(Kurukshetra War)'을 승리로 이끌었다는 점에서, '크리슈나(Krishna)'보다 더 위대한 이름이 인도의 역사상 있을 없게 되었다.

(h) 그러므로 서사문학 <마하바라타(摩訶婆羅多, Mahabharata)>는 '힌두 사회에서 필요로 한 영웅 크리슈나'를 바탕으로 능력 있는 '계관시인(桂冠詩人-poet-laureate, 御用史家-작가-마하르시 비아사, Maharshi Vyasa)'이 엮어낸 결과물이다.

(i) 특히 원래 '무사 족(크샤트리아)'의 탁월한 무장일 뿐인 '승리의 무사 크리슈나'에게 크게 첨가된 사항은 '바라문 족(브라만)'에 소유했던 '창조신' '제사' 주체로서의 '크리슈나'로 변용을 시켰던 사항이다.

(j) 이에 가장 크게 희랍에 전해진 '크리슈나(Krishna)'는 '헤라클레스(Heracles)'의 원초적 모습이 그것이라는 전반적인 해석이 그것이다.

(k) 그러나 포콕(E. Pococke)은 '쿠르크세트라 전쟁(Kurukshetra War)'의 '현실적 승리자'에 무게를 더 두었고, 그 지역 '종족의 이동(移動)'에 주목을 하였다.

(l) 포콕(E. Pococke)이 '쿠르크세트라 전쟁(Kurukshetra War)'을 역사적인 사실로 본 것은 구체적인 '종족(쿠루 족)', '장소' '전쟁 주체' '전쟁 원인' '전쟁 진행 양상' '전쟁 결과'가 모두 명시되어 있어, '허구적인 요소(시적 과장)'를 빼고도 '역사적 사실의 확보'가 명시될 수 있기 때문이다.

(m) 그리고 '크리슈나(Krishna)'가 그 '아르주나(Arjuna)' 앞에 강조한, '정의(righteousness)' '의무(duty)' '명예(honour)'는 인간 사회 속에서의 실현되어야 할 무엇보다 중요한 사항이다. 즉 그 '크리슈나

(Krishna)'와 '아르주나(Arjuna)' 연합해서 여러 사람들을 이끌고 <u>왜 '두료다나(Duryodhana)'와 '사쿠니(Shakuni)' 무리를 토벌(討伐)하지 않을 수 없는가의 그 이유는 어디까지 인간 사회 속에 자연적으로 형성된 '윤리(도덕)'이라는 점에서, 인간 '역사 서술'에 가장 먼저 챙겨야 할 요긴한 사항이다.</u>['사기(詐欺)'와 '계약 위반'은 인간 사회에 가장 큰 문제임]

(n) 그러므로 특별히 '신(神) 명령'이 없이도 '전쟁'은 일어날 수 있고, 그렇게 해서 터진 전쟁이 '치열한 역사적인 현장' '쿠르크세트라 전쟁(Kurukshetra War)'인 것이다.

(o) 원래 '거구 장신(巨軀 長身)'의 신체적 힘의 우월 자가 '원시 전쟁에 대장(大將)'일 수밖에 없고, 그 다음 '무기' '전략'이 그것에 추가되고, 이후에는 '도덕성(정의 의무 명예)'이 추가 되었던 것은 명백한 점이다.

(p) 그러나 그것을 기록으로 남긴 '시인(초기 역사가)'는 그 '전쟁의 영웅(크리슈나)'을 칭송함에 차마 '신체적인 체력'을 우선으로 칭송할 수 없고[일시적 순간적인 특징이므로] <u>영구불변의 '신'으로 모심 (존중함)에 있어서, 먼저 그 숭배 대상의 '도덕(道德)과 지혜(知慧) 자애(慈愛)' 정신을 챙기지 못 하면 애당초 시인일 자격도 없다.</u>['말하기 방법'을 모르는 자임]

(q) 그래서 고대 힌두 인들은 육상(陸上)에 최고 '거구(巨軀)'를 지닌 '코끼리' '황소'를 신으로 모시기를 주저하지 않았고, 서구의 '헤라클레스'로 추정이 되는 '크세쿠스트라 전쟁(Kurukshetra War)' 영웅을 자연스럽게 모든 신성(神聖)을 첨가하여 '지존의 노래(Bhagavad -gita)' 제작자로 만들었으나, 그것이 <마하바라타(Mahabharata)>에서처럼 원래 작자가 작품 속의 영웅 '크리슈나'가 아닐 것임은 그 '진술 내용의 상호 모순(將軍과 聖者의 모습의 相衝)'로 명백한 사실이다.

(9) 〈마하바라타(Mahabharata)〉 '18 책'의 대강(大綱)

힌두 최고(最古)의 서사문학 <마하바라타(*Mahabharata*)>의 대강은 다음과 같이 소개되고 있다.

((1. '아디 파르바(Adi Parva, 시작의 책)' - 이야기는 바라타 족(Bharatas) 족보에 대해서부터 시작된다. 족보에는 '칸드라 반사(Chandra Vansha)'의 역사를 포함하고 있고, '판다바 형제들(Pandavas)'과 '카우라바 형제들(Kauravas)'의 기원에 대해 상세히 묘사를 하고 있다. 쿠루 왕가의 조상(the ancestor of the royal house of Kuru)은 '산타누(Shantanu)'인데 그는 간가(Ganga)와 결혼하여 비슈마(Bishma)를 낳았다.

'산타누(Shantanu)'는 두 번째 부인 '사티아바티(Satyavati)'를 맞이했는데 그녀는 '키트란가다(Chitrangada)'와 '비키트라비리아(Vichitravirya)' 두 아들을 낳았다. 두 아들은 후손이 없이 죽었다. '사티아바티(Satyavati)'의 사생아 비아사(Vyasa)의 도움으로 자식을 얻게 되어 그 과부들은 아들 '드리타라스트라(Dhritarashtra)'와 '판두(Pandu)'를 얻게 된다. '드리타라스트라(Dhritarashtra)'는 '간다리(Gandhari)'와 결혼하여 100명의 아들을 낳았고, '판두(Pandu)'는 두 아내를 가졌는데, 아내 '쿤티(Kunti)'는 이미 데려온 아들 카르나(Karna)와 세 아들 '유디슈티라(Yudhishthira)' '비마(Bhima)' '아르주나(Arjuna)'를 낳았고, 다른 아내 '마드리(Madri)'는 '나쿨라(Nakula)' '사하데바(Sahadeva)' 두 아들을 낳았다. - [1. '시작의 책(1-19)' : 이 책은 우선 어떻게 파키스탄(Pakistan)의 '탁실라(Takṣaśilā, Taxila)'에서 바이샴파이아나(Vaishampayana)에 의해 '자나메자야의 사르파사트라(the sarpasattra of Janamejaya)'에서 <마하바라타(*Mahābhārata*)>가 낭송되었고, 이후 나이미 샤라니아(Naimisharanya)에서 사우티(Sauti)가 여러 수도자들(rishis)을 모아놓고 <마하바라타(Mahābhārata)>를 말하게 되었는지를 밝히고 있다. 바라타(Bharata) 족과 브리구(Bhrigu) 족의 역사 연대가 제시되었으니, 초기 쿠르(Kuru) 왕들의 출생과 생활이야기다.]

2. '사바 파르바(Sabha Parva, 회당(會堂)의 책)' - 이것은 '놀음'의 묘사이다.

'두료다나(Duryodhana)'는 4촌 형제에 대한 시기심과 증오로 가득하다. 그
들을 초대를 해놓고 놀음을 개시했는데, 속이기 명수인 사쿠니(Shakuni)는
판두의 장자 '유디슈티라(Yudhishthira)'가 다 잃도록 조롱을 했다. '유디슈
티라(Yudhishthira)'는 아내까지 걸었는데, 아내 '드라우파디(Draupadi)'는
남편과 비슈마(Bhishma) 앞에서 수모(受侮)를 당했다. –[2. '회당(會堂)의 책
(20-28)' : 마야 다나바(Maya Danava)가 인드라프라스타(Indraprastha)에 왕궁
과 궁전을 세운다. 유디슈티라(Yudhishthira)의 주사위 놀이로 판다바들의
공동 부인(婦人) 드라우파디(Draupadi)의 옷이 벗겨지고 결국 '판다바들의
추방(追放)'이 실행된다.]

3. '바나 파르바(Vana Parva, 숲속의 책)'–판다바 형제들의 유형(流刑)이
서술된다. 놀음에 진 판다바 형제들은 숲속으로 향했다. 영웅 크리
슈나(Krishna)가 그들을 방문했고, 싸울 것을 선동하였다. '드라우파
디(Draupadi)'와 '비마(Bhima)'가 크리슈나(Krishna) 의견을 지지했다.–[3.
숲속의 책(19-44): 숲 속에서 12년의 유형(流刑)이 계속된다.]

4. '비라트 파르바(Virat Parva, 비라트의 책)'–유랑하는 동안 판다바 형제
들의 비밀한 생활이 서술된다. 그들은 아무도 모르게 '비라트 나가르(Virat
Nagar)'에서 시간을 보낸다. '비라트(Virat)' 왕이 '드라우파디(Draupadi)'에
게 추행(醜行)을 하려 하니, '비마(Bhima)'가 그를 죽였고, 13년이 지나서야
판다바 형제들은 그들의 모습을 드러내게 되었다.–[4. '비라타(Virata)' 궁
중(宮中)의 책 : 판다바들이 마지막 '비라타(Virata)' 궁중(宮中)으로 잠적(潛
跡)을 한다.]

5. '우디오가 파르바(Udyoga Parva, 노력의 책)'–크리슈나(Shri Krishna)는
'카우라바 형제들(Kauravas)'와 '판다바 형제들(Pandavas)' 간의 화해를 위
해서 많은 노력을 기우린다. '두료다나(Duryodhana)'는 이 제안을 거절한
다. 크리슈나는 카르나(Karna)를 설득해서 판두 아들들의 편을 들게 권하나
카르나(Karna)는 그것을 거절한다. 양쪽 군사는 쿠루크셰트라(Kurukshetra)
로 진격한다.–[5. 노력의 책(49-59) : 전쟁을 준비하며, 카우라바(Kaurava)
와 판다바(Pandava) 양측에 평화를 모색했으나 결국 실패하고 만다.]

6. '비슈마 파르바(Bhishma Parva, 비슈마의 책)'–이것은 긴 '마하바라타'

전쟁을 서술한 것이다. 세계적으로 유명한 '기타(Gita, 至尊)'의 설교(說敎)가 이 장에 관련되어 있다. 크리슈나(Krishna)는 아르주나(Arjuna)에게 그들의 적(敵)이 비록 친척일지라도 싸우는 것을 주저해서는 안 된다고 가르친다. '비슈마(Bhishma)'가 '시칸디(Shikhandi)'와 마주치자 싸우기를 주저하니, 아르주나(Arjuna)는 '비슈마(Bhishma)'를 활로 쏘아버린다.-[6. 비슈마(Bhishma)의 책(60-64): 대전(大戰)의 초반부. 비슈마(Bhishma)가 카우라바(Kaurava) 측 사령관이 되고었다가 '화살의 침대(the bed of arrows)' 위에 쓰러진다.('바가바드 기타-Bhagavad Gita'가 포함되어 있음)]

7. '드로나 파르바(Drona Parva, 드로나의 책)'-주로 '아비마뉴(Ahimanyu)'와 '드로나카리아(Dronacharya)'가 살해된 이야기. 여기에 15일의 전투가 끝이 난다.-[7. 드로나(Drona)의 책(65-72) : 드로나(Drona)가 사령관이 되어 전쟁은 계속된다. 대 전쟁의 책이다. 이 책이 종료될 즈음 양쪽의 대 용사(勇士)는 다 사망한다.]

8. '카르나 파르바(Karna Parva, 카르나의 책)'-'비마(Bhima)'가 '두사산(Dussashan)'을 죽인다. 무서운 대적(對敵)이 '카르나(Karna)'와 '아르주나(Arjuna)' 사이에 이루어진다. '카르나(Karna)' 전차 수레바퀴가 진흙탕에 빠지니, '아르주나(Arjuna)'가 그를 살해한다.-[8. 카르나(Karna)의 책(73) : 카르나(Karna)가 카우라바(Kaurava)군 사령관이 되어 전쟁은 계속된다.]

9. '샬리아 파르바(Shalya Parva, 샬리아의 책)'-'유디슈티라(Yudhishthira)'가 '샬리아(Shalya)'를 죽인다. '사하데바(Sahadeva)'는 늙고 유해한 '사쿠니(Shakuni)'를 죽인다. '두료다나(Duryodhana)'는 홀로 남는다. 그는 호수로 도망을 쳐서 마법을 써서 물속으로 숨는다.-[9. 샬리아(Shalya)의 책(74-77) : 샬리아(Shalya)가 사령관이 된 마지막 날의 전투, 비마(Bhima)와 두료다나(Duryodhana)의 전투에서 비마(Bhima)는 두료다나(Duryodhana) 다리를 찢어 죽인다.]

10. '스바스티카 파르바(Svastika Parva, 잠든 무사들의 책)'-판다바 형제(Pandavas)의 아들들의 피살이 주된 이야기이다.-[10. 잠든 무사들의 책(78-80) : 아슈바타마(Ashvattama)와 크리파(Kripa), 그리고 크리타바르마(Kritavarma)가 남아 있는 판다바 군사들이 잠들어 있을 때 그들을 모두 죽

인다. 판다바 측에서는 7명의 전사(戰士)가 남고, 카우라바 측에서는 3명의
전사(戰士)만 남는다.]

11. '스트리 파르바(Stri Parva, 여성의 책)' - '카우라바 아들들(Kauravas)'의
부인들이 전쟁터를 방문하고, '간다리(Gandhari)' 자신이 목격했던 장면을
서술하고 있다. 그녀의 며느리들은 그녀들의 남편 시체 앞에 머리털을 풀
고 발광하며 울부짖는다. - [11. 부인들의 책(81-85) : 간다리(Gandhari)와 카
우라바, 판다바의 여인들은 사자(死者)들을 애도했고, 간다리(Gandhari)는
크리슈나(Krishna)에게 '카우라바 형제들의 절멸(絕滅)'에 저주(詛呪)를 퍼
부었다.]

12. '샨티 파르바(Shanti Parva, 평화의 책)' - '카르나(Karna)' 탄생의 진실이
밝혀진다. '유디슈티라(Yudhishthira)'는 형제 살육에 책임을 지고 숲 속으
로 은퇴하려 한다. 그는 만류되어 왕위에 오르게 된다. - [12. 평화의 책(86-
88) : 유디슈티라(Yudhishthira)는 하스티나푸라(Hastinapura)에서 황제의 자
리에 오르고 비슈마(Bhishma)로부터 사회 경제 정치적인 새로운 왕으로서
훈시를 받는다. <마하바라타>에 가장 길게 된 책인데, 뒤에 추가 개찬(改
撰)된 것으로 보고 있다.]

13. '아누사사나 파르바(Anushasana Parva, 교훈의 책)' - '비슈마(Bhishma)'
사망이 주된 이야기이다. 사람들의 운집(雲集)한 속에서 '비슈마(Bhishma)'
의 영혼은 하늘로 올라간다. - [13. 교훈의 책(89-90) : 비슈마(Bhishma)의 마
지막 훈계이다.]

14. '아슈라마바시카 파르바(Ashvamedhika Parva, 말 희생의 책)' - '유디슈
티라(Yudhishthira)'에게 '아슈바메다 야즈나(Ashvamedha Yajna-황제의 의례
로 말을 희생시키는 행사)'를 수행해야 한다고 진언(進言) 된다. '아비마뉴
(Abhimanyu)'의 아내 '우타라(Uttara)'가 '파리크쉬타(Parikshita)'를 낳는다. -
[14. 말의 희생(91-92) : 유디슈티라(Yudhishthira)에 의해 제왕의 제사 '아슈
바메다(Ashvamedha-Horse sacrifice, 馬祭)'가 행해지다. 아르주나(Arjuna)는
세계의 정복자였다. '명예제일석(Anugita)'이 크리슈나(Krishna)에서 아르
주나(Arjuna)로 이양(移讓)되다.]

15. '아슈라마바시카 파르바(Ashramavasika Parva, 은둔의 책)' - '드리타

라슈트라(Dhritarashtra)'의 '사망' 서술이다. 15년 간 '드리타라슈트라
(Dhritarashtra)'와 '간다리(Gandhari)'는 그 조카들과 살고 있다. 그런 다음
그들은 숲으로 은퇴한다.-[15. 은둔(隱遁)의 책(93-95) : 히말라라야
(Himalayas)에 은거했던 드리타라슈트라(Dhritarashtra), 간다리(Gandhari), 쿤
티(Kunti)가 숲 속에 불로 인해 우연히 죽게 된다. 비두라(Vidura)는 그들보
다 먼저 죽었고 산자야(Sanjaya)는 드리타라슈트라(Dhritarashtra)의 명령으
로 더 높은 히말라라야(Himalayas)로 올라간다.]

16, '마우살라 파르바(Mausala Parva, 동호회(同好會)의 책)'-'스트리 파르
바(Stri Parva)'에서 '간다리(Gandhari)'는 크리슈나(Krishna)에게 그녀 아들들
의 살해를 막지 못한 것에 대해 질책한다. 그래서 '무살라(Musala)'의 도움
을 받은 전투가 '야다바 족(Yadavas)' 사이에 일어난다. 집단 싸움 속에 '발
라라마(Balarama)'는 살해된다. 역시 크리슈나(Krishna)도 사냥꾼에게 살해
를 당한다.-[16. 동호회(同好會)의 책(96) : 간다리(Gandhari)의 저주(詛呪)가
야다바(Yadava, 크리슈나 소속의) 족(族)에 발동하여 내분(內紛)으로 서로 죽
이는 사고가 발생하였다.]

17. '마하프라스타니카 파르바(Mahaprasthanika Parva, 대장정(大長征)의
책)'-'판다바(Pandava)'의 승천(昇天)을 묘사하고 있다. '드라우파디(Draupadi)'
를 동반한 5형제가 '메루(Meru)' 산으로 은퇴한다. 그들은 '유디슈티라
(Yudhishthira)'를 빼고 모두 죽는다.-[17. 대장정(大長征)의 책(97) : 유디슈
티라(Yudhishthira)가 형제와 드라우파디(Draupadi)를 데리고 전국을 가로질
러 마지막에는 히말라라야(Himalayas)에 오르다가 유디슈티라(Yudhishthira)
를 빼고 모두 사망한다.]

18, '스바르가로하나 파르바(Svargarohana Parva, 昇天의 책)'-'유디슈티라
(Yudhishthira)'는 그 형제들과 개가 그와 함께 있지 않으면 하늘나라에 가지
않겠다고 한다. '유디슈티라(Yudhishthira)'가 하늘나라에 도착하니, '두료
다나(Duryodhana)'가 왕좌에 앉아 있었다. 그러나 형제들과 '드라우파디
(Draupadi)'는 보이지 않았다. 그러나 그것은 사실 환상이었다. '유디슈티
라(Yudhishthira)'는 형제들과 '드라우파디(Draupadi)'를 만난다.[17]-[18. 승천
(昇天)의 책(98) : 유디슈티라(Yudhishthira)는 마지막 시험에 통과해서, 판다

바 형제들에게 돌아가고 영적(靈的) 세계로 들어간다.]

－['하리(Hari)' 가계(家系)의 책(99-100) : 이 책은 18권의 부록이다. <마하바라타> 18권에 누락된 크리슈나(Krishna) 행적을 추가 했다.][18]))

◆◆◆◆

(a) 전체적으로 판두(Pandu)의 아들 '유디슈티라(Yudhishthira)' 등 5형제와, 판두(Pandu)의 맹인(盲人) 형 드리타라스트라(Dhritarashtra)의 아들 '두료다나(Duryodhana)' 등의 4촌간에 왕권 다툼이 주된 이야기이다. 거기에 조정자(調定子)로서 영웅(비슈누 神의 化神) '크리슈나(Krishna)'가 등장하고 있으나, 일반적으로 알려진 '왕권계승 분쟁(紛爭)'의 원형(原形)을 이루고 있는 초기 힌두 역사에 있었던 실제 사실을 배경으로 한 서사문학이다.

(b) 무엇보다 '영혼불멸(靈魂不滅)' '윤회설(輪回說)'의 '거대한 전제'로 삼고, '절대신(God)'의 화신인 '크리슈나(Krishna)'의 주요 '말씀'[6. '비슈마 파르바(Bhishma Parva, 비슈마의 책)']과, '말[馬]의 희생(sacrifice)'이 <마하바라타>의 근간(根幹)을 이루고 있다는 점[14. '아슈라마바시카 파르바(Ashvamedhika Parva, 말 희생의 책)']이 가장 크게 주목을 요하는 사항이다.

(c) 즉 힌두의 발명, '영혼불멸(靈魂不滅, Immortality)' '윤회설(輪回說, transmigration)'은 바로 소위 '모든 종교의 발원(發源)'이고, '세계사의 시작'으로 인류 '원시사상'과 그 시원(始原)을 간직한 중차대(重且大)한 사항이다.

(d) 그리고 '힌두의 제사(祭祀, sacrifice)' 문제도 오늘날까지 그 의미를 첨가하며, 취소되지 않고 있는 '빛' ='광명' ='태양' ='불' ='절대신'[19]을 향한, '생명' ='말' ='인간' ='제물' ='물' ='비'라는 대립 구도 속에 '인류 정신 체계'를 이루고 있는 사상이다.

---

17 M. N. Dutt, Ibid, V. 1. pp. iv~v ;

18 Wikipedia, 'The 18 parvas or books of *Mahābhārata*'

19 D. Chand(Sanskrit with English translation by), *The Yajurveda*, Munshiram Manoharlal Pubishers Pvt. Ltd., 1998, 4장 11절 "경배하라. 신은 아그니(불, Agni)시다. 희생이 아그니(불, Agni)이니라.(Take a vow. God is Agni. Yajna is Agni.)"

(e) '영혼불멸'과 '제사'라는 두 가지 문제는, '계몽주의' '과학사상'과 더불어 퇴조(退潮)할 수밖에 없는 '과거 사상'이 되었으나, 그 경위(經緯)를 구체적으로 알아야 함은 역시 '현대인'의 기본 조건일 것이다.

(f) '쿠루 왕가의 계보(Kuru family tree)'

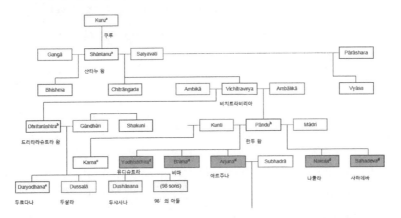

(h) '크리슈나(Krishna)'와 '그리스도(Christ)'의 공통점, 차이점

포콕(E. Pocock)은, 고대의 '역사 기록물들' 대체로 '그 왕조' '그 종족'에게서 인정을 받은 '계관시인(桂冠詩人-poet-laureate, 御用史家-작가)'에 의해 작성된 '시작품'으로, '인간 영웅을 최고도로 대접해서 추앙해서 올린 명칭 신, 신의 아들'이라는 공통점'을 지닌다는 입장에 있었다.

이러한 포콕(E. Pocock)의 견해를 미루어 보면, <마하바라타(摩訶婆羅多, Mahabharata)>의 주인공 '크리슈나(Krishna)'와 <신약 성서>의 주인공 '예수 그리스도(Christ)'는 커다란 공통점을 지니고 있으니, 이를 잠깐 짚어보면 다음과 같다.

○ 공통점
(a) '영혼불멸'을 전제로 하였다.

(b) 자신을 '최고의 신(브라만, 여호와)'와 동등한 지위에 두었다.

(c) '빛'과 '어둠'의 대조(對照)를 행하였다.

(d) '이 세상(this world)'을 경멸하고 '절대 신'을 이상화 했다.

(e) '절대신'에의 '존경'과 '찬양' '귀의(歸依)'을 강조하였다.

(f) '제사(祭祀, sacrifice)'의 중요성을 강조하였다.

(g) 자신을 바로 '최고신'의 '현신(대신)'으로 증언을 행하였다.

(h) 자신을 '이 세상 영화(복락)의 근본'으로 강조되었다.

(i) 공통으로 '저 세상' '신, 천국'을 이상으로 생각하였다.

(j) 중요 전개(진술) 방법이 '이분법(Dichotomy)'과 '동어반복(Tautology)' 이다.

(k) 강조점은 '신(신이 좋아하는 것)' ='제사(희생)' ='빛' ='태양' ='순수' ='죽음'이다.

(l) 배척 사항은 '인간(인간이 좋아하는 것)' ='복락(황금)' ='자애(自愛)' ='욕망(desire)' ='어둠(darkness)' ='죄악(sins)'이다.

(m) 동일한 '목자(牧者)'로 전제되었다.

(n) 자신을 '제사(祭祀)'의 주관자, 제물(祭物), 제물 수용자로 전제하고, 천지만물의 창조자이며 역시 귀의처(歸依處)로 전제하였다.

○ 차이점

(a) 크리슈나(Krishna)는 최고신 '비슈누(Vishnu)'의 여러 화신(化神) 중의 하나였는데, 그리스도(Christ)는 '최고신(God, 여호와)'의 '독생자'로 강조되었다.

(b) 크리슈나(Krishna)는 기존 '힌두 문화'를 종합한 존재였음을 보였는데, 그리스도(Christ)는 바로 이 세상을 구원하기 위한 '구세군'을 모집하는 유대인을 대표하는 주체였다.

(c) 크리슈나(Krishna)는 당시에 '전쟁 중의 전차 몰이 거인 장군(將軍)'이었음에 대해, 그리스도(Christ)는 '신의 부르심'에 응한 '사제(司祭)' 였다.

(d) 크리슈나(Krishna)는 '사해동포주의'를 앞서 명시했는데, 그리스도 (Christ)는 '유대 국수주의(Chauvinism)'를 명시하였다.

(e) 크리슈나(Krishna)는 신에게 도달하는 '요가(Yoga)'를 강조했는 데. 그리스도(Christ)는 '믿음으로 따르기(多急한 추종)'를 강조하 였다.

(f) 크리슈나(Krishna)는 다양한 '평정(平靜)의 희생' 방법으로 '신'과 하나 됨을 강조했는데, 그리스도(Christ)은 '열광(熱狂)의 동참'을 강 조하였다.

(g) 크리슈나(Krishna)의 진술은 히말라야 갠지스 등 광범한 지역과 다 양한 형상(인물)에 비유가 미쳤는데, 그리스도(Christ)는 유독 '예루 살렘' '베들레헴'에 국한 되었다.

(h) 크리슈나(Krishna)는 거의 일상인(평상인)과 다름없는 그 일생이 '아 동' '소년' '청년' '무사(武士)기'로 나뉘었는데, 그리스도(Christ)는 '출생'부터 온통 '신(God)'과의 '교유'로 일관되었다.

(i) 크리슈나(Krishna)의 동물 상징은 '소(황소)'임에 대해, 그리스도 (Christ)는 '어린양'이다.

(j) 크리슈나(Krishna)는 '역사적 인물'로 '신으로 자칭'를 했는데, 그 리스도(Christ)는 '절대신'을 아버지로 한 미래에 다시 올 '구원의 구세주'로 전제되었다.

2. 제우스(Zeus)의 '계관 시인' – 호머(Homer)

포콕(E. Pococke) 식 해설을 빌리면, 고대 희랍의 '라마 식 교황(Ramaic Pontiff)'이 '제우스(Zeus)'이고, 그의 '계관 시인(桂冠詩人 – poet – laureate, 准史家)' 에 해당하는 존재가 바로 호머(Homer)이고 헤시오도스(Hesiodos)이다.

그들은 '제우스(Zeus, 살아 있는 神)' 밑에서 그의 뜻을 옹호하고 그것을 받들고 홍보(弘報)하는 것을 그 주무(主務)로 알고, '고대 희랍의 사회 상 황'에 맞은 '사상(가치관)'을 주도하고 노래했던 사람들이니[그것은 그들의 '작품'으로 명시되어 있음], 포콕(E. Pococke)의 이 전제는 **'고대인 의 사회'에서도 '역사적 주요 인물'이 그대로 '신(神)의 화신(化身, avatar) 으로 존중'이 되었던 [과학적]상식의 적용일 뿐이었다.**['인간의 극존칭' 이 '신'으로 추존했던 阿附의 언어임]

그들(詩人, 准 歷史家)은 '전쟁 무사(武士, 올림픽 승자) 존중'과 그 무사(武士)들의 '신(라마 식 교황-제우스)에의 복종'을 반복 칭송하여 이름과 명예를 얻었던 전문가였다.[희랍 사회에 가치관을 수립했던 주체들] 그들(희랍의 계관 시인들)은, 앞서 **'힌두(인도)의 신' 크리슈나(Krishna)가 '지존(至尊)의 노래(Bhagavad-gita)'에서 명시한 '영혼불멸(Immortality)'과 소속 집단에의 '의무(duty)' '명예(honour)'를 그들의 '최고의 가치'**로 알렸던 그 방식을 그대로 습용(習用)했던 사람들이다.

ⓐ 호머(Homer)의 신(神)관

(("서사시의 주제는 '인간과 신들의 행적이다.' 그러므로 서사시의 세계는 인간들만의 장(場)이 아니라 신들의 장이기도 한 것이다. 말하자면 서사시는 인간들과 신들의 상호 관계속에서 전개되어 나가는 것이다. 그러나 호메로스의 경우 인간들과 신들의 상호관계는 매우 복잡한 양상을 띠므로, 우리는 이를 단순화하는 위험을 피하기 위하여 세 가지 반대 개념을 통하여 그 특징들을 고찰하는 것이 좋을 것으로 생각된다.

①첫 번째 반대 개념은 친근(親近)과 소원(疏遠)이다. 신들은 여러 가지 방법으로 인간들과 관계를 맺는데, 제우스는 인간들에게 사자(使者)와 전조(前兆)를 보내며, 다른 신들은 사람의 모습을 하거나 또 때로는 본래의 모습 그대로 인간에게 접근한다. 예컨대 <일리아스> 제5권에서 디오매데스(Diomedes)가 용전분투하다가 부상당하고 지쳐 앉아 있자 그를 총애하는 아테네(Athene) 여신이 다가가 먼저 그를 꾸짖은 다음 도움을 약속하면서 분발시킨다. 또 <오뒷세이아> 제13권에서는 아테네 여신과 오뒷세우스가 올리브 나무 밑에서 나란히 앉아 앞으로 있을 일에 관하여 서로

의논한다. 그런가 하면 <일리아스> 제5권에서 디오메데스가 아이네이아스(Aineias)에게 덤벼들자 그를 보호하고 있던 아폴론 신이 이렇게 꾸짖는다. '조심하고 물러가라. 불사신과 인간들은 결코 같은 종족이 아니니라.' 이와 같이 신들은 인간들에게 멀면서도 가깝고 가까우면서도 먼 존재들이다.

② 두 번째 반대 개념은 총애와 무자비이다. 신들은 자기가 좋아하는 인간들에게 거리낌 없이 총애를 베푼다. 이러한 경향은 <일리아스>에서 두드러지는데, 예컨대 제4권에서 아테네 여신은 마치 어머니가 어린아이에게서 파리를 쫓아 버리듯 판다로스(Pandaros)의 화살을 빗나가게 하여 메넬라오스(Menelaos)가 큰 부상을 당하지 않도록 해 준다. 이 경우는 한편에 대한 총애가 다른 편에 대해서는 무자비가 되는 것이다.

③ 세 번째 반대 개념은 자의(恣意)와 정의(正義)이다. 여기서 우리는 옛날부터 많은 논란의 대상이 되어 온 호메로스 신들의 도덕성의 문제와 만나게 된다. 두 서사시 중에 후기의 작품인 <오뒷세이아>의 신들은 어느 정도 정의(正義)로운 세계의 조종자로서의 윤리적인 면모를 보여주고 있다. 그러나 <일리아스>의 신들은 사소한 이해관계 때문에 편을 지어 인간사에 개입할 뿐 아니라 자기들끼리 서로 속이고 서로 싸우다가 다치기도 한다. 적어도 도덕적인 측면에서는 그들은 인간들보다 별로 나을 게 없다. 신들의 이러한 부도덕한 행위는 기원전 6세기의 철학자 크세노파네스(Xenophanes)를 비롯한 많은 경건한 사람들의 불쾌감을 자아내기도 했다. 대체 호메로스 신들의 그러한 부도덕성을 어떻게 설명할 수 있는가? 이 문제는 역시 사회학적인 측면에서 고찰해야만 어느 정도 해답을 얻을 수 있을 것이다.

역사적으로 볼 때 서사시는 귀족계급을 위한 문학이다. 서사시는 귀족계급의 보편적 도덕적 수준을 넘어설 수도 없거니와 넘어서서도 안 된다. 이 점에 있어서는 인간들뿐 아니라 신들도 마찬가지다. 왜냐하면 서사시의 신들은 '윤리적인 신들'이 아니라 아무런 도덕적 제약도 받지 않는 자유롭고 충만한 삶을 살아가는 보다 위대한 인간들에 지나지 않기 때문이다. 다시 말해서 <일리아스>에서 볼 수 있는 신들의 부도덕성은, 신들이 인간들보다 우월한 존재이듯 귀족 계급은 평민 계급보다 우월한 존재라는 것을 보여 주기 위하여 귀족계급이 다름 아닌 그들 자신의 생활 태도를 의도적으로 이상화한 결과로 보아야 한다면, 평민 계급에 대한 귀족계급의 우월성이 그러하듯, 인간들에 대한 신의 월성도 결코 도덕적 근거에 입각할 수 없는 것이다.

④ 그러나 호메로스의 신들이 전적으로 부도덕한 것만은 아니다. <일리아스>> 제16권 346행 이하에서 신들을 두려워하지 않고 법을 왜곡해서 재판하는 인간들을 응징하고자 제우스신이 폭우를 내리는 장면이 나오는데, 이는 헤시오도스(Hesiodos)의 디케(Dike, 正義)를 연상케 해준다. 그 밖에도 트로이아가 파리스의 죄로 인하여 멸망하게 된다는 점이 군데군데 암시되어 있다. 그리고 <오뒷세이아>에서는 앞서도 말했듯이 정의로운 세계의 조종자로서의 윤리적 면모를 도처에 발견할 수 있다.

⑤ 호메로스 신들의 또 하나 특징은 그들의 성격이 추상적인 것이 아니라 매우 개성적이라는 점이다. 위대한 신들일수록 그 기능에서 해방된 자유로운 개성이며 저급한 신들일수록 자연의 근원적 힘의 단순한 신격화에 지나지 않는다.

올림포스의 신들은 오랜 역사를 가지고 있다. 그러나 시대적 사회적 변전에 따라 이들과 인간들의 관계도 변모되었던 것으로 보인다. 귀족 계급이 확고한 사회적 기반을 가지고 있을 때와 귀족 계급이 몰락하고 새로운 평등 사회가 등장하기 시작하던 시대의 신관이 서로 다르기 때문이다. 말하자면 호매로스보다 약 반(半)세기 후에 활동했던 것으로 추정되는 헤시오도스와 그 후의 비극 작가들의 신들은 호메로스의 신들보다 훨씬 윤리적이며, 또 이러한 차이는 호메로스의 두 서사시 사이에도 찾아 볼 수 있다. <오뒷세이아>의 신들이 <일리아스>의 신들보다 더 윤리적인 것은 비교적 평민 계급에 대하여 개방적인 <오뒷세이아>에서는 다가오는 새 시대의 가치관이 유입될 여지가 있으나, 전적으로 귀족 계급의 장(張)인 <일리아스>에서는 귀족계급의 낡은 가치관이 의도적으로 이상화되어 있기 때문이다."[20]))

◆◆◆◆

(a) 해설자(천병희)가 제기한 '희랍신의 제(諸) 특징(①②③④⑤)들'은 포콕(E. Pococke)이 제시한 힌두 '바라문(婆羅門, 브라만)'과 '크샤트리아'의 '역사(歷史) 상(上)의 영웅'을 신(神)으로 받들었던 '신(神)의 생성(生成) 방법'으로 다 설명이 된다.
즉 **'힌두의 신(神)들'은 기본적으로, '인간에 대한 최고(最高) 존칭' 일 뿐**인데, 희랍 시인(詩人)의 '신 만들기'는 인도의 '신 만들기'를 그대로 습용(襲用)하고 있는 것으로 깨끗이 해명이 되고 있다.[천병희는 '서사문학'의 '귀족 수용(受容)자'라는 점에서 그것을 설명하려 했으나, 포콕(E. Pococke)은 **최고 귀족(제우스와 아폴로 족)에게 고용(雇傭)된 '계관 시인들(御用詩人, 准史家)'의 기술(작품)**이라고 그 본질을 더욱 확실하게 明示하고 있다.]

(b) 즉 <희랍 속의 인도> 저자 포콕(E. Pococke)은, 가장 쉽게 **'신(神)과 동일시되는 로마 교황(教皇)'을 기준(基準)으로, 희랍의 제우스신(神)을 온전히 다 설명을 하였다.** [그 以外에 '제우스'의 존립 근거는 있을 수 없다.]

(c) 더욱 구체적으로 힌두의 <마하바라타>에서 볼 수 있듯이, 아르주나(Arjuna)의 '전차몰이(charioteer)' 크리슈나(Krishna)가 순간(瞬間) '절대신(God, Om)'으로 나타났다고 '신의 실현(實現)'을 당연시(當然視)하여, **'인간 속에 거주하는 신(神)들'이라는 '힌두의 신관'이 그대로 '초기 희랍의 신들'을 창조하게 했**다는 '바른 견해'를 통해, (천병희가 제시한) '희랍 신'들의 특성도 남김없이 다 해명이 될 수 있다.

---

20 천병희 역, 호메로스 <일리아스>, 단국대학교출판부, 2001, pp. 630~631

(b) 호머(Homer)의 인간(人間)관

(("서사시의 등장인물들은 제각기 어떤 특징을 갖고 있으며, 그러한 특징들은 그들의 행위 속에 나타난다. 그러나 그러한 특징들에도 불구하고 그들은 마치 한 가족의 구성원들처럼 어떤 공통점을 갖고 있다.

그렇다면 호메로스적 인간의 특징은 무엇인가? 흔히들 호메로스적 인간은 '소박하다'고 한다. 그러나 어떤 종류의 것이든 인간의 본질을 그러한 형용사로 표현한다는 것은 그러한 낱말이 갖게 마련인 모호성과 다의성 때문에 오히려 혼란만 가져다 줄 우려가 있으므로, 먼저 가능한 범위 내에서 호메로스적 인간의 구조부터 고찰해 보는 것이 우리의 목적을 위하여 최선의 방법이 될 것이다.

① 호메로스의 언어에는 살아 있는 '영혼'에 해당하는 낱말이 없다. 당연한 일이지만 그것은 육체의 경우도 마찬가지이다. '프시케(psyche)'란 낱말이 있기는 하지만, 그것은 죽은 사람의 혼백에 대해서만 사용된다. ② 그리고 육체를 의미하는 '소마(soma)'란 낱말도 호메로스는 시체를 의미할 뿐이다. 그러므로 인간은 살아 있을 때가 아니라 죽고난 뒤에야 비로소 영혼과 육체가 나누어지는 것이다. 즉 호메로스적 인간은 살아 있는 동안에는 하나의 전체이다. 이 전체는 여러 가지 부분 또는 기관(器官)으로 이루어져 있으나, 그것은 어디까지나 전체로서의 인간에 속하는 기관들이다. 예컨대 팔이 육체의 부분이 아니라 전체로서의 인간의 부분이듯, '티모스(thymos, 감정의 기관)'도 또한 영혼의 기관이 아니라 전체로서의 인간에 속하는 기관이다. 그러므로 호메로스적인 인간이 행동을 할 때는 '나'라는 말 대신에 흔히 '나의 팔'이라 하고, 무슨 생각을 할 때는 '나'라는 말 대신 흔히 '나의 티모스(thymos)'라고 말한다. 이것은 곧 호메로스가 인간을 존재로서가 아니라 행동 속에 포착한다는 것을 의미한다.

호메로스의 언어는 감정과 사고의 여러 가지 기관들을 구별하고 있는데, '티모스(thymos)'는 감정과 기분을, '프렌(phren)'은 분별력과 사고(思考)를, '누스(noos)'는 지혜와 계획을 관장한다.

......③ 그러므로 그의 말과 행동을 통하여 거리낌 없이 자아를 실현하듯

이, 자기에게 주어진 몫, 즉 운명은 죽음조차도 흔연히 받아들인다. 예컨 대 아킬레우스는 '내 운명은 신들이 이루시기를 원하는 때에 언제든지 받 아들이겠다.'(<일리아스> 제17권 118행, 제22권 365행)고 말한다. 그는 자기가 얻게 될 불멸의 대가가 '죽음'임을 분명히 알고 있으며, 그것을 기꺼이 받 아들일 마음의 준비가 되어 있는 것이다.

이와 같이 호메로스적 인간은 주어진 가능성 내에서 자기가 원할 수 있 는 최선의 것이 무엇이며, 그것을 얻기 위해 어떤 대가를 치러야 하는지 명 확히 알고 행동할 뿐, 어두운 충동에 사로잡혀 맹목적으로 행동하다가 파 멸의 속으로 굴러 떨어지는 일은 결코 없다.

④ 또한 호메로스적 인간들은 철저한 현세주의자들이다. 그들은 술과 고기와 '달콤한 잠의 선물'과 잔치와 무도회와 사랑을 마음껏 즐기며, 이 러한 물질적 향락에 대한 자신들의 쾌감을 조금도 숨기려 하지 않는다. 그 들은 내세에 대해서는 아무런 기대도 걸지 않는다. 예컨대 죽은 아킬레우 스의 혼백은 그를 찾아간 오뒷세우스에게 저승의 모든 사자(死者)들게 지 배되느니, 차라리 이 세상에서 아무 재산도 없이 가난하게 살아가는 다른 사람 밑에서 머슴살이를 하고 싶다고 말한다.(<오뒷세이아> 제11권 489행 이 하)"[21]))

◆◆◆◆
(a) 해설자(천병희)가 제시한 ① ② ③ ④항은, 초기 희랍인이 '영혼불 멸(靈魂不滅, Immortality)'의 '힌두 식 신앙(信仰)'을 지니고 있었던 것 을 확인할 수 있게 하고 있다.

(b) 그리고 특히 ③ 항에서 아킬레우스(Achilles)가 '내 운명은 신(神)들 이 이루시기를 원하는 때에 언제든지 받아들이겠다.'는 진술은 '바라문(婆羅門)'과 연합한 '크샤트리아(武士) 계급'의 의지를 보인 것으로 바로 당초 '크리슈나(Krishna) 식 투사(鬪士) 의식' 그대로다.

(c) 즉 영웅 아킬레우스(Achilles) 말은 그대로 힌두의 크리슈나(Krishna) 가 아리주나(Arjuna)에게 강조했던바 '정의(正義)' '의무(義務)' '명

---

21 천병희 역, 호메로스 <일리아스>, 같은 책, pp. 632~633

예(名譽)'를 강조했던 것과 완전 일치하는 것이니, '초기 힌두의 무사 정신'='초기 희랍의 무사 정신'임을 넉넉히 입증하고 있다.

(d) 그리고 ④ 항 '죽은 아킬레우스가' '살아 있는 오뒷세우스(Odysseus, Ulysses)'에게 했다는 말은, '살아 최고의 영광(장군과 왕)'을 누렸던 '무사(크샤트리아)의 긍지(肯志)'를 밝힌 것으로, 역시 **'계관 시인(桂冠詩人-poet-laureate, 御用史家-작가)' 호머의 진술로 마땅한 발언이다. 그리고 그 '계관 시인(桂冠詩人)'의 명예가 이후 '헤시오도스' '플라톤' '헤겔(Hegel)'까지 이어졌다는 사실은 무엇보다 주목을 해야 할 사항이다.**['神의 現存 證言']

(e) 호머는 '제우스신과 희랍 초기의 사회'를 통합하는데, 그의 '계관 시인'으로서의 재능으로 '희랍의 라마 식 교황(敎皇)-제우스'에게 최고의 충성[阿附]을 바쳤던 존재이다.

(f) 힌두의 '사성 계급(四姓階級)'이 움직일 수 없이 그대로 엄격히 통했던 '초기 희랍 사회'에서, '사제(婆羅門, 신)'에 대한 '무사(武士, 크샤트리아) 계급'의 '목숨을 건 충성심'이 '전쟁에 임해서 여지없이 발휘 되었던 현장[올림픽 경기도 전쟁을 위한 체력 단련을 위한 것이었다.]'을 눈에 보일 정도 구체적으로 보여 주고 있는 것이 바로 <일리아드>라 할 것이다. **어느 고대 사회에서나 비슷한 현상이 될 수밖에 없었지만, 모든 것은 그 '전쟁'으로 가장 큰 결판이 났고, 그 '전쟁 준비'에 성공한 왕이 '최고의 왕'이 될 수밖에 없었다.** 그런데 호머는 결국 '교황 제우스의 승리'를 예찬하고 보존하는 것으로 그의 '명성'과 '재능'이 입증된 존재였음을 알 수가 있다.

(g) '현실의 호화판 생활'은 바로 '무사 족(武士族, 크샤트리아)의 생활'을 중심으로 서술한 말이고[육체 양육'이 그들 기능을 극대화하는 기본 방법], 그 밖의 대부분 일반인(평민, 수드라, 바이샤)의 경우는 '그야 말로 고해(苦海)'로 '영원히 다시 태어나지 않고' '신(婆羅門, 크샤트리아)'으로 격상되는 것이 평생소원인 것은 역시 '인류의 희망' 사항이다.

③. '신들의 가계(家系)'를 밝힌 헤시오도스(Hesiodos)

천병희는 헤시오도스(Hesiodos)의 <신통기(神統記, Theogony)> <일[事] 과 날[日]> <헤라클레스의 방패(防牌)> 등을 번역하여, 헤시오도스의 생 각을 짐작할 수 있게 했다. 그리고 제우스(Zeus)와 아폴로(Apollo)에 대해 해설을 붙였다.

ⓐ 제우스(Zeus)

"((그리스 신화에서 최고신(最高神)인 제우스(Zeus)는.......티탄(Titan) 신 족(神族)에 속하는 크로노스(Cronos)와 레아(Rhea)의 막내아들이다. 크로노 스(Cronos)는 자신이 자기 자식 중 한 명에 의하여 축출될 운명임을 알고 자 식이 태어나는 족족 삼켜버리지만 제우스가 크레테 섬, 또는 아르카디아 (Arcadia)에서 태어나 크레테로 옮겨졌을 때 레아(Rhea)는 크로노스에게 아 기 대신 돌멩이를 포대기에 싸서 건네주고, 아기는 크레테 섬의 딕테 (Dikte) 산 또는 이데(Ide) 산에 동굴에 감추어두고 시종(侍從) 쿠레테스들 (Kouretes)에게 아기를 돌보게 했다. 쿠레테스들(Kouretes)은 아기의 울음소 리가 들리지 않도록 아기 주위에서 춤추며 요란하게 소리쳤다고 한다. 아 말테이아(Amaltheia)란 염소, 또는 요정(妖精)의 젖을 먹고 자란 제우스는 첫 번째 아내 메티스(Metis)를 시켜 크로노스(Cronos)에게 구토제를 먹여 그가 삼킨 돌멩이와 아들을 토하게 했다. 그리고 크로노스(Cronos)가 아버지 우 라노스(Uranus)를 거세하고 우주의 지배자가 되었듯이, 그는 이들(삼켜졌던 아들)과 합세하여 '티탄 신족(Titanes)과의 전쟁'을 일으켜 자신의 강력한 무 기인 천둥 번개에 힘입어 10년 만에 힘겨운 승리를 거둔다. 그리하여 제우 스 삼형제는 제비를 뽑아 우주를 3분했는데, 제우스는 하늘, 포세이돈 (Poseidon)은 바다를, 하데스(Hades)는 저승을 차지하고 대지는 공유(共有)하 게 된다. 그리하여 천둥, 번개, 바람, 구름 같은 모든 기상현상(氣象現象)을 주관하는 하늘의 신으로서 그는 구름이 모여드는 높은 산들, 즉 아르카디 아(Arkadia)의 뤼카이온(Lykaion, 1420m) 산이나 테살리아(Thessalia)의 올림포스(Olympos, 2917m) 산에 머물게 되고 천둥 번개는 아무도 감히 대항할 수 없는 제우스의 막강한 징표가 되었다....제우스는 흔히 '신들과 인간들의 아버지'로 불리지만, 그가 모든 신들의 아버지는 아니며, 인간을 만든 것도 그가 아니라 '데우칼리온(Deukalion)' 또는 프로메테우스(Prometheus)라고 한다. 그의 이름에 붙여진 별명들이 그의 역할을 잘 말해주는데, 그가 통치자 보호자라는 의미에서 '아버지(Pater)'이며, 그런 의미에서 가정의 보호자(Herkeios) 및 재산의 보호자(Hikeisios)이기도 하다. 그는 또한 손님들의 보호자(Xenios)이자 탄원자들의 보호자(Hikesios)이며, 그런 의미에서 '구원자(Soter)'라고 불리기도 한다. 제우스는 전쟁, 농사, 공예 같은 인간들의 일상사에는 깊이 관여하지 않지만, 생활 전반에 걸친 그의 광범위한 역할들에 힘입어 모든 그리스인들에게 가장 중요하고도 가장 보편적인 신이다. 그래서 올림피아(Olympia)에서 열린 제우스의 제전(祭典)은 고대 그리스의 4대 제전 중에 가장 규모가 큰 범 그리스 적 제전이 되었고, 이 제전에 참가하는 것은 곧 그리스인이 되는 것을 의미했다.))"[22]

◆◆◆◆

(a) 헤시오도스(Hesiodos)의 <신통기(神統記, Theogony)> 등 저술의 가장 큰 의미는, 소위 인간 사회에서 문제되는 **'신(神, God)'의 존재가 사실상 '인간 상상력의 소산(所産)'**이라는 점을 가장 구체적으로 입증하고 있는 책이었다는 점이다.

(b) 즉 **'우주를 관장했다는 최고의 신들(-우라노스(Uranus)-크로노스(Cronos)-제우스(Zeus))'**가 소위 '부자간(父子 間)'에 축출을 행했거나, 축출을 당했던 존재로 명시(明示)하였던 책이 바로 헤시오도스의 <신통기(神統記, Theogony)>이다.

(c) 그런데 (그 위대하다는 신들이 중심이 된) '극악(極惡)의 살상 전쟁'이 '세상에서 제일 가까운 지친(至親)신들[부자 관계에 신들]' 간에 생겼다는 '무서운 현장'을, **헤시오도스(Hesiodos)는 감출 줄도 몰랐던 무식한 존재였다.**['도덕 교육' 이전의 정신 상태임-플라톤에 이르

---

22 헤시오도스(천병희 역), 신통기, 한국학술재단, 2004, pp. 233~234

러 그 '禁忌'가 비로소 명시됨]

(d) 그 '헤시오도스(Hesiodos)의 진술'은 뒤에 누가 쉽게 '교정'할 수도 없었으니, 그 '조잡(粗雜)함'이 극(極)에 달하여 그것은 한두 가지로 수정(修正)으로 변명될 수도 없게 된 점이 그것이다. 즉 '혈족결혼(結婚)' '혈족분쟁(紛爭)'에 바로 그 '신들 행위'라는 끔직한 그 복합을 이루었으니, **헤시오도스의 '신(神)'은 '못된 짓만 골라 행하는 신(神)'**이라고 해야 할 정도이기 때문이다.[이것은 앞서 이미 그 <마하바라타>에서 명시된 사항이나, '절대신 크리슈나'는 한발 물러 서 있는 경우였음]

(e) 그렇지만 헤시오도스가 일부 고백하고 있듯이 그는 '특별히 교육을 받아 시인(詩人)'이 된 것이 아니고 오직 그의 타고난 '(神이 許與한)재능'으로 저술을 행한 것이니, 오직 '자신 생각한 최고의 신(Zeus)의 기준'에 따라, 당시 세상에 기존(旣存)한 말(이야기들)을 토대로 기술한(노래한) 사람일 뿐이니, 역시 그 포콕(E. Pococke)의 표현을 빌리면, **'제우스 시대의 충성을 바친 계관시인(御用史家)'**일 뿐이다.

(f) 그러므로 그 '제우스 중심의 희랍 사회'를 서술했던 '어용 사가(史家)'가 헤시오도스이다.

(g) 해설자(천병희)는, '최고의 신 제우스(Zeus)'가 '아버지(Pater)' '보호자(Herkeios)' '재산의 보호자(Hikeisios)' '손님들의 보호자(Xenios)' '탄원자들의 보호자(Hikesios)' '구원자(Soter)'임을 명시하여, 간접적으로 **그 제우스(Zeus)가 바로, '역사적 현실적 최고(最高)의 판관(判官)'**임을 명시하였다. 여기에서 포콕(E. Pococke)은 여지없이 바로 **'제우스는 초기 희랍 사회의 라마 식 교황(교황)'**이라는 명쾌한 주장으로 그 진상(眞相)을 밝혔다.

(h) 제우스가 자랑해 마지않은 '천둥 벼락의 신'도 이미 '힌두(Hindu) 신화'에는 먼저 명시가 되었으니, 우리는 아무튼 그 포콕(E. Pococke)의 설명을 더욱 구체적으로 들어 볼 필요가 있다.

ⓑ '아폴로(Apollo)'

(("아폴로(Apollo)는 제우스와 레토(Leto)의 아들로 쌍둥이 누이 아르테미스(Artemis)와 함께 델로스(Delos) 섬에서 태어났다. 그는 역병(疫病)의 신이며 치유(治癒)의 신이며 궁술과 예언과 광명의 신이자, 가축 떼의 보호자이기도 하다. 원숙한 남성미와 도덕성의 화신이며 문명의 시혜자(施惠者)이기도 한 아폴로는 가장 희랍적인 신으로서 그리스 남신(男神)들 가운데 가장 많은 조각 작품의 대상이 되었지만, 염복(艶福)은 별로 없었던 것 같다. 아폴로에 얽힌 수많은 불운한 사랑 이야기 중에는·······월계수로 변한 다프네(Daphne)....이야기가 유명하다. 아폴로가 델포이(Delphoi)에서 숭배되기 시작한 것은 기원전 8세기 이후의 일이며, 그에 대한 숭배는 그리스 북부 지방이나 소아시아에서 유래했다는 주장도 있다. 아폴로가 왜 어떻게 예언의 신이 되었는지는 알 수 없으나, 아폴로는 현전하는 최고의 문헌에도 '예언의 신'이며, 그의 '신탁 소'는 델포이에 있는 것이 가장 유명하고, 그밖에 델로스에 있는 것과 소아시아 이오니아 지방의 브랑키다이(Branchidai)와 클라로스(Klaros)에 있는 것도 유명했다. 아폴로는 전 희랍인들의 숭배 대상이었다."[23]))

◆◆◆◆

(a) 해설자(천병희)는 아폴로(Apollo)가, '역병(疫病)의 신' '치유(治癒)의 신' '예언(豫言)의 신' '광명(光明)의 신' '가축(家畜) 떼의 보호자' '도덕의 신' '남성미의 신' '문명의 시혜 자(施惠者)' '인기가 있었던 신' '델포이(Delphoi)' '기원전 8세기 이후의 신(神)'이라고 설명하였다.

(b) 포콕(E. Pococke)은 <u>'태양신'이란 근본적으로 '태양족(Solar race)'에 근거를 두고 있고, 그것은 인도 이집트, 희랍, 페루에 이르기까지 인류의 공통 현상이라 설명을 하였다.</u>[사실 이 전제(前提)에서 '인류학(anthropology)'은 출발이 되었다.]

(c) 포콕(E. Pococke)은 더욱 구체적으로 희랍 아폴로(Apollo) 이전의 아

---

23 헤시오도스(천병희 역), 신통기, 같은 책, pp. 239~240

폴로(Apollo)를 <마하바라타(Mahabharata)>에 '크리슈나(Krishna)'를
지목(指目)하였으니, 그 '크리슈나(Krishna)가 바로 희랍의 아폴로
(Apollo)'라는 단정이 그의 저서 <희랍 속의 인도>에 주지(主旨)를
이루고 있다.[힌두의 신념, '불'='태양'='절대신'='크리슈나']

(b) 특히 헤시오도스(Hesiodos)가 <신통기> 첫머리에서 '헬리콘 산 뮤
즈(the Muses at Mount Helicon)'를 칭송했음은 '신전(神殿) 중심'의 **'제
사(Sacrifice) 의식'**을 명시하고 있는 것으로, '지존(至尊)의 노래
(Bhagavad-gita)'에 강조된 그 '제사(祭祀, Sacrifice)'와 무관한 것이 아
니다.

4. '윤회설(輪回說)'을 가르친 피타고라스(Pythagoras)

그 동안 ('다다 혁명 운동' 이전의) 과거의 세계는, **정치적으로 '개방(開
放)'보다는 '폐쇄(閉鎖)' '평화'보다는 '전쟁'**이 그 주조(主潮)를 이루었
고, 거기에다 '경제적인 조건의 열악(劣惡)'과 '과학과 교통 통신(通信) 두
절(杜絕)', '정보(情報) 교류의 미흡(未洽)' 등으로 '우스꽝스러운 일방주
의'가 기승을 부리고 있었다.

볼테르가 그의 <역사철학(The Philosophy of History, 1765)>을 서술한 다
음, 97년 뒤에 사상의 혁명가 포콕(E. Pococke)이 <희랍 속의 인도(1852)>
를 썼다. 그런데 포콕(E. Pococke)이 그 저서를 행할 무렵에 가장 충격적
인 사건은, **'수학자로 유명한 피타고라스(Pythagoras, 570~495 b. c.)'가 '힌
두교(불교)'와 관련된 윤회(輪回) 사상가**라는 사실이 영국(포콕)에 알려졌
던 점이었다.

포콕 당시로서는 그 피타고라스(Pythagoras)에 대한 '가장 적절한 해
설'을 획득한 셈이나, 그 이후 서구(西歐) 사상가[기독교들]는, 그 피타고
라스(Pythagoras)를 '동서소통'과 '통합 주체'로 수용을 하기보다는 그것
[동서 교류의 자취]을 감추고 도리어 은폐(隱閉) 왜곡(歪曲)하려는 성향
을 보여 왔다.

비교적 공정한 자세를 취하려 했던 B. 러셀은, 피타고라스를 다음과
같이 소개하였다.

[a] 피타고라스의 생애(生涯)

(("알려진 것이 거의 없는 피타고라스(Pythagoras) 생애를 짚어 보면, 그
는 사모스(Samos) 섬 출신으로 기원전 532년경에 활략했다. 어떤 이는 그
가 므네사르코스(Mnesarchos)라는 재산가이자 시민의 아들이었다고 말하
고, 다른 이는 아폴로 신의 아들이었다고도 한다."

"(사모스 섬의 僭主) 폴리크라테스(Polycrates)는 예술의 후원자로서 공공
사업을 시작했으며 사모스의 미화에 힘썼다. 아나크레온(Anacreon)도 그
의 궁정 시인이었다. 하지만 피타고라스는 폴리크라테스(Polycrates) 정권
을 혐오한 나머지 사모스를 떠났다. 이때 피타고라스가 이집트를 방문해
거기서 많이 배웠다고 전해지는데, 그럴듯한 말이다. 그랬을지도 모르지
만, 피타고라스가 자신의 사상을 최후로 확립한 곳은 분명 남부 이탈리아
의 크로톤(Croton)이었다."

"피타고라스(Pythagoras)는 크로톤에서 '제자들과 공동체(a society of
dicsiples)'를 설립해서, 한동안 도시에서 영향력을 행사했다. 그러나 결국
크로톤(Croton) 시민들이 적대(敵對)하게 되자 메타폰티온(Mtapontion, 같은
남부 이탈리아)으로 이주해 살다가 세상을 떠났다. 그는 곧 기적을 행하고
마법의 권능을 지닌 신비한 인물로 추앙되었지만, 수학자들로 구성된 학
파의 창시자이기도 했다."))[24]

◆◆◆◆

(a) 러셀(B. Russell)은 아리스토텔레스가 피타고라스를 '아폴로 신(神)
의 아들'이라 했던 것은 비웃듯 각자 독자에게 판단을 위임했으나,
포콕(E. Pococke)은 '태양족(Solar Race)의 후예'라는 적절한 해설을
가하고 있다.

---

24 B. Russell, *History of Western Philosophy*, George Allen & Unwin Ltd, 1961, pp.
49~50 ; 서상복 역, 러셀 서양철학사, 2009, pp. 68, 69, 70

(b) 그리고 러셀(B. Russell)은 피타고라스가 '(인도 기행을 포함)오랜 여행 경력'을 생략하고 '남부 이탈리아의 크로톤(Croton)'에 머물렀던 사실을 유난히 강조하고 있는데, 이는 불필요한 러셀(B. Russell)의 '서구 우월주의'에 비롯한 것으로 반드시 짚고 넘어가야 할 사실 이다. 앞서 크리슈나(Krishna)의 '지존(至尊)의 노래'에서 살폈듯이, '당시 희랍의 열악(劣惡)한 상황'에서는 '선진(先進) 힌두 문명'이 아니면 배울 곳이 없는 상황이었다. 사실 **피타고라스의 '힌두 문명 영향'을 감추기란 '손바닥으로 하늘 가리기'**이니, 희랍 문명의 대 표자 '피타고라스'와 '플라톤'이 모두 '힌두 학습에 열광했음' 구 체적으로 확인할 수 있다.

(c) 포콕(E. Pococke)은 상고(上古)시대부터 '힌두(인더스 강)의 항해술(航 海術)' '페니키아의 항해술'이 얼마나 발달했는지는 지를 구체적으 로 입증을 하였다.

(b) '윤회설(輪回說, the transmigration of souls)' 수용

(("피타고라스(Pythagoras)는 역사상 가장 흥미롭고 수수께끼 같은 인물 이다……그가 창시한 종교의 주요 교리는 '영혼이 윤회(the transmigration of souls)'한다는 가르침과 콩을 먹는 것이 죄라는 가르침이다."

"디카이아코스(Dikaiarchos)는 피타고라스가 가르쳤다고 한다. '우선 영 혼은 불멸하며 다른 생물로 탈바꿈한다.(the soul is an immortal thing and it is transformed into other kinds of living things.) 더 나아가 존재하는 무엇이든 일정 주기로 순환하는 변화 속에서 다시 태어나기에 새로운 것은 있은 있을 수 없는 법이다.(whatever comes into existence is born again in the revolutions of certain cycle, nothing being absolutely new.) 순환 주기의 변화 속에 생명을 타고난 존 재들은 모두 혈연관계로 맺어진다.(all things that are born with life in them ought to be treated as kindred.)' 피타고라스도 프란체스코 성인(St Francis)처럼 동물 과 교감하며 대화를 나누었다고 전해진다."))[25]

◆◆◆◆

(a) '피타고라스(Pythagoras)의 힌두 영향'을 표가 나게 입증해 주고 있는 바가 **'윤회설(輪回說, Transmigration)'**에 대한 피타고라스의 증언이다.

(b) 피타고라스(Pythagoras)가 '매를 맞으며 울부짖는 개'를 보고 그 주인에게 그 개가는 '죽은 피타고라스 친구의 영혼'이라고 했던 사실은 너무나 유명하니, 이것은 그가 단지 '기하학자'일 뿐만 아니라 '힌두의 동물 애호 정신(不殺戒)'도 크게 공감하고 있었다는 말해 주고 있다. 포콕은 특히 힌두 '자이나(Jaina) 교'의 '죽이지 말라.'는 계율에 크게 주목을 하였다.['윤회'는 '동물의 혼'='인간의 혼'='신의 혼'이 그 기본 전제임]

[C] 수학자 피타고라스

(("누구나 알듯이 피타고라스는 '만물은 수이다(all things are numbers)'라고 말했다. 이 진술은 현대적 관점에서 해석하면 무의미하지만, 더 확인해 보면 무의미한 것도 아니다……우리는 지금도 입방이나 평방이라는 말을 사용하는데 이것은 피타고라스에서 유래한 용어이다. 그는 직사각형, 삼각형 수, 사각뿔 같은 용어도 사용했는데, 이것들은 문제된 모양을 만들기(더욱 자연스럽게 말해 '짐작하기') 위해 필요한 자갈돌들이다. 그는 세계가 원자들로 구성되며, 물체는 갖가지 모양으로 배열된 원자들로 이루어진 분자들에 의해 형성된다고 전제했던 듯하다.[평방형, 직방형을 단위로 삼아 세계를 계량화-計量化했다.]

<피타고라스와 그의 직계 제자들의 가장 위대한 발견은 '직각삼각형에 관한 정리(the proposition about right-angled triangles)', 즉 직각에 닿는 두 변의 제곱의 합은 나머지 변의 제곱과 같다는 진리이다."))[26]

---

25 B. Russell, *History of Western Philosophy*, George Allen & Unwin Ltd, 1961, pp. 50, 52 ; 서상복 역, 러셀 서양철학사, 2009, pp. 70, 72

26 B. Russell, *History of Western Philosophy*, George Allen & Unwin Ltd, 1961, p. 54 ; 서상복 역, 러셀 서양철학사, 2009, p. 75

◆◆◆◆

(a) 피타고라스가 '만물은 수(數)이다(all things are numbers)'라고 했다고 하나, <u>동양(인도, 중국)에서도 '수(數)'를 바로 '운명, 운수(運數)' '재수(財數)'와 연결하였으니, 고대인의 '운명론' '순환론'에 결정적 의미를 공통적으로 암시하는 것이었다.</u>

권세(權勢)와 복록(福祿)의 명시가 바로 수자로 제시되었으니, '수(數)'란 모든 사유의 기초가 되는 것은 일반적인 현상이다.

(b) 그렇지만, 소위 기하학에 <u>'피타고라스의 정리(定理, Pythagorean theorem)'는, '현대 과학 문명'에 그의 명성(名聲)을 불멸(不滅)하게 했으니, 그것은 말로 다 설명하기가 어려울 정도이다.</u>

(c) 간단히 말해 '피타고라스 정리'는 모든 평면을 '사각형(square)'으로 바꾸어 생각할 수 있게 했고, 나아가 '구형(球形)'까지 '정육면체(正六面體, a regular hexahedron, a cube)'로 바꾸어 생각할 수 있게 하여 소위 그 '기하학(geometry)'이 '물리학(physics, 力學)'의 확실한 기초가 되게 하였다.

(d) '기하학(geometry)'의 철학사적 의미

(("기하학(geometry)이 철학이나 과학의 방법에 미친 영향은 뿌리 깊고 의미심장했다. 희랍인이 체계를 세운 기하학은 자명한(self-evident, 혹은 自明하다고 생각된) 공리(公理, Axioms)에서 시작하여, 연역추리(演繹推理, deductive reasoning)를 통해 조금도 자명하지 않은 정리(定理)들(theorems)로 나아간다."

"공리(公理)와 정리(定理)들은 경험 속에 주어진 현실 공간에 들어맞는다고 생각된다. 따라서 먼저 자명(自明)한 공리를 인지한 다음, 연역을 사용하여 현실 세계에 관한 정리들을 발견할 수 있음이 분명하다. 이러한 견해는 플라톤과 칸트, 그리고 그들 사이에 있었던 철학자의 대부분에게 영향을 주었다. '미국독립선언문'에 '이라는 이러한 진리들을 자명한 것으로 생각한다.(we hold these truths to be self-evident.)'고 말한 것은 유클리드(Euclid)의 본떠 주장한 셈이다. 18세기 '자연권' 학설은 정치학에서 일어난 유클리드(Euclid)식 탐구이다. 뉴턴의 <프린키피아(Principia)>의 형식은 널리 인정되듯이 경험 가능한 물질을 다루는데, 전적으로 유클리드(Euclid) 방법의 지배를 받는다."

"나는 수학이 초감각적인 지성계에 대한 믿음뿐만 아니라 영원한 진리에 대한 믿음을 발생시킨 주요 원천이라 생각한다. 기하학은 정확한 원을 다루지만, 감각 가능한 어떤 대상도 정확한 원 모양을 하고 있지는 않다. 우리가 아무리 주의를 기울여 컴퍼스로 원을 그린다고 해도, 빗나가거나 고르지 못 한데가 생기게 마련이다. 이것은 정확한 추리란 오로지 감각 가능한 대상들과 대비되는 이상적 대상들에 적용될 뿐이라는 견해를 암시한다. 더 나아가 사유가 감각보다 더 고귀하며, 사유의 대상이 감각 지각 대상보다 더 실재성(real)을 갖는다고 주장한 것은 당연한 결과다. 시간을 영원과 연결하는 신비주의 학설도 순수 수학으로 강화되는데, 수(數) 같은 수학의 대상들이 실재한다고 해도 영원한 존재로서 시간 속에 존재하지 않기 때문이다. 그러한 영원한 대상들은 신이 생각해 낸 것이라고 말하기도 한다. '신이 기하학자(God is a geometer.)'라는 플라톤의 학설과 '신이 수학에 빠져 있다(God is addicted arithmetic.)'는 제임스 진스(James Jeans) 경의 믿음은 바로 앞의 사실에 유래한다. 종말론적인 예언 종교와 대비되는 합리주의 성향의 종교는 피타고라스이래, 특히 플라톤 이후부터 철저하게 수학과 수학적 방법의 지배를 받았다."))[27]

◆◆◆◆

(a) B. 러셀(Russell)은 수학자로서, 피타고라스(Pythagoras)와 그 학파(유클리드, Euclid)의 영향력이 막대하여 그것을 '서구 학문의 근본'으로 자랑을 늘어놓은 셈이다.

(b) 그러나 주지하는 바와 같이 그 '힌두' 문화에서 '무(無, 0)'와 '무한대(無限大, ∞)'가 개념이 발원했으니['개인 존재'는 無(0)이고, '絶對神'은 無限大(∞)임], '피타고라스 수학'의 기초도 그 '힌두 문화와 무관'한 것으로 우길 수는 없다. 그리고 러셀이 거론하고 있는

---

27 B. Russell, *History of Western Philosophy*, George Allen & Unwin Ltd, 1961, pp. 55, 56 ; 서상복 역, 러셀 서양철학사, 2009, pp. 76, 77

'데모크리토스(Democritos, b. c. 460)의 원자(原子, atom)론'도 이미 힌두 '지존의 노래(Bhagavad-gita)'에 명시되어 있다. '지존(至尊, Supreme Being)은... 미세자(微細子, minuter)이며 극미(極微)의 알갱(the minutest atom)이다.'[28]라고 명시했음이 그것이다.

(c) **B. 러셀(Russell)은 철학계의 '다다이스트(전쟁 反對, 평화주의자)'로** 서 그 1946에 간행한 그의 <서양철학사>는 몇 가지 약점은 있으나, <세계철학사>를 저술함에 필독(必讀)해야 할 요긴한 저술이다.

그렇지만 B. 러셀(Russell)의 <서양철학사>에 반드시 시정(是正) 되어야 할 사항은, 그 첫 번째가 **'인도 철학의 희랍의 영향력 무시(無視)'**이다. 즉 피타고라스의 '기하학'도 그에 앞선 '힌두'의 '수학적 전제'를 수용하고 있다는 점을 망각해서는 안 된다. 더구나 뉴턴 역학(力學)의 기초가 된 '코페르니쿠스(N. Copernicus, 1473~1543)의 태양 중심설'에 기초가 된 '행성(行星)의 발견'도 힌두의 '지존(至尊)의 노래(Bhagavad-gita)'에, '행성 소카(金星)와 안가라카(火星) -the planets Soka(Venus) and Angarakas(Mars)'로 언급이 있었다.[29]

(d) '수학적 무한대(無限大)'와 연대된 '(절대 神과 연대된)선험철학'은, 바로 '인도의 불교'의 '무한대(神, ∞, 有) - 정신(마음) - 육체(人間, 0, 無)'의 '힌두[우파니샤드]의 윤회 사상'과 관련이 있다는 역사적 사실은, 피타고라스의 '영혼불멸(immortality)' '윤회(輪回, transmigration)'론 만큼이나 '자명(自明, self-evident)'한 사항이다.

(e) 그동안 '서양철학'에서 가장 큰 약점이, **'인도(힌두) 부정(否定)'에** **'백인우월주의(white supremacy, 귀족주의)'이다**. 수학에 '공리'를 잘 맞지 않는 '사회 현실'에 '자명한 원리'로 주장했던 사람들이 철학자(신학자)는 힌두의 '바라문' '피타고라스' '플라톤'이었다.

(f) 그동안 '영혼불멸(immortality)' 더구나 '윤회(輪回, transmigration)' 문

---

28 K. M. Ganguli (Translated into English Prose from the Original Sanskrit Text), *The Mahabharata of Krishna-Dwaipayana Vyasa,* Munshiram Manoharlal Publisher Pvt. Ltd. New Delhi, 2000, Bhishma Parva, section XXXII, p. 72
29 K. M. Ganguli, *The Mahabharata,* Ibid, section XLV p. 108

제는 러셀을 받아들일 수 없던 사항이나, 그것이 서양 기독교에 그
대로 통했고, 그것을 기반으로 모든 '기존의 종교적(철학적)' 주장
이 있었다는 점은 러셀은 알고 있었다.

5. '깨달음(覺)'의 불타(佛陀, Buddha)

포콕(E. Pococke)은 그의 <희랍 속의 인도>에서, 그 자신은 '개신교도
(protestant)'임을 거듭 밝히면서, **'초기 힌두(Hindu) 문화'가 그대로 '초기
희랍(Greece) 문화'였음을 역설하였다.** 그리고 동시에 유럽 사회 전체가
그 '불교문화'에 깊이 젖어 있는가를 비유적으로 말하고, <희랍 속의 인
도>의 결말에서, **'피타고라스(Pythagoras)'의 범어(梵語) 식 원래 의미는
'부처이신 영적 스승님(Bud'has Spiritual Teacher)'**이라고 해설을 가했다.

'개신교도' 포콕(E. Pococke)이, 그처럼 불타(佛陀, Buddha)에 크게 기울
어져 있었던 이유는 무엇인가? 사실 불타(佛陀, Buddha)는 플라톤의 <국
가(The Republic)>에도 결정적인 영향을 주었으니, 포콕(E. Pococke)의 '선
견지명(先見之明)'은 '서구 계몽주의 운동'에도 막강한 힘을 발휘한 존재
였다.

그리고 포콕이 말한 **'불타(Buddha)' '불타 족(Buddhas, 월궁 족)'**이란 **'석
가모니 부처'를 포함한 모든 힌두(Hindu)의 '유일신교도(唯一神敎徒)'**를
지칭한다는 점을 먼저 알아 둘 필요가 있다.

(a) 불타(Buddha, 佛陀)의 생애

(("석가모니(釋迦牟尼, Sskya-muni)는 불교의 창시자로서 '석가(釋迦)'는
종족의 명칭이고, '모니(牟尼)'는 성자(聖者)라는 말이다.

①[兜率來儀-도솔천에서 올 것을 예고하다] ②[毘藍降生-룸비니 동산
에 태어나다.]태자(太子) 시절 이름은 가우타마싯다르타(Gautama-siddhartha)
이다. 석가모니는 오늘날 네팔지방 틸로리코트(Tilori-kot)로 추정되는 가

비라성(迦毘羅城, Kapila-vastu) 통치자 정반왕(淨飯王, Suddhondana)를 아버지로 하고 이웃나라 구리족(拘利族, Koriya)의 천비성(天臂城, Devadaha) 왕의 딸 마야(摩耶, Maja) 부인을 어머니로 태어났다. 당시 풍속에 따라 마야(摩耶, Maja) 부인이 출산을 위해 친정인 천비성으로 가는 도중에 룸비(藍毘尼, Lumbini) 동산에서 탄생하였다.

생후 7일 만에 마야(摩耶, Maja)부인은 별세를 했고, 이모(姨母)인 마하프라자파티(Mahaprajapati)에 의해 양육되었다. 싯다르타는 어려서는 바라문(婆羅門)인 비사밀다라(Visvamit)와 찬제제바(Ksantideva)에게 문무(文武)를 교육 받았고, 성장(16세, 19세)하여서는 천비성 선각왕(善覺王, Suptabuddha)의 딸 야수다라(耶輸陀羅, Yasodhara)를 처로 맞아 아들 라후라(羅睺羅, Rahura)를 낳았다. 그러나 ③'사문유관(四門遊觀-인생의 고뇌를 목격하다.)'으로 표현되는바 인생의 무상함과 괴로움을 해결하고자 29세에 궁궐을 버리고 떠나 사문(沙門)이 되었다. ④[逾城出家-집을 떠나 승려가 되다.]

출가한 싯다르타는 현자 아라라가라마(阿羅羅伽羅摩, Arara-kalama), 울다가라마자(鬱陀伽羅摩子, Udraka-ramaputra) 등의 가르침을 받고 그들과 동등한 경지인 '무소유처정(無所有處定)' '비상비비상처정(非想非非想處定)'에 이르렀지만 이들을 떠나 니련선하(尼連禪河, Nairanjana)에 이르러 다섯 명의 수행자와 고행(苦行)을 하였다. ⑤[雪山苦行-고행을 계속하다.]

그러나 6년의 걸친 극도의 고행이 무익함을 깨달아 고행을 중지하고 니련선하(尼連禪河, Nairanjana)에서 목욕하고 수타야(須闍多, Sujata)가 올린 우유죽을 먹고 기력을 회복하였다. 그리고 그 다섯 명과 헤어져 가야(伽耶, Gaya) 마을의 필발라수(畢鉢羅樹, pippala) 아래로 가서 집중적인 정관(靜觀)을 통해 35세 되던 12월 8일 커다란 깨달음을 얻었다. 이러한 인연으로 필발라수를 '보리수(菩提樹, bodhi-vrksa)', 그 마을은 '부다가야(Buddhagaya)'라 부르게 되었다. ⑥[樹下降魔-나무아래서 깨달음을 얻다.]

깨달음을 성취한 후 그 '교화(敎化)'를 주저하던 불타(佛陀, Buddha)는 범천(梵天)의 간곡한 청을 들어 함께 고행을 했던 '아야교진여(阿若憍陳如, Ajnata-Kaundinya)' '발제(拔提, Bhadrika)' '바사파(婆沙波, Baspa)' '마하남(摩訶男, Mahananda)' '아설시(阿說示, Asvajit)'가 수행하고 있는 녹야원(鹿野苑,

Mrgadava)으로 찾아가 최초로 가르침을 베풀고 제자로 삼음으로써 불교 교단이 성립했는데, 이것을 초전법륜(初轉法輪)이라 한다. ⑦[鹿苑轉法 - 사슴 동산에서 가르침을 펼치다.]

이후 불타(佛陀, Buddha)는 자신을 '예래(如來, Tathagata)'로 칭했다. 역시 불타(佛陀, Buddha)는 배화교(拜火敎)도 우루빈라가섭(優樓頻羅迦葉, Uruvilva-kasyapa) 나제가섭(那提迦葉, Nadi-kasyapa) 가야가섭(伽耶迦葉, Gaya-kasyapa) 등 가섭 3형제와 육사외도(六師外道) 중 하나인 산자야(Sanjaya)의 제자였던 사리불(舍利弗, Sariputra) 목건련(目犍連, Moggallana) 등을 제자로 삼았으며, 왕사성(王舍城, Rajagrha)에서 빔비사라왕(頻婆娑羅王, Bimbisara)의 귀의(歸依)를 받음으로써 교세가 급성장했다. 빔비사라왕은 불타(佛陀, Buddha)에게 죽림정사(竹林精舍, Venuvavana-vihara)를 지어 바쳤는데 이것이 불교 최초 사원(寺院)이었었다. 그다음 불타(佛陀, Buddha)는 고향 카필라성으로 돌아가 아들인 라후라와 종형제인 아난(阿難, Ananda)을 제자로 삼았으며, 특히 이모이자 양모인 마하프라자파티와 재가(在家) 시절 처(妻)인 야수다라를 제자로 받아들였는데, 이것이 비구니(比丘尼)승단(僧團)이 성립되는 계기가 되었다.

또한 불타(佛陀, Buddha)는 모든 사람에게 가르침을 베풀어 신분과 성별에 관계없이 평등하게 그들을 제자로 받아들였는데, 이것은 사성계급(四姓階級)이 지배적인 인도 사회에 커다란 영향을 주었으며, 이후 불교가 세계적으로 전파되는 밑거름이 되었다.

불타(佛陀, Buddha)는 생의 마지막 해에 마가다국(摩揭陀國, Magadha)을 출발하여 갠지스 강을 건너 비사리(毘舍離, Vaisali)를 지나 파바성(波婆城, Pava)에 이르러 대장장이인 순다(순타, Cunda)의 공양을 받으신 후 병이 들었다. 병인 난 불타(佛陀, Buddha)는 구손하(拘孫河, Kukuttha)에서 최후의 목욕을 하고 구시나게라성(拘尸那揭羅城, Kusinagara)의 사라쌍수(沙羅雙樹) 사이에서 머리를 북으로 향하고 오른쪽 옆구리를 밑으로 하여 발을 포개고 누웠다. 밤에 제자들에게 최후의 가르침을 준 다음 열반(涅槃)에 들었으니, 세수(歲數)가 80세였다. ⑧[雙樹涅槃 - 사라쌍수 아래서 입적하다.]

불타(佛陀, Buddha)의 사리(舍利)는 말라족(末羅族, Mala) 사람들에 의해 말라족의 천관사(天官寺, Makutabandhana-cetiya)에 안치되었다가 화장(火葬)되었다. 장례식에 참석한 8개국 사절 사이에 사리의 분배문제로 분쟁이 빚어졌는데, 향성(香姓, Dona) 바라문의 조정으로 사리가 8분 되었고, 각각의 나라에 탑을 세웠다. 후에 이와 같은 불타(佛陀, Buddha)의 생애를 '하천 탁태(下天 托胎)' '탄생' '출가' '고행' '항마(降魔) 성도(成道)' '설법' '열반' 등 여덟 가지 중요 사건으로 설명하는 방식이 정형화되었는데, 이것을 팔상도(八相圖)라 한다.

이후 불타(佛陀, Buddha)는 점차 초월적 존재로 여겨져 신앙의 대상되었다. 불타(佛陀, Buddha)의 가르침은 열반에 든 다음 4개월 후에 왕사성 교외 칠엽굴(七葉窟, Sapta-pana-guha)에서 대가섭(大迦葉, Maha-kassapa)을 중심으로 결집이 되었는데, 아난은 경(經)을 우파리(憂波離, Upali)는 율(律)을 각각 기억에 의해서 송출(誦出)하면, 합석했던 제자들이 교정을 확정하였다. 그 뒤 여러 차례의 결집을 통하여 오늘날까지 남전(南傳)과 북전(北傳)의 경전(經傳)이 전해지고 있다.'"[30])

[b] 불타(Buddha, 佛陀)가 보여준 혁명적 발상(發想) − '각(覺, enlightenment)'과 '자유(解脫, Final Freedom)'

◆◆◆◆

(a) 불타(佛陀, Buddha)의 가르침에 혁명적인 두 가지 큰 주제는 '벗어남(解脫, Final Freedom)'과 '깨달음(覺, enlightenment)' 두 가지 명제이다.

(b) '벗어남(解脫, Final Freedom)'의 명제는 크리슈나(Krishna)의 '지존(至尊)의 노래(Bhagavad-gita)'에서 이미 충분히 명시가 된 사항이나, **'깨달음(覺, enlightenment)'의 명제(命題)는 불타(佛陀, Buddha)의 고유(固有)의 '혁명적 발상'으로 가히 '인류의 스승'이라 할 위대한 자리를 얻을 만한 그 이전에는 아무도 몰랐던 생각이다.**

(c) 즉 불타(佛陀, Buddha)는 그의 '깨달음(覺, enlightenment)'의 명제로 인류의 문화는 바로 '혁명(革命)과 개신(改新)의 역사(歷史)'를 펼치게

---

30 지관(智冠), 가산불교대사림(加山佛教大辭林), 가산불교문화연구원, pp. 767~769

되었으니, 한 마디로 '<u>인두</u>'의 종교는 '제사(sacrifice) 제일주의'에 '사제(司祭) 중심의 원시적 사고방식'을 고수했다고 포록(E. Pococke) 계속 비판을 행했다.

(d) 이 '깨달음(覺, enlightenment)'의 명제를 통해서, 인류의 모든 정신적 사회적 물질적 혁명은 지속이 되었고, 지속이 되고 있고, 앞으로도 진행이 될 것이니, 어찌 위대하지 않을 수 있는가?

(e) 쉽게 말하여 힌두의 '지존(至尊)의 노래(Bhagavad-gita)'에서 거듭 강조했던 '벗어남(解脫, Final Freedom)'의 문제도, 불타(佛陀, Buddha)의 '깨달음(覺, enlightenment)'의 세례를 거치지 못 하면 '불필요한 공상(空想)'의 범위를 넘지 못하게 되니, 불타(佛陀, Buddha)의 '깨달음(覺, enlightenment)'의 경지(境地)는 동서고금(東西古今)의 인류를 위한 진리이다.

(f) 크리슈나의 '지존의 노래(Bhagavad-gita)'가 역사적으로 '사회(국가)적인 정의(正義) 의무(義務) 명예(名譽) 실현'에 그 초점을 두고 있지만, 불타(佛陀, Buddha)의 '깨달음(覺, enlightenment)'은 그 모든 것을 초월하여 '모든 인간의 인지(認知)에 근본 거점'을 마련하게 했다.

(g) 그러므로 이 '깨달음(覺, enlightenment)의 문제'는 모든 인간 행동의 처음 출발점이고, 마지막 인간의 모든 문제를 해결할 그 열쇠이다. 그것을 '불타'가 인류에게 '선물'로 준 것이다.

(h) 그렇다면 소위 '팔상도(八相圖)'에서부터 넘쳐나는 '신비주의(神秘主義)'는 무엇인가? 그것은 불가(佛家)에서 소위 '방편 설(方便說, 임시적으로 개별 경우에 응하기 위함)'이니, 이것부터 그 '깨달음(覺, enlightenment)'의 대상이다.

(i) 진정으로 그 '깨달음(覺, enlightenment)'이 없이는 모든 '이성(理性, Reason)'에 해결을 기대할 수 없으니, 그 중요한 사실을 불타가 먼저 그 승기를 잡아 명시했고, 지혜 있는 자들이 그 뒤를 이었다.

(j) 그리고 크리슈나('至尊의 노래')부터 명시되었던 그 '<u>벗어남(解脫, Final Freedom)</u>'의 문제도 '<u>엄청난 육체 무시(無視), 제사(祭祀, sacrifice)</u>'로 가능한 것이 아니라는 것도 역시 불타의 그 '<u>깨달음(覺,</u>

enlightenment)'에 포함된 사항이니, 심각한 모든 인간 사회 문제도
그 '깨달음(覺, enlightenment)'에 걸리지 않은 사항은 없다.

(k) **서구(西歐)에서 행해진 '뉴턴' '볼테르' '칸트'로 이어진 서구 '계몽
주의(Enlightenment)' 행렬도 사실상 그 '깨달음(覺, enlightenment)'의
하나의 양상(樣相)일 뿐이다.**

(l) 불가(佛家)에서 전제하고 있는 '수많은 불타(佛陀, Buddha)'의 전제
(前提)는, 이전에 '단순한 제사장(祭司長)'에 머물던 존재[최고의 존
재]를, **일약(一躍) '생명 존중의 실천가' '절대 정신(神)'으로 격상시
켜 '인간 속에 상주(常住)함'을 말한 것**이니, 그것이 바로 불타(佛陀,
Buddha)의 '대자대비(大慈大悲)'이다. ['배화교(拜火敎)도' '가섭(迦
葉)의 개종'이 그 대표적인 예이다.]

(m) 서구에서는 F. 니체는 <이 사람을 보라>에서, 자신의 '차라투스트
라를 임신한 암코끼리'에 비유하여, '석가모니' 불타의 '도솔내의
(兜率來儀)'를 상상하고 '동시주의'의 현대적인 '선택의 지유 의지'
를 명시하여 유명하다.

F. 니체의 '자유'는, 석가모니 부처가 전제해 보인 '완전한 자유'와
는 사실상 아무런 관계가 없다. 그렇지만, **'실존(實存, 육체)을 긍정
한 자유(차라투스트라의 자유)'에서 '욕망의 긍정과 그 억압'을 동시
에 인정하고 긍정하는 것이 그 '동시주의'의 '자유'의 기본이니, 이
것은 태초부터 인간이 알고 있는 바를, F. 니체를 자신의 '탁월한
지혜와 용기'로 터득 세상에 공표했던 바가 그의 명저(名著) <차라
투스트라는 이렇게 말했다.>이다.**

그러므로 F. 니체는 불타(佛陀, Buddha)의 '포괄적 깨달음'을 '과학
적 실존주의'에 적용했던 것이 다른 점이나 그것의 근본을 굳이
[과학적으로]밝히자면, 그 **'불타'의 '완전한 자유(final freedom)' 문
제도, 사실상 그 '차라투스트라(니체)의 주장'을 벗어날 수가 없다.**
그것은 역시 일차적으로 '개인적인 깨달음'의 영역이라는 점에서
'불타의 각(覺)'과 크게 일치하는 것이다.

[C] '인도(힌두) 사회'에서의 '불타(Buddha)'의 의미

소위 '베다(Veda) 철학'과 공존(共存)했던 '힌두(인도) 문화'는, '일방주의'나 '통일성'보다는 오히려 '다양성' '개방성'에 오랫동안 길들여져 있었고, 모든 신앙의 목적이 역시 '현생(現生)의 이익 추구' '특히 국가주의 전쟁 수행'에 그 구극(究極)의 초점이 맞춰져 있었다. 그러기에 **'전쟁의 영웅신' '크리슈나(Krishna)'**에 그들 관심이 거의 집중이 되어 있는 형편이었다.

원시 인도사에서는 '비슈누(Vishnu)' 신(神)의 10가지 화신(化身, avatar)이라는 10명의 역사적 영웅을 모시고 있었다. 즉 바라문들을 지켜주는 비슈누 신의 10가지 화신은 1. 마크시아(Matsya), 2. 쿠르마(Kurma), 3. 바라하(Varaha), 4. 바마라(Vamana), 5. 크리슈나(Krishna), 6. 칼키(Kalki), 7. 불타(Buddha), 8. 파르슈라마(Parshurama), 9. 라마(Rama), 10. 나라시마(Narasimha)가 그들이다.

이들은 인도(힌두) 사회에 미만(彌滿)해 있는 **'현실적 국가 사회의 편의(便宜)를 위한 역대 영웅들(神들)의 종합'**임을 알 수 있는데 그 중심(中心)은 역시 '크리슈나(Krishna)'가 으뜸으로 자리를 잡고 있다.

◆◆◆◆

(a) 석가모니(釋迦牟尼, Sskya-muni) 불타(佛陀, Buddha)의 '깨달음(覺, enlightenment)'은 어디까지나 **개인적인 '깨달음'이고, 그 '온전한 자유(Final Freedom, 解脫)' 역시 '개인적인 자유의 달성'이었다.** 그런데 그것을 온 '사회' '국가' '세상'에까지 널리 알리고자 한 이상이 '불타의 설법 시작'⑦[鹿苑轉法]이었다. 그것은 그 석가모니(釋迦牟尼, Sskya-muni) 불타(佛陀, Buddha)의 행적 속에 명시되어 있는 사항이다.

이러한 석가모니(釋迦牟尼, Sskya-muni) 불타(佛陀, Buddha)의 본래 뜻은 '제사(祭祀, Sacrifice) 중심' '사제(婆羅門) 계급 중심' '힌두 중심'을 완전히 벗어나, **불타의 '깨달음'은 계급을 무시하고 만인(萬人)에게 열려 있었기**에, '힌두(인도)' 자체 내에서보다는 '해외(海外)'

로 파급(波及)되어 중국 한국 등에 그것이 온전하게 전해졌다.

(b) 그런데 크리슈나(Krishna)의 '지존(至尊)의 노래(Bhagavad-gita)'에서 명시되어 '국가 사회적인 책무(責務)'의 문제는, 석가모니(釋迦牟尼, Sskya-muni) 불타(佛陀, Buddha)의 경우 처음부터 그 '고려대상'에서 초월된 상태였다.['逾城出家'로 초월이 된 경우임]

그런데 크리슈나(Krishna)의 경우, '전통 힌두인의 의식(-신은 항상 인간 속에 섞여 거주하신다.-) 구조'로 '전차(戰車) 몰이군(武士)'이면서 순간 '지존자(至尊者, God)'로 돌연히 그 자세에서 그 천양지차(天壤之差)를 순간 극복하였다.[현대인의 '꿈속의 상상'과 동일한 구조] 여기에서 충분히 미루어 볼 수 있는 사항은, <마하바라타>에 '크리슈나(Krishna)' 경우는 이미 '기존한 전쟁 영웅인 크리슈나(Krishna)'를 '힌두 사회의 간편한 상상력[신 만들기 방법]'으로 그를 '신(God) 권위로 끌어 올렸다.'는 사실이고, **석가모니(釋迦牟尼, Sskya-muni) 불타(佛陀, Buddha)의 경우는 순전히 그 '개인'이 알아낸 '깨달음(覺, enlightenment)'과 '온전한 자유(Final Freedom, 解脫)'을 수단으로 나아가 '세상'을 바꾸려 했다는 사실이다.**

(c) '크리슈나(Krishna)'와 '석가모니(釋迦牟尼, Sskya-muni) 불타(佛陀, Buddha)'의 경우가 이처럼 크게 구분이 되지만, '힌두(인도)' 사회에서 석가모니(釋迦牟尼, Sskya-muni) 불타(佛陀, Buddha)를 '비슈누(Vishnu) 신' 7 번째 화신(化身, avatar) 정도로 묶어 두었던 것은, 힌두 사회에서는 크리슈나(Krishna)의 존재로 이미 그 '사회적 의무 교육'이 충분했고, 석가모니(釋迦牟尼, Sskya-muni) 불타(佛陀, Buddha)의 소위 '온전한 자유(Final Freedom, 解脫)'이란 **'(전쟁 중심의)국가주의 사회 현실'에 사실상 별로 득(得)이 될 사항이 없었기 때문이다.**

(d) 그런데 **'힌두'와 공동 문화권인 희랍(Greece)에서도, 우선 필요한 것이 '전쟁에 죽음을 두려워하지 않는 무사(武士) 정신'이 선호(選好)되어, 그 '올림피아 경기'를 통해 그 '호전적 기상'이 칭송되었고 호머의 시속에도 '억센 영웅'이 최고로 칭송이 되었던 것은 주목해야 할 사항이다.**[현대 올림픽 정신은 '전쟁 무사 정신의 제거

(평화주의)'가 기본 사항으로 명시되어 있음]

(e) 플라톤이 그 <국가> '동굴의 비유(The Figure of the Den, the Allegory of the Cave)'에서, '불타의 깨달음(覺, enlightenment)을 얻은 철학자'가 그 '이상 국가'를 통치해야 한다고 제안했던 것은, 실로 '불타에게 국가 통치를 맡겨야 한다.'는 [희랍 속에 침투해 있는 불교 정신이 라는 측면에서] '경천동지(驚天動地)'할만한 사안(事案)이다.[이것 은 플라톤의 '피타고라스학파의 교유(敎諭)'로 확보된 사항이었음]

(f) 플라톤이 석가모니(釋迦牟尼, Sskya-muni) 불타(佛陀, Buddha) 행적이 가장 주목했던 바는 '완전한 욕망의 극복(克服)=깨달음'이라는 중 요한 사실의 수용이니, **플라톤의 지성으로 존경한 소크라테스의 권위(입)로 행한 발언['동굴의 비유']** 당시 **'석가모니(釋迦牟尼, Sskya-muni) 불타(佛陀, Buddha)의 행적'에서 사실상 그 요점을 놓칠 수는 없는 사항이었다.**[플라톤은 그 밖의 힌두의 '윤회' '4원소(元 素)설' 등 이론을 알고 있었음]

(g) 플라톤이 제시한 '금욕(禁慾)의 불타'가 그 '유토피아'에 왕이 되어 야 한다는 주장은, 사실상 **'아테네의 계관(桂冠) 시인'** 플라톤의 발 상(發想)이라 할 만하다.

(h) 그러나 플라톤은 '위대한 생각'을 했을지라도 그 '불타'가 통치를 해야 할 대상은 그대로 '물욕(物慾)을 앞세운 우중(愚衆)들뿐'이니, 그 통치가 쉽게 성공할 수 없었을 것이라는 점은 아쉽지만 어쩔 수 없는 당시 아테네의 자명(自明)한 현실이었다.['크리슈나 정신 속 에 있었던 소크라테스의 사형 집행'으로 짐작할 수 있다.]

6. '아테네의 쇠파리' ─ 소크라테스(Socrates)

소위 세계사에 '성인(聖人)'이라 일컬어진 사람들은, 한 결 같이 그 제 자들도 탁월했지만, 유독 <u>소크라테스(Socrates, 469~399 b. c.)는 오로지 플 라톤(Plato)이 지은 <소크라테스 변명(Apology)>으로 당장 그 '성인(聖人)</u>

<u>의 반열(班列)'에 오른 특이한 경우였다.</u>

그런데 우리가 그 소크라테스와 플라톤의 관계를 살피기전(前)에, 먼저 알아야 할 사실이 **'펠로폰네소스 전쟁(Peloponnesian War, 431~404 b. c.) 문제'**이고, 거기에서 아테네(Athens)는 스파르타(Sparta)에 패배했는데, 그 '아테네 시민에게 각성(覺醒)을 촉구했던 소크라테스'는, 도리어 아테네 시민들에 의해 고발을 당해 사형(399 b. c.)을 당했고, 그때에 플라톤의 나이는 29세였다는 사실이다.

'패전(敗戰)'을 당하고도 반성(反省)할 줄을 모르고, 그 '향락(享樂)에 빠져있음'을 꾸짖은 소크라테스에게 아테네 사람들은 도리어 '사형'을 집행했다. 이 어처구니없는 당시 '아테네 사람들의 사고 체계에 대한 혁신의 의지'를 품은 젊은 플라톤은, <소크라테스 변명(Apology)>을 제작했다. 그러므로 그 <변명>과 연관된 플라톤의 중심 사상은, **'아테네 중심 국가주의'**였다.

그런데 플라톤이 제작했던 <소크라테스 변명(Apology)>은, 힌두(인도)의 '쿠르크세트라 전쟁(Kurukshetra War)'에서 '아르주나(Arjuna)'의 전차(戰車)몰이꾼 '크리슈나(Krishna)'가 바로 그 '절대 신(God)'이었다는 <u><마하바라타(摩訶婆羅多, Mahabharata)>에 '지존(至尊)의 노래(Bhagavad-gita)' 전개 방식을 그대로 적용했다는 사실</u>이다.

즉 플라톤은, '탁월한 아테네의 계관 시인(詩人)'으로서 그의 재능[플라톤의 '대화록'은 일종의 '연극'의 진행 방법이다.]을, <u>'아테네의 쇠파리(the Athenian gadfly-소크라테스)'가 바로 '신(神, God)의 말씀을 전한 성자(聖者)'였다는</u> 그 '변용(變容)'은 당초 '전차몰이꾼이었던 크리슈나가 절대 신(God)'라는 기막힌 논리와 완전 동일함이 그것이다.

이점을 움직일 수 없게 하고 있는 사항은, <변명>에서 '소크라테스의 모습'과 <지존의 노래>에서 전차몰이꾼 '크리슈나(Krishna)'가 모두 <u>'국가에 대한 의무 중시', '개인 육체 무시', '영혼불멸' 등의 중요 사상을 완전히 서로 공유(共有) 주장했던 존재들이라는 점</u>이다.

힌두(인도)는 오히려 그 제작 '연대(年代)' '시인(비아사-Vyasa)'를 모두 모호(模糊)하여 힌두의 그 특징을 보이고 있지만, '총명한 피타고라스 정신'

을 보유한 희랍인은 그 '연대(年代)'와 '시인(기록자)'을 확실하게 간직하여 그 <변명(Apology)>을 '세계 철학사 전개'에 아직껏 자랑을 하고 있다.

한 마디로 <소크라테스 변명(Apology)>은 아테네 플라톤 식 '지존(至尊)의 노래(웅변)'로서, '플라톤 문학의 승리'이고, '희랍 지존(至尊)의 과시'였다.

ⓐ 소크라테스의 신분(身分)

(((①"소크라테스(Socrates, 469~399 b. c.)는 역사가들이 다루기 어려운 존재이다.....그는 틀림없이 아테네의 중간 계층 시민이었고, 논쟁하며 일생을 보냈으며, 젊은이들에게 철학을 가르쳤으나, 소피스트들과는 달리 돈을 받지 않았다. 그는 확실하게 재판을 받았고, 그에게 사형 선고가 내려졌으며, 기원전 399년 70세에 사형이 집행되었다. 아리스토파네스(Aristophanes)가 <구름(The Clouds)>에서 풍자적으로 묘사한 내용을 보면 소크라테스가 아테네의 유명 인사였다는 사실에도 의문의 여지가 없다...."[31]))

◆◆◆◆

(a) 러셀(B. Russell)은 신중함을 발휘하여, '소크라테스'가 과연 역사적으로 '실재한 인물인지'부터 신중하게 접근하였다.

(b) '소크라테스가 (분명히)있었고' '사형을 당했다는 것'을 러셀(B. Russell)은 '사실'이라고 긍정을 하였지만, '사형을 당한 이유'의 설명에는 무엇보다 '(아테네의)계관시인' 플라톤의 '시적 재능(창작 재능)'이 없이는 그처럼 '감동적인 전달'이 사실상 불가능했다는 점도 러셀(B. Russell)은 아울러 밝힌 셈이다. 즉 다른 사람(크세노폰-Xenophon)이 전한 '소크라테스 이야기'는 그를 '성자(聖者)'로 알기에는 턱없이 부족한 경우이기 때문이다.

---

31 B. Russell, *History of Western Philosophy*, George Allen & Unwin Ltd, 1961, p. 101 ; 서상복 역, 러셀 서양철학사, 2009, p. 138

(b) 소크라테스의 신(神)

②"(소크라테스는 말했다.) '오로지 신(God)만이 지혜롭지요. 신은 신탁을 통해 인간의 지혜란 가치 없다는 점을 보여주려 합니다. 소크라테스에게 말한 것이 아니라 단지 나의 이름을 사례(事例)로 써서 이렇게 말하려 했던 것뿐입니다. 오 인간들이여, 소크라테스처럼 자신의 지혜가 사실 가치가 없다는 것을 아는 자가 바로 가장 현명한 자라고 말이지요.'"[32]

◆◆◆◆

(a) 소크라테스가 '신탁(信託, oracle)'을 믿고 '자신 내부 신의 목소리'에 따라 행동을 했다는 사실은 플라톤이 <변명>에서 행한 중대 보고 사항이다. 왜냐하면 사실상 그것으로 **'소크라테스는 결국 그 신(God)의 화신(化神, Avatar)'**이기 때문이다.

(b) '소크라테스의 변명'은 크리슈나와는 정반대로 '인간'으로서는 '무가치한 소크라테스' '무식한 소크라테스임'을 명시(明示)하며 사실상 '아테네에는 소크라테스보다 현자가 없다.'는 신탁은 역설적(逆說的)으로 '무식(無識)하면서도 무식(無識)하다는 것도 모르는 아테네인'이라는 극단(極端)의 결론에 도달했다고, 플라톤은 명백히 전하고 있기 때문이다.

(c) '악인'이 '선인'을 해칠 수는 없다.

③"(소크라테스는 말했다,) '만약 여러분이 나를 죽이게 되면 나를 해치는 것보다 여러분 자신을 더 많이 해치게 된다는 점을 아셨으면 합니다. 아무도 나를 해칠 수 없을 것입니다. 멜레토스(Meletus)도 아니토스트(Anytus)도 나를 해칠 수 없지요. 악한 사람은 자신보다 더 선한 사람을 해칠 수 없는 법이니까요. 아마 아니토스(Anytus)는 자신보다 선한 사람을 죽이거나 추방하거나 시민권을 박탈할 수도 있겠지요. 그런 다음 다른 이들도 선한 사

---

32 B. Russell, *History of Western Philosophy*, George Allen & Unwin Ltd, 1961, p. 104 ; 서상복 역, 러셀 서양철학사, 2009, p. 143

람을 몹시 해 해친다고 상상할지도 모릅니다. 그러나 나는 아나토스 (Anytus)가 저지른 악행, 다른 사람의 생명을 부당하게 빼앗는 악행이 훨씬 더 악한 짓이기 때문입니다.'"[33]

◆◆◆◆

(a) 소크라테스는 플라톤과 더불어 '영혼불멸(Immortality)' '윤회 (Transmigration)'를 알고 있었다.

(b) '선(善)'과 '악(惡)'의 구분에서, 크리슈나(Krishna)는 '신(神)'과 '제 사(祭祀, Sacrifice)'를 '아는(行하는) 사람'을 착한 사람이라 하고 '욕 망(慾望)만을 취(取)한 사람' '도둑'으로 규정하였다.

(c) <변명>에 '선' '악'의 구분은 명시되어 있지 않지만, '높은 신분' '행복한 삶' '건강' 등은 희랍인의 '선(善)'에 해당하고 '악행(범죄)' '질병' '궁핍'은 '악(惡)'에 종속시켰다.

(d) 위에서 소크라테스가 '자신보다 선한 사람을 죽이거나 추방하는 행동'이 역시 '큰 벌을 받을 행위'라는 말은 '사후(死後) 심판(審判)' 을 전제한 발언으로 볼 수밖에 없다.

[d] '아테네의 쇠파리'

④"소크라테스는 자신이 아니라 바로 배심원들을 위해 변론을 펼치며, 자신은 신(God)이 아테네에 보내준 쇠파리(a gad-fly)같은 존재로서 자신과 닮은 다른 사람들을 찾기는 쉽지 않을 것이라고 말한다. '여러분은 아마 (잠자다가 갑자기 깨어난 사람처럼) 버럭 화가 나서 아나토스(Anytus)의 말대로 나를 쉽게 때려죽일 수 있다고 생각할지도 모릅니다. 그러면 신이 여러분 을 돌보기 위해 쇠파리(a gad-fly) 역할을 하게 될 사람을 한 번 더 내보내지 않는 한, 여러분은 일생동안 잠을 자고 있을 겁니다.' "[34]

◆◆◆◆

33 B. Russell, *History of Western Philosophy*, George Allen & Unwin Ltd, 1961, pp. 105~106 ; 서상복 역, 러셀 서양철학사, 2009, p. 145
34 B. Russell, *History of Western Philosophy*, George Allen & Unwin Ltd, 1961, p. 106 ; 서상복 역, 러셀 서양철학사, 2009, p. 145

(a) 위의 여러 가지 소크라테스의 '말씀' 중에 가장 먼저 주목해야 할 부분은, ④항에 소크라테스가 자신을 '아테네의 쇠파리(a gad-fly, 잔소리꾼)'라고 자칭했던 사실이다.

철학자나, 역사가, 시인이 모두 그 '말'로 자신의 모든 것을 달성하는 사람들인데, 소크라테스는 그 자신의 이름 대신에, '아테네의 쇠파리(a gad-fly, 잔소리꾼)'로 명시했다.

이것은 크리슈나(Krishna)가 자신을 '(최고신)브라흐만(God)'으로 자칭했던 것과 거의 '상반(相反)'된 사항이다. 즉 '쇠파리'란 지상(地上)에 여러 동물 중에도 '가장 추악(醜惡)하고 열등한 곤충(경멸의 대상)'이기 때문이다.[소크라테스의 '육체 경멸(輕蔑)'의 표상임]

사실 소크라테스는 그러한 자신의 '성격' 때문에, 결국 법정에 서게 되었고, 마지막 '사형(死刑)'까지 당하게 되었다는 점도 역시 [역사적] 사실이다. 그러므로 **'쇠파리'**는 당사자(當事者) 소크라테스와 플라톤, 아테네 시민이 공감했던 **현실적인 소크라테스의 특징'**이다. 그런데 플라톤은 힌두(Hindu) 방식('바가바드기타' 식)으로 **'그 쇠파리가 바로 성자(聖者)'**라고 <변명(Apology)>에서는 명시를 했으니, 이것이 '아테네의 계관 시인' '국가주의 계관 시인(桂冠詩人, poet-laureate)' 플라톤의 대성공 작품의 주요 성공 방법이었다.

(b) 그런데 플라톤은 당시 선배 '피타고라스'와 더불어, 그 **'힌두(인도) 문화'가 아니면 배울 곳이 없었다.** 그런데 플라톤은 <변병>에 '신의 아바타(avatar)' 소크라테스를 '아테네의 쇠파리' '사형당한 잔소리꾼'으로 제시하여 쥐도 새도 모르게 <마하바라타(摩訶婆羅多, Mahabharata)> '지존(至尊)의 노래(Bhagavad-gita)' 진술 방법을 써먹었으니, 피타고라스를 이어 '플라톤 시대'에도 [희랍이 '힌두 문화 속'에 있었다는 신념에 기초한] '의도적 안목(眼目)'이 발동되지 않으면 그 '힌두이즘'을 거의 찾을 수 없게 지워버렸다. 그런데 포콕은 누구보다 그 '힌두의 희랍 식 변용'을 확실하게 밝혔다.

(c) 그러한 차원에서 플라톤이 지은 '<변명(Apology)>에의 감동(感動)'은 이미 우위를 확실히 확보했고, '소크라테스의 정신(God)'과 '소

크라테스의 육체(쇠파리)'의 대비 속에 '소크라테스의 웅변(신의 말씀)'은 모든 '육체(쇠파리) 신세'를 떠나지 못한 친구들(아테네 시민, 전 인류)의 '열등(劣等)의식'을 여지없이 건드리며 그 비위(脾胃)들이 거듭 상하게 만들었다.

(d) 젊은 플라톤의 '시(劇詩) 제작 방법'은 실로 탁월하여 감히 따를 자가 없었지만, 그 **<마하바라타(摩訶婆羅多, Mahabharata)> '지존(至尊)의 노래(Bhagavad-gita)'에 전제한 '정신(마음, 영혼) 존중' '육체(물질, 현실) 경멸'의 구조**를 먼저 확인하고 나면 별로 놀랄 것도 없다.

(e) 그 <마하바라타(摩訶婆羅多, Mahabharata)>의 '크리슈나(Krishna)' 경우는 이미 현실적으로 높은 '귀족 무사(武士)'라는 측면에서 그가 '천신(天神, 브라흐만)'을 칭하고 나왔으니, 그것은 '신인동거(神人同居)'의 '힌두 전통'을 고수한 것['天神'을 칭했던 것은 '역사적 사실'일 수 없고, 뒤에 '힌두 詩人'의 진술 방법에 의한 것임]이고, 플라톤은 <변명>에서 그 '가증스런 그 쇠파리'가 '신의 사자(使者)'였다는 그 '반전(反轉)을 인지할 틈'을 빼앗아 그 '육체 경멸의 훈계(訓戒)'를 더욱 극열(極熱)하게 소크라테스의 말을 통해 구체적으로 보여 주었다.

(f) 그리고 '쇠파리(a gad-fly, 잔소리꾼)의 사명'이 바로 '잠이든 아테네 시민들 깨움'이라는 전제에 확인할 수 있는 바는, 변명을 제작했을 당시 '플라톤(소크라테스)'은 이미 불타(Buddha)의 '각(覺, enlightenment)의 정보'를 다 확보해 놓고 있었다.['변명' 제작 시기는 그의 '피타고라스학파' 방문 이후임] 그리고 소크라테스와 플라톤은 '힌두이즘'을 제대로 수용한 피타고라스와 시대적인 격차는 1세기 정도 차이가 나고 있어 그 '불타(佛陀)의 각(覺)의 이야기'를 당시 지식인들이 모를 수가 없기 때문이다.

(g) 그리고 그 '쇠파리(a gad-fly)'란 곤충은, 포콕(E. Pococke)이 이미 먼저 확인한 **'아테네의 메뚜기(the Athenian Grasshopper)' '황금메뚜기(a golden grasshopper-富裕한 元老 상징)' '황금 매미(the cicada of gold, 아테네 토박이 상징)'**를 이은 단지 '곤충(곤충)'일 뿐이지만, '잠도 잘 수

없게 귀찮게 구는 더러운 쇠파리(a gad-fly)'가 바로 '신(神)의 사자 (使者)'였다는 '역설(逆說)'은, 천재 시인 플라톤(소크라테스)이 아니 면 가능할 수 없는 이미 '희랍인의 재능(비극 시인의 방식)'이 제대로 발휘된 대표적인 성공 사례였다. 그렇지만 그것은 역시 '힌두의 크 리슈나(Krishna)' 더욱 구체적으로 <마하바라타> 제작 시인 비아 사(Vyasa)정신'의 재탕(再湯)이었다.

(h) 사실상 기존 희랍의 '올림포스' '제우스' 신 중심에도 이미 '힌두 이즘'이 깔려 있었다. 그러나 '철저한 육체 경멸(즉 쇠파리만큼도 못 한 사람들-아테네, 희랍인들)'을 행했던 그 '소크라테스(플라톤)의 신 념'이, 그동안 '유명한 올림픽 경기[전쟁 武士 정신 옹호]'로 충분 히 알 수 있듯이 희랍인의 '육체 존중 사상' '현실존중 사상'이 역 시 '희랍 아테네의 중심을 사상'을 엄연히 이루고 있었다는 사실 도 부정할 수가 없다.

그러므로 이후 '소크라테스(플라톤의 극 중 주인공)'의 일관된 주장은, '육체 우선의 크샤트리아(武士 족) 옹호 정신(올림포스 정신)'을 완전 개혁하여, 사제(司祭 바라문-婆羅門)의 '육체 경멸' 정신(영혼, 신) 중 심' '도덕 중심'으로 완전한 전환(轉換)이 그 목표였으니, 이것은 역 시 이후 '로마 가톨릭 정신'으로 자연스럽게 연결이 되었던 바였다.

(i) '백인(西歐) 우월주의자' 러셀은, 소크라테스를 '완벽한 오르페우 스교의 성인(the perfect Orphic saint)'으로 규정해 놓고 ['힌두 크리슈 나'는 반 마디 언급도 없이] '소크라테스 논의'를 끝내었다.

이처럼 '종족우월주의(백인 종족주의, 민족주의)'는 그 '결론'도 옹졸 할 수밖에 없었다.['희랍 중심'의 고집] 러셀은 이 포콕(E. Pococke) 의 저술도 제대로 읽어보지 않은 것은 오히려 그의 '자유'일지 모 르지만, **플라톤 소크라테스에 대한 바른 이해는, '희랍 지역에서 선행(先行)한 힌두 문화 보편화'를 인정할 때, 비로소 그 진상(眞相) 을 다 얻게 된다**는 것도 그 움직일 수 없는 사실이다.

(θ) '죄'와 '심판'

⑤"(소크라테스의 마지막 연설) '내게 유죄 판결을 내린 여러분! 기꺼이 한 가지 예언을 하겠습니다. 나는 곧 죽을 텐데, 임종이 가까워진 사람은 예언의 능력을 얻는다고들 하지요. 내게 사형을 선고한 살인자 여러분! 나의 사형을 집행한 후 곧 여러분이 내게 가한 이상으로 훨씬 무거운 형벌이 여러분을 확실하게 기다리고 있습니다......만약 여러분이 사람을 죽이는 방법으로 어떤 이가 여러분의 악한 생활(your evil lives)을 꾸짖지 못하게 할 수 있다고 생각한다면 오산이지요. 그건 악한 생활에 벗어나는 적절한 방법도 아니고 명예로운 방법도 아닙니다. 가장 쉬우면서도 가장 고결한 방법은 다른 사람의 힘을 빼앗고 해치는 것이 아니라 여러분을 선하게 만드는 것입니다.'"[35]

◆◆◆◆

(a) 소크라테스 **'사형(死刑, 죽음)을 두려워하지 않았던 것'은 앞서 지적했듯이 크리슈나(Krishna)의 '사생 관(死生 觀)'과 동일한 전제**이다.

(b) 이에서 분명해진 것은 소크라테스의 '악(惡)한 사람'이란 '희생(국가사회에 대한 奉事, 祭祀) 정신'을 외면하고, '이기적(利己的)' '육체적 쾌락'에 빠져 있는 사람으로서 오히려 '충고도 거부 질시하는 사람'을 지칭하고 있으니, 그 '지존(至尊)의 노래' 속에 지적된 '자기 망상에 빠진 사람(the man lost in selfish delusion)'임은 부정할 수가 없다.

(c) 역시 그 '지존(至尊)의 노래'에, '악행(惡行)을 하는 사람들(men who do evil)'은 '그들의 심장(heart)'이 악(the path of evil)의 길을 택한다고 했는데, 플라톤(소크라테스)은 사형을 언도한 사람들에게 **'여러분이 내게 가한 이상으로 훨씬 무거운 형벌이 여러분을 확실하게 기다리고 있습니다.'**라고 확신에 차 판관들을 그 자리에서 꾸짖은 것은 그 이전에 이미 '지존(至尊)의 노래' 내용을 숙지하고 있었다는 점을 명시하고 있다.

---

35 B. Russell, *History of Western Philosophy*, George Allen & Unwin Ltd, 1961, pp. 106~107 ; 서상복 역, 러셀 서양철학사, 2009, p. 146

(f) 사후(死後) 세계

⑥ "다음에 소크라테스는 배심원들 가운데 자신이 무죄라는 쪽에 투표한 사람들을 향해, '다른 경우에는 종종 신이 연설하는 도중에 멈추라는 신탁을 내렸지만, 오늘 법정에서 연설을 할 때는 멈추라는 신탁이 내리지 않았다.'고 말한다. 그것이 바로 '나에게 일어난 선(善, good)한 일이며 오히려 죽음을 악(惡, evil)으로 여기는 사람이 오류에 빠져 있다는 암시'라고 말하기도 한다. 왜냐하면 죽음은 꿈꾸지 않고 푹 잠든 상태처럼 분명히 좋은 일이거나 영혼이 다른 세계로 옮겨가는 것이기 때문이다. '만약 어떤 이가 오르페우스(Orpheus), 무사이오스(Musaeus), 헤시오도스(Hesiod), 호메로스(Homer)와 대화를 나눌 수도 있다면 어떤 대가를 치르더라도 그렇게 하지 않겠습니까? 그렇지요, 그게 사실이라면 나는 몇 번이고 흔쾌히 죽으렵니다.' 내세(來世)에서 그는 부당하게 죽음의 고통을 겪었던 사람들과 대화를 나누고, 무엇보다 계속해서 참된 지식을 탐구할 것이라는 것이다. '다른 세상의 사람들은 질문하는 일을 즐긴다는 이유로 어떤 사람에게 사형(死刑)을 선고하지는 않겠지요. 확실히 그렇지 않을 겁니다. 왜냐하면 <u>전해지는 이야기</u>가 사실이라면, 그들은 우리보다 더 행복할뿐더러 죽지도 않는 불멸의 존재들이기 때문입니다.' '죽음의 시간이 다가오면 우리는 제각기 나는 죽음의 길로, 여러분은 삶의 길로 흩어져 가겠지요. 어느 쪽이 더 좋은 길인지는 신만이 아실 겁니다.'(147)"[36]

◆◆◆◆

(a) <u>'영혼불멸' '사후세계' '윤회' 문제까지 소크라테스(플라톤)는 그 크리슈나(Krishna)와 공통이다.</u> 절대신(God) 크리슈나는 "우리(영혼)는 어느 때나 항상 있고(we all have been for all time)'... 나와 당신과 인간들의 왕이 모두 그렇고... 우리는 항시 있을 것이고, 영원히 그러할 것(2장 12절)"이라고 명시했으니, 이것은 인간을 얼마나 희망에 부풀게 하는 말인가? 소크라테스(플라톤)이 위에서 명백히 '전

---

36 B. Russell, *History of Western Philosophy*, George Allen & Unwin Ltd, 1961, p. 107 ;
서상복 역, 러셀 서양철학사, 2009, p. 147

해지는 이야기'란 바로 크리슈나의 이 언약이니, 이것('絶對神 크리 슈나의 노래')을 무시하면, 당시로서는 '학문(學問)이라 일컬을 것' 도 없었다.['계몽주의 이전 시대'의 중요한 특징]

(b) <변명>에서는 '신(神)'과 '쇠파리'에 대비에 이어 '삶'과 '죽음'의 대비를 '악인'과 '선인'의 대비를 아울러 행했다.

(c) 여기에서 플라톤은 '내세'를 확신하는 것이 아니라 어디까지나 '가정(假定) 상태'를 말했던 것은 그의 시인으로서 '겸허(謙虛)'에 해당하며 '체험해 보지 못한 세계에 대한 신중함'에 기초한 것이 나, '내세(來世)를 믿지 않은 사람들'에게는 역설적으로 그 '소크라 테스에 대한 존경심'이 저절로 발휘되게 한 것은 플라톤의 '시적 재능'에 의해 발휘된 효과이다.['來世에 대해 확신(確信)'이 있다 면, '기쁠 것'도 '슬플 것' '원통할 것'도 없음]

[9] '절제'의 소크라테스

⑦"소크라테스는 신체에서 비롯되는 모든 정욕을 극복하려 끊임없이 노력한다.....플라톤의 말이 진실이라면, 소크라테스는 유혹이 거세게 몰 아칠 때조차 플라톤 식 '사랑'에 머물렀다. 그는 '완벽한 오르페우스교의 성인(the perfect Orphic saint)'과 다름없었던 셈이다. 하늘에 속한 영혼(soul) 과 땅에 속한 신체가 분리된 이원적 세계에서, 그는 '영혼'의 힘으로 '신체 (body)'를 완벽하게 제어했다. 그는 마지막 순간 죽음에 무관심하고 냉정 한 태도를 보이며, 영혼의 제어 능력을 최후로 입증한 사례이다,"[37]

◆◆◆◆

(a) 포록의 '태양 족(Solar Race, 武士 족)' '월궁 족(Lunar Race, 바라문 족)' 구분 방법을 좇아 보면, 소크라테스는 크리슈나(Krishna)와 비슷한 '태양족'에 가깝고, 플라톤은 '월궁 족(司祭 족)'에 가깝다.

(b) '펠로폰네소스 전쟁'에 패배한 아테네 사람에게 '소크라테스보다

---

37 B. Russell, *History of Western Philosophy*, George Allen & Unwin Ltd, 1961, p. 109 ; 서상복 역, 러셀 서양철학사, 2009, p. 149

효과적인 처방'은 없다는 입장에 플라톤은 있었으니, 그것은 '**절대 신(神)이 바로 약(藥)**'이라는 <지존의 노래>를 수용하고 있는 구체적인 사례이다.

(c) 러셀이 굳이 소크라테스를 '완벽한 오르페우스교의 성인(the perfect Orphic saint)'이라고 했으나, 포콕의 해설을 연장하면 '**오르페우스교(orphism)'이란 바로 '힌두교' '크리슈나의 교**'일 뿐이니, 그것을 수용하면 러셀의 해설에도 부족함이 없다.

(h) 아테네 중심의 '국가주의'

⑧"소크라테스는 '펠로폰네소스 전쟁(Peloponnesian War)'에서 아테네의 주도권이 스파르타로 넘어가는 과정에서 살았다. 당시에 아테네인들은 굴욕적인 패배에서 안정을 찾고 회복될 것을 추구하였는데, 아테네 시민들은 효과적인 정부 형태로서 민주주의를 의심했을 수 있다.........소크라테스는 그 당시 희랍에서 느꼈던 것은 '정의(正義)'라는 집단적 개념이 있는가가 의문이었다. 플라톤은 소크라테스를 국가의 '쇠파리(gadfly)'로 말하고....정의와 선을 추구하라고 사람들을 짜증나게 했다. 소크라테스는 아테네의 정의감(the Athenians' sense of justice)을 개선하려 했던 것이 처형(execution)의 원인이 되었다.....

크세노폰(Xenophon)과 플라톤은 그 종자들을 시켜 간수(看守)들에게 뇌물을 주어 소크라테스에게 망명의 기회를 제공했다. 여기에서 소크라테스는 왜 그가 감옥에 그대로 있어야 하는지 그 이유를 말했다.

그와 같은 '망명'은 '죽음을 두려워하는 것(a fear of death)'으로, 그가 아는 '진실한 철학자'가 아니라는 것이다.

그가 '아테네(Athens)'를 떠날 경우, 그의 가르침은 다른 나라에서도 이로울 것이 없고, 그의 '지속된 질문'은 틀림없이 그들에게도 불쾌감을 일으킬 것이다.

3. 이 도시의 법에 살기를 동의해 놓고, 시민들에 의해 죄가 있다고 고소가 되어 배심원의 유죄판결이 내렸다. 이에 달리 행동하는 것은 국가와

'사회적 약속'을 깨뜨려 국가를 손상하는 무절제한 행위이다.

4. 친구들의 선동으로 도망하면 그 친구들은 법에 책임을 져야 한다.

소크라테스의 죽음은 플라톤의 <파이돈(Phaedo)> 마지막에 묘사되어 있다. 소크라테스는 감옥에서 탈출에서 탈출시키려는 크리톤의 애원을 접게 했다. 독배를 마신 다음 소크라테스는 그의 다리에 마비를 느낄 때까지 걷도록 했다. 소크라테스가 쓰러지니, 독배 집행자는 소크라테스 다리를 꼬집어보게 했으나 소크라테스는 다리를 느끼지 못 했다. 마비는 소크라테스의 심장에 이를 때까지 서서히 퍼졌다. 죽기 바로 전에 크리톤에게 유언을 했다. '크리톤, 아스클레피우스에게 수탁 한 마리를 빚졌네. 지불할 것을 잊지 말게.'"[38]

◆◆◆◆

(a) 인류 최초로 힌두의 '마하바라타(摩訶婆羅多, Mahabharata)' 전쟁에서 크리슈나(Krishna)가 펼친 '전쟁 옹호'론은, 고스란히 플라톤(소크라테스)의 '아테네 중심 국가주의'로 자리를 잡았다.

(b) 플라톤이 소크라테스를 통해 내세운 가장 큰 문제는 '국가'와 '신(God)'과 '선(Good)'을 하나로 통합했던 문제인데, 이것은 힌두의 절대신(God) 크리슈나가 '제사(祭祀, Sacrifice)' '절대신(크리슈나, 善)' '전쟁 옹호'를 통합했던 것과 동일한 것이다.

그런데 힌두의 경우 '신(God)'은 무사(武士) 크리슈나가 '자임(자칭)'했고, 불타는 '깨달음(覺, enlightenment)'을 강조하여 '신(神)과 합일하는 방법'을 제시했다.[梵我一如]

(c) 그러므로 소크라테스와 플라톤에 남은 독창(獨創)적인 것이 있다면, 그것은 '아테네 국가(國法)주의(constitutionalism)'가 있을 뿐이다.

(d) 이로써 '피타고라스' '플라톤'에서 발원(發源)했다는 '서양철학의 대계(大系)'는, 그 원래 근본에 '힌두이즘(Hinduism)'이 있다는 문제가 다 석명(釋明)이 된다.

[포콕의 설명으로는] '절대 신(God)인 대신한 통치자(제우스)'를, 플

---

38 Wikipedia, 'Socrates'

라톤은 다시 그의 <국가(The Republic)>에서 이상적인 통치자 '붇타(깨달은 사람)'를 거듭 주장하였다. 그래서 플라톤의 '국가주의'는 이후 사양사의 전개는 '교황(教皇)'이나 '기존한 왕'을 신(God)으로 받드는 전쟁중심의 제국주의(Imperialism)로 정착이 되었다. 그렇지만 당초 플라톤이 생각했던 그 '붇타(Buddha) 통치자'와, 18세기 '제국주의 황제'는 확연히 구분이 된다. 즉 플라톤은 '물질(物質, 육신)을 초월한 왕'을 그 이상(理想)으로 했음에 대해, 18세기 '제국주의 황제들'은 '물질[황금]을 차지하기 위해 목숨을 지푸라기[草芥]처럼 버려라!'를 강조하는 '탐욕(貪慾)의 주도자(主導者)'가 되었음이 그것이다. 그렇게 실제 역사가 완전히 반대로 전개 될 줄을 플라톤이 꿈엔들 생각을 했겠는가!

7. '아테네'의 애국자 – 플라톤(Plato)

주지(周知)하는바 플라톤(Plato, 428~348 b. c.)은 그가 '남자(男子)'로 태어나 '아테네 시민'으로 살고 '소크라테스의 제자'가 된 것에 대해 신 (God)에게 감사했다고 한다. 이것을 거듭 요약하면 소크라테스를 통해 명시된 **'아테네 중심 국가주의'가 플라톤의 평생 지상(至上) 과제**였음을 말한 것이다.

그런데 우리가 '플라톤 철학'을 고려할 때에 반드시 먼저 생각해야 할 점은, 플라톤은 평생 그 **'전쟁(戰爭)에 어떻게 대응을 할 것인가를 고민하고 있었다.'**는 점이다.

즉 플라톤 당대 아테네는, '펠로폰네소스 전쟁(Peloponnesian War, 431~404 b. c.)'을 치렀는데, 그 전쟁은 '스파르타가 그 맹주(盟主)가 되었던 펠로폰네소스 동맹(the Peloponnesian League led by Sparta)군'과 '아테네가 그 맹주(盟主)가 된 델로스 동맹(the Delian League led by Athens)군'이 대적(對敵)이었다. 그런데 아테네 주도 '델로스 동맹군(同盟軍)'은 '펠로폰네소스 동맹군'에게 '대패(大敗)'를 당하고 '전쟁'은 일단락되었다. 이에 아테네의 특별한 애국자 플라톤은 그 전쟁 패배의 극복을 '평생의 목표'로 삼고 있었던 사람이었다.

'펠로폰네소스 전쟁', 그것은 구체적으로 플라톤이 태어나기 3년 전에 터져 그의 나이 24세에 종료(終了)되었다. 그 '전쟁에의 패배'는 '아테네'에 남다른 애정과 긍지를 느끼고 있었던 플라톤에게 그에 상응한 '뼈아픈 반성'과 '분노'가 있었고, 그에 상응한 '당시 아테네 시민의 개탄할 만한 약점'을 플라톤이 모를 수가 없었다.[소크라테스의 '아테네 시민 정신 비판'은 바로 플라톤의 '비판'임] 그 **'전쟁 패배(敗北) 원인'을 플라톤(소크라테스)이 진단하기로는, '국가 사회를 위한 봉사(奉事)와 희생(犧牲)정신을 망각하고, 각 개인의 욕망(慾望)만 중시하는 아테네 시민들'**이라는 확신에 있었다. 그런데 이것은 앞서 크리슈나(Krishna)가 명시한 '신(국가)' '제사(희생)'을 망각(忘却)한 '악당(아수라)의 소굴'은, 바로 당시 '패전한 당한 아테의 모습'이라는 것, 그것이 역시 소크라테스(플라톤)가 내린 **'병(病)든 아테네에 대한 진단(診斷)'**이었다.

이에 '병든 아테네를 위해' 플라톤이 쏟아낸 처방전(處方箋, 작품)이 <소크라테스 변명(Apology)> <국가(The Republic)>였다. 이들은 사실상 '소크라테스의 입'을 빌린 '아테네 시민을 향한 플라톤의 질타(叱咤)요 훈계(訓戒)'였다. 그러므로 소크라테스가 소망했던 '아테네 국가주의'는 플라톤의 저술로 <국가(The Republic)>란 저서로 더욱 구체적으로 강조가 된 셈이다.

인간이 '국가 사회'를 이루고 살아가는데 있어서, '전쟁(戰爭)보다 더욱 큰 문제'는 없다. 그런데 그 플라톤 이전 '힌두 역사에 대(大) 전쟁'은 '마하바라타(摩訶婆羅多, Mahabharata) 전쟁'에는 영웅(神) 크리슈나(Krishna)가 있었다. 그런데 희랍의 '펠로폰네소스 전쟁(Peloponnesian War, 431~404 b. c.)'에는 소크라테스와 플라톤이 있었다.

원래 '크리슈나(Krishna)의 전쟁 수행 명분'은 '무사(武士, 크샤트리아)'로서 '의무(義務)' '정의(正義)' '명예(名譽)'를 앞세웠다.[개인 중심주의] 그런데 소크라테스와 플라톤에 의해 수정된 바는, 그것들이 **'아테네'**라는 구체적인 집단의 **'국가주의'**로 변모(變貌)된 것이 가장 큰 특징이다.

['공동체'의 개념]

플라톤에게는 희랍의 '펠로폰네소스 전쟁(Peloponnesian War)'은 더욱 생생한 역사이다. 그 '전쟁'에 패배한 '아테네 시민을 향해 각성(覺醒)을 촉구했던 말씀'을 듣기는커녕, 아테네 시민들은 '그 말이 귀찮다.'고 그 소크라테스를 다시 사형(399 b. c.)까지 시켰으니, 플라톤의 '마음속의 분노'가 어떠했을 지는 다시 물을 것도 없다. 그러한 심리적 경위에서 플라톤은 그 **'아테네 국가 운영의 교본(敎本)'을 만들어 내었으니, 그것이 <국가(The Republic)>이다.**

<국가(The Republic)>는 한 마디로 '상시(常時) 전쟁 대비(對備)의 국가 경영론'이었다. '거대 왕국'의 경우에 대부분 사람들[평민들]은 '국가 경영' '전쟁'은 잊고 살아도 무방(無妨)하다. 그러나 '작은 도시 국가', 더구나 서로 **'목숨을 걸고 자존심을 고수한 태양족(武士족)'의 경우는 '전쟁이 인생'이고 '전쟁이 본업'이고, '전쟁이 생의 의미'**이다.

그런데 그 '태양족(武士 족 크샤트리아) 전통'을 계승하기 '지기(負)를 싫어하는 호전(好戰)적 종족을 자임(自任)했던 서구인(西歐人)'[포콕의 '라지푸트'론]은 오히려 그 플라톤의 <국가(The Republic)>를 '복음(福音)'으로 받들었다.

그런데 플라톤의 그 '국가주의(Nationalism)'에 '다른 이론(理論)'을 첨가시켜 '변종(變種)'이 연(連)이었으니, 우선 '유대인 종족주의'와 연합한 <신약>에서는, '예수의 천년 왕국'[요한계시록]이 마련되었고, 아우구스티누스(A, Augustinus, 354~430)는 <신국(神國, *The City of God*, 426)>을 지었고, 헤겔은 다시 소크라테스 플라톤의 '국가주의'에 유대인의 종족주의 통합하여 '게르만 신국 론'을 그의 <법철학(1820)> <역사철학(1822~30)>을 통해 밝혔고, 헤겔의 그것을 이어 히틀러(A. Hitler, 1889~1945)는 <나의 투쟁(*Mein Kampf*, 1925, 1927)>을 써서 '나치즘'을 들고 나왔다.

피타고라스는 선진 힌두의 '영혼불멸' '윤회(輪回) 이론'을 수용해 가르쳤는데, '아테의 계관시인' 플라톤은 **'국가(The Republic)' 경영에 필수 불가결한 '최고 철인(哲人) 통치자'는, 바로 '불타(佛陀, Buddha)'야야 한다는 주장을 펼쳐 보였다.**

즉 플라톤의 그의 저서 <국가>에서 설명해 보인 그 '동굴의 비유(The Figure of the Den, the Allegory of the Cave)'는, 소크라테스의 권위로 행한 앞서 **'불타(佛陀, Buddha)의 깨달음(覺, enlightenment) 경지에 관한 강론'**이었다.

소크라테스(플라톤)는 그 '깨달음(覺, enlightenment)의 경지(境地)'를 '동굴 속에 갇혔던 사람이 밝은 태양 아래 만물을 대하는 것 같다.'고 가르쳤는데, 그 '깨달음의 기본 조건'을 '육신(肉身)을 묶는 그 쇠사슬을 끊음'이라고 하였다. 이것이 바로 '불타가 가르친 각(覺, enlightenment)'에 대한 플라톤 식 수용이었다.

그렇다면 포록이 말한 희랍에서 '힌두 문화'는 그 상대(上代)에 국한(局限)된 문제가 아니고, '희랍 역사의 처음부터 끝(플라톤 시대)'까지 지속이 되었던 것이니, 오직 그 '힌두 원형(原形)'은 그대로 두고 '[국가 중심의]외모(外貌) 바꾸기'가 그 희랍인의 최장기'였음을 알 수 있다.

ⓐ 플라톤의 '세 가지 계급'

"①-플라톤 철학에서 가장 중요하게 다루어야 하는 문제는 다섯 가지이다. 첫째는 이상향(Utopia)으로서, 기나긴 역사 속에 등장하는 최초의 형태에 속한다. 둘째는 이념 이론(theory of ideas)으로서, 지금까지도 해결되지 않은 보편자 문제를 다룬 것으로 선구적 시도로 평가된다. 셋째는 영혼 불멸을 지지하는 논증이고, 넷째는 우주론이며, 다섯째는 지각이 아닌 상기로 간주되는 지식의 개념이다."[39]

"②-플라톤은 시민을 세 계급 즉 평민(common people) 계급, 군인(soldiers) 계급, 수호자(guardians) 계급으로 나누면서 시작한다. 수호자(guardians) 계급만이 정치권력을 갖게 되며, 수호자 계급의 수는 다른 두 계급의 수보다 훨씬 적다. 우선 입법자가 수호자 계급을 선택한 이후에는 보통 세습되지만, 드물게 열등한 계급에 속한 장래성 있는 아이가 수호자 계급으로 올라

---

39 B. Russell, *History of Western Philosophy*, George Allen & Unwin Ltd, 1961, p. 122 ; 서상복 역, 러셀 서양철학사, 2009, p. 166

가기도 하고 수호자 계급으로 올라가기도 하고 수화자 계급에 속한 아이
나 젊은이가 수호자로서 자격을 충족하지 못하면 낮은 계급으로 내려가
기도 한다.'[40]

◆◆◆◆

(a) 힌두(인도) 사회의 '네 가지계급(브라만, 크샤트리아, 수드라, 바이샤)'은
유명하다. 힌두인은 그것을 바꿀 줄도 모르고 불평 없이 지내고 있
었다. ['바라문(Brahmanas)과 크샤트리아(Kshatriyas) 바이샤(Vaisyas)
수드라(Sudras)의 의무'[41]]

(b) 희랍에도 힌두와 동일한 계급이 그대로 있었으니, 플라톤이 말한
'수호자(guardians) 계급'이란 힌두의 '브라만(婆羅門)'이고, '군인
(soldiers) 계급'이란 '크샤트리아'이고, '평민'이란 '수드라, 바이
샤'를 통합한 경우이다.

여기에 사실상 '최하 계급'이 사라진 것은 포콕의 견해를 빌리면
'힌두의 전통 사회'를 이탈해 희랍으로 온 (植民)과정에서 생긴 자
연스런 현상이라 할 것이다.

[b] '호머'와 '헤시오도스'를 배척해야 했던 이유

"③-호머와 헤시오도스의 작품은 여러 가지 이유로 허용하지 않는다.
첫째. 그들은 경우에 따라 신들을 악하게 행동하는 존재로 묘사하기 때문
에 덕을 함양하지 못한다. 악이 결코 신에게서는 비롯한 것이 아니라고 가
르쳐야 하는 까닭은 신은 만물을 창조한 것이 아니라 선한 사물만 창조하
기 때문이다(God is the auther of ...good things). 둘째 호머나 헤시오도스의 작

40 B. Russell, *History of Western Philosophy*, George Allen & Unwin Ltd, 1961, p. 125 ;
서상복 역, 러셀 서양철학사, 2009, p. 171
41 K. M. Ganguli, *The Mahabharata*, Ibid, Bhishma Parva, section XLⅡ p. 96 -'평정과
자제, 금욕, 순수(純粹), 용서, 정직, 지식, 체험, (향후 존재에 대한)신앙은 바라문
들(Brahmanas)의 타고난 의무들이다. 용감성, 힘, 강직함, 기술, 전투를 피하지
않음, 활달, 왕을 모심은 크샤트리아(Kshatriyas)의 의무이고 타고난 기질이다.
농사짓고 소들을 길들이고 장사하는 것은 바이샤(Vaisyas)의 의무이고, 노예 상
태의 의무가 수드라(Sudras)의 태생적 의무이다.'

품 속에는 독자들에게 죽음에 대한 두려움을 불러일으키는 사태가 화제로 자주 등장는데, 모든 일은 교육을 통해 젊은이들이 전쟁터에 나가 죽음도 마다하지 않도록 가르쳐야 한다. 소년들이 죽음보다 노예 상태가 더욱 나쁘다고 생각하도록 가르쳐야 하기 때문에 친구의 죽음을 대할 때조차 흐느끼거나 통곡하는 선량한 사람들의 이야기를 들어서는 안 된다. 셋째, 큰 소리로 웃으면 안 된다는 예법을 지켜야 하는데 호머는 '축복받은 신들의 억제할 수 없는 웃음'에 대해 이야기 한다. 만약 소년들이 호머의 시구를 인용하게 되면, 교사가 어떻게 희희낙락하는 행동을 효과적으로 꾸짖겠는가? 넷째 호머의 작품 속에는 부유한 축제를 찬양하는 시구와 '신들의 정욕'을 묘사한 시구도 들어 있기 때문에 절제를 방해한다.(신학자 잉-Inge은 진정한 플라톤주의자로서 유명한 聖歌의 한 소절 '승리한 자들의 함성, 축연을 즐기는 자들의 노래'를 마땅찮게 여겼는데, 천국의 기쁨을 묘사한 부분이었다.) 그렇다면 '사악한자(the wicked)'가 행복하게 살고 '선한 자(the good)'가 불행하게 사는 이야기를 해서는 안 된다. 마음이 약한 자들에게 도덕적으로 아주 불행한 결과를 초래할 수도 있을 테니까. 이런 이유로 두 시인은 비난을 받아 마땅하다.''[42]

◆◆◆◆

(a) 플라톤의 <국가(The Republic)>를 읽을 때 확인할 수 있는 첫 인상은, 저자 플라톤의 '엄청난 그 경직성(硬直性)'이다. 즉 '엄격한 군사(軍師) 통치 체계'라는 강한 인상이 그것이니, 당시 플라톤의 [아테네]경우로서는 '무엇보다 전쟁에 대비하지 않을 수 없다.'는 그의 '국가주의 강박증(强迫症)'의 발동했다는 증거이다.

(b) '하나의 도시(都市)가 국가(國家)'란 개념을, '동양(한국)인'은 쉽게 긍정할 수가 없다. 즉 '정치, 경제, 국방' 모든 면에서 '독자적(獨自的)으로 세상 모두와 경쟁을 해야 하는 그 유일 체제-하나의 국가(a nation)'를 누가 쉽게 상상할 수 있을 것인가?

그런데 특히 '고대 그리스'에는 '하나의 도시(a city)'가 바로 '국가'

---

42 B. Russell, *History of Western Philosophy*, George Allen & Unwin Ltd, 1961, p. 126 ; 서상복 역, 러셀 서양철학사, 2009, p. 172

였다고 하고, 그것은 그만큼 '개성이 강한 종족들'이 서로 굽히기
를 꺼려서 아예 '독자적인 집단 국가(마을 촌락 국가)'를 형성했던 사
실을 확인하게 된다.[<희랍 속의 인도>는 무엇보다 그 점을 구체
적으로 제시하고 있다.]

(c) 앞서 지적했듯이 '국가(國家)'에는 무엇보다 그것을 지켜내기 위한
'국방(國防)'이 먼저이니, **'펠로폰네소스 전쟁에 패배한 아테네 국가'
엔 '엄격한 정신 교육과 신체 단련'이 최우선이 될 수밖에 없었다.**

(d) 플라톤이 '호머'와 '헤시오도스'를 금지(禁止)한 이유는, '철저한
국방(國防) 교육'이라는 절대 명령으로 그렇게 한 것인데, 이후 '강
한 개성으로 통합되지 못한 종족 집단 국가'는 이 플라톤의 <국가>
를 표준으로 삼지 않을 수 없었으니, 그 궁극의 문제는 '전쟁의 승
패'에 초점을 두고 있으니, 그것은 역시 '굽힐 수 없는 억센 기상(氣
相)'이 그 미덕(美德)으로 강조가 된 경우이다.

(e) 포콕은 그것을 '태양 족(Solar Race)' 기질로 규정했으니, 그것은 '크
리슈나(Krishna)의 정신'이고, 역시 '아폴로(Apollo) 족'의 속성이다.

[c] 연극, 음악, 식사에 대하여

"④-플라톤의 연극에 대한 기이한 논증을 전해준다. 그는 선인(the good
man)이 악인(a bad man)을 모방하려 해서는 안 된다고 주장한다. 그런데 대
부분의 연극에서는 악한들이 등장하기 때문에 극작가와 악역을 맡은 배
우는 온갖 범죄(various crimes)자를 모방할 수밖에 없다.....플라톤은 이상 국
가에서 모든 극작가를 추방하기로 결정한다."[43]

"⑤-다음으로 그는 음악에 대한 검열 문제를 다룬다. 리디아(Lydian)와
이오니아식(Ionian) 화성(和聲)이 금지되어야 하는 까닭은 리디아 식 화성
은 슬픔을 표현하고 이오니아 식 화성은 정신 긴장을 풀기 때문이다. 도리

---

43 B. Russell, *History of Western Philosophy*, George Allen & Unwin Ltd, 1961, pp.
126~127 ; 서상복 역, 러셀 서양철학사, 2009, p. 172

아(Dorian) 식은 용기를 북돋우기 때문에, 프리지아 식은 절제를 돕기 때문에 허용된다. 이렇게 허용된 리듬은 단순하며, 단순한 리듬은 용감하고 조화로운 삶을 표현한다.>

　<신체 훈련은 매우 엄격하게 실시해야 한다. 어느 누구도 생선과 육류를 구운 요리가 아니라면 먹지 말아야 하고, 양념이나 사탕 과자류도 먹어서는 안 된다. 플라톤은 자신이 제안한 섭생법(攝生法, regimen)으로 성장한 이상 국가 주민들에게는 의사가 필요 없다는 주장을 한다."[44]

◆◆◆◆

(a) 중국(中國)에도 일찍부터 음악(音樂)과 시(詩)에 대한 비평이 행해져 사광(師曠)과 공자의 '음악'과 '시'에 견해가 전해지고 있다. 그런데 그들도 플라톤처럼 '도덕(인간의 마음 상태)'에 관련해서 논한 것은 사실이지만, 플라톤처럼 '일방주의'를 고집하지 않았다. 즉 사광과 공자는 '조언자(助言者)'의 위치를 고수했음에 대해, 플라톤은 '집행자(왕)'의 입장에서 바로 당위(當爲)의 명령을 내리고 있다.[이것은 '사태의 심각성', '위기의식'에서 비롯된 것이다.]

(b) 인간의 '식사(食事)'는 그 '호흡'처럼 포기될 수 없는 기본 '생명 현상'이다. 그런데 그것에 처음 '금지(禁止 또는 제한)'을 두었던 종족은 역시 '힌두의 바라문 사제(司祭)'였다고 할 것이다.

(c) 특히 '살생(殺生)'에 대한 타고난 '거부감' 또는 '죄책감'이 근본적으로 처음 '종교적 교리'로 삼은 종족으로 포록은 힌두의 '자이나(Jaina)'를 지목하였다.

(d) 오늘날 '식사'는 각 개인 취향과 그 '개인의 뜻'에 맡겨진 상태이지만, 플라톤은 '섭생법(攝生法, regimen)'을 일반화 하려 했으니, 플라톤의 말은 '아테네의 경제적 궁핍'에 관련된 '국가적 대책'과 관련된 것으로나 보아야 할 것이다.

44　B. Russell, *History of Western Philosophy*, George Allen & Unwin Ltd, 1961, p. 127 ; 서상복 역, 러셀 서양철학사, 2009, p. 173

(d) '아동 교육'과 '결혼'

"⑥-아이들은 일정한 나이가 될 때까지 추한 모습이나 악행을 볼 수 없게 해야 한다. 그러나 적당한 시기에 이르면 두려워하면 안 되는 공포, 의지를 부추겨서는 안 되는 나쁜 쾌락이라는 두 가지 '마력'에 노출될 수밖에 없다. 그들은 두 가지 시험을 이겨낸 후에야 비로소 수호자 계급에 적합하다는 판정을 받게 되었다.

어린 소년들은 다 자라기 전에 전쟁을 참관해야 하지만, 직접 전투에 참가해서는 안 된다.

경제에 대해서 살펴보자. 플라톤은 수호자(guardians) 계급에게 철저한 공산주의(communism)를 제안하며, 내(러셀) 생각에는 군인 계급에게도 아주 분명하지는 않지만 같은 제안을 한다.

……입법자의 여자와 남자는 일정 수에 맞추어 수호자 계급으로 선출하여 공동 숙소에서 살면서 음식도 같이 먹도록 규정한다. 우리가 알듯이 결혼의 형태는 근본부터 바뀐다. 정기적인 연희에서 신부와 신랑은, 인구수를 일정하게 유지하기 위해 필요한 수만큼 추첨으로 맺어지며 그렇게 믿도록 가르친다. 그러나 사실은 국가의 통치자들이 우생학적 원리에 준하여 추첨을 조작하게 마련이다. 통치자들은 혈통이 가장 우수한 아비가 가장 많은 자식을 낳도록 조정할 수 있다. 아들은 전부 출생하자마자 부모와 떨어져 대규모로 양육되기 때문에, 부모는 자식이 누구인지 모르고 자식은 부모가 누구인지 모른다. 기형아들이나 열등한 부모가 낳은 아이들은 '그들이 마땅히 있어야 할, 아무도 모르는 비밀한 장소에 버려진다.'"[45]

"⑦-국가의 허가를 받지 않고 남녀가 결합하여 낳은 아이들은 서출로 낙인찍힐 운명을 타고 난다. 어머니의 나이는 20세에서 40세 사이여야 하고, 아버지 나이는 25세에서 55세 사이여야 한다. 정해진 나이 이외의 남녀 가에 성관계는 자유롭지만 임신한 경우에 강제로 낙태시키거나 태어

---

45 B. Russell, *History of Western Philosophy*, George Allen & Unwin Ltd, 1961, pp. 127~128 ; 서상복 역, 러셀 서양철학사, 2009, pp. 173~174

난 경우 유아 살해를 강요한다. 국가가 조정하는 '결혼 연회'에 참석한 사람들은 자기 목소리를 내지 못 한다. 말하자면 추방된 시인들이 찬미하던 통속적인 감정이 아니라 국가에 대한 의무만을 생각해야 한다."[46]

◆◆◆◆

(a) 플라톤의 <국가(The Republic)>에서 가장 두드러지게 강조가 된 점은 '도덕 교육'이고, '젊은이 교육'인데, 그것의 목표는 하나 '전쟁 대비'가 그것이었다.

(b) 사실상 '방치' '개방' '방임(放任)'은 '혼란'과 '무질서'를 남기게 되니, 그에 대응한 '사회적 책임'과 '공존의 질서(秩序)' 불가결한 인간 사회의 두 개의 축이 될 수밖에 없다.[이것이 '다다혁명운동'의 '秩序와 自由의 동시주의(同時主義)'임]

(c) 그런데 플라톤의 경우는 '전쟁에 패배한 아테네'에 대한 '훈련과 교육의 필요'가 확실하게 전제된 '전투(戰鬪) 대비 체제'였으니, '전체주의' '일방주의' '군국주의' 체제가 아니 될 수가 없었다.

(d) '가장 효과적은 목적 달성 방법'으로는, 오직 '국가주의' '전체주의'가 있을 뿐인데 이후 '아테네'와 '희랍' 역사 전개가 알려 주고 있는 바는 그러한 개인이 설계한 '일개 도시 국가'가 '천하'를 제패(制覇)할 것이라는 예상은 사실상 '과대망상(誇大妄想)'일 뿐이라는 점을 명백히 보여주었다.[헤겔도 '게르만(프러시아)'에 그것을 요구했음-<법철학, 역사철학>]

(e) 그렇다고 해도 '자기중심' '이기주의'는 인간이 다 타고난 성격으로 강조할 것도 없는 것임에 대해, 후천적으로 엄하게 바로 잡아 고삐를 늦추지 말아야 할 사항이 '도덕 교육' '사회 교육'이니, 사실상 플라톤은 그러한 점에서는 '인류의 사표(師表)'가 될 만했다.[고대의 성현을 모두 동일했음]

(f) 그러나 '상시 전쟁(戰爭) 상황의 가정(假定) 하(下)에서의 군사 교육'

---

46 B. Russell, *History of Western Philosophy*, George Allen & Unwin Ltd, 1961, p. 128 ; 서상복 역, 러셀 서양철학사, 2009, p. 175

이란, '소국(小國, 도시 국가, 아테네) 콤플렉스'에 연루되어 있는 것이 니, '세계 평화' '인류 형제'의 대도(大道)에는 아직 미치지 못한 '원시(原始) 종족주의(민족주의)' 내(內)의 '조바심의 한계'를 넘지 못 한 것이다

(θ) 플라톤의 '정의(正義)'

"⑧-'정의'는 모든 사람이 각자 자기의 몫을 일하고 남의 일에 참견하지 않는 데서 실현된다고 한다. 국가는 상인 계급, 보조계급, 수호자 계급이 각각 자기 몫을 일하고 다른 계급의 일에 간섭하지 않으면 정의롭다.(each does his owen job without interfering with that other classes.)"[47]

◆◆◆◆

(a) 플라톤의 '정의(正義, Righteousness)'의 개념은, 크리슈나의 '사회적 집단적 책임(責任) 의식'과 관련이 있으나 더욱 구체적이다.

(b) 그리고 '세 가지 계급 고정 유지(固定 維持)'를 '정의(正義)'로 규정했음은, 소크라테스가 명시했던 바-'선자(善者 고위 신분)를 악자(惡者 저열 신분)가 처벌할 수 없다.'는 진술과 연대된 것으로, 플라톤은 '신분(階級意識)의 혼란'을 '사회 정의(正義)가 무너진 것'으로 생각했으니, 그것도 역시 그 '지존(至尊, Supreme Being, -크리슈나)에서' 크리슈나가 힌두의 4가지 계급에 따른 각 계급의 직무를 '하늘이 정해준 의무요 도리'[48]로 강조했음에 비롯하고 있는 것이다.

(c) 이 '힌두 4계급(부라만, 크샤트리아, 수드라, 바이샤)'과 상통하는 '희랍 사회의 계급'이 명확한 당시로서는, 플라톤의 '간단하고 명백한 정의(正義) 개념'으로 누구에게나 당연한 사항으로 수용이 되었을 것이나, '수호자 계급(司祭)' '군인 계급(武士)'의 임무는 무엇보다 크게 강조되었던 것이 역시 플라톤의 <국가(The Republic)> 쟁점임

47 B. Russell, *History of Western Philosophy*, George Allen & Unwin Ltd, 1961, pp. 129~130 ; 서상복 역, 러셀 서양철학사, 2009, p. 176
48 K. M. Ganguli, *The Mahabharata*, Ibid, Bhishma Parva, section XLII p. 96

<u>은 물론이다.</u>['귀족 중심' 사회로 '평민(노예)계급'에는 '국가 수호 책임'이 사실상 없음]

[f] 플라톤의 '이념'

"⑨ - 플라톤은 <국가>의 중간 부분에......비약이 심한 다음과 같은 문구로 시작한다.

'철학자가 왕이 되거나 현세의 왕이나 군주가 철학 정신과 능력을 갖추어 탁월한 정치력과 지혜가 하나가 될 때까지....철학자가 왕이 되거나 왕이 철학 정신을 갖출 때 비로소 우리 국가는 살아나 햇빛을 볼 수 있다네.'

..........우리의 문제는 이것이다. 철학자는 무엇을 하는 사람인가? 우선 어원에 따라 철학자는 지혜를 사랑하는 사람(a philosopher is a lover of wisdom)이라고 대답한다. 그런데 철학자는 탐구심이 강한 사람이 지식을 추구하는 지식을 추구한다는 의미에서 지식을 추구하는 의미에서 지식을 추구한다는 의미에서 지식을 사랑하는 사람이 아니다. 통속적인 호기심만으로 철학자가 되지 못하는 법이다. 그러므로 철학자에 대한 정의(定義)를 이렇게 고친다. 철학자는 '진리의 통찰(the vision of truth)'을 사랑하는 사람이다. 그런데 '진리의 통찰'이란 무엇인가?......

'그러나 절대, 영원, 불변의 존재를 보는 사람은 의견만 갖게 되지 않고 인식한다.(But those who see the absolute and eternal and immutable may be said to know, and not to have opinion only.)'

따라서 감각(the senses)에 나타난 세계에 대해서는 '의견'을 갖게 될 뿐이지만, '초감각적인 영원 세계(a super-sensible eternal world)'에 대해서는 '지식(knowledge)'을 얻는다는 결론에 이른다. 예컨대 '의견'은 아름다운 개별 사물에 관계하지만, 지식은 아름다움 자체에 관계한다....

그렇지만 플라톤의 학설에는 선대 철학자들에게 돌릴 수 없는 중요한 '이념(ideas)' 혹은 '형식(forms)' 이론이 있다. '이념(ideas)' 이론의 일부는 '논리[언어]' 부문이고, 일부는 형이상학[철학] 부문이다......

...'이념' 이론의 형이상학 부문은 따르면, '고양이'라는 낱말은 이상적

인 고양이 '그 고양이(the cat)'를 의미하며, <u>신(神)이 창조한 하나밖에 없는 존</u>
<u>재이다.</u>(the word 'cat' means a certain ideal cat, 'the cat', created by God, and unique.)...
<국가>의 마지막 권에서 화가(畵家)를 비난하기 위한 예비 논의로서 '이
념' 혹은 '형식' 이론을 아주 분명하게 설명한다.'"[49]

◆◆◆◆

(a) 앞서 밝혔던 바이지만, **플라톤의 <국가(The Republic)>는, 힌두(인**
도) 식 '수호자(婆羅門)' '군인(크샤트리아)' 중심의 '희랍 귀족 훈련을
위한 교과서'였다. 그런데 플라톤이 그 '이상(理想) 국가 통치'에서
'언어(이념)'의 강조는 특별히 강조되었고, 철학자들은 모두 플라
톤의 '이념'의 논의에 탐구를 집중해 왔다.

(b) 한 마디로 플라톤의 '이념'이란, '깨달은 자(覺者, 佛陀, 法王)'의 마
음속에 마련된 **'총체적 질서(秩序) 속에 자리 잡은 개별 존재의 상**
대적 개념(a relative concept)' 을 지칭한 것으로, 그것들(이념들)은 일
반인의 '사물 개념'과도 유사하지만, '세속적 이해관계를 초월한[통
치자의 고유의]총체적이고 공정한 개념', '더욱 명백한 통치(판결)를
위한 개념'이라는 측면에서 플라톤은 그 '이념(이성 개념)'을 '철학자
(愛知 者, 절대자를 추구하는 사람)'의 표징(表徵)으로 전제하였다.

(c) 그러나 **'그 언어(言語, Language, Speech) 문제'는** 역시 플라톤 이전 힌
두 문화에서, [<아주르 베다>에서부터] 중시된 '신(神)과 통로(通
路)가 되는 언어(thy pathways for God)'를 중시하였고[50], 중국의 공자
(孔子)도 **'정명(正名) 사상'**이 유명하다. 공자는 '정치'를 행함에서
'이름을 바로잡음(正名)'이 가장 먼저 실행할 사항[51]이고, 정치는
'임금은 임금답게 신하는 신하답게 아비는 아비답게 자식은 자식

49 B. Russell, *History of Western Philosophy*, George Allen & Unwin Ltd, 1961, pp.
    135~137 ; 서상복 역, 러셀 서양철학사, 2009, pp. 184~187
50 D. Chand(Sanskrit with English translation by), *The Yajurveda*, Munshiram
    Manoharlal Pubishers Pvt. Ltd., 1998, 4장 19절 "오 언어여, 그대는 사상이며 정신
    이며 지성이며 지식 승리의 제공자라.....지식으로 그대에게 다가가는 친구에
    게 힘을 주시고 만물을 관장하는 신으로 가는 길(thy pathways for God)을 지켜
    주소서."
51 <논어(論語)> 13권 子路 '必也正名乎'

답게 되는 것이 잘 정치'[52]라고 하였는데, 이를 플라톤 식으로 바꾸면, '수호자는 수호자답게, 군인은 군인답게, 평민은 평민답게 사는 것이 **정의(正義, Righteousness)의 실현**이다.'

(d) 플라톤의 '이념(理念)'은 '국가의 통치를 맡은 이상적인 입법자(행정 자, 사법 자)의 전제 속에 마련된 사물의 개념'이니, 그것은 역시 일반인과 소통되어야 한다는 그 불가피성에 플라톤의 상세한 설명이 이었다. 그러나 '<u>이상(理想) 국가의 본질적인 문제</u>'는 '<u>철인(哲人) 통치자'의 규정에 있는 것</u>이니, 지엽 말단(枝葉 末端)의 '언어(법률 용어)'에 있는 것이 아니다.[러셀이 플라톤의 '이념'에 관심을 돌려 '찬양'해 말한 것은 그의 失手에 해당한다.]

[(g)] '동굴의 비유'

"⑩-'이념 세계는 물체들이 햇빛에 드러날 때 보게 되는 세상(the world of ideas what we see when the object is illuminated by the sun)'인데 반해서, 일시적인 사물의 세계는 어둑어둑해서 물체를 혼동하게 되는 세상이다. '눈(eye)'은 '영혼(soul)'에 비유되고 태양은 '빛의 근원으로서 진리 선(the source of light, to truth or goodness)'에 비유된다.

'영혼은 눈(eye)과 같다네. 영혼은 진리와 존재가 훤히 드러나는 곳을 응시할 때 지각하고 판단하면서 지성의 능력을 발휘하지. 그러나 생성하고 소멸하는 불확실한 곳을 볼 때면 영혼은 더듬더듬 먼저 의견을 하나 내놓았다가 다음에 다른 의견을 내놓게 되어 지성의 능력을 발휘하지 못한다네.....이제 자네가 인식 대상에 진리를 부여하고 인식 주체에게 인식 능력을 부여하는 바탕을 선의 이념(the idea of good)이라 부르고 학문의 근원(the cause of science)이라 생각하기 바라네.'"[53]

---

52 <논어(論語)> 12권 顔淵 '君君臣臣父父子子'

53 B. Russell, *History of Western Philosophy*, George Allen & Unwin Ltd, 1961, p. 140 ; 서상복 역, 러셀 서양철학사, 2009, p. 191

"⑪-'그럼 이제 우리는 본성이 얼마나 깨달음(覺, enlightenment)되었는지 깨달음이 되지 않았는지 보여주는 비유(a figure)를 한 가지 들어보겠네. 보게! 지하 동굴(den)에서 사는 사람들이 있단 말일세. 모닥불 빛 쪽으로 입구가 나 있고, 빛은 동굴을 따라 깊숙이 퍼져나가지. 그들은 어릴 적부터 여기서 살았고, 다리와 목이 사슬에 매여서 움직이지 못한 채로 머리를 돌릴 수도 없으니, 앞만 볼 수밖에 없지. 그들 뒤쪽으로 그들 뒤 위쪽으로 멀리 모닥불이 활활 타고 불빛과 죄수들(prisoners) 사이에 길게 솟아 있다네. 자네가 동굴 안을 들여다본다면 그 길을 따라 나직하게 서 있는 담이 보일 터인데, 인형극 놀이꾼들이 인형들 그림자가 비치게 그들 앞쪽에 쳐놓은 영사막 같은 거라네.'

'알겠습니다.'

'담을 따라 갖가지 그릇, 나무나 돌이나 다른 재료로 만든 조각상 동물상들을 나르는 사람들이 단에 비친다는 말인데, 상상이 되는가? 어떤 사람들은 말을 하고 지나가고 다른 사람들은 아무 말 없이 지나가기도 하지.'

'좀 이상야릇한 비유인데 정말 이상한 죄수들이군요.'

'죄수들이 바로 우리들과 비슷하다는 말일세. 그들은 불빛 맞은편에 비친 자기 그림자나 다른 사람의 그림자만 보는 셈이라네.'"[54]

"⑫-플라톤의 이념 이론에는 명백해 보이는 오류가 많다. 하지만 오류가 있더라도 이념 이론은 철학의 발전 과정에 중대한 진전을 이루는데, 보편자 문제(the problem of universals)를 지지한 최초의 이론이며 형태가 다양하게 바뀌면서 오늘날까지 전해졌기 때문이다. 이에 대해 설명할 때 초기 이론이 조잡하다 해도 독창적인 면을 간과해서는 안 된다."[55]

◆◆◆◆

(a) 플라톤은 정말 그 '아테네(Athens)'를 사랑한 애국자(愛國者)였고,

---

54 B. Russell, *History of Western Philosophy*, George Allen & Unwin Ltd, 1961, pp. 140~141 ; 서상복 역, 러셀 서양철학사, 2009, pp. 191~192
55 B. Russell, *History of Western Philosophy*, George Allen & Unwin Ltd, 1961, p. 141 ; 서상복 역, 러셀 서양철학사, 2009, p. 192

아테네를 대표하는 철학자였다.

(b) 그래서 플라톤은 그의 <국가>에 존경하는 '소크라테스의 입'을 통해 소위 '동굴의 비유'를 행했는데, 그것은 사실상 불타의 '깨달음(覺) 경지'를 설명한 것이다.

(c) 플라톤 당시까지 '세계 최고 문명'을 자랑하는 '문명의 정보원(情報源)'은 '힌두(인도)'였음을 플라톤은 그의 <국가> '동굴의 비유'로 그것을 '희랍 아테네'에 적용하였다.

(d) 이것은 플라톤의 '애국심'에 비롯한 간절한 그의 소망으로 달성이 된 바였다.

(e) 그러나 **불타는 당초에 '소속 종족(석가족(釋迦族) 국가'를 떠나 더욱 '위대한 자유(Final Freedom)'를 위해 '각(覺, 깨달음)'을 말한 것이니, 플라톤의 '아테네 사랑' '전쟁 중심의 사고'와는 그 차원(次元)이 다른 곳에 있었다.**

(f) 그렇지만, '그 이상 국가에 철인(哲人) 통치자는 불타(Buddha)여야 한다.'는 플라톤의 주장은 계속 효력을 발휘했으니, '펠로폰네소스 전쟁'이 마지막 전쟁이 아니라 **태양족의 불굴의 정신**'은 그 자체 '전쟁의 원인'이 되고 있음으로 역시 '플라톤의 전쟁 대비 이론'은 끝까지 그 효력을 유지했다.

(h) '영혼불멸(靈魂不滅, Immortality)'

"⑬-소크라테스가 마지막 순간에 보여준 침착함은 '영혼불멸 신앙(his belief in immortality)'과 밀접한 관계가 있으며, <파이톤(Phaedo)>은 순교자 한 사람의 죽음뿐만 아니라 나중에 그리스도교에 스며든 많은 학설을 설명하기 때문에 중요한 가치를 지닌다. 성 바울로(St Paul)와 교부들의 신학은 대체로 직접이든 간접적이든 <파이돈>의 사상에 유래하기 때문에, 플라톤을 무시하면 도저히 이해할 수 없다."[56]

---

56 B. Russell, *History of Western Philosophy*, George Allen & Unwin Ltd, 1961, p. 147 ; 서상복 역, 러셀 서양철학사, 2009, pp. 200~201

◆◆◆◆

(a) 플라톤의 저술(대화록) 전개 방법이 항상 그 '소크라테스'가 주인공으로 등장함으로 소크라테스의 생각이 그대로 플라톤의 생각으로 읽힐 수밖에 없다.

(b) '영혼불멸'은 바로 '윤회'와 연결했던 점이 힌두 사상의 기본이 되어 있다.

(c) 플라톤의 '국가주의'는 크리슈나(Krishna)의 '정의' '의무' '명예' 존중을 그대로 계승했지만, 사실상 '더욱 고대 힌두(인도) 문화의 잔재(殘滓)인 재사(祭祀)'[57]는 두드러지게 강조되지 않았다.

(d) 이것은 희랍의 '현세주의(Realism)'에 관련된 사항이기도 하지만, 역시 플라톤의 강점이기도 했다.

(e) '희랍 시대'를 이은 '로마 시대'에서도 '사제(司祭) 의식' '제사(祭祀) 의식'이 크게 주장되었던 것은, 역시 <마하바라타>에 이미 강조된 '사회 운영'에서 또 하나의 축(軸)인 '제사(祭祀) 의미'의 지속이라고 포콕은 거듭 주장을 하였다.

(i) 4원소(元素)

"⑭-4원소인 불(fire), 공기(air), 물(water), 흙(earth)은 제각기 겉보기에 따라 수로 나타내며, 연비례 관계를 맺어 예컨대 불과 공기의 비는 공기와 물의 비와 같고 물과 흙의 비와 같다. 신은 세계를 창조할 때 4원소를 모두 사용했으므로 세계는 완벽하게 만들어져 나이를 먹어도 병들지 않는다."[58]

◆◆◆◆

(a) 희랍의 고대 철학자 탈레스(Thales)[59], 헬라클레이토스(Heraclitus)

---

57 D. Chand(Sanskrit with English translation by), *The Yajurveda*, Ibid, 4장 11절 '신=불=희생(祭祀)'

58 B. Russell, *History of Western Philosophy*, George Allen & Unwin Ltd, 1961, p. 158 ; 서상복 역, 러셀 서양철학사, 2009, p. 214

59 탈레스(Thales)가 '물이 만물(萬物)의 근원이다.(water is the original substance, out of which all others are form)'란 <베다>를 근거로 바이니, 탈레스 '만물(all

‘**만물은 流傳한다.(all things are continuously changing, or becoming.)**’[60], 등 **도 모두 ‘베다 철학 범위’ 내(內)에 있었다**.

(b) 플라톤의 ‘4원소’는, 그 ‘지존(至尊)의 노래(Bhagavad-gita)’에 명시 되어 있는 내용이다.

(c) 이러한 사실은 간단한 <베다> 독서로 다 해결이 나는 문제이니, ‘희랍 문명’은 그대로 ‘힌두 문명’이라는 결론은 빨리 알수록 그 효 과가 더욱 클 것이다.

(j) 윤회(輪回, transmigrations)

“⑮-조물주(Creator)가 태양을 만들어서 생물들이 셈하는 방법을 배우 게 되었고, 누구나 생각하듯 낮과 밤의 연속이 없었더라면 수를 생각하지 못 했으리라....

........(티마이오스-Timaeus 말의 의하면) 만약 인간이 착하게 살다 죽으면 그는 별에서 행복하게 살게 된다. 그러나 악하게 살면 다음 생에 여자로 태 어날 것이다. 만약 남자(혹은 여자)가 악행(evil-doing)을 거듭하면 ‘다음 생 (the next life)’에 짐승이 되어 마침내 이성이 승리를 거두는 날까지 윤회(輪 回, transmigrations)를 거듭한다. 조물주는 어떤 영혼들은 지구에 이르게 하 고, 어떤 영혼들은 달에 이르게 하고, 어떤 영혼들은 다른 행성이나 별에 으르게 하고 나서, 영혼들에게 제각기 맞은 육체를 빚으라고 신들에게 명 했다.”[61]

◆◆◆◆

(a) 힌두 신앙에서 ‘영혼불멸설’은 그대로 ‘윤회’에 연결되었다.

(b) 그 ‘윤회 정지’가 ‘절대 신과의 통합’으로 제시되었는데, 기독교 신

---

others)’이란 ‘(인간)생명’을 말하는 것이니, 그렇지 않으면 ‘바보 같은 말’로 전 락하게 된다.

60 ‘유전(流轉, changing, or becoming)’이란 ‘불(태양, 신)’과 ‘물(생명, 희생)’ 사이에 그 ‘유전(流轉)’이라는 논리에 있었다.

61 B. Russell, *History of Western Philosophy*, George Allen & Unwin Ltd, 1961, pp. 158~159 ; 서상복 역, 러셀 서양철학사, 2009, pp. 215~216

앙은 그 '절대 신(여호와)과의 통합'으로 논의를 일관시켰다.

(c) 그러나 서구 볼테르 이후 '계몽주의자' 칸트는 '영혼불멸'을 간단히 접었다.['칸트' 항 참조]

(k) '선(善, the Good)'에 대하여

"플라톤은 '선(善, On the Good (Περὶ τάγαθοῦ))에 다하여' 강론하기를 '선(善)이란 근본적으로 존재론적인 원리상 일자(一者, One, Unity, τὸ ἕν)와 같다.'고 말했다....아리스크세누스(Aristoxenus)는 그 일을 다음과 같이 설명한다. '모든 사람들은 인간들에게 좋다고 생각하는 것, 부(wealth) 건강(good health) 체력(physical strength) 놀라운 행복(wonderful happiness)을 기대하게 마련이다. 그러나 수학적 표현은 수와 기하학적 형상 천문학이 나올 것인데, 마지막에 선(善)이란 말은 한 결 같이 어떤 부류는 무시하고 다른 사람들은 거부하는 완전히 예상하지 못 한 이상한 것이 될 것이라 나는 생각한다.'.....'플라톤에 의하면 만물의 제일 원리는, 이념들은 그 자체가, 거대하고 왜소한 하나이고 영원한 이중적인 것이다.'.....플라톤의 형이상학적 선(善) 이론에 대해, 사람들은 아리스토텔레스의 설명에 동의하고 있다. <형이상학>에서 아리스토텔레스는 말하고 있다. '이념들(the Forms)은 만물의 근원이다. 플라톤은 그들 요소(elements)가 만물의 요소이다. 그러기에 물질적 원리(material principle)는 만물의 크고 작은 것이다.[즉 the Dyad-두 가지] 그리고 본질은 일자(一者, One, Unity, τὸ ἕν)에 가담한다. 그래서 수자는 많고 작은 것에서 유래하고 하나에 관련된다.' '이러한 점에서 플라톤이 두 가지 원인만 동원했던 것이 명백하게 된다. 즉 본질적인 것(the essence)과 물질적 원인(the material cause)이 그것이다. 왜냐하면 이념들(the Forms)은 만물 중에 본질의 원인이 되고, 일자(一者, the One, 神)가 이념들(the Forms) 중에 원인이기 때문이다. 플라톤은 물질적 바탕이 감각적 사물의 원인이라고 말하고, 이념들(the Forms) 가운데 일자(一者, the One, 神)는 거대한 것과 미소한 것의 이중적인 것이다. 나아가 플라톤은 이 두 가지 요소를 선(good)과 악(evil)으로 나누었다.'"[62]

◆◆◆◆

(a) 여기에서 문제는 '**일자(一者, One, Unity, τὸ ἕν)**'이다. **크리슈나(Krishna)의 '지존(至尊)의 노래(Bhagavad-gita)'에 조회(照會)를 하면 그것은 바로 '절대신(God , Om)'임이 확실하나**, 그것을 다시 '이념들(the Form)'으로 '만물(萬物)'로 환원하여 설명하려 하니 복잡해 졌다.

(b) 위에 하나에 관련된 '큰 것과 작은 것(Large and Small)'은 물론 '절대신'과 '개별주체'이다. '절대신'은 크고 위대하고 '선한 것'이고, '개별 주체'는 '작고' '악한 것'이다.

(c) 플라톤은 그의 저술로 다 적을 수 없는 '마음속에 깨달은 선(the Good)'은 크리슈나, 불타(Buddha)가 공감한 '절대신(God, Om)' 자체임은 더 말할 것도 없다.

(d) 이것이 '로마 가톨릭'으로 그대로 이어졌음은 너무나 명백한 사실이다.

(e) 그러나 논의 가장 핵심적인 사항은 '영혼불멸' '윤회' 문제가 그 중심에 있으니, 이것이 제대로 논의되는 데는 더욱 밝은 깨달음이 상호 확인된 뒤에 밝혀질 수밖에 없다.

【I】 플라톤과 소크라테스의 관계

"소크라테스는 꿈에 '새끼 백조(cygnet)' 한 마리를 그 무릎에서 보았다. 그런데 그 백조는 금방 깃털이 돋아 높이 날아오르며 고운 목소리로 노래까지 하였다. 그런데 그 다음날 플라톤이 소크라테스를 찾아가니, 소크라테스는 '그 백조가 바로 플라톤'이라 말했다는 이야기가 전하고 있다."[63]

◆◆◆◆

(a) 디오게네스 라에르티오스(Diogenes Laertios)의 위의 말은, 그 사실 여부(與否)를 떠나, 소크라테스와 플라톤은 '신(神)과 그 분신(分身,

---

62 Wikipedia, 'Plato'

63 C. D. Yonge(translated by), Diogenes Laertios, *Lives and Opinions of Eminent Philosophers*, Covent Gaden, 1925, p. 14

Avatar)'이라는 그 **'힌두 신화 체계'**를 저절로 이루었다.

(b) '소크라테스는 신의 목소리를 듣고 그것을 기준으로 삼아 행했던 성자(聖者)로 알려졌는데, 플라톤은 그 말씀이 바로 '진리'라고 그 <대화록>에 모두 반영을 하여 사람들이 오래도록 배울 수 있는 길을 터놓았다.

(c) 그런데 소크라테스와 플라톤이 힘을 합쳐 이룩했던 평생 목표는, **'아테네 이상(理想) 국가론'이었다.**

(d) 그들은 '깨달음의 불타(Buddha)'를 표준으로 삼아 '국가(국법)주의' 온갖 것을 다 걸었다.

(e) 이상적인 철학자(불타)의 국가 통치 방법은 역시 그 '이념'으로 설명을 했으니, 그것은 간단히 말해서 '깨달은 자(불타)의 정신 속'에 명시된 '인간(피치자)들'과 '소통의 유일한 방법'으로 플라톤은 설명했다.

(f) 그러나 플라톤이 파악한 힌두의 '불타(Buddha)'란, '이상적인 통치자(哲人)'일 뿐, 원래 불타가 강조했던 '해탈, 완전한 자유(the Final Freedom)' 개념은 완전히 빠져 있다.

즉 플라톤의 '이상적 통치자(깨달은 자, 불타)'는 평생(<국가> 전체에) '오직 국가(법)에 복종'이 강조되었으니, 이것은 그 '겉모양만 불타'이고, 그 속은 '국가주의에의 오직 속박(束縛)'만 강조하는 **국가 광신주의자(Chauvinist)'**이다. 이것이 그 '플라톤주의'에 부정할 수 없는 '그 고유 사상의 영역'이었으니, 이것은 그대로 뒤에 헤겔(Hegel)과 마르크스(Marx) 사상의 출발점이 되었다.

(g) 이러한 와중(渦中)에서도 **F. 니체(F. Nietzsche)는 새로운 과학주의에 입각하여, '욕망'과 '그 억압'의 '동시주의(同時主義, Symultaneism)' 을 명시했으니, 이것은 사실상 당초 불타(Buddha)의 생각을 '과학주의 사고'에 연결한 진정한 '자유의 기본 공식의 제시'라 할 수 있다.** ['개인'을 판단 주체로 전제했다는 점에서 '불타(Buddha)'와 크게 일치하고 있음]

(h) 플라톤은 분명히 '불타 깨달음'에 관한 정보를 얻어들었으나, '아

테네(희랍)의 혼란에 빠진 정치적 상황'에다 그것에서 구원해낼 적
임자로 그 '불타'를 고용할 것을 생각해 낸 셈이었다.

(i) 그러나 그것은 결코 가능할 수 없었으니, 원래 불타의 '개인 중심'
'자유 중심' 논리가 '전체중심' '종속주의'로 플라톤은 처음부터
왜곡(歪曲)으로 수용되었기 때문이다.['육신'의 무시만 공통임]

(j) 그러나 플라톤과 소크라테스는 '힌두의 방법'으로 '국가(법치)주
의'에 그 시동을 걸었으니, 이것은 그 '정의' '명예' '의무'에서는
크리슈나의 가르침 내부에서 출발한 것은 명백하나, '아테네 (도시)
국가 이상주의'로 나간 것은 소크라테스의 특징이자 플라톤의 특
징 합친 이후 서양 철학의 '지역 종족 독선의 국가주의 철학'의 선
두 주자가 되었다.

제3장
포콕의 '6대 승리'

〰️

1. '제1 올림포스(Olympus) 승리'

포콕(E. Pococke)은 무엇보다 희랍의 의 실체를
다음과 같이 설명하였다.

(((①-"옛날 범어이고 희랍어인 '헬리오폴리스(Heliopolois, 태양의 도시)'
는 힌두인의 주요 도시 중의 하나였고, '창조주, 위대한 삼위일체(truine)의
상징'은 '온(On)' 즉 '옴(O'm)'으로 일컬었다. 그 신성의 글자 옴(O'm)-'ॐ'
은 '아옴(aom)' '아움(aum)'으로 발음하여, '창조신' '보호 신' '파괴 신'의 3
대 사도(使徒)를 거느린 브라흐만, 최고 존재를 의미한다."-(14장)

②-"고전 독자는 '델피(Delphi)', 정확히 말해 '델피 신전 안에 있는 원형
의 돌'에 대해 '단일한 용어'를 적용한다는 것을 기억할 것이다. '힌두 신
화의 고대'를 단숨에 알려주는 하나의 용어, 존중할 만한 혈통이나 희랍의
청소년 같은 위치를 말해 주는 용어이다. 그것은 '옴팔로스(Om-phalos-배
꼽)'[1]이다. 이 용어는 '희랍인이 세상의 중심'이라는 그네들의 생각을 나타

---

1 '옴(Om)'은 절대신 '브라흐마(Brachm)', '팔로스(phlos)'는 '열매'이다.

낸 이름이다. 이 개념으로는 '옴팔로스'를 알 수 없다. 그것은 초기 인도 식
민 자들이 자기들을 '옴팔로스'라고 일컬었으니, '최고신(Nabhi-ja, 브라흐
마-Brahma^2)'의 범어(梵語) 식 변형이다."-(14장)))

포콕(E. Pocock)이 <희랍 속의 인도>를 통해 자랑하고 있는 그의 통찰
력은, 실로 자신을 포함한 유럽인이 '히말라야 기마족(騎馬族)의 정기(精
氣)'를 받은 후손임을 뽐내지 않은 곳이 없지만, 포콕(E. Pocock)의 그것
이 더욱 놀라운 것은, '단순한 허풍'에 그치지 않고 당시 '세계 인문 과학
의 최고 정보(情報)'를 가지고 거침이 없는 결론으로 이끌었던 점이다.
'세계 문명을 주도한 주도했던 희랍인 기백(氣魄)'을 한 단어로 요약해
말하면 그것은 물론 '올림포스(Olympus)'이다. 그런데 포콕(E. Pocock)
은 그것을 당장 '옴팔로스(Om-phlos)', '브라흐마(Brachm-Om)의 팔로스
(phlos), 브라흐마(Brachm-Om)의 열매(Fruit)'로 해석하였다.

이것은 다음과 같은 의미를 지닌다.
(a) 희랍인의 긍지, 로마인의 긍지, 영국인의 긍지를 명시(明示)하고 있
다.['하나님(God)의 아들(후손)'이라는 명시]
(b) 희랍인, 로마인, 영국인이 모두 '힌두(인도) 문화'를 기초로 하고 있
다는 역사적 사실의 밝힌 것이다.
(c) 포콕(E. Pocock)이 처음부터 끝까지 자랑해 마지않던 '범어(梵語)
실력'의 최고 과시(誇示)이다.
(d) 이것은 역시 포콕(E. Pocock)의 '지리학(地理學)'적 탐구가 거짓이
아님을 입증하는 대표적인 사례(事例)이다.
(e) 이것은 역시 당시 희랍인의 '긍지(矜持)'의 명시일 뿐만 아니라 인
류가 지니고 있는 그 자신의 '지역(고장)'에 대한 공통의 애착(愛着)
을 밝히고 있는 바다.

2 '옴팔로스(Om-phalos)'는 '배꼽', '브라흐마의 열매'이다. 브라흐마는 연꽃에서
나오고, 그것은 '비슈누(Vishnus)'의 배꼽에서 나온다. 그러기에 바라문의 '옴니
스(Om-nis)'나 '라마(Roma)' '로마(Roma)'에 정착 자들는 '모두가 위대'하다.

(f) 이것은 '인문 지리(地理)', '역사(歷史)', '종교(宗敎)', '철학(哲學)'의 영역(領域)이 서로 분리되어 운영된 것이 아님을 포콕(E. Pococke)은 구체적으로 입증을 한 것이다.

(g) 이것이 포콕(E. Pococke)의 **'제1 올림포스(Olympus) 승리'**이다.

2. '제2 제우스(Zeus) 승리'

포콕(E. Pococke)은 기본적으로 금욕(禁慾)적인 힌두 '자이나(Jaina) 교도 성자(제우스, 287)'에 주목하였다. 그리고 힌두 종파 '사제(司祭)들의 장(長)'에 대한 전반적인 특징을 살폈다.

((① - "헤시오도스가 그린 제우스(Zeus)의 생활기록은, 타르타리(Tartary)의 라마주의(Lamaism)와 완전히 조화를 이룬 평범한 사실을, 왜곡(歪曲)하여 진술을 하고 있다"-(17장)

② - "중세에 불교 식 로마의 체계와 같을 뿐인 고대 세계에 세상에 둘도 없는 통일과 힘을 지닌 그 성직 정치 지배 체계의 대장은, 희랍어로 '제노스(Jeenos)'라고 했고, '제노스(Zeenos)'라고 썼으니, 희랍과 페니키아에서 고대 '불교 식 교황(敎皇)'으로 제공된 명칭이다."-(17장)

③ - "'지노(Jino)'는 다른 신들보다 우수한 등급을 지닌 '자이나 족' 계급에 일반화되어 있는 명칭이고, 최고의 불교 권위서에 당시에 '통치의 성자적 교황(敎皇)'에게 항상 적용되었던 명칭이다. 이처럼 '재노스(Jaenos, 자이나敎皇)' '신과 인간의 왕' 즉 '데바(Devas, 사제의 왕)'는 희랍시대 이전 오래 전부터 있었다.' 그 수도원은 '올람포스(Oo'Lampos, 고위 라마의 長)' 주변에 있었고, 그 최고의 교황이 제우스(Jeyus, Zeus)였다." (17장)

④ - "'지노(Jino)'는 다른 신들보다 우수한 등급[3]을 지닌 '자이나 족' 계

급에 일반화되어 있는 명칭이고, 최고의 불교 권위서에 당시에 '통치의 성자적 교황'[4]에게 항상 적용되었던 명칭이다. 이처럼 '재노스(Jaenos, 자이나 교황)' '신과 인간의 왕' 즉 '데바(Devas, 사제의 왕)'는 희랍시대 이전 오래전부터 있었다."-(17장)

⑤-"그 '자이나 교황'은 '올람포스(Ol'ampos, 최고 라마 왕)'산 카르나데스(Kam-des, 카르나스의 땅)에 중심을 세우고, 희랍의 히말라야(Othrys)를 지배하였다"-(17장)

⑥-"헤시오도스가 우리에게 남겨준 것에 따르면 희랍에서 라마 식 통치자의 계승은 오늘날 타르타리(Tarary)에서 행해지는 방식으로 순전한 교황(敎皇) 통치로 정착되어, 대 라마의 사망하면 그 나라 안에 어린이로 환생되었다고 전제한다. "제우스(Zeus, Jeyus)에 의해 탄생된 새로운 존재가 있는데, 그는 밀교적 신통기(神統記)에 현저하게 되어있고, 그의 모험은 독특한 형상을 이루었다."-(17장)

⑦-"티베트의 '자이나 라마 식 사제(교황, 달라이 라마)'와 '희랍의 제우스(사제, 교황)'와 '로마의 교황(그리스도 사제)'를 동일한 '신격(god ships)'으로 규정하였다."-(19장)

⑧-"셀 수도 없는 구절들이, 그처럼 인기 있는 표현으로 애호된 종족 속에서, 진정한 사원(寺院) 존재의 상존하는 증거로서, 놀라운 신비력의 작용을 끝없이 배가 시켰다. 많이 알려지지 않은 그 '땅을 쪼개 가르는 능력(faculty of cleaving the earth)'과 실체적 살과 피에 관한 지하(地下)를 말하는 장(章), 더욱이나 드문 보이지 않은 손의 창조 능력, 인간 진흙 벽 속에 있는 유물 상자를 도출해 낸 기발한 집게는 시적(詩的) 수행으로, 동양이나 서양에서 그 라마의 신성(神性)을 펼치는데 표준이 되는 수단이다"-(19장)

---

3 윌슨, <범어 사전>-'지노(Jino)'
4 <마하반소(Mahawanso)> 참조.

⑨-"이 신들의 왕은 '사크라(釋迦 Sakra, 마가디의 Sakke, 불교도의 Sakko, 브라만의 Indra)'이다."-(부록4))

포콕의 '통찰력'과 '원리의 빈틈없는 적용'은 F. 니체를 능가하고 있다. 즉 **'인간 속에 있는 신'**이라는 그의 확신은 희랍 ‎**제우스(Zeus)'** 설명에 그대로 발휘되었다. 즉 '제우스'는 티베트의 '자이나 라마 식 사제(교황, 달라이 라마)'로서 '로마의 교황(그리스도 사제)'과 동일한 '신격(god ships)'이라는 것이 그 요지(要旨)이다.

◆◆◆◆

(a) 포콕은 **'사람에 대한 최고 존칭'이 '신(神)'**이라는 대(大) 전제를 시종일관 고수(固守)하였다.

(b) 포콕은 '탁월한 종족(種族) 가치의 실현자' '지도자' '대장' '왕'을 그대로 '신(神)'라고 불렀다는 사례(事例)를 반복 제시 거듭 주장하였다.

(c) 포콕은 '현실적(군사적, 경제적)' '정신적(도덕적)' 가치 실현을 그 '신성(神聖)' 표준(標準)로 긍정하였다.

(d) 포콕은 '현실적(군사적)'인 것은 일시적이나, '정신적(도덕적) 가치 실현의 표준'이 더욱 중요하(근본적)므로 '[크샤트리아의]군사력'과 '바라문(사제) 정신 교육'을 국가사회 두 기둥으로 긍정하였다.

(e) 그러한 전제를 두고 보면 결국 '신(God)'은 '기존했던 가치 표준(왕, 신)을 받들어 종족의 무궁(無窮)을 보장해 줄 수 있는 정신적인 근거'일 수밖에 없다.

(f) '불사(不死)의 살아 있는 신(God)'의 구체적인 명백한 '원시적 존재 형태'가 **'라마 식 교황', '제우스'라는 결론에 이르렀다.**

(g) '종족 보존'의 두 가지 원리는 '복지(福地)의 확보'와 '그것의 유지, 지속'이 궁극적으로 문제인데, 그것을 '절대 신(神, God)에 위임할 경우' 그 '절대 신'에 인간의 기본 도리가 '제사(Sacrifice)'이고, 그 정신의 함양 주입이 바라문(婆羅門)이 행한 '도덕교육'이 전부일 수

밖에 없다. 그런데 포콕은 그 '생존하는 절대자(신)'와 '그 보호를
바라는 신도(信徒, 종족)'의 원시적 관계를 다 꿰뚫어 보고 있었다.
이것이 포콕의 '제우스의 승리'이다.

3. '제3 아폴로(Apollo) 승리'

포콕(E. Pococke)은 기본적으로, '고대 힌두 후손의 신(God)은, 희랍 힌
두의 신(God)이고, 호머 노래 속에 희랍의 신(God)이다.(19장)'라는 기본
전제를 두고 있다. 그런데 포콕은 그 원시 사회에 가장 확실하고 보편적
인 지배 족속(族屬)을 '태양족' '거석(巨石) 문화'를 주도한 '무사족(武士
族)'을 꼽았다. 그리고 그 원초적 형태가 인도 히말라야 '기마족(騎馬族,
히아-Hya)'으로 확신하고, 그 '태양신(太陽神)'이 역시 희랍인의 상상력
으로 '음악과 시를 주관하는 신'으로 분화된 구체적인 사례로 설명하였
다. <베다>와 <마하바라타>에서 '태양의 힘'을 탐구한 결과가 반복 언
급되어, 우주의 힘과 생명력의 근본으로 전제하여 '최고신' '전쟁영웅'
'황금' '불(火神)'으로 끊임없이 변용하고 있다.

((①-"이들은 인도(印度) 종족이었고, '수리야(Surya, 태양)'란 명칭은 지
금 시리아(Syria)의 방대한 영역에 지속된 명칭이다......그들은 '하이아
(Hya, 騎馬族)'의 동일한 곳에서 왔고, 대부분 '태양의 후손'이고, '고파티
(Gopati)' 숭배자들이니, 이 용어는 '태양' '황소' '시바(Siva)'[5]를 뜻하는 것
이었다......콜로넬 토드는 말하고 있다. "라메세스(Rameses)는 수리아
(Surias, 태양족)의 대장이니, 그의 어머니 쿠살리(Cushali)가 지정한 아요디
아(Ayodhia)가 그 수도였던 도시의 왕이었다. 그의 아들은 로바(Lova)와 쿠
쉬(Cush)였고, 그들을 우리는 '라비테 족(Lvites)'과 '쿠쉬테 족(Cushites)', 또
는 인도의 '쿠쉬바(Cushwas)'로 명명할 수 있다.'"-(14장)

5 유명한 이집트 '전차 기마부대'와, 솔로몬 시대에는 그 축복 받은 혈통이 그 유
   대인에게로 유입되었다는 것은 더 말할 필요도 없을 것이다.

②-"희랍에서 '태양 족'의 숭배와 '월궁 족'의 숭배의 융합이 그것이니, 그것은 결코 완성이 될 수는 없으나, 희랍 민중 속에 교리와 의례로 아직까지 양자(兩者)가 남아 있다. 뿐만 아니라 이 숭배 종족 간의 차별성은 명백하게 남아 있으니, 스파르타 족과 아테니아 족보다 더 명백한 대립적 개성을 보인 예가 없는데, 그것은 각 종족에 관련된 종교적 상호 질서에 원인을 둔 것이었다."-(16장)

③-"최초 정착부터서 희랍 천재들의 타고난 고상함은 음악과 시의 후원 신(神)을 생각해 냈다. 시(詩)의 신에 의해 '하야 왕(Haya Lord, Phoebus-포이보스, 아폴로)' 신탁에의 신앙이 함축과 헌신을 낳게 하였다."-(19장)

④-"이 왕족의 다른 지파(支派)가 라다캐(Ladacae) 사람 신으로 모셔진 크리슈나(Crishna)로 알려졌고, 크리슈나의 다른 이름이 '아폴로(Apollo, Apollonos, ABalono-j)'였다."-(20장)

⑤-"아폴로(Apollo)라는 명칭이 그가 바로 '판다바(Pandava)'이고 '히아 왕(Hya Chief)'이며 '야두 왕(Ya du Lord)'이라는 것을 가리키고 있다."-(20장)))

포콕은 '인류의 보편 종교'가 무엇보다 '태양(아폴로) 숭배의 전형(典型)'을 이루고 있고, 그것은 역시 '인도(힌두)'가 표본임은 누구보다 먼저 확인을 하였다.

힌두는 <베다(Veda, Ajurveda)>에서부터 '태양(불)의 숭배'를 명시하고 있고, 그것을 다시 '갠지스 강물'과 대조하여 원시시대부터 '생사윤회(生死輪回-영혼불멸)설'을 마련해 놓고 있었다.

포콕(E. Pocoke)은 <희랍 속의 인도>에서 그것을 반복해서 '힌두 문화=태양[불] 숭배'를 강조하였다. 그동안 너무나 당연한 사실을 아무도 그 '세계사(서양사) 서술'에서 주목을 못했던 문제였다. 야심찬 탐구가 포콕(E. Pocoke)은 거기에 초점을 두어 '원시 힌두 문화=원시 희랍 문화'의 위대한 전제를 대부분 설명을 하였다.

◆◆◆◆

(a) '태양 숭배' '거석문화(巨石文化, megalithic culture)'는 인류의 공통 문화 종교 현상이지만, 그것의 기원을 '힌두'에 둔 것은 포콕(E.

Pococke)의 승리이며 그의 총명으로 구체적으로 입증을 해내었다.

(b) 즉 **'태양[불-死]과 갠지스 강[물-生]의 대조(對照)'가 '힌두 철학의 전부'이고 '윤회(輪回)' 이론의 전부이다.**

(c) 인도 이외의 여타(餘他)의 지역에서는, '구체적인 지리적 성격'을 이탈하여, 이후에 [추상적]학습(理論)으로 학습 터득할 수밖에 없었던 사항들이었다.

(d) 그 '힌두 문화'가 '바닷길[힌두 항해 문화]'을 따라 '희랍' '이집트'에 정착했다는 포록(E. Pococke)의 '드높은 고지(高地)'의 확보였다.

(e) 포록(E. Pococke)이 전제한 소위 '공준(公準, Postulates)'이란 것은 지리학적 언어학적인 것이지만, '힌두문화=태양문화=항해(航海)문화'란 전제는 '희랍' '이집트' 문화를 충분히 다 설명해 주고 있다.

(f) **희랍(도시국가), 이집트의 폐쇄(閉鎖)주의와 국지(局地)성은, 인도대륙의 '보편 선진 문화'를 넘을 수가 없게 되었으니,** 역시 그 '공준'으로 이미 확실하게 된 사항이다.

(g) 이 '태양족 문화(다신교)'에 '월궁 족 문화(유일신)'을 말했음은 역시 '힌두 문화'를 표본으로 삼았던 바다.['武士족' '司祭족']

(h) 칼 융(C. G. Jung)의 '태양 아키타입(Archetype)' 이론은 '성선설' '성악설'만큼이나 추상적이지만, 포록(E. Pococke)은 구체적인 '세계 역사(World History)'로 주장했다. 포록에 대한 칼 융의 이론은, '다급해진 기독교 문화를 위한 응급처방(변명) 수준'을 넘을 수가 없다.

(i) 아폴로의 '음악'과의 연대(連帶)는, 당초 크리슈나(Krishna)의 '음악'과 같은 것인데, 사용한 악기(樂器)가 '라이어(아폴로)'와 '피리(크리슈나)'만큼이나 상호 차이를 보이고 있다.[희랍의 '아폴로'의 원본은 '크리슈나'임.]

(j) '문화의 강물(희랍, 이집트)'이 크다고 해도, '근본 바다(힌두)'를 떠날 수는 없었으니, 포록(E. Pococke)의 주장은 그대로 '힌두가 바다다.'라고 주장일 뿐이다.

이것을 '올림포스' '제우스'에 이어 포록이 달성한 '아폴로 승리' 라고 한다.

4. '제4 아테네(Athene) 승리'

포콕(E. Pococke)이 '희랍 상고(上古) 시대 역사'를 재구성(복원)함에 있어, 그는 방법적으로 우선 그 종족 집단의 '군권(軍權)' '사제권(司祭權)' 두 가지로 나누어 설명을 하였다. 그리하여 그 '군권(軍權)'의 주체로 '무사족(武士族, 태양족, 騎馬족)'을 두었고, '사제권(司祭權)'을 '군권(軍權)'을 바탕으로 '안정' '평화' '지속' '평가' 주체로 고려하였다. 그리고 그 '사제권(司祭權)'을 지닌 사람들이 역시 '역사를 기술하고 평가를 하는 주체'가 되었다고 설명하고, 희랍인(인도인)도 그러한 기본 형태를 벗어나지 않는다고 생각했다.

그런데 포콕(E. Pococke)은 '신화(神話) 속에 있는 희랍 사회'에 궁극적으로 문제를 일으켰던 '시인(桂冠詩人-poet-laureate, 御用史家-작가)'이 어떻게 '현실적인 권력자(왕)'와 결탁하게 되는가를 설명했고, 아테네 도시 국가의 창설자인 '에레크테우스(Erectheus)'와 수호신 '아테네', 해신(海神) 포세돈(Poseidon), 영웅 테세우스(Theseus), '프리타네움(Prytaneum)의 법원'의 모호(模糊)함을 탈피하여 쉽게 이해할 수 있는 '상식'의 영역으로 복원해 주는 그 실력을 제대로 보여주었다.['신화'와 '역사'가 공존했던 현장 설명의 성공]

((①-'기독교 시대의 12세기 말까지 성행한 '가정된 예언의 정신(점쟁이)'은 쿤드(Chund, Chand)를 '트리칼라(Tri-cala)'라고도 불렀는데, 그는 역시 '프리티라지(Prithi-raj)'의 계관시인(桂冠詩人-poet-laureate)이라고도 불릴 수 있다' ['왕들의 연대기와 올림픽 승패 기록부 작성자'와 '점쟁이 기능'의 통합으로서의 '계관 시인-고대 史家']-(16장)

②-'그[3대 신의 化神이라는 위대한 인간]의 찬양자와 시인들이 바로 그(영웅)들을 신(神)으로 승격을 시켰다. 그것이 고대 희랍과 이집트에서 '신 만들기' 방법이었다. 시인들이 노래했던 모든 사람들은 하늘에서 내린 경배를 받고 있다. 하지만 신들 중에 최고라는 크리슈나(Crishna), 비슈

누(Vishnu)의 화신(化神)으로 치부되는 행동보다 덜 괴물 같은 존재는 없을 것이다.'-(19장)

③-'그 대사(臺詞)를 기록했던 역사가(歷史家)를 '바트(Bhat, Bard-시인)'라 하였는데, 그는 그 왕으로부터 직능과 명예와 부(富)를 받았던 사람이다. 그 왕의 사망이나 그들의 빛나던 자리에서 추방이 되면 그의 희망도 없어졌다.'-(19장)

④-[고대 아테네에서 가장 위엄 있는 가계 중의 하나인 부타대(Butadae)의 始祖인] 에레크테우스(Erectheus)는 포세이돈(Poseidon) 신과 같고 '에레크테우스 포세이돈(Erectheus Poseidon)'이란 명칭을 지니고 있다....

'에레크테우스(Erectheus)'와 '포세이돈(Poseidon)'은 '아테네(Athene)'와 더불어 숭배되었다. 이것은 중요한 역사적 사실이다. '포시단(Po-Sidhan)'은 '성자들의 왕'이고 역시 '시돈(Sidon)의 왕'이다. 사실상 서구의 불교주의가 그렇듯 그는 '사원의 왕' '추기경'으로 제우스(Zeus-교황)의 바로 아래 직위였다. 그는 아테네 신과 동통으로 경배되었다. 그것은 자연스런 것이었다. 독자는, 테살리(Thessaly)에서의 타르타르(Tartar) 사람....... 팔레스타인과 티베트에서 '천상(天上)의 동정녀 여신(the Virgin Queen of Heaven)'에게 떡을 올린 타르타르(Tartar) 축제를 알고 있을 것이다.'-(20장)

⑤-'그로우트(G. Grote) 씨는 말했다[<희랍의 역사>]. "에레크테우스(Erectheus)는 아테네의 허구적 역사에서 세 가지 특성을 보이고 있다.-신으로서 '포세이돈 에레크테우스(Erectheus)', 대지의 아들 영웅으로서 에레크테우스(Erectheus), 판디온(Pandion)의 아들 왕으로서가 그것이다. 희랍인들의 원시 시대에 상상 속에 신의 개념과 인간의 법칙이 복합되고 섞인 결과이다."

이 애매모호함은 지금 사라질 것이라고 나는 믿는다. 에레크테우스(Erectheus) '에라크 군주'는 신처럼 보이고-(불교도 용어로는 성자에 해당함), '포시단(Po-sidhan) 에라크데우스(Erac-deus)'는 "에라크 사제, 성자들의 대장"이다. '대지의 아들'이므로, 그는 '아타크탄(Attac-t'han)'이고, 역시 '아타크 대장 중의 한사람'이다. '왕으로서' 그는 판디온(Pandion)의 아들 이거나, 판다바(Pandava) 족의 대장이다. 그 모든 특징은 '히야니아 족 (Hyanians, Ionians, 騎馬 族)'이 소유했던 불교적 특징과 온전히 공존했던 바 다. 그로우트(G. Grote) 씨에 의해 주목을 받은 '신과 인간의 혼합'은 라마 식 교리의 필수적 결론이고, 그것의 긍정은 우주를 주제하는 힘의 부여일 뿐만 아니라 영감과 전능의 선물이었다. 불교 성자(聖者)는 있지만 역시 있지 아니하고, 신(神)이며 인간(人間)이고, 볼 수도 있지만 역시 볼 수도 없는 존재이다. 사실상 그에게는 전능(omipotence)이 부여되어 있었다.>'-
(20장)

⑥-'테세우스(Theseus)의 행동에서는 정말 협객(俠客)의 속성은 있었으 나, 그것은 군사적이고 성자(聖者)적인 것이었다. '자이나(Jaina) 교리 이행 자'로서 고대 붉은 십자가 기사로서 그들의 세력을 넓히는 것은 테세우스 (Theseus)의 영광이었으니, 온갖 방법과 힘으로 자기네 종교로 개종자를 확 보하였다. 아테네 국가를 완전히 다시 조합하여, 그 자이나(Jaina) 왕이 잘 구성하여 세웠다는 역사가들의 그 장부(帳簿)는 완전한 것으로, 나[포콕] 는 '테세우스(Theseus)'라는 그의 이름이 놀라운 정치적 변화를 초래하고 그 수단으로 이익을 확보했던 사실을 함축하고 있다는 것에 의심을 하지 않는다.'-(20장)

⑦-'아테네 프리타네움(Prytaneum)에는 법원이 있었고, 우리가 역사 적으로 고려를 하는 시대에는 이전의 광범한 범죄 관할권의 흔적만 간직 을 했다. 그래서 옛날에는 프리타네아(Prytanea, 원로원)란 이름이 증명하 듯이 소송 거리를 앞에 둔 당파들에게 문제의 가치를 감안해서 판결의 유지를 위해 보탬이 되는 수수료를 부과하는 아테네 최고 법정이었다. 그 명칭은 그 금액이 옛날에는 판결하는 원로들의 봉급이었으니, 호머와 헤시오도스에서는 봉물(奉物, 선물) 같은 것이었다. 더구나 고대 금융 사 무소 콜라크레테(Colacrete)는 한때(그 이름이 명시하듯) 희생 될 동물들의 배

당 몫을 모았고(이것은 스파르타 왕들의 음성수입과 정확히 일치함), 그래서 그들은 프리타네움(Prytaneum)에서 잔치를 유지할 수 있었고, 판결 수수료를 모았으니, 예를 들면 '그 바로 원로(Prytanea)'라는 명칭이 것이다'(20장))

포콕(E. Pococke)은, 희랍 아테네의 군권(軍權)의 소유자(騎馬족)인 '에레크테우스(Erectheus)'는 움직일 수 없는 역사적 존재이지만, 그는 자연스럽게 '계관시인(御用史家)'에 의해 수호신 '아테네', 해신(海神) 포세돈(Poseidon)과 동등한 '신(神)'으로 숭배가 되었고, 영웅 테세우스(Theseus)는 '자이나교[금욕의 불교도] 실천가, 기사(騎士)'로, '프리타네움(Prytaneum)의 법원(원로원)'의 원로(元老)들을 '헌금(奉物, 선물)'으로 생계를 유지한 존재들로 규정하였다.

◆◆◆◆

(a) 포콕(E. Pococke)이 수용한 소위 '계관시인(桂冠詩人-poet-laureate, 御用史家-작가)'의 규정은 '천고(千古) 문인(文人-歷史家) 운명'을 처음 제대로 규정한 것으로, 동서고금(東西古今)의 '역사가들'의 떠날 수 없는 그 자리를 명시한 것이다.

(b) '아테네 명문 족의 시조(始祖)' '에레크테우스(Erectheus)'는, '인류가 소유한 모든 역사의 시조(始祖)[의 표본]'이다.

(c) 그 '에레크테우스(Erectheus)'를 말했던 사람이 당시에 '가장 명예로운 시인(史家-詩人)'이었다.

(d) '어용사가(御用史家-作家)'는 '군권(軍權) 소유자(왕)'와 항상 결탁(結託)을 하나, '왕[고용자]'이 망(亡)하면 '시인(詩人)'도 없었다고 포콕은 설명하였다.

(e) '왕'은 '종족' '국가' '세력권'의 대표이므로, '시인(詩人)'의 기본은 어떤 '종족' '국가' '세력권'과의 결탁을 하거나, 그 반대편에 서는 '양자택일(兩者擇一)'을 해야 한다.

(f) '양자택일(兩者擇一)'의 두 가지 기준으로 행하는 '훼예포폄(毀譽褒貶)'의 양극단에는, '신(God)'과 '악마(Devil)'란 용어가 등장하게 마련이니, 시인이 편을 드는 왕은 '신(God)'이고, 그 왕권에 반대한 두

목은 '악마(Devil)'이다. 그것의 표본을 헤시오도스(Hesiodos)는 그의 <신통기(神統記, Theogony)>에서 보여주었다.[F. 니체는 뒤에 확인을 하고 있음-'선악을 넘어서']

(g) 아테네 '왕권'을 지켜내는데 공(功)을 세운 자가 '테세우스(Theseus)'였다.

(h) 포콕(E. Pococke)이 유독 '테세우스(Theseus)'를 '자이나교[Jaina, 금욕의 불교도] 실천가, 기사(騎士)'로 규정한 것은 '인도인을 조상(祖上)으로 둔 희랍인', '인도인의 대표적 금욕주자는 자이나교', 두 가지 자신의 '공준(公準, Postulates)'를 따른 결과이다.

(i) 포콕(E. Pococke)이 보인 '개관시인'과 '에레크테우스(Erectheus)' 논의는 구체적인 개별 문인 역사학도의 '운명'과 '한계'를 모두 지적한 것으로 포콕의 탁월한 '지성의 과시'이다.

(j) 포콕(E. Pococke)이 확보한 이 지점은, '최고(最高) 역사가(歷史家)로서의 관점(觀點)'이니, 그 이름을 '아테네의 승리'라 할 수 있다.

5. '제5 피타고라스(Pythagoras) 승리'

포콕(E. Pococke)은 <희랍 속의 인도>에서 가장 유념해야 할 사항은 '영혼의 윤회'이고 그것이 처음 힌두(Hindu)에서 발원했고, '윤회(輪回, Transmigration)'에 대비한 가장 큰 덕목이 '불살 계(不殺戒)'를 세운 '자이나(Jaina)'에 크게 주목을 했다는 점이다. 그리고 포콕은 주장하기를 '신(神-비슈누 등)의 대신(Avatar)이 항상 인간 속에 공존한다'는 기본적인 힌두인의 상상이 희랍 소아시아 이집트에 이미 크게 퍼져 있었는데, 피타고라스(Pythagoras)는 '윤회설'을 일상생활에 바로 적용했던 당시 희랍에서 '불타이신 영적 스승님(Bud'has Spiritual Teacher)'으로 통칭되었다는 주장에 득달(得達)하였다.

((①-"자이나 교황(Jaina Pontiff-제우스)은 대 태양족(Solar Tribes)의 하나

를 자기편으로 끌어넣었다."-(17장)

②-"이처럼 부라만 식 영향력은 가장 일상적인 어휘에서 나타나 있다. '카코스(Ka-kos, 악당)'은 '고고스(Go-gho-s, 백정)'이고, '고고스(Go-gho-s)' 일원은 악(惡)을 가리키는 말로 '사카손 족(Saca-soons, 삭손 족)' 언어로 스며들어서 '악(Bad)'은 인도어 '바드(Badh, 살해하다)'에서 온 말이다."-(17장)

③-"시작 단계에 주요 의례 중의 하나는 명백히 상징적인 것이다. 그것은 '신성한 강' '칸타루스(Kant-harus, 경배의 장소)'에서 암돼지를 씻는 것이다. 그 희생까지 정화(淨化)는 계속되는 것이다. 이들 '무스타이(Mustai, 해탈)'는 비밀을 맹세했으니, 그것은 사실상 그 종교적 성소에서 옛 종교적 고장에 절대적으로 필요한 것이었고, 오직 그곳에서만이 호머와 그의 세속적 신상의 더욱 매력적 이단에 대항할 수 있는 기반을 보존할 수 있었다."-(17장)

④-"고대 불교도의 힘찬 사업을 알아 본 사람은 없었으나, 피타고라스의 고난과 성공에 대한 평가는 당연한 것이 될 수밖에 없다. 비록 힘차고 재능 있는 사절의 도래시기에 한때 남부 이탈리아의 대부분의 운명이 흔들렸고, 복잡한 정부의 기계를 움직이는 힘센 손이 보이지는 않았어도, 라마 법의 많은 영향력이 아직 보이지 않은 채로 있다는 것을 의심할 수 없다. 그것은 '가톨릭 석가모니(catholic Sakya, 우주의 지배자-정신)'의 손이시다"-(21장)

⑤-"나는 피타고라스(Pythagoras)가 언급된 모든 나라를 방문했던 것과 실제적으로 열렬한 라마이즘 사도들을 방문하고 돌아다녔다는 점에 대해 조금도 의심을 하지 않는다. 피타고라스(Pythagoras)가 인도를 방문했다는 것도 자명한 것으로 나는 믿는다."-(21장)

⑥-"피타고라스(Pythagoras)를 크로토니아테 족(Krotoniates)이 '키베르

푸르(Khyber-poor)의 크리슈나(아폴로)'에 동일시한 것은 라마의 교리를 지닌 사람들에게서 합리적으로 기대할 수 있는 정확한 것이다. 피타고라스(Pythagoras)는 그 교리에서 보면 '크리슈나(Chrishna, Heri)의 화신'이고, 필연적으로 '헤리쿨레스(Hericul-es)' '불타 족의 대장'으로 생각했을 것이다."-(21장)

⑦-"피타고라스는 그 윤회설(the doctrine og transmigration)을 희랍에 가지고 왔는데, 석가모니 사망 연대 무렵이었고, 그것의 가능성을 우선 자신의 경우부터 수용하였다."-(21장)

⑧-"피타고라스(Pythagoras)가 확립한 이론과 그가 가담한 침묵과 명상의 생활, 연속적 성직 서임의 종류인 입사(入社)의 단계는 정확히 '피타카타이야(Pytakattayan)'의 개념과 일치하고, '아타카타(Atthakatha)'에서 보고된 '실행'과도 일치하고 있다. 피타고라스(Pythagoras) 식 제도는 역시 그 성격상 수도원 식으로 서술이 되어 그러한 점에서 역시 인도의 불교도 '정사(精舍, Viharas)'와 긴밀하게 유사하다. 피타고라스(Pythagoras)의 교리는 희랍과 이탈리아 소아시아에 널리 퍼져, 그의 사후(死後)에도 수 세기 동안 '미트라이크(Mythraic)'라는 이름으로 불교 신앙이 널리 퍼졌다."-(21장)
"철학을 가르친 사람은 위대한 선교사(great missionary)"-(21장)))

포콕(E. Pococke)은 이미 그의 확신으로 '희랍' '이집트' '팔레스타인'에 힌두의 '영혼 불멸의 윤회론'은 퍼져 있었다는 전제하고 있다. 문제는 현실적인 '고대 희랍의 역사 서술'이고, 나아가서는 '미래 인류 역사 서술-세계사 운영의 문제'이다.
더욱 구체적으로 말해, 인류의 역사는 '현실적인 무력(武力)의 대결'을 놓고 '사가(시인)는 어디에 편을 들 것인가?'만 있으나, 실제 역사(歷史)는 '힘을 지닌 자의 승리'일 뿐이니, 결국 '사가(史家)'는 힘 있는 자의 편에 설 수밖에 없었던 것이 기존 모든 사가들의 운명이었다.
그런데 포콕(E. Pococke)은 <희랍 속의 인도>에서 금욕주의자 '자이나

교(불교)도' 피타고라스(Pythagoras)를 행동의 지표(指標)로 삼고, 당시 '[제우스의] 어용 시인(史家)' 헤시오도스(Hesiodos)를 비판하였다.

'계관 시인(어용 역사가)'과 '철학자'는 어떤 점에서 서로 구분이 되는가? '어용 시인'은 '빵과 육신'에 얽매이지만, '철학자'는 '절대신(유일신)'을 따른다. '유일신'을 따르는 방법(힌두 식)은 방법은 '육신'의 실체를 미리 깨닫고 '윤회'를 벗어나는 것인데, 포콕(E. Pococke)은 그것을 고대 희랍에서 가장 확실하게 펼쳤던 존재가 '피타고라스(Pythagoras)'라고 생각하였다.[플라톤도 '피타고라스'를 배웠다.]

그러므로 포콕(E. Pococke)은 '힌두이즘'을 고대 희랍 역사에 적용하다보니, 사실상의 '금욕주의 불교'의 옹호자가 되었으나, 더욱 중한 문제는 미래 '세계사의 전개'에 궁극으로 어디에 '가치 기준'을 둘 것인가의 문제에 포콕(E. Pococke)은 의심도 없이 **'생명 존중'**이라는 대 전제의 모범으로 **'피타고라스(Pythagoras)'**를 내세운 셈이다. 실로 이에 통쾌한 승리 **'피타고라스의 승리'**가 자리를 잡았다.

◆◆◆◆

(a) '태양족(武士 족, 騎馬族)'이 '전쟁'을 주도하고 승패를 좌우한다. 그러나 '무력'으로 '안정된 국가(사회)'를 이룩할 수는 없고, 사회는 '종교적 신념(도덕)'을 바탕으로 유지될 수밖에 없다.

(b) 그러한 상태에서 '영혼불멸(사후상벌)'은 '도덕률 확립'에 최고(最高) 이론이었고, 그것이 체계적으로 분화된 것이 '정신(精神)주의' '영혼중심' 철학이 뿌리를 내리게 되었다.

(c) 그러나 어디에서 마찬가지로 힌두와 불교의 '영혼 존중' '육체 경멸'은 더욱 오래된 '육체 의존'을 절대로 넘을 수 없었고, 역사 현장(現場)은 항상 '법(도덕)보다 칼(무력)'이 우선이었다.

(d) '힘의 최고 능력 발휘'가 바로 국가 간의 '전쟁'인데, 그것에 정면(正面)으로 대항(對抗)하고 있는 '자이나교(불교)의 교리'가 '불살계(不殺 戒)'이다.

(e) 인간이 '육체'를 떠날 수 없으므로 '욕심'을 떠날 수 없고, 그 '욕심'이 있는 동안은 '분쟁(다툼, 쟁투, 전쟁)'은 어떤 형태로든 생길 수밖

에 없다.

(f) 이에 '희랍 고대사'를 탐구했던 포콕(E. Pococke)은 힌두의 '자이나 교도' '금욕주의'에 관심을 보였다.

(g) '사카손 족(釋家族, Saca‐soons, 색슨 족)' 언어로 스며들어서 '악(Bad)'은, 인도어 '바드(Badh, 살해하다)'에서 온 말'이라는 포콕의 주장은 사실을 여부를 떠나 포콕(E. Pococke)의 '공준(公準, Postulates)'에 해당한다.

(h) 포콕(E. Pococke)은 특별히 '역사 철학'을 말하지는 않았다. 그러나 '계관시인(桂冠詩人‐poet‐laureate, 御用史家‐작가)'을 말하면서 기존 '신화(神話) 운영자'의 부패한 정신을 충분히 드러내었다.

(i) 포콕(E. Pococke)은 '자이나의 교황(제우스)', '피타고라스(Pythagoras)'를 '부처이신 영적 스승님(Bud'has Spiritual Teacher)'으로 설명하며 자신의 '역사 철학'을 명시하였다.

(j) 포콕(E. Pococke)은 그래서 볼테르(Voltaire)와 더불어 '전쟁 반대' 위대한 논리를 새로운 차원에서 펼쳐나갔다.

6. '제6 버밍엄(Birmingham) 승리'

포콕(E. Pococke)이 <희랍 속의 인도>에 제시한 '3대(大) 체제(體制) 형식'은, '티베트의 라마주의', '희랍의 제우스 라마주의', '로마 가톨릭의 라마주의'였다. 그런데 포콕(E. Pococke)은 '뉴먼(Newman)'의 '강론‐버밍엄 신화(Lectures, or Birmingham Mythology)'를 들고 나와 기존한 역사 서술에 장애가 되는 모든 '신비(奇蹟)주의'를 비판하였다.

((①‐"인간의 절정, 다시 말해 '인간에게 신의 영광을 부여하는 원리'는 희랍 펠라스기 족 미신의 가장 탁월한 속성일 뿐만 아니라, 그 밖에 모든 다른 이교도에서도 특별한 것이다……희랍 속에서 그 실행은 단일하게 일관된 것으로 추적될 수 있고, 초기부터 전승은 기념비도 없이 전해 오다가 마지막 고전적 이교(異敎)는 마감하기에 이른다. 그러나 그 원리는 종교

적 변화로 길을 내주기에는 너무나 뿌리가 깊은 것이다. 그것은 절간(寺刹)에서 교회로, 세속인(이교도)을 로마 가톨릭 신화로의 전이였다. 그 와중(渦中)에 성인(聖人)으로 선포된 성자와 순교자가 '이교도의 영웅이 신'으로 추앙된 것과 흑사(酷似)한 것이다. 이교도(異敎徒)와 로마 가톨릭의 반인반신(半人半神)의 대상에 '디비(Divi)'라는 명칭이 나타낸 것으로 쉽게 이해될 수 있을 것이다. 사실 '디비(Divi)'란 초기의 로마 교황(敎皇)을 말한 것이니, 범어(梵語)로는 '데바(Devas)', 바라문(Brahmins) 혹은 "종교적 교사"이다.-데바(Deva)는 역시 '신(God)'을 나타내는 것으로, 희랍과 로마인은 그를 신처럼 생각했다. 왜냐하면 우리는 '(Divi)'라는 용어가 이른 바 로마의 역사적인 기간 동안에 그 기원을 둔 것은 아니기 때문이다."-(12장)

②-"합리적 존재들의 요구에는 '시'의 '증언으로 돌아가라.'하며, 완전한 역사 거부로 나간 것은, 이해에 '감상적 찬사'를 행한 것이다. 동양과 서양의 라마주의(Lamaism)가 그러하였다. 추종자에게 심리적 부복(俯伏)을 요구하는 사람들은 신화의 보급(sacella)을 확대하려는 것일 수 있다. 다이에나(Diana)를 위한 은(銀)의 성지는 조성할 수 있으나, 역사의 전당을 후원하지는 못 한다. 그것이 '희랍의 불교주의', '로마의 불교주의'의 미래였다. 그리고 희랍을 눈멀게 한 델피(Delphi), 로마인을 눈멀게 한 바티칸(Vatican)이 '시간의 진실(역사)'를 덮었던 그것이다."-(19장)

③-"이상한 말이지만, 그 문제를 못 본 채하기보다는 병행하는 속성이 신중하게 지켜지고 만연해 있으니, '만신(萬神, all the gods)'의 사원 판테온(Pantheon)은 '모든 성도들'을 교황 보니파티우스(Pope Boniface)가 축성(祝聖)하는 때와 같은 것이다."-(19장)

④-"옛날이나 지금이나 라마이즘(Lamanism)은 로마주의(Romanism)와 그 유사성을 견지하고 있다."-(19장)

⑤-"성 콜룸반(St. Columban)이 자기의 잃어버린 장갑을 까마귀를 고용

해 물고 오게 한 것은 정확하게 호머 시대나 헤시오도스 시대 특성이다. 호머 시대의 사람과 제우스 또는 아테네(Athene) 신 사이에 생긴 강한 신뢰와 숭배의 공감이 그네들의 고통과 위험에 처한 자신의 필요에 그들의 도움을 불러낸 것이다."[6]-(19장)

⑥-"성 라이몬드(St. Raymond)는 그의 망토에 바다를 날랐고, 성 안드레(St. Andrew)[7]는 어두운 밤에 환하게 빛이 났다."[8]-(19장)

⑦-"성 스콜라스티카(St. Scholastica)는 그녀의 기도로 폭우를 얻었다."[9]-(19장)

⑧-"유물(遺物, Relics)이 병자, 환자, 상처받은 자를 건드려도 어떤 때는 아무 효과도 없지만 다른 경우는 부정할 수 없는 효과가 난다."[10]-(19장)

⑨-"같은 자연 환경에서 프로테스탄트들은 놀랄 것이 없듯이, 초자연적인 것에 불교도는 놀라지 않는다. 불교도는 특별한 경우에서 장소를 가릴 수도, 가리지 않을 수도 있고, 결심을 못 할 수도 있고, 구별한 증거를 찾지 못하거나 판단을 미루며 그는 '그럴 수 있어!'라고 말할 것이다. 불교도는 '나는 그것을 믿지 못 하겠다,'고는 결코 말하지 않을 것이다."-(19장)

⑩-"이처럼 불교도들은 이해할 수 없다. 그들의 교리는 이해할 수 없다. 그리고 그 불가해한 것을 신앙하는 사람들에게 제공이 된다는, 신앙의 결실은 막대함을 역시 믿을 수 없다."-(19장)

---

6 그로우트(Grote), <희랍의 역사>, 1권 p. 633
7 뉴먼(Newman), '강론-버밍엄 신화(Lectures, or Birmingham Mythology)' pp. 286, 287. 참조
8 N. B. 이 '빛'과 '그림자'의 신비는, 옥스퍼드 지역에서 실행된 이래 매우 빈번하게 일어나 이미 100회 정도의 기록을 보였다.
9 뉴먼(Newman), '강론-버밍엄 신화(Lectures, or Birmingham Mythology)' p. 287
10 뉴먼(Newman), '강론-버밍엄 신화(Lectures, or Birmingham Mythology)' p. 286

⑪-"불교도들에게 기적(奇蹟)은 역사적 사실이고, 그것으로 부족함이 없었다. 그리고 상황 속에 자연적인 사실이 프로테스탄트들에게 놀라운 것이 아니듯이, 초자연적(超自然)인 것이 불교도들에게는 놀랍지 않은 것이다."-(20장)))

영국의 세계적인 지성(知性) 포콕(E. Pococke)은, '역사 과학주의' 입장에 서서 '그동안 비합리적인 고대 서양사(희랍 역사)의 왜곡'을 진단하였다. 포콕은 근본 원인을, 희랍에 거주했던 '라마 교황 제우스에 대한 계관시인의 무분별한 칭송'과 '인기 있는 여신(女神)에 대한 후원금 모으기'에 기인한 것으로 진단하였다.

그동안 역사학(歷史學)도 그것을 시정하기보다는 '방치' '긍정'했던 것으로 보았다.

볼테르는 말했다. '현재 불가능한 것은 천 년 전에도 역시 불가능했다.' 이 말을 포콕(E. Pococke)은 '신비의 티베트 라마주의가 고스란히 희랍의 제우스 라마주의가 되었고, 그것이 다시 로마가톨릭'으로 이어지고 있다고 공개하였다.

그렇다면 포콕(E. Pococke)은 궁극적으로 무엇에 불만인가?

포콕(E. Pococke)은 '파당(派黨)주의' '독선(獨善)주의' '허위 날조' '맹목의 광신(狂信)주의'를, 자신의 '합리주의' '과학주의'로 엄밀하게 바로잡았다.

그러므로, 포콕(E. Pococke)은 '힌두의 라마이즘'의 맹목적 수용자가 아니라, **'과학주의' '생명존중' '사해동포주의' 사관(史觀)**에 의한 복원을 명시했으니, 그것이 바로 포콕(E. Pococke)의 '버밍엄의 승리'이다.

◆◆◆◆

(a) 인간의 '과학주의' '현실주의(Actualism)' '(인간)생명 존중' '사해동포주의' 맞은편에 '신비(神祕)주의' '몽상(夢想)주의' '파당(派黨)주의' '지역(地域)주의'가 항상 도사리고 있다.

(b) 그것은 '육체' '정신(영혼)'의 구분만큼이나 확실하고 역시 그와 동등하게 쉽게 분할될 수 없는 점도 있다.

(c) '정신(영혼) 절대 우선주의'는, 모든 종교의 기본 방향이 되어 있으나, 그것과 항상 동행하고 있은 '과장된 병적(病的) 관념주의'가 '신화(神話)'였다.

(d) 포콕(E. Pococke)은 '역사 과학주의'로 '(희랍)신화'를 조롱하고 있지만, 그것을 '청산(淸算)'해 버리기가 쉽지 않음은 인간은 '대낮'에 누구나 '합리주의' '현실주의'에 있지만, 어두운 밤에 '꿈 속'에서는 '신비주의' 속에 있음을 후배 과학자 프로이트(S. Freud)와 융(C. G. Jung)이 입증했다.

(e) 그렇다고도 해도 포콕(E. Pococke)이 주장한 '역사과학주의' 취소된 것은 결코 아니다. 즉 '세계 인류 생활 현장의 과거 현재 미래를 밝히기 위한 역사 기술'에서 혁명의 횃불을 먼저 밝혔다.

(f) 문제의 초점은 다시 '무엇을 위한 역사 기술인가?'란 기본 물음으로 돌아가게 되어 있으니, '현재 살아 있는 각자 시민들의 행복 보장'이라는 '위대한 명제'가 그것이다. 이 '위대한 명제' 앞에 그밖에 다른 사항은 모두 '각개인의 취향'일 따름이다. 이러한 '세기의 혁명'을 포콕(E. Pococke)은 뉴턴과 볼테르를 계승하여 '과학 사상에로의 혁명'을 확실하게 하였다.

제4장

'포콕의 명언(名言)' 63가지

야심적인 역사가(歷史家) 포콕(E. Pococke)은 그가 <희랍 속의 인도>를 저술함에 있어서, ① 카슈미르 펀자브 코카사스인(人) 크샤트리아(계급)의 타고난 體力, ② 인더스 아타크(Attac) 연안(沿岸)의 모래속의 황금- 막대한 資本)', ③ 힌두 베다의 선진(先進) 윤회 사상(輪回 思想) ④ 지구촌(地球村)을 향한 '개방된 사회로의 지향 능력(航海術, -疏通 交流 能力)' ⑤ '이단(異端) 수용주의(收容主義, The Admission of Paganism)'이라는 5대(大) 역사적 동력(動力)을 선점(先占)한 '힌두이즘의 수월(秀越)한 승리(勝利)'를 가장 먼저 확인하여, '인도(Hindu) 상고사(上古史)'가 그대로 '세계사의 상고사(上古史)의 서장(序章)'을 차지할 수밖에 없다.'는 그 '불후(不朽)의 결론'에 선착(先着)하였다.

그러나 포콕은 '힌두(인도)'가 그렇게 '타국(他國)의 추종을 불허하는 역사적 고지(高地)를 선점했음'을 모르는 척 그냥 접어 두고, <희랍 속의 인도>를 서술함에 있어 거기에는 부수적인 자신의 '범어(梵語) 실력'으로 '희랍 지명(地名) 해명'하는 우회로(迂廻路)를 통하여, 그 동안 적폐(積弊)가 된 희랍의 '국가주의' '지역(도시국가)주의' '폐쇄주의'에 부화뇌동(附和雷同)한 소위 '계관시인(桂冠詩人)들'의 진술과 그들의 '상상력의 발동'으로 '준(准) 역사(신화)'로 정착해 있는 '비하 왜곡된 명칭(켄타우르, 키클롭스, 아우토크톤, 등)' 논의로 달려가 그들을 일거(一擧)에 인류 본래의

'혈통주의' '개방주의' '합리주의'를 바탕으로 '사실(事實)의 역사적 현장'에다가 바로 세웠다.

포콕은 단순하게 **'힌두(Hindu) 상고사=희랍(Greece) 상고사'**라는 단순한 전제로, 그의 상세한 논의를 통일하며, 소위 '역사(歷史) 서술'이 어떻게 되는지(되어야 하는지)에 대한 자신의 확신(確信)을 가지고 제대로 보여주었다.

즉 그것은 **'선입견이 없는 개별 사실(事實)의 발견과 확보'**를 무엇보다 우선으로 한 것이니, 아무튼 포콕의 선견지명(先見之明)은 살필수록 감탄을 금할 수가 없다.

다음에 제시한 **포콕의 명언(名言) 63개 항목**은, 그 '탐구를 다 마친 결론'이 아니라 <u>앞으로 더욱 확실하게 후배들 각자가 '앞으로 밝혀나가야 할 그 <상고(上古) 세계사>의 서론(序論)이며 전제(前提)들'</u>이다.

진실로 '포콕의 탐구 정신'을 계승하는 것이 <희랍 속에 인도>를 제대로 읽은 것이요, 여기서 한두 가지 말만 참고할 경우는 '평상인(平常人)'이고, '말 자체를 싫어하거나 거부(拒否)하는 사람'은 '학문(탐구)'에 관심이 없는 편견(偏見)을 고집하는 이는 '무사태평(無事太平)'의 '골동품들'일 것이다.

제1화, '범어(梵語)'의 '보편성'

((1. - '희랍 언어'는 '범어(梵語)'에서 파생한 것이다. (제2장)))

♦♦♦♦

(a) 역사학도 포콕(E. Pococke)의 기본 출발점은 '힌두 어(梵語)'와 '희랍어'가 당초 구분될 수 없는 '공통 언어권(言語圈)'이라는 기본적인 전제에서 출발하였다.

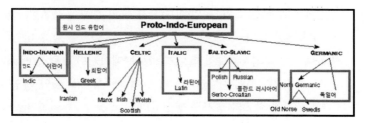

<포콕(E. Pococke)이 상정한 '범어(梵語, 원시 인도유럽어)'권 영역>

(b) 일찍이 볼테르(Voltaire)가 확인했듯이 '동물(動物)'과 구분된 '인간 (人間)의 생활'은 바로 그 '언어'의 사용여부로 구분이 되고, 그 다음은 그 '의사소통의 방법'으로 얼마나 '(동물과 다른)고상(高尚)한 생활'을 할 수 있는가에 관심이 모아질 수밖에 없다. 물론 '역사 서술'도 그것에 기준을 둘 수밖에 없는데, '고대 희랍어'는 '고대 힌두 범어(梵語)'라고 단정한 것은 포콕의 제일 관심사였고, 그것을 통해 일관되게 '세계사 서술'의 시발점(始發點)으로 전제하였다.

(c) 포콕(E. Pococke)은 문자 그대로 '범어(梵語, -原始 인도 유럽어, Proto-Indo-Eurpean Language, -Sanskrit)'라는 거대 전제 속에 구체적인 개별 '희랍 초기 역사 복원(復原)'에 돌입하였다.

(d) 포콕은 상고시대 **'범어(梵語)'를 '세계 보편언어'로 규정하여 '소통(疏通, communication)의 세계사'**를 당연시하였다.

▨제2화, '펠라스기(Pelasgi)' 사람들

((2.-'펠라스기(Pelasgi)' 사람은 '패아키아 사람들(Phaeacians, 페니키아)' 이다.(제2장)))

◆◆◆◆

(a) 포콕의 화법(話法)은 큰 안목(眼目)에 기초하여, **'확실한 사실의 포착'**에 주저함이 없다.

(b) 포콕은 '고대 희랍 역사 초두(初頭)'에 제기되었던 **'펠라스기(Pelasgi) 사람'**에 대한 의문을, 당장 '패아키아 사람들(Phaeacians, 페니키아)' 이라고 규정하고 있으니, 그 소중한 '사실의 확인'은 이미 포콕 이전에 이루어진 소위 '동양(인도)학자'들의 견해를 참조한 '신중(愼重)한 결론'이다.

(c) 볼테르는 그의 <역사철학(1765)>에서 '패아키아 사람들(Phaeacians, 페니키아)'의 '표음문자(表音文字) 발견'과 '항해(航海)와 상업적 교류 능력'에 최고의 평가를 행했었다.

(d) 그런데 포콕은 볼테르의 그것에 다시 두 가지 중요한 사항을 첨가

했으니, 그들은 역시 **'희랍에 가장 오래된 종족'**이라는 **'펠라스기 (Pelasgi) 사람'**이고, **그들은 본래부터 '항해(航海)술에 능했던 힌두 (Hindu)들'**이라는 입장에 있다.

(e) 이것은 그동안 '폐쇄와 단절'을 전제로 했던 '고대 세계사 연구'를 **'개방(開放)과 교류(交流)의 세계사'**로 전제한 포콕의 **'혁명적 발상'** 을 대표하고 있는 사항이다.

(f) 그 '펠라스기(Pelasgi) 사람'의 기원(起源)과, '태양족(Solar Race)'의 탐구가 포콕의 연구에 두 가지 기둥이 되고 있다.

(g) 포콕은 '페니키아'의 본래 명칭을 '파이니카스(Phainicas, 히야 족-Hyas)'로 '아프가니스탄 로그르(Logurh) 근처 '비니바담(Bhini Badam, 히아 부디스트)'의 이주민으로 읽었다. 그리고 '파이니카스(Phainicas, 히야 족-Hyas)'의 파생어 형태가 파이니키아(Phainika, 페니키아, 제15 장)라고 하여 **'인더스(Indus) 강'**과 '지중해 항해(航海)'를 한데 묶어 '상고사(上古史)'를 전개를 크게 확대하여 통합적으로 고찰하였 다.[' 교류(交流)의 세계사 '로 보았음]

제3화, '범어(梵語, Sanscret)'의 사용 범위

((3.-'페라스기 어'는 '범어(梵語, Sanscret)'이고, 팔리(the Pali)의 방언(方 言)이기도 하다. 한 때는 카슈미르 족(Cashmirean)의 형성과 실체에도 참가 를 했고, '고대 페르시아 어'의 구조와 어휘로도 참여하였다.(제2장)))

◆◆◆◆

(a) 포콕(E. Pococke)은 그의 '개방(開放)과 교류(交流)의 세계사' 문제를 추상적으로 주장하지 않고 '범어(梵語)'를 당시 '세계어'로 전제하 고, 구체적인 실증(實證)으로 그것을 말했으니, **희랍의 '펠라스기 (Pelasgi) 사람'과 인도의 '카슈미르 족(Cashmirean)'의 연관을 상세 히 밝혔다.**

(b) 포콕(E. Pococke)은 '언어' '교통 근거' '사상' '인종' '계급'의 다양 한 근거를 동원하였으니, 그것은 오히려 '(遊牧民의 지역적 소속감이

薄弱했을 고대 사회에)당연한 사실'에 포콕은 그냥 걸터앉아 그의 논술을 폈다.

(c) 즉 (당시로는) '최고도(最高度) 문명(종교적 논리)'과 '훌륭한 체구(신체적 조건)', '비상한 전투력(武士族)'으로 거칠 것이 없이 '인도' '팔레스타인' '희랍' '이집트'에 왕(지배 종족)이 되었던 존재가 바로 **'인더스 강 북쪽 히말라야 카슈미르 펀자브 사람들'**이라는 포콕의 설명이다.

제4회, '박해(迫害)'의 사례(事例)들

((4.-'알비게네스(Albingenes)에 대한 박해', '스페인에서 무어인(Moors)의 추방', '네덜란드에서의 군주제의 독재', '낭트 칙령의 철회', '성 바르톨로뮤(St, Bartholomew)의 대학살', 지상에서 기독교 목사이기를 주장한 그에 의한 무참한 승인, 제임스 2세의 독재, 이 모든 것과 그밖에 무도(無道)함들은 결국 인간성의 관심에 대한 가장 자애(慈愛)로운 것이 되었다.(제3장)))

♦♦♦♦

(a) 위의 진술에서 볼 수 있듯이 포콕은 원칙적으로 '종교의 자유' 속에 있었다. 위에 열거한 '박해' '추방' '대학살'은 주로 **'구교도(가톨릭교도) 횡포'**를 고발한 것이다.

(b) 이것은 앞서 볼테르가 그의 저서를 통해 한 없이 규탄해 마지않던 '사상 분쟁' 핵심 사항을 거듭 지적했던 바다.

포콕(E. Pococke)은 그것이 포콕 당대(當代)에 끝날 문제라고 전혀 생각하지 않았다. 그러나 **그 근본 원인이 인간의 '독선(獨善, Chauvinism)'에 비롯한 것임**을 확실하게 알고 있었다. 그리고 **'불필요한 독선(獨善)의 치유(治癒)'**도 역시 그 **'역사 서술의 궁극의 목적'** 중의 하나이다.

(c) '과학'과 '합리주의'의 최상의 미덕(美德)은, 바로 '평등'과 '평화'이니, 그것이 불편한 자는 명백히 구시대(舊時代)에 사고 '신비주의 귀족주의 옹호자'일 것이다.

제5화, 세계 문명의 시발점(始發點) –'펀자브(Punjab)'

((5.–펀자브(Punjab) 장벽을 통과한 힘찬 인간 물결은 유럽과 아시아의 예정된 통로를 향해 굴러가 세계 도덕의 수정(授精) 속에 그 은혜로운 사업을 성취하였다.(제3장)))

◆◆◆◆

(a) 포콕은 '인더스 강 상류 카슈미르(Kashmir) 펀자브(Punjab) 족'이 '항해 족(航海 族, 페니키아 등)'과 연동되어 남서(西南)쪽으로 퍼져나가 '팔레스타인(소아시아)'과 '희랍'과 '이집트' 문명을 이루었다는 점을 구체적인 지리학적 자취(地名)로 명시하였다.

(b) 포콕은 교역(交易)의 기초 동인(動因)으로, '생존을 위한 탈출' '상업적 이득' '종교적 확신' '무력(체력)의 보장' 등의 그 조건을 제시했는데, 모두 '인간 생존경쟁(生存 競爭)'에 불가피한 전제들이다.

(c) 포콕은 무엇보다 '희랍 아테네 문명'의 형성자로 '펀자브 카슈미르' 힌두 **(神人 共存)의 '윤회(輪回) 신념'**을 꼽았고, 그것의 희랍에로의 정착 과정 설명에 그의 '온 힘'을 모으고 있다.

(d) 이 포콕의 관심과 노력은 **그동안 <구약 성경>에 전적(全的)으로 의존한 '서양사'에 일대 혁명**을 초래하게 했으니, 이것이 바로 '과학적 세계관' '사해동포주의'를 기반으로 한 그 '역사철학'의 구체적인 실현인 것이다.

제6화, '자이나 족(Jainas)'

((6.–'자이나 족(Jainas)'은 동양학자가 듣고 놀라는 초기 희랍 사회에 존재했던 종파이다.(제3장)))

◆◆◆◆

(a) 종교적 신념으로 **'죽이지는 말자는 계율(不殺戒)'**를 간직한 세계 유일의 종족인 '자이나 족(Jainas)'은 사실상 '다다 혁명 운동' 기본 요강(要綱)을 간직한 그 최고(最高) 원조(元祖)였는데, 포콕은 그의 명

저 <희랍 속의 인도>에서 유독 그 '자이나 족'에 관심을 보였다.

(b) 포콕은 '불교도'를 '월궁 족(Lunar Race, 唯一神 종족)'으로 분류 '태양 족(Solar Race, 무사족, 多神敎 종족)'에 대비해 설명했다.

인간에게 '건강(육체)'도 중요하지만, 역시 '정신(혼)'도 중요함은 두 말할 것이 없고 '유일신'과 '다신교'가 모두 '관념의 유희'라는 것을 알면 포콕의 이해에 확실히 일치한 것이다.[칸트의 '영혼불 멸(Immortality)' 참조]

그런데 그 '정신(혼)'을 주제한다는 '사제(司祭) 족'이, [어떤 명목으로건] '살상(殺傷)의 전쟁을 긍정 옹호하는 것'은 '세상에서 제일 웃기는 코미디 중의 코미디'이다. 그러한 측면에서 **포콕이 '죽이지 는 말자는 계율(不殺戒)'을 간직한 '자이나 족(Jainas-불교도의 前身)' 에 관심을 보인 것은 '시공(時空)을 초월한 인간사랑 대도(大道)'를 보인 '다다이스트의 거장(巨匠)'으로 손색이 없다.**

(c) 포콕은 이러한 측면에서 어김이 없는 그 '볼테르 정신'의 지성스러운 계승자였고, 역시 '선구적 다다이스트'였다.

제7화. '인도의 고대사'가 '희랍의 고대사'다.

((7.-상고(上古) 희랍 역사는, 상고(上古) 인도(India)의 역사이다.....잘못 된 '희랍 신화' '희랍 영웅전'이란 존중할 만한 문서를 해독하려는 사람은 진정한 상고(上古) 희랍 역사에 계속 이방인(異邦人)으로 남아 있을 것이 다.(제3장)))

◆◆◆◆

(a) 위의 전제는, <희랍 속의 인도> 전권(全卷)의 내용을 한 줄로 요약한 말이다.

(b) 포콕의 선배인 볼테르는, '서양의 문명의 근원(根源)은 인도'라고 앞서 확실히 지적하였다. 포콕은 그 볼테르의 지적을 더욱 구체적으로 자신의 '범어(梵語) 실력'과 '지리학적 정보(情報)'과 '종교철학적 확신'을 바탕으로 '상세한 서구 상고(上古) 시대사'를 작성했

다. 이것은 포콕이 아니면 애당초 엄두를 낼 수도 없었고, 오히려
<희랍 속에 인도>가 발행된 이후에도 저자의 '발견'을 외면했던
것은 '보수주의(保守主義)들의 편견'에 가려서 그렇게 된 것이다.

(c) '서구인'이 '옛 힌두에서 학습했다는 사실'이 왜 그렇게 그들 서구
인(西歐人)의 자존심 상할 일인가? 그것을 고집한다면, 그들은 그
'오해(誤解)에 바탕을 둔 허세(虛勢)'라고 확실하게 지적을 했던 사
람이 볼테르를 이은 포콕이었다.

(d) 간단히 말해서, **'절대 유일신(절대자 God, Brahman)'의 개념은 명백
히 그 '힌두'에 근원(根源)을 둔 사상이었다.** 그런데 '독선의 기독
교'는 그것을 속이고 '자기네들의 신이 최고'이고 그것을 수용하
지 않으면, '사람이 아니다.'라는 식의 '독선주의(Chauvinism)'에 있
으니, 얼마나 황당(荒唐)한 일인가.

제8화, '켄타우르(Centaurs)' - I

((8.-신(神)들의 혈통과 '켄타우르(Centaurs) 이야기'는 우화적이고 전설
적인 것으로 받아들이지만, 희랍 종족들의 기원담은 그대로 역사적 진실
로 읽힌다.(제4장)))

◆◆◆◆

(a) 희랍 신화에 '켄타우르(Centaurs) 이야기'만큼 당황스런 이야기는
없다. 그런데 '다다 혁명가' 포콕은 그것을 단숨에 '하나의 종족(種
族)'이라고 결론을 내었고, 거기에 '기마족(騎馬族)' '태양 족' '무사
족' '스키타이 족'으로 무한정으로 그 '사실(事實)'을 펼쳐 나갔으
니, 감탄에 감탄을 연발하지 않을 수가 없다.

(b) 전 인류가 희랍의 '계관시인(桂冠詩人, 御用史家)의 말솜씨'에 깜박
속아 아무도 그 '진상(眞相)'을 알아보려 하지 않았다. 아! 얼마나
지독한 '나태(懶怠)와 자만(自滿)과 독선(獨善)'에 있었는가?

(c) 부패한 귀족주의(天上의 족속) 망상(妄想) 빠져, '사람'을 괴물(怪物)
로 규정해 놓고도 바로 볼 줄을 몰랐으니, 한 마디로 그동안 희랍

신화(神話) 속에서 '켄타우르(Centaurs)'는, 인간과 공존할 수 없는 '사람 아닌 사람'이라는 편견이 지배를 했었다.

(d) 포콕은 결국 **'켄타우르스(Centaurs)'** : '칸다하우르스(Candahaurs)' – '칸다하르 사람들(Candahar People)'로 설명을 했으니, 그의 역사학에의 '열망' '통찰력'을 과연 누가 따라갈 것인가.

(e) 상고(上古) 시대 희랍인이 그러한 '편견(偏見)'을 지니고 있었다는 것은, 포콕의 '밝은 눈'으로 처음 그 정체(正體)가 확실하게 되었으니, 그것은 포콕의 공연한 주장이 아니라 바로 '과학주의' – 볼테르가 명시했던, **'지금 없는(불가능한) 것은 옛날에도 불가능했다.'** 는 명쾌한 기준에 의한 것이다.

제9화, '키클롭스(Cyclops)'

((9. - 호머는 키클롭스(Cyclops)가 법(法)이 없이, 강인하고 거대 체구(體軀)의 유목민(遊牧民)으로 알고 있었다.(제4장)))

◆◆◆◆

(a) '켄타우르(Centaurs)'와 더불어 '희랍 신화'에 또 하나의 괴상한 존재가 '한 개의 눈을 가진 거인' 키클롭스(Cyclops) 문제인데, 포콕은 그러한 '비현실적 상상(想像)'에 머뭇거릴 위인(爲人)이 아니었다.

(b) 포콕은 '외눈'의 키클롭스(Cyclops)를 '건축가' '궁수(弓手)' '광부(鑛夫)'로 규정했던 기존의 학설을 먼저 소개하였다.

(c) 그리고 나서 포콕은 '쿠클로페스(Cuclopes)'라는 용어가 '고클로페스(Goclopes)'의 변형된 형태이니, '고클라 칩스(Gocla Chiefs)'는 즉 줌나(Jumna) 강둑을 따라 열린 지역인 '고클라스(Goclas) 지방에 거주했던 추장들'이라고 단정하고, '고클라-페스(Gocla-pes)'는 그네들의 '고클라스(Goclas)'는 '소떼의 목자(牧者)적 풍속'에 유래한 명칭이고 단정을 했다. 그리고 고클라(Gocla) 지역은 난다(Nanda)와 크리슈나(Krishna)가 그의 젊은 시절에 거주했던 지역이고, '고피스(Gopis)' '초원의 님프(Pastoral Nymphs)' 사이에 승리한 왕자의 모습

이고, 그래서 호머는 그 '키클롭스'를 '폴리페무스'라는 목양자(牧羊者) 성격으로 교정하기까지 이른 것이라고 설명하여, **'희랍 신화 =희랍 상고시대 역사=힌두의 역사'** 전제를 계속 밀고 나갔다.

(d) 결국 포록은 '키클롭스'를 '초기 희랍 지배 족'으로, '펠라스기 사람'과 동일시하였다.

(e) 그리고 나아가 포록은 더욱 구체적으로, "'케크로포스(Cecropos)' 는 '펠라스가(Pelasga)' 족장이었고, '펠라스가(Pelasga)'는 '펠라사 (Pelasa) 사람', 카슈미르 북쪽 자락에 산재(散在)해 있다."(12장)라 하였다.

제10화. 세계의 지적(知的) 부국(富國)

((10.-인도인은 과거 그들이 전체적으로 전 세계 기독교도들을 압도했던 '지적 부국(富國)'이라는 점에도 그들은 무관심하다.(제5장)))

◆◆◆◆

(a) 2017년 기준으로, 인도(印度, India)의 평균 개인 소득은 '1688달러(한국 29115)'로 '가난한 나라'를 아직 벗어나지 못 하고 있는 형편이다. 그러나 포록이 <희랍 속의 인도>를 발표할 당시(1852년, 한국)은 인도나 한국이나 별로 차이가 없을 때이고, '포록의 나라(영국)'는 세계에서 그 '선진(先進) 문명'을 자랑하고 있을 때였고, 그 '인도'를 '식민지(植民地)'로 관리하고 있을 때였다.

(b) 그런데 위에서 포록은, '과거 <u>그들[인도인]이</u> 전체적으로 전 세계 기독교도들을 압도했던 **지적(知的) 부국(富國)**'이란 진술은 단순한 '허구적 시구(詩句)'가 아니다. 그런데 더욱 중요한 것은 그 다음 인도인은 '과거에 지적(知的) 부국(富國)'이라는 사실에 **'무관심(無關心)'**하다는 지적이다.

'무관심(無關心)', 그것은 지적(知的) 나태(懶怠)에 원인이 있을 수 있다. 그러나 포록은 그 '나태(懶怠)'를 꾸짖는 위치에서 그것을 말한 것이 아니라 **'아무것도 없으면서 허풍(虛風)으로 세상을 속이는 무**

모(無謀)한 사기꾼들'을 비판하기 위해 '인도인의 넉넉함'을 찬양한 말이다.

'가난'을 좋아할 사람이 없으나, '그것을 지키는 마음은 모두 착한 마음', '천성을 지키는 마음'과 상통(相通)하고 있으니, 소위 '월궁족(불타 족, 唯一神 족)' 탄생시킨 모국(母國)으로서의 존중과 경모(敬慕)에서 비롯된 말이다.

(c) 포콕은 이 <희랍 속의 인도>를 저술할 당시(當時, 1852)는 선배로 볼테르(Voltaire)가 있을 뿐, '다다 혁명 운동의 대장 F. 니체(Nietzsche)도 아직 목소리가 확실하지 못 한 경우이니, 배울 곳은 볼테르밖에 없었다.

(d) 그런데 포콕은 유독 '죽이지는 말라'는 계율(不殺戒)을 개발(開發)해 낸 '힌두의 불교도'에 크게 체질적으로 감탄하고 있는 경우였다.

제11화, '코린투스(Corintus)'

((11.-인더스 인의 고전적 명칭 '아부신(Abusin)'이 희랍에서 '코르-인두스(Coe'-Indus, 코린투스-Corintus)'로 재생산되었으니, 그것은 '코리 인두스(Cori Indus)' 사람들이기 때문이다.(제5장)))

◆◆◆◆
(a) 희랍 문명의 논의 '도리아 식' '이오니아 식' '코린트 식'은 널리 알려진 대리석 기둥의 대표적 모양새이지만, 그 '코린트 식' '코린투스(Corinthus)'라는 명칭이 '코리 인더스(Cori Indus)'라는 지명 해설은 바로 포콕이 발휘해 보인 그의 '범어(梵語, Sanskrit) 실력' '지리학'이 이루 낸 <희랍 속의 인도>의 최 강점을 자랑 하고 있는 부분이다.

(b) 포콕은 '부록(附錄)'으로 '북부 희랍의 지명(地名)'과 '힌두 관련 명칭'을 연결하고 그것의 '범어(梵語)로의 의미'를 구체적으로 제시했으니, 이것은 역시 포콕만이 가능할 수 있는 대(大) 작업을 포콕

이 이루었음을 증거로 제시했는데, 그 중 한 항목이 **"'코린투스 (Corinthus)' : '코르 인더스(Cor' Indus)'-'코리와 인더스 사람들 (People of Cori and Indus)'"**로 설명하였다.

(c) 포콕은 오직 자신의 지리학 적 정보(情報)와 범어 실력으로 달성한 것이 더러 '단지 억지일 뿐'이라고 코웃음을 보낼 수도 있으나, 그 배후(背後)에는 **'엄정한 사상적 우수 기반[영혼불멸-輪回 사상의 始原의 나라]'**이 이미 역사적 우위를 선점하고 있음은 역시 망각 해서 아니 될 것이다.['원시 문화'에서 '윤회이론'보다 더 큰 **'福音 (The Good News)'**은 없었음]

(d) 즉 포콕은 먼저 **'사상(思想)의 선진국(先進國)' '힌두'**를 전제해 두고 역시 그 앞에 '(헤라클레스)체력(體力)의 크샤트리아 족(무사 족)'을 두었다. 그리고 그 앞에 풍속에 잔재와 '지명과 도시 명칭'을 늘어 놓았으니, 그 '도시명칭'은 바로 '엄청난 사상적 배후'를 지니고 있 다는 점에서 포콕의 '논리적 비약'을 웃다가는 **'그의 엄청난 통찰의 깊이(절대 神의 꿰뚫어 보는 知力)'**까지 넘보다가 역습(逆襲)을 당할 것 은 관화(觀火)한 사실이기 때문이다.['로마교황=라마교황=절대신']

(e) 포콕은 사실상 그 '절대 신(God)에 확신'(소위 '家父長' 체제의 중심)을 먼저 확보하고 '상고 희랍 역사 서술'에 손을 댄 것이 명백하니, '도 시 명칭' '산악' '하천' '지방 명칭'은 그의 각론(各論) 전개에 각각 하나의 교두보(橋頭堡)들을 뿐이다.

제12화. 힌두(Hindu)의 '항해술(航海術)'

((12.-'인도 해안가'에서부터 '나일 강'의 거리가 다음과 같은 요약에, 이의(異議)를 제기할 수 없게 하고 있다. 즉 *실론 섬으로 퍼졌던 그 항해(航 海)가 홍해(紅海)로 퍼져나갔고*, 티르(Tyre, 페니키아 옛 도시) 솔로몬(Solomon) 히람(Hiram)의 배들도 바다를 덮었던 것이 이 시대 무렵이었다. 힌두인은 상고(上古)시대에서부터 대양(大洋)을 항해하며 살았으니, 아르키펠라고 (Archipelago)의 섬들에서 그네들의 종교적 자취를 충분히 입증이 되고 있

다.(제5장)))

◆◆◆◆

(a) 초기의 '항해(航海)'가 해안가를 중심으로 펼쳐졌던 사실은 상식이다. 포콕은 <u>인도인의 '항해술(航海術)' 설명은 역시 '교역' '교통'의 '선진문화'의 가장 중요한 특징</u>으로 주목하였고, 그것이 특히 인도인(페니키아 인)을 중심으로 행해졌다는 포콕의 관찰은 그의 안목(眼目)의 '건전성' '탁월성'을 알리는 대목이다.

(b) 포콕에 앞서 볼테르는 무엇보다 페니키아인의 '표음문자(表音文字)'의 편리함에 주목을 하였는데[梵語 文도 表音文字임], <u>포콕은 '힌두의 항해술' 찬양은 '교통'과 '교역' 중심의 '세계사 서술'에 필수불가결한 사항이었다.</u>

(c) '대양(大洋)의 항해술'이 사실상 '제국주의 영국'의 불가결한 사항이었는데, 포콕은 그 원조를 '힌두(페니키아)'에 초점을 맞추었다.

제13화. '헬라(Hela)'의 기원

((13.- '헬라(Hela)' 산들로 유형화한 벨로키스탄(Beloochistan)[아프가니스탄]에 자리 잡은 장대(壯大)한 고산(高山)에서에서 연유한 말이다. (제6장)))

◆◆◆◆

(a) 소위 '헬라(Hela)'란, 고대 희랍(인)의 모든 것(영토 종족 신화)에 뻗어 있는 명칭인데, 포콕은 그것의 기원을 의심 없이 '히말라야 펀자브 아프가니스탄'의 '인도 서북부 지명'에서 찾아 그것의 기원(起源)을 쉽게 밝혔다.

(b) 앞서 '코린트 시' 명칭에서도 확인을 했지만, 포콕은 '단순 지명 연결'을 넘어 결국의 '종족 역사(歷史)' '지배 민족의 이동(移動)'과 연동된 '실제 역사 서술 입장'이니, 겸허하고 공손한 마음으로 자세히 숙독(熟讀)이 될 필요가 있다.

(c) 간단히 말해서 '상고(上古) 희랍(인)'의 경우로서는, '힌두 문명'을

제외하고는 그 논의가 불가능하다는 상황에 있었으니, 그 사실은 이후에도 뚜렷했으니[피타고라스, 소크라테스, 플라톤 경우 참조], 포콕은 그 '든든한 배경'을 남다른 '선견지명(先見之明)'으로 먼저 확보하고 있었다.

제14화. 라지푸트 족(Rajpoots)

((14. - '헬리(Heli)' '태양' 즉 그들이 순수한 '라지푸트 족(Rajpoots)'이라는 것, 모두 태양의 숭배자들이었다는 것을 과시한 것이다. (제6장)))

◆◆◆◆

(a) 포콕이 <희랍 속의 인도>를 저술하며 가장 크게 공을 들여 성공한 부분이 '헬리(Heli)'족, '태양'족, 즉 '수리아 족' '아폴로 족'에 대한 설명이다.

(b) 뒤에 C. G. 융(Jung, 1875~1961)은 '인간의 향일 성(向日性, Human Heliotropism)'을 말하고, '태양 신화'는 '인류 공통 아키타입(Archetype)'이라고 말하였다.

(c) 그러나 융은 '인류의 공통 심성(心性)'을 거론했지만, 그에 앞서 포콕은 '구체적인 선후(先後) 역사(歷史) 전개(展開)'를 논한 것이니, 그것은 그 논의 차원(次元)이 다르다.[융은 포콕의 주장에 '물 타기' 임] 즉 '절대신(God, 또는 하나님, 신)'의 문제는 인류 공통의 문제이지만, 구체적으로 살펴보면 그 '개념'이 완전 동일한 경우는 없고, 그것의 '보급'과 '일반화 과정'은 더욱 크게 다르다. 그것은 동일한 '씨앗'도 토양과 환경의 차이에 따라 그 성장 귀추가 크게 다를 수밖에 없기 때문이다.

(d) 그런데 **'희랍의 아폴로(Apollo)'는, 힌두의 '수리아(크리슈나, Krishna)' 앞에 사실상 도망갈 곳도 없으니**, 이것으로 포콕은 사실상 결정적 **'역사적 승부'**를 벌여 먼저 '승리'를 확보하고 있었다.['먼저 開發한 경우'와 '나중에 受容한 사실'은 엄연히 서로 구분하는 것은 '歷史'적으로 구분될 수 있는 사항임]

즉 **'하나의 중요한 사실(아플로=수리아)의 확인'**이 온 세상의 이치
를 알게 했으니, 포콕은 그것으로 '지구촌'의 원시문화를 하나로
묶었다.

제15화, 말의 희생

((15.-'말의 희생-아스바메다(Aswamedha)'는, 기원전 200년에 태양왕
족에 의해 갠지스 강과 사르조(Sarjoo) 강에서 행해졌고, 키루스(Cyrus) 시
대에 게테 족(Getes)에 의해서도 행해졌다. 헤로도토스(Herodotus)는 '창조
되지 않은 존재들의 왕[최고신]께 창조가 된 가장 신속한 것[말-馬]을 제
공하는 것은 옳다고 생각한다.'고 말했다. 그리고 이 숭배와 '말의 희생'은
오늘날 '라지푸트(Rajpoot-武士)'에 전해지고 있다. '우유 빛 말[白馬]'은
신(神)들의 도구로 생각을 하였고, 말울음 소리로 그들은 미래를 예측한다
는 관념을 '야무나(Yamuna)' '갠지스(Ganges)' 지역에 사는 '보다(Boodha)의
후손' '아스바(Aswa)'는 지니고 있었다.(제6장)))

◆◆◆◆

(a) 그 '<u>초기 서구(西歐) 탐색</u>'이 '<u>힌두의 탐색으로 종료함</u>'을 아는 것은
포콕의 기본 전제이다.

(b) 즉 <u>서구 문화의 핵심</u>은 '<u>플라톤의 국가주의(Nationalism)</u>'와 '<u>예수
그리스도의 제사(祭祀, Sacrifice) 의식</u>'이다. 그것이 '힌두이즘'에 다
있으니, 포콕이 없었으면 그것도 다시 또 몇 백 년을 헤매야 할지
알 수 없는 형편이었다.

(c) 플라톤의 **'국가주의'**와 함께 전 세계로 퍼져 있는 '예수 그리도
제사(祭祀) 의식'은 한 마디로 '<u>베다(Veda)철학</u>'에 <u>기원(起源)</u> 두고
있는 사항이다.

(d) C. G. 융(Jung)은 이것도 '인류 공통(共通)의 정신 구조(Archetype)'라
고 할 수 있다. 그러나 그 양상이 얼마나 다양하고 철저하게 구분이
되는 지를 살피면 그런 종류의 말[이론]은 '인간이 다 하늘[天]을
알고 있다.'는 등속(等屬)의 말과 다름없는 진술이 된다.

(e) 포콕이 사실상 힌두(Hindu)의 '제사(祭祀, Sacrifice)'에 놀란 것은, **'말의 희생-아스바메다(Aswamedha)'** 문제였다. 서구인(포콕)이 놀란 진짜 이유는 이미 '그리스도의 제사(祭祀) 의식'에 너무나 '유일신앙'으로 굳어진 정신 상태에서 더욱 그럴 수밖에 없었으니, **'그 다듬어지지 않은 [天神에게 供與된] 말의 희생(犧牲) 이야기'**가 힌두 사회에 상존(常存)하는 '종교 의식'이었다는 사실이다.[그동안 교회는 '여호와는 두 번 행하시지 않는다.'고 주장하여, '獨生子의 희생'을 注入해 왔었음]

(f) 이것(祭祀)은 힌두(Hindu)의 '최고신 비슈누(Vishnu)의 화신'이라 일컬어지는 **'영웅 크리슈나(Krishna)의 최고(最高) 강조(強調) 사항이 바로 제사(祭祀, Sacrifice)였음'**은 그 '종교적 중대성'을 먼저 숙지(熟知)되어야 할 사항이다.

(g) '말의 희생'은 '황소(Nanda)의 희생' '양(羊)의 희생' **'아기[嬰兒, 聖子]의 희생'**과 동일한 '힌두 기원의 의례(儀禮)'로, 볼테르(Voltaire)는 그것을 앞서 그의 <역사철학>에서 자세히 밝혔다.

제16화. 무사(武士) 계급 크샤트리아

((16.-'크샤트리아, 무사 계급'은 세계의 양쪽(인도와 희랍) 영역에서 고대의 조화로움을 완성했다. 그리고 취향과 지역의 단순한 동일성은 나는 거듭 주목할 것이다.(제6장)))

◆◆◆◆

(a) '크샤트리아(Kshatriya), 무사(武士) 계급[라지푸트]'을, 포콕은 고대 '힌두'와 '희랍'과 '영국'에서 동등하게 중시(重視)했던 것은 오히려 당연한 전제임을 알아야 한다.[體力의 중시]
즉 원시인의 경우 '신체적 거대(巨大)성'이 중시됨으로 힌두 사회에서 역시 '코끼리' '황소'가 중시(重視)였고, 힌두 사회의 가장 오래된 역사적 인간 영웅 '크리슈나(Krishna)'의 특징이 그 '크샤트리아, 무사 계급'이다.

(b) 그러나 '크샤트리아, 무사 계급'은 그 '신체의 인간적 한계성[老衰하게 됨]'으로 오래 버틸 수는 없는 사항이니, '**시간 속에 지속(持續)성의 보장(保障)**'은 결국 '종교 사상'에 귀속(歸屬)되지 않을 수 없었다.[司祭 족과의 결합] 원래 '무사 장군'이었던 그 크리슈나가 (<마하바라타>에서) '절대신(God)'의 권위로 순간 바뀌게 된 것은, '**인간 신격화(神格化)'의 대표적 사례(事例)로 단순 작품 <마하바라타>의 내용을 넘어 '인류 사회에 존재하는 모든 신(神)'의 해명(解明)에 요긴한 열쇠**'인 것이다.

(c) 여기에서 '**요긴한 열쇠**'란 그 연대(年代)의 오래됨과, 규모(自稱의 범위)에서 크리슈나 당대[더욱 정확하게 '마하바라타' 제작 당대]까지 인간 사회에 존재한 어떤 신과 비교해도 그 웅대(雄大)함에 그 유례(類例)를 따를 수 없기 때문이다.

(d) 포록은 그 <마하바라타> 서술을 토대로 해서, '**고대 희랍 역사의 대강(大綱)'을 '아테네인의 카슈미르 펀저브의 스키타이 족 기원설**'로 통일을 하였다.[<희랍 속의 인도> 결론임]

제17화, '아타크 사람(Auto-chthons)'

((17.-현재 '아프가니스탄(Afghanistan)의 야만스런 땅'에서, 그 누가 우아하고, 세련되고 재능 있는 '아테네 사람들(Athenian)'이 출발을 했다고 생각할 수 있을 것인가! 그러나 그것은 사실이다.......단 한 사람의 뽐내는 '아티크 인'이라도 아테네 사람들의 자생적(自生的) 기원에 열쇠를 제공한다. 그렇다면 그들이 '아우토크톤(Auto-chthons, 토박이)', '동일한 땅의 출신'이 아니고, '아타크-탄(Attac-thans) 사람' 즉 '아타크 지역(Attac-land)'의 사람이다. 그러면 신화(神話)와 신화 시학의 근성, 이야기라는 역사적 기초의 부정은 실제적인 지리적 역사적 사실 앞에서 사라지게 된다!['아타크 사람'='아테네 사람'] (제7장)))

◆◆◆◆

(a) 모든 인문학도가 그러하듯이, 포록의 관심은 '희랍(希臘)의 역사'

중에도 '아테네의 해명(解明)'에 그의 노력을 집중하였다. 그런데 포콕은 **'토박이(Auto-chthons)'란 말 이전에, 사실상 '아타크-사람 (Attac-thans)' 즉 '고향이 아타크 지역(Attac-land)의 사람'**이라는 해설을 첨가했다.[이것은 포콕이 '가장 자랑한 해설' 중의 하나이다.]

(b) 포콕이 '인도 서북부 인더스 강 카슈미르(Cashmir) 계곡의 아타크 (Attac)' 사람들이 인더스 강을 따라 바다로 나와 중동(中東)을 거쳐 희랍 '아테네'로 들어갔다는 해설이다.

(c) '희랍'에서 '힌두 문화의 대대적 확인'은 그 원인을 생각해 보지 않을 수 없는데, 포콕은 그 '지명(地名)'의 유래와 '종족' '추장'의 이름 등으로 그 추적에 크게 성공하였다.

(d) 이것이 바로 '상고(上古)시대 서양사(西洋史) 서술'에 최고(最高) 화두(話頭)였으니, 겸허하게들 생각해 봐야 할 사항이다.

제18화, '아티카(Attica)'

((18.-실습된 선원들, 능숙한 상인, 신데(Sinde)와 메크란(Mekran) 서쪽의 해변의 상업적 자원을 바탕으로 장려(壯麗)한 인더스 사람은, 북쪽 아티카 (Attica)에 도달할 수 있었고, 북쪽 아티카(Attica)는 육로 상인들의 소중한 창고로 봉사할 수 있는 곳이어서 그 상업은 인더스 강을 타고 내려가 해양의 '테타이케스 인(Tettaikes)-타타(Tatta) 사람'을 실어 나를 수 있었다.(제7장)))

◆◆◆◆

(a) 포콕은 인더스(Indus, Sinde) 강 서쪽에 자리 잡은 '신데(Sinde) 시' 주변의 도자기(陶瓷器) 문명에 주목하며 그 제작 기술도 역시 '희랍'으로 전해진 것으로 단정하였다.

(b) 특히 **인더스 강의 '황금(黃金)' 문제**는 역시 포콕의 지대(至大)한 서술의 초점이 되었다.

(c) 포콕은, 아테네 사람들이 그 자신들을 '메뚜기(梵語 Tettiges, =Grasshoppers)'에 비유했던 재능 있는 사람들로 그들이 바로 아프가니스탄의 '타타(Tatta) 사람', '테타익 족(Tettaikes)'[1]이라고 그 '범

어(梵語) 실력'으로 입증을 해 보였다.

제19화. '용(龍)의 이빨(the dragon's teeth)'

((19.-불행하게도 보에오티아(Boeotia)에서 그 용(龍)의 이빨(the dragon's teeth)이 드러났다. 확실한 어떤 이집트인을 보낸 이유-그러나 사실은 '케크롭(Cecrops)' 형상인 '아티크(Attic)' 사람, 아티카 통치를 위한 왕이라는 점은, 진실을 추구하는 사심 없는 탐구자에게는 명백한 사항이다.(제7장)))

◆◆◆◆

(a) 희랍 신화에서 불길한 전쟁 상징-'용(龍)의 이빨(the dragon's teeth)'의 문제를 '왕권 계승'과 '사상의 분쟁'으로 해석한 포록의 설명은 온당한 것이다.['사상(思想)의 분쟁'은 언제나 '편견(偏見)에 의한 분쟁'임을 포록은 입증하고 있다.]

(b) 포록의 해설 방법은 '기준(基準) 없는 고대 종족간의 분쟁'이 처음 싸움에 '명분(名分)을 앞세운 싸움'[뒤에 '명분을 추가했을 수도 있음]으로 변모하고 나름대로 결국 사회 집단 운영의 규칙으로 삼았던 구체적인 기준을 힌두의 <마하바라타>에서 찾았는데, 희랍의 전쟁 양상은 역시 그 '바라타 족 분쟁'의 범주(範疇)내의 드는 것이었다.

(c) 위에서 포록은 희랍 신화에 또 다른 괴물 '케크롭(Cecrops)'도 '아티크 사람'으로 쉽게 안착(安着)을 시키고 있다.['제9화' 참조]

제20화. '신데 사람(Sindian)'

((20.-그래서 그것은 인더스 인의 속성인데, 그가 희랍에 정착했을 때는 '헬라(Hela) 바위산'의 속성이 되었다. 그래서 그것은 아테네에서 세련

---

1 "테타익 족(Tettaikes)"은 "타타(Tatta)"의 파생어로 '타타 사람'을 의미한다. 속편에서 나는 "타타(Tatta)"의 진정한 기원을 밝힐 것인데, 그것은 고대에 너무나 공경이 되어 이 도시의 기초를 훨씬 초월하고 있는 것이다.

된 후손과 함께 했고, 그들은 비록 희랍인이라 했지만, 그들의 취향, 종교, 문학에 있어서는 그 선조(힌두)들과 꼭 같은 철저한 '신데 사람(Sindian)'이 었다.(제7장)))

◆◆◆◆

(a) 포콕은 '헬라(Hela)' '아타크-탄(Attac-thans)'의 근원(根源)을 힌두의 카슈미르(Cashmir) 펀자브(Punjab)에서 찾고, 그것으로 '종족 이동(移動)'을 말하고 있다.['제13, 17화' 참조]

(b) 그것이 '우연(偶然)한 일치(一致)'라는 주장을 펼 수 있으나, 그것은 구체적인 정황을 살피지 않은 '게으름뱅이들' 말이다.

(c) '할 말이 없음'이란 밝혀진 사실이 명확할 때 마주친 상황인데, <희랍 속의 인도>는 그 이전 시대까지 지니고 있던 '서구인의 편견(偏見)'을 불식(拂拭)한 것으로 이보다 더욱 확실한 대안(代案)은 없었다.

(d) '우연'이라고 하기에는 '대대적인 일치'이고, 그 보다 근본적인 '**5대 역사적 동력(動力)의 긍정**'은 오히려 '역사학도의 상식'이다.

제21화, '시인(詩人)이 기록했던 역사(歷史)'

((21.-역사적 기초를 가리는 인도와 희랍 식 적용이 항상 존재하고 있다. 내가 의도적으로 말하는 것은 아니니, '시적(詩的) 상상력'은 불교 라마교 식 신화이다.(제7장)))

◆◆◆◆

(a) 위에서 포콕이 말하는 '역사적 기초를 가리는 인도와 희랍 식 적용'과 '시적(詩的) 상상력(poetic imagination)'은 우선 그 구분을 행해야 할 사항인데, 쉽게 말하면 '**희랍 신화(神話)'는, '힌두 신화(神話)' 동일한 성격으로 '사실'을 무시한 '서술자의 상상력'이 주관적으로 창작해 내었던 '신화(神話)'**이다.

(b) 그런데 포콕은 '그 신화적 진술(陳述)'이 힌두와 고대 희랍이 완전 동일하지만, 그 서술은 그 이전에 '신화화하고자 한 사실(事實)'이

있을 수밖에 없다는 전제에 '상고사 역사(歷史)서술'을 작정(作定)하고 나선 것이다.

(c) 포콕은 '역사학도'로서, '시인(詩人)의 상상력'은 빼고 '역사적 종족적 사상적 추구'로 일관하겠다는 태도이다.

(d) 그러면 '시인(詩人)의 상상력'은 어디에 쓰이는가? 그것은 소위 '백일몽(白日夢)'을 가능하게 하는 것으로 '감정적 공감(共感)'을 최우선으로 삼은 것으로, 그것은 항상 '종교적 포교 방법'으로 널리 쓰였고, **황제와 교황은 '계관시인(桂冠詩人, 어용사가)'을 고용하여 자신들(종족들)의 역사를 서술하게 하여 '만대(萬代)에 전하고자 했던 바**가 오늘날 남아 있는 대부분의 기록물(역사 서술의 소제들)'이라는 입장에 포콕은 앞서 나가 있었다.

(e) 이러한 측면에서 플라톤(Plato)의 <변명> <국가>, 헤겔(Hegel)의 <세계 역사철학 강의>도 그들이 '종족주의' '국가주의' 속에 있음을 알게 될 때 '인류 보편'을 향한 저서가 아니라 '특정 종족' '특정 지역의 국가' '특정 상황 속의 국가'를 위한 '곡필(曲筆)'될 것임은 자명(自明)한 일이다.

제22화, '이민(移民)의 최초 출발 장소'

((22.-우리는 그들의 최초 이민(移民) 출발 장소를 알고 있다. 우리는 그들이 원래 출발했던 나라의 전설도 알고 있다. 그렇지만 그 전설들은 희랍과 인도 이집트의 기록과 대조를 통해서 쉽고도 직접적인 역사로 입증될 것이다. 그리고 나는 페르시아, 아시리아 역사도 역시 첨가시킬 것이다. 왜냐 하면 그들은 친척(親戚)들이기 때문이다.(제7장)))

◆◆◆◆

(a) 포콕이 알고 있다는 페르시아 시리아 희랍 이집트의 '**최초 이민(移民) 출발 장소**'란 인도의 서북쪽 인더스 강 서북쪽 히말라야(Himalaya) 카슈미르(Cashmir) 펀자브(Punjab) 지역을 고정(固定)적으로 지목(指目)하고 있다.

(b) 앞서는 그곳의 지명과 희랍의 공통 명칭을 거론하였는데, 여기에
서는 그 통행의 자유로움에 초점을 맞추고 결국은 '동족(同族-친척
(親戚)들)'이라고 주장한다. 동일한 힌두의 브라만(司祭 족) 크샤트
리아들(武士 족)이라는 측면, '동일한 지배 족'이라는 측면에서 '친
척'이다.

(c) 그 이유는 간단하다. '동일 언어[梵語, Sanskrit] 집단'이라는 간단
한 공리가 이미 준비되어 있다. 그리고 **'선진(先進) (輪回)사상'**과
**'월등한 체력(體力)', '탁월한 항해(航海)술[개방된 사회로의 지향
능력]'**을 바탕으로 했다는 점을 포콕은 항상 앞세웠다.

제23화, '황금의 강'-인더스

((23.-두 강은 모두 아타크(Attac) 부근의 모래에 금을 가지고 있다. 카블
(Cabool)은 옛날에는 '고플라(Gopla)'라고 하였는데, 그것은 '하빌라
(Havilah), -금이 있는 곳'이라는 뜻이고, 피손 강(the river Pi-son), 즉 바신(Ba
-sin, Aba-sin), 인더스 강은 '전역(全域)이 금이다.' 어떤 곳에서도 원시 도
시, 종족을 말할 때는 '황금'보다 더욱 뚜렷한 것은 없고, 장소로는 '아시아
서북부(카블)왕조'와 '희랍의 최초 정착지(아테네)'만한 곳이 없고, 유대인 식
시혜(施惠)로 '덕망 있는(솔로몬의)역사가'처럼 배려한 예(例)가 없다.(제7장)))

◆◆◆◆

(a) 포콕은 '인간의 활동 근거(根據)'를 '먹이 획득(獲得)의 난이도(難易
度)'에 따라 설명하였다. 그리고 그것에 추가해서 **'사상(종교)의 포
교'**를 다음 거론하였다. 이것이 '태초 인류의 출현'부터 오늘날 '거
대한 지구촌'을 '한 가족처럼 살피는 시대'에 이르기까지 변하지
않고 있는 두 가지 기준이다.

(b) '인간 먹이 문제'는 **'개체 존립(個體 存立)'**에 기초 사항이고, '사상
종교'는 **'사회적 인간'**으로서의 '기본 도리 도덕(道德)을 아는 일'
이니, **떠날 수 없는 두 기둥**으로 이것을 일러 '동시주의(同時主義,
Simultaneism)'라고 한다.

(c) 그런데 포콕은 위에서 '**인더스 강은 '전역(全域)이 금이다.'**라는 놀라운 전제(前提)를 그대로 채용했는데, 이것이 역시 '힌두 문명'을 세계적으로 알리는 '가장 큰 뉴스(福音, The Good News)'거리였다.

(d) 한 마디로 '**황금(黃金)'**은 '태양' '신' '황제' '부자' '귀족'의 상징인데, '**인더스 강은 '전역(全域)이 금이다.'**라는 전제는 이미 그곳은 '지구촌에서 가장 먼저 각별한 총애(寵望)'을 살만한 곳이다. '인도의 **황금(黃金)** 이야기'는 상고(上古)시대부터 이후 소위 '지리상(地理上)의 발견'이 계속될 때까지 '서구인의 가장 큰 관심사'였는데, '**아타크(Attac) 부근의 모래 속에 황금**' 문제는 희랍(과 솔로몬)의 '풍성한 금'과 더불어 가장 강력한 포콕의 '인문지리학 상의 근거'가 되고 있다.

(e) 즉 '**아타크(Attac) 부근의 모래 속에 황금**'은 '가난한 유럽인' 모두 평생 소망의 장소가 될 수밖에 없었던 것은 가장 생생한 증거로 '콜럼버스의 아메리카 대륙의 발견'은 '인도 아타크(Attac)로 가는 길 찾기'에서 비롯되었다는 점이 그것이다.

(f) 아마 이 포콕의 주장을 감추려는 사람은, '**인류의 눈을 가리려는 불순(不順)한 책략가(策略家, 國粹主義者)**'라고 해야 할 것이다.

(g) **‘아타크(Attac) 부근의 모래 속의 황금’** 이것이 유명한 '서구 제국주의(Imperialism) 전쟁'에 마지막까지 가장 큰 화제(話題)였으니, 포콕의 파악은 이처럼 '행운 시각(視覺)'을 혼자 독차지하고 있었다.

(h) 그래서 '**아타크(Attac) 부근의 모래 속에 황금**'은 모든 '교역(交易)'과 '상업(商業)'의 근본이 되었을 것임은 소위 서구의 역사에 '황금시대'가 그것을 알려준다고 할 것이다.

(i) 그러므로 **인도(힌두)는 '생길 때부터 부자(富者) 나라' '황금의 나라'**였으니, 누가 동경(憧憬)하지 않았을 것이며 '생(生)에 목표로 삼을 만한 땅'이 아닐 수 없었다.

(j) 그러나 그 문제의 '**아타크(Attac)**' 지대가 '황금(돈)'은 많았으나, '먹이 공급'에 불편이 많았던 점은 역시 그 '교역(交易)'을 불가피하게 했던 상황이니, 자연히 '물길을 따른 항해(航海)'가 성행한 것은

자연스런 이치이다.

(k) 이 **'황금'**과 **'거구(巨軀)의 체력'**과 **'힌두 신앙(輪回說)' '소통(梵語) 교류(航海) 능력'**이, 팔레스타인, 희랍, 이집트를 휩쓸었다는 포콕의 주장인데, 포콕은 앞서 살폈듯이 더욱 침착하게 '범어(梵語)'와 희랍에 남아 있는 해석 불가능의 '지명(地名) 해명'으로 과거 '종족 이동 사'를 재구해 내었다.

(l) 소위 '지리상(地理上)의 발견'의 3대 요소로 '대포(大砲)' '망원경(望遠鏡)' '나침반(羅針盤)' 등을 거론했지만, '대포(大砲)'란 **체력(體力)**을 보강하는 수단이고, '망원경' '나침반'이란 **항해술(航海術)**을 돕는 도구들일 뿐이다. 그러므로 포콕이 명시한 더욱 중요한 발견 동기인 **황금(黃金)**과 '죽음을 두려워하지 않은 **용기(輪回 사상, 천국 사상)'**였다.

제24화. '신데 인(Sindian)의 이주(移住)'

((24.-이제까지 주장된 **'신데 인(Sindian)의 이주(移住)'**가 아주 놀라운 방법으로 일관되게 주장된 것을 생각하며 희랍 지도를 보면, 희랍 지도는 코린트 인의 원래 정착지에 관한 장소를 우리에게 말해 준다.(제7장)))

◆◆◆◆

(a) 포콕이 희랍 '지명(地名) 해설'에 가장 열성을 보인 것은 사실상 '아테네, -아타크(Attac)'와 '코린트'였는데, 코린트에서는 '목동(牧童) 크리슈나(Krishna)의 모자이크 화(畵)'가 발견이 포콕의 주장을 보충하고 있다.['크리슈나 항' 참조]

(b) 사실 이미 살폈듯이 사실상 '베다 철학'을 빼면, 세계 어느 지역에서나 마찬가지로 **'상고 (上古) 희랍의 사상(思想)'이란 없다.**

(c) 힌두의 '신체적' '경제적' '사상적' '소통 교류 기술의 수월성(秀越性)'의 근거가 이처럼 뚜렷한데도 무엇을 위한 **'인도(印度)를 뺀 서구(西歐)제일주의'**인가.[헤겔, 토인비, 러셀이 대답해야 할 사항임]

(d) '서구제일주의'로 지목이 되는 '헤겔' '토인비' '러셀'은 <희랍 속

의 인도>를 읽을 수 없었거나 처음부터 무시(無視)를 작정(作定)했던 사람들이다.

제25화, '헬라의 강물(Helas-water)'

((25.-'아크헬로우스(Ac-Helous, Helas-water, 헬라의 물)'은, 원래 '인더스 강'의 명칭이다.(제9장)))

◆◆◆◆

(a) '원래 인더스 강의 명칭'이 과연 '헬라의 물(Helas-water)'인지는 누구나 관심이 있는 사람은 그 '반대 의견을 낼 충동'을 느끼게 마련이다. 왜냐하면 이것은 보통의 문제를 넘어 '희랍의 역사와 사상(思想)의 전체'를 좌우할 정도의 '대(大) 전제(前提)'도 되기 때문이다.

(b) 그러나 이러한 포콕의 주장은 더욱 본질적인 '사상적' '경제적' '신체적' '언어적' 동질성을 이미 확보해 놓고, 개별적인 '이삭줍기'라는 점을 알아둘 필요가 있다.

(c) 쉽게 말하여 '희랍인이 뒤에 인도를 찾아와서 인더스 강을 **헬라의 물**'이라 했건, 아니면 원래 '**헬라의 물(인더스 강)**'의 명칭을 희랍으로 가져가 사용했건 이미 그것은 '**승부(勝負)가 난 결론의 보충 자료일 뿐**'라는 점이다.

제26화, 희랍의 '히말라야(Himalaya)'

((26.-내가 주목한 희랍의 '바위산'은 먼 인도의 서북쪽 '히말라야'를 대신하고 있다. 그래서 여기에 '신화'와 '역사'는 하나이고 먼 옛날 힌두 체계를 소지하고 있었다.(제9장)))

◆◆◆◆

(a) 우리는 포콕이 세계에서 가장 높다고 이미 증명이 된 '**히말라야 (Himalaya)**'를 왜 강조하고 있는지를 알아야 한다.

(b) 세계적으로 '신(God)'은 모두 '하늘(天)'과 관계를 맺고 있는데, 그

하늘에 있는 '신(God)'과 '인간의 접촉 장소(聖所)'가 모두 '산악(山岳)'을 그 '[인간과]연결 수단'으로 삼았다는 사실에 근거를 둔 것이다.[올림포스 산=히말라야 산]

(c) 포콕이 '히말라야'를 주목한 것은 <마하바라타(摩訶婆羅多, *Mahabharata*)>의 영웅 크리슈나와 그 '지존(至尊)의 노래(Bhagavad-gita)'에서 거듭 반복해 강조된 산이 히말라야(須彌山)이기도 하다.

(d) 그리고 그것은 희랍의 '올림포스 산'으로 바로 연결되었다는 놀라운 결론을 도출했기 때문이다.['올림포스의 승리' 참조]

제27화. '희랍의 라마(Lama) 식 체계'

((27.-우리는 가정된 희랍 신화시대와 관련된 최고로 중요한 두 가지 역사적 기록들을 소지할 것이다. 첫째는 상고(上古)의 희랍에서 불교적 브라만 종파이고, 둘째는 상고(上古) 희랍에서 라마 식 체계의 결정적인 존속이다.(제9장)))

◆◆◆◆

(a) 한국의 역대 고승(高僧)들은, 중국으로 달마대사(達磨大師)가 온 이후, 혜능(惠能)의 '선종(禪宗)'에 그 대세(大勢)를 이루어 고대 힌두, 즉 석가모니부처 이전(以前)의 '베다(Veda) 철학'을 알 수 없는 상태에서 '깨달음(覺, enlightenment)'을 최고로 생각하고 있었다. 사실 그것이 **'전(全) 인류 사제(司祭)들의 최고 목표'**이다.

(b) 그러나 오늘날 '일반인(평민)을 포괄한 세계 사상사', 더 나아가 '세계사'를 서술할 경우, 그리고 그 '세계사' 속에 '자국(自國)의 역사(國史)'를 기술하려 할 때는, **'다다의 동시주의(同時主義)'는 필수적인 것으로 저버릴 수 없게 되었으니[진실성의 확보 문제]**, 거기에서 소위 '일방주의(一方主義)' 그것은 '지상(地上)에 필요 없는 이야기' '사람들이 몰라도 되는(거짓) 이야기'로 '역사학도'들에게는 주지(周知)가 되어 있다.

(c) 쉽게 말하여 '역사학도'는 '인문 과학도(科學徒)'이다. '과학'은 '물

건 자체'에 근거를 확보하는 것으로 그 '물질적 진실'을 완전히 배
척해버린 논의는 '역사 학도의 탐구 대상'도 아니다.

(d) 포콕은 위에서 거론한 '**상고(上古)의 희랍에서 불교적 브라만 종
파**' 문제와 '**상고(上古) 희랍에서 라마 식 체계**'란 석가모니 출현 이
전의 <마하바라타(摩訶婆羅多, *Mahabharata*)>의 영웅, 크리슈나
(Krishna)와 그 '지존(至尊)의 노래(Bhagavad-gita)' 정도의 상정(想定)
이라고 알면 될 것이다.['신비주의' '관념주의'의 창궐(猖獗)]

제28화, 범어(梵語)와 희랍어

((28.-진실은 범어(梵語)로의 환원(還元)이고, 허구는 희랍어이다. 그렇
지만, 허구와 진실은 모두 역사적 지리적 기초에 간직이 되어 있다.(제9장)))

◆◆◆◆

(a) 앞서도 지적이 되었지만, '**힌두이즘**'과 '**구라파(歐羅巴)주의**'의 근본
적 차이점은 '**포용의 사해동포주의(四海同胞主義, Cosmopolitanism)**'인
가 '**지역제일 종족 제일의 국수주의(國粹主義, Chauvinism)**'인가 하
는 것이 그 판별 기준이다.

(b) '**희랍 아테네 중심의 고질(痼疾)**'은 '도시(都市) 국가 중심주의' '아
테네 중심주의'이다. 그런데 그러한 **속 좁은 국량(局量)에, '우주(宇宙)
를 관장하는 신(God, Buddah)'를 전제(前提)하고 '우월주의(Chauvinism)'**
고집하여 '그것들을 위해 목숨을 걸기'를 가르쳤으니, 그것이 역
시 치료(治療)가 되어야 할 '서구(西歐)의 고질(痼疾)'이었다.

(c) 위에서 포콕이 말한 '허구(虛構)는 희랍어'라는 지적에, 그 근본적
병폐는 소크라테스 플라톤에서 명시되었었던바, '천하(天下)에 우
리 도시(아테네) 제일주의(第一主義)' '헬라 제일주의'에서 비롯된
오류(誤謬)들이다.

(d) 사실 '국수주의(國粹主義, Chauvinism)' 그것도 '깨달음'에 도달하지
못한 '유아(幼兒)적 발상(發想)'일 뿐이다. 희랍의 경우 대부분 바다
가 둘러막아 '도시 국가주의'를 도리어 부추겼으니, '하느님의 도

(道)'에 이른 '불타의 깨달음의 경지(境地)'도 도리어 그 '(아테네)국가주의' 구겨 넣었던 철학자가 '(소크라테스)플라톤'이었다.

(e) 사실상 포콕도 '서구(西歐)의 오류'를 다 말하지는 않았으나, 이미 볼테르(Voltaire)를 읽은 것이 명백히 된 이상(以上)[제4화] **'형제애 (兄弟愛)' '사해동포주의'**가 그의 기본전제라는 점은 독자도 실지 (悉知)해야 할 사항이다.

제29화, '희랍 역사'와 '힌두(Hindu)'와의 관계

((29.-그래서 만약 희랍 '펠라스기 인'에 관한 미래 역사가 솔직하게 자신이 얼마나 히말라야 헬라 사람들과 얼마나 오래전부터 관련되어 왔는지를 잠깐이라도 생각을 해보면, -그가 얼마나 그들의 저술과 풍습 본고장 불경(佛經)[힌두]의 의례를 알고 있으며, 그가 얼마나 브라만 불타와 라마의 체계를 알고 있으며, 얼마나 '수리아(Suria)' '인도 반사(Indo-Vansa)' 족의 역사와 기록 전통을 알고 있는가를 생각해 보면, 희랍 역사가로서의 그에게 양심적인 해답을 제공하게 될 것이다.(제9장)))

◆◆◆◆

(a) 앞서 지적했듯이 포콕(E. Pococke)은 석가모니(釋迦牟尼) 이전의 '윤회설(輪回說)'이 확립된 힌두이즘의 브라만과, 석가모니 부처 이후의 '깨달음'이 강조된 '무계급(無階級) 불교'는 확실히 구분을 행하고 있지는 않다. 포콕은 그보다 '무사(武士) 족(다신교의 태양족, 크샤트리아)'와 '사제 족(유일신의 월궁 족, 바라문, 불교도)'으로 설명을 했으니, **희랍의 '올림피아 경기(競技) 중시'는 '육체 중심' '전쟁 중시'가 피할 수 없는 현실**이고, 그들을 육성하고 국가 사회를 지속하는 사제(시인)의 교육 기능도 아울러 살펴야 했던 '역사 서술의 현장 운영의 필요'에서 나왔던 결과이다.

(b) 포콕은 '희랍 역사 서술자의 조건'으로 우선했던 바가 **'그가 얼마나 그들의 저술과 풍습 본고장 불경(佛經)[힌두]의 의례를 알고 있으며, 그가 얼마나 브라만 불타와 라마의 체계를 알고 있으며, 얼**

마나 '수리아(Suria)' '인도 반사(Indo-Vansa)' 족의 역사와 기록 전통을 알고 있는가.'라고 물었다.

(c) 포콕은 간단하게 '희랍의 상고사(上古史)는 힌두의 상고사(上古史)다.' 단정을 하고 있다. 이 말에 모든 포콕의 주장이 다 있는 전제이다.

제30화, '켄타우로이(Centauroi)' - Ⅱ

((30. - 최초의 기록 '켄타우로이(Centauroi)'는 '테살리(Thessaly)'의 산속 숲에 거주하는 종족이다.(제10장)))

◆◆◆◆

(a) 포콕은 소위 '말의 하체(下體)에다 그 목 부문[頸部]을 사람의 상반신(上半身)을 붙인 괴물들(-켄타우르(Kentaurs))'를 종족(種族)으로 규정하였다. 그만큼 '묵은 생각'을 혁신해 버린 것은 생각할수록 통쾌한 일격(一擊)이다.[제8화 참조]

(b) '나태(懶怠)한 타성(惰性)의 게으름'에 대해, '과학시대'에서는 용서가 없다. '사실의 확실한 증거'로 포콕은 '괴물(怪物)'의 진상(眞相)을 제대로 드러내었다.['도깨비'의 실체를 밝히는 격임]

(c) '키클롭스'와 '센토'란 소위 '희랍중심주의' '계관시인(桂冠詩人)'이 생산해 낸 명칭, '사제(司祭) 족에 순화하지 않은 야성(野性) 종족'일 뿐이니, 그 해명은 그 '아타크-사람(Attac-thans)' 해설과 더불어 포콕의 '역사적 탁월한 역사적 안목'을 자랑한 명승부처가 되었다.

제31화, '칸다르(Kandahar)에서 온 이주자(移住者)'

((31. - 이들 '켄타우르(Kentaurs)'는 '캔다우르스(Kandhaurs)' '칸다르(Kandahar)에서 온 이주자'였다......그러나 이들 '켄타우로이(Kentauroi)'에는 생각해야 할 또 하나의 관점이 있으니, 그들의 역사를 밝혀 줄 강력한 것이다. '하르(Har)' '하로(Haro)'(희랍어로는 'Heros-영웅')는 '전쟁' '전쟁의 신'을 뜻하고, '라지푸트(Rajpoot, 武士계급)'이다. (제10장)))

◆◆◆◆

(a) 포콕의 탐구는 끝없이 계속되어 '켄타우르(Kentaurs)'를 다시 그 종족의 기원을 '**칸다르(Kandahar)에서 온 이주자**'란 해설을 가했다.

(b) 포콕의 주장은 '탐구의 독재자(獨裁者) 모습' 그대로다. 그러나 그 '탐구의 독재자 형상'은 바로 <u>뉴턴 볼테르 칸트에서 배운 것</u>이니, 그러한 측면에서 포콕은 '탁월한 다다 혁명가'였다.

(c) 즉 포콕의 '과감한 주장'은, '고대인의 무한한 **소통(疏通)과 교역(交易)**'을 기정사실로 수용할 때, '**켄타우르(Kentaurs) 종족**'이 '칸다르 출신'이라는 논리는 전 <희랍 속의 인도>에 일관된 주장들 중(中)의 하나일 뿐이다.

(d) 상고(上古)시대 '무사 족(武士族, 거인 족)'의 활략과 그것이 후대의 '비판'의 역사 속에 잔존한 어휘가 '**켄타우르(Kentaurs)**'이니, 포콕은 그것이 '비판 곡해(曲解)되기 이전(以前)의 역사(歷史)'를 증언하고 있다.

(e) 포콕은 '동쪽 테살리(Thessaly)에 있는 그 '칸드하로이(Cand-Haroi)'가, <라자스탄(Rajast'han, 카슈미르 王系)>의 36개 왕족의 하나인 '카티(Catti, Cathei)'의 위대한 라지푸트(Rajpoot)임을 나는 믿는다.'고 했고, 그들이 트로이 전쟁에 영웅 '**아킬레스(Achilles)** 같은 '라지푸트들'과 소통(疏通)을 하였다.'고 했다.

(f) '**켄타우르(Kentaurs) 종족**'의 최고 현자 '**케이론(Cheiron)**'은 '카이란(Kairan)' 족의 한 사람이란 명칭으로, '카슈미르 사람'이라고 하였다.

제32화. '카티(Catti) 족'

((32.-카티(Catti)인은 발로 걷는 것을 싫어했고, 일하러 들에 나갈 때, 약탈에 가담해 나갈 때, 공격에 저항할 적에도 말을 타고 나갔다. 카티(Catti) 족은 원래 인더스 강변 고장에 살았고, 그곳에서의 이주는 대체적으로 정확한 것으로 추적이 되었다. 그들은 법이 없고 칼이 있을 뿐이었다. 약탈보다 더 명예로운 직업이 없었다.(제10장)))

◆◆◆◆

(a) 포콕은 '약탈(掠奪)의 원시(原始) 문화' 소위 '원시의 **켄타우르 (Kentaurs) 정신**'을 '**카티(Catti)인**'의 생활 풍속으로 보충하였다. 포콕의 이러한 '인간 문화 설명 방법'은 소위 '문화 인류학(人類學, cultural anthropology)'으로 크게 성행(盛行)하였는데, 그 대표적인 주자가 <황금가지(The Golden Bough, 1890)>를 쓴 프레이저(J. G. Frazer, 1854~1941)였다.

(b) 이러한 포콕의 '희랍 역사 재구(再構) 시도'가 오히려 '인류 보편의 문화 현상' '인간 정신 현상(C. G. Jung)'으로 일반화 한 것은 더욱 확실히 말해 서구인의 '인도 콤플렉스' 완화책(緩和策)일 뿐이니, 그렇다고 '포콕의 명찰(明察)'이 흐려질 수는 없다.

(c) 포콕의 목적은 '희랍의 고대사'이고, 역시 '유럽인의 상고사(上古史)'라는 더욱 현실적 문제에 '힌두 기원(起源)'을 과학적으로 입증한 것이니 얼마나 놀라운 것인가?

(d) '제사(祭祀) 풍속은 인류가 공통이다.' '약탈(掠奪) 문화는 원시 사회의 통상(通常)의 일이다.'라는 전제가 그 '**켄타우르(Kentaurs)**'를 만들어 운영했던 '**고대 희랍의 역사(歷史)'를 다 설명한 것은 아니니**, 이에 포콕의 지울 수 없는 '과학의 인문학' '과학적 세계사 서술'에 우위(優位)의 확보가 명시되는 것이다.

(e) 즉 포콕의 주장은 '희랍의 상고사'에 '힌두의 상고사'가 있다는 것이 필수 사항이다. 그런데 이후(以後) '프레이저(Frazer)' '융(C. G. Jung)'의 주장은 그것에의 '물 타기'에 지나지 않은 것을 더욱 높였던 것이 '(전쟁 제일주의라는 측면에서) 못된 서구인의 우스운 자존심 수호 책(策)'이라고나 해야 할 것이다.

제33화. '이집트', '희랍', '인도'

((33.-내가 이미 행한 '이집트인' '희랍인' '인도인'의 '종족적 통일성'을 마음속에 기억을 해 주기 바란다.(제11장)))

◆◆◆◆

(a) 포콕은 친절하게 '이집트인' '희랍인' '인도인'의 '공동 언어권(言語圈)'으로 '종족적(種族的) 동질성'으로 바꾸어 설명하려 하였다. [특히 '**지배 종족(貴族)의 언어**'을 지칭함]

(b) 설영 이집트 팔레스타인 희랍이 처음부터 서로 다른 '인종(人種)들'이 '잡거(雜居, 섞여 삶)'했다고 해도 포콕은 그것을 현실적 '**호전적(好戰的) 거구(巨軀)의 무사(武士) 족**'이 왕(王, 대장)이 될 수밖에 없고, 당시 최고의 종교 이론 '**윤회설(輪迴說)**'은 그 지역에 '최고의 사상(思想)'으로 자리를 잡은 것이 '역사적 현장(現場)'이라는 것이다.

(c) 그러므로 가령 '인간(人類, 영장류)의 원조(元祖)의 아프리카 기원설' 등은 소용이 없는 먼 이이야기이니, 포콕은 훨씬 이후(以後)의 '**역사(歷史)의 시작**'을 '국가(國家) 사회(社會)의 시작(始作)'으로 전제를 하였고, '국가 사회 성립에 기본'으로 '무력(힘)'과 '사상(종교)' 두 가지로 규정하고 그 가장 태고의 인자(因子)를 힌두의 '크샤트리아(무사 계급)'과 '윤회설'로 상정했다. 그러므로 **프레이저와 융의 논의는 '역사'를 뽑아내버린 논설(論說)**이고, '인간의 아프리카 기원설'은 '역사 이전의 더욱 아득한 태고(太古) 시대'를 말한 것으로 '**유럽 역사의 힌두 기원**'을 증명한 포콕의 위대한 주장과는 **상관이 없다.**

제34화. 힌두의 낙원 '메루 산(Mount Meru)'

((34.-'힌두의 낙원'은 카슈미르와 티베트 경내(境內)에 있는 '메루 산(Mount Meru)'이다.(제11장)))

◆◆◆◆

(a) 포콕이 '**힌두의 낙원(The Hindu Paradise)**'을 말한 것은 <구약 성경>을 전제로 설명한 말이다. <구약>의 '에덴(Eden)' 문제는 볼테르도 설명에 공을 들였으나, 포콕은 더욱 근본적인 '힌두의 하늘나라'를 거론하고, 그것을 지리적으로 구체적인 '**메루 산(Mount Meru)**'으

로 지정하여 그것이 고대 희랍에서 '올림포스 산(Mount Olympus)'
으로 이동(移動) 지정되었던 경위까지 설명하게 되었다.

(b) 즉 포콕의 '힌두의 낙원(The Hindu Paradise)'이란 힌두 인의 '정신적
인 지리적 집중 점'이니, 인류 공통의 '하늘(산악) 지향의 성향'에
우선 기초를 설명이니, 보편적 '문화 인류학(cultural anthropology)'의
기반을 두면서도 그 '오랜 기원'을 입증할 수 있어 역시 '세계사의
기원'으로 손색이 없다.

(c) <구약>에 '에덴 낙원'은 소위 '모세5경(Five Books of Moses)' 기록자
(유대인의 桂冠詩人)보다 선행할 수 없는 것으로, 그 이후 '성경 사가
(유대인의 桂冠詩人)'의 작(作)으로 추정할 수밖에 없다.

(d) 포콕이 '희랍 상고사(上古史)'와 '힌두 상고사(上古史)'를 겹치기로
추구한 것은 그의 '과학적 사고의 독재(獨裁)'일 수는 있으나, '힌두
편중(偏重)' '불교도 옹호'가 결코 아님은 자신의 저술을 통해 거듭
밝히고 있는 중요한 사항이다.['신비주의'='힌두(불교)주의'가 포
콕의 立地이다.]

제35화, 〈라자타란기니(Rajatarangini)〉

((35.-북서부 인도['서북부 인도'는 지금 '희랍 북부'와 동일시되고 있
음]가 소유한 가장 믿을 만한 문서는 <라자타란기니(Rajatarangini-'왕들의
강물')>이다. <라자타란기니(Rajatarangini-'왕들의 강물')>는 카슈미르에서
저작되었다. 카슈미르는 '카시오패이(Cassiopaei, 카샤파 사람)'과 같고, 희랍
북서부로 이주했는데, 그 연대가 기원전 2448년의 연대를 지닌 유명한 왕
조였다.(제12장)))

◆◆◆◆
(a) 사실 포콕이 <희랍 속의 인도>를 저술하면서 중요한 힌두 측의 자
료가 <마하바라타(摩訶婆羅多, Mahabharata)>와 <라자타란기니
(Rajatarangini-'왕들의 강물', 카슈미르 역대 왕계)>이다. 대부분의 고대
사 자료가 그러한 상황을 지니고 있으나, 두 저서가 모두 '추정(推

定)의 연대'일 뿐 확실한 것은 없다.

(b) 오늘날에는 '방사능 측정' 'DNA 추적' 등 과학적 방법이 더욱 개발이 되고 있지만, '상고사(上古史)'의 경우는 마땅히 그 방법들이 남김없이 가동시켜서 '세계적 차원(次元)에서의 종합 수립(樹立)'에 바탕을 두어야 하고, '상대(相對)적, 보편(普遍)적 가치'를 바탕으로 **'세계 상고사(上古史)'**가 서술할 수밖에 없다.['상고가'='지배 종족의 역사'] 그런데 그러한 측면에서 포콕이 그 '선편(先鞭)'을 잡은 **'서구 문화의 힌두 기원론'에는 막강한 전제를 지니고 있으니, 물질적 세속적으로는 '아타크의 황금'과 '크샤트리아 무사계급'이 전제되어 있고, 사상적으로는 '윤회 사상'과, '소통과 교류(航海)의 능력 보유' '이교(異敎) 용납'이라는 5자의 특징**을 다 갖추었다.

(c) 이에 대해 <마하바라타(摩訶婆羅多, *Mahabharata*)>와 <라자타란기니(Rajatarangini-'왕들의 강물', 카슈미르 역대 왕계)>라는 시문학적 자료는 사실상 한 사람(또는 여러 사람)의 '계관시인(准史家)'의 기술일 수밖에 없는 것이지만, 그 배후에 이미 확보된 '물질적 풍요(황금)' '인간(크샤트리아)' '사상(윤회설)' '소통 교역(交易)'의 막강한 뒷받임은 희랍과 인더스 강 북부 지명의 일치와 같은 '보조(補助) 자료'로 '두 책'이 동원된 것일 뿐이다.

제36화. '카슈미르(Cashmir)'

((36. - 힌두 고전에 의하면 '카샤파(Casyapa)'는 '브라마(Brahma)의 후예'로서 원래 그 골짜기를 점령한 산과 호수를 이은 곳에서 금욕적인 생활을 하였다. 배수(配水)가 된 그 곳에 도시가 세워졌고, 성 '카샤푸르(Casyapur)'또는 '카샤파 마을'이라 불렀다. 그것이 일상적으로 '카사푸르(Cashapur)'로 부르다가 마지막에는 '카슈미르(Cashmir)'에 이르렀다.(제12장)))

◆◆◆◆

(a) 역사가(歷史家) 포콕이 그 '사상(종교)' 검증에서, '욕망의 억제(禁慾, abstinence)'을 표준으로 삼은 바는, **'영혼(정신) 우선'의 전통 사제(司**

祭)들[지배 족, 귀족들]의 사상을 존중하여 그렇게 된 것이다.

(b) 처음 '사회 국가의 창설(創設)'부터 그 '사제(司祭)'가 등장하지 않을 수 없는 점은 소위 '부계적(父系的) 가족 공동체의 성립'부터 '사상 도덕 신의(信義)'는 문제가 되지 않을 수 없기 때문이다.

(c) 거기에 자연스러운 것이 '조상신(神)' '영웅신(神)' '씨족 신(神)'으로 그 범위와 권위가 무제한 적으로 확장될 수밖에 없었고, 그리하여 그것[신의 權威]은 금방 **'천지만물의 창조 신(절대신, God)'**과 자연스런 연결을 갖게 마련이었다.

(d) 그런데 소속 종족(種族) 모두에게 그 '제사(祭祀) 업무(業務)'를 감당하게 할 수 없고, '능력 있는 자(소질을 具備한 자)'를 그 표준으로 할 수밖에 없는데, 그 일차적인 기준이 **'욕망의 극복' '육체(肉體)의 무시'**를 그 기본(基本)으로 강조되지 않을 수 없었다.

(e) 그런데 그 '금욕(禁慾)의 능력'이 절대적으로 강조된 종족이 그 '사제권'을 지켜낼 수 있었기에, 그러한 일차 자격 심사 대상들이 힌두에서는 바라문(婆羅門)인 것이다.

(f) 포콕은 '카슈미르 역대 왕계'를 일단 [武士 족을 계승한] '금욕(禁慾)의 사제(司祭) 족'으로 규정한 셈이다.

제37화, '코카사스(Cau-casas)'

((37.-코카사스(Coh Chasas, Cau-casas)는 카사스 족(Chasas)의 산맥이다......카소파스(Casopas)는 카샤파(Casyapa) 사람, 또는 카사(Chasa)의 족장, 또는 카슈미르 사람이다.(제12장)))

◆◆◆◆

(a) 포콕은 <희랍 속의 인도>에서 '태양족' '무사 족' '크샤트리아 족'으로 설명을 했는데, 여기에서는 문제의 '카슈미르 족'을 **'코카사스(Coh Chasas, Cau-casas), 카사스 족(Chasas)'**으로 지목(指目)하였다.

(b) 이것은 '세계사의 전개'를 한 눈으로 미리 본 '포콕의 서술적 독재(獨裁)'에 하나의 예이지만, 그 '독재(獨裁)'를 아무나 행한 것이 아

님을 역사가는 다 알고 있다.['실력자'가 행했던 것임]

(c) 이른 바 '포콕의 독재'는 전술한 바 '① 아타크의 황금' '② 크샤트리아 무사계급' '③ 윤회 사상' ④ '소통[梵語]과 개방 사회 지향 능력의 소지자(航海 족)' ⑤ '이교(異敎) 용납'라는 5대 기반인데, 위에서는, 그 '② 크샤트리아 무사계급'을 더욱 구체화한 것이다.

(d) '거대한 체구'에 '정밀한 사고(思考)'를 동시에 행할 수 있는 뛰어난 사람은 거의 없다고도 할 수 있으니, 타고난 '무사(武士) 체질'은 대체로 '참고' '기다리고' '정밀'한 '사유(思惟, 사제)족'과 크게 다를 수밖에 없는 점에서 그렇다.[양자 특성의 共有者는 稀少할 수밖에 없음]

(e) 위에서 포콕이 '카슈미르 왕가 체계'를 '사제(司祭) 족'으로 규정한 것은 그 '왕계의 유구(悠久)함'에서 '왕국의 수호 정신'으로 왕이 받들어져야 한다는 역사적 필연성과 연관을 갖지만, 그것이 다시 '거구(巨軀) 장신(長身)'의 신체적 특징으로 되돌려졌던 것은 그 **처음 지배자(건국자)'는 '장군(將軍)'**일 수밖에 없다는 현실적 이유에서 그런 것이고, 그것은 '족내혼(族內婚)'을 통해 그 혈통이 보전된 것에 그 합당성을 인정할 수 있다.['武士 족'의 '사제(司祭)화'는 가혹한 훈련(敎育)으로 달성될 수 있음]

(f) 그러므로 '카슈미르' 왕국에서도 '크샤트리아 정신(武士 정신)'과 '바라문 정신(司祭 정신)'이 불가피하게 '공존(共存)'이 되었다. 그러나 그 '궁극(窮極)'은 '사제 의식(意識)'이니, 그것이 '훈련' '교육'의 중심이 될 수밖에 없고, 그것이 '영원 지속'을 강조하는바 그것이기 때문이다.[포콕은 누구보다 '그것'을 확신한 역사가(과학도)였음]

제38화, '헤르쿨레스(Hercules)'

((38.-카슈미르 사람들은 신체적(身體的)으로 여러 광대한 인도의 다른 분파 사람들보다 훌륭했다. 비그네(Vigne)가 말하기를 카슈미르 사람들을 주로 헤르쿨레스(Hercules) 같은 체격으로 묘사를 하고 있다. 즉 무어크로

프트(Moorcroft)는 그 원주민을 전반적으로 키가 크고 균형 잡힌 모습이라 고 묘사하고, 소작농(小作農) 중에는 '파르네시아의 헤르쿨레스(Farnesian Hercules)'의 모델이 될 만큼 건장한 체격과 근육을 지닌 사람들도 볼 수 있 다고 덧붙이고 있다.(제12장)))

◆◆◆◆

(a) 포콕이 카슈미르 사람들을 '헤르쿨레스(Hercules)', 헤라클레스 (Herakles) 체격(體格)에 비유했음은 각별한 주목(注目)을 요한다.

(b) 소위 **'헤라클레스(Herakles) 체격'은 신체적 강자(强者)의 표상(表象) 이니, 그것은 과거 원시시대에 대장군, 왕의 기본 요건**이기 때문이다.

(c) 힌두의 영웅 크리슈나(Krishna)는 '헤라클레스(Herakles)'로도 알려 져 있다. ['크리슈나'항 참조]

(d) 그리고 체격중시의 '힌두이즘'은 그것이 '코끼리(게네샤-Genesha) 신' '황소(Nanda) 존중'으로도 상통(相通)되었는데, 그것은 희랍에 서 '올림포스 경기 영웅(英雄) 숭배'로 그대로 나타나 있다.

(e) 이것은 '전쟁'으로 그 '잘잘못'을 결판해야 '희랍 도시 국가들'의 피할 수 없는 숙명과 공존하는 그 '체력(體力) 중시' 사고(思考)이기 도 했다.

제39화. 희랍 '아티카(Attica)'의 부모, '아타크(Attac)'

((39.-독자의 눈을 카슈미르 서쪽 지방으로 향해보기로 한다. 거기에 있는 '아타크(Attac)'는 (희랍의)'아티카(Attica)'의 부모이다. '쿠루(Cooroos)' 와 '판두(Pandoo)' 사원의 건축학적 해명은 아주 쉬운 문제이다. 즉 독자가, 그들의 선조들이 부모 국가인 아타크와 카슈미르를 통치했듯이, 카슈미 르 국왕들의 계통이 아티카(희랍의 아티카)를 통치했다는 것을 알게 하는 것 이고, 그 귀족의 후손들이 카슈미르 북서쪽에 아직도 존재함을 알게 하는 것이다.(제12장)))

◆◆◆◆

(a) 포콕의 서술 방법은 '간명' '간단' '반복'적으로 제시된다. 인도의

서북부 카슈미르에 '**아타크(Attac)가 (희랍의) 아티카(Attica)의 부모**'
라는 것, 이것이 바로 <희랍 속의 인도>의 주요 요지이다.[제17화
'아타크 사람(Auto-chthons)' 참조]

(b) 이것은 '아티카의 황금(자본)' '카슈미르 크샤트리아 거구(체력)'
'영혼 불멸의 윤회설(사상)' '항해(航海) 교역 족'이란 4대 강점을 기
반으로 팔레스타인 이집트를 휩쓸고 희랍 로마 영국까지 갔다가
마지막에는 아메리카를 찾아 건너갔다는 포콕의 주장이 <희랍 속
의 인도>에는 거듭 명시되었다.

(c) 포콕은 단순히 '상고시대 희랍의 역사'만을 말한 것이 아니라 '인
류가 열어가는 개척의 원동력'을 밝힌 것이니, 이것이 바로 '세계
사'의 생생한 교훈이다.

제40화, '절대신' 숭배의 기록, 〈베다(Vedas)〉

((40.-우리가 지니고 있는 브라만(절대신) 숭배의 최초 기록은, 브라만
문학, <베다(Vedas)> 문학인데, '베다'는 '태양 달 바람 그리고 자연의 명
백한 대행자'를 향한 호소로 이루어져 있다. 그것들은 푸라나(Puranas, 힌
두 聖典)를 망가뜨리는 바보 같이 '끼어 넣은 어구'와는 완전히 다르다.
(제13장)))

◆◆◆◆

(a) 포콕은 '계몽주의' 자로서 '과학적 세계관'을 처음부터 명시하고
있다. 그러므로 포콕의 '신(God)'은 '자연 원리를 지배하는 자'일
수밖에 없다.

(b) 그리고 그 '절대신'을 최초로 명시했던 문헌을 '베다(Veda)'로 지
칭했다.['크리슈나' 참조]

(c) 포콕의 특징은 세계 인류의 '문헌'를 그의 손바닥 위에 놓고 말할
수 있는 '넉넉한 통찰력'을 지니고 있으니, 행한 말마다 그대로 '금
과옥조(金科玉條)'이다.

제41화, 대표적인 '태양 족', '수리아(Suria) 족'

((41.-북 인도의 '대 수리아(Suria) 족'의 후손은, 세계적으로 그들의 거대한 건축, 거대한 성벽, 엄청난 공사로 유명하여 로마 이탈리아 희랍 페루 세일론 같이 보는 사람들을 놀라게 하는 것으로 유명하다. 그들은 이 모든 점에서 '키클로패안(Cyclopaean, 구클로페스, 북부 줌나 대장, 오우데 라마족)'과 일치한다. 이 종족은 희랍 아카이아(Achaia) 남쪽에 일찍이 정착하였고, 그들이 '아르카디안 족'이니, '프로셀레노이(Pro Selenoi)' '이전의 월궁 족(Before Lunar Race)'이다. 그들의 명칭은 '아르카데스(Arca-des[2] 태양의 나라)'와는 구분됨을 명시하고 있으니, '아르카데스(Arca-des)'는 아케아(Akeha[3]) 인근의 '아라크 땅', 바빌론 지역의 이라크(Irak)로서 동일한 어휘가 다른 양상을 보이고 있다. 펠로폰네소스 반도(Peloponnesus)에서 아주 옛날엔 태양족이 널리 퍼져 있었음은 명백하다.(제13장)))

◆◆◆◆

(a) 포콕의 '수리아(Suria, 태양) 족'과 '월궁 족(Before Lunar Race)'의 구분(區分)은 인도 귀족 바라문(사제 족, 唯一神 족)과 크샤트리아(무사 족, 多神敎 족)의 구분에서 생긴 것이나, 특히 '수리아(Suria) 족(武士 족)'은 고대사 주도(主導) 종족으로 주목하였다.['신체적 우위' 확보 족]

(b) 이에 대해 '월궁 족(Before Lunar Race)'은 '금욕(禁慾)' '근신(謹愼)' '숭배' '교육'을 체질로 익힌 족속(族屬)으로 '신념' '교훈'으로 그야말로 '무궁(無窮)'을 기약하는 종족이다.['유대인'이나 '한민족'도 '月宮 족 우세'로 읽을 수 있음]

(c) 포콕은 소위 **'펠로폰네소스 전쟁'을 주도한 스파르타를 대표적 '태양(수리아) 족'**으로 아테네를 '월궁 족'으로 구분을 하였다.

(d) 그러나 플라톤은 명백한 '월궁 족'으로, 오히려 '태양 족' 속성[크리슈나 속성]을 명시한 소크라테스를 숭배하고 그 <국가>에서 '군대식 독재 교육 사상'을 펼쳤던 것은 유명한 이야기다.[포콕은

2 '아르카(Arca)'는 '태양', '데스(des)'는 '땅'
3 인도인의 정착지도 참조.

스스로 그것을 '획일화 할 수 없음'을 명시하고 있다. '원시적 대립
(對立) 구조'일 뿐임]

제42화, '라마 족(Ramas)'

((42.-만약 놀라운 종족의 장대(壯大)한 산업이 아메리카에서도 여행
가의 감탄을 유발했다면, 그것은 로마(Roma)에서와 동일한 라마 족(Ramas)
의 고대적 성취로 현대에도 가장 현명한 비평가의 놀라움도 덜 하지는 않
을 것이다.(제13장)))

◆◆◆◆

(a) 볼테르(Voltaire)가 처음 '계몽운동'을 일으킬 적(<역사철학(The Philosophy
of History, 1765)>)에는, '아메리카 인디안 존재'는 아직 '미궁(迷宮)'
에 있었다. 그 후 97년(1852)이 지나서 포콕은 여지없이 인도 이집
트 희랍인과 동일한 '태양족' '잉카인(페루 사람)'이라고 단정을 하
고 나왔다.

(b) 그런데 포콕의 특징은 원래 **'원시 상태의 종족'이 '문명의 지향한
기원'**을 설명함에 인도 서북부 **'카슈미르 아타크(Attac)' 강조에 그
'역사 연구'의 핵심**을 두었다는 점을 망각해서는 안 될 것이다.

(c) 포콕은 그 '카슈미르 아타크(Attac)'가 '서구(西歐, 희랍) 아테네 문명
의 원천(源泉)'이라는 것이 그의 중요 요지이기 때문이다.

제43화, '히아 족(Hya, 騎馬族)'

((43.-'그 누가' 옥수스(Oxus)와 인더스 북쪽 위도(緯度)의 얼어붙은 영
역의 주민을 보내, 무더운 이집트와 팔레스타인에 식민(植民)을 상상할 수
있겠는가! 그러나 사실은 그렇다. 이들은 인도(印度) 종족이었고, '수리야
(Surya, 태양)'란 명칭은 지금 시리아(Syria)의 방대한 영역에 지속이 되고 있
는 명칭이다. 이 '무사종족(武士, martial race)'이 대규모로 머물렀던 곳은 팔
레스타인이다. 그 땅을 희랍인들은 '아이굽티아(Ai-gup-tia, Aegyt)'라 불

렸고, 그것은 식민지인에게서 유래한 것으로 '하이고파티(h'Ai-gopati)'로 그것은 그들의 원거주지 명칭이고, 숭배의 대상이었다. 그들은 '히야(Hya, 騎馬族)'의 동일한 곳에서 왔고, 대부분 '태양의 후손'이고, '고파티(Gopati)' 숭배자들이니, 이 용어는 '태양' '황소' '시바(Siva)'[4]를 뜻하는 것이었다. (제14장)))

◆◆◆◆

(a) 포콕은 '수리야(Surya, 태양)'가 '지금 시리아(Syria)'라고 거침없이 펼쳐나갔다. 그러나 이에 거듭 밝히는 바이지만, 포콕의 이러한 종횡무진(縱橫無盡)의 필력(筆力) '황금(黃金)의 강' 인더스의 자본을 바탕으로 엄청 '개방' '소통'이 된 상고시대에 선착(先着)한 포콕의 안목(眼目)에 기초한 것이다. 그러므로 살피지 않고 '우습게 아는 것'은, '산골 사람'이 믿지 않는 '바다 이야기'라는 점이다.

(b) 포콕은 앞서 말했듯이 '동서고금의 서적(포콕 당대에까지의 서적)' 모두 관통하고 거기에 그의 '지리학'에 '범어 실력'에 '자본(황금)의 힘' '상호 교역 소통의 필요'까지를 다 꿰고 있었던 '영국이 비장(秘藏)한 다다 혁명가(革命家)'였다.

(c) 이것은 과장이 아니라 '포콕의 가르침' '건강한 과학적 규명'의 가능할 수 있는 모든 방법을 다 동원했음은 자신의 '믿음'에 확신이 섰기 때문이다.

제44화, '코카사스 계 사람들(Caucasian race)'

((44.-이들과 다른 자료에서 모튼(S. G. Morton, 1799~1851) 박사는 다음과 같은 결론을 내었다.

"이집트와 누비아(Nubia)의 나일 강 연안은 원래 코카사스(Caucasian race) 계 사람들이다."

---

4 유명한 이집트 '전차 기마부대'와, 솔로몬 시대에는 그 축복 받은 혈통이 그 유대인에게로 유입되었다는 것은 더 말할 필요도 없을 것이다.

"이 이집트인이라 부르는 원시인은 함족으로, 성서에서 미즈라이미 사람(Mizraimites)이라는 리비아 가계와 제휴된 족속이다."

"오스트랄 유럽인, 또는 메로이테(Merite)사회는 인도 아라비아 족속으로 원시 리비아 거주자와 접목이 되었다."

"이 외래 종족을 제외하면 이집트 족은 아시아 유럽의 코카서스 종족이 넘쳐 든 것이니, 펠라스기, 헬레네, 스키타이, 페니키아 사람이 그들이다."(제14장)))

◆◆◆◆

(a) 포콕의 진술(陳述)은 그가 접했던 '모든 문헌의 종합'으로 그가 '창조 창안(창조)'해낸 것은 아니다. 그러나 '모든 존중할 만한 과학적 성취'는 기존한 정보(情報)의 충분한 활용으로 거의 이루어졌으니, 포콕의 유독 **'개인(詩人)의 상상력으로 창조 창안(想像 詩)' 때문에 그 골머리를 앓았던 사학자**이다.['詩작품' 속에서 '역사적 事實'의 탐색이 포콕의 전(全) 작업이었다.]

(b) '시(詩)와 예술을 (수용하고)즐기는 일'과, 그것들을 '탐구(探究)의 길'은 서로 다르다. 둘이 다 인간 생활에 내버릴 수 없는 중요한 요소이지만, '시와 예술'은 인간 사회를 신선(新鮮)하게 가꾸어 주지만, '[과학적]탐구의 길'은 '인간 생명을 온전히 지키는 방법(方法)을 알아내는 일'이다.

(c) 포콕은 열대(熱帶)의 **'이집트 지배 족'**이 북쪽 한대(寒帶)의 **'코카서스 족(Caucasian race)'**임을 드러내어, 자신의 '카슈미르 아타크(Attac) 문명 기원설'을 보강(補強)하였다.

(d) 막말로 '포콕'의 주장을 믿지 않는 사람도 있을 것이다. 그러나 이에 거듭 밝히거니와 '과학적 진실'을 모든 사람이 다 알게 할 수는 없는 것이고, 그렇다고 다 알릴 수도 없다. 그러나 <세계사>를 '연구'하고 '상고사(上古史)'에 관심을 가진 사람이, 이 <희랍 속에 인도>를 믿지 않으면, 그 **'백년 인생'**은 **'허송(虛送)'**이라는 점을 명심해야 한다.

제45화, '약속의 땅(The Promised Land)'

((45.-'신(神)의 백성들'이 황무지에서 장기 체류하면서, 놀라운 사건의 연속으로 그 히브리인 입법자(모세)의 권위로 고취시키고 옹호했던 바는 <성경> 독자에게 잘 알려져 있다. 그러나 모세는, 이스라엘 백성들이 그 '약속의 땅'으로의 진입에 마주치고 극복해야 할 특별한 어려움을 미처 다 알지 못 했다. 그 곳은 극렬하고 호전적인 태양족(Solar race), 월궁족(月宮族, Lunar race)이 이미 차지해 거주하고 있었다.(제15장)))

◆◆◆◆

(a) 포록이 '세계 상고사(上古史)'를 말할 때, 빼놓을 수 없는 서적이 <구약성경>이었다. 특히 '모세 5경(Five Books of Moses)' 그 중에서도 위의 진술은 소위 '약속의 땅(The Promised Land)'으로 진입(進入)할 당시 거기에는 이미 유명한 '태양 족'이 거처하고 있었다는 당연(當然)한 사실의 진술이다. 이것이 처음 볼테르(Voltaire)가 바로 '그 지독(至毒)한[가톨릭] 일방주의'에 질려서 그의 <역사철학>에서 작심(作心)하고 제시한 '보편적 인류의 객관적 시각(視覺)'을 발동했던바 그것의 재현(再現)이다.

(b) '하나의 국가 종족(種族) 중심', '하나의 사상에 대한 존중'도 인간의 타고난 그 특별한 성격 중의 한 가지이지만['나르시시즘'], 그것을 극복하고 '보편적 시각' '사해동포주의' '동시주의(同時主義)' 시각(視覺)이 바로 볼테르가 선창(先唱)했던 그 '계몽주의' 본질인데, 포록은 그것을 묵수(墨守) 계승했을 뿐만 아니라 더욱 구체적으로 '세계 상고사(上古史) 탐구'에 바로 들어가, 확실하게 그것을 '역사적 현장'에 접목(椄木)을 행하였다.

(c) 포록은 '유대인'을 역시 아프가니스탄 '야두 족(Ya dus)'으로 지목하고 있으니, 포록의 명철(明哲)을 누가 당할 것인가? [제59화 참조]

(d) 더구나 그 '유대 신(神, 여호와)'의 경우도 희랍의 '제우스' 신이 그러했듯이 '베다 신'에서 유래했다는 보편적 주장을 뒤집을 수 없는 것이니, '유대의 신(神, 여호와)'도 '제사(祭祀) 중심의 신'이고 보면, 이

미 '수 천 만의 힌두 교도의 제사 중심 신'과 무관(無關)하게 '유대 인 고유의 제사 중심 신'이 따로 있었다는 주장은, 하거나 않거나 마찬가지이다.

(e) 이것이 바로 '<u>인류 보편적 시각(視覺)의 확보 이후에 비로소 도달할 수 있는 지점(地點)</u>'이니, '독선적' '소아적' '취향(趣味)존중' 그것 으로 해결이 날 문제가 아니다.

제46화, '솔로몬 궁전의 황금(黃金)'

((46.-솔로몬의 시대보다 훨씬 오래 전부터 가장 먼 곳으로 대양(大洋) 을 가로지른 그들의 배들을 가지고 있었던 이 힘이 넘치는 사람들은 '부모 의 땅 인도(India)'에까지 버릇처럼 항해(航海)를 하였고, 해상의 라이벌 희 랍보다 훨씬 앞서 그것을 체험하였다. 솔로몬 궁전의 황금과 호화로운 기 기(器機)들의 출처는 인도라는 점은 명백하다. 항해 거리와 수입품의 속성, 페니키아 사람의 고국(故國)이라는 점 등이 그 사실을 입증하고 있다. <u>인도 까지 항해(航海)에는 3년이 걸렸다.</u>(제15장)))

◆◆◆◆

(a) 포콕의 놀라운 서술(敍述) 방법을 보라. 이제야 자신이 소중하게 간 직했던 '아타크(Attac)의 황금' '인더스의 황금' 이야기를 '유대인 의 대표적인 영화(榮華) 시대' '솔로몬 궁전의 황금과 호화로운 기 기(器機)들의 출처(出處)가 인도(印度)라는 점'을 밝혔다. 그러나 문 제의 '<u>아타크(Attac)의 황금 이야기</u>'는 바로 '서구(西歐)의 역사'를 주도했던 막강한 화제였으니, 그것은 21세기인 오늘날에도 인류 의 '최고의 공통 화제(話題)'로서 '<u>자본(資本)</u>'이 있을 뿐이다.

(b) 그런데 '하나님을 유일하게 선택했다고 주장[選民意識]'한 '(사제 월궁 족)유대인'이 '황금(資本)'의 강조는 도리어 역설적인 문제이 다. 그렇지만 역시 그 중요한 두 가지 문제['절대신' '자본']가 서양 사의 중심에 있었고, 그것은 당초에 '<u>히말라야 카슈미르 아타크 족</u>'이 그 중심에 있었다는 것이 바로 포콕의 주장이다.

(c) 여기에 '희랍의 초기 정착민(定着民)'으로 논의 되었던 '펠라스기 (Pelasgi) 사람은 패아키아 사람들(Phaeacians, 페니키아)'이라는 처음 의 결론이 다시 나오고 있다. 그러므로 포콕의 주장을 빌리면, '페 니키아 사람' '희랍 아티카 사람' '카슈미르 아타크 사람' '코카사 스 족'이 온전하게 서로 겹쳐서, 그 인도인, 팔레스타인 사람, 이집 트 인, 희랍인이 공통으로 '상고시대 세계사의 주체'로서 그들이 '아타크의 황금' '인더스의 황금'과 '힌두의 윤회설', '헬라클레스 의 체력'으로 세상을 제패(制覇)했던 것이 '상고시대 역사적 사실 (事實)'이라는 것이다.

(d) **'솔로몬 궁전'에서 '아타크 황금'을 확보할 수 있는 시간적인 '비 용'이 3년 걸렸다는 것은 '성경 사가(史家)'의 기록에 의한 것이다.** 그런데 '진정한 낙원(樂園) 찾기'는 '3년'이 아니라 '30년' '평생'을 걸고 행하는 일이니, '낙원(약속의 땅)'이 있다면 그야 말로 '목숨을 걸고 찾아 떠났으니' '상고시대 사람들'이 '현대인'과 결코 다를 수 없음이 '염색체 유전자 구조'가 별 변동이 없음이 그것을 명시 하고 있다.

(e) 포콕은 놀라운 '그의 두뇌 속도'를 일반인이 쉽게 읽기에는 '엄청 난 비약을 감행한 것'으로 속단(速斷)하기 쉽게 될 수도 있다. 그러 나 그가 이미 확보해 둔 **'부동(不動)의 네 가지 원리(황금, 체력, 윤회- 영혼불멸, 교류 소통 능력)'**을 먼저 알아두면 <희랍 속의 인도>는 그야 말로 '당연, 당연의 말씀'으로 수용이 된다.

제47화, '이스라엘의 (황금)송아지'

((47.-이스라엘의 (황금)송아지는 '발케사르(Balcesar, Iswara)의 황소'이 고, 이집트의 '오시리스(Osiris)' 송아지이다......이스라엘 백성인 이스라엘 후손들이 타락했던 그 우상 숭배에 대한 성실한 묘사는, 내가 묘사했던 가 나안(Canaan) 땅의 식민을 그 사람들과 정확한 일치를 제대로 보여 준 것이 다.(제15장)))

◆◆◆◆

(a) 포콕이 **'이스라엘의 황금송아지'**가 바로 힌두의 **'신성한 황소 난
다(Nanda)', '이스바라(Isvara)의 말[馬]'**라는 지적했던 것은, 그의 너
무도 '치열(熾熱)한 승리의 과시'에 해당한다.

(b) '제사(祭祀)'는 '힌두 고대사'에 가장 중대한 '의례(儀禮)'이자 '사
상'인데, 그것(태양족의 본성)을 이스라엘 백성도 여지없이 발휘했
다는 것이 <성경>의 기록이기 때문이다.

(c) 이점은 고대의 '모든 종교 의례(儀禮)'가 소위 힌두의 '베다(Veda)주
의'에 종속한다는 포콕의 주장을 역시 가장 강력하게 뒷받임하고
있는 사항이다.

제48화, '스파르타 족(Spartans)과 아테네 족(Athenians)'

((48.- 희랍에서 '태양 족의 숭배'와 '월궁 족의 숭배'가 융합한 것이 그
점이니, 그것은 결코 완성이 될 수는 없으나, 희랍 민중 속에 교리와 의례
로 아직까지 그 두 가지가 남아 있다. 뿐만 아니라 이 숭배 종족 간의 차별
성은 명백하게 남아 있으니, 스파르타 족(Spartans)과 아테네 족(Athenians)
보다 더 명백한 대립적 개성을 보인 예가 없는데, 그것은 각 종족에 관련된
종교적 상호 질시에 원인을 둔 것이었다.(제16장)))

◆◆◆◆

(a) 앞서 말했듯이 포콕은 자신의 주장을 밝힘에 있어서 나름의 순서
를 지니고 있었으니, 먼저 **'수용이 간편한 곳'**에서 **'깊은 이해가 있
어야 할 부분'**으로 옮겨 가는 방식이니, 그 '수용이 간편한 곳'은
'수라, 헬라 족의 태양 숭배'이고, **'깊은 이해가 있어야 할 부분'**은
'제사(祭祀, 말의 희생)'의 문제이다.

(b) 포콕은 그 '태양족' 설명을 앞세워 '국가 종족주의'를 말했고, 그 '제
사 의식'을 제시하여 '절대자' '절대신'의 문제를 조용히 풀었다.

(c) 포콕은 어쩔 수 없이 그 '펠로폰네소스 전쟁'을 일으킨 희랍의 두
주역 **'스파르타 족(Spartans)' '아테니아 족(Athenians)'**을 거론했다.

그 종족은 플라톤의 '아테네 자강(自强) 운동'도 소용없이 멸망을
당하여 '로마 시대'로 들어갔으니, 서술자 포콕은 그 '로마시대'를
확실하게 지나 '뉴턴' '볼테르' '칸트' 시대에 있음을 스스로 명시
하고 있다.

제49화, '태양족(Solar races)'과 '월궁 족(Lunar races)'

((49.-희랍 식민지의 대 합계는 이미 제시했듯이 '태양족(Solar races)'과
'월궁 족(Lunar races)' 양대(兩大) 체계로 되어 있는데, 각 종족의 대표적 족
장은 태양족이나 불교 숭배나 간에 강한 편향성을 보여 각각의 독특한 신
앙심을 추구했다.(제17장)))

♦♦♦♦

(a) '무사 족(태양족(Solar races, 多神敎 徒))' '사제 족(월궁 족(Lunar races, 唯
一神 徒))' 두 가지 문제는, 모든 '고대 국가 운영'에 불가결한 두 가
지 [對立]기둥이다. '무력(武力)으로 외적을 막고, 국가 통치에 혼란
을 막아내는 문제'와 '어버이의 은혜를 알고 소속 국가에 충성을
바치는 교육의 문제'가 그것이니, 포콕은 그것이 명백하게 구분된
만큼이나 '분할되어 운영'되었던 사회 현상을 다 설명했다.

(b) 그 두 가지 속성은 쉽게 통합될 수 없고 '완전 반대(反對)' '영육(靈
肉)의 대립(對立)'에 '무사 족(태양족(Solar races))'은 '육체(肉體, 힘)'를
믿고, '사제 족(월궁 족(Lunar races))'은 '영혼(靈魂, 정신)'을 존중하기
때문이다.

(c) 뒤에 역사의 전개는 '사제(司祭) 중심' '영혼(靈魂) 존중'의 문화로
정착이 되었지만, 소위 '계몽주의' 이후의 논리는 다시 '육체(肉
體)' '영혼(靈魂, 정신)'을 동시에 존중하는 '동시주의(同時主義)'로
전개되었다.

(d) 포콕은 물론 '동시주의(同時主義, Simultaneism)'라는 용어는 사용하
지 않았으나, 그 '동시주의'임은 여러 곳에서 확인할 수 있고, 가
장 결정적인 증거는 '영혼불멸 힌두이즘'이 유명함은 긍정했으나,

'영혼 중심(관념중심)'에서는 멀리 떠나 있었던 '역사 과학도(科學 徒)'였다.

제50화, '제우스(Zeus)의 생활기록'

((50.-헤시오도스가 그린 제우스(Zeus)의 생활기록은, 타르타리(Tartary) 의 라마주의(Lamaism)와 완전히 조화를 이룬 평범한 사실을, 왜곡하여 진 술을 하고 있다.(제17장)))

◆◆◆◆

(a) 포콕은 희랍의 **'계관시인(桂冠詩人)' '헤시오도스'를 자신의 '역사 (합리)주의'를 과시(誇示)하는 '밥'으로 생각했다.** '배운 것'이 전혀 없음[서술에서 명시됨]에도 오직 '시적 영감(상상력)'으로 몇 천 년 을 버틴 것은 그만큼 희랍인의 '제우스 신앙'이 철저했음을 아울 러 말해 주고 있다.

(b) 그런데 포콕은 그 '제우스(Zeus)'가 '라마주의(Lanaism) 교황'이라 단순하게 짚고 넘어 갔으니, 이것이 포콕 식(式) '(후배)학생 지도 방 법'이다. 그동안 얼마나 많은 학습과 탐구의 고역을 치른 다음에도 도달을 할까 말까 한 그 '극점(極點, 創作의 詩人이 있었다는 事實)'을 그 냥 내던져 주듯이 제공을 하고 있다는 점에서 그렇다.

(c) 제우스가 '희랍의 라마주의(Lamaism) 교황(Pontiff)'이라는 사실, 그것을 이해하면 <희랍 속의 인도>는 완전하게 흡수(吸收)가 된 상태이다. 그것이 아직 의심이 되면 더욱 살펴야 한다. 그러나 더 살피기 전에 포콕이 비장해 둔 '힌두(라마)의 네 가지 역사적 원동 력(原動力)'을 기억해 내면 더욱 부드럽게 접근이 되고, '불사(不 死)의 제우스' 문제를 풀기 위해서는 '라마의 교황' 이외에 다른 처방(處方)이 모든 '역사학도'에게는 사실상 없다는 사실을 알면 **'역시 포콕이십니다!'라는 감탄이 없을 수 없을 것이다.** [부록 7, 10 참조]

제51화. '크로노스-Cronos 신'

((51.-헤시오도스가 '자이나 족(Jainas, Zeenos)의 태고(太古)'라고 했던 때의 태양족 왕조의 확립은, 일반적인 희랍 식 변형으로 '데바(Deva, 크로노스-Cronos 신) 즉 카르노스(Karnos)'이다.(제17장)))

◆◆◆◆

(a) 헤시오도스가 <신통기(神統記, Theogony)>에서 '아버지, 크로노스(Cronos)'와 '아들, 제우스'의 대립(對立)했다는 '이야기'를 전했는데, 포록은 그것을 '태양족(크로노스, 多神教)'과 '월궁 족(제우스, 唯一神教)'의 대립으로 해석을 하였다.

(b) 포록(E. Pococke)은 '호머' '헤시오도스'를 '범어(梵語)'를 몰랐던 '어용 사가(계관시인)'라고 했던 것은, '시적(詩的) 상상력의 강력 발동'으로 단순 '종족명칭'을 '괴물(怪物)'로 형상화했을 뿐만 아니라, 온통 '범어(梵語)의 어원(語源)'을 모르고 '희랍어 방식'으로 저술을 행했다는 점에서 그렇게 말한 것이다.

즉 '영혼불멸의 혼백 중심의 이야기'로 '승천입지(昇天入地-하늘로 날아오르고 땅 속으로 들어가는 신의 능력)'의 초능력을 밥 먹듯이 쉽게 말했던 '힌두 식 (詩人)창작 방법'을 다 가져다 쓰면서도 그것이 어디에서 연유했는지도 몰랐던[根本에 대한 無知] 그들의 '작가(시인) 정신'을 그들의 저술에 다 드러내고 있다는 그것이 포록의 주장이다.

(c) 위에서 포록이 거론한 '데바(Deva, 크로노스-Cronos 신) 즉 카르노스(Karnos)' 문제는 최고 신 '제우스'의 아버지라 알려진 존재의 힌두(인도)관련 역사를 더듬은 것이다.

(d) 무엇보다 포록의 '제우스' 설명은 '과학적 역사가(歷史家)' 포록의 최고 승부처가 되었다.['제우스의 승리' 참조]

(e) 포록이 희랍 시인 '헤시오도스'에게 '자이나(Jaina) 교주(教主) 제우스(Zeus)'의 '계관시인(御用史家)'라는 명칭 부여는 적절한 것이었다.

제52화, '악(惡, Bad)'의 어원(語源)

((52.-이처럼 부라만 식 영향력은 가장 일상적인 어휘에서 나타나 있다. '카코스(Ka-kos, 악당)'은 '고고스(Go-gho-s, 백정)'이고, '고고스(Go-gho-s)' 일원은 악(惡)을 가리키는 말로 '사카손 족(Saca-soons, 삭손 족)' 언어로 스며들어서 '악(Bad)'은 인도어 '바드(Badh, 살해하다)'에서 온 말이다. (제17장)))

◆◆◆◆

(a) 포콕의 확인했던 '저서의 양(量)'이 비록 적은 것이 아니라고 할지라도, 오늘날 '정보(情報)의 홍수 시대'에 비교하면 오히려 '빈약했던 상황'이라고 할 수밖에 없다.

(b) 그러나 포콕은 분석력 추리력은 '수십 세기(世紀)의 어둠'을 초월하기에 넉넉하여, 그 '부족한 정보'로도 '인간 사회의 요긴한 정보'를 쉽게 후배들의 손에 쥐여 주었으니, '카코스(Ka-kos, 惡黨)이란 고고스(Go-gho-s, 白丁)'이고 '악(Bad)은 인도어 바드(Badh, 殺害하다)에서 온 말'이라는 지적이 그중 지나칠 수 없는 또 하나의 요점이었다.['사회적 禁忌(도덕)의 출발 지점' 明示]

(c) 인간 사회에 없어질 수 없는 요긴 용어 '악당(惡黨)'과 '악(惡)'의 개념 규정은 오늘날까지 계속되고 있지만, **나의 편이 아닌 사람'이 '악(惡)'이고 '악당(惡黨)'이라는 논리가 아직도 세계를 지배하고 있다.**

(d) 그런데 포콕은 통찰은 간단했다. '죽이는 것'이 악(惡)이고 '죽이는 사람'이 악당(惡黨)이란다.

(e) 이것은 포콕의 처음 주장한 것은 물론 아니고 힌두의 '자이나(Jaina)' '금욕주의'에 편승한 발언이다. 논리는 '천 만 명의 견해에 일치란 없다.' 그러므로 무엇을 서로 '표준'으로 긍정할 것인가의 문제 내부 문제이다. '옳은 규정'을 찾아낸 것이 지혜의 으뜸이고, 그 '옳은 규정'을 따르고 지키는 것이 현자(賢者)의 기본 도리일 것이다.

제53화, '엘레우시니아의 신비(Eleusinian Mysteries)'

((53.-즉 '무스타이(Mustai, 해탈)'라는 이름으로 소승(小乘, Lesser Mysteries)
주의로 긍정된 후보들이니, 그 이름은 불교도의 '목사(Moksha)'에서 연유
한 명칭이니, 육체를 벗어난 영혼, '윤회(輪回)에서 제외된 존재'이다.

그러나 그들이 '대승(大乘, Greater Mysteries)'에 인정되기까지는 또 한 해
를 기다려야 한다. 시작 단계에 주요 의례 중의 하나는 명백히 상징적인 것
이다. 그것은 '신성한 강' '칸타루스(Kant-harus, 경배의 장소)'에서 암퇘지를
씻는 것이다. 그 희생까지 정화(淨化)는 계속되는 것이다. 이들 '무스타이
(Mustai, 해탈)'는 비밀을 맹세했으니, 그것은 사실상 그 종교적 성소(聖所)에
서 옛 종교적 고장에 절대적으로 필요한 것이었고, 오직 그곳에서만이 호
머와 그의 세속적 신상(神像)의 더욱 매력적 이단(異端)에 대항할 수 있는
기반을 보존할 수 있었다. 그 입사(入社)는 '에바프토이 ebáptoi (ἐπόπται)' 식
이었으니, 그들은 데메테르(Demeter) 보호구역으로 들어감이 허락되지 않
고, 연결 통로에서 엄숙하게 대기를 하고 있었다.(제17장)))

◆◆◆◆

(a) 위에서 포콕은 '엘레우시니아의 신비(Eleusinian Mysteries)'라는 제
목으로, '육체(肉體)'보다 '영혼(靈魂, 정신)'이 강조된 '불교 사제(司
祭) 교육의 현장'을 공개(公開)하였다. 그리고 '무스타이(Mustai, 해
탈)' 비밀 맹세'도 아울러 명시했으니, '힌두의 가장 어려운 제사(祭
祀) 문제' 본론(本論)에 들어갔다.

(b) 이것은 역시 그 '제사장(祭祀 長)'의 권위를 아울러 명시한 것이니,
그 '제사장, 종교적 성소(聖所)의 장의 권위'는 '세속적 전쟁에 승리
가 지속되는 기간 내의 문제'이니, '사제 족'과 '무사 족'의 불가분
의 관계는 이처럼 요긴한 것이었고, 그 소중한 '관용'과 '평화' '용
서' 권리는 패배자의 '사원'에서 나온 목소리가 아니라 '확실한 군
사적 승리자의 사원'으로부터만 나올 수 있는 '신의 목소리'이다.
그것을 포콕은 다 알고 있었다. 그러나 포콕은 언제나 '승자(勝者)
의 편'에 선 것이 아니라 '공정(公正)한 이성(理性)의 자유로운 판단

(判斷)'을 존중하는 '계몽주의자'였다.

(c) 위에서 포록이 제시한바 **'데메테르(Demeter) 보호구역'**이란 단순한 '형식적 절차상의 구분'임이 명백하지만. 그곳으로의 '입사(入社)의 의미'는 수용자마다 다를 수밖에 없고 얼마나 소중하게 아느냐는 문제는 '신(神)의 은총의 후박(厚薄)'과 직결이 되어 있는 사항이다.

(d) 이것은 포록의 서술로 알 수 있지만, 동방(東方)의 '신년(新年) 식' '추석(秋夕)'의 의례와 비슷하여 '축제 속에 거듭 나는 제례(祭禮)' 인데, 그 요점은 **'정신(mind, spirit, 영혼)의 중요성 강조 교육'**이라는 사실이다.

(e) 사실 포록은 이 **'엘레우시니아의 신비(Eleusinian Mysteries)'** 공개로서, 모든 종교의 구극의 논리-'(육체 무시 영혼 존중의)종교적 의전(儀典) 본 질'을 다 밝힌 셈이다. 그러므로 포록의 관심은 '과학적 세계사 서술' 에 있고, 불필요한 '종교적 논쟁'이 아님을 확실하게 될 필요가 있다.

제54화. **'데바(Devas) 전쟁'**

((54.-데바(Devas)시에 첫 '가우타마스(Gautamas)'의 출연에 동반된 재 난은, 그 불행한 도시의 존속과 더불어 계속되었다. '불교 신도'와 '베다 (Veda)파' 사이에 생긴 종교적 분쟁은 '에티오클레스(Etyoc'les[5], 브라만 족의 장)' 시대와 '팔라나게스(Pala-nag-es, 나가 족장의 왕)' 시대에 걸쳐 과격(過 激)하게 몰아닥쳤는데, 엄청난 손상을 가했던 전쟁은 궁극적으로는 데바 (Deva) 시뿐만 아니라 아르고스(Argos)까지 휘말리게 만들었다.(제18장)))

◆◆◆◆

(a) 포록은 누구보다 일찍이 힌두에 '마하바라타(摩訶婆羅多) 전쟁'이 있었듯이, '전쟁 문제'에 몰두했다.['역사 서술'에서 '전쟁'이 가장 큰 화두(話頭)임] 그것은 항상 '무사 족(武士 族, 크샤트리아 족)'이 앞장 설 수밖에 없지만, 더욱 근본적인 문제는 '신념(信念)의 문제' '종교(宗

---

5 '에티오(Etyo)'는 '에타(Eta-브라흐민)'의 접사(接詞). '쿨(cul)'은 '종족'이고, '에스(es)'는 대장이다.

敎)의 문제'의 대립이 '엄청난 살상(殺傷) 전쟁'이 된다는 점을 포콕
은 직시(直視)했다.

(b) 포콕의 '고대 힌두와 희랍 시대에 전쟁'을 주로 **'월궁 족'과 '태양
족'의 대립**으로 설명을 하고 있다. 그러나 사실상 그 전쟁의 결과
는 **'공동 죽음'이고 '무(無)의미'**로 결론을 지어 '소용없음'이 포콕
의 결론인데, 사실상 그것이 **'전쟁'에 대한 '고정된 정답(正答)'**이다.

(c) '인간의 육체적 힘'이 넘치면 '경쟁(競爭)을 하게 되고' '경쟁이 심
화하면' '전쟁'을 하게 된다. 인간의 경기 중에 가장 큰 경쟁이 '생
명을 걸고 하는 경쟁 - 전쟁'이니, 다들 그렇게 알고 있다.

(d) 그런데 일찍부터 깨달은 종족 '자이나(Jaina)'들은 '불살 계(不殺戒)'
를 제대로 세웠고, 불타(佛陀)는 '평등' '평화'를 알리는 '절대 신의
목소리'로 '인류 최고의 자유(해탈, Final Freedom)'까지 말하였다.

(e) 포콕의 '불교 실력'은 '불교'를 '사제 족의 특별한 일부 족속'으로
이해한 듯하다.[진정한 '석가모니 불타 신봉자'에게 '전쟁 문제'는
처음부터 '無關한 사항'이었음]

(f) 희랍 시대의 '전쟁'은 '쿠르크세트라 전쟁(Kurukshetra War)', 즉 '쿠
루(Kuru)' 왕가 4촌간의 왕위 쟁탈 전쟁의 '전형(典型)'을 반복한 것
으로 해석되었는데, 대표적으로 아이스킬루스(Aeschylus) 비극 작
품 <테베에 대항한 7인(The Seven against Thebes)>이 그렇다. 포콕이
그것을 빼놓고 따로 전쟁을 논할 상황도 아니었다.

제55화. 〈마하바라타(摩訶婆羅多)〉

((55.-불교도 연대기에 있는 저 장대한 이야기 중의 하나가 이처럼 수
세기 후에 행동 경위가 묘사되어 기록 되었다.['마하바라타(摩訶婆羅多)'
공동 형식으로 서술되었다는 지적임] 즉 특별히 그 상상력에서 동양적이
고 장대한 어떤 작가인 아이스킬루스(Aeschylus)[6] 당대에까지, 구두(口頭)건

---

6 '아이스쿨레스(Ais-cul-es)'는 '바이시아(Vaisya)'의 왕, '메르칸틸레(Mercantile)'
종족의 왕.

기록이건 전해진 서사 물에서 그 역사가의 '브라만 불교 교리(Brahmino-Bud'histic creed)'를 숙지하고 있었던 시인, 그리고 테베 시대에 음울한 장대함에 기대어 시인 자신의 장엄한 영웅들에 관해 생생한 생각과 신념을 살려 기록해 놓은 바인 것이다.(제18장)))

◆◆◆◆

(a) 한 마디로 '고대 희랍인'의 학습할 대상은 '힌두(Hindu)'뿐이라는 사실을 아이스킬루스(Aeschylus) 비극 작품 <테베에 대항한 7인(The Seven against Thebes)>은 말해 주고 있다.

(b) 작품 <테베에 대항한 7인(The Seven against Thebes)>는 그 대상(작품 소제)에서는 <마하바라타(摩訶婆羅多)>와 혼동할 수 없으나, 그 '투쟁(전쟁)의 논리'는 크리슈나(Krishna)가 명시했던 것을 넘은 것이 아니고 그 결과의 '치열함(모두 사망)'에서도 힌두의 '무(無) 개념'을 제대로 구현했다고 할 수 있다.

(c) 이러한 '쉬운(?) 작품 전개(전쟁 수행) 이론'은 '비슈누(Vishnu) 신의 화신(化身)'이라는 **'크리슈나의 전쟁'이론 속('전장에 싸우는 것은 무사들(the warriors)의 행복'-2장 32절)에 다 정비가 되어 있는 사항**이다.

(d) 이 '전쟁 수행 이론'에서 **'윤회(輪回, 영혼불멸-죽는다 해도 아쉬울 것은 없다.) 이론'**은 그야말로 '최고의 힘[催眠效果]'을 발휘했다는 점은 무엇보다 명심을 해야 한다.

(e) 플라톤은 '전쟁을 무서운 일'로 가르쳐서는 안 된다고 말했고, 국가주의자 '헤겔'은 '전쟁'을 '천국(極樂)에 이르는 길'로 찬양했으니[<법철학>], 이들은 모두 크리슈나가 그 '지존(至尊)의 노래(Bhagavad-gita)'에서 '정의(正義)' '명예(名譽)' '의무(義務)'를 위해 죽음을 무릅써야 하나다는 이론을 크게 받들었던 이론들이다.

제56화. '크리슈나(Crishna)'

((56.-고대 힌두 후예의 신(神)은 희랍 힌두의 신(神)이고, 호머 노래 속에서는 희랍의 신(神)이다. 그 신(神)은 크리슈나(Crishna)이다.(제19장)))

◆◆◆◆

(a) 포콕은 워낙 숨김이 없고 솔직하여 '중요한 결론'을 반복 제시하여 오직 '편리한 독자의 이해'를 위해 총력을 기울였다. 위에서 '절대신 크리슈나(Crishna)'가 그것이라는 지적이다.

(b) 포콕은 '크리슈나(Crishna)'를 일단 '아폴로(Apollo)'로 해석을 하였다. 즉 '태양족'의 대신인데, 역사적(<마하바라타(摩訶婆羅多)> 기록)으로는 '전차몰이' 무사 족이기 때문이다.

(c) 그러나 먼저 '절대신(God)'을 만들어낸 '힌두 야심'으로, 한 번 전쟁의 승리자를 그대로 받들기보다는 **'더욱 완벽한 신 만들기'**가 결코 취소될 수 없었다. 이에 <마하바라타>를 계관시인(桂冠詩人)의 필력으로 '크리슈나 신 만들기'가 대대적으로 행해졌으니[사실상 그 '절대신(God)'은 그 시인 이전에 이미 '베다 사제들'이 소유하고 있는 바를 수용한 것임], 그것은 어렵지도 않았다. 크리슈나 자신이 바로 그 '절대 신'이라고 선언한 것으로 명시되었다.

(d) 사람들은 소위 '작품 속의 주인공'과 그 '작품 제작자'를 쉽게 구분할 수 없다. 즉 '나무꾼과 선녀' 이야기[이 原本은 크리슈나 이야기임]를 들을 때, 누가 그 이야기를 전(傳)했는지, 나아가 제작(製作)했는지는 문제가 아니다. 그냥 듣고 재미있으면 그만이다. '나무꾼'은 하늘나라로 올라갔으니, 그가 다시 내려와 증언(證言)을 하지 않았다면 사실 그 작자(作者)는 없는 셈이다. 포콕의 경우는 그래서 '역사'를 찾음에 '개인의 주관을 떠난 큰 사건'에 매달렸고, 그 '무책임한 이야기 속'에 담겨진 '사실(事實)의 추구'에 골몰하였다.

(e) **'하나의 국가 사회 주신(主神)인 제우스(Zeus)'가 '절대 무책임한 시인들의 말재주꾼의 소작(所作)'으로 볼 수 없다는 것이 포콕의 기본 주장**이고, 그리고 그 '불사(不死)신'이 티베트 '라마 족(Lamas)'의 유풍(遺風)에는 그대로 존속한다는 사실은 '포콕'을 얼마나 흥미롭게 했는지 짐작할 수가 있다. 포콕은 **그리스(Greece) 로마(Rome)를 영국(英國)의 '할아버지 나라'**로 알고 있으니, '희랍의 신'은 포콕 할아버지가 섬기던 바로 그 신(神)인데, 그 납득(納得)할 수 없는 '제

우스의 불사(不死) 성'을 그 '라마(Lama) 황제'에서 그 유형(類型)을
찾았으니, 그 감격을 왜 짐작할 수 없을 것인가.

제57화, '크리슈나 아폴로(Crissaeus A'Pollono-s)'

((57.-'크리슈나 아폴로(Crissaeus A'Pollono-s)'의 역사는 희랍어로 '신
화'라는 것과는 완전히 무관한 사항이다. 나는 인도의 왕과 희랍의 신이
의심할 것도 없는 동일한 원천에 나온 바를 간단하게 제시해 보이겠다. 첫
째는 윌슨(Wilson) 교수가 <라자 타란기니(Raja Tarangini, 왕들의 강물)>에서
도출한 '카슈미르 역사'에서 찾을 수 있다. 그것은 건전한 판단으로 심원
하고 다양한 지식을 제공하고 있다.(제19장)))

◆◆◆◆

(a) 포콕(E. Pocooke)의 진술방법은 한마디로 종횡무진(縱橫無盡)이다.
무얼 믿고 그렇게 했는가? '힌두의 위력(偉力)'을 믿음이다. 볼테르
가 그의 <역사철학>을 지을 적에는 인구의 '많고 작음'에 중요한
의미를 부여하였다. 그리고 '도둑'은 '부자(富者, 나라)'를 노린다고
도 했다. '인도'는 '부자 (富者)나라'에 '영혼불멸(윤회) 사상'을 먼
저 개발한 나라이다. 인구가 많음으로 재주꾼도 많을 수밖에 없다.
그리고 인도가 '부자 나라'라고 서구(西歐)에 소문이 난 것은 '아타
크(Attack)의 황금' '인더스(Indus)의 황금'을 젖혀놓고 논할 수 없는
이야기다.

(b) 볼테르 논의 사실상 그 '인도(印度)에 서구(西歐) 문명의 기원(起源)
이 있다.' 정도에서 멈췄다. 그러나 포콕은 '서구(西歐)를 인도와
구분할 수 없다.'는 더욱 절박한 논리를 성공시켰으니, 이것이 포
콕의 위대한 공적 그것이다.

(c) 포콕의 견해를 수용하면 고대 희랍의 모든 문제가 풀리고 제자리
를 잡게 되어 '세계 상고사'가 저절로 그 대강(大綱)을 잡게 된다. 그
러므로 포콕의 견해는 반복 음미가 되고 모든 '역사의 서술의 바른
방법'은 여기서부터 찾아야 할 것이다.

즉 '지방사(地方史, -개별 國家의 역사) 기술'도 불가피하게 그 '<세계
사>의 일부'로 소개를 해야 그 방향을 제대로 자리를 잡게 되는 것
이니, 한 사가(史家)가 '지역주의' '종족주의' '종교적 일방주의'에
사로잡혀 있으면 그 '역사의 해독(害毒)'을 어디에서 과연 치료를
받을 것인가. 헤겔(Hegel)은 일개 '계관시인(桂冠詩人)'의 자격으로
<세계 역사철학 강의>를 쓰겠다고 나서서, '전쟁 불가피론
(Necessity of War)'을 읊어 자기 스스로가 '영원한 조롱거리'를 자초
(自招)하였다. 그것은 처음부터 '스스로의 학문 능력(能力)을 망각
(忘却)한 허욕(虛慾)'이었거나, 아니면 '직필(直筆)'과 '아유(阿諛)'를
구분 못 하는 '우스꽝스러운 허세(虛勢)'의 결과물로서 '인류 안목
(眼目)'을 향한 턱도 없는 '엄폐(掩蔽)주의' 그것이었다.

(d) '지역주의' '종족주의' '일방주의' '독선주의' 역사는 '없는 것이
오히려 최선(最善)'이라는 점을 양식 있는 역사가는 가장 먼저 숙
지할 필요가 있으니, 그러한 측면에서도 <세계사>의 초두를 가장
구체적으로 먼저 시작해 제대로 적어 논 포록의 <희랍 속의 인도>
는 실로 '만대(萬代)의 귀감(龜鑑)'이다.

(e) '크리슈나 아폴로(Crissaeus A'Pollono-s)'는 힌두(Hindu)의 신이며 영
웅이고, 역시 고대 희랍의 신이고, 국가주의 영웅, '영혼불멸'을 가
르친 주인공이다.

(f) 그러나 포록은 이에 이른바 '불교(힌두)적 신비주의(神秘主義)'의 완
전한 척결(剔抉)을 철저하게 주장했으니, 이것이 바로 '전쟁반대'
'국가주의 반대(사해동포주의)' '우월주의 반대(평등주의)'이니, 역시
위대한 볼테르의 지구촌 운영의 '가치기준의 공론'에 완전 부합하
는 것이다.

제58화, '판두 족(Pandoos)'

((58.-쿠루 족(Cooroos)과 판두 족(Pandoos) 간의 전쟁은 표면상으로는
정치적인 것이지만, 실제에서는 '불교 파'와 '브라만 파'의 싸움이었다.

브라만 파가 완승을 하였다. 크리슈나(Crishna) 발라데바(Baladeva) 유디슈트라(Yudishtra)의 불교 신앙 챔피언들은 유랑의 신세가 되었다.(제19장)))

◆◆◆◆

(a) 포콕이 문제 삼은 바는, '지배 족' 즉 '사제(司祭)'와 '무사(武士)'이었고, 종족으로는 '아테네 왕족(王族)' '판두 족(Pandoos)'이었다.

(b) 그리고 그들은 아프가니스탄의 '펀자브' '아타크' 사람이라고 지목하고 있다.

(c) 포콕은 '희랍 사학자(史學者) 중에 판디온 족(Pandions), 아타크탄(Attac-thans)에 판다바 족(Pandavas)이 보인다.'(제20장)고 하여 그것을 '아테네의 역사', <희랍 속의 인도>에서 가장 주요 주장으로 삼았다.

제59화. '판다바(Pandava)'

((59.-아폴로(Apollo)라는 명칭이 바로 '판다바(Pandava)'이고 '히아 왕(Hya Chief)'이며 '야두 왕(Ya du Lord)'이라는 것을 가리키고 있다. 그는 힘찬 쿤티우스(Koontius) 아폴로, 쿤티(Koonti)의 아들이니, 쿤티는 판두(Pandu)의 아내이고, 3명 판다바(Pandava) 왕자의 어머니이다. 그는 역시 '파이푸스(P'haipus, 하이아 대장)'이다.(제20장)))

◆◆◆◆

(a) 포콕의 '아폴로 논의'는 결국 '태양 족' '판다바(Pandava)' 로 퍼져나갔으니, 그 '태양족'은 팔레스타인 이집트 희랍을 넘어 페루 잉카에까지 모두 '형제'로 묶었다. 그러기에 종족으로 흑인종(크리슈나는 '흑인'임) 백인종(희랍인) 황인종(잉카족)을 모두를 다 아우른 셈이다.

(b) 특히 포콕은 알렉산더의 '인도(印度) 정벌'을 '조상(祖上)을 망각한 형제 정복'으로 규정했는데, 당초 처음의 대전 '쿠르크세트라 전쟁(Kurukshetra War)'도 '쿠루(Kuru)' 왕가 4촌간의 왕위 쟁탈 전쟁이었으니, 할 말이 없다.

(c) <희랍 속의 인도>에서 소위 '아폴로의 아들'은 '태양족의 후손'이
니, 포콕 자신도 거기에 드는 것은 물론이고, 거기에서 제외될 종
족은 사실상 없다.[모두 형제임]

(d) 위에서 포콕이 '야두 왕(Ya du Lord)'을 언급했는데, '야두 족'은 '유
대인들'이라고 지적하였으니, 포콕의 논리로 '유대인'은 '월궁 족
(月宮 族-유일신 족)'임은 물론이다.

제60화, '아타크 사람들(Attac-thans)'

((60.-우리는 이처럼 그 가계(家系)에 대한 뚜렷한 견해와 카슈미르와
그 인근에 있는 그 가족, '마하바라타(Mahabharat) 전쟁'에서 생긴 광범위에
걸친 이민(移民)의 원인, 희랍에서 그들과 유사 종족의 긍정적 지리학적 증
거를 확보하고 있다. '케크루파스(Cecr'oopas)' 왕조는 아테네 통치를 오래
지속하였다. 그것에 대해, 가장 확실한 것은 희랍 사학자 중에 판디온 들
(Pandions), 아타크탄(Attac-thans)의 판다바 사람들(Pandavas)도 있었던 것으
로 보인다. 제왕적이고 사제적인 불교도의 위력은 '히야니아 족(Hyanians,
Ionians)'의 대(大) 가족이 중심을 이루었다.(제20장)))

◆◆◆◆

(a) 포콕은 문제의 '마하바라타(Mahabharat) 전쟁'이 이민(移民)의 동기
가 되어 희랍으로 와 '히아니아 족(Hyanians, Ionians, 騎馬 族)'을 이루
었을 것이라는 전제를 두었다.

(b) 이것은 그 구체적인 경로 시대를 획정하는 것으로 그 의미를 갖는
것이지만, 그것은 포콕 자신도 확답을 할 수는 없다. 이것부터는
상상이지만, 증거가 확실한 추리(推理)이다.

(c) <희랍 속의 인도>의 처음에 이미 명시했듯이, 포콕이 전제한 '고
대 희랍 역사'='고대 힌두 역사' 등식(等式)에는 하나도 빗나간 사
항이 없다. 그것은 더욱 보충 보강이 될 것이다. 앞서 명시한 소위
'5대 역사의 동력(動力)'은 그 '힌두(Hindu)'가 통째로 다 지니고 있
던 배'이기 때문이다.

(d) '상고시대에 힌두의 특징'을 제외하고 생각해 볼 수 있는 여유가 없는 것은 결정적으로 기하학자 피타고라스(Pythagoras)까지 철저한 '윤회 이론가(輪回 理論家)'라는 사실이다.

제61화. '에카탄카이레 족(Ekantan-kaires)'

((61.-'트로이 전쟁(the war of Troy)에서 힌두 희랍의 사회적 요소의 대붕괴된 때'부터서 '확실한 불교도의 [교황, 제우스]시대'에 이르기까지의 '희랍의 역사에서 사라진 기간 동안'은 '에카탄카이레 족(Ekantan-kaires, 카슈미르의 유일신 사상)'이 그 자리를 매우고 있었다고 나는 믿는다. (제21장)))

◆◆◆◆

(a) 포콕의 '히말라야 카슈미르 족'에 대한 신념은 '역사의 5대 원리(황금, 武士-체력, 영혼불멸, 소통과 교역(交易)주의, 이교(異敎) 용납주의)'를 배경으로 전개하고 있다.

(b) 그 '혈통(血統)'은 '일차적으로 범어(梵語, Sanskrit) 권'이라는 것으로 포콕은 충분한 고증을 다한 셈이다.

(c) 그리하여 포콕이 서술한 <희랍 속의 인도>는 확실하게 호머 이전의 대대적으로 행해진 '베다 철학의 세계화 이론' 내에서 일단 결론을 낼 수 있다면, [언급이 없는]여타(餘他) 종족(種族)은 역시 그 '큰 그림[構圖]' 내(內)에서 '지역적 구도'가 마련될 수 있을 것이다.

(d) 우선 중국(中國)의 '황하(黃河) 유역'에 '한족(漢族)'이 그 상대적(相對的) 위치가 정해질 것이고, 그리고 '동북(東北)아시아'에서도 '태양족[한국의 고구려 동명왕은 명백히 태양족이고 수로왕은 航海족임]'의 문제는 더욱 세심하게 고찰이 필요한 사항이다.

제62화. '피타고라스(Pythagoras)'

((62.-고대 불교도의 힘찬 사업을 알아 본 사람은 없었으나, 피타고라스의 고난과 성공에 대한 평가는 당연한 것이 될 수밖에 없다. 비록 힘차고

재능 있는 사절의 도래시기에 한때 남부 이탈리아의 대부분의 운명이 흔들렸고, 복잡한 정부의 체계를 움직이는 힘센 손이 보이지는 않았어도, 라마 법의 많은 영향력이 아직 나타지 않은 채로 있었다는 것은 의심할 수 없다. 그것은 '가톨릭 석가모니(catholic Sakya, 우주의 지배자-정신)'의 솜씨이시다.(제21장)))

◆◆◆◆

(a) 철저하게 인도(힌두)의 영향을 외면(무시)했던 서구인(로마의 기독교 영향)을 가장 당혹하게 만든 철학자가 피타고라스(Pythagoras)였다.

(b) 필자(秩抄弓)가 확인한 바와 같이, 사실상 **플라톤처럼 힌두의 <마하바라타>와 불교 사상을 확실하게 수용한 철학자는 어디에도 없을 정도이다.**['소크라테스' '플라톤' 항 참조] 그것을 어떻게 다 설명을 할 것인가.

(c) 희랍은 설영 '힌두인 이민(移民) 이전'의 다른 종족(種族)이 있었다고 해도, 그 문명은 '힌두'와 '베다' '불교' 이론을 빼고는 그 고유 것(문명)이 없는 형편이니, 그야말로 '뛰어보았자 부처님 손바닥'이라는 속담이 '고대 희랍 사회의 실상(實相)'이었다.[포콕의 논의는 '지배족(왕족)'에 집중이 되어 있음]

제63화, '베다(Veda)철학'

(((63.-내가 베단타 철학[베다 철학]에 예상하고 있고, 미래 논문에서 연구를 가정하고 있는 바는, 인도 이론과 희랍 이론의 유상 성은 후기보다는 초기가 더욱 심했다는 점이다. 그리고 초기의 희랍 철학과 후기의 희랍 철학, 피타고라스 파와 플라톤 파의 사이에 명확한 간격을 두고 상호 관계를 생각해 볼 수가 거의 없는 형편이다. 나는 인도 사람들이 그 점에서는 '학습자'이기보다는 '선생들'이었다고 결론을 낼 수밖에 없다.(제21장)))

◆◆◆◆

(a) 희랍 철학을 대표하는 철학자 피타고라스, 플라톤은 확실히 '베다(Veda)철학' '불교철학' 영역(領域) 내에 있다.

(b) 뿐만 아니라 **'탈레스(Thales)', '헤라클레토스(Heraclitus)'** 등 고대 희랍의 철학자들의 주장이 그 '베다 철학'을 빼고 따로 무슨 근거로 철학적 발언을 했을 것인가.['7. '아테네'의 애국자-플라톤(Plato)'- '(i) 4원소(元素)' 항 참조]

(c) 포콕의 다하지 못 한 말을 이어, 필자(秩衫弓)는 '베다 사상'은 그대로 '세계역사' '세계 철학 사상사'의 서두(序頭)를 장식했고, 그 영향력은 21세기 지금까지 이어지고 있다고 확실히 말해 둔다.

(d) 실로 **'동시주의(同時主義, Simultaneism)' '다다이즘'으로 운영될 수밖에 없는 오늘날 '건강한 지구촌(地球村)의 운영'**을 위해서는 무엇보다 '개방(開放)된 논의'가 필요하고 무엇이 극복되었고, 무엇이 계승이 되었는지를 명백하게 해야 한다.

(e) 간단하게 포콕이 크게 내세운 '다섯 가지 역사 운영의 실체-**자본(資本), 체력(體力), 사상(思想, 영혼불멸), 소통과 교류(交流), 이교(異教) 용납'**이 변함이 없이 지금도 작동(作動)을 하고 있지만, 가장 꿋꿋하게 변함없이 버티고 있는 것이 '자본(資本)'이고, '체력(體力)'의 문제는 '기계와 무기'로 크게 대체가 이루어졌으나 결정적인 승부수는 역시 '체력의 뒷받임'이 있어야 하고[실존주의], 마지막 '사상(영혼불멸)'은 역시 크게 수정을 당했지만[칸트에 의한 '영혼불멸 공식 부정'] '전쟁 수행의 초종 거점'은 그래도 '사상'이 자리를 잡아 그에 따른 '과학 교육의 중요성'은 불변의 위치를 점하고 있고, '소통과 교류(交流)'는 그 자체가 '즐거움'이고 '학습(學習)의 위대한 실현'이다.

(f) 이러한 '위대한 네 가지 역사 전개의 원리'를 가장 먼저 제시한 존재가 바로 포콕이었으니, 유감없이 우리는 그 '포콕의 생각을 우리 것'으로 확실하게 잡아 둘 필요가 있다.

제5장

포콕의 세계 철학사적 의의

1. '만유인력(萬有引力)'을 밝힌 뉴턴(I. Newton)

뉴턴의 <프린키피아(the Principia, 1687)>에 '만유인력의 법칙(the law of universal gravitation)'은, 한 마디로 '세계 근대정신'의 시발점(始發點)이다. 간략하게 그 대강을 짚어 '포콕(E. Pococke)의 지리학적(地理學的) 사고(思考)'가 얼마나 정밀한 사려에서 출발했는지를 가늠해 보고자 한다.

((①-"간단히 '프린키피아(the Principia)'라 부르는 라틴어 원 제목은 <자연 철학의 수학적 원리(Philosophiæ Naturalis Principia Mathematica)>로, 뉴턴(Isaac Newton)에 의해 라틴어로 1687년 7월 5일에 간행되었다. 그 후 초간본을 바로 잡고 주석을 붙여 1713년과 1726년에도 간행이 이어졌다. '프린키피아(the Principia)'는 고전 역학(力學, mechanics)의 기초를 이루는 뉴턴의 '운동의 법칙(laws of motion)'을 서술하고 있다. '뉴턴의 만유인력의 법칙(Newton's law of universal gravitation)'과 '케플러의 행성 운동 법칙(Kepler's laws of planetary motion)'이 그것이다. '프린키피아(the Principia)'는 과학의 역사에 가장 중요한 저서로 알려져 있다."

②-".....물리적 이론을 이루는데 있어서 뉴턴은 계산의 영역을 포함되는 수학적 방법을 사용했다. 그러나 우리가 알고 있는 계산의 언어는 '프

린키피아(the Principia)'에는 없다. 뉴턴은 작은 기학적 속성을 생략해 버리는 미적분(微積分, infinitesimal calculus)의 기하학을 그 증거로 제시했다. '프린키피아(the Principia)'의 수정된 결론에서 뉴턴은 유명하게 되었는데, '나는 어떤 가정(假定)도 없다.(I formulate no hypotheses‑Hypotheses non fingo)'는 것이 그것이다."

③-"……'프린키피아(the Principia)'는, 힘의 법칙이 관찰될 수 있는 현상 속에 존재하는 '거대 물체들(massive bodies)'을 다루고 있다. '프린키피아(the Principia)'는 지상에서 볼 수 있는 천체(celestial bodies)의 가정(假定) 또는 가능한 운동을 포괄하려 하고 있다. '프린키피아(the Principia)'는 많은 인력들에 의해 교란되는 어려운 운동의 문제를 탐사하였다. 그 3차와 마지막 책에서 행성(行星)들(planets)과 그들 위성(衛星)들(satellites)의 운동 고찰에 대한 해설을 하고 있다. '프린키피아(the Principia)'는, 천문학적 관찰이 '중력과 역 제곱 법칙(the inverse square law of gravitation‑인력은 상호 중력의 곱하기에 비례하고 거리의 제곱에 반비례한다.)'인지를 보여주고, 지구와 태양에 대한 상대적 질량을 제공하고 있고, '태양 무게 중심(the solar‑system barycenter)'에 관련된 태양 운동이 완만함 밝히고 있고, 중력의 이론이 어떻게 달의 운동이 불규칙전인 것에 관련이 있는가를 설명하고 있고, 지구(땅)의 모양이 둥근가를 확인하고 있고, 지상의 (바다)물이 태양과 달의 다양한 인력(引力)이로 밀물과 썰물 현상을 설명하고 있고, 춘분 추분 세차(歲次)에 작용하는 적도(赤道)의 융기에 대한 달의 인력 효과를 중력 이론으로 설명하고 있고, 다양한 혜성(彗星)의 포물선 주기에 대한 이론적 기초를 제공하고 있다."

④-"코페르니쿠스(Nicolaus Copernicus, 1473~1543)는 1543년에 간행된 그의 책, <천구(天球)들의 회전에 대하여(On the revolutions of the heavenly spheres)>에서 '지구 중심 우주론'에서 태양 중심이론으로 옮겨야 하는 증거를 제시했다."

⑤-"그 구조는 J. 케플러(Johannes Kepler, 1571~1630)가 1609년에 <신 천문학(A new astronomy)> 저서를 썼을 때 완성되었다. 즉 행성들은 태양을 중심으로 타원형을 그리며 돌고 있고, 행성들은 그 궤도를 따라 고정된 일정한 속도로 움직이는 것은 아니라는 것이다. 행성의 속도는 다양하여 태양

을 중심으로 '동등한 영역'을 '동등한 시간 동안'에 휩쓸고 간다는 것이다. 이 두 가지 법칙에다 10년 후 J. 케플러는 그의 책 <세계의 조화(Harmonies of the world)>에서 제3의 법칙을 추가했다. 이 법칙은 행성이 태양에서 떨어진 거리와 그 공전(公轉) 길이의 자승에 관한 비율로 되어 있다.[3.행성의 공전주기의 제곱은 궤도의 긴반지름의 세제곱에 비례한다.]"

⑥-"'근대 역학'은 갈릴레오의 <두 가지 주된 세계 체제에 대한 대화(Dialogue on the two main world systems)>에서 '관성(慣性, inertia)'의 개념을 암시하고 적용하였다. 나아가 갈릴레오의 가까운 행성에 대한 실험은 행성체들의 경과 시간, 가속도, 속도, 거리 사이에서 '명확한 수학적 관계'를 도출하였다.'"))[1]

◆◆◆◆

(a) 인류의 '현대(근대)적 세계관'은 뉴턴의 <프린키피아(the Principia, 1687-한국 조선왕조 숙종 13년)>의 간행(刊行)으로 세상에 공개가 되었다.

(b) 위에서 그 대강(大綱)이 간략히 제시되었으나, 그 뉴턴의 '천문학의 대강'은 1532(한국 중종 27)년 코페르니쿠스의 '태양 중심 천체론', 1609년(한국 광해군 1년)에 케플러의 '행성 운동의 법칙', 1632년(한국 인조 10년) 갈릴레오의 '낙체(落體, 가속도)의 법칙'이 연이어 발표되었는데, 그것들을 종합 망라했던 것이 1687년 뉴턴의 <프린키피아>이다.

(c) 소위 '피타고라스 정리(Pythagorean theorem)'는, 케플러, 뉴턴의 '행성의 타원(楕圓) 운동'에 타원(楕圓)의 면적 계산에도 그대로 활용이 되었다.

(d) 뉴턴의 '만유인력 법칙'의 일반화(一般化)는 그야말로 기존한 인류의 원시적 사고를 청산(淸算)하는 획기적인 계기가 되었으니, 인문 사회학에 '계몽'의 깃발을 높이 올린 존재가 바로 1765년 <역사철학(The Philosophy of History)>를 볼테르였다.

1 Wikipedia, 'Philosophiæ Naturalis Principia Mathematica', 'Kepler's laws of planetary motion'

(e) 그 볼테르 <역사철학>을 계승하여 포콕은 1852년 <희랍 속의 인도>를 간행하였으니, 모든 영역에서 '자연 과학 힘'은 그 위력을 남김없이 발휘하게 되었다.

포콕(E. Pococke)이 '초기 희랍 역사 재건(再建)'에 결정적으로 작동시킨 '비시적(非詩的)인 위도(緯度)와 경도(經度)의 지리학적 증거(the unpoetical evidence of latitude of longitude)'이란 뉴턴의 <프린키피아> 이론에 부수(附隨)된 지구 위에 상정(想定)된 '지리학적 좌표계(Geographic coordinate system)'에 의한 해설을 행한 것이기 때문이다.

2. 〈역사철학〉을 서술한 볼테르(Voltaire)

뉴턴이 <프린키피아(the Principia, 1687)>에서 밝힌 '만유인력의 법칙(the law of universal gravitation)'은 **혁명적인 '태양 중심 세계관'의 확립**으로 인간 사회의 모든 생각을 바꾸게 하여 그야말로 '**계몽(Enlightenment) 시대'**를 열었다. 그 계몽주의 선봉장이 바로

볼테르(Voltaire, 1694~1778)였으니, 그의 모든 저서가 '계몽주의'와 무관한 것이 없지만, 그 철학적 사상을 담은 저서는 <무식한 철학자(1766)> <역사철학(The Philosophy of History, 1765)> <철학비평(1776)> 등이다. 특히 <역사철학>은 포콕의 <희랍 속의 인도> 사상과 직결되는 것으로 그 '지속성'과 '변화 양상'을 아울러 짚어 봐야 할 것이다.

(a) '서구 문명의 근원(根源)' - 인도

((①-"추측이 허용된다면, 갠지스 강가에 인도인들(印度, Indians)이 인류의 역사상 제일 처음 공동체로 뭉친 사람들일 것이다. 그것은 토양이 동물들을 기르기에 적당한 목초지(牧草地)를 쉽게 찾을 수 있고, 그것들은 금

방 다시 복원이 되기 때문이다."[2]))

◆◆◆◆

(a) 볼테르는 '가톨릭'이 치성(熾盛)했던 프랑스 파리에서 나 영국 유학을 했고, 프랑스 루이 15세 치하에서 국정에도 관여(關與)했고, 그 다음 프러시아의 프리드리히 대왕의 '자문관(諮問官)'으로 일했으며, 마지막에는 스위스 취리히 '페르네 볼테르(Ferney Voltaire)'를 세워 거기에서 최고(最高)의 저술들을 남겼고, 1778년 파리로 귀환했으나, 노독(路毒)으로 병사(病死)하였다.

(b) '서양 문명의 진원지(震源地)로 인도'를 추축한 사람이 꼭 볼테르가 가장 먼저 했을지는 알 수 없다. 그러나 그것이 의미심장한 것인지는 포콕의 <희랍 속의 인도>로 크게 부각하였다.

(c) 원래 볼테르의 '계몽주의'는 당시 프랑스에서 극도의 '탄압(彈壓) 대상'이었으나, 그대로 근대 현대사의 출발이 되었고, **새로운 '과학시대의 시작'**이었다.

(d) 포콕은 솔직하게 당시에 '동양학(인도 학)'에 관련된 모든 학자의 이름을 다 동원하고 있음을 볼 수 있다. 그런데 그 원조(元祖) 볼테르 이름은 보이지 않는다. 그 이유는 알 수 없으나 원론적으로 **포콕은 그 '볼테르의 정신'을 남김없이 수용하고 있으니**, 그것은 '인도 기원의 서양사'가 바로 그것이다.

(e) 그런데 볼테르는 편안하게 **'자연물(먹을거리)이 풍성한 기후가 온화한 갠지스 강'을 '세계 문명의 출발점'으로 상정**했다. 그런데 포콕은 '한랭(寒冷)한 고산(高山) 지대' '히말라야 카슈미르' '아타크(Attack)'에 주목하여 '희랍 문명'의 기원(基源)을 말하였다.[포콕의 '역사 전개 5대 원리' 참조]

(f) 이것은 볼테르가 '전체적인 정황(情況)'에 기초해 발언한 것이지만, 포콕은 더 상세한 초기 공통어 '범어(Sanskrit)'를 가지고 인도와 희랍의 도시, 산, 강, 지역 명칭으로 실제 역사를 복원하려 한 것이

---

2 Voltaire, *The Best Known Works of Voltaire*, The Book League, 1940, pp. 393~394 'XVI. Of India'

기에, 볼테르보다는 **포콕이 더욱 구체적이고 개별적 그 '역사적 진행 사실' 가까이 제시하려는 욕구에 있었다.**

⑼ 볼테르의 <역사철학>은 인류 사회에 출현한 최초의 <세계사>이며 '종족중심' '지역중심'을 존중하고 개별 문화를 존중해 살핀 '불후의 명저'이다. 그의 서술은 종족적 특성을 살피면서도 '세계 인류의 자유와 복지(福祉)'에 이바지한 '과학적 성취' '종족적 성향' '상호교류' '표음문자' '미신배격'의 소중한 '역사서술의 기준'을 마련하였다.

이에 대해 포콕은 더욱 구체적으로 <희랍 속의 인도>를 저술하여 '상고시대 세계사'라는 '대업(大業)'을 달성하게 되었다.

⒝ '영혼의 윤회(輪回)'

(((②-"인도에서 가장 충격적인 것은, '영혼이 윤회(輪回, the transmigration of souls)한다.'는 고대인의 사고(思考)였다. '윤회론'은 중국과 유럽으로 전파가 되었다. 인도인은 영혼(靈魂)이라는 것이 무엇인지를 몰랐다. 그러나 그것이 '공중에 떠다니는 불[火]과 같은 것으로 다른 육체를 활성화 하는 것이 아닌가?'로 상상(想像)을 하였다."[3]))

◆◆◆◆

⒜ 포콕이 믿은 '힌두 상고사=희랍 상고사'의 전제에 가장 강력한 뒷받침은 '윤회설'이다. 그런데 그것을 가장 정확하게 먼저 제시한 이가 역시 볼테르였다.

⒝ 볼테르는 위에서 볼 수 있는바 **'가장 충격적인 것'**이라는 표현을 하였다. 무엇이 그렇게 충격적이란 말인가? 볼테르 당대 프랑스에서 '가톨릭 유일의 그 골간(骨幹)'을 이룬 '영혼불멸(Immortality)' 설의 원조(元祖)가 바로 [유대인이 아닌] '인도(India)'라는 역사적 '사실'에 충격을 받은 것이다. 이에 구체적인 역사를 짚어야 한다는

---

3 Voltaire, *The Best Known Works of Voltaire*, The Book League, 1940, p. 394 'ⅩⅥ. Of India'

자연스런 욕구가 생기게 마련인데, 그것을 탁월한 포콕이 자임하여 <희랍 속의 인도>를 저술하였다.

(c) 포콕은 모범적인 '역사가'임을 스스로 명시하며, 사실상 '[詩人의] 상상적 진행'은 고의(故意)로 유보하는 입장을 보였다. 그것은 '영혼불멸'을 자세히 따지지 않고, '역사적 사실 규명'에 매달리고 '무관한 사실'처럼 넘어 갔기 때문이다.

(d) 그러나 포콕(E. Pococke)은 티베트 '라마왕의 계승'을 살피고 그것을 다시 '교황 제우스' '로마 교황'과 연결하여 그것의 '불합리함'을 비판한데에까지 거침없이 나갔으니, 이미 '볼테르 당대 프랑스'와는 비교할 수 없을 정도로 '[종교적 속박으로부터]자유롭게 된 영국의 상황'과도 관련 된 것이다.

[C] '제사(祭祀, sacrifice) 의식(儀式)'의 기원

((③-"파리 도서관은 '브라만의 옛 도서'를 확보하게 된 갖기 어려운 행운을 안았다. 그것은 <에조우르 베다(Ezourvedam)>인데, 알렉산더가 인도 원정(遠征)을 행하기 이전에 기록이 된 것으로, 브라만의 모든 고대 찬송들이 실려 있다. '코르모 베다(Cormo-Vedam)'라 명명(命名)이 되어 있다…………그 의례(儀禮)는 물탄 송진(松津)으로 혀를 닦은 다음, '오움(Oum)'이란 말을 반복하는데, 브라만의 배꼽에 살[肉]을 베기 전에 20 성신(聖神)을 부른다. 그러나 그 말은, "칭찬 자여, 영원 하라(Live to commend Men)"인데, 그가 말을 하자마자 자신의 존재의 중요성을 가르친다. 결론적으로 브라만은 오랜 동안 인도(印度)의 군주(君主)들이었다. 신정(神政) 통치가 그렇게 광대한 영역(領域)에 펼쳐진 예는 지상(地上) 어디에도 없다.

아기는 달빛을 쪼이고, 아기가 태어난 지 8일인데, 그 아기가 범했을지 모르는 죄를 용서해달라고 최고의 존재가 애원을 한다. '불'을 향해 찬송가를 부른다. 그 아기는 '백가지 의례(儀禮)'를 치른 다음에 '코르모(Chormo)'라고 부르는데, 브라만들의 영광스런 이름이다.

그 아이가 걷게 되자마자 아기의 생활은, 목욕과 기도의 반복이다. 그 아기는 사자(死者)를 위해 희생(犧牲)이 된다. 이 희생은 법(法)으로 정해져 있다. 브라만은 아기 조상들의 영혼들을 다른 육신으로 태어날 것을 허락할 수 있다."[4])

◆◆◆◆

(a) 힌두의 영웅이며 '비슈누' 신의 화신으로 일컬어진 크리슈나(Krishna)는 '가장 큰 인간의 의무'로 '제사(祭祀, Sacrifice)'를 언급하였다.['바라문'의 가장 큰 신념임]

(b) 그 원래 형식은 볼테르가 제시한 바대로 '성자(聖子)의 희생'이었으나, 벌써 <마하바라타>에 정착할 때는 '말[馬]의 희생'으로 바뀌어[代替되어] 있었다.

(c) 이것은 희랍 '도시국가 시대'에 이르러서는 '국가를 위한 희생(犧牲) 정신'으로 바뀌어 해석이 되었고, 철학자 헤겔도 '전쟁에 참여해 행한 죽음'이 바로 '그리스도의 죽음'과 동일한 것으로 거침없이 주장되었다.[<법철학>]

(d) 포록은 '말의 희생' '그리스도의 희생'을 암묵적으로 시사하고 넘어 갔다. 사실 그러한 일은 역사에서 별로 문제될 것이 없는 '종교적 의례(義例)'이기 때문일 것이다.

(e) 그러나 '고대 사회'에서는 '제사장(사제)'이 바로 왕이므로, '신(神, God) 문제'가 바로 국가 사회에 가장 중대한 문제였다.

(f) 그것은 서사문학 <마하바라타>에서도 뚜렷이 제시되었는데, '절대신(크리슈나)'가 가담한 '판두 5형제'가 승리를 거둔 것이 그것이고, '트로이 전쟁'에서 '제우스'가 편을 든 희랍이 승리했던 것은 그러한 '신권(神權) 사회'라고 포록은 설명을 하였다.

(g) 사실상 현대 사회에서 당연시되는 '국가에 대한 의무(義務)'는 본래 '원시 사회에서 당연시 되었던 제사 의례(儀禮)'의 연장(延長)이라는 사실은 긴 설명이 필요 없는 사항이다.

(h) 그렇다면 볼테르와 포록의 주장은 근본적으로 '제사에 대한 합리

4 Voltaire, *The Best Known Works of Voltaire*, The Book League, 1940, pp. 396~397 'X Ⅵ. Of India'

적인 이해와 집행'을 주장한 사람들이라고 해야 할 것이다.

(i) 여하튼 이러한 '힌두 사상의 엄청난 위력'은 그대로 '희랍 상고사=인도 상고사'의 공식을 뒷받침하는 가장 강력한 '공리적 전제'이다.

(j) 볼테르는 포콕이 '인도의 식민지=희랍'이라는 공식 풀이의 '절대 신의 이름'인 '오움(Oum)'이 벌써 <역사철학>에 제시되었으니, 볼테르의 '용의주도(用意周到)'함은 여기에서 여실히 보여 주고 있다. <신구약>에 앞선(또는 무관한) '절대자'가 '힌두 사회'에 확연히 있었음을 밝혔던 점이 그것이다.

(d) '피타고라스(Pythagoras)'와 인도

((④ - "피타고라스(Pythagoras, 582?~497? b. c.) 이전 시대부터, 희랍인들은 인도로 배우러 여행을 하였다. 일곱 가지 행성(行星)의 표시가 당시에 세상에 알려져 있었는데, 인도인이 발견해 낸 것이다. 아라비아인은 인도(印度)의 숫자(數字)를 채용하였다. 인간 재능에 의한 영광스런 기술들이 오직 인도(印度)로부터 넘쳐 나왔다. 코끼리 타는 것, 장기(將棋) 두기도 명백히 인도(印度)에서 처음 생겼다. 페르시아, 페니키아, 아라비아, 이집트의 고대인들은 유사(有史) 이전부터 인도(印度)와 교역을 행하여, 인도(印度)의 자연(自然)이 제공하는 향신료를 수입하였다. 그러나 인도 사람들은, 다른 나라에서 어떤 것도 원(願)하지를 않았다."[5]))

◆◆◆◆

(a) 희랍의 철학자 피타고라스(Pythagoras)를 볼테르는 그의 <역사철학>에 인도 학습의 대표자로 먼저 거론하였다. 그것을 이어 포콕도 <희랍 속의 인도> 마지막 부분을 이 피타고라스를 화제로 삼았다.

(b) 러셀은 피타고라스의 '기하학'을 유독 강조했으나, 볼테르는 인도인의 '숫자'와 당시에 넘쳐난 '과학 기술'을 열거했다.

---

5 Voltaire, *The Best Known Works of Voltaire*, The Book League, 1940, p. 394 'XVI. Of India'

(c) 이러한 솔직한 볼테르의 진술들을 가장 높이 평가한 역사가가 역시 포콕이었다.

▣ (e) '페니키아'의 항해술 상업 은광(銀鑛)

((⑤-"이집트 왕 세소스트리(Sesostris)가 인도(印度) 정복을 위해 4백 척의 배를 만들었다고 하지만 의문이다. 그러나 '페니키아 사람들의 사업'은 사실이다. 카르타고(Carthage)와 카디스(Cadiz) 도시가 페니키아 사람에 의해 창설되었고, 페니키아 인에 의해 영국이 발견 되었고, 에지온 가베르(Ezion-gaber)에 의해 페니키아 인의 인도(印度) 무역이 행해졌다."[6]))

<⑥-"불모(不毛)의 땅에 흩어져 있는 아테네 사람들에게, 이집트에서 추방된 케크로프스(Cecrops)라는 사람이 그 아테네인들에게 최초로 제도를 설립해 주었다고 한다. 그것은 놀라운 일이다. 이집트 사람들은 항해(航海)를 모른다. 그러나 그것을 알았다면, 모든 나라로 돌아다녔던 페니키아 사람들이 그 케크로프스(Cecrops)를 아티카(Attica)로 실어 날랐을 것이다. 희랍인이 이집트 문자를 쓰지 않은 것은 명백하다. 희랍 문자는 이집트 문자와 비슷한 것이 없다. 페니키아 사람들이 희랍인들에게 그들의 초기 알파벳을 전해주었고, 그 때는 글자는 16개였다. 페니키아 사람들은 8개의 글자를 그 후에 첨가하였는데, 희랍인들은 그것을 지금까지 보유하고 있다.

나는 알파벳이, 사람들이 최초의 지식을 획득한 이래, 무적(無敵)의 기념물이라고 생각한다. 페니키아 사람들은 스페인에서 은광(銀鑛)을 찾아냈듯이, 아티카에서도 그러하였다. 상인들은 희랍에서 최초로 그들의 교사(教師)가 되었고, 그 후에는 다른 모든 나라 사람들도 가르쳤다."[7]>

---

6 Voltaire, *The Best Known Works of Voltaire*, The Book League, 1940, p. 386 'XII. Of Phoenicians, and of Sanchuniathon'

7 Voltaire, *The Best Known Works of Voltaire*, The Book League, 1940, p. 408 'X X I. Of the Greeks'

◆◆◆◆

(a) 결정적으로 볼테르의 견해와 포콕의 주장이 일치하고 부분이 '페니키아인의 항해(航海), 상업(商業), 광산(鑛産) 운영' 문제이다.

(b) 이점은 포콕이 그의 <희랍 속의 인도>에서 가장 크게 활용했던 부분인데, 포콕은 **'페니키아'이 바로 '인도인'이라고 단정한 것이 더욱 진보된 견해**였다.

(c) 볼테르는 위에서 페니키아 인이 **'영국(英國)을 발견'**하고 **'스페인에서 은광(銀鑛)'**을 찾았다는 사실을 특기(特記)하고 있으나, 포콕은 그것보다 더욱 결정적인 역사적 사건 '인더스 펀자브 카슈미르 아타크 인'이 그들이거나 그들을 운송(運送)하고 사업을 도맡았던 희랍 고대 문화와 힌두 고대 문화를 통합 성취한 주역으로 지목하였다.

(d) '범어(梵語, Sanskrit)'와 '희랍어'를 세심하게 비교하여 그 변화를 밝힌 사람이 역시 포콕이다. 포콕은 볼테르의 강력한 뒷받임을 그대로 수용하면서 더욱 구체적인 '상고시대 희랍 역사'를 서술했던 것이다.

【(f)】 유대인의 '자본(資本)'

((⑦-"유대인이 근대 민족의 대열에 선 것은, 유대인이 '정착지(定着地)와 자본(資本)'을 확보했을 때부터라고 생각한다. 솔로몬(Solomon) 시대에 이르기까지 유대인은 그 주변국에 거의 알려진 것이 없었고, 헤시오드(Hesiod, 750?~650? b. c.), 호머 시대, 아테네의 초기 집정관(Archons) 시대부터였다.

솔로몬(Solomon, Soeiman)은, 동방 민족에는 잘 알려져 있었다. 그러나 다윗(David)은 그러하질 못 했고, 사울(Saul)은 더욱 말할 것이 없다. 사울 이전에 유대인은 사막에 아라비아 부대(部隊) 중의 하나로 페니키아 사람들에게 유대인은, 라케데모니아 족(Lacedemonians)에게 이리오트 족(Iliots) 같았다. 한 마디로 '노예들(slaves)'로 무기 소지(所持)가 금지된 종족이었다.[8]"))

---

8 Voltaire, *The Best Known Works of Voltaire*, The Book League, 1940, p. 410 'X X Ⅱ. Of the Jews, When First Known'

◆◆◆◆

(a) 볼테르는 사회를 움직이는 '동력(動力)'으로 '**자본(資本)**' 문제에 주목하였는데, 볼테르는 그 '**자본(資本)**'의 힘으로 [퀘이커 교도]미국 필라델피아가 '독립선언'의 주역이 될 것을 먼저 살폈고, 각종의 전쟁 수행과 국정 운영에 그 '**자본(資本)**'이 필수적 문제임을 가장 확실하게 감지한 철학가 사상가였다.

(b) 그리고 볼테르 자신은 그 자신의 '**자본(資本)**'으로 스위스와 프랑스 국경에 반반씩 걸터앉은 도시 '페르네 볼테르'를 건설한 사실은 바로 자신의 '**자본(資本)**' 철학을 현실에 증명해 보이는 사례가 되었다.

(c) 포콕이 <희랍 속의 인도>에 결정적 증거의 확보는 '**아타크의 황금**' '**인더스의 황금**'을 '**유대인의 황금**' '**희랍인의 황금**'과 연결했던 사항이다.

(d) 이것이 포콕의 <희랍 속의 인도>를 '역사 서술'로 인정할 수 있는 최고 요점이 되었다. 그러므로 포콕은 서구인이 가장 중시한 '**자본(資本)**'과 '**절대신(God)**'에 그것을 현장에 집행하는 '**헤라클레스(카슈미르 스키타이 거구(巨軀) 무사 족, 태양족의 체력)**'까지를 첨가해 **힘(체력)**의 전제해 두었으니, 그것을 다 알 때까지 포콕은 '종잡을 수 없는 종횡무진'의 '힘찬 서술 능력'으로 보일 수밖에 없다.

(e) 한 마디로 포콕이 <희랍 속의 인도>에서 '**자본(資本)**'과 '**힘(체력)**' '**절대신(God)**' '**의사 소통과 교류 능력**'을 선점(先占)한 '상고시대의 힌두(인도)인'을 밝힘으로써, 그 밖의 개별 '종속(從屬) 사항들'은 사실 그것들의 개별 가부(可否)로 '위대한 4대 원리'가 흔들릴 수 없는 것이다.

3. '개인 최고의 자유'를 주장한 칸트(I. Kant)

볼테르에 이어 칸트(I. Kant, 1724~1804)는 <순수이성비판(純粹理性批判, *The Critique of Pure Reason* 1781)>을 제작하여 '과학 철학'을 정착하였다. 즉 기존 '신(God) 중심의 철학'을 '개인 이성 중심 철학'으로 정착시킨

'대 혁명'을 달성했으니, 그것을 구체적으로 짚어 보면, '개인 생명과 자유 존중'을 바탕으로 한 '자연법(自然法)'의 실현이 그것이다.

@ '감성(感性)' '오성(悟性)'

(((①-"우리의 심성(心性)이 어떠한 방법으로 촉발되어, 그 표상을 받아들이는 수용성(受容性)을 우리는 '감성(感性, sensibility)'이라 부른다. 이에 반하여 표상(表象)을 산출해 내는 능력, 인식(認識, cognition)을 행하는 것은 '오성(悟性, understanding)'이다..... 감성(感性)이 없이는 아무 대상도 우리에게 주어지지 않을 것이며, 오성(悟性)이 없으면 아무 대상도 사유되지 못 할 것이다. 내용이 없는 사유는 공허하고 개념이 없는 직관(直觀)은 맹목(盲目)이다."[9]))

◆◆◆◆

(a) 뉴턴과 볼테르의 정신을 제대로 계승한 존재가 칸트였음을 아는 것이 소위 '철학사'를 제대로 이해한 것이다.

칸트 볼테르 '이전의 철학'은 플라톤의 '국가주의 철학'과 '예수 그리스도'의 '제사(祭祀, Sacrifice) 중심 철학' 주류를 이루었는데, 뉴턴 이래 철학은 '대상(사물, 물자체, the thing in itself) 탐구' '과학의 탐구' '실존(육체)의 이해'가 큰 문제로 제기되었다.

(b) 더욱 구체적으로 말하면 이전에는 '신(神)에의 지향'과 '육신(肉身)의 무시(억압)'가 그 주요 테마였는데, 현대 철학은 '신(神, 국가, 전체, 공동체)'과 '개인(個人, 실존, 감성)'을 역시 존중하는 '동시주의(同時主義, Simultaneism)'가 되었음이 그것이다.

(c) 이 '동시주의(同時主義, Simultaneism)'는 사실상 '인간'이란 존재가 처음 지상(地上)에 있을 때부터 엄연히 그 '정신' 속에 있기 마련인 그 '존재(存在, being, 실존 육체)'와 그 '존재의 원인' '아버지'를 전제

---

9 I. Kant(translated by J. M. D. Meiklejohn), *The Critique of Pure Reason*, William Benton, 1980, p. 34 ; I. 칸트(윤성범 역), 순수이성비판, 을유문화사, 1969, pp. 94~95

하여 소위 '그 뿌리'로 돌아가고 '근본'으로 돌아가야 한다는 정
신을 '이성'이라 했고, 그것을 가능하도록 뒷받침하고 있는 '근
거'를 육체로 이해했고, '근본(아버지)'을 회복함은 오직 '육신(감
성, 욕망)'을 억압하는 것을 '최고 미덕(美德)'으로 전제했었다. 그
런데 그 문제를 '철학적(논리적) 해명(解明)'에 성공한 사람이 칸트
였다. 그래서 그는 '우리(인간)'가 어떻게 '사물(대상)을 알고 그것
을 활용하는가.'하는 그 '기본 인식 능력'부터 비판을 하기 시작
했다.

(d) 그래서 위에서 볼 수 있는 있듯이 칸트는 '**감성(感性, sensibility)'과
'오성(悟性, understanding)'** 두 기능을 나누어 대상을 감지하는 능력
을 '**감성(感性, sensibility)'**, 그것을 종합하는 능력을 '**오성(悟性,
understanding)'**으로 설명하였다.

(e) 이것은 간단하고 당연한 것으로 볼 있지만, 소위 철학자로서 '**감성
(感性, sensibility)'**의 긍정은, **뉴턴과 볼테르를 지난 뒤에야 비로소
가능할 수 있는 것이었다.**

(f) 즉 불타와 플라톤으로 대표된 바는 '감성'은 믿을 수가 없는 것, '허
상(虛像)' '없는 것, 결국 없어지는 것'으로 치부(置附)되었고, 확실
히 있는 것, '영원히 있을 수밖에 없는 것' '모든 것의 아버지 신(神)'
을 향해 추구하고 '그 분과 하나 되기(梵我一如)'를 평생 노력하고,
최고로 알았다. 그 일을 행하는 주체를 '혼', '정신', '마음', '영혼'
으로 불렀다.

(g) 사실 '**아동'은 자라서 '아버지'가 되어 온 가족을 먹여 살리는 '기
능'까지 맡게 되는데, 그것을 크게 '삼라만상(森羅萬象)에 적용한
아버지'가 '신(God)'**이니, '인간이 이해할 수는 있으나 그 분이 됨'
에는 그 '크기'에서 놀라지 않을 수 없다.

(h) 그런데 칸트는 그 '큰 문제'로 비약하기 전에 '개인의 정신 작용'을
철저히 검토하여 그것을 '생각'의 출발점으로 세상에 알렸으니,
그것이 <순수이성비판>이다.

(b) '인식'과 '대상'

((②-"'진리(truth)'는 '인식과 그 대상이 일치하는 것(the accordance of the cognition with its object)'"[10]))

◆◆◆◆

(a) 그동안 '인간 사회'를 이끌었던 '지도자(王)들'은 무엇보다 그 '국가 사회의 질서 유지와 온전한 보존'을 위해 골머리를 앓았으니, 그 대표적인 사람이 플라톤이었다. 앞서 살폈던바 '펠로폰네소스 전쟁'에 아테네가 패배한 상황이 그것이다.['아테네'가 거의 다 망했음]

그래서 '국가를 세우고 지키는 방법'이 '진리(眞理)'였고, 불타(佛陀)의 경우는 '생사(生死)의 번뇌(煩惱)를 초월한 방법'이 '진리(眞理)'였다.[신=진리]

(b) 그런데 뉴턴(Newton)을 계기로 사람들의 시각이 완전히 바뀌었다. '하늘'이 무한(無限)하고 '땅'이 무한(無限)하고 '정신'이 무한(無限)한 줄 알았던 것에 큰 차질이 생겼으니, 하늘은 너무나 광대하여 '하늘나라'가 어디 있는지 알 수 없고 땅은 '무한대'가 아니라 태양에 소속된 하나의 행성(行星)이고, 인간 정신은 '생명 현상'으로 그 '실존(육체)'가 멸망하면 그 소재(所在)를 증명하기 어렵다는 결론에 도달했다. 여기까지 오게 했던 것이, 뉴턴 볼테르 칸트까지 전개된 바 그 '과학철학사'이다.

(c) 그래서 그동안 '영원' '무한대' '전체' '불멸'의 성세(盛勢)에 짓눌려 그동안 찍소리 못하던 소위 '실존철학(Existentialism)'이 본격적으로 대두가 되었는데, 이 '실존철학(Existentialism)'은 중국(中國) 중심으로 이미 상고(上古, 箕子)시대부터 성행했던 것이다.

(d) 그러면 그 중국(中國)에 '국가 사회 운영 방법(道德)'은 무엇인가?

---

10 I. Kant(translated by J. M. D. Meiklejohn), *The Critique of Pure Reason,* William Benton, 1980, p. 36 'Of the Division of General Logic' ; 칸트(윤성범 역), 순수이성비판, 을유문화사, 1969, p. 98 '일반 논리학의 구분에 관하여'

그것을 꼭 한 마디 말로 요약을 하자면 **'내가 당하기 싫은 일을 남에게 행하지 말라.(己所不欲 勿施於人)'**는 공자의 말씀이었다.

(e) 그런데 공자의 이 말씀을 서구에 대대적으로 소개했던 이가 볼테르였다. 볼테르(Volaire)는 그의 <관용론(*Treatise on Tolerance*, 1763)>에서 다음과 같이 말하였다.

   (("내게 행했듯 남에게도 행하라.(Do unto others as you have done unto yourself.)"[11]))

(f) 이 볼테르(공자)의 '자연법(自然法, Natural Law)'은 그대로 칸트의 '자유 중심주의'로 제기되었다.

(c) '자유 중심주의'

   (((③-"각 개인의 자유는, 타인의 자유와 함께 한다는 법칙에 준하여 제정된, 인간 최대 자유(최대의 행복이 아니다. 즉 행복은 이미 스스로 수반되어지는 것이기 때문이다)를 주안으로 하는 헌법은 적어도 하나의 필연적 이념이다. 이 이념은 국가의 헌법을 제정하는 데 있어서 뿐만 아니라, 모든 법률의 근저에 놓여 있어야 하는 것이다."[12]))

◆◆◆◆

(a) 위의 칸트의 규정에서 무엇보다 먼저 주목할 것은, '자연 상태의 인간' '평정된 상태의 개인(個人)'을 먼저 전제했다는 점이다.

(b) 크리슈나(Krishna)의 경우는 '전쟁 도중'이었고, 소크라테스, 플라톤은 '펠로폰네소스 전쟁의 패배' 다음에 행해진 '전쟁 승리'를 향한 '국가 운영 방안'이었음에 대해, 칸트의 경우는 그러한 '국가'

---

11 Voltaire(translated by B. Masters), The Calas Affair *A Treatise on Tolerance*, The Folio Society, 1994, p. 37 'Chapter 6, On Intolerance as Natural Law'

12 I. Kant(translated by J. M. D. Meiklejohn), *The Critique of Pure Reason*, William Benton, 1980, p. 114 'Of idea in General' ; 칸트(윤성범 역), 순수이성비판, 을유문화사, 1969, p. 257 '이념 일반에 관하여'

'전쟁' '승리'라는 큰 문제를 떠나 있고, 크리슈나 석가모니처럼 '고해(苦海, 인생의 고통)의 초월'이라는 목표 달성이 문제가 아니라 **'일상적인 개인 인식의 비판'**이다.

(c) 그것은 한 마디로 '초극해야 할 현재 사회 국가 상황'이라는 문제 해결을 위한 것이 아니라 **'일상적인 인간들(平民)을 위한 법(法)의 제정의 최선의 규정(規定)'**을 밝힌 것이다.

(d) 볼테르는 '정의(正義)를 아는 이성(理性)은 인류의 통성(通性)이 다.'(9-31)라고 했고, '선악(善惡)의 분별은, 산수(算數)의 문제다.'(9-36)라고 했다. 누가 누구를 가르치기 전에 성인(成人)이 되면 누구나 기본 이성을 지니고 선악의 분별이 생긴다고 하였다. 그렇다면 크리슈나, 피타고라스, 불타, 소크라테스, 플라톤과 볼테르 칸트가 크게 달라진 점은, **'전체주의' '국가주의'를 '각 개인'을 바탕으로 '국가 사회 문제'를 풀었다**는 문제이다.

(e) 사실 '신(神) 문제'도 '인간의 문제'를 떠나 생각할 수 없고, '국가의 문제' '전체의 문제'도 '각 개인이 함께 행해야 할 문제'라는 측면에서 **그 근본에는 항상 '개별 인간'**이 있었다. 즉 크리슈나, 피타고라스, 소크라테스, 플라톤이 만약 '개인(인간)'이 아니라면 그의 가르침은 '인간에 무관한 것'이 될 것이기 때문이다.

(f) '행동 주체' '개인의 자유(선택) 의지의 존중' '인류의 기본권'이며, (成人이면) 그가 '마땅히 그 자유(선택) 행사에 책임져야 한다.' 칸트는 <순수이성비판>에서 여기까지 진술을 했다.

[d] '평화' 중심주의

((④-"앞 조항에서처럼 이곳에서의 문제도 박애(博愛, philanthropy)에 관한 것이 아니라 권리(權利 right)에 관한 것이다. 우호(hospitality, 손님으로서의 대우)란 한 이방인이 낯선 땅에 도착했을 때, 적(敵)으로 간주되지 않을 권리를 뜻한다. 추방으로 인해 그 외국인이 생명을 잃지 않는 한, 그 국가는 그를 자신들의 땅에 발붙이지 못하도록 할 수는 있다. 그러나 그가 평화적

으로 처신하는 한, 그를 적대적으로 다루어서는 안 된다. 이방인이 영속적인 방문자이길 요구할 권리는 없다. (이방인에게 일정한 기간 동안 방문 거주자일 수 있는 권리를 주기 위해서는 특별한 우호적 동의가 요청된다.) 모든 사람들이 누릴 수 있는 것은 일시적 체류의 권리요, 교제의 권리이다. <u>사람들은 지구 땅덩어리를 공동으로 소유함에 그런 권리를 갖는다. 사람들은 지구 위에서 세세토록 점점이 흩어져 살 수 없는 까닭에 결국 서로의 존재를 인정해야만 한다</u>(we must in the end reconcile ourselves to existence side by side). 본래는 어떤 사람도 지구상의 특정 지역에 대해 남보다 더 우선적인 권리를 갖고 있지 않다. 바다나 사막과도 같이 거주할 수 없는 지역이 있음으로써 사람들이 사는 사회 공동체가 나누어져 있긴 하지만, 배나 낙타를 이용하여 불모지를 통과함으로써 서로 왕래를 하게 되고 그리고 일반적으로 인류에게 공동으로 귀속되는 지구의 표면에 대한 공통의 권리를 행사함으로써 교제를 하게 된다."[13]))

◆◆◆◆

(a) 코페르니쿠스부터 뉴턴에 이르는 동안 '인간의 사유(관찰) 범위'가 '지구(地球)'로 명시되었는데, 그 속에는 수많은 '인종'과 '국가' 성립해 있었다. 그들은 서로 돕고 잘 지내는 경우도 많지만, '서로 다른 의견(감정)'도 생기었다. 그것이 크게 집단을 이룰 경우, 그것은 '전쟁'이 되었고, 그것은 그 '우두머리'가 주도하는 일이 되었다.

(b) 만약 '종족과 종족' '지역과 지역'이 대립할 경우, '소통(疏通)'이 불편해지고, 결국 대립하여 다투게 되니, 칸트는 '서로의 존재'를 긍정하고 '땅덩어리'를 '인류 공동 소유로 해야 한다.'는 큰 시각에 먼저 도착하였다.

(c) 그러한 측면에서 칸트는 <u>'개인(個人)의 문제'에서 출발하여 '전 지구촌(地球村) 경영의 방안'까지 제시한 셈</u>이다.

---

13 I. Kant(translated by M. Campbell Smith), *Perpetual Peace*, Thoemmes Press, 1992, pp. 137~138 'Third Definitive Article of Perpetual Peace' ; 임마누엘 칸트(이한구 역), 영원한 평화를 위하여, 서광사, 1992, pp. 36~37 '영원한 평화를 위한 제3의 확정 조항'

【ⓔ】 '영혼불멸(靈魂不滅)'에 대하여

((ⓢ-"그러므로 '영혼의 존속 성(the permanence of the soul)'은 순전한 [육체의]내적 감관의 대상으로서, 증명되지 못한 채로 남아 있고, 증명 불가능한 것이다. 비록 삶(life) 안에서의 영혼의 존속성은 '존재자(the thinking being)'가 (인간으로서) 동시에 '외적 감관(the external senses)'의 대상이므로 그 자체가 분명하지마는, 삶(life)을 초월한 존속 성을 확신하는 '합리적 심리학'을 믿게 하지는 못한다."¹⁴))

◆◆◆◆

(a) '인간 생사(生死)의 문제'는 성인(聖人)들도 모두 '큰 문제'로 생각하였다.

(b) 그런데 서구(西歐)에서는 크리슈나 피타고라스 불타 소크라테스 플라톤 예수가 모두 **'영혼불멸(Immortality)'을 굳게 믿고 있었다.**

(c) 그 '오랜 전통'에도 불구하고, 칸트는 '영혼'은 육체 내부에 현상으로 '생명'에 국한이 되어 있고, 그것이 다한 경우 그 **'영혼의 존속 성(the permanence of the soul)'**은 ['감성'으로는]증명이 될 수 없다고 했다.

【4】 '차라투스트라' 니체(F. Nietzsche)

'차라투스트라' 니체(F. Nietzsche, 1844~1900)는 20세기에 너무나 유명하였으니, 그는 **'생명(이승) 긍정'의 '과학주의'와 '영원 회귀(Eternal Recurrence)'의 완전한 세계관**을 그대로 회복하였다. 그리하여 1916년 취리히 '다다 혁명 운동'은 볼테르를 그 출발로 삼고, 니체(F. Nietzsche)를 역

---

14 I. Kant(translated by J. M. D. Meiklejohn), *The Critique of Pure Reason,* William Benton, 1980, p. 125 'Of the Paralogisms of Pure Reason' ; 칸트(윤성범 역), 순수이성비판, 을유문화사, 1969, p. 279 '순수 이념의 오류 추리에 관하여'

시 '동시주의(同時主義)' '종장(宗長)'으로 삼아 '전쟁 반대'의 깃발을 높이 들었으니, 오늘날 전 세계의 지도자들은 이 '다다 혁명 운동(Movement Dada)'의 취지를 망각할 수가 없게 되었다.

(a) '차라투스트라'는 '변장한 여호와'다.

(((①-"내가 신(神, God)을 부정했다고 해서 나를 칭송한 것은 유행이 되었다. 나의 낙천주의, 차라투스트라는 단지 '변장한 여호와(Jehovah in disguise)'일 뿐이다. '신의 약탈자(Robber of God)'인 나는 무신론의 속박에서 벗어났고, 신의 석방을 거부하며, '확실히 죽은 그 신(Him who is certainly dead)'으로부터 축복을 요구하고 있다."[15]))

◆◆◆◆

(a) 니체(F. Nietzsche)의 '전(全) 사상'은 '생명(현세) 긍정의 차라투스트라'이다. 차라투스트라는 '여호와' '제우스' '불타' '디오니소스' '프로메테우스' '디오니소스'와 동격이니, 스스로 그 '신상(神像)'을 자임한 니체를 이해하면 사실상 니체의 이해에 어려움은 반으로 줄어든다.

(b) 그러면 니체의 이해에 '나머지 반'은 무엇인가? 그것은 이른바 '동시주의(Simultaneism)'이니, 그 '신(God, 도덕)'과 동시(同時)에 제시된 '육신을 지닌 존재(實存)'이니 아울러 그것이 제시됨에 진정으로 '실존의 욕망(desire)'을 긍정하는 일'이다.

(c) '신(God)'과 '육신(實存)'을 공존시키는 것은 포콕이 강조한 '역사적 인물'을 인식하는데 필수적인 사항이다. 그것을 모르고 '초월적인 존재(신)'과 '일상적 인간'이 '하나의 인간' 속에 다 있다는 결론에 니체는 쉽게 도달하였다.

---

15 F. Nietzsche(translated by Oscar Levy), *My Sister and I*, A M O K Books, 1990, p. 29

(b) '가치의 재평가(Revaluation of All Values)' : 차라투스트라의 일

((②-"이 미래의 복음서가 지니는 표제의 의미를 오해해서는 아니 될 것이다. '힘에의 의지 : 모든 가치의 재평가 시도(Revaluation of All Values)'라 는 것은, '원리와 사명'에 관한 반대 운동이다. 그 철저한 허무주의를 언젠 가는 대체(代替)하게 될 '힘에의 의지(The Will to Power)'는 그 철저한 허무 주의 이후에 올 수 있는 운동이다."[16]))

◆◆◆◆

(a) 니체의 '가치의 재평가(Revaluation of All Values)'란 '사후 세계를 위한 평가'를 위한 삶이 아니라 '현재 생명의 긍정과 승리'를 위한 삶에 기준을 둔 것이니, 그것이 바로 '다다 혁명 운동' 그것이다.['트리스탄 짜라'의 다다이론임(1918년)]

(b) 니체는 그것을 '힘에의 의지(The Will to Power)'로 명시했는데, 이 사항은 역시 포콕이 <희랍 속의 인도>에서 명시한 '체력' '자본' '사상의 힘' '소통 교역'의 '4대 원리'를 벗어난 것이 아니다.

(c) 포콕은 1852년에 명시했으니, 니체의 <차라투스트라>를 기준으로 해도 30년을 앞선 것이다.

(d) '허무주의(nihilism)'는 기존한 '모든 종교의 전제'이다. 그런데 니체의 그 '허무주의'를 버린 '긍정의 세계관' '디오니소스 주의'이고 다다이스트의 '과학주의' '동시주의'이다.

(c) 인간의 행동은 '힘(권력)에의 의지(The Will to Power)'에 귀착한다.

((③-"그래서 내가 전제했듯이, 우리의 전 본능적 생활이 의지의 근본 적 형태인 '힘(권력)에의 의지'의 발달 분화임을 알게 되면, 생식과 양육의

---

16 F. Nietzsche (W. Kaufmann & R. J. Hollingdale-Translated by), *The Will to Power*, Vintage Books, 1968, pp. 3~4 [1887년 11월~1888년 3월 기록]

문제에 대한 해답도 '힘(권력)에의 의지'에 종속된 것임을 알게 될 것이다. 즉 (인간의) 모든 능동적인 힘은 그 '힘(권력)에의 의지'라는 것을 아는 권리를 획득하게 된다. 세상은 다른 것이 아닌 우리가 '인식할 수 있는 성격'인 단순한 '힘(권력)에의 의지'에 따라 정의(定義)되고 고안되었음을 알게 된다."[17]))

◆◆◆◆

(a) 니체의 '이론'에는 불필요한 오해(誤解)가 많았으나, 그 중에도 이 '힘(권력)에의 의지(The Will to Power)'에 연관하여 더욱 많은 오해가 있었다.['히틀러'가 그에 同調했다는 中傷謀略에서] 그러나 무엇보다 니체는 '종족우월주의자' '광신적 국가주의자' '염세주의' '전쟁옹호'의 헤겔(Hegel)의 생각과는 완전히 다르다는 점이다.[히틀러는 헤겔을 배운 것임] 이것을 구분하지 못한 사람이 더러 보이지만, '있을 수 없는 혼돈(混沌)'일 뿐이다.['헤겔의 국가주의'와 '니체의 개인주의' 구분]

(b) F. 니체는 '인간 사회' 문제를 '힘(power)에의 종속'으로 전제했으니, 그것은 기본적으로 '체력(體力, physical strength)'을 뜻하기도 하지만 그것이 '궁극적인 힘'은 못 되고 동서고금(東西古今)이 모두 상식으로 인정해 왔듯이 '지(知-정보, knowedge)'와 '부(富, wealth)'로 지목할 수밖에 없다. 이것을 긍정하지 못하면 니체의 이해가 다 되었다고 할 수 없다.

(c) 더러 체질적으로 '니체의 부정(否定)자'는 그 태생이 '염세주의' '복종주의'에 편안한 사람들이니, 그들도 역시 '강제할 수 없음'을 니체는 빠뜨리지 않고 확실하게 명시했다.

(d) '제자들이여, 홀로 가라.'

((④-"제자들이여 나는 홀로 가리라! 너희도 각자 떠나라. 그것이 내가 가르쳤던 것이다."

17 F. Nietzsche (translated by), *Beyond Good and Evil*, Ibid, p. 52

"진정으로 바라노라. 나를 떠나 차라투스트라에 대항하라. 차라투스트라를 부끄러워하라. 차라투스트라가 속였을지 모른다."

"인식(認識)의 기사(騎士)는 그의 적(敵)을 사랑할 뿐만 아니라 친구도 미워할 수 있느니라."[18]))

◆◆◆◆

(a) '나는 홀로 간다.(Alone do I now go)'란 무슨 뜻인가? 한마디로 '개인주의(個人主義)'이고, 더욱 구체적으로 '제의 자자들 모으기'에 시간을 다툰 그 '예수의 행적'과는 '정 반대'임을 명시한 것이다.

(b) 제자들을 불러 모았던 플라톤, 예수 헤겔의 행적은 그대로[본래 의도와는 다르게] 19세기 '제국주의자들'의 '표준 대상'이 되었지만, 니체는 오히려 '그 차라투스트라를 너희는 부끄러워하라.'고 모인 제자들도 다시 흩어져 각자가 판단하여 행하라 했다. 즉 '떠나서 스스로 알아서 행동하기를 공언했으니, 그것은 니체의 소신이었다. 그러므로 히틀러(A. Hitler, 1889~1945)는 정말 '니체를 읽고 니체'를 좋아한 것은 아니고, '정치적으로 당시 인기(人氣)가 있었던 그 니체'에 편승(便乘)한 **'엄연한 헤겔 주주의자'**이다.

(c) 그러므로 니체는 역시 '개인이 최후의 가치 평가자.(the individuals is the latest valuator.)'라고 '각자(各自)의 판단'을 중시했으니, 니체를 '히틀러'와 동일시하려는 사람들은 틀림없이 '허무주의' '패배주의' '내세주의'에 이미 크게 중독(中毒)이 된 무리일 것이다.

(d) F. 니체의 '인식의 기사(騎士, the knight of knowledge)'에 대한 관심은, W. 칸딘스키(청기사), S. 달리(돈키호테)로 이어졌다.

[e] '영원 회귀' : '긍정적 삶의 공식'

((⑤-"이제 나는 차라투스트라의 내력을 말해야겠다. 이 저서의 근본 개념인 '영원 회귀(The Eternal Recurrence)', 즉 '획득 가능한 최고 긍정적 삶

---

18 F. Nietzsche (translated by A. M. Ludovici), *ECCE HOMO –Nietzsche's Autobiography*, Ibid, p. 5

에 대한 공식(**the highest formula of Yea-saying to life that can ever be attained**)'은 1881년 8월에 처음 잉태되었다. 그 때 나는 종이 위에 "인간과 시간의 6천 피트 상공(**Six thousand feet beyond man and time**)"이라고 그 생각을 적었다. 그 날 나는 우연히 질바플라나 호수(**Lake of Silvaplana**)가 숲길을 걷고 있었는 데, 수르레이(**Surlei**)에서 멀지 않은 곳에 피라미드 같이 생긴 거대한 바위 곁에 멈추어 섰다. 그 때 그 생각이 내게 떠올랐다.........나는 봄을 베네치 아에서 가까운 작은 산간 마을 레코아르에서 보냈는데, 나와 친구이자 명 연주자인 페터 가스트는 우리의 머리 위에 불사조의 음악이 그 어느 때보 다도 경쾌하고 찬란한 깃털로 선회하고 있음을 알았다. 그래서 1883년 2 월 믿을 수 없는 상황에서 그 책('차라투스트라')의 돌연한 출산이 행해졌다. 그것을 생각해보면..........그 책의 임신 기간은 18개월이 된다. 이 18개월 은 불교도의 경우로 보면, 사실 나는 암코끼리인 셈이다."[19]))

◆◆◆◆

(a) '영원 회귀(**Eternal Recurrence**)⟺획득 가능한 최고 긍정적 삶에 대한 공식, '니체⟺암코끼리(**a female elephant**)'란 대표적 그 '동시주의(同 時主義)' 사고(思考)이다.

(b) F. 니체는 자신의 이미지를 대신하는 최고의 전제, '차라투스트라 (초인)'의 형상을 처음 불타(佛陀, **Buddha**)의 '팔상도(八相圖, **Painting of the Great Events**)'에서 맨 처음에 해당하는 '도솔내의(兜率來儀, **the Exhibition of Tusita**)'에서 취한 것이다.

(c) 니체가 언제 '불경(佛經)'을 읽었는지 그 저서에서는 확인할 수 없 으나, 위의 진술은 석가모니 불타(佛陀)를 빼놓고는 그 연원을 확인 할 수 없다.

(d) 니체는 쇼펜하우어의 '염세주의'를 조롱하여 '유럽의 불타'라 했 으나, 조롱(嘲弄)이 아닌 찬양(讚揚)으로 '차라투스트라(니체)는 오 늘날의 불타(佛陀)'라고 할 만하다.['과학적 깨달음의 성취 자'라는 측면에서]

---

19 F. Nietzsche (translated by A. M. Ludovici), *ECCE HOMO -Nietzsche's Autobiography*, The Macmillan Company, 1911, pp. 96~97

(e) 그 '영원회귀(The Eternal Recurrence)' 인생의 찬가(讚歌)이니, 니체는 '후손(後孫)이 있는 삶'에 '어디에 허무주의 타령인가?'라고 꾸짖었다.

5. 다다이스트 - 후고 발(Hugo Ball)

후고 발(Hugo Ball, 1886~1927)은 R. 휠젠벡(Richard Huelsenbeck, 1892~1974), T 짜라(T. Tzara, 1896~1963)와 1916년 2월 스위스 취리히에서 '카바레 볼테르(Cabaret Voltaire)'를 개점했다는 것은 너무나 유명하다. 후고 발은 대체로 다음과 같이 알려져 있다.

(("후고 발은 대학에서 독일 문학, 철학, 역사를 공부했고, 니체(F. Nietzsche)를 학위 논문으로 준비했다. 1912~3년 뮌헨에서 칸딘스키, 휠젠벡과 사귀게 되었다. 1914년 세차래 군복무 소환에 응했으나, 신체상의 이유로 입영이 거부되었고, 1914년 벨기에 접경지를 여행하다가 발동된 '그 증세'는, 그가 평소 품었던 '사회 개혁과 혁신의 동기를 제공하는 모든 예술의 종합'으로 그 모델이 되는 '극장 운영의 꿈'을 접게 했고, 베를린으로 가서 정치 철학을 공부하게 했다. 그의 관심 대상은 러시아의 크로포트킨(P. Kropotkin, 1842~1921)과 바쿠닌(M. Bakunin, 1814~1876)의 무정부주의였다. 발은 친구 휠젠벡과 베를린에서 반전 시위 연단에 몇 번 섰는데, 그 처음은 1915년 2월 친구 레이볼트(H. Leybold)가 포함된 戰傷者 추모 모임이었다. 1915년 중반에 발은 뮌헨에서 만났던 가수 헤닝스(E. Hennings)와 베를린을 떠나 취리히로 가 이듬해(1916) 2월 5일 '카바레 볼테르(Cabaret Voltaire)'를 열었다. 1916년 7월 건강 회복 차 다다를 떠나 스위스 시골로 갔으나, 휠젠벡과 짜라의 요구로 1917년 1월 '화랑 다다' 결성을 도우려 돌아왔다. 1917년 5월 발은 취리히를 떠났고, 이후에는 다다 운동에 참여하지 않았다. 발은 1917년 말까지 스위스 베른에 살며 '자유 신문(Die Freie Zeitung)'에 기고하였다. 1920년 이후 발은 스위스 시골로 돌아가 15, 16세

기 가톨릭 성자 연구에 몰입하며 독실한 신앙에 전념하였다. 한편 발은 1910-21년 사이 그의 일기를 정리하였으니, 1927년 그것은 '시대로부터 의 飛翔(Die Flute aus der Zeit)'이라는 이름으로 간행되었다."[20]))

◆◆◆◆

(a) 위의 제시 정도가 보통 알려져 있는 후고 발(Hugo Ball)의 행적이지 만, 소위 '현대 세계사의 전개에 있어서 <u>뉴턴, 칸트, 볼테르, 니체를 계승한 후 고발의 혁명적 위상(位相)은 덮을 사람</u>'이 없을 정도이다.

(b) 앞서 볼테르는 그의 <역사철학>에서 "타키투스(Tacitus, 56~117)는, 가울 족(Gauls)을 약탈했고, 가공할 신을 위해 사람을 화형(火刑)한 야만족 게르만 족의 찬양에 온 힘을 쏟았다."[21]고 지적하여 '게르만 종족주의(種族主義)'가 지나침을 지적하였다.

(c) 그런데 유독 '독일'을 강조한 '피히테(Fichte, 1762~1814)'를 이어서 베를린 대학 교수가 된 헤겔은 루터(M. Luther)의 '개신교'와 플라톤 의 '국가' 이론을 통합하여 '게르만 신국(神國, The German City of God)론' 주장하고, 그의 <법철학> <역사철학>에서 '전쟁불가피론(Necessity of War)'을 내세워 독일이 '세계 제1차 대전'과 '세계 제2차 대전'에 서 그 주역이 됨을 피할 수 없게 만들었다.

(d) 이에 <u>후고 발(Hugo Ball)이</u> '볼테르'와 '니체 사상'을 앞세워 '예술(藝術) 을 수단(手段)'으로 '전쟁 반대' '생명 존중'의 <u>'다다 혁명 운동'을 일으 켰던 것은 '현대 세계사의 서장(序章)'을 장식한 불멸의 기념탑</u>이다.

(e) 한 마디로 후고 발(Hugo Ball)은 볼테르와 니체의 사상을 바로 '지구 촌 경영 원리'로 요구한 것이니, 얼마나 장쾌한 지성인가?

(f) 전통 보수주의자들은 '다다이스트'를 '무정부주의자(無政府主義者, Anarchist)'라고 욕을 해 대지만, 이것은 볼테르가 말한 '자연법 (Natural Law)' 사상과 '전쟁 반대(Ani-War)' 주장을 오직 플라톤, 헤겔

---

20 L. Dickerman, *DADA*, The Museum of Modern Art, 2006, Artists' Biographies, Hugo Ball (A. L. Hockensmith's writings)

21 Voltaire, *The Best Known Works of Voltaire*, The Book League, 1940, p. 389 'XIII. Of the Scythians and Gomerians'

식의 '국가주의'로 정신없이[살피지 않고] '비판'을 행한 결과일 뿐
이다.

⒢ 오늘날 세계 경영에 그 제1조가 '인간 생명 존중' '전쟁 반대'이다.
그것을 모르면 사람도 아니다. 더 이상 우스꽝스러운 논리를 앞세
워 '전쟁불가피론(Necessity of War)'은 주장하는 시절이 지났음을
똑똑히 알아야 할 것이다.

6. '포콕'의 세계 철학사적 의미

포콕(E. Pococke)의 <희랍 속의 인도(*India in Greece, 1852*)>는, '뉴턴'-
<프린키피아(*Principia*, 1687)> '볼테르'-<역사철학(*The Philosophy of
History*, 1765)>을 이은 '과학정신' '평화정신' '인류애'를 전개한 것으로
그 빛나는 정신은 그대로 '영국'과 '서구'와 '인류'의 자랑이라고 할 만
하다.

'세계 철학(과학)사'의 전개상 포콕(E. Pococke)의 의미를 간략하게 요
약하면 다음과 같다.

⒜ 볼테르의 <역사철학(1765)>을 계승하여 최초로 '세계 상고사(上古
史) 서술'에 성공하였다.

⒝ 포콕은 탁월한 안목(眼目)으로 '역사(歷史) 동력(動力) 5대 원리(原
理)'-① '무력(체력, 힘)' ② '자본(황금)' ③ '사상(윤회론)' ④ '소통(疏
通)과 교역(交易)의 중대함' ⑤ '이단(異端) 수용주의(收容主義, The
Admission of Paganism)'를 먼저 터득(攄得)하여, 그것을 대로 '원시인
도(Hindu)'에 활용하여 스스로의 '역사적 통찰력(洞察力)'을 과시(誇
示)하였다.

⒞ 최초로 '계관시인(桂冠詩人, -poet-laureate) 존재'를 명시(明示)하여
그들의 '역사성(事實의 확보)'과 '비역사성(신비주의, 阿諛的 속성)'을
확실히 구분 비판하여 '인류 과학(科學)과 지성(知性)의 감시자(監視

者)로서 사가(史家)'라는 본래(本來)의 위치를 제대로 회복하게 하
였다.['아테네의 승리' 참조]

(d) 그동안 모든 역사가의 마음속에 발동하는 '신(God)'과 '악마(devil)'
의 규정을 선구(先驅)적으로 간파(看破)하여, 인간 속에 존재하는
'최고 존칭(尊稱)'으로서의 '신(神)'의 의미를 그의 <희랍 속의 인
도>에서 제대로 관철(貫徹)하였다.['제우스의 승리' 참조]

(e) '육체 중심' '현실 중심' 사고에 기울기 쉬운 '역사가의 온전한 비
판 정신'을 포콕은 '자이나(Jaina)의 불살생(不殺生)의 금욕주의(禁慾
主義)'에서 근본 정신을 찾았고, 그것을 역시 '피타고라스(Pythagoras)
정신'으로 되돌리는 놀라운 통찰력을 발휘하였다.['史家의 독립
정신' 옹호]

(f) 포콕은 볼테르를 이어 '역사 서술'에 '형제애(兄弟愛 Brotherhood)'
'사해동포주의(四海同胞主義)'를 기본으로 '교류(交流)와 소통(疏通)
의 지구촌 운영(運營)'이라는 역사 서술의 대원리를 선착(先着)하였
다.[소속 집단의 '獨善' '自慢' 방지]

(g) 포콕은 역사 서술의 기초인 '사실(事實)의 확보(確保)'를 위해 '모
든 과학적 보조 수단'을 동원하였다.[이집트 '미라'의 두개골의
고찰 등]

(h) 포콕의 기본 정신은 그대로 '고금동서(古今東西)'의 구분이 없는
'동시주의(同時主義, Simultaeism)'를 제대로 활용하여, '역사 서술'
은 특정 인종, 특정 지역, 특정 사상과 관련된 것일지라도 그 '마지
막 의미'는 '인류 공통의 과학 정신'에 돌아감을 아울러 밝혔다.-
'힌두의 라마이즘'='희랍의 라마이즘'='로마의 라마이즘'

제2부

희랍 속의 인도

신화 속의 진실

'희랍 종족(種族)의 기원(起源)',

'인도(印度)의 식민지 이집트와 팔레스타인',

'대(大) 라마 전쟁', '희랍 속에 불교 전파'가

포함되어 있다.

– '북부 희랍 지도'와 '펀자브와 카시미르 지도'에 의한 해설

'에드워드 포콕 님(E. Pococke, Esq.)'의 저술

H. H. 윌슨(Wilson, 옥스퍼드 대학 범어(梵語)학과 교수)님께

선생님,

당신의 도회풍(都會風)으로는, '희랍 종족'이라는 **'청교도 단(淸敎徒團, Pilgrim Fathers, 1620)'의 진정한 원천(源泉)**을 추적했던 '한 사람의 이 방인[포콕 자신의 겸칭]'이 행한 그 맹세를, 우연한 한 번의 회견(會見)으로는 그처럼 수용하시기가 어려우셨나 봅니다.

선생님, 당신께 서구 아테네의 판디온들(Pandions, 萬神殿)에 관한 역사적인 서술이 될, 동양(東洋, 印度)의 문학의 영광스런 삼발이(Tri-Cala) 즉 희랍에서의 '헤라(Hela)의 대장들', '보이오타에서의 캐시미르 족(Cashmirians of Boeota)', '테살리아의 히말라야(Thessalian Himalaya) 사람들'에 관해서 겸허한 마음으로 여기에 그 서술을 올리는 바입니다.

에드워드 포콕

머리말

'역사(歷史)적 흐름을 검증하는 데는 그 원천(源泉) 검증이 중요하다.' 는 점을 독자들은 여기에서 역사의 부분적 결과물에 관한 탐구 과정에서 추지(推知)하게 될 것이다.

걷어 낼 수 있는 거대한 '부조리(不條理, absurdities)'가 이제 드러났다. 그 '부조리'는 서양[희랍]과 동양[인도]의 자료에 모두 작용을 하며 유럽 학자의 인내심 있는 현명함에 그대로 내던져져 있다. 종족적 허영심에 파괴되고 그 괴멸에 종족의 '불교주의(Bud'hism)'도 흐려지게 되었지만, 나는 확실한 기반 위에 그 역사의 사원(寺院)이 다시 설 것을 믿는다.

종족이 아닌 인간 육체로의 점진적인 추구를 통해서, 시대의 연속을 통한 '이야기'이지만 역시 '역사적 결과물'인 그 속에서, 나는 '발견' 또는 '무(無)발견'의 검증을 행하여 치우치지 않은 최종 판단을 위한 약간의 기준을 마련하게 되었다. 지금 문제는 풀렸다. 최초 희랍 정착 자들의 '언어[梵語, Sanskrit]'를 향한 쉽고 실용적이고 긍정적인 호소가, 진실을 찾는 끈질긴 탐구자들에게 바른 해답을 제공할 것이다. 그 원시 식민지(희랍) 주민들은, '한 종족(a tribe)'이라 부르는 고대 사회 형태로 보존될 수 있다는 단일한 응집력 하나만으로, 간결하게 추적이 될 수 있다. 이것은 '사유 정신'으로 마땅히 평가를 받아야 할 주장이다.['血統主義' 가 저자의 '역사 서술의 기초'라는 말임]

이처럼 확립된 증거[종족 혈통주의]는 어떤 부분에서 도출된 사항이 아니고, 상고(上古)시대 종족에 대한 얼굴로 이미 진작(振作)되어 있는 증거이다.

왕조(王朝)의 멸망과, 힘센 정복자들의 초월적인 기억 속에서, 세월 (Time)은 자연(自然)의 위대한 형태와 이름을 일반적으로 존중하게 되었다. 도시와 정치 형태는 지상(地上)을 휩쓸 수 있다. 무적(無敵)의 빛을 발했던 왕조들도 명성을 기록해 놓지 않으면, 작은 기억으로도 남을 수 없다. 그러나 **존중할 만한 산악(山岳), 바다, 하천 모습에 기록해 놓은 불멸의 역사는 그렇질 않았다**['地名'의 중요성]. 그것들은 그렇게 광대하고 내구성(耐久性)이 있는 언어로 제작 되어 피라미드에도 견줄 수가 있어서, (왕조들의 名聲은)그 언어 구조 앞에 파괴되어 산산 조작이 날 난쟁이 모래알 장난감으로 생각할 수밖에 없게 되었다.

여기에 초래된 결과와 관련해서, 가장 가치 있는 요점 중의 하나가 '지리(地理)적인 토대'이다. 그 지리(地理)적인 토대는 정확하게 해설되었고, 계속해서 정확하게 해설이 될 것이고, 희랍초기 역사 속에 그 단일한 이야기들은 '신화(神話, Myths)'라는 이름으로 전반적으로 현재 문학 세계로 통하고 있다. '신화'는 '우화(fables)'라고 하여, 그만큼 우리는 역시 오해를 하고 있다. [역사적] '진실'은 그 '신화'를 이해한 만큼 확보가 될 것이다. **우리의 무식(無識)이 역사(歷史)를 '신화(神話)'로 만들었다**. 그리고 '우리의 무식'이 '희랍 유산'이고, 대부분이 희랍인의 허영심의 결과물이다.

범어(梵語, Sanskrit) 학자는, 내가 개발한 경과 속에 약간의 잘못을 찾아낼 수도 있을 것이다. 그들 역시 고대 '펠비(Pehlvi)어'와 '범어(梵語, Sanscrit)'의 복합된 형식 내부에 있다. 범어(梵語, Sanskrit)는 기본으로 작동하고, '펠비(Pehlvi)어'는 굴절하는 힘이다. 내 탐구의 한 지류(枝流)에 관한 피상적인 일별(一瞥)을 행한 문헌 학자에게, 두 가지 흥미로운 사실에 관한 약간의 아이디어를 제공도 할 것이다. 첫째 '희랍 호머(Homer) 언어'는 거기에서 생겨난 초기 방언(方言)이라는 점이 그것이고, 둘째는 헤로도토스 적(Herodotean)이고 투키디데스 적인(Thucydidaean) 희랍들에 의해 사용된 자음과 모음이 결합된 정확한 방식이라는 점이 그것이다 [梵語(희랍어)의 '언어 變遷史 내부' 문제].

'동일한 단어'에 관련해 생긴 명백한 '철자법의 오류(誤謬)'는, 사실보다는 더욱 상상적인 것 속에 드러난다. 그와 같은 다양한 형식에 길들여지는 것이 바람직할 것이나, 위력과 의미를 위해서는 아니다. 독자는 카블(Cabul, Cabool, Kabul, Kabool) 티베트(Tibet, Thibet) 카슈미르(Chashmir, Casmire,

Casmir, Kashmire, Cashmere) 라다크(Ladakh, Ladak, Ladac) 아토크(Attock, Attac, Atac, Uttuck) 키클롭스(Goclapes, Gooklops, Guclopes, Cuclopes, Cyclopes) 펀자브(Panjab, Punjab, Punjaub, Panchab) 페니키아(Phenicia, Phoenicia, Phoenikia, Phainikia)의 표기가 다르지만 '같은 곳'이라는 것을 알 것이다. 그리고 역시 전반적인 지리적 명명(命名)법도 알게 될 것이다. 그러나 그 저작 속에 약간의 예외는 있지만, 헬라와 동양적 흐름의 '불규칙의 우여곡절'을 동일하게 할 필요가 생기었다. 이 우여곡절의 대표적인 사례가 '불타(Budha)'의 경우[다양한 명칭]에 발견되고 있다[참조, '부록 21'].

고대 희랍과 문학의 두 가지 부류가 지금 탐구되어야 함은 명백하다. 첫째는 희랍인이 그네들의 신상(神像)과 관련해 생각하고 기록했던 희랍 신화(神話), 그들을 병렬시킨 거대한 전설로서의 희랍 신화(神話)가 그것이다. 둘째는 **역사(歷史)**이다. 그 신화 속에 묻혀 있고, 최초의 그 희랍의 기록들을 이루고 있는 것은 '확정된 **역사(歷史)**'의 다른 부분으로 탐구가 되어야 함이 그것이다.

그래서 우리는 '편안한 그 게으름'에 굴복하여, 지리학(地理學)이 보장해 놓은 그 역사적 진실들의 원리적 존재 기반을 부정하지는 말아야 할 것이다.

에드워드 포콕
1851년 12월 런던에서

목 차

서론

만약 영국인이 앉아서, '노르만 정복(Norman conquest) 이전의 영국 역사'를 쓸 것을 생각한다면, 그는 '앵글로 색슨'의 제도 법 관습의 대강을 기술해야 할 것이고, 나아가 그가 자신 있게 과거 '색슨 왕들'을 언급하려면 왕들의 국방, 내무 장관들과 <u>그 종족의 기원과 언어의 구조, 그들의 원시적 정착</u>을 밝혀야 하고, 그가 '색슨 언어'에 관한 지식을 가지고 있어야 한다는 점은 결코 지나친 기대가 아닐 것이다.

그러함에도 '희랍 골동품[희랍신화]'에 자신감을 말하는 것은 사람들이, 비록 희랍인이라고 할지라도 <u>'펠라스기 족인 헬라(Pelasgians Hellas)의 초기(初期) 언어'</u>에 완전히 무식하다면 황혼을 지나 어둠으로 들어가는 격이다. '펠라스기 족인 헬라의 초기 언어'는 희랍 언어(-당시에 희랍어는 없었음)로부터 멀리 떨어져 있는데, 그것을 (후대에 생긴 희랍어로) 고대 언어 풍속 논의한다는 것은 엉터리가 아닌가? 그러나 그 공연한 자신감은, 그들이 대답할 수 있는 문제가 아니어서, 그들은 그것으로 인(因)해서 '거대한 엉터리 체계'가 작동(作動)했고, 역사에 대한 맹비난을 당하는 이야기 방식과 정신 탐구의 고통스러움은 그 자신들도 모르는 사이에 시작이 되었다. 우리는 이 모든 '거대한 오류(誤謬)'도 역시 어떤 명확한 사실에 기초를 두고 있다고 생각한다. 그리고 그 대행 체(代行體, that agency)는 가장 필수적이고 가장 활발하고 가장 고정적으로 작용한다고 느끼며, 장면에 힘 있는 배우들이 출연 퇴장하는 엄청난 변화가 역시 거

기에 자리 잡고 있음을 느낀다. 그렇지만 우리 (진실을 찾는)본성의 포기
하면서, 간편하게 이론가들에게 청탁을 행한다. 그리하여 '트로이(Troy)
포위', '아르고나우트(Argonautic)의 원정(遠征)', '헤라클레스의 역사',
'테세우스(Theseus)의 역사'를 강론(講論)한다. 그렇지만 아니다. 초기 희
랍인들의 바쁘고 와글거리는 장면은 '신화 문학적 경향에서 생긴 부산
물'이고 환상에서 나온 은익(隱匿)이다. 아! 그 '꿈'을 위해서다! 내가 이
론(異論)의 여지가 없도록 그것을 증명해 알릴 것이니, 그것은 '사실이 왜
곡(歪曲)' 되었다. 뿐만 아니라 '켄타우로스(Centaurs)'는 신화'가 아니라
는 것, 아테네 사람들이 '메뚜기 상징(the symbol of the Grasshopper)'이 말한
것도 '신화(神話)'가 아니라는 것, '아우토크톤(Autochthotons, 토박이 족)'도
신화가 아니고, 피토(Pytho)라는 '뱀', 카드무스(Cadmus)와 '용의 이빨', 제
우스, 아폴로, 피에리아의(Pierian) 뮤즈 여신(女神), 케그롭스(Cecrops)도 역
시 **신화(神話)가 아니다**. 그것들은 영국의 '헤럴드 왕(King Harold, 1015~1045
영국 왕)'만큼이나 확실한 **역사(歷史)적인 것이다**. 그래서 이것은 내가 어떤
합리화 과정으로써가 아니라, '비시적(非詩的)인 위도(緯度)와 경도(經度)의
지리학적 증거(the unpoetical evidence of latitude of longitude)'로써 확실하게 전
설적이 아닌 그 '효력'을 달성해 보이려는 것이다.

　나는 여기에서 '신화(神話)의 역사적 바탕'에 관해, 이전에 언급했던
경우[2]와는 달리 주장을 펴려는 것이다. 아마 '전(全) 신화학의 컴퍼스 안'
에는, '희랍인의 신화'보다 더 그럴싸한 체계를 갖춘 것은 없다고 본다. 그
'일관성'은 정리가 되어 있어, 그것은 오히려 예술이기를 포기하게 하
게 하는 주요 사건의 약점(弱點)이 될 뿐이다. 그러나 어떤 기초는 틀림없
이 지니고 있었으니, 발명(發明)이나 허구적 성격은 없다[저자의 '역사
적 事實 추구' 방향]. 그것이 기초했던 바[事實]는, 명백히 '시인(詩人)'이
나 '로고(Logo)제작자'나 역사와 무관한 보조원에 의해 삭제를 당하
지는 않았다. 그와 같은 도움은 그 두 가지 가장 지속성이 있는 종족의

1　여기에서 '신화'는 '역사적인 근거 없이 만들어낸 것'과 같은 의미이다.
2　1851년 <메트로폴리타나 백과사전(Encyclopaedia Metropoiltana)> '희랍의 역
　사'에서 본인의 저술 '희랍 신화' i권을 보라.

기록물 속에 '추구하는 정신'으로 명시되어 있으니, **그 '언어'와 '기념물'이 그것이다**. 이들 부가(附加)물은 그것들이 비록 외국(外國, 인도-India)에 '기원(起源)'을 둔 것이나, 다행스럽게도 '희랍 신화'를 밝히는데 유용하다. 그것은 탐구의 날카로움을 무디게 하는 것이 아니라 오히려 전반적 어려움과 마주할 때 그 일반적 행동 방향을 알려 주는 단지 이론적 '금언(金言)'이 되고 있다. 거기[신화]에서는 묵인(默認)이 규칙이 될 수밖에 없고, 탐색은 제외되고, 게으름의 유혹을 뿌리칠 수 없게 된다. 너무나 낯선 그 개인과 종족에 대해, 사실을 주장하는 사람으로서 개인과 종족 감정을 고려한다는 것은, '오류(誤謬)'와 '만들어진 진실'을 탈피해 가가는 데에 아주 위험한 모습이 될 수밖에 없다. 그동안 '신화(神話)' 이론은, 저명한 독일 작가들도 내버렸고, 약간의 우리나라(영국)의 저자들은 수용했듯이, 기껏해야 한 지역의 종족이, 상업 전쟁 종교 또는 그밖에 상호교류에서 다른 지역과는 무관하여, 사실상 역사(歷史)를 거의 생각할 수 없는 공허의 범주에 드는 것들이었다. 인간 정신 속에 이런 경향은, 어떤 독특한 감정에 한번 흥분이 되게 되면, 사유에서 그 정신이 안정을 찾을 만한 어떤 상상적 사실이나 장면 환경을 구체적으로 나타내게 된다. 그리고 우리가 논의 했듯이 인간의 마음속에 생각이 무엇이건 간에, 그리고 그의 의식이 속에 생긴 감성이 얼마나 다양하건 간에, 표현 방법은 하나가 있을 뿐이니, '*그것과 동시에 생기는 감정을 일으키는 구체적인 이미지, 허구(소설), 발명[창작물]으로 그냥 이끌고 가라!*'는 것이었다. 그러나 이것은, 완전한 **'선결(先決)해야 할 명제(命題) 상의 오류(誤謬, 페티티오 프린키피, Petitio Principii)'**의 일예(一例)일 뿐이다. 즉 '고대의 위대한 신화'라도 인간 정신을 안정(安定)시키는 감정이 되지는 못 한다. 구체적 이미지나 소설 발명은 더더구나 그렇게 될 수가 없다. 언제나 어떤 중요한 '신화'는 존재했었고, 그 바탕에는 중요한 '**사실**'이 있었다. '중요한 원리'는 단순히 '상상력(像想力)'에서 도출된 것이 아니다. '어떤 종족의 신화'는 어떤 종족에게 까닭 없이 생긴 것은 없고, 어떤 종족에 대행 체를 포함하고 있는 발명품은 아니다.[어디까지나 '바탕에 **사실(事實)**이 있다.'는 입장] 그러나 '감정(feeling)'의 기초에 근거를 둔 어떤 이론은, 모두 신화 그 자체만큼이나 신화적이다.

이 탐구에서 마주쳐야 할 '언어의 타락[梵語에서의 變造](희랍인은 정직하게 만나야 했고, 공정하게 완패하였음)'은, 초기 희랍 역사의 '전(全) 영역'보다 분명히 덜할 것이 없다. 내가 '초기(early)'라는 용어를 사용할 때, 나는 모든 계보학(系譜學), 지방사(地方史, local history), '신화 전설의 희랍'이라 부르는 영웅적 '대행 체(agencies)'를 암시하는 것이다. ─ 그러나 '어법(語法)'은 불행히도 전적으로 '사실(事實)'로 번져서, 이 연대기를 그들의 평범한 원래 감성으로 읽는 사람에게는 어떤 종족도 **'펠라스기 인(Pelasgic, 희랍인)'**보다 덜 신화에 관련된 종족이 없는 것처럼 보일 것이다.

힘 있고, 문명화되어 있고, 높은 종교, 예술과 정치학에 능숙함 종족의 고상한 제도가 난파(難破)되었던 희랍 고대 연대기를 살피다보면, 독자는 그것에 연민(憐憫)을 느낄 것이다. '연대기(annals)'는 호머(Homer)에 의해 그렇게 우리에게 남겨지지는 않았다[포콕은 '호머 시대'보다 훨씬 上古시대에 관심을 두고 있음]. 왜냐하면 그 [上代]시대에 영광은 깨끗이 지나갔고, 최후의 신(神)보다 못한 새로운 그 '대신(代身, Avatar)'이 희랍에 탄생되어 있었을 것이기 때문이다. 그 때에 역사는 가장 흥미로운 것이고, 파란만장한 것이고, 의심할 나위가 없는 그 나라(희랍)의 몫이다. 그러나 그것은 '호머 신(神)들'─'헤시오도스(Hesiod) 신(神)들'의 역사가 아니다. 그것은 플라톤의 '어원학(語源學)'이나 산문 제작의 '어원학', 희랍 골동품에서 도출되는 역사도 아니다. 그들[호머, 헤시오도스]은 '자신 나라의 고대어[梵語]'를 모르는 사람들이다. 그와 같은 체계는, '역사(歷史)'로 이끄는 바른 안내자가 될 수 없다. 이 모든 경우에 가능한 것은 원천(源泉, 힌두)을 찾아가는 것이다. 그가 여기서부터 세기의 '부패(腐敗)한 텍스트' '부패한 언급과 무식'을 내버리는 것이다. 그리하여 **'처음의 펠라스기 인(Pelasgian)'과 '처음 희랍인의 정착'과 '동시대의 방언[梵語]'을 증거로 삼으면, 진실에 호소하여 편견을 걸어낸 판결을 행할 수 있을 것이다.**

그가 언어의 변화무쌍한 투쟁에서 그 주인공이 되면, 동쪽에서 서쪽으로 방랑하고, 복합의 모든 다양성을 추정하여, 항상 변화하는 그 저변에 어떤 불변이 있음을 알게 될 것이고 그것을 알고 나면 날카로운 통찰력뿐만 아니라 분별력도 갖추게 되어, 항상 변하는 변장 아래 강력한 유사성을 알 수 있고, 구별된 종족의 성격 아래 혈통의 동일함을 구분해 알 수도 있을 것이다. 성공을 위해 자신의 발견에 세심한 주의를 발동해야 할 것이다. 그는 최상의 이론으로 체험의 검증을 해야 한다. 만약 그가 다양한 검증을 행하지 않으면 그것은 이론일 뿐, '역사적 사실(事實)'은 못된다.

나는 여기에서 '펠라스기족(Pelasgian)'의 정착과 정치 종교와 연관된 문헌학으로 확대하지는 않을 것이다. 풍부한 제휴 증거와 구조와 더 큰 언어 계보에서 상대적 순위와 분류될 수 있는 명쾌성을 원할 경우는, 봅(Bopp)교수의 거작 속에 그 편람(便覽)이 마련되어 있다.

'인도 고전'과 '희랍 고전'의 친밀성에 관해, 우리는 최고의 재능을 지닌 윌리엄 존스(W. Jones, 1746~1794)경(卿)의 선구적 많은 저술을 가지고 있다. 그러나 그것은 '친밀성'이 있다는 생각일 뿐이고, 그저 '친밀성'일 뿐이니, 그것은 결국 결정적인 [역사적] 결과로의 통로를 막고 있는 것이다. '모음(母音)' 위치를 벗어난 '자음(子音)', 너무나 많은 '자음', 역시 적은 '모음'-최소한의 '형태적 비 동질성(同質性)', 이들은 한 번으로는 그 속에 아무것도 찾을 수 없는 성급한 내용 검토자를 향한 경고(警告)로서, '문서 창고지기 분노'를 가라앉히기에 충분할 것이다.['쉽게 해결이 날 수 있는 사항이 아니다.'는 지적임.]

그러나 거기에 엄청난 보물이 있다.

독자의 마음에 새겨두기를 바란다. 나는 '친밀성'을 다루지 않는다. 나는 '어원학(語源學)'도 쓰지 않는다. 특히 그 '글자'에도 관심이 없다. 나는 '골동 애호가의 서적'은 쓰지 않는다. **내가 쓰고 있는 것은 '역사(歷史)'이다**. 역사(歷史), 정확하게 보존된 '놀라운 역사'다. '희랍의 영토에 최초 정착했던 자들'에 관해 말함으로써, 그것은 이 놀라운 영토로의 이전의 이주 개념을 가능한-그렇지 못 할 경우는 가능한 만큼- 전적으로 버리게 할 수 있을 것이다. 그리고 나는 내가 추정(推定)의 혐의를 초래하지 않음을 보장한다.[단순한 '추리로 얻은 사실'은 절대 아니다.] 통상적인 법의학(法醫學)으로 말을 하면, "이전의 모든 보고(報告)에 실망하여,

유일하게 소지하고 있는 증거로 인도(引導)함"이다. 그리고 내가 범하기
쉬운 자만심에 빠지는 상상을 막기 위해, 다음의 어구는 그것에 합당한
말이 될 것이다. *증거는 이미 마련되었다. 그것은 외국어(힌두, 梵語) 속에
있다.* 그리고 나는 단지 해설자 사무소를 운영하겠다.-어느 정도나 충
실한가는 어려운 문제가 아니고, 다 독자들이 알아서 판단할 사항이다.
  '엄청나게 망가진 문서'를 그저 계승만 하는 것으로, 우리가 만족할
수는 없다. 그러나 아! 우리의 작업은 '고문서'에다가 '새롭게 첨가된 문
구[詩人들의 말]'가 우리를 더욱 어렵게 만들고 있다. 운이 좋게도 삭제
(削除)는 없었다. 이제 우리의 유일한 방법은 '옛 역사의 문헌'을 복원하
는 일이다. 그러나 우리는 어떻게 그것을 시작할 것인가? 우리의 앞길은
'고대사'를 '발명(發明, 創作, invention)'으로 정의(定義)하는 이론가들[골
동품 애호가들]의 격언에 사실상 막혀 있었다. 나는 그 이론화 정신을
심히 유감스럽게 생각한다. 그것은 최근 독일에서 근거를 얻은 것이었
다. 영국에 가장 유능한 주장자가 그 원리를 악평[3]의 영역으로 몰고 갔
다. 한 능력 있는 작가는 <에든버러 리뷰(Edinburgh Review)>에 "문제에
의문은 그 '시적(詩的) 전설'에 관해 역사(歷史)적 근거는 있는가, '테베
(Thebe)의 포위' 같은 사건이나 '트로이(Troy) 원정'이 실제로 있었는가,
너무 커진 '이야기 덩어리'에서 진실의 핵심을 우리가 꺼낼 수 있는가,
역사적 사실의 적나라한 해골(骸骨)을 보여줄 수 있는가, 시적(詩的) 장식
의 덮개를 벗길 수 있는가의 여부(與否)이다."라고 말하고 있다. 우리가,
똑 같은 종족이 '희랍 식민지(植民地) 주민'이었고 역사를 썼을 뿐만 아
니라 시적(詩的) 형식[율격이 있는 언어]으로 수학적 논문까지 작성했다
는 사실을 고려한다면, 그 시적(詩的) 형식은 우리의 마음으로 거기에 간
직된 진술에 대항할 고집스런 반대가 생길 수는 없다. 어떤 나라에서나
간에 '수호신(守護神)들'에 대한 신앙심을 가지고 있고, 그들의 주요 영
웅들이나 경건한 숭배자들을 보호하고 있다는 것을 우리가 알 때, 그와
같은 일에 참견하고 있는 진술은 그와 같은 그들의 신앙심에 기초를 둔
것이고, 어떤 자료 속에 '기록된 사실'을 조금도 무효화할 수 없는 것이

---

3 G. Grote 저, <희랍의 역사(The History of Greece)>, 런던, 1849. 을 보라.

다. 오히려 '기록은 상식(常識)으로 행한 것'임을 알 것이다. 만약 켄타우르(Centaurs), 뮤즈(Muses), 포세이돈(Poseidon), 에레크테우스(Erectheus), 아우토크톤스(Authoctons), 테티게스(Tettiges) 아테네의 메뚜기(Grasshopper) 상징이, 경도(經度, longitude) 위도(緯度, latitude)에 의한 지리학적으로 입증이 되고 역사적 기초에 근거를 마련하여, 완전히 합리적이고 '희랍 최초 식민지화'와 온전한 조화를 이룬다면, 나는 그 '테베의 포위', '트로이의 포위'는 같은 문제는 무난히 [역사적 사실로]존재한다는 것을 쉽게 수용할 수 있다고 믿는다.

이들 '원시 희랍의 역사'를 말하면서 그로우트 씨(Mr. Grote, 1794~1850)는 다음과 같이 적었다. "나는 그(희랍)들의 전설을 통해서만 알려진 최초 희랍인의 신앙과 감정에 의해 그들이 생각했던 대로 '희랍 상고(上古) 시대'를 기술한다. 그 전설이 '역사적 문제'를 얼마만큼 보유했는지는 기준에 가정(假定)은 없다. 만약 독자가 그것의 결정에 내가 가담하지 않는다고 나를 비난하면−왜 내가 커튼을 걷고 그림을 공개하지 않느냐 묻는다면, 나는 화가 제욱시스(Zeuxis) 방식으로 대답을 한다. 같은 질문이 제욱시스(Zeuxis)에게 주어졌을 때, 모방 예술의 걸작을 보이며 제욱시스(Zeuxis)는 '커튼이 그림입니다.'라고 했다. 우리가 지금 시(詩)로 전설로 읽고 있는 것은, 최초의 희랍인들이 그들의 과거를 생각하고 즐길 수 있었던 순수한 역사(歷史), 역사(歷史)로 인정되었던 바다. '장막(帳幕)' 뒤에는 아무 것도 없고, 순수하지 않는 것이라고 버릴 수도 없다. 나는 그것이 서 있는 대로 보여주고, 그것을 지우거나 덧칠하기도 삼가 했다."[4]

'커튼이 그림이다.'란 말은, 역사(歷史)를 위해서는 행운이고 신비한 말이다. 그리고 '커튼 뒤에는 아무 것도 없고 어떠한 비 순수도 버릴 수 없다.'고 했던 것은 그 후 30년 동안 기관차 철길이 된 감정이 덧붙여졌고, 밤에 빛나는 '키클롭스(Cyclops)의 눈'이 되었다. 그 경우를 말하면 다음과 같다.−**그림은 인도(India) 사람의 것이고, 장막(curtain)은 희랍인의 것이다. 그런데 그 장막은 지금 걷히었다.**

---

4 '희랍의 역사(The History of Greece)' 권 i , 서문 p. xiii

제 I 장

'인도 식민지'였던 증거들

이른바 '희랍 영웅시대'의 가장 기이(奇異)하고 강력한 특징 중에서도 유독 그 '기술의 완벽성'과 '황금의 풍성'이 돋보이고 있다. 그런데 그 황금 그릇의 풍성과 그것들의 다양하고 우아한 솜씨, 수(繡)를 놓은 숄 (shawls)의 미, 취향에 맞춘 다양한 베틀의 제품들과, 하고많은 상아(象牙) 장식품, 때로는 신(神)들로부터 받았다는 값진 선물로서의 목걸이 선물, 놋쇠로 만든 삼각대(三脚臺)와 가마솥, 사회적 복지와 안식(安息), 알키노 우스(Alcinous)와 메넬라우스(Menelaos)의 장대한 궁전, 그리고 마지막으 로 트로이 대전(大戰)에서 *희랍인과 아시아인 양측에서 사용한 전차(戰 車)*의 고정적 사용이 그것이다. 오틀리(J. B. Ottley, 1797~1879)씨[1]는 말한 다. "그러나 야금(冶金) 기술의 가장 놀라운 예는, 유명한 '아킬레스의 방 패'였다. 그 가장자리에는 주변을 감도는 바다 물결이 있고, 목축(牧畜) 경작 추수 포도수확의 아름다운 장면이 이었고, 역시 포위(包圍)와 매복 (埋伏)의 전투가 그려져 있고, 법적(法的) 심문과 정치적 숙의(熟議), 음악 이 울리는 결혼 잔치와 국민 무용(舞踊)의 전개 장면이 제시되었다. 이 장 면들의 연합은 그들의 수와 다양성 상호 대조로 볼 때 예술가의 기술과 시인, 또는 양자(兩者)의 기술을 입증해 주고 있다. 그 색깔들의 차이가

---

1 J. B. 오틀리(J. B. Ottley) 목사 '희랍의 사회적 조건', <메트로폴리타나 백과사전 (Encyclopaedia Metropoiltana)>, 15권 1851, '희랍 사', 참조.

어떻게 생기게 했는지도 확실하지 않다. 그렸을 수도 있으니, 말[馬]을 장식하기 위해 상아(象牙)를 색칠해 썼고, 불을 사용하여 금속을 녹여 붙이는 기술이 알려졌기 때문이다. 나무나 금속에 금박(金箔)을 하고 새기는 것은 '출애굽기' 묘사된 시대보다 훨씬 이전에 실행되었다. 금 은 놋 쇠 돌 나무에 적용한 교묘한 창의적 작업에 온갖 기술이 동원되었다. 솔로몬(Solomon)의 경건함이 헌납했던 풍성한 사원(寺院)은 '티리아의 장인(匠人, a Tyrian artificer)'의 기술에 힘을 빌린 조각된 미(美)였고 교묘함이었다. 그것의 기록은 '유대 민족의 기록보관소'에 있으니, 보물의 풍성이나 장식 기술의 발달에 관한 부당한 그 과장과는 다르게, 호머(Homer)의 정당성을 입증할 수 있을 것이다. 바늘과 베틀[機] 노동자들에게는 '병역(兵役)'도 '세금'도 없었다. 전사(戰士)의 벨트에는 야수(野獸)를 수(繡)로 새겨졌고, 그것은 그대로 '추격의 재능'에 대한 트로피가 되었고, 전투의 투사에 장식품이었다. 더욱 풍부한 복장이, 후대(後代)의 '공손한 충성 맹세'에 수여(受與)되었고, 용기에 대한 상(賞)으로 제공되기도 했다. 그와 같은 직업은 동양 여성들의 '은둔된 생활'과 '지성적 습관'에 알맞은 것이었다. 동양여성들은 일찍부터 그녀들의 가치를 높이는 것으로 '바느질'과 '베 짜기'가 언급 되었다. '속도를 내지는 않았는가? 그들은 먹이 감을 나누지는 않았는가? 시세라(Sisera, 가나안의 장군)는 다채로운 일종의 먹이 감이다. 양면에 바느질이 된 다양한 색깔의 먹이 감이고, 그녀들에게 목을 바쳤던 먹이 감이다.' 그와 같은 옷은 프리암(Priam, 트로이의 왕) 창고에 저장이 되었다. 시도니아(Sidonia) 예술가들은 그들의 제작에서 가장 탁월하였다. 그러나 궁중에서 태어난 귀족 부인들은 명백히 프로가 될 수 없었다. '헬렌(Helen)'은 희랍인과 트로이 사람들의 전투를 대표적으로 엮었던 존재이다. 안드로마케(Andromache)는 면사포에 꽃을 새겼고, '페넬로페(Penelope)의 그물[網]'은 알려져 있듯이, 효도(孝道)의 손길로 '라에르테스(Laertes) 장례식'에 제공이 되었는데, 다른 경우에는, 모르는 손님에게도 그녀가 선물로 제공했는데 다음과 같이 아름답게 묘사가 되어 있다.

넉넉한 모습

군대의 자주색 옷이다.

온몸을 덮었으니, 그 가슴에 돋보이네,

왕이 인정한 한 쌍의 황금 집개.

'으르렁 거리는 개 한 마리' 모자이크로 그려져 있고,

몸을 늘여 얼룩이 새끼 사슴을 잡았네.

송곳니는 목 깊이 박혔고,

그들은 움직이는 황금으로 헐떡이며 싸우고 있네.

빛나는 그 아래 얇은 뜨개질이 좋구나.

구름 없는 태양처럼 빛나는 속옷

그를 둘러싸고 응시하는 여성들의 행렬

무심중에 감탄의 한숨이 절로 터지네.

"금세공인과 보석상인은, 주문(奏聞)에 응해야 함은 당연한 것인데, 그들의 상업 재료는 풍성하였다. 우리는 그것을 여성 드레스와 화장실 도구에서 확인할 수 있다. 거기에는 실제적 부의 호화로움과 취미의 단순성이 함께 있다. 황금 목걸이 호박목걸이가 있고, 사람들의 눈을 부시게 하는 보석 귀고리, 머리털은 곱슬머리나 땋아 베일로 가리고, 복장은 황금 집개로 가슴을 여몄다. 술(a fringe)을 허리에 두르면 호머 시대 여성의 성장(盛裝)은 완성이 된다. 궁전에서 자리는 그녀의 장식에 따랐고, 궁궐의 벽은 은 주석(朱錫) 상아 놋쇠 호박(琥珀)으로 번쩍거렸고, 삼각대(三脚臺)는 네 개의 손잡이에 여덟 마리의 황금 비둘기로 장식했다. 라이어는 은으로 만들었고, 바구니도 은이었고², 실패도 황금이었고, 잔치에 쓰였던 큰 물병과 대야, 피로(疲勞)를 완화하는 욕조(浴槽)도 값비싼 재료들이었다."['인더스의 황금' 확보]

---

2 오디세우스(Odysseus) 저택으로 전통적으로 지목된 폐허의 무덤 속 이타카 (Ithaca)에서 발견된 고대 보석 제품은, 호머(Homer)가 서술하고 있는 장식과 같은 탁월한 것들이다. 후그(Hughes)의 <희랍 여행(Travels in Greece)> 1권 p. 160 을 보라.

그러나 내가 물어야 할 질문은, 이들 기술과 사치가 행해졌던 역사적
시대에 관한 것이니, 특히 **'기마(騎馬)의 영웅'과 그의 충성스런 '시종 무
관(侍從武官)'과 그의 '수레'가 어떻게 만들어졌는가**에 대해서이다.[印
度의 '마하바라타 전쟁'을 想定한 질문임] '전차(戰車)'는 희랍에서 오래
도록 종적을 감추었다가 다시 한 번 멀고먼 쿠낙사(Cunaxa) 평원에 중요
한 모습을 드러내었다. 그러나 그리스에서는 '전차(戰車)'가 무기로는
오랜 동안 사용되지 않았다. 그런데 **이 나라 이전 사회는 시민이건 군인
이건 모든 이가 뚜렷하게 아시아적인 것, 특히 대부분 인도적인 것으로
되어야 했다.** 그것은 의심할 수도 없다. 그리고 그 증거들은 '인도 식민
지의 부수적 표징'일 뿐이고, 그 '종교'와 '언어'의 일치로 나는 그것을
보여줄 작정이다. 나는 '인도의 서쪽'에서 사라진 왕조가, 희랍에 다시
나타났던 것을 보여줄 작정이다. 즉 그의 전쟁 명성이 '북서부 인도'의
성실한 연대기에 아직까지 기록으로 남아 있는 종족[카슈미르 왕국]이
트로이 평원에서 싸웠던 용감한 부대로서의 그 종족이다. 그리고 사실
상 **포세이돈(Poseidon)과 제우스(Zeus)로 추정된 신권(神權) 시대부터, 트
로이 전쟁의 마감까지의 전 희랍은 언어 감정 종교에서 인도(印度)적인
것이었고, 그 평화와 전쟁의 예술에 속해 있었다.** 내가 의심할 것도 없고
이론의 여지도 없이 정립을 해 보일 것이니, 많은 것이 앞으로 밝혀질 것
이기 때문이다. 그러나 그것들이 공정하게 기술된 것이 인정됨으로, 원
칙에 성실한 정확성으로 그 결론을 낼 작정이다.

에베메로스(Evemerus)[3]가, '한때 정복자 왕 시혜(施惠)자로 있었던 사

---

3 에베메루스(Evemerus)는 에헤메루스(Euhemerus)이다. 알렉산더 대제(大帝) 때
의 시실리의 작가이다. 그리고 그의 직접적인 계승자와 작가들은 그를 시실리
메세네 출신이라고 한다. 그의 정신은 '키레나이크(Cyrenaics)의 철학' 학파 속
에 훈련되었는데, '키레나이크 학파'는 서민 종교와 관련된 문제에서 회의론을
제기하여, 악명이 높았다. 그 중에 한 사람인 테오도시우스(Theodosius)는 자주
고대인들이 '무신론자'라고 하였다. 에베메로스는 홍해(紅海)를 항해해 내려
와, 남쪽 아시아 해안을 돌아서 아주 먼 거리의 판카에아(Panchaea) 섬에까지 도
착했다고 한다. 에베메로스는 그 항해를 마치고 돌아와 저술을 하였는데, 최소
한 '아홉 권의 책'이 되었다. 그 책에서 에베메로스는, '원래 인간'으로서 '탁월
했던 전사(戰士)', 왕, 발명가, 시혜(施惠)자였다가 그의 사후(死後)에 그 사랑했
던 사람들에 의해, '신으로 받들어진 몇 가지 신위(神位)'에 관한 이야기를 논의

람들이, 뒤 이어 신적(神的) 존재로 다시 출현한다.'는 주장은 결코 쓸데
없는 상상이 아니다.

　만약 내가 소위 '희랍 신화(神話)'라 불리는 전(全) 영역에 걸쳐, 그 '인
간 신화론'을 확실히 세워놓지 못한다면, 그것은 충분한 증거가 부족해
서가 아니라, 괴상한 희랍의 대열 속에 포함된 가장(假裝)을 미처 다 지울
충분한 시간이 없어서일 것이다. 그러나 나는 켄타우르(Centaurs), 아테
네의 메뚜기, 아우토크톤(Autochthons) 등등과 같은 몇몇 '추적불능의 존
재들'을 밝혔을 뿐이지만, **희랍의 변장(變裝)은 기껏해야 이제 동양 사회
의 대표적인 존재의 일상적 모습일 뿐이라고 밝히는 바이다.**[희랍 신화
가 인도 '라마주의의 재현'이라는 주장임] 그것은 근대 게르만 신학자
[헤겔 등]들의 비슷한 합리주의 전개도 아니고, 팔래파투스(Palaephatus)
가 펼쳐 보인 해석상의 체계도 아니다. *존재했을 것이라는 것*을 다루지
않고, *존재했던* 것, 매듭의 어려움을 풀어 내리는 가능한 추측을 넘어선
*초월*로 획득된 결과물[역사적 사실]들이다. 유식한 브리안트(Jacob Bryant,
1715~1804)는 적용을 얼버무려 비실용적 이론으로 자신의 박식(博識)을
자랑하였다. 자신만이 찾아냈던 정보에다가 다채로운 '변증법'을 추구
하여 그가 추구하고 있던 역사에서 '국가 기원에 대한 거대한 원리적 의
견'을 마련해 놓았다.[포콕이 무시하고 있는 '당대 역사 탐구의 현실']

　나는 장대한 이민(移民)의 명백한 빛의 인도(引導)를 받아, 그 이동한
*언어(language)*에 의해 끝까지 이끌고 나갈 것이다. 나는 '유럽의 [인도]
식민지(植民地)'를 다루면서 근대 역사가들의 탐색을 이끌었던 것과 동
일한 폭넓은 원리로, 원시 사회와 그 사회적 위상을 고찰할 것이다. 그리
고 많은 결(缺)함으로 혼탁하게 되고, 불완전한 그림의 통일성이 망가져
있으나, 탐구진행 원리의 정확성을 입증함이 성공할 것을 나는 믿을 뿐
만 아니라, 역시 그 진실의 보조가 성공할 것을 믿고 있다. 상고(上古) 인
도(印度)의 역사학도(學徒)는, *상고(上古) 희랍*의 이 기록의 확립을 즐거
워할 것이다. 즉 '자이나 교리(Jaina doctines)'의 놀라운 원시적 존재 사실

　　하였다.-스미스(Smith)의 <희랍 로마 인명사전(Dictionary of Greece and Roman
Biography)> 2권 p. 83

은, -가장 탁월한 동양학자들 사이에 날카로운 논쟁거리이다. 그러나
지금 그것이 실재 역사적 사실로 자리 잡을 지는 의심이 되고 있다.

나는 여기에서 알렉산더 대왕(356~323 b. c.) 시절 뒤에 살았던 것으로
추정되는, 팔래파투스(Palaephatus, 최초의 희랍 신화 '믿을 수 없는 이야기-On
Incredible Tales'의 저자, '수이다스-Suidas'는 '이집트 또는 아테네인'으로 추정했
음)의 저작(著作)에 관한 약간의 고찰을 행할 것이다. 그 책의 저자(著者)
에 대하여, G. 그로우트(G. Grote, 1794~1850) 씨는 말했다.[4] "희랍 신화의
'의사(疑似-准) 역사 이론(semi-historical theory)'을, 일관되고 지속적인 것
으로 유지했던 또 다른 사람은 팔래파투스이다. 믿을 수 없는 이야기에
관한 그의 글에 대한 짧은 서문(序文)에서, 팔래파투스는 '약간의 사람은
교훈을 얻으려고 모든 서술을 믿고 있고, 더욱 깊은 추구하고 조심스러
운 다른 사람들은 그것들을 전적으로 믿지 않는다.'라고 말했다. 이들
양극단(兩極端)을 팔래파투스는 한사코 피하였다. 한편으로 그는 진실
이 발견되지 않을 경우 어떠한 서사(敍事)도 신빙성은 없으나, 다른 한편
현존하는 자연적 현상의 유추와 모순된 결과를 포함한 기존한 서사(敍
事)의 대부분을 그에게는 수용하기가 어렵다는 것이었다. **만약 그와 같
은 일이 당시에 항상 있었다면, 그것은 계속 일어났어야 했는데, 그것은
다시 생기지는 않았다.** 그래서 이야기의 '의사(疑似-准) 역사' 양상(樣相)
은, 시인(詩人)에게나 돌려 줘야 할 것이다."

그로우트(Grote) 씨는 말했다.[5] "팔래파투스(Palaephatus)는 '의사(疑似-
准) 역사 이론'에 의거하여 일관성 있게 신화(神話)들을 다루고 있다. 그
리고 그의 결론은 그 이론이 보일 수 있는 최대량을 보여주고 있다. 추측
의 도움으로 우리는 불가능한 것을 벗어나고 본능적으로 그럴듯한 문
제에 도달하지만, 전체적으로는 증명이 안 된 것이다. 외적 명백한 증거
로 밝힘이 없이는 이 지점을 초월해 뚫을 수 없기에 '그럴듯한 소설(小
說)'과 [역사적]'진실(眞實)'을 구분할 고유의 표준은 없게 마련이다."

그로우트(Grote) 씨의 이 결론적 진술에, 나는 전적으로 동의한다. 팔

---

4 <희랍의 역사(The History of Greece)> 1권, p. 557
5 <희랍의 역사(The History of Greece)> 1권, p. 561

래파투스(Palaephatus)의 체계는 필수적인 '유사(類似, 반쯤) 역사'이고, 추측에 도움을 받은 만큼 동의는 할 수 있으나, 전적으로 확실한 것은 아니다. 그러나 범어(梵語, Sanscrit)가 펠라스기인과 희랍인의 언어였던 것은 확실하므로, 우리는 '진실과 허구'의 그 '내적인 표징(標徵)'은 정확한 것이고, 우리가 '허구'와 역사적 '사실'을 나눌 수 있게 했던 그 구분이 덜 중요하다고는 말할 수는 없다. 호머와 헤시오도스를 포함한 산문 작가나 시인은, 오래전부터 '원시 고국(故國-印度)에 대해 심각한 무지(無知)'를 명시하고 있거나, '심각한 무시(無視)'를 감행하고 있다. 호머의 신들은 전적으로 후배 시인과 산문 작가를 잘못으로 이끌었다. 하지만 헤시오도스가 노래한 대로, **에레크테우스(Erectheus, 아테네 豪族 始祖) 사람들의 토박이 조상과 '아티크(Attic) 인의 메뚜기' 상징은 고어(古語)와 희랍의 옛 종교(힌두)적 의무가 새 질서 속에 어떻게 합병되었는지를 잘 보여 주고 있다.** 한 때 전국에서 공공연하고도 이의(異意)가 없이 숭배되었던 '희랍의 신화들'이 이[호머와 헤시오도스]로부터 고대 스파르타 노예들인 종교 고집쟁이의 망명처가 되었고, 외국인의 정복으로 멸망하게 되었다. 그러기에 나는 '펠라스기 족'의 문제나 신화적인 문제, 영웅적 역사, 호머나 헤시오도스의 문제에서 우리의 길잡이를 택하는데 신중하여, **그것들에 대한 해설이 '범어(梵語) 원천'에 의거할 때**에 바르게 지켜질 것이라고 생각한다. 헤시오도스는 (<신통기(神統記)>에서) 희랍인을 위해서 희랍인으로서 하르피에스(Harpies), 키클롭스(Cyclopes), 포세이돈(Poseion), 헤레(Here), 에레크테우스(Erectheus), 켄타우르스(Centaurs), 고르곤(Gorgons), 티푀우스(Typhoeus), 그리고 대행 체의 주인공을 자신의 손으로 '악마'로 바꾸었다. 그렇지만 **그와 같은 용어가 저자에 의해 잘못 이해되고 잘못 번역이 되었을 때는 그들을 그 원래로 복원하여 바로 잡는 것은 역사학도의 일일 것이다.** 긍정적이고 명백한 역사는 진실한 명명(命名)법과 더불어 그처럼 동시에 세워질 수 있을 것이다. 동일한 효과가 산문 작가의 저작 과정에도 생길 수 있을 것이다. 많은 경우에서 그 관계자들은 원래의 인명, 도시 이름, 종교적인 의례를 변용하여, 특별한 총명으로 기록되었지만 거기에 적용된 원리에서 찾아낸 탐구의 독특한 과정은, 동방(東方)과 서방(西方) 두벌의 기록을 감내하게 하여, 그 변조(變造)나 잘못된 졸렬한 모방을 바로잡아 그들의 진정한 형태로 복원할 수 있는 것이다. 그러면 **이것은 (그것의 고백을 부끄러워하지 말자) 우리의 기존 탐구가 완전히 무지(無知)한 탐구의 가지[枝]라는 사실이 다.** 그러나 역시 우리의 편견과 취향은, 우리들의 영웅들이 종사했던 그 '시적(詩的) 분위기의 파괴'에 신중함에 반발을 하고 있다. 그 관념은 너무나 강력하게 우리의 본성을 휘감아 예술에서의 우아함과 시에서의 아름다운 모든 것을 함께 엮어 짜놓고 있으므로, 진리를 향한 타는 목마름이, 정신과 예술의 통합된 영광이 우리를 어지러운 무아지경에 머무르게 하는 매력적인 지점을 우리가 포기하도록 설득할 수는 없을 것이다.

제Ⅱ장

희랍 역사의 기원

"아직도 우리의 탐구를 '문헌학(philology)'에다 집중을 한다면, '사실들' 과 '관념들'의 탐구를 포기한 것이 아닐 것이다. 우리는 '동방(東方-인도)으 로부터 온 가장 찬연한 빛'에 대해, 우리들의 눈을 닫고만 있지는 않을 것 이다. 그리고 우리에게 주어진 그 '거대한 장관(壯觀)'을 앞으로 이해해 나 날 것이다. 우리는 '그 철학과 신화, 문학, 법'을 수단으로 삼아, 그 언어 속 에서 인도(印度, India) 공부를 할 것이다. 아니다, 그것은 '인도(印度, India) 이 상(以上)의 것'이다. 우리가 읽어 내고자 한 것은, '세상의 기원(起元)'에 관 한 페이지이다."

"(가능할지 모르지만) 생각이 없는 언어, 까불고 무가치한 언어에 대한 탐 구도, 사상의 시각적 상징으로 생각되는 그 언어만큼이나 견고하고 유용 한 그것이라는 깊은 확신을 우리는 가지고 있다. '철학(philosophy)'이 없이 는, 순수한 '문헌학'이란 있을 수가 없다."-프랑스 대학, '범어(梵語)와 그의 문학에 대한 강좌' 부르노프(E. Bournouf, 1801~1852) 교수

'원시 희랍 학습'에 항상 예정되어 있는 모든 것은, 그에 관한 역사가 들의 책에만 의존한다면 우리 '지식의 총화(總和)'도 정말 빈약(貧弱)할 것이고, 그 희랍의 원시생활이 포함하고 있는 신화적 저술에 추가된 어

떤 희망(希望)도 아울러 사라질 수밖에 없다. 희랍의 원천으로부터 생기는 모든 증거들은, 심각한 재능으로 걸러지고 연결하고 분류되어 왔다. '희랍 초기 역사'는 희랍의 작가(시인)들과는 사실상 단절이 되어, '수용된 부정(不貞)이 그 극한점(ultima Thule)'에 도달해 있는 상황이다. '진실에 향한 열렬한 질문자'는 '죽음의 도시' '신비의 대문' 그 앞에서부터 거부(拒否)가 되어, 침묵의 우울 속에서 입성(入城)을 애타게 기다리고 있다. 포기될 수 없는 그 열정으로, 그는 희망의 모든 진입도로를 탐색한다. 그 사업의 어려움에서 그의 용기가 생기었고, 이집트 무덤의 대(大)발굴자처럼 잠시 빛을 포기하고 위기에 대항할 근육의 용기를 불러낸다. 그 **'낯 설은 펠라스기(Pelasgi) 종족'**에게, 처음 얼마나 작은 컴퍼스로 모든 우리의 지식을 축소해야 할 것인가! 그것이 우리가 그 생명의 조롱(嘲弄)과 마주해야 하는 운명인 그 '역사의 사원(寺院)' 입구이다. 나는 희망을 갖고 그 유령과 용감하게 싸울 것이다. 그러나 우선 생각이 난다. 즉 이제까지 시도된 진전(進展)이 실망을 주었는데, 내가 그 탐구의 방법을 달리함에는 무슨 의미가 있다는 것인가? 나는 역사적 진실로 이끄는 일상적 안내를 믿을 수 있는가? 오류에 그들은 어떤 책임이 있는가? 근원은 무엇이며 어떤 범위에 있고, 그들의 정보는 무엇인가? 그 안내들은 그들의 논리가 일치되지 않고 그들 고대의 다양성에 맡겨져 있다. 조심스런 눈으로 그렇게까지 간주(看做)하고 있다. 그러나 나는 나의 외적 불완전성을 감안하여, 그들이 전하는 정보의 수용을 경솔하게 거절하지 않을 것이고, 그들이 내 눈 앞에 소개되는 '시적(詩的) 기계 장치'를 내가 이해할 수가 없다고 그들을 전적(全的)으로 허구(虛構)라고도 생각하지 않을 것이다. 아니다. 그것들은 가치 있는 '진실'을 막을 수 없으며, 그들 스스로 어떤 변장을 의심하지 않도록 '한 가지 복장'을 입고 있다. 우리는 그것을 고찰하기로 한다. '어떤 종족의 언어(言語)'는 가장 지속성이 있는 기념물 중의 하나라는 것은 쉽게 긍정할 수 있다. 그 건축은 먼지 속으로 바스러질 수도 있고, 그 종족도 사라질 수 있어, 그 존재 증거마저도 없어질 수 있다. '영어'가 그것을 설명하고 있고, '희랍어'는 그 주장을 확신하게 하고 있다. 이전에 제작된 수많은 방언(方言) 중에 색슨 족은 '그 토박이말'에 대해 강한 인상을 남겨놓았다. 역사에서 독립된 단순한 연역(演繹)임이 명백하다. 그들은 이 섬(잉글랜드)에서 '색슨 언어'를 말하며 살았다. 그래서 그들이 '색슨 족'이라는 것도 역시 명백하다. 그것을 희랍의 경우에 적용을 해 보자. 희랍어와 범어(梵語) 속에서 구조와 어휘 굴절력 중에 그 정체성(正體性)으로 문학에게 강하게 인상을 주고 있는 것은 무엇인가? 매일 새로운 견해가 보태어지고 새로운 문제가 생기고 부정할 수 없는 사실이 생긴다. **'희랍 언어'는 '범어(梵語)'에서 파생한 것이다. 그래서 범어(梵語)를 말하는 국민, 즉 인도인이 희랍에 거주를 했던 것이고, 그 거주는 옛 언어[梵語]에 변조(變造)를 주었던 종족들의 정착보다 앞섰다. 달리 말하면 인도인이 원시 정착자들이었거나 인도인이 희랍보다 앞서 식민지화를 단행했던 것이다.** 그리고 희랍에 오래 살며, 다른 거주자들의 변증적(辨證的) 모든 자취를 지웠을 것이다. 색슨 족이 고대 브리튼 사람들의 희미한 자취를 대신하여 이 섬에서 '영어를 말하는 천재(시인)'에게 전적으로 색슨의 우표딱지를 전해주고 있듯이 말이다. 그러나 이 섬에서 색슨 족의 식민지 증거(나는 앵글로 색슨의 역사와 구분하여 말한 것이다.)는 언어와 정치적 제도 양면에서 강력하고 그 증거들은 역시 인도인의 희랍 식민지 경우와 비교해 역시 더욱 확실하다. 언어뿐만 아니라 철학 종교 강산 종족에서 그러하다. **희랍의 교묘한 지적(知的) 선회(旋回), 정치적 제도, 무엇보다 '성소(聖所)에 관한 수수께끼들'이 인도 식민지였음을 확실히 입증을 해 주고 있다.** 나는 아주 옛날부터 이민(移民)이 대대적으로 행해졌던 그 증거들을 제시할 것이다. 즉 종교제일주의자들의 동일한 계급이 희랍의 해안가 섬에서 문명의 축복을 펼쳤고, 희랍의 부권적 제도와 철학, 파괴할 수 없는 침울함이 희랍 초기 역사부터 지금까지 드리워 있는 바가 그것들이다. **그 동방(東方) 종족[힌두]의 그 합류는 힘센 물결이 되어 서쪽와 남쪽으로 밀려와 현재의 문명을 풍성하게 했다는 그 '동일한 지역성'[地名의 동일성]을 나는 앞으로 보여 줄 작정이다.** 초기 식민지인들이 이주해 온 나라들이 유별나게 보였을 것이니, 나라(지역)와 나라(지역) 사이에 완전한 연결 고리를 형성했다. '펠라스기 식민지인'에게서의 철학 시 역사 종교에 관한 고려(考慮)-(너무 자주 근거도 없이 야만인, '나뭇잎과 도토리를 먹고 사는 야만인'으로 비하-卑下하는)가 초기 희랍 역사의 바른 이해를 방해하는 많은 난점(難點)을 제거해 줄 것이다. 내 마음에 확신을 준 그 증거들이-고대인의 기원 탐색에 동반되는 동일한 그 흥미로움이, 이 페이지들을 정독(精讀)한 독자에게도 반드시 생기리라고 나는 믿는다.

그러면 그 '펠라스기(Pelasgi)' 사람은 누구였는가? 우리를 더욱 혼란시키고 있는 그들은, 때로는 '펠라르고이(Pelargoi)'라고도 했다. 우리는 희랍어로부터 '무슨 증거'를 얻을 수 있고, 그것을 얻었을 경우, 그것들이 얼마나 유용한지도 알아야 한다. 아마 희랍어는 아무런 정보도 제공하지 못할 수도 있지 않는가? 그것은 아니다. 그것이 이상하게 보일 수도 있다. 그러나 입증의 단순한 코스가 그것을 사실로 정립을 해 줄 것이다.

그러나 내가 그 지점으로 나가기에 앞서, 희랍의 역사 없이 '희랍어 어원'을 매개로 한 탐구했던 그 다양한 결과들을 살펴보는 방법이 좋을 것이다. 재능을 보유한 학자에 의해 행해진 탐구에서, 실재적 현실적 결과가 없고 헛된 도착된 박식(博識)의 자랑은 그 자체가 적용된 그 비능률로 입증이 되고 있다. 가장 일반적인 명칭 '펠라스기(Pelasgi)' 어원(語源)은, 그들이 '해로(海路)로 희랍에 도착했던 사람들임을 말한다.'는 '펠라고스(Pelagos)'와 관련된다는 용어 해설이 있다. 다른 어원학자는 '펠라르고이(Pelargoi)'는 '황새 족'으로, 그들 고대인의 비단옷, 그들의 방랑(放浪)습성으로 설명을 하고 있다. 우리는 달리 '펠레그(Peleg)'를 '수수께끼 이름의 근원'으로 말하는 것도 알고 있다. 뮬러(Mueller, 1823~1900)와 바흐스무드(Wachsmuth, 1829~1896)는, '경작(耕作)'의 의미인 '펠로(Pelo)'와 '들(野)'의 의미인 '아그로스(Agros)'라는 용어에서 도래했다고 했다. 다른 작가는 동사(動詞) '펠라조(pelazo)'에서 그들을 '페라스기'라 칭했다는 것이다. 또 다른 사람은 그들은 그들의 '야만 언어'로 '펠라르고이(Pelargoi)'를 일컬었다고 생각하고 있다. 우리는 희랍 신화의 도움으로 이들 어원론들로부터 효과의 최대치를 확보할 수 있다. 그러나 실제로 얻은 결과는 무엇인가? 이제까지 제공된 정의(定義)에 구체적이고

간결한 것은 있는가? 우리는 그 종족이 확실하게 출발했던 정확한 지점
을 확신할 수 있는가? 그들은 어떤 나라들을 통과했을까? 종족을 문명
화할 그들의 능력은 누구와 함께 했는가? 그들의 독특한 성격인 정치적
종교적인 것은 무엇인가? 만약 우리가 그와 같은 정보를 얻지 못 한다
면, 그들이 용기를 갖는 전체적 심리적 훈련 말고는 우리들이 추구하는
실용적 결과로는 완전히 무가치한 것이다.

그래서 우리는 실제적 결론이 없는 희랍어의 어원적 진행은 오류(誤
謬)에 빠져있다고 솔직하게 결론을 내야만 한다. K. 만네르트(Mannert,
1756~1834)는 말한다. "깊은 밤이 이 역사의 일부로 남아 있다. 한 줄기 빛
만이 감싸고 있는 어둠의 장막을 관통하고 있다. **'펠라스기' 한 쪽에 일
리리안의(Illyrians) 많은 종족이 항해(航海)를 실행하였으니, 예를 들면
스케리아(후에 코르키라) 섬의 '패아키아 사람들(Phaeacians, 페니키아)'이
그들이다.** '아드리아(Adriatic) 해'의 머리에는 오래된 상업 도시가 있었
고, 초기 시대에 인공 운하(運河)가 확인되었다. 먼 고대에도 '아드리아
해역(海域)'에 문명화한 사회가 있었다는 것은 모든 것을 친숙하게 해 줄
것이다." 이것은 결론일 뿐이다. 그러나 그것은 어원적 해설의 모호한
체계에서 도출한 결론이 아니다. 내가 기꺼이 책임을 질만한 희귀한 재
능에 바탕을 둔 저작자 한 사람이 있다[1]. 그 유식한 작가들과는 전적으로
다른 권위에 기초한바 내가 조사한 증거들은, 그 작가가 추측한 결론들
을 종합하여 충분히 확인을 하고 도출을 해 낸 것이다. 어떻든 합리적 정
신이 그것에 의해서만이 진실을 붙들 수 있는 증거의 고리를 형성하는
것, 그것이 나의 목표이다. 그러나 나는 이 탐구의 또 하나의 발걸음을
내딛기 진에, 내 자신 '무식의 범위'를 먼저 조사하여 그것의 치료를 장
점으로 삼을 것이다. 전자(前者)는 약간 쉬운 전제로 최고의 효력을 발휘
해야 하겠지만, 후자(後者)는 이 저작을 통해 채용된 경과 속에 알 수 있
을 것이다.

---

1 리터(C. Ritter), '유럽 종족(種族) 학 입문(Die Vorhalle der Europaeisher Voelke)'

공준(公準-Postulates)

1. 산 강 도시에 부여된 명칭은, '의미'를 가지고 있다고 인정하기로
한다.

2. 명명(命名)자들의 언어가 그 의미를 표현했다고 인정하기로 한다.

3. 명명(命名)자들의 언어가 그 의미를 해설한다고 긍정하기로 한다.

다음,

'희랍인'은 '희랍'이라 부르는 땅에 살았다.

1. 희랍인은 산 강 도시의 이름을 지었고, 그 이름들은 의미를 가지고
있었다.

2. 희랍인의 언어는 그 의미를 표현하였다.

3. 희랍인의 언어가 그 의미를 해설할 것이다.

만약 '희랍인의 언어'가 그 의미를 해설하지 못 할 경우, 그것은 희랍
인의 명명이 아니며 다른 언어를 말하는 다른 나라 국민이니, 다른 언어
는 다른 나라 국민이었음을 말한 것이다.

그러면,

'주어진 이름들'은 지리적인 것이다.

그 '명명(命名)자들'은 역사적인 존재들이다.

그러므로,

어떤 나라의 지리와 역사는 그 나라 '토박이 명명자의 언어'인지 또는
'이주자(移住者)의 언어'인지를 살펴야 할 것이다.

이것을 '희랍의 지리(地理)'에 적용을 해보자.

희랍어로 스팀파(Stympha), 도도나(Dodona), 캄부니 몬테스(Cambunii
Montes), 헬로페스(Helloppes), 아티케스(Aithices), 카오니아 이타카(Chaonia,
Ithaca), 코린토스 오싸 아카나니아(Corinthos, Ossa, Acarnania), 아르카디아
아카이아 뵈오티아 엘리스 라리싸(Arcadia, Achaia, Boeotia, Elis, Larissa)를
번역해 보려면 불가능하다.

어미(語尾) '이오티(iotis)'와 '티스(tis-테싸리 지역에서만 네 번 반복됨)'도
희랍어로는 번역 불능이다. 팀페 오트리스 파르살루스(Tymphe Othrys

Pharsalus) 산의 번역도 안 된다. 그러면 어떻게 해야 할까? 만약 카오누스 (Chaonus), 이타쿠스(Ithacus), 마그네스(Magnes), 테스프로투스(Thesprotus), 코린투스(Corinthus), 아크르난(Acarnan), 파르살루스(Pharsalus), 뵈오투스 (Boeotus)로 불리는 사람들에게서 유래한 지명으로 생각하면 그 명칭의 뜻은 무엇인가?

영국인은 '스미스(Smith)' '브라운(Brown)' '우드(Wood)' '존슨(요한의 아들-John's-son)' '그린(Green)' '블랙(Black)' 등의 의미[族譜]를 말할 수 있지만, '굿(Good)' '쉐퍼드(Shepherd)' '와이스맨(Wiseman)' '램(Lamb)'는 앞서 제시한 명칭 같은 속성을 갖지 않는다. 그 버릴 수 없는 사실이, 영어의 명칭이고 영어 속에 설명이 될 수 있다. 동일한 경과를 희랍에서 찾아진 외국 이름에 대해서도 적용할 수가 있으니, 그것들은 외국어에서 찾아내야 할 것들이다. 그렇다면 우리가 무식했다는 것을 부인하지 말기로 하자. 희랍에 남아 있는 거의 모든 장소의 단순한 의미에 관해서 그러하다. 그렇게 무식하면서도 우리가 '희랍 고전 지리와 **희랍의 역사**' 라는 것을 쓴다는 것은, 우리 자신들을 기만(欺瞞)하고 있는 처사이다. 그러나 우리에게 주어진 그 용납을 감소시키는 위험한 지점을 먼저 명시하겠다. **희랍어에 대한 허영심이나 무지로 우리가 희랍에 지리적 명명의 근원(根源)적 수입처(輸入處)를 모른다면, 우리는 역시 당대(當代)의 역사(歷史)를 모르게 되고, 우리의 희랍 정보 제공자들도 *역사(歷史)적 명칭*들의 충분한 가치를 우리에게 전하지 못할 수도 있다.**

내가 지금 보여주려 하는 것은, 그동안 그 명칭들이 우리에게 제공은 되어 있었으나, 그 명칭들은 어떤 *의미*도 가지고 있지도 않았고, 그것들은 역사적이면서 원시 희랍 지도로서 지리적이지만 무가치한 것이고 뿐만 아니라 바른 길에서 벗어나게 하고 있는 것이었다. 그 명칭들은 '펠라스고이(Pelasgoi)'와 '펠라르고이(Pelargoi)'로 말하여, 곧장 그들의 배치에 힘이 빠져나가서, 우리 지식인의 힘을 '해명할 수 없는 문제'에 정력을 소모하게 하고 있다. 희랍어에서 찾으려 하나, '펠라스기'란 말은 희랍 정착 당시 희랍어에는 없던 말이다. 펠라스기 사람의 역사적 기원은 영어의 도움만으로 색슨족의 기원을 찾는 것과 유사하다.

즉 고대 희랍 시대의 우리의 그 사람들과 사물에 관한 우리의 무식을 고백은, 펠라스기 종족에 관한 무지(無知)도 된다. 그렇다면 무엇이 약(藥)인가? 굉장한 말에 '견고한 정보'를 위하여서는 '희랍어' 대신에 그 '페라스기 어(語)'에 부탁을 해야만 한다. 그 언어가 지금도 남아 있는가? 남아 있다. **'범어(梵語, Sanscret)'가 그것이니, 팔리(the Pali)의 방언(方言)이기도 하다. 한 때는 카슈미르 족(Cashmirean)의 형성과 실체에도 참가를 했고, '고대 페르시아 어'[2]의 구조와 어휘로도 참여하였다. 그러나 그 증거는 무엇인가고 물을 수 있다. 내가 가지고 있는 증거는 상상할 수 있는 가장 현실적인 것 중의 하나이니, '지리적 역사적 증거'이다. 헤시오도스부터 이후 역사서술자의 전(全) 희랍 문학의 부조리(不條理)를 평범한 상식으로 복원한 것으로, 그 언어로 힘을 요구하는 '희랍의 신구(新舊) 정착 자들'이 행한, 명명(命名)법에 관한 그 정체성의 수립이 그것이다.**

그것들에게 나는 앞으로 풍부한 증거들을 제공할 것이다. 그것들은 거대한 요구들이다. 그러나 경우의 사실들과 불일치하는 것이 아니다. 나는 이들 문제를 지리적 증거로 설명할 것이며, 펠라스기(Pelasgi)의 현실적 기원(起源)에 관한 고찰을 시작할 것이다.

---

2 '티베트 어(Thibetan)'가 역시 도움을 주었다.

제Ⅲ장
'이민자'들

"보라, 저 푸른 반구형 사파이어 하늘을
배후의 덮개에는 기둥도 없구나.
세상의 빛으로 보석을 박은 광활한 창궁(蒼穹),
그 수호의 영광은 무한한 경이(驚異)를 뽐내고 있네.
그리고 인간의 기구(崎嶇)한 상황을 돌아보며
죽어야 할 운명도 점검을 하네."

─'섭리(攝理)에 대하여', 사디(Sadi)의 판드나메(Pandnameh)에서

  상고(上古) 시대에 '사회가 있었던 대로에 바른 견해'를 가져보려고
하는 사람은, 그것이 '어떤 나라인가?'는 문제가 안 되고, 진정한 정보원
(情報源)으로 환경이나 혈통에 무관한 그 '원리'에 회부(會付)를 할 것이
다. 이에 앞서 '공평한 재판소'로서 그는 그 역사적 기록들을 기소(起訴)
인정 여부 절차를 밟을 것이고, 그리고 그 권위로 증거들을 측량하여 공
평한 판결로 이끌고 갈 것이다.
  착한 것을 부르고 악(惡)을 버리는 틀림없는 섭리(攝理)의 시혜(施惠) 가
운데서, '문명의 목적'과 '사회적 안락의 개선'과 '압제자를 향한 투쟁'과
'압제자의 잔인성' 등을 돌아볼 때, 세상 통치자의 연출 솜씨를 다 칭송할

수는 없다. 이들 예는 드문 것이 아니어서, 그 예들은 시간의 연속 속에 많은 고리를 이루어서 판결을 뒤엎는 힘에 대한 우리의 견해를 더욱 강화하게 만든다. '알비게네스(Albingenes)에 대한 박해', '스페인에서 무어인(Moors)의 추방', '네덜란드에서의 군주제의 독재', '낭트 칙령의 철회', '성 바르톨로뮤(St, Bartholomew)의 대학살', 지상에서 기독교 목사이기를 주장한 그에 의한 무참한 승인, 제임스 2세의 독재, 이 모든 것과 그밖에 무도(無道)함들은 결국 인간성의 관심에 대한 가장 자애(慈愛)로운 것이 되었다. 그러나 아마 장구한 역사 속에 큰 종교 전쟁에서 비롯한 흐름으로 그런 엄청난 규모의 사건[일방적 폭압]은, **인도(India)의 역사와 범위**를 통해서 촉발된 사례는 없었다. 그와 같은 다툼은 광대한 사람들의 '육체(욕망) 추방'으로 종식(終熄)이 되었다.[포폭의 '佛敎 긍정'의 입장] 그들 다수는 초기 문명부터 그 기술에 단련이 되었고, **그렇지만 그 다수가 '직업 군인(크샤트리아)'이었다. 북(北)으로 히말라야 산 너머로 내몰리고 남쪽에 있던 그들의 최후 거점인 실론 섬(Ceylon)으로 쫓기고 서쪽 인더스 계곡을 횡단해 몰렸던 '박해 받은 사람들(this persecuted people)'이 유럽의 예술과 과학의 싹을 지니고 있었다.** 펀자브(Punjab) 장벽을 통과한 힘찬 인간 물결은 유럽과 아시아의 예정된 통로를 향해 굴러가 세계 도덕의 수정(授精) 속에 그 은혜로운 사업을 성취하였다. 브라만과 불교식 종파들은 서로 나뉘어 그때까지 대부분의 (소)아시아를 지배하였는데, 오랜 경쟁 속에 가장 큰 경쟁자였다. 브라만이 그 승자였다. 불교 신념의 두목(強者)들은 그들 압제자(브라만)의 영역을 넘어 도망을 쳐서 박트리아, 페르시아, 소아시아, 희랍, 페니키아, 영국으로 들어갔고, 그들 초기 현인의 헌신과 상업적 힘의 경이적 높이는 천문학과 기계학에 단순한 기능을 대동하고 있었다. 종교적 반목의 독성(毒性)은 고조되어 브라만 종파의 시인들은 그 가장 야만적 소설 풍으로 부자연스럽게 경멸과 흉포함으로 패배한 적들을 노래하였고, 그들의 언어는 의기양양하여 낭비적인 것이었다. 그러나 바라문(婆羅門)이 승리한 현실은, 불교도의 거대한 축출보다 확실하지 못했다. 인더스(Indus) 강 서쪽 강둑에서 '헤라클레스 기둥(the Pillars of Hercules, 스페인 지브롤터 해협)'에 이르기까지 북 아시아 전역에 그로부터 수세기 동

안 자주자주 헌신적 복합성을 제공하는 분쟁이 문제였다. 희랍의 언어에
서만이 또는 희랍어로 수용된 범어(梵語)만이 이 진술을 입증하는 가장 확
신적 증거를 지니고 있다. 하나의 원리와 하나의 언어가 불교적 신념의
수호자였고, 포교사(布敎師)였다. 그 언어는 '변형된 범어(梵語)'였다. 그리
고 변형은 희랍인에게서 전해들은 것으로 행해졌고, 그것은 내 입장에서
는 풍부한 진실을 제공해 주고 있는 바다. 손쉽게 '종족(種族)의 명칭', '강
(江)의 명칭', '산(山)의 명칭'은 변조(變造)한 매체를 통해서도 역시 알아들
을 수 있고, 믿을 수 있게 번역이 될 수 있다. 언어의 변화에 익숙하지 못
한 사람들은 그러한 변화들이 추적될 수 있는 확실성과 편리함을 쉽게 납
득하지 못할 수도 있다. 즉 희랍의 일상적 방언(方言)의 다양성에서 볼 때
는 매우 불완전한 관념들이 전달이 되고 있는 것이다. '인도에서의 그 거
대한 이주(移住)'는 비록 초기 희랍 정착에 직접 관련을 갖지만, 희랍 인구
에 제공된 바는 종속적 부분으로 작용했을 뿐이니, 나는 진정한 희랍 인
구의 원래의 장소, 현실적 행진, 마지막 정착의 상호 연관성을 고려하여
그 결과에 일반적 견해를 제공하는 것이 목표다. 현재로서는 '**펠라스기
족(Pelasgi)**'의 성급한 견해를 취할 수밖에 없다.

아마 고대에서, '펠라스기 족'의 개성과 방랑성과 그 원래(原來) 위치
보다도 더욱 신비한 문제는 없을 것이다. 다듬어진 희랍 고대의 탐구와
현대적 추구를 행하는 재능을 당황하게 만들었던 것이 그 '펠라스기 족'
의 역사(歷史)이다. 그런데 이제 그 짜증나는 문제를 내가 해명하려 한
다. 그것은 틀림없이 일찍이 나와 동일한 결론이 없었던 바로 놀라운 주
제가 될 것이다. 그래도 이동(移動) 거리가 너무 넓고, 명칭의 변용이 너
무 완벽하고, 희랍인의 정보는 잘못 알게 되어 있어서, 이론적 원리를 전
적으로 무시하거나 독자적인 탐구만으로는 사소(些少)한 해명의 기회도
제공받을 수 없다. 그리고 내가 비록 탐구의 결과에 특별한 장점을 주장
할 수 없다고 하더라도, 나는 진실의 원인에 내 증언을 첨가가 허락된 것
이기에 나는 행복을 느끼지 않을 수 없다.

'펠라사(PELASA)'는 (인도) '바르(Bahar)의 지방'의 고대 명칭인데, *펠라
사 또는 부테아 프론도사(Pelasa or Butea Frondosa)*' 족에게 정복이 되었

다. 펠라스카는 희랍의 "펠라스고스(Pelasgos)"에서 유래한 펠라사(PELASA)의 파생어이다.

이 고장은 (힌두의) 바라문들(婆羅門, Brahmins)이 싫어하는 '불교 신앙'이 매우 굳은 곳이었다. 왜냐하면 '불교[석가모니 이전의 불교]'는 카스트 교리와 중개적 사제(司祭) 기능의 필요성을 부정하였기 때문이다[祭祀 의식 부정]. 일찍부터 알려진 그 두 종파 간에 험악하고 오래된 갈등은 광범한 인구의 추출로 종식이 되었다.['태양 족' '월궁 족' 대립 문제] **"마게단(MAGHEDAN, '마케도니아'에서 유래한 것임)"은 '마게다 족'이니, 펠라사(Pelasa) 또는 바르(Bahar) 지방의 다른 이름이다. 그 종족은 인도의 불경(佛經)에 자랑스럽게 '태양의 후손'으로 규정한 성(聖) 마가(Magha)에서 유래한 수많은 가족들을 말한다.** 마가다스(Maghadas)는 크리슈나(Crishna['크리슈나-Krishna' 항 참조]) 시대에 인도로 들어가서 이 지역²에 정착했고, 그 다음 '키카다(Cicada)'³로 불렸는데, 역시 불교도 영역의 옛 명칭이다. 이 '크리슈나(Crishna-Krishna)의 이야기'는 신비적인 요소가 없는 점이 돋보이는 점이다. 크리슈나 경우 데바키(Devaki)의 아들이니, <칸도기아 우파니샤드(Chandogya Upanishad)>에 실려 있고, 3장 마지막에 안기라스(Angiras)⁴의 후손 고라(Ghora)에게서 신학적 훈도를 받았던 것으로 되어 있다.

세월이 흘러, 바르(Bahar)의 국왕들은 정복으로 그들의 세력을 확장하여, '마가다(Magadha)' 명칭은 갠지스⁵ 강 연안에 나라들에 붙여졌고, 전(全) 인도로까지 적용이 되었다. 그래서 우리는 그 '인도지방의 명명(命名)법'을

---

1 "부테아(Butea)는 단순한 하나의 거대한 나무이고, 일반적인 저지대에 있는 나무가 아니라 산속에 있다. 그 나무는 추운 계절에 잎이 돋고, 3~4월에 꽃이 피고, 6~7월에 열매가 익는다. 잎은 번갈아 돋아 9~16인치 크기이다. 그 꽃들은 나비 모양으로 늘어져 대롱거리는데 그 아름다운 심홍색에 오렌지색과 은색이 곁들어 우아한 모습이다."-록스부르크(Roxburgh) 박사의 <아시아 연구(Asiatic Researches)> 3권 p. 469, '펠라사 나무 묘사'
2 윌포드(C. Wilford), <아시아 연구(Asiatic Researches)>
3 윌슨(Wilson), <범어 사전(Sanskrit Lexicon)> '키카다(Cicada)'
4 콜리부르크(Colebrooke), <아시아 연구(Asiatic Researches)> 7권 p. 293
5 원래는 'Anu Gangam' - C. Willford의 '고대 인도 지도' <아시아 연구(Asiatic Researches)> 9권.

네 배로 늘린 펠라사(Pelasa), 키카다(Cicada), 마가다(Maghadha), 바르(Bahr, 또는 비아르)에서도 동일한 방법을 얻게 된다. 후자에서 이름은 수많은 '비하라스(biharas)'[6]나 또는 '자이나 족(Jainas)'의 왕실 문서에서 나온 것인데, **'자이나 족(Jainas)'은 동양학자가 듣고 놀라는 초기 희랍 사회에 존재했던 종파이다.**[부록 3. 4. 5. 참조] 비록 펠라사(Pelasa)나 바르(Bahar) 지방은 희랍 섬과 본토로서, 동양인 큰 이동이 일반적 명칭들을 제공을 하였지만, 그[인도] 고장에서 도래한 수만으로는 더욱 온화한 지역인 페르시아(Persia) 소아시아(Asia Minor) 희랍(Hellas)의 바뀐 인구 개념에 비례해서 그렇게 된 것은 아니다.['펠라스기' 종족적 특성 강조] 고르카(Ghoorka) 산맥에 델리(Delhi) 오우데(Oude) 아그라(Agra) 라호레(Lahore) 모울탄(Moultan) 카슈미르 인더스 라이푸타나(Rajpootana) 지역의 사람들은, 먹고 살려고 유럽과 소아시아로 향해 그들 수천의 추가 인원을 파견을 하였다. 머나먼 서쪽으로의 그 전쟁과 같은 순례와 더불어, 북부 인도의 '사카스(Sacas) 족' 후예인 '앵글로 색슨'족도 역시 그들처럼 연대(連帶)를 이루어 서쪽으로 향함에 따른 위험을 감내(堪耐)하게 하여 그들 앞에 펼쳐진 비옥한 토지에 소유권을 차지하기 위해 충분하고도 강력한 토박이 무력을 진격시키었다. ['힌두 문화(思想)의 優位'로 그 흐름의 基源을 상정한 것임]

비록 그들 자신과 그들의 종교적 스승들의 추방에 국한된 큰 전쟁['마하바라타 전쟁']에는 승리하지 못 했으나, 그들 '실천의 엄격성'은 그들의 저지를 방해하기 충분했을 어느 종족의 무차별적 공격에도 두려울 것이 없었다.['마하바라타 전쟁' 전쟁 패배자들이 서남쪽으로 향했다는 전제임]

비록 그들의 희랍 식민지화에 단일한 조화는 소유했지만, 그들의 땅 선택을 향한 이동은 일정하지 않았고, 약간의 중간 개입의 정착민이나 지속적 개성을 지닌 사람들은 없었다는 점이 북서부 인도의 국경과 북동부 희랍 국경 사이에 풍성하게 흩어져 있는 '종족' '산' '강' '종교적 종파의 명칭'으로 볼 때 명백하다.

---

6 '비하라(Vihara, Bihara)'는 '자이나 왕국'이니, 이 지방이 명칭은 '바르(Bahrs)' 원주민에서 유래한 것이다.

나는 여기에서 독자에게 '펠라스기 족'의 이동 범위와 그것의 역사적 가치를 언급함을 잠깐 멈추려 한다. **'상고(上古)시대 희랍 역사'는, '상고 (上古)시대 인도(India)의 역사'이다.** 이것은 놀라운 이론이고, 간단한 문제가 아니다. 희랍의 역사(歷史)는 '언어' '종교 종파' '왕권'과 '무력'에서 '인도 사(印度 史)'와 많이 동일하다. 그들의 시간에 낡은 표면에 하나로 초점을 모은 연합된 빛의 도입이 없이, 잘못된 '희랍 신화' '희랍 영웅전'이란 존중할 만한 문서를 해독하려는 사람은 진정한 상고(上古) 희랍 역사에 계속 이방인(異邦人)으로 남아 있을 것이다. '기원'과 '방향' '이동의 방대함'에 대한 철저한 확신이 없다면, 독자들에게 어떤 낭만 또는 최소한 너무 열정적 기질로만 보일 것이다.

그리고 나는 여기에 그의 재능과 심원한 학습이 순전히 고전적 원천에서 추출해 내어, 모든 단단한 정보의 입자들을 파악 분류 저장할 수 있었던 권위자[7] 한 사람을 소개하려 한다. 그는 말한다. "나는 여기에서 나의 탐구들에 관한 나의 추구를 마치려 한다. 왜냐하면 나는 *펠라스기 사람들 (Pelasgians)에게 더욱 많이 의지하면 더욱 많은 주저(躊躇)가 생길 것이다.* 라고 느끼기 때문이다. 나는 이제 고찰이 원(圓)을 형성할 목표에 도달하였다. 여기에 나는, *우리가 알고 있는 희랍 역사의 상고(上古) 시대에* '방랑의 집시'가 아니라 확실한 종족으로 정착했던 '펠리스기 족'의 존재를 확신한다. 나는 단순한 가정(假定)이 아니라 온전한 역사적 시각(視覺)에서, 당시 유럽에 어떤 다른 종족보다 많은 **'펠라스기 족'**은 널리 퍼져 있었으니, 포(Po)와 아르노(Arno)로부터 대부분의 보스포로스(Bophorus)까지 확장이 되어 있었다. 그러나 그들의 영역은 트라케(Thrace)에서 붕괴가 되었고, 그래서 아시아 티레니아 사람들(Tyrrhenians)과 아르고스(Argos)의 펠라스기 사람의 연결 고리는 애개 해(Aegaean) 북쪽 섬들로 지속이 되었다."

"그러나 계보학자와 희랍주의자 시대에 그 엄청난 종족(펠라스기 사람들-Pelasgians)이 남긴 모든 것은, 스페인에서 켈트 족(Celtic tribes)처럼 독자적이고 분리되어 있고 널리 퍼져 있으니, 홍수로 평지가 바다가 되어 섬이 된 산

7 니부르(B. G. Niebuher), <로마 역사(Histoire Romaine)>, 1권, p. 52

꼭대기들과 같다. 그 켈트인들처럼 그들도 살 것을 생각하였고 거대 종족의 분편(分片)이라는 것을 생각하지도 않았다. 그러나 정착들이 식민이나 이주로 형성되어 희랍인과 동일한 풍속에서 유사하게 분포가 되어 있었다."

B. G. 니부르(B. G. Niebuhr, 1776~1831)의 위의 말은, 내가 희랍의 지리학적 고찰을 주제로 삼았던 바로 그들의 넓고도 실제적인 형식으로 일별(一瞥)만으로도 충분히 확신된 바다. 그 지리학적 용어는 산이든 종족이든 강이든 도시든 그들이 희랍인들의 귀에 전했던 것이고, 희랍인의 패션으로 기록을 남겼던 것이고, 결과는 명칭과의 접속이고, 그들의 혼탁한 철자법 속에 그대로 있다. '**펠라스기 종족(Pelasgians)**'의 실제적 확장(擴張)은, (사실상 그것은 당시에 행해진 유럽과 아시아로 와서 심어진 일반적인 도 인구의 동일한 것이다.) 그 니부르(Niebuhr)의 생각을 훨씬 초월한 것이었다. **그와 같이 '펠라스기 종족'의 방대한 정착과 그 이름의 왕국이 굳건하여, 그 종족들의 명명[이름 붙이기]-아니, 희랍 고대 사회의 종교적 체계-나는 이후의 스페인, 이탈리아, 희랍, (소)아시아, 페르시아, 인도의 지도에서도 동일한 이주자(移住者)의 도표(圖表)를 읽을 수 있다는 점에 의심이 없다.**

그래서 나는 그들을 추적할 것이다. 그들이 제공해 주는 정보는, 속이는 것도 무성의하게 계승한 것도 아니라고 나는 믿는다. 온전한 일관성과 탐구의 지분인 실제적 결론을 향하여, 나는 담담하게 호소하는 바이다. 해설상의 어떤 무심한 오류가 있을지는 몰라도, 그 원리의 정확성을 무효화할 수는 없다.

제Ⅳ장

희랍 오류의 원천들

"'진실의 우위(優位)'를 확보함에 비교될 수 있는 기쁨은 없다. (神의 명령을 받은 산이 아니고, 공기가 맑고 고요한 곳이다.) 그리고 발아래 계곡의 오류(誤謬)와 방황(彷徨)과 안개 폭풍우를 굽어보는 것, 그래서 그 광경은 과장과 긍지가 아니라, 항상 그저 '연민(憐愍-pity)' 그것일 뿐이다."

 —베이콘(F. Bacon, 1561~1626)경-'진실에 관한 에세이'

희랍에서 도출한 우리의 지리적 지식의 기초가 명명(命名)상으로 부적절한 것이 아니라면, 그것과 관련된 그 역사도 속임이 있을 수 없다. 희랍 지리에 관해 가장 분별력을 발휘한 스트라보(Strabo, 63 b. c.?~21? a. d. 희랍 史家)는 '아반테 족(Avantes)'의 고대 기원을 제공하면서 포키스(Phocis)에 정착하여 아배(Abae)시(市)를 세웠고, 그 다음 에우보이아(Euboea)로 이주했고, 그러한 결과 '아반테 족(Avantes)'[1]으로 불리게 되었다고 말했다. 그러나 스트라보(Strabo)는 원래 '아바이(Abae)' 명칭은 어디에서 유래했는지 말하지 않고 있다. 그러나 이들은 특별히 '트로이(Troy)' 평야에 호전(好戰)적인 용감한 병사로 두각을 나타냈던 종족이다. 정의(正義)는 그

---

1 스트라보(Strabo). '희랍 지리(Greek geography)', 444

들의 출생지에도 실행되어야 했다. 호머(Homer)는 그들의 명예를 고상하게 노래를 하였고, 어떤 고대 종족의 그 '장대한 장군들의 혈통'임을 선언하였는데, 나는 너무나 자주 비역사적인 존재로 주저앉았던 '갑옷²의 역사적 발굴자'로서 자랑스러움을 느낀다. '아반테 족(Avantes)'은 말바(Malwa) 지역의 아반티³ 또는 오우게인(Ougein)에 거주했던 빛나는 '라지푸트(Rajpoot) 족'이었다.[인도 '크샤트리아 족'의 후계들이라는 의미] 다시 말하자면 희랍 초기 시인(詩人) 중 한 사람인 아시우스(Asius)는 기원전 700년 경 '검은 땅' 출신 펠라스구스(Pelasgus)왕을 모셨다.

> "귀신같은 펠라스구스(Pelasgus)가 산에서 추격을 행해서,
> 검은 대지(大地)는 그 운명의 종족을 토해 냈네.⁴"

이 진술은, '전통(傳統)을 우선으로 삼아, 토박이 기원의 종족적 허풍으로 일관된 희랍 언어에 의한 명백한 이단(異端)'이라는 점을 그대로 유지하고 있다. 그렇다면 이것에 관련된 평범한 역사적 사실은 무엇인가? 우리는 이론이 아닌 '진실'을 추구한다. 그렇다면 펠라스구스(Pelasgus)왕을 길러낸 곳이 펠라사(Pelasa)의 성소(聖所)인 가야(Gaya)였음['가이아 -Gaia(大地)'가 아님]을 알아야 할 것이다. 이것이 '범어(梵語) 속에 있는 역사(歷史, 사실)'이다. 이야기는 희랍 속에 있다. 또 한 가지 : 아이스킬로스(Aeschylus, 525~426 b. c.)는 팔라이크톤(Palaecthon)의 후예를 펠라스구스(Pelasgus)왕으로 만들었다⁵. 그리고 이것은 틀림없는 사실이다. 그러나 팔라이크톤(Palae-cthon) 희랍의 '옛 땅'⁶의 후손은 아니다. 펠라스구스(Pelasgus)는 '팔리-크톤(Pali-cthon)' 즉 '팔리 땅'의 후손이었다. 그래서

---

2 콜로넬 토드(C. Tod)의 <라자스탄(Rajast'han)>에서 '라지푸트 시인(bardei)' 참조
3 '아반티(Avanti)'에서, 'v'와 'b'는 인도에서 구분 없이 발음된다.
4 Asius. (Ap. Paus. 3권 1, 4.)
5 Supp. 5권. 248
6 니부르(Niebuhr)는 아무렇지 않게 이 아이스킬로스 오류에 빠졌다. 아이스킬로스는 펠라스기 사람이 아니라 희랍인으로서 듣고 기록을 하였다. (니부르 <로마> 1권 p. 29, 각주 참조)

'팔리(Pali)' '팔라사(Palasa)'의 언어, '마가다(Magadha)', '베하르(Behar)'[7]라
고 하였다. '희랍 명칭의 해명'은 터무니없는 하찮은 것이 아니고, 희랍
인들이 그들의 기원 신화 시학의 경향과 발명을 거기에 기탁했던 신화
(神話)만큼이나 재미가 있는 가장 역사적인 것이기도 하다. 그러나 신(神)
들의 혈통과 '켄타우르(Centaurs) 이야기'는 우화적이고 전설적인 것으
로 받아들이지만, 희랍 종족들의 기원(起源)담은 그대로 역사적 진실로
읽힌다. 그러함에도 어느 것도 전자(신화)의 '발명'이나 후자(역사)의 '사
실'도 아니고, 모두 동일하게 역사적 가장(假裝)에 그 기초를 두고 있다.
진실은 그 작업 과정에 충분히 드러나게 되어 있다. 이처럼 우리는 말한
다.[8] 로크리안 족(Locrians)은 악취가 진동하는 샘('오조-Ozo', 냄새나다)에
서 유래한 '오졸뢰(Ozoloe)'에서 왔으며, 켄타우르 네수스(Centaur Nessus)
가 묻혔던 것으로 전해진 타피우스(Taphius) 산 아래 해안가 연안에 있다.
이 용어의 다른 번역은 '오이톨리아(Oetolia)' 동부에 거주했던 '오졸로
이(Ozoloe)'라는 것이다. 그들은 역시 그들의 신체와 의복의 '냄세(ozee)'
에서 유래했는데, 후자는 야수(野獸)의 생가죽의 의미이다. 또 다른 노력
은 이 인종학적 명칭을 수정하게 하였다. 희랍에 거주자들은 기적적으
로 생산되고 심어지고 엄청난 포도주를 생산해 내는 확실한 '오
조'(Ozos, '가지' 또는 '발아')는 아니고, 오조(Ozo)에서 유래한 '오졸로이
(Ozoloe)'를 그 호칭으로 하지는 않았다. 그러나 그 와인 재고품 기원에
관련된 '상스러움'이 있었는데, 주인들은 그 직함에 극도로 불쾌감이
생겨 그들의 이름을 '오이톨리 족(Oetolians)'으로 바꾸었다! 독자가 자세
히 살피면 이 지리적 분할에서 그 '오졸로이(Oz-oloe)'는 '우크쉬-발로

7 "실론 섬에 마호니 선장과 아바에 부카난 씨에 의하면 '팔리' '발리' '마가디'의
병용은 동의(同義)어이고, 그들의 '신비어'에 속한다고 한다. 나는 그런 습성을
감안하여 마가마(Magadha)의 옛 방언이라 추정하고 중국인도 팔리(Pali) 왕국
을 그렇게 불렀다고 생각한다. 인도에서 마가다에 대한 명칭은 알려진 것이
없으나, 그 기원은 푸라나 족을 통해 추적될 수 있다."-C. 윌포드, <인도지도
(Indian Geography)> 9권, p. 33
그래서 앞서 적은 바와 같이, 팔리 불교 문학과 관련된 가치 있는 진본은 빛을 보
아 번역이 되었다. 특히 H. G. 투르노우르 역 <마하반소(Mahawanso)>를 보라.
8 스트라보(Strabo), '희랍 지리(Greek geography)', p. 426

이(Ooksh-waloe)'나 '옥수수-사람들(Oxus people)'이었고, 희랍 골동품수집가들의 명명(命名)에 대한 엄청난 신용을 이해하게 될 것이다. 그리고 어려움을 견디는 이 과정은 희랍 작가들에게서 발견되고, -그들 자신들도 '범어(梵語)를 동종(同種)의 희랍어로 잘 못 알았던 해설가들'이었다. 희랍인들에 의해 잘못 소개된 이 과정을, 유럽의 지식인들은 아직껏 그것을 지속하고 있다! 신화 시학적 이론에 경탄하고 길들여진 성품의 암흑 속에 과연 '경이롭다는 것'은 무엇인가. 나는 여기에서 한 작가[9]의 건전한 고찰을 소개하려하는데, 그는 희랍 문헌학에 비교적 바른 견해를 지니고 있고, 실용적 목적으로 과학의 활용에도 바른 견해를 지니고 있다. 그는 말한다.

"외국어 학습은, 호기심의 대상이건 역사적 도움을 얻기 위해서건 간에, 그 추구에서 구분된 계층을 형성할 수는 없다. 이것이 '희랍 문학사'의 특이성이다. 그 점은 이후에 세심하게 주의를 해야 할 사항이다. '펠라스기 족'의 고대에 희랍을 대한 태도는 '앵글로 색슨'으로 우리 자신을 대한 것과 같았다. '앵글로 색슨어'는 죽은 언어이고, 결국 그것에 관한 지식은 오늘날 실용성이 없다. 그러나 그것의 탐구는 철학적 고고학적 관심에서 열심히 수행되고 있다. 희랍인의 경우는 다르다. 고전의 영역 내에서 '펠라스기 방언'의 구사와 소멸의 암시는 세밀하게 살펴도 친근하게 될 수 없을 정도로 너무 빈약하고 막연하다." 여기에서 앵글로 색슨과 펠라스기 족, 즉 영어와 희랍어의 정확한 비유를 마음에 간직해 두고 이 섬에서 앵글로 색슨 식의 '강(江)' '도시' '산'에 대한 명칭을 영국인의 온전한 정신 상태로 어떻게 했을까? 나는 유감스러운 심경으로 그 '어원적 사소함'이 역사적 진실을 대신할 수밖에 없다고 규정하고, 강렬한 희망을 가지고 희랍 고대사를 향한 서광(曙光)은 아직 창고 속에 있다고 단정한다.

호머(Homer)이래 희랍 작가들을 가늠할 원시 희랍 사회에 관한 동일한 무지(無知)는 '키클롭스(Cyclops)'란 단어의 취급과 어원적 변조에서

---

9 C. 무어(Colonel Mure, 1799~1860), <희랍 문학사(The History of Greek Literature)>, 1권 p. 50

도 드러나 있다. 능숙한 언어와 생동감 있는 희랍의 천재들은 어울리는 이야기를 준비하였다. 어떻게 '키클롭스'의 거대한 이마에 그 이상한 '원형의 눈'을 달게 하고 만족을 했을까!['지금' 없는 것은 '옛날'에도 없었다.] 괴물의 확장과 그의 놀라운 이야기는 그 이후 용이하게 되었다. 호머[10] 속에 정말 '키클롭 족'은 이후 작가들의 작품 속에서보다 더욱 자연스럽고 단순하게 말해졌다. 그러나 역시 그 용어의 옛 의미를 통째로 상실하게 하는 표현 방법에서, 호머 식 글쓰기 실질적 연대는 그것들에게 붙여질 수 있는(자연스럽게 쓰였던) 가장 최근의 연대가 제공되는 것이다. 만약 희랍인이 '최초로 **펠라스기 사람**의 용어[梵語]'를 오해했던 경과를 확보하지 못 하면, 그들이 희랍인처럼 상상했던 것을 그들 자신의 번역에다가 이야기를 맞추어서, 현대 학자들의 합리적 진전의 결론을 사유하는데 조금도 도움이 될 수 없고, 결과는 전체적인 역사의 기초를 부정하고 신화 전설로 한정해버리는 쪽으로 더욱 탐구 정신을 왜곡(歪曲)할 것이다. 한 가지 예(例)에서도 가치 있는 결론들이 자주 얻어진다. 다른 것에서는 지성(知性)의 전체적인 동면(冬眠)이 보장된다. 축복받은 독일 작가는, '키클롭스'는 펠라스기 사람의 원형 건물과 관련된다고 알려주고 있다. 그것은 건물이 벌집 같은 것이라는 이야기이니, 건물에는 *원형 구멍*이 있었고, 건물들의 꼭대기가 눈[眼] 같이 둥근 개방이 되어 있어서 그 종족들의 명칭이 되었을 것이라는 추측이다.[11] 또 다른 기발한 작가[12]는 말하기를 초기 희랍인이 활을 쏘는 올림피아 신을 그리며 더욱 효과적으로 목표물을 겨누기 위해 한쪽 눈을 감은 신을 그린 것이라는 이야기다. 동일한 이치로 스키타이 족 아리마스피(Arimaspi)는 '외눈(獨眼)'이고, 탁월한 궁수(弓手)는 활 쏠 적에 한 눈을 감은 것에서 이 일화를 얻었다. 또 다른 제 삼자(三者)[13]로부터 우리는 키클롭스는 광부(鑛夫) 신분이었음을 알 수 있고, 땅굴 속으로 들어갈 적에 길을 밝히는 등

---

10 Odyssey, vi 5; ix 106, 240
11 Kruse's Hellas, i 440.
12 Ast. Grand, der Phil.
13 Hirt. Geschich der Bauer., i 198

의 지참이 한 눈을 지니 것으로 알려졌다는 설이 있으니, 그래서 '키클롭스'는 외눈(獨眼)이라는 것이다. 이것은 포티우스(Photius)에 보존된 아가타르키데스(Agatharchides)의 통로로 그것을 뒷받임이 하고 있으니, 노동자들이 앞머리에 등을 달고 그들의 채굴(採掘)을 밝혔던[14] 이집트 채석장에서 획득한 대리석 덩이들에서 착상을 한 방식이다. 그렇다면 '키크롭스 족(Cyclops)'의 그밖에 다른 고려들도 넉넉히 긍정할 수 있으나, 유감스럽게도 우리는 역시 서로 다른 세 가지 결론을 지니고 있다. 첫째는 건축가이고, 둘째는 궁수(弓手)이고, 셋째는 광부(鑛夫)이다. 그렇다면 무엇이 이처럼 무(無)규정적인 다양한 결과들을 낳게 했는가? 우리는 계산을 행한 공식의 부정확성을 의심하지 않을 수 없다. 그리고 그와 같은 입증은 한 가지 경우일 뿐이고, 더 이상은 쓸 수도 없는 방법이라는 점이다. 이 문제를 더욱 천착해 보자. **호머는 키클롭스가 법(法)이 없이, 강인하고 거대 체구의 유목민으로 알고 있었다.** 그들은 농업을 거부하였다. '키클롭스(Cyclops)'는 정치적 재도가 없었고, 산속 동굴에서 가족과 거주하며 독자적으로 야만성을 기르며, 인육(人肉)도 가책 없이 포식[15]하는 족속이었다. 호머와 더불어 폴리페무스(Polyphemus)는 유일한 순수한 독안(獨眼)의 '키클롭스 족'이었다[16]. 아폴로도루스(Apollodorus)와 이후의 다른 사람들은 이 점에서 서로 다르다. 그들은 트라키아 족으로 유능한 건축가로 묘사되고 있다. 그들은 트라스(Thrace) 출신으로 크레테(Crete)를 수리하고 아르고스(Argos) 미케내(Mycenae) 티린(Tiryns)의 거대 장벽(障壁)을 세웠다.[17] 슈미츠 박사(Dr. Schmits)는 공정하게 고찰을 하였다.

"그와 같은 장벽(障壁)들은 '키클롭인의 장벽'이라 알려져 있는데, 고대 희랍 로마의 다양한 지역에 아직껏 존재하고 있다. 그것은 조잡한 다각형으로 되어 있는데, 넓이가 20 또는 30인치였다. '키클롭스'가 그것들을 세웠다는 이야기는 지어낸 이야기처럼 보일 수 있고, 역사적 지리

14 Schl. ⅰ 8
15 Homer, Od. ⅵ 5 ; ⅸ 106
16 Od. ⅰ 69.
17 Strab. ⅷ. p. 373 App. ⅱ. 1.

학적 설명이 없는 것으로 생각할 수 있다. 예를 들어 호머는 키클롭스 인 (Cyclops)의 성곽에 대해 아는 것은 없었고, 호머는 티린 족(Tiryns)을 '키클롭스 πόλη τειχιόεσσα'[18]로 불렀다. 키클롭스 인의 장벽은 원시 종족-아마 '펠라스기 족'에 의해 건축되었을 것이니, 역사 기록을 갖기 이전에 그 지역들을 점령했던 국가 건설 이전의 종족일 터이니, 이후 세대는 우리들만큼이나 '그 거대한 몸집'에 감명을 받아 그 건축을 전설적인 '키클롭스 족(Cyclops)'의 것으로 치부(置附)했을 것이다. 플라톤[19]의 해설에 의하면, '키클롭스'는 비 문명화된 원시 상태의 대표적인 존재들이었다. 그러나 그 설명은 만족스러운 것이 못 되고, 최소한 '세계 생성 론'에서의 '키클롭스들'은 자연 속에 명시된 어떤 힘들의 인격화로서 이해되어야 할 것이니, 그것은 그들의 명칭으로 충분히 제시되어 있다."[20] 플라톤 식 정의(定義)는 수용될 수 없는 것이, 한 마디로 희랍인의 원리를 '비 희랍인'에게 적용했기 때문이다.[플라톤은 이미 '희랍주의' '아테네 애국자'임] 그러나 확실한 것은 그 '성곽들'이 있다는 점이고, 우리가 말해 왔듯이 '펠라스기 사람들'이 축성(築城)을 했다면, 같은 이유에서 키클롭스인이 축성(築城)을 할 수 있다는 점이다. 그리고 그것에 관해 나는 '펠라스기 인의 언어(梵語)'에 호소를 하겠다. 그러려면 우선 나는, 이들 성곽이 축조될 당시에 *희랍에 호머도 태어나지 않았을 때에*, '펠라사(Pelasa)의 언어'는 역시 희랍에서 구두 의사 전달의 원리적 수단이었다. 간단히 말해 '쿠클로페스(Cuclopes)'[21]라는 용어는 '고클로페스(Goclopes)'의 변형된 형태이니, '고클라 칩스(Gocla Chiefs)'[22]는 즉 줌나(Jumna) 강둑을 따라 열린 지역인 고클라스(Goclas) 지방에 거주했던 추장들이다. '고클라-페스(Goclapes)'는 그네들의 '고클라스(Goclas)'라는 '소떼의 목자(牧者)적 풍속'에 유래한 명칭이다. 고클라(Gocla) 지역은 난다(Nanda)와 크리슈나(Krishna)가 그의 젊은 시절에 거주했던 지역이고[23]['마라하바라타 전쟁'과의 연

---

18 Il. ii. 559.
19 Ap. Srrab. 6. xiii. p. 592
20 Smith's Dict. Antique. i 909.
21 부록. 규칙 5 참조
22 'Gokoola' 'Pa'는 '왕' '대장'이다. 규칙 참조.

결임], '고피스(Gopis)' '초원의 님프(Pastoral Nymphs)' 사이에 승리한 왕자의 모습이고, 그래서 호머가 그 키클롭스를 '폴리페무스(Polyphemus)'라는 목양자(牧羊者) 성격으로 교정된 것이다.

줌나(Jumna)의 '고클라-페스(Gocla-pes)'에 의해 식민지가 된 희랍의 일부는 '고클라-데스(Gocla-des)' 희랍 식 표기는 '쿠클라-데스(Cucla-des)'이고, 우리 식으로는 '키클라데스(Cyclades)'[24] 즉 '구클라스(Guc'las)의 땅'이다. 이처럼 단순한 지리학적 펠라스기 식의 증거 위에 초기 희랍 정착들의 원래 고장과 언어에 관한 독자적 독립성으로 초기 희랍 역사의 대강을 일단 확보를 하여 신화적 범주에서 구해내었다. 즉 키클라데스(Cyclades)의 역사적 유래는 이제 그의 위치를 잡게 되었다.[25]

그러면 여기에서 호머가 기록한 바, 동굴의 야만인 '키클로페스(Cyclopes)', 희랍에서의 키클롭의 정착에 관한 기록은 호머 시대까지 전해진 '펠라스기 사람 시대'의 현실적 의미와 정확하게 일치한다. 이처럼 '펠라스기 인의 언어(범어)'가 그 성곽들이 축조되었을 것이라고 전하는 사람들과 연결이 되게 된다.

---

23 윌슨(Wilson), <범어 사전(Sanskrit Lexicon)>. s. v.
24 범어(梵語) 'des'는 '땅, 고장'의 의미이다.
25 'κύκλας δος'에서 파생된 '원(圓)'의 의미이다.

제 V 장

동양적 탐색

"'인도(India) 고대(古代)에 대한 탐구'를 '인도의 역사(歷史) 해명'에만 국한하면, 그것은 틀림없이 일반적 학도에게 아무런 흥미도 끌지 못 할 것이다. 시적(詩的)이고 사치스런 우화(寓話)를 향해, 막연하고 건조(乾燥)한 어떤 가능성의 대체물(代替物)로 이끄는 그 소설 같은 당혹과 모순의 미로(迷路) 해명에, 쓸데없는 노력을 낭비한다는 생각도 들게 할 것이다. 그러나 사유(思惟)의 과정에서 어떤 '명칭(名稱)'이나 '사건(事件)'이 그 계기가 되어, '인도(印度)의 전설'과 '희랍(希臘) 로마의 합리적 역사(歷史)' 사이에 그것들이 연결점을 제공하는 것으로 바뀌면, -'동양의 영웅'과 '서양의 영웅' 사이의 충돌에 급속도로 그 관심이 당장 고조(高潮)될 것이고, 그것은 서양과 동양의 모든 작품을 점검하여 그 문제에 공존(共存)하는 빛을 던질 때까지는 만족할 수 없게 될 것이다. 그와 같은 열정이, 윌리엄 존스 경(Sir William Jones, 1746~1794) 시절에 '산드라코투스(Sandracottus)'와 '칸드라굽타(Chandragupta)'의 동일성(同一性)이 제기되었고, 역시 그와 같은 열정으로 범어(梵語)가 학습되었고, 아직까지 학습이 되어 재가(在家) 문헌학자가 되어 '고대 유럽의 고전 언어'와 '범어(梵語)'의 관계가 절친함을 발견하게 되었다. 최근 터너(E. G. Turnour, 1734~1788)씨가, '인도 기념물 발견하고 푸르나(Pauranic) 기록에 비장(秘藏)된 불교 역사가들을 공개했던 점'은 더욱 흥미로운 일이다."　　　　　　　　　　－제임스 프린셉(James Prinsep, 1799~1840)

위 같은 기록을 남긴 재능 있는 간절한 학자와 그의 '동양 탐구에서의 열정'은, 결국 그가 '거주하는 그 사회의 자랑'이 되게 하고 '문학계의 초점'이라는 존재가 되게 하였다. 우리의 '동방 왕국의 연대기'를 밝힌 영광스런 저들의 기록을 내가 검토했던 것은, 감상적 감정이 없는 것은 아니었다. 사람들은 '그것들(명칭들) 자체에 바쳐진 노고(勞苦)의 측량할 수 없는 가치'와 그들 고장에서 그것들을 도구로 얻을 수 있는 '명성의 고상한 수확'을 인식하지도 못 한 채로 그냥 지나쳐 왔다. 인도(India)에서는 '지적 신체적 힘'의 빛나는 이론인 '병법(兵法)' 역시 역사적 탐구에 비추어 함부로 행사지 못 하도록 축성(祝聖)이 되어 있다.

'무사(武士)'와 '평화의 사도(司祭)'가 함께 힘을 쓰는 무대로부터 퇴장이 되어, 과거 그들이 전체적으로 전 세계 기독교도들을 압도(壓倒)했던 '지적(知的) 부국(富國)'이라는 점에도 그들은 무관심하다. 그들은 동쪽과 서쪽의 역사적 왕국의 통일과 견고하게 했던 용감한 기업 정신으로 자주 외적(外敵)을 격퇴고하고 종교 정치 고유의 사회를 확립하여, '패배(敗北)'로 그만둘 수 없는 사실의 분별 속에 거듭 죄(罪)를 물어왔었다. '윌포드(Wilford)'와 '토드(Tod)'라는 이름은 이 부류의 사람들에게 영광스런 이름이다. 그리고 희생이 되었던 문학적 부담 속에 전자(前者, Wilford)의 고상하고 솔직함은 고대 사회를 '신비성'을 관통하는 사랑 받은 사업일 뿐이었음에 대해, 굳건한 주장과 유능한 뒷받임을 확보했던 후자(後者, Tod)의 지속적인 견해는, 독자 앞에 실제적인 지리적 증거들을 넉넉히 입증해 줄 것이다.

나는 지금 문명(文明)의 원천(源泉)에 서 있다.['세계사'의 '始發'이라는 의미] 가장 원시적이고 가장 힘 있었던 왕국들이다. 그 관점이 구분이 되고 있으니, '서부 아시아 높은 고원(高原)'의 유리한 지역을 내가 잡았기 때문이다. **옥수스(Oxus) 족의 '전쟁 같은 순례(巡禮)'는, 동(東)으로 서로 남(南)으로 이동하고 있다. 그들은 인도, 유럽, 이집트를 향한 부족(部族)적 대열이었다.** 인더스 강 어구(御溝)에 능동적이고 재능 있고 사업적인 항해(航海) 족이 거주했던 그 대 이동을 이은 시대에, 펀자브(Punjab)의 호전적(好戰的) 족속도 그네들 고장에서 축출되어 먼 희랍을 찾게 되었다. '인더스 강 어구'에서부터 '코레(Coree)'까지 펼쳐진 해안가에 거주했던 상인(商人) 족들은, 이민선(移民船)에 승선하였다. 그들의 문명을 향한 장대한 결과와 그들의 예술적 기념물들은 감탄과 탄식의 정서로 그들의 정신을 채우고 있었다. 메크란(Mekran) 해안가를 따라 이 종족들은 '페르시아 만(灣)' 어구를 횡단하고, 다시 오만(Oman) 하드라마운트(Hadramaut) 예멘(Yemen, 동부 아라비아) 해안 지대를 고수(固守)하고, 홍해를 거슬러 올라가 항해(航海)하였다. 그리고 다시 방랑자들의 땅을 비옥하게 하는 힘찬 흐름을 진행하여, 이집트(Egypt), 누비아(Nubia), 아비시니아(Abyssinia) 왕국을 찾아내었다. 이들은 한 묶음이었으니, 이후 몇 세기를 희랍(希臘)과 그 도서(島嶼)에 '문명의 축복'을 뿌렸다. <u>그래서 희랍 사가(史家)들이, 이집트와 아테네 보이오티아(Boeotia) 그리고 그밖에 희랍을 그렇게 고정된 관계로 알았던 것은 극히 자연스러운 것이고, 사실상 그네들의 성스러운 '불[火]'과 그 통치자들의 종교를 수용했던 것을 자랑스럽게 생각하고 깊이 존중했던 사람들에게서 예상할 수 있는 당연한 사항이다.</u>['불=태양=힌두'이다.]

'이집트' '희랍' '인더스 강의 섬들'과 삼중 관계에서 의심할 사항은 없으며, 희랍 식민지의 지리적 발전에서 '아부 신(Abu Sin, 아프리카의 아시니아 족[1])'의 재능 있는 사람들이 상업적으로 번창한 '코린투스(Corinthus)' 사회를 건설했다는 점은 독자가 알아야 할 사항이다. 이것은 이미 지난 논쟁거리이다. <u>인더스 인의 고전적 명칭 '아부신(Abusin)'이 희랍에서 '코르-인두스(Coe'-Indus, 코린투스-Corintus)'로 재생산되었으니, 그것은 '코리 인두스(Cori Indus)'[2] 사람들이기 때문이다.</u> 나는 모든 명칭의 단순한 유사성과 문헌학적 추론을 피하고 있으니, 그것이 없이도 충분한 담보물은 있다. 나는 독자에게 청하노니, 내가 확보한 지리학적 기초와 그 견고성으로 독자가 나의 그 넓이 깊이를 한번 보게 되면, 독자도 충분히 확신을 할 것이기 때문이다. 이 증거들은 모든 개인들의 실용적 감성에도 호소하게 될 것이니, 나는 그것들을 거부할 고전적 또는 현대의 권

---

1 Abyssinians
2 '코리(Cori)'는 인더스 강 하구(河口)이다.

위들에게 아무런 변명도 행하지 않을 것이다. 그러나 이 점에 관한 콜로 넬 토드(Colonel Tod, 1782~1835)의 말은 건전한 판결이고 목적에 부합하 므로, 내가 여기에 소개를 못 할 이유도 없다.

 "람세스(Ramses)가 '나일 강'에서 '갠지스 강'까지 그의 길이 발견했 거나, 람세스가 홍해 연안에서 그의 '란카(Lanca, 실론 섬)'를 찾았거나 간 에, 우리에게 그것은 추측일 뿐이다. 힌두 인들은 '실론 섬의 바위가 라 마(Rama, 비슈누 신의 일곱째 화신) 적(敵)들의 거주지였다.'는 생각에 코웃 음을 친다. '인도 해안가'에서부터 '나일 강'의 거리가 다음과 같은 요약 에, 이의를 제기할 수 없게 하고 있다. 즉 *실론 섬으로 퍼졌던 그 항해(航 海)가 홍해로 퍼져나갔고, 티르(Tyre, 페니키아 옛 도시) 솔로몬(Solomon) 히 람(Hiram)의 배들도 바다를 덮었던 것이 이 시대 무렵이었다.* 힌두인은 상고(上古)시대에서부터 대양(大洋)을 항해(航海)하며 살았으니, 아르키 펠라고(Archipelago)의 섬들에서 힌두 인들의 종교적 자취가 충분히 입증 이 되고 있다."[3] 인더스 강 연안에 사람들은 '항해사(航海士) 계급'이 고 대에 가장 존경을 받았고, 그것은 '해외로 나가 왕에게 선물을 바치는' 고대 '메누(Menu) 제도'에서부터 확실하게 되어 있는 바였다.

 <라마유나(Ramayuna)>[4]에서, '선박(船舶) 저당(抵當) 계약'의 실행을 확실히 확인할 수 있다[5]. 헤렌(Heeren)이 말했듯이[6] "사실상 어떤 법(法) 도 상업(商業)을 금지하지 않았고, 반대로 '메누(Menu) 제도'는 바다와 지 상에서 생길 수 있는 재난에 관련된 모든 상업적 계약에 법적 힘을 보장 함을 특징으로 하는 몇 가지 규정을 지니고 있다." 그 '메누(Menu) 제도' 는 기원전 1400년의 고대(古代)에 널리 시행되었고, 원시 인도의 상업적 힘의 개념을 제공하고 있다. 모든 나의 고찰(考察)은 그것을 넉넉히 보여 줄 것이다.[7]

---

3 토드(Tod)의 '라자스탄(Rajasthan, 인도 서북부 주)', 1권, p. 113
4 '라마유나(Ramayuna)'는 b. c. 1300에 사용되었음. 3권, p. 237
5 메누(Menu) 3권, p. 158, 8권 p. 157
6 헤렌(Heeren), <인도인(Indian)>, p. 124
7 헤렌의 번역자는 "힌두의 배들은 바다로 나갔고, 바다에서의 노고만큼 현금으 로 제공 되었던 것은 확실한 사실이다."고 말하고 있다. 그러나 헤렌은 선원이

그러나 '인간의 원시적 이동'을 생각해 보기로 한다. 나는 인도인의 이 집트 정착을 잠깐 말했는데, 다시 그것을 언급해 보겠다. 나는 유럽인과 인도인의 진실한 경계인 높은 국경의 고찰부터 지금 다시 시작을 하겠다. '도끼 무사(武士)들'[8]인 파라수족(Parasoos) 파라수 라마(Parasoo-Rama) 인 은 페르시아를 관통했던 명칭인데, '바라타(Bharata) 사람'이다.[9] 페르시아 만(灣)으로 흐르는 주된 강물에 '에우-브라테스(Eu-Bh'rat-es, Eu-Ph'rat -es) 브라트 대장(the Bh-rat-Chief)[유프라테스]' 이름을 붙였다.

'취주(吹奏) 법[관악기 연주 시]'과 유사한 '위대한[마하] 바라타(Bharata)' 나 '유프라테스'는 '에루매이(Elumaei)' 사람이라고 칭했는데, 희랍의 '이엘룸(y'Elum)' '히다페스(Hydapes)'에서 온 강력한 종족이다. 불행하 게도 역사에는 번역이 외국 이름으로 알려졌고, 명칭도 부정확하다. 엘 루매이(Elumaei) 족은 '히다스페스(Hyd-asp-es)' 즉 '기마(騎馬) 대장의 강'[10]에서 거주하던 라지푸트(Rajpoot) 기마병 족속이었으니, '아케시네 스(Ace-sin-es)' 부근에 거주했던 인더스 강의 주인[11]이다. 일상적으로 우리는 '무사(武士)들' 크샤트리아 계급은 바라문(婆羅門) 계급과 병행했 는데, 그들은 '칼다이안 족(Chaldaeans)'[12] 스타일이니, 다시 말하면 '데바 (Devas)' '바라문(婆羅門) 족(Brahmins)'이다. 그의 기원적 출발점은 '쉬나 르(Shin-ar)'[13]가 확실하니, '인더스 지방'이다.[포콕은 힌두의 '바라문 (司祭)' 족과 '크샤트리아(武士)' 족의 移動에 주목을 하였다.]

그러나 '인도 동쪽 지역'에서도 그 '이민(移民)'이 이루어진 것은 명백 하다. 왜냐하면 '보팔란(Bopalan)' '보팔 사람'[14]이 큰 도시를 세웠고, 희

'힌두 인'이라는 사실의 입증이 필수적이라는 점을 고려하지 못 했다. '코리 (Cori)나 인더스 강 하구', 희랍의 '코린트', 영국의 '포츠머스', 프랑스의 '하브 르' 같은 곳도 그 같은 의문이 생기게 한다.

8 '파라수(Parasoo)'는 '도끼(the Axe)'임.
9 '바라타(Bharata)'는 인도를 말함.
10 Hud-asp-es(Ood-물, asp-말, es-대장)
11 'Aca'-물 'Sin'-인더스 'es'-대장
12 Chal-daea(Cul-종족, deva-신 브라흐민)
13 '시나르(Sin-war)'가 적절함.
14 보팔란(Bnoopalan), 말바(Malwa)에 사는 보팔(Bhoopal) 사람; 보파울(Bopaul)이 정확한 옛 인도의 경계이다. 말룬(Malwn) 지역으로, 북위 23°77', 동경 77°30'.

랍인을 그것을 낯설게 '바불론(Babulon)'[15]으로 불렀다. 정착은 '바굴푸르(Bhagulpoor)' 사람과 그 이웃 사람들이 그 고장을 이루었다.-만족스럽게 정착을 이루었다고 믿으나, 연대는 밝히지 않겠다. 이들 식민지인들은 유프라테스 강 남쪽 강둑을 따라 집단을 이루었는데, 그들은 단일하게 '안코바리티스(Anco-bar-i-tis)' 즉 '안가푸리데스(Anga-poor-i-des)' '안가(Anga)의 거지 지역'이라 불렀다. '안가(Anga)'는 힌두 고전 기록에 벵골(Bengal)과 바굴푸르(Bhagulpoor)를 포괄한 한 명칭이다.[16] 안코바리티스(Anco-bar-i-tis) 남쪽으로 독자는 '페리사보라(Perisa-bora)'시 희랍식 발음은 '파라수 푸어(Parasoo-poor)' '파라수(Parasoo)' 시(市)를 확인할 것이다. 대형 상점(商店) '베나레스(Benares)'는 파라수(Parasoo) 땅에 생길 수 없었고, 주민은 티그리스(Tigris) 강가의 카시(Casi, -'베나레스'[17]의 고전적 명칭) 사람과는 구분이 된다.

고대 '페르시아 콜키스(Colchis) 아르메니아(Armenia)'의 지도(地圖)는 인도 식민지(植民地)의 뚜렷하고 충격적인 증거들로 가득해 있는데, 더욱 놀라운 것은 가장 강력한 방법으로 두 가지 위대한 인도 시편(詩篇)인 <라마유나(Ramayuna)>와 <마하바라타(Mahabaratha)>에, 몇 가지 주요 요점들의 진실(眞實)성이다. '전(全) 지도'는 거대한 이주(移住) 여행에 대한

오우게인(Ougein)에서 100마일 거리
15 "그리고 그것은 동쪽에서 여행하며 지나가는 곳인데, 사람들은 쉬나르(Shinar) 지방에 평원을 발견하고 거기에서 거주했다."
16 윌슨, <범어 사전>, "안가(Anga)" "바굴포르(Bhagulpoor)"는 북위 24도~26도 사이에 있는 '바르(Bahar)' 지방에 있는 지역이니, 벵골 만에서 동남쪽 모서리 지역을 점하고 있다.-해밀턴, 인도 관보
17 베나레스(범어 '바라나쉬(Varanashi)'로 'Vara'와 'Nashi' 두 강에서 연유한 것임)는 갠지스 강이 북위 25도 30초, 동경 83도 1초에서 커브를 이루는데, 그 볼록한 쪽에 세워졌다. 베나레스는 인도의 성소의 하나로, '빛나는 곳'이라는 의미의 '카시(Casi)'란 명칭은 아직 남아 있다. 주변 10마일의 이 지방을 힌두인은 성스럽게 생각한다. 브라민은 '베나레스'가 육생(지상)의 세계는 아니고 시바의 삼지창 끝에 세워졌다는 것이다. 그 증거로 힌두인은 거기에는 어떤 지진도 없다고 확신하고 있다. 이곳은 힌두인의 대 순례가 행해지는 지점이니, 해밀턴은 다음과 같이 기록하고 있다. "유식한 힌두인은 영국인의 구원에는 느긋하다. 그러나 영국인 신도도 갠지스 강을 신앙하고 유게르나우트(Juggernauth)에서 죽으면, 힌두인은 그를 '베나레스'에서 하늘로 바로 갔던 사람으로 일컫는다. 그러나 그것은 그가 역시 사원 건축에 돈을 헌납했기 때문으로 보인다."-해밀턴, 인도 관보 1권, p. 170

보고(報告)일 뿐이다. 그러나 역사를 위해 불행한 일은 고대 희랍인이 오늘날 프랑스인과 같이 너무나 완벽하게 문명화한 세계의 언어를 자국어화 했고 너무나 그 이득만을 생각하여 문헌학적 추론이 적거나 아예 없어서 그들 자신의 언어의 기원이나 타국의 그것에 관한 추적이 없다는 사실이다. 아마 이 '실패'에 유일한 예외는 '키오스(Chios)인'에 대한 호머 식 기록에 있는데, 이오니아 사람이 언어 전문가로 등장한 델로스(Delos) 축제에 송가(頌歌) 속에 남아 있다. 플라톤의 <클라틸루스(Clatylus)>에서의 그의 시도(試圖)는 '바로(Varro)'가 로마 언어의 원천에 관해 행했던 바를 가장 단순하게 반복하고 있다.

이제 희랍의 '원시 식민(植民) 문제'로 돌아가기로 한다. 희랍의 전사(戰士)와 정치가 시인 종교가 유래했던 '정확한 지방(地方)'을 지적하는 문제는, 그것을 알아내기 이전까지는 한 개인적인 생각일 뿐이고, 다른 사람에게 확신을 줄 수 있는 기초는 될 수가 없다. 그래서 나는 기꺼이 내 자신에게 그 임무를 다짐하였고, 억센 과거의 우울한 장벽의 돌파를 허락받아 내가 감정에 휩쓸리지 않고 기록들을 의심 없이 본래대로 돌이킬 수 있음에 감사를 하는 바이다.

제VI장

희랍인

"전차(戰車)를 모는 대장(大將), 성스러운 법(法)의 수호자
도루스(Dorus)와 애올루스(Aeolus) 주투스(Zuthus)의 힘은
헬렌(Helen)으로부터 솟았네."

"Ἕλληνος δ ἐγένοντο θεμιστόπολοι βασιλῆες
Δῶρός τε, Ξοῦθός τε, καὶ Αἴολος ἱππιοχάρμης."
Hes. Frag. p. 278. *Marktsch.*

　문명과 예술을 사랑했던 이름인 '헬라스(Hellas)'의 땅은, '**헬라(Hela)**'
산들로 유형화한 벨로키스탄(Beloochistan)[아프가니스탄]에 자리 잡은
장대한 고산(高山)에서에서 연유했던 말이다. 토른턴(Thornthon)[1]은 적고
있다. "그 고지대는 북에서 남으로 대강(大綱) 자오선(子午線, 緯度) 67도
와 68도 사이이다. 그들은 아프가니스탄의 고지대 토바(Toba) 산맥과 연
결되어 있고, 대략 1100~1200 피드의 높이인 북위 30도 18초, 동경 67도
위치에 있는 두 개의 투카투(Tukatoo)산 정상(頂上)과 연결된 지대이다.

1 　토른턴(Thornton) <펀자브의 관보(Gazetteer of the Punjab)>, 6권, p. 221

우리가 이 산을 '헬라(Hela)' 영역의 북쪽 한계선으로 고려할 경우, 그것
은 북쪽에서 남쪽까지의 거리는 약 400마일이 되고 '카페 몬제(Cape
Monze)'에서 북위 24도 48초, 북위 29도 30초에 있는 아라비아 해 사이
의 동쪽으로, 후룬드(Hurrund) 다겔(Dagel)에 달했던 술리만(Suliman)의 영
역까지를 합친 칼룸(Kallum)의 무레(Muree) 족 소유의 광대한 산맥을 형
성한 곳이다.[아프가니스탄에 있는 '헬라' 지역의 소개] 이 '헬라'의 남
쪽 영역에서 급속히 동녘은 낮은 지대 '쿠츄 군다바(Cutch Gundava)'로 내
려가 희미하게 되었고, 이 산맥은 그 종족들이 서족으로 퇴각함에 따라
세 가지 다양한 모습을 보이게 된다."

위에 인용한 탁론(卓論)에 기초하면, **'헬라(Hela)의 산들'은 최초의 희
랍 창시자들을 파견한 셈이다.**

이 지역의 추장은 "헬라이네스(Hellaines)"[2] "헬라의 대장(大將)"이라
불렀다. 그러나 나는 조금도 그것을 의심하지 않으니, 그 산의 명칭과 이
고장 '대장의 이름'이 제2의 형식 '헬리(Heli)' '태양' 즉 그들이 순수한
'라지푸트 족(Rajpoots)'이라는 것, 모두 태양의 숭배자들이었다는 것을
과시한 것이기 때문이다.[태양족=무사족] 이 경우에 범어(梵語) '헬레네
스(Helenes)'는, 희랍어와 동일하다. 이 사실에서 다음 사항도 의심할 필
요가 없다. **'헬렌(Helen, 태양 왕)'[3]은 그의 왕국을 장남 아이올루스(Aiolus)
에게 그의 왕국을 물려주었고, 헬렌은 외국[4]을 정복하기 위해 도루스(
Dorus)와 주투스(Zuthus)를 파견하였다는 것이다. '하야(Haya)'는 '라지푸
트(Rajpoot)' 무사 족으로 알려져 있는데, 그들은 가장 진취적인 서북쪽
의 '발(Bal)' '태양' 숭배자들이었다.**[騎馬족=武士족] 그들은 역시 '아시
(Asii)' '아스바(Aswa)'라고 부르는데, 그네들의 대장은 '아스바파스
(Aswa-pas)' '아스바 대장'이라 과시를 했던 코논(Conon)어 사용으로, 비

---

2 '헬라(Hela)'에서 온 것이고, '이나(Ina)'는 왕이고, 헬라이나(Hela-ina)는 산디
  (Sandhi)의 법으로, 또는 조합하여 창조의 헬라이네스(Helaines), "헬라의 대장
  들"이다.
3 '헬리(Heli)'는 태양이고, '이나(Ina)'는 왕이다.
4 아폴로드(Apollod), 1731. 털월(Tirlwall), <희랍 역사(History of Greece)>, 1권, p.
  101.

숍 틸월(Bishop Thirlwall, 1797~1875)[5]은 다음과 같이 말한다.

"아이오루스(Aiolus, Haiyulas)의 세습 유산은, 아소푸스(Asopus, Aswapas)[6] 강과 에니페우스(Enipeus) 강의 경계로 묘사되고 있다."

그렇다면 아소푸스(Asopus), 하야(Haya, 騎馬) 족의 정착, '태양 왕'이나 헬렌(Helen)[7]의 후손, 희랍에서 그네들의 땅이라 했던 곳, 헬라도스(Hella-dos), 범어(梵語)로 헬라데스(Hela-des)가 그것이다. 빛나는 '라지푸트 (Rajpoot)' 족속에서 솟은 **아킬레스(Achilles)**에 대해, 나는 '돌로페스 (Dolopes)의 조상(祖上) 지리학적 전개'에 관해서 간단히 말할 것이다. 그러나 그 장대한 족속과 '아반테 족(Abantes)'은 '헬라의 신화(神話)'가 아니라 '역사'에서 뚜렷한 역할을 했던 동일한 '태양 숭배자들'이었다. 콜론넬 토드(Colonel Tod, 1782~1835)의 <**라자스탄(Rajast'han), 왕들의 강물, -카슈미르 왕 연대기**>에서 인용된 고상한 '아스바스(Aswas) 족'에 관한 빛나고 정성스런 묘사보다 독자에게 '희랍의 가장 존경스런 역사에서 그네들의 지위'에 대해 더 잘 설명할 수는 없다. 이에 대해 나는 그들이 '아모(Amoo)' 또는 '옥수스(Oxus)', 실제는 '옥수드라캐(Ox-ud-racae)'[8] 또는 '옥수스(Oxus)의 라자(Rajas)' 후손으로서, 신체적으로는 마케도니아 영웅[알렉산더]에 필적(匹敵)했음을 밝힐 작정이다. 이들은 주변에 왕국을 세운 대장들이었으니, 에욱시네(Euxine) 바다에 명성이 오래도록 자자했다. 그들은 옥수스의 대장(大將)들이었고, 그들의 왕국은 옥시나(Oox-ina, Eex-ine)였고, 옥수스(Ooxus)에서 유래한 복합어가 '옥수스

---

5 '희랍 역사' 1권, p. 101
6 '아스포스(As-opos)'는, '아스바 대장(Aswa chiefs)'임.
7 고대 희랍 사가들의 "Sons"에 관한 오해는 고대 희랍의 인도인 작가가 그랬는데, 그것은 역사적 가치의 전면적 부정으로 이끌었고, 신화적 창조 이론에로의 대체였는데 그것은 단순한 사실의 경우도 보장이 없는 것이다. 아프가니스탄의 고대 왕들은 신들처럼 그들의 직접적 후계자들(그들의 고대 권력, 지위, 그 섬의 북쪽에서의 법에 대해, 나는 매우 흥미 있고 부정할 수 없는 증거들을 가지고 있다.)은 그 종족의 일상적인 언어로 "헥토르의 안개" "안개의 아들" "도우글라스의 아들" "마크 이보르의 아들"이란 용어를 사용하였다. 동일한 사카(Sacha) 종족의 명명법의 오해는 다른 희랍 정착 자들보다 신화의 취약한 요구를 고조시켰다. "뱀" "독수리" "태양"은, 간단히 "뱀 종족" "독수리 종족" "태양 종족"일 것이다.
8 옥수스(Oxus, Ud, 물; Raja, 왕)

의 왕들'이니, '이나(ina)'는 '왕'이라는 의미이다. 이것(단어)에서 희랍인
은 에욱시노스(Euxinos)를 만들었다. 그 옛 이야기를 계속하면, 그 바다
를 처음 '악세이노스(Axeinos)', 또는 '박대(薄待)자'로 불렀다가 뒤에는
'에욱세이노스(Eu-xeinos)' 또는 '환대(歡待)자'로 불렀다. 우리는 이처럼
행운의 고어(古語, 梵語) 보존자이다. '이나(ina)'와 합친 '욱사(ooxa)'는 산
디(Sandhi, 힌두)어법으로 옛 명칭 '욱사이노스(Ookshainos)'를 정확하게
만든다. 이처럼 희랍의 '신화'로는 '박대자(薄待者, 바다)'이나, 범어(梵語)
로 읽으면 '역사'가 되는-'욱사이노스(Ookshainos)'는 '옥수스의 대장
들'[9]이다.

그들은 (체력적으로)힘 있는 종족이었고, 그들의 '수(인구의 많음)'와 재
능으로 그들의 호칭 '아시(Asii)'는 '**아시아(Asia) 대륙의 이름**'으로 남아
있다.

콜로넬 토드(Colonel Tod)는 말한다. "아스바스(Aswas)는 주로 '힌두
족'이다. 그러나 수리아스(Suryas)[10]의 지파(支派)로서 그 특징을 지니고
있다. 기마(騎馬)족[11]으로서의 그들의 자랑을 담고 있기도 한다. 그들 모
두가 '말[馬]'을 숭배했고, 그것[馬]을 태양에 바쳤다. 동지(冬至) 축제에
서 행한 대축제 '아스바메다(Aswamedha)'[12]는, '수리아스(Suryas)'와 '게
틱 사캐(Getic Sacae)'가 공(共)히 스키타이(Scythic)에 그 기원(起源)을 둔
전형적인 예이니, 핀커턴(Pinkerton)이 언급한 '카스피 해에서 갠지스 강
까지의 거대한 스키타이 민족'라는 말이 뒷받임을 하고 있다."

"'**말의 희생-아스바메다(Aswamedha)'**는, 기원전 200년에 태양왕족
에 의해 갠지스 강과 사르주(Sarjoo) 강[13]에서 행해졌고, 키루스(Cyrus) 시

---

9 희랍어 "옥수스(Oxus)"는 "욱샤(Ooksha)"이니, 황소(an Ox) '욱샤(Ooksha)'에
　서 유래한 것이다. 독자는 영어와 범어(梵語) 유사함을 직감할 것이다.
10 '수리아스(Suryas)'는 태양족, 수리아(Surya)는 태양임.
11 '아스바(Aswa)'와 '히야(Hya)'는 범어(梵語)로 '말'에 대한 동의어다.-페르시아
　어로는 '아스프(Asp)'이다; 선지자 에제키엘(Ezekiel)이 기원전 600년 스키타이
　(Scythia)의 게틱(Getic) 침공을 "말을 탄 토가르마(Togarma)의 아들"이라 말했
　듯이-디오도루스(Didorus)도 묘사했고; 인도의 타크사크(Tacshak) 침공 시에
　도 동일했다.
12 '아스바(Aswa)'는 '말', '메다(medha)'는 '희생'
13 '고그라(Gogra, Gharghara)' 강

대에 게테 족(Getes)에 의해서도 행해졌다. 헤로도토스(Herodotus)는 '**창조되지 않은 존재들의 왕[최고신]께 창조가 된 가장 신속한 것[말-馬]을 제공하는 것은 옳다고 생각한다.**'고 말했다. 그리고 이 숭배와 '말의 희생'은 오늘날 '라지푸트(Rajpoot-武士)'에 전해지고 있다. '우유 빛 말[白馬]'은 신(神)들의 도구로 생각을 하였고, 말울음 소리로 그들은 미래를 예측한다는 관념을 '야무나(Yamuna)' '갠지스(Ganges)' 지역에 사는 '불타(Boodha)의 후손' '아스바(Aswa)'는 지니고 있었다. 그 때는 스칸디나비아 바위들이나, 발틱 해의 바닷가는 아직 인적미답(人跡未踏)의 지역이었다. 스칸디나비아 '신(神)의 전마(戰馬)'는 웁살라(Upsala) 사원(寺院)에 보관되어 있고, 항상 '전투 후에는 거품을 품고 땀을 흘렸다'고 한다. 종교적 예법의 유사성이 언어보다 더욱 강력한 원천적 유사성의 근거를 제공하고 있다. '언어'는 영원히 바뀌고 있다. '예법'도 그러하다. 그러나 폭발한 '제례(祭禮)나 의식(儀式)'은 그 원천(源泉)이 추적이 되고 환경에 대항하여 유지되고 증언이 거부되지 않고 있다. 타키투스(Tacitus, 58~117)가 우리에게 말한, '기상(起床)한 독일인의 처음 행동'이 목욕재계(沐浴齋戒)였다고 말할 때, 그것은 그 목욕재계가 독일인이 추운 환경에 거(居)하지 않을 때임을 함축하고 있다. 그러므로 그것[沐浴齋戒]은 틀림없이 '동방(인도) 기원임'을 말한 것이다. 길게 늘어진 옷, 길게 땋은 머리털, 머리 꼭대기에 매듭지어 묶는 것과 같은 것이다.'"[14]

그리고 여기에서 투키디데스(Thucydides, 260~395 b. c.)의 유명한 구절로 내가 독자의 관심을 인도하는 것을 멈추고, **아테네인의 '스키타이 기원'**에의 강력한 증거와 지리학적 증거에 의한 확증을 제시할 것이다. 분별력 있는 작가는 말한다. "부유한 아테네 사람 중에 더 많은 원로들은 '비단 튜닉(무릎까지 내려온 헐렁한 윗옷)'과 머리털을 매듭지어 휘감는 것을 중단하고 '황금 메뚜기(a golden grasshopper)'를 삽입하여 여미고 있다. 그래서 역시 이 패션이 국민 호감의 기준으로 더욱 고대 이오니아 사람들에게 퍼진 것은 오래 되지 않았다."[15] 아티카(Attica) 사람의 원래 땅은

---

14 토드(C. Tod), '라자스탄(Rajasthan)', 1권, p. 65

15 투키디데스, 1권, 6장

경도(經度)와 위도(緯度) 상으로 이오니아 사람들의 부모가 비단 드레스를 입고 머리털을 꾸몄던 스타일로 충분할 것이다.

콜로넬 토드(Clonel Tod, 1782~1835)는 말한다.

"라지푸트(Rajpoot)는 '말[馬]'과 '검(劍)'과 '태양'을 숭배하고, 바라문(婆羅門)의 장황한 기도보다 군가(軍歌)에 주목한다. 전쟁 신화 속에 스칸디나비아 사람의 호전적 시는 넓은 평원이 어울리고, '동서(東西) 아시아(the Asii of the East and West)'의 시적 잔재인 비유는, 공통의 원조(元祖)를 암시하기에 충분하다."

이 견해의 건전성에 대한 증거는 유럽의 '스칸디나비아 사람'과 인도(印度)의 '크샤트리아(Kshetrya)' '무사 계급'은 동일한 것이다. 범어(梵語)로 '전자(前者, Scandinavian)'는 후자에 상응한다. '스칸다-나비(Scanda-Nabhi, Scandi-Navi)'는 '스칸다 대장들(Scanda chiefs)'[16]이다. 그래서 그 언어와 그 실제 모두가 종족(種族)의 '인도 기원'을 입증해 주고 있다.

'트로이 전쟁(Trojan war)'에 관해 의심되는 사항에 대해 콜로넬 토드(Colonel Tod)에서 다른 인용을 보낼 것인데, 그것은 내가 충분히 주장해 왔던바 그 사건에 관한 증거이기 때문에서만이 아니라, 그 '힘찬 그 투쟁기'에 **희랍인이 어떻게 그 '인도(India) 기원(起源)의 종족'이었는가를 상기시키는 문제**이다.

"데사라타(Desaratha)[17]에서 유래한 '전차(戰車)'는, '인도 스키타이 종족'의 특별한 것이다. <마하바라타(Mahabharat)>의 영웅들은 힌두스탄을 정복하러 나설 때 전차(戰車)는 따로 간직해 놓고 있었다. 쿠루케타(Cooruhkheta) 평원(平原)에서 '크리슈나(Chrishna)'는 친구 아르주나(Arjoona)의 '전차(戰車) 몰이'가 되었고, 자크사르테스(Jaxartes)의 게티크(Getic) 무리는 희랍의 크세르크세스(Xerxes)를 도울 때 그러하였고, 아르벨라(Arbela) 평원(平原)에 다리우스(Darius)는 그들의 주력(主力)이 전차(戰車)에 있었다."[18]

---

16 '스칸다(Scanda)'는 힌두 전쟁 신 '카르티케야(Kartikeya)'의 이름이다.

17 이 라마 부로의 명칭은 '마차몰이'를 의미한다. ('Das'는 열, 'Rhatha'는 마차. "그의 수레는 그에게 세계 모든 곳으로 향하게 했다."-윌슨, <범어 사전(Sanskrit Lexicon)>)

18 헤로도토스는 말하고 있다. "다리우스의 인도인 관할 구는 전 페르시아 구역에

나는 여기에서 '인도(印度)의 대장'일뿐인 그 '**영웅들 중에 한 사람이 희랍의 신(神)중의 하나**'였는가를 고찰을 해 보겠다.

'군사적 경기'를 펼치며 '무기의 숭배'를 외치니, 콜로넬 토드(Colonel Tod, 1782~1835)는 말한다. "라지푸트(Rajpoot)는 그 헌신(獻身)을 역시 그의 '무기'와 '말[馬]'에 행하고 있다. 그는 '강철로(by the steel)'라고 맹세하고 그의 방패 창 검 말 앞에 부복(俯伏)한다. 아틸라(Attila)가 아테네의 아크로폴리스에서 그 장관(壯觀)과 장소를 배경으로 그 '검(劍)'을 숭배했던 것은, <로마의 쇠망사(The History of the Decline and Fall of the Roman Empire)>에 감탄할 만한 일화(逸話)를 이루고 있다. 기번(E. Gibbon, 1737~1794)은, 메바르(Mewar)왕과 그의 기사도 정신이 보인 양날 검의 숭배를 목격하고, 그는 군신(軍神, Mars)의 상징인 '언월도(偃月刀)' 예찬을 행했을 수 있었다."

그처럼 '호전적인 종족', '태양의 후예들'은 최초 희랍에 정착했다. 만약 독자가 '태양의 후예'의 옛날과 새로운 정착의 지도를 비교해 보면, 이민(移民)을 행했던 모국(印度)에서 다양한 지역에서 식민의 체계를 확실히 알게 될 것이다. '에우보이안(Euboean) 해(海)'를 국경으로 '로크리(Locri)'를 구분할 수 있다. 그것은 '로구르(Logurh) 인'의 거주지이니, 카블(Cabool) 시의 남쪽 아프가니스탄에서 굉장한 넓이의 지역에 살았다. 그것은 구제네(Ghuzenee) 고원(高原)의 북쪽 경사지(傾斜地)에 펼쳐졌고, 모든 지역이 6천 피트를 상회(上廻)하여, 겨울에는 몹시 춥다. '로구

서 가장 부유하였고, 6백 타렌트 황금을 생산해냈다." 아리안(Arrian)은 인도 스키타이 백성들이 알렉산더와의 전투에서 자신의 군대에 엘리트였다고 알려주고 있다. '사카세내(Sacasenae)'는 말할 필요도 없이, 우리는 명칭 상으로 그들과 유사한 종족이 36 '라즈쿨라(라자 족)'나 있다. 인도 스키타이 대표단은 200대의 전차와 열다섯 마리 코끼리가 있었다. 이 힘으로 알렉산더가 지휘하는 지지자에게 사적으로 대항할 수 있었다. 전차들이 발동하여, 알렉산더가 페르시아의 왼쪽 옆구리로 돌리려는 책동을 막아냈었다. 그들의 말[馬]에 관해서도 극찬이 행해지고 있다. 즉 알렉산더는 파르메니오(Pamenio)에게 보강병력 파견을 강요했는데, 그들은 파르메니오(Pamenio)가 명한 분할로 뚫고 들어갔다. 희랍 역사가는 인도 스키타이 용맹을 즐기며 살았다. 즉 "승마의 묘기도 없고, 화살도 없으나, 각자가 그의 팔뚝에 의지하여 승리할 듯 싸웠네. 그들은 희랍인과 맨손으로 싸웠다." 라자스탄(Rajastan), 1권, p. 69

르(Logurh)' 강은 다양한 생명을 거느리고 이 지역을 가로질러 흘러서, 물 좋고 비옥하여 이 나라에서 가장 생산적인 곳 중의 하나다. 희랍의 작은 로크리(Locri) 지역 인근은, 오졸리안 로크리안들(Ozolian Locrians)의 구간이고, 보이오티안(Boeotian) 사람 지역이 있는데, 직접적으로 아티카(Attica) 서북쪽으로 놓여 있고, 헬리콘(Helicon)산 파르나수스(Parnassus)산 키타이론(Cithaeron)산으로 둘러 싸여 있다.

이 지역의 토양은 비옥하고, 그 주민의 활력과 억센 무력도 소문이 나 있었고, '올림픽 체조 대회'에서도 자주 수상(受賞)하였다. 그들의 떡 벌어진 어깨와 전투태세의 거대한 몸집은 이 종족이 호전적 행동에 적합하다고 지적이 되었다. 그들은 인도의 크샤트리아(Kshetriyas, 武士족)였다는 것, 또는 '서북부 인도의 무사 계급'인 것은 의심할 여지가 없고, '바이오티안족(Baihotians)'으로 인더스 강 동쪽 지역인 펀자브의 5대강 중 가장 수량(水量)이 많은 비옥한 베후트(Behoot), 자일룸(Jailum)[19] 강 연안의 사람들이다. 이 힘찬 강은 카슈미르에서 시작하여 전 계곡을 흘러 펀자브로 향하여 피르 판잘(Pir Panjal)의 고지대에 있는 '브라물라(Bramula) 관(關)'을 통과한다. '베우티(Behuti)'의 규칙적 파생어가 '바이후티(Baihooti)'인데, '베후트(Behut) 사람'을 뜻한다. 그러나 '바후트(Bahoot)'란 용어는 특별히 '바후(Bahoo)' 또는 '**브라흐마(Brahma, 天神)의 팔(Arm)**'과 연계되어, 인도 무사(武士) 계급(크샤트리아)은 '시적 허구'가 여기에서 생겼다고 추정이 되었다. 보이오타(Boeota) 지방의 동쪽 곁에 거대한 '에우보이아(Eu-boia)' 섬이 있다. 호전적인 종족 '에우바우야스(Eu-bahooyas)'의 식민지가 된 것에 연유한 명칭이다. 그리고 이제는 힌두의 특별한 고대 신화 체계를 살펴보기로 하자. 이 전사(戰士) '바후자(Bahooja)'[20]란 '(브라흐마-天神의)팔뚝에서 태어남'의 뜻이다. '에우바후야(Eu-bahooyas)' 즉 '바후야 족, 무사 족(Bahooyas, warriors)'이다. 그러기에 그들의 정착지는 '에우보이아(Euboea)'

---

19 '젤룸(Jelum)' '질룸(Jilum)' '베사우(Veshau)' '베인트(Veynt)'라고도 했다.
20 'Bahoo'는 '팔', 'Bahooja'는 '팔뚝 출생'의 뜻이다. 'j'는 범어 연음 'y'로 추정할 수 있고, 희랍어 "i"에 해당한다. 희랍어 "Eu"는 모든 경우에서 범어(梵語) "Su" '잘'이다. 부록 법칙 9. 참조

'위대한 크샤트리아(the Great Kshetriyas)'의 땅이다. 인도의 이 신화의 희랍 정착도 '섬 정착 시기와 같다'는 것은 명백하다.

'자일룸(Jailum) 강'의 '먹이통'은 베샤우(Veshau)이고, 그 자일룸(Jailum) 강 상위 '먹이통'은 너무 높이 있어서 그 원천을 그 강의 고유의 발원지로 간주해야 했다. 즉 "베샤우(Veshau) 강은, 해발 약 1200피트 높이의 '피르 푼잘(Pir Punjal) 산 정상'에 자리 잡은 작지만 깊은 호수 '코사 나그 (Kosah Nag)' 호(湖)에서 발원(發源)하여, 지하 통로로 흐른다. 비그네(Vigne)는 말하기를[21] '그 강한 넘치는 물줄기 호수의 서쪽 끝에다가 댐을 만들어서 그 최종의 발끝에서 쏟아나게 하였으니, 그 물들은 이처럼 통로를 에워싸고 있는 주변 바위 장벽을 뚫고 흘렀다.'[22] 그 물줄기는 이렇게 생성되고 강화(强化)되어 수많은 '작은 먹이통'을 나눠주며 '도시 호수' '마나사(Manasa) 호(湖)' '불루르(Wulur), 대 호(湖)'를 지나 지방들을 휩쓸고 흐르다가 저지대 골짜기로 넘치는 것을 막는 제방(堤坊)에 갇히게 된다. 골짜기를 통해 흐른 '자일룸(Jailum) 강'의 줄기는, '바라물라(Baramula) 관 (關)'을 통과하여 펀자브 낮은 지대에 이를 때까지 120마일을 달리는데, 배를 띄울 수 있는 거리는 70마일이다. 비그네(Vigne)의 견해는 강물은 호수에서 나와 관문을 통해 흘렀으니, 앞서 양쪽의 골짜기에 의해 점령을 당했을 것이라는 것이다. 자일룸(Jailum)강은 의심할 수 없는 희랍인의 히다스페스(Hydaspes) 강이다. 그것은 지금까지 힌두에 친근한 '베투스타(*Betusta*)'란 명칭으로 남아 있는데, 희랍인들은 그것을 잘못된 외래 명칭으로 치부(置附)하고 있다. 포루스(Porus)와 알렉산더 사이의 전쟁은, 대체로 '줄랄푸르(Julalpoor)'에서 행해졌다."[23]

지역에서 '낡은 것[힌두]'과 '새 것[희랍]' 두 가지 계통의 단일한 유사성의 상충(相衝)은 불가피한 일이다. 그 군사적 이주(移住)가 행해지고 남은 것이 그것이다. 수많은 물줄기가 풍성한 강을 이루고 모두가 유용하다. 모국[펀자브]에 불루르(Wulur) '대 호수'는 희랍 땅에 '코피아스

---

21 카슈미르, 4권, p. 144, 토른톤 인용
22 이 주목할 만한 지점은, 북위 33도 25초, 동경 74도 45초이다.
23 토른턴, 펀자브, 1권, p. 290

274 제2부 희랍 속의 인도

(Copias) 호수'이고, '크샤트리아, 무사 계급'은 세계의 양쪽 영역에서 고대의 조화로움을 완성했다. 그리고 취향과 지역의 단순한 동일성은 나는 거듭 주목할 것이다. [인도의]'신데(Sinde, –인더스 강 하구)'에서 멀리 떨어진 곳에서도 역시 새로운 정착 자들 속에 재능 있고 생기 있는 아티카(Attica) 사람들이 그 '보이오티아 사람(boeotians)'과 가까운 이웃임이 알려졌다. 얼마나 생생한 그림이 '그 사실의 끊임없는 진전(進展)'에 날라주고 있으며, 헬라인의 군대들이 그들의 점령지 마지막 희랍에 정착시키는 데까지 그 배열은 얼마나 촘촘한가! **어쩌면 그렇게도 '한 고장[편자브]의 산과 강'을 또 '다른 상대 고장[희랍]'에 바꿔놓을 수 있었을까!** 얼마나 강력하고 무적(無敵)의 힘이 그것을 진행시켰으며, 파괴될 수 없는 질서 속에 그들을 운명의 고향에 이르게 했을까!

제 Ⅶ 장
아티카(Attica)

현재 '아프가니스탄(Afghanistan)의 야만스런 땅'에서, 그 누가 우아하고, 세련되고 재능 있는 '아테네 사람들(Athenian)'이 출발을 했다고 생각할 수 있을 것인가! 그러나 그것은 사실이다. '인더스 강의 북쪽 지역'이 그들 최초 그네들의 고향이었다. '아타크(Attac)'는 '아티카(Attica)'의 먼 영광의 지역에 붙여진 이름이다. **현재에 '아타크(Attac)'는 하나의 요새지로서 바다에서 942마일 떨어진 인더스 강 동쪽 강둑에 자리한 작은 마을이다.** 바로 아래 카블 강과 합류하여 처음 배를 띄울 수 있다.

토른턴(Thornton)은 적고 있다. "'아타크(Attac)'란 명칭은, '장애물(障碍物)'을 의미하고 있으니, '꼼꼼한 힌두 인'이 아무도 인더스 강 서쪽으로 건너가지 못 했다는 가정(假定)에서 붙여진 이름일 것이다. 그러나 이 원칙은 많은 다른 유사한 성질과 같이 효력을 발휘한 적이 없었다. 강둑은 매우 높아서 다량의 물을 받아 범람할 동안 거대한 강이 되어도 그 넓이에서는 영향을 주지 못 하고 그 깊이를 증가시킬 뿐이었다. 바위가 강둑을 형성하여 어두운 점판암(粘板岩, slate)이고 물줄기에 씻겨서 검은 대리석 같이 되었다. 그 사이를 한 줄기 시내가 빠르게 흘러 간다. 여기에 인더스 강의 깊이는 가장 낮은 상태가 30피트이고, 가장 높은 상태는 6~70피트이고 시간당 유속(流速)은 6마일이다. '카블 강'과 합류하는 조금 위 지점에 여울이 있다. 냉기와 급류로 항상 위태로웠고, 작은 범람에

도 건널 수는 없었다. 그 '아타크(Attac)'의 맞은편 우측 강안에는 '나디
르샤(Nadir Shah)'에 의해 '키라바드(Khyrabad) 요새(要塞)'가 세워져 있다.
그 지역은 군사적 상업적 관점에서 중요한 지점이니, '카블 강'은 동쪽
으로 흐르고 '키베르 관(關, Khyber Pass)'을 통과해 펀자브로 가가야 하
니, 아프가니스탄과 북 인도가 교류하는 주요 선을 형성하고 있다. 아프
가니스탄을 군사적으로 통치할 적에, 영국군도 반복해 인더스 강의 이
곳과 마주했다. 여기는 알렉산더(Alexander), 티무르(Timour), 자가타야
(Jagatayan) 정복자, 최근에는 나디르샤(Nadir Shah)가 지났다는 것이 일반
적인 생각이다."[1]

만약 이 '아타크(Attac)의 힘 있는 사람들'이, 이후 희랍 땅에 거주했던
삼각형의 반도인 유명한 신드(Sinds)강 그 지점에 '장벽'을 가졌더라면,
보이오티아(Boeotia) 에우리푸스(Euripus)에 의해 북으로 묶이고, 남쪽과
동쪽 해안가는 사론(Saronic) 만(灣)과 애개(Aegaean) 해(海)로서 그들의 이
전 소유의 곳에서보다 더욱 효과적 그 '아타크(Attac)'를 과시했을 것이
다. 그리고 '토지의 불모(不毛) 성'은 폭증하는 인구 때문에 '아티카' 옛
땅을 보호하게 했을 것이고, 그것은 산업 기술의 발달로 관심을 돌리게
하여 그 속에서 그들은 능력이 탁월하여 더욱 평화적인 행동의 영광을
증진하는 '해상(海上)의 완성(the completion of a marine)'을 이룩했을 것이
다. 웅변의 저자[2]는 말하고 있다. "[희랍]아티카의 불모성(不毛性)은 그
들의 고장에서 그 주민을 쫓아냈다. 해외(海外)로 이동하게 했다. 그것이
그들을 행동 정신으로 채워주었고, 그것이 어려움과 싸우고, 위험을 감
당하게 했다. 그 현명한 시인이 말하고 있는 최고 통치자[神]는 그가 지
배하는 세계가 그들에게 제공되게 하였다. 최고 통치자는 인간을 '가혹
한 필요의 학교'에서 기술을 가르치려고, 표상적인 언어인 '폭풍우'와
'숨긴 불'로 주장을 펴고 황금시대에 해외로 넘쳐가는 와인의 시내를 점
검하고 가지를 흔들어 꿀을 얻게 했다. 그것은 '토지의 불모성(不毛性)'
에 생긴 것이니, 그 최고 역사가는, 아티카(Attica)가 그밖에 초기 희랍에

---

1 토른턴, 펀자브, 1권, p. 61.
2 워즈워스(Wordsworth), <희랍 풍경(Pictorial Greece)>

서 주장된 '혁명'에서는 항상 예외가 되었음을 알고 있었는데, 혁명은
이주 인구의 변화의 물결을 국경에 쏟아 부어 그들 국민 역사의 기초를
흔들고, 이전 토지 경작자와의 시민 제도를 복잡하게 만든다는 것을 알
고 있었다. 그 '불모 성(不毛性)'으로 안정(安定)을 지켜낸 아티카는, 쇄도
하는 이민(移民)의 물결이 없음이 자랑스러웠다. 아티카는 '영원한 고
요'를 즐겼고, 어떤 변화도 체험하지 않았다. '거주 종족'은 항상 동일하
였다. 어디 출신인지도 말하지 않았다. 외국 땅에서 보내온 것도 없었다.
그들은 그들의 경계 내에서 어떤 침략도 당하지 않았다. 아티카는 많은
세대를 거슬러 그 사람들의 흐름을 추적했으나, 숨김 자체가 될 때까지
토양의 휴식 속에 자신의 개울물을 땅속에 묻었다."[워즈워스가 '영국
의 경우'로 '희랍 아테네(아티카)'를 설명하고 있다.]

　종족적 신념에 관한 고상한 요약의 그 실제적 언급으로, 나는 내가 제
기했던 빛나는 '아티카 족'의 고대 출생지의 그 지리적 증거들을 고찰하
여 '같은 방법'으로 '같은 신념'을 제공하겠다. 왜냐하면 그것은 진실(眞
實)에 기초를 두고 있기 때문이다. **단 한 사람의 뽐내는 아티크 인이라
도, 아테네 사람들의 자생적(自生的) 기원에 새로운 열쇠를 제공할 것이
다. 그렇다면 그들이 '토박이(Auto-chthons)', '동일한 땅의 출신'이 아니
고, '아타크-탄(Attac-thans) 사람' 즉 '아타크 지역(Attac-land)[3]의 사람
이다. 그리고 신화(神話)와 '신화 시학'의 근성, 이야기라는 역사적 기초
의 부정(否定) 문제는 실제적인 지리적 역사적 사실 앞에서 사라지게 될
것이다!**['아타크 사람'='아테네 사람']

　거듭 인용한다.-"아티카 사람은 (자기들이)토착민이라는 신념을 다른
방법으로도 표현했다. 아티카는 '케크롭 족(Cecrops)'에 부과된 모습도
초창기 영웅적인 왕과 조상 때부터 친숙하였다. '아티카 사람'은 케크
롭(Cecrops)을 그 개인에 연합한 이중성격으로 나타내었다. 그 신체의 상
위(上位) 부분은 인간과 왕으로, 그것은 뱀처럼 꾸불꾸불함 속에 갇혀 있
어 그 땅으로부터의 초월을 말하였다. 머리털을 장식했던 '**황금 매미(the**

3　해설 : 희랍어, 'Auto-chthon'는 '같은 지역'; 범어(梵語), 'Attac-than'는 '아타크
　　지역'

cicada of gold)'는 같은 것을 의미하였는데, '토박이 아티카는 땅에서 나와 거기에서 노래한다.'는 의미이고, 그들은 사슴도 동일한 믿음으로 사육을 하였다. 그들 자신의 땅에 대한 애착은 그 신념을 소중하게 생각하고 그것을 강화하였다. 아티카 사람은 그들 말고는 아무도 점령한 적이 없는 고유한 언덕과 평야를 영광스럽게 생각하고 '그들이 먼 옛날부터 살았던 것'을 자랑스럽게 생각했다. 그래서 그 작은 지역에다가 세계의 종족들이 즐겼던 권위와 소중함을 부여하는 환경을 이루었다."[4]

아티카 아동들의 '메뚜기 상징' 근본은 평범하여 그대로 비시적(非詩的)인 지리학이고, 그들 '토박이' 기원으로 확실하게 발달한 것이다. 그 자신들을 '메뚜기(Tettiges, Grasshoppers)'에 비유했던 재능 있는 사람들은 '아타크'에 거주하는 그 종족적 요람인 그들 종족의 북쪽 지구를 말하면서도, 카슈미르 거대 계곡에 인접하였던 왕과 종족은 정책과 혈연으로 연계되었다는 점, 그 자손이 찬란한 아테네 사람들(Athenians)[5]을 통치하고 있고, 원시 사회보다 더욱 크게 그 후손들은 전 희랍의 해상 세력 위에 아티크(Attic)의 영광 깃발을 올리고 있고, 그들의 이후 해상 명성을 누리며 잘 살고 있다는 것을 알리는 말이다. 그들은 '타타(Tatta) 사람', '테타익 족(Tettaikes)'[6]이었다.['메뚜기'='Tettiges(범어)'='타타 사람']

이제 우리는 그 "헬라데스(Hela-des)", "헬라의 땅(land of Hela)"의 아들들의 새로운 정착지의 행복한 선택의 실마리를 잡고 있다.

실습된 선원들, 능숙한 상인, 신데(Sinde)와 메크란(Mekran) 서쪽의 해변의 상업적 자원을 바탕으로 장려(壯麗)한 인더스 사람은, 북쪽 아티카(Attica)에 도달할 수 있었고, 북쪽 아티카(Attica)는 육로 상인들의 소중한 창고로 봉사할 수 있는 곳이어서 그 상업은 인더스 강을 타고 내려가 해양의 '테타이케스 인(Tettaikes)-타타(Tatta) 사람'을 실어 나를 수 있었다. 그 힘찬 상업의 후예들은 페르시아 만에 이르는 해안 항해를 통한 방대한

---

4 워즈워스, <희랍 풍경>, '아티카'
5 나는 이것을 그 다음 진술과 확실히 구분한다.
6 "테타익 족(Tettaikes)"은 "타타(Tatta)"의 파생어로 '타타 사람'을 의미한다. 속편에서 나는 "타타(Tatta)"의 진정한 기원을 밝힐 것인데, 그것은 고대에 너무나 공경이 되어 이 도시의 기초를 훨씬 초월하고 있는 것이다.

무역의 이득을 취하고 있었다. 동쪽으로 쿠취(Cutch)와 캄바이(Cambay)[7] 만(灣)에 눈부신 상업적 시설과 남쪽으로 무한정의 해안가를 따라 번창하는 무역의 수익성이 좋은 기지들을 점을 찍어 놓고 있었다.

항해(航海)에 드는 그 '막대한 비용'을 낮추는 방법은, 단순히 시간의 문제라는 것은 쉽게 알 수 있다. 비물질적인 약점을 지니고 있는 실론 섬은 '캄바이 만(灣)'과 '코모린 곶(Cape Comorin)'으로 접근하기가 쉽고, 인도 동부 해안으로 올라가 갠지스 강 하구(河口)로 올라 갈 수 있다. 거기에는 상업적 수입품이 풍성한 상점은 무역을 기다리고 있어, 그것은 단순한 항해(航海) 시간의 연장일 뿐이었다.

공급원(供給源)에의 쉽고 편리한 수단은, 인도 해안 전역(全域)에서 제공이 되고 있었다. 조금도 의심할 것도 없이 도시와 도시의 중간 교통은 수익성이 가장 좋았다. 사실상 이 인도 동부 해안 사람들은 서부 해안의 '푸나 인(Poonah)'과 마찬 가지로, 그들 방랑의 '원시 지도'를 확실히 보여주고 있으니, 그것을 '고전 지도(the Classical Atlas)'라고 불렀다. 거기에는 '기르나르(Girnar)의 암각 문(文)'처럼 지울 수 없는 글자로 다양한 **인도인의 족속과 스키타이 종족들**이 기록되어 있다.

그러나 우리는 이제 '[메뚜기라는 이름의]테타이크 족(Tettaikes)' '타타(Tatta) 사람들'에게로 돌아기로 한다. 토른턴(Thornton)[8]은 말하고 있다. "<u>이 신데(Sinde) 시(市)는 인더스 강 서부 강둑 또는 강의 오른쪽에서 서쪽으로 약 3마일 떨어진 곳에 있고, 4마일 상류 지점은 동서 양 지류 (支流)가 분할되는 지점이다.</u> 그 자리가 '인더스 강 삼각주 정점(the vertex of the Delta of the Indus)'에 근접한 곳이다. 마을은 인더스 강물로 격리되어 있고, 강물의 범람 기간에도 역시 거의 그러하였다. 부르네 박사(Dr. Burnes)는 둘레가 30마일이라고 말한 적이 있고, 넓은 지역에 무덤과 폐허가 흩어져 있다고 했다. 그 대규모의 파괴는 타타(Tatta) 남쪽 10마일 정도의 '페르 푸타(Peer Puttah)'에서 시작하여 북서쪽 3마일쯤의 '사미누

---

7 메뉴 기관들, 라마유나, 이집트의 초기 장려한 모자이크 거래는 그 초기 상인들의 역할을 과시하고 있다. 이집트와 인도는 같은 종족이었다.

8 토른턴(Thornton), <펀자브 관보(Gazetteer of the Punjab)>, 2권, p. 266

구르(Sami-Nugur)'까지 이어져 있다. '쿨란코테(Kulancote)' 대(大) 요새의 폐허는 장대한 건축 스타일로 많은 노력과 기술로 축성(築成)한 것임을 보여주고 있다. 케네디(Kennedy) 씨는 '6마일 정방형 묘역(墓域)은 백만(百萬) 기(基) 이상의 묘지, 대략 4백만(百萬) 기를 수용할 만한 넓이'라고 말하였다. 이 폐허에는 벽돌과 돌로 이룬 그 축성(築成)은 굉장한 취향과 기술 제조업을 보여주고 있다. 특히 벽돌은 최고품으로 거의 도자기(陶瓷器) 같은 것이다. 케네디 씨는 말한다. '최고로 다듬어진 돌은 모서리와 각도의 날카로움 그리고 형식의 정확성을 능가할 수 없었다.' '아틱 족(Attic Race)의 솜씨'에서 탄생한 것은 얼마나 놀라운 일인가! 케네디 씨는 말하기를 그 '타타(Tatta)⁹를 외부로 나가 좀 떨어진 곳에서 보면, 매우 충격적인 그림 같은 모습을 보여준다. 수많은 아카시아와 다른 나무들이 퍼져 있는 넓은 곳에 높은 건물들이 솟아 있는 광경은, 내가 인도에서 보았던 훌륭한 도시 그림 같은 것을 형성하였다.'라고 했다."

그 누가 이 그림 속에서 '희랍 아티카(아테네) 학문의 세계와 건축의 장려함'을 상상하지 않을 것인가! 나는 워즈워스 박사(Dr. Wordsworth)가 그렇게도 적절하고 온전하게 아티카의 부모 도시를 '거울처럼 담아낸 고운 시'로 읊었는데 인용하지 않을 수가 없다.

-"우리가 아테네 사람들에서 찾아낸 것은, 아테네 사람들에게서만 볼 수 있는 것이 아니다. 묘비명- *여기에 심장이 있다: [그러나] 그 정신은 없는 곳이 없다*, -그것을 따르라. 아크로폴리스의 정문에서부터 그 어머니 도시로부터 세계 곳곳의 지적(知的) 식민지(植民地)로 퍼져나가라. 현재는 폐허가 된 이 건물들은 2천 년 전에는 세계 모든 문명국 중에

9 1699년 '타타(Tatta)'를 방문했던 알렉산더 해밀턴(Alexander Hamilton)은 타타를 길이 3마일 너비 1.5마일의 크고 부유한 도시라고 말했다. 그리고 바로 그 전에 8만 명이 악질로 죽었고, 도시의 2분의 1이 비게 되었다. 이러한 사실은 그 재난 이전에 인구는 15만이 넘었다는 결론이다. 타타(Tatta)는 옛날 '파탈라(Pattala)'였을 것으로 추정된다. 포팅거(Pottinger)는 그가 찾아낸 그것이 헤지라(Hegira 622+)92년에 된 것이라고 했다. 부르네스(Burnes)는 "타타(Tatta)의 고대는 의심할 것이 없다."고 말한다.-토른턴, <펀자브 관보(Gazetteer of the Punjab)>, 2권, p. 267

서 가장 찬탄을 받았던 표본으로 봉사(奉仕)를 하였다. 아테네인은 그들의 합법적인 후손으로 그 속에 살고 있다. 그래서 그 장대한 작품을 상상하고 실현했던 천재들은 공들인 물질은 헐었지만, 불사(不死)의 재능임을 증명해 주고 있다."[10]

고전 학자는 이제 '아크테(Acte, 바닷가)'에서 '아티카(Attica)' 명칭이 유래했다는 문헌학의 가치를 [지리학적으로]징험할 수 있을 것이다. 꼭 같은 시험을 '테살로스(Thessalos)' '에피루스(Epirus)'의 어원(語源)에도 적용할 수 있으니, 그 기초가 동일하게 '불안정함'에 있음을 알게 될 것이다.

여기에서 나는 그 지위(地位)가 진실에 대한 아무 보장도 없으면서도, 많은 세기 동안 의심도 없이 부동으로 역사적인 '올림피아드(Olympiads)'의 튼튼한 기반을 점령해 온 고전적 편견을 제거할 것이다. 지리학적 도움으로 신화적 위치에서 '아티카 원주민'을 대체함으로써, 나는 '마케도니아(Macedon)의 필립포(Philippos)'를 탐색해 밝힐 것이다. 그러면 우리는 그가 '애마가(愛馬家)' '필립포'가 아니고, '빌 왕(Bhil-prince)' '빌리포(Bhili-pos)'이라는 것도 이해를 해야 할 사항이다. 그의 아들 알렉산더가 '함몬(Hammon)의 후예'임을 주장하였는데, 그것은 옳았다. 왜냐하면 독자가 아프가니스탄의 지도를 살펴보면 북위 30도 42초와 31도 54초 사이, 그리고 동경 61도 8초와 62도 10초 사이의 '함몬(Hammon)'에서 알렉산더가 말했던 그 실제적 증거를 찾을 수가 있다. 그리고 그 동일한 '빌스(Bhils)' 즉 빌 바라문(婆羅門, Bhil-Brahmins)이 아프리카 사막에 그 동일한 '함몬(Hammon)' 신탁(神託) 받을 사람을 심었는데, 그들이 어디로 항해(航海)를 했는지를 나는 이미 밝혔다. 그들은 북위 24도 동경 30도에 '필라이(Philai, Bhilai, Bhils 市)'를 세웠다.

다시 한 번 나는 2500년의 탐색 이후에 그 이상(異常)한 존재인 '켄타우르(Centaur)'의 정확한 지역, 거주지 계통을 밝힐 수 있을지 의심스럽다. 모든 고전학도들은 나와 더불어 '가장 순수하고 즐거운 마음의 오락

10 워즈워스(Wordsworth), <그림과 서술로의 희랍(Greece, Pictorial and Descriptive)>, p. 131

거리 중 하나'를 파괴하여, '역사적 사실'을 발견해 내는 것을 깊이 유감
스럽게 생각하지는 않을 것이다. 그러나 옛 격언이 갖고 있는 '진실한
힘과 유행'은 그 정당성이 입증되게 마련이다. 희랍과 인도에서, '테타
이케스(Tettaikes, Atticans)'에 인접은 작은 지역이 '메가리스(Megaris)'이
고, 그것은 지금 마가르 탈라오(Magar Talao, 알리가토르의 풀장[11])이다. "신
데(Sinde)에서 '마가르 탈라오(Magar Talao)'는 더운 샘물의 집합장인데,
쿠라케(Kurrachee) 북서쪽 9마일에 있고, 악어(鰐魚)들이 수영을 한다. 델
라호스테(Del la Hoste)는 말하기를, 너비가 1백 20야드가 넘지 않은 작은
곳에 악어 200마리가 있다고 한다. 그들 일부는 매우 거대하여, 햇볕에
쪼이는 모습은 마른 대추야자 나무 같다. 이 온천들은 바위로 된 황량한
언덕에 자리 잡고 있는데, 너머로 성지(聖地)의 하얀 돔이 보이는[12] 욱어
진 대추야자 나무와 아카시아 나무가 있는 작은 골짜기 아래서 온천수
가 솟아나고 있다. 위에 성지(聖地)가 건설된 바위로부터 발원한 주요 물
줄기는, 그 온도가 대략 98도이고 완전 깨끗하고 유황 냄새가 난다. 반
(半) 마일 거리에 또 다른 샘물은 온도가 130도란다."[13]

놀라운 이 원시 '이동(移動)의 간편성'은, 의도적으로 행해졌던 것이
명백하다. 그 <u>신데(Sinde)와</u> 연합된 '항해(航海) 족들'과 아타크(Attac)의
'북서쪽 종족'은, 동시에 당시에 가장 강력한 선대(船隊)에 승선했던 것
을 나는 의심하지 않는다. 그들의 여행 코스는 전임자들과 비슷했을 것
이다. 그 동일한 이주(移住)의 하나가 이집트와 희랍에 식민(植民)을 위한
것일 수 있고, 특히 모세(Moses)에 의해 '도다님(Dodanim)'으로 일컬어졌
듯이 원대한 고대[14]에 다른 종족으로 분류된 경우도 동일한 식민(植民)일
것이라고 추정을 하는 바다. 그러나 나는 이 점을 고집하지는 않을 것이
다. 왜냐하면 '도다(Doda)'는 그들의 원래 정착지에서 북쪽으로 너무 멀
리 가 자리를 잡았고, 수많은 그들 동일어족(同一語族)들이 희랍보다 높

---

11 'Magar'는 '악어', 'Talao'는 '풀장'(범어(梵語) 'Makar')
12 '마가 페르 성지'나 '악어(Alligator)성지'
13 토른틴(Thornton), <펀자브 관보> 2권, p. 31
14 창세기, x. 4.

은 위도(緯度)에서 방황(彷徨)을 하였지만, 아프가니스탄 북쪽 지역의 군
사적 식민지인이 육로를 통해 갔음에도 그들은 '그들의 전력(戰力)'을
붕괴시킬 수 있는 어떠한 저항도 없었고, 서쪽으로 향함에 어떠한 혼란
도 없었던 것은 불가능한 일이 아니기 때문이다. 이제 독자는 더욱 명백
하게 이집트(Egypt)와 아티카(Attica)와 보이오티아(Boeotia) 상호간의 고
정된 교류의 의미를 이해할 것이다.-아프가니스탄에서 자주 사자(使者)
가 파견 되었으니, 특히 종교적 포교(布敎, 나는 더욱 적절한 용어를 모르겠다.
그것은 부정할 수 없이 존재였다.)였으니, 불행하게도 보이오티아(Boeotia)[15]
에서 그 용(龍)의 이빨(the dragon's teeth)이 드러났다. 확실한 어떤 이집트
인을 보낸 이유-그러나 사실은 '케크롭(Cecrops)' 형상인 '아티크(Attic)'
사람, 아티카 통치를 위한 왕이라는 점은, 진실을 추구하는 사심 없는 탐
구자에게는 명백한 사항이다. 이들과 더 많은 역사들이 희랍 작가들에
게 신화적 성향의 결과로 공연히 바뀌어 버린 것이다. 그 희랍 작가(詩人)
들은 역사 회복을 위한 필수적인 방법[사실의 서술]은 회피하면서, 그
신화가 싫어질 만큼 절대적으로 신화적일 때까지 주저함이 없었다. 이
제까지 주장된 **'신데 인(Sindian)의 이주(移住)'**가 아주 놀라운 방법으로
일관되게 주장된 것을 생각하며 희랍 지도를 보면, 희랍 지도는 '코린트
인'의 원래 정착지에 관한 장소를 우리에게 말해 준다. 우리는 실망할
필요가 없다. 왜냐하면 마가르 탈라오(Magar Talao, 희랍의 메가리 사람)에
직접 접근하여 우리가 '코르 인더스(Cor'-Indus, Corinthus-코린투스) 사람'
을 찾으면 그것이 바로 '그 코리 강(the River Cori)에서부터 인더스 강까지
연안 트랙'이니, 직접적인 두 강(兩江)의 부근이 다 포괄되기 때문이다.
남동쪽 신데(Sinde) 연안의 끝으로 흐르는 코리 강은, 바다의 팔이니, 인
더스 강의 최 동쪽 지류의 어구로 추정되었고, 지금도 범람 기(期)에는
그 물의 일부를 수용하고 있다. 공해(公海)에서 20마일 떨어진 코트사이
르(Cotsair)에서 7마일 너비이다.[16] 인더스 강의 수원, 북서부 인도의 힘찬

---

15 테베(Thebes)가 세워지면서 다루어지는 고대 세계의 그 인과(因果)를 나는 합리
　화 과정 없이 역사적 범위에 놓을 것이다.
16 '코리 강 하구(The Cori mouth)'는 북위 23도 30초, 동경 68도 25초에 있다.

동맥은, 티베트를 지배하는 중국인의 감시와 시샘 때문에 접근이 항상 어려웠고, 토른턴(Thornton)이 살폈듯이 인도인 말고는 유럽인들의 여행이 계속 되었다. 무어크롭트(Moorcroft) 트레벡(Trebeck) 게라드(Gerard)의 그에 대한 탐사들이, 합리적인 의심의 지반을 넘어 인더스 강의 가장 긴 줄기의 원천이 '카일라스(Kailas) 산' 북쪽에 있는데, 그것은 희랍인에게 '코일론(Koilon, 하늘)', 로마인에게는 '코엘룸(Coelum)'의 개념을 제공하였고, [영국의]색슨 족에게까지 뻗은 그 신화의 현실적 영향의 실례를 확립하였다. '카일라스(Kailas) 산'은 힌두 신화로 '신(神)들의 저택(邸宅)'이고, '시바(Siva)의 낙원(樂園)'이고, 세계에서 최고 높이로 게라드(Gerard)의 높이는 추측으로는 30000 피트이다.[17]

> 영원하시라, 기쁨의 산이여!
> 영광의 궁전, 영광의 왕이 축복하셨네!
> 번성의 그늘 나를 덮어, 나는 노래하지만,
> 당신의 경이(驚異)엔 육신의 비상(飛翔)으론 도달할 수가 없네!
> 하늘을 뚫고 서 있는 산! 당신 사랑의 그림자 속에
> 울음도 없이 양약(良藥, 말씀) 줄기 간직하고 있으니,
> 은색 발걸음 위에 매운 눈물 절로 떨어지네.[18]

이와 같은 찬송은, 평범하게 지리적 장대한 모습에 관련된 것이나, '카일라스(Kailas) 산'은 신화적 이야기를 만들게 하고 기존한 전용(轉用)을 불렀다. 그 기초는 역사적인 것이 아니고, 지리적인 것이다. 그러나 이 사실에도 불구하고 더 할 수 없이 공을 들인 신화적 상부구조는 그것(높은 산)을 배후로 하고 있다. 그리고 우뚝 솟은 킬라스(Kylas)는 강들과 바위들을 거느리고 힌두 인에 의해 어떤 거대한 힘을 지닌 존재로 그들의 '신앙'을 대신하는 것으로 상상하고 시를 지었다. <u>그래서 그것은 인더스 인의 속성인데, 그가 희랍에 정착했을 때는 '헬라(Hela) 바위산'의</u>

---

17 토른턴(Thornton), <펀자브 관보>, 1권, p. 264
18 인드라 찬송가, W. 존스 경(卿) 역

속성이 되었다. 그래서 그것은 아테네에서 세련된 후손과 함께 했고, 그들은 비록 희랍인이라 했지만, 그들의 취향, 종교, 문학에 있어서는 그 선조(힌두)들과 꼭 같은 철저한 '신데 사람(Sindian)'이었다. 그러나 희랍 정신[19]의 남성적 체력과 정치적 힘을 고려한 사람은 즉 테미스토클레스 (Themistocles, 527~460 b. c.)의 교묘한 재능과 페리클레스(Pericles, 495~429 b. c.)의 지성적 당당함이 영웅적 정신으로 무 검증의 이야기들로 규정하고 허구를 꿰뚫은 냉정함으로 전통을 폐기(廢棄)하였는가? 하지만 그렇다! 올림피아의 주피터(Olympian Jove)가 페이디아스(Pheidias)의해 그처럼 장대하게 국가 사원(寺院)의 기둥 속 왕좌에 올랐으나, 사랑의 여신 아프로디테(Aphrodite)의 전설에 절하고 신과 같은 힘을 발휘하는 괴물들의 탄생시켜, 괴물 같은 열정으로 비하(卑下)됐던 것과 비슷하다. 이 변칙이 나타난 만큼이나 이상한 것은 희랍 귀족의 진지(眞摯)한 속성과 상호 조정이 될 수 있는 것이다. 가장 역동적 감성을 활용한 희랍인은, 헌신적이고 호전적 정신의 열망 충족을 추구하였다. 그는 번쩍거리는 올림피아 광장에서, 그들의 용기가 칭송되었던 영웅들의 대열 속에 오르기를 갈망하였다. 얼마나 그 큰 수상(受賞)이 강력한 지성들에게 깊은 인상을 남겼는지는, 마라톤(Marathon) 해전(海戰)에 쓰러진 영웅과 당시 아테네의 정신을 삼킨 숨 막힌 관심에 바쳐진 데모스테네스(Demosthenes, 384~322 b. c.)의 끔직한 '돈호법(頓呼法)'에 나타나 있다. 그러나 우리가 그 반대의 조잡한 이론들을 살피면 거기에 *종족 신화를 향한 역사적 기초가*[20] 존재하고 있다. 신화(神話)가 순수한 *발명[창작]*으로 나타난 법은 없다. 역사적 기초를 은폐하는 인도와 희랍 식 적용이 항상 존재하고 있다. 내가 의도적으로 말하는 것은 아니니, '시적(詩的) 상상력'은 '불교 라마교 식 신화'이다.[21] '서쪽에서 라마주의로 기록되었던 신화만큼'이나 '헤리(Heri) 족의 두목'[22](그는 佛陀이다)의 역사는 온전한 지속을 갖추

---

19 나의 "초기 희랍에 대한 신화 영향의 예비적 고찰"을 보라.-'희랍의 역사' 15권 대백과사전, 1851
20 이 사실에 관해, 나는 지리학에 기초를 둔 확실한 증거를 확보하고 있다.
21 특히 아폴로에 관련된 그 역사를 더욱 살펴야 한다.
22 '헤리쿨레스(Heri-cul-es)', '헤리 종족의 두목(Heri-tribes-chief)'

었는데, 그 최고 논평은 <마하반소(Mahawanso)>[23]에서 확인할 수 있다. 희랍인이 흐리게 만들어 놓은 것을 판독해 내는 일은, 우리의 의무이다. 이제 우리는 그 열쇠를 가지고 있다. 우리는 그들의 최초 이민(移民) 출발 장소를 알고 있다. 우리는 그들이 원래 출발했던 나라의 전설도 알고 있다. 그렇지만 그 전설들은 희랍과 인도 이집트의 기록과 대조를 통해서 쉽고도 직접적인 역사로 입증될 것이다. 그리고 나는 '페르시아', '아시리아' 역사도 역시 첨가시킬 것이다. 왜냐 하면 그들은 친척(親戚)들이기 때문이다. **조정된 고찰과, 희랍과 인도 이집트의 기념물과 인도와 희랍 역사의 조합으로, 우리는 올림픽 경기(Olympiads) 이후 초기 200년 동안의 기록보다 더욱 믿을 만한 진짜 사건의 진술의 개발을 기대할 수 있고, 더욱 흥미 있게 말하는데, 아무 거리낄 것도 없다.** 왜냐하면 이들 고전 연대기는 지금 우리의 주변 모든 곳에 있는 예술과 문명의 싹을 포함하고 있기 때문이다.

인더스 강의 발원지(發源地)이고 '힌두의 낙원'인 킬라스 산(Mount Kylas)은, 무어크로프트(Moorcroft)에 의해 설명되어 있는데, 17,000~18,000 피트 높이 고원(高原)에서 보았던 것으로 험준한 봉우리와 주변이 두꺼운 눈[雪]으로 덮여 있었다.[24]

"근원(根源) 가까이 인더스 강은, '신카바브(Sin-kha-bab, 獅子의 아가리)'라는 이름을 가지고 있는데, 거기에서 인더스 강이 나왔다는 말이다. 근원의 8~10마일 이내에, 7월 말이 되면 2.5 피트 깊이에 80야드 너비의 장소가 모습을 드러낸다. 이 지역에서, 인더스 강물을 마시는 생물(生物)은 15000~18000 피트 사이에 서식(棲息)한다. 세상에서 가장 따분한 지역이다. 지표(地表)가 산산조각이 나 있다. 보통 북쪽에서 부는 맹렬한 바람이 휩쓸고 있다. 그것이 독한 추위로 건조하게 만들어 식물은 거의 볼 수 없고, 약간의 발육이 저지된 관목(灌木)과 서리[霜]로 시든 목초(牧草)가 있을 뿐이다. 그러나 숄 양모(羊毛) 생산에 적격지인데,

---

23 '베다 마하바사(Mahawanso)', H. G. 터너(Turnour)의 '패리 불교 문학 서설', 세일론 시민 봉사회, 1837
24 정확한 '인더스 강의 발원지'는 북위 31도 20초, 동경 81도 15초라고 할 수 있다.

그것들은 야크, 염소, 양, 사슴 비슷한 동물, 말이나 개에서도 얻어낸 것이라 한다. '아타크(Attac)' 바로 위에서 인더스 강은 큰 강물인 카블(Cabool) 강과 합한다. 카블 강은 카블 유역을 적시는데, 북쪽 수페이드 코브(Sufeid Kob) 내리받이와 남쪽 힌두 쿠쉬(Hindoo Koosh) 키트랄(Kitral) 내리받이, 남쪽으로 열린 거대한 고랑이 진 그 밖의 골짜기들을 적셔 준다."

"카블(Cabool) 강이 인더스 강보다 수량(水量)이 많아 보인다. 어떤 점에서는 이익도 그것을 능가한다. 카블 강은 합수 지점에서 40마일을 거슬러 배를 띄울 수 있음에 대해 인더스 강은 급류로 합수 지점 그 이상에 배를 띄우는 것은 비실용적이다. **두 강은 모두 아타크(Attac) 부근의 모래에 금을 가지고 있다."[25] 카블(Cabool)을 옛날에는 "고플라(Gopla)"라고 하였는데, 그것은 "하빌라(Havilah), –금이 있는 곳"이라는 뜻이고, 피손 강(the river Pi-son), 즉 바신(Ba-sin, Aba-sin), 인더스 강은 "전역(全域)이 금이다."[26] 어떤 곳에서도 원시 도시, 종족을 말할 때는 '황금'보다 더욱 뚜렷한 것은 없고, 장소로는 '아시아 서북부 (카블)왕조'와 '희랍의 최초 정착지(아테네)'만한 곳이 없고, 유대인 식 시혜(施惠)로는 '덕망 있는 (솔로몬의)역사'가가 배려한 예(例)보다 더한 것은 없다.** 적절한 절차에 따라 읽어 나갈 적에, 이 [카블, 아테네, 솔로몬의 일치]정확도보다 더한 '신비 작가'의 높은 증언은 없고, 초기 역사에 이만하게 요긴한 가치가 있는 곳이 없다. 이에 대해, 나는 나의 탐구에 미래를 건다.['아타크'와 '아테네'의 관련성에 저자의 모든 확신을 걸었다는 의미.]

"아타크에서 10마일 정도 아래로, 점판암(粘板岩, slate)의 높은 절벽 사이로 깊고 소리 없는 급류가 흐르고, 칼라바그(Kala Bagh)까지 1백 마일을 더 내려오기 전에 인더스 강은 거대한 급류로 변해 웅대한 바위들과 절벽들을 감고 돌아 수백 피트를 거의 직각으로 떨어지며 흐르기를 계속 한다. 여기에서 강물은 어두운 색이 주가 되므로, 이름은 '인더스 강'과 더불어 '닐라브(Nilab, 푸른 강)'라 부르고, 강둑 마을 이름도 그렇게 부

---

25 토른틴(Thornton), <펀자브 관보(Gazetteer of the Punjab)>, 1권, p. 269
26 창세기, ii 2.

른다. 12마일 아래가 '아토크(Attock)'이다."[27]

우리는 이미 '아보아신(Aboa-sin)'이 아프리카에서는 '아부시니아(Abu-sinia)'로 명명된 것을 확인했는데, 이제 '닐라브(푸른 강, 인더스)'가 유명한 이집트 "닐레(나일)"에 명칭으로 제공됨을 알 수 있다. 그러나 우리가 탐구를 진행하였듯이 넘치는 증거들이 **신데(Sinde)** 연안에서의 이집트 식민(植民)을 입증할 것이다. 바르드(Ward)는 말하기를 "인더스 강 연안 사람은 거의 다 '수륙양거(水陸 兩居)'이다. 예를 들어 저지대의 **신데 (Sinde)** 뱃사람은 중국인이 배 안에 거주하듯 살고 있다. 모든 사람은 여가(餘暇)를 물 위에서 보내거나 표류(漂流)하며 지낸다. 이처럼 '물과의 친숙성'은 자연적으로 그것을 큰 상업적 수단으로 생각하게 만들었다. '흐름을 거슬러 운행할 적'에 바람이 맘 같지 않을 경우, 보통 추분(秋分)부터 춘분(春分)까지 반년의 경우가 뱃길을 배타적(排他的)으로 이끌게 하였을 것이다. 다른 반년은 남풍(南風)이 우세하므로 그 앞에 돛을 달고 달렸을 것이고, 해로(海路)가 특별히 위험스런 곳은 제외가 된다. 인더스 강에서 배를 띄울 수 있는 거리는 바다로부터 '아토크(Attock)'까지이고, 942 마일로 밝혀졌다. 아토크(Attock)의 상부(上部, 위쪽 뱃길)가 약 700마일이니, 전 거리는 대충 1650 마일이다."[28]

당시에 인더스 강과 연안 주민에 관한 진술이 위와 같다. 이처럼 가장 먼 옛날부터 축복 받은 강 연안에 살았던 주민의 언어의 풍습 양면에서 '오리엔탈[힌두]의 유형'을 확실하게 알 수 있는 것이다. '코르인디(Cor-Indi)[카블의 아토크]'와 '해상의 아타크(Tattaikes)[아테네]'의 최초의 정착지를 탐색하고 나면, 이들 상업적인 종족이 행했던 지방 선택에 대해 과연 무슨 의심을 품을 수 있을 것인가! 우리는 양(兩) 종족은 상업적 사람들의 모든 욕구와 자질을 지니고 새 나라에 왔던 것을 알고 있다. 양(兩) 종족은 그들 해안과 항구를 명석하고 신중하게 선택을 하였고, 그 종족의 문명적 '귀족주의'를 지속하였다. **일찍부터 황금의 풍성함이- 우아한 베틀의 직물과 자수 기술-뚜렷한 동양적 삶의 총체적 특성 모**

---

27 토른턴, <펀자브 관보>, "인더스"
28 토른턴, <펀자브 관보>, 1권, p. 282

<u>두는 고대 아테네(Athenian)와 코린트(Corinthian)의 기원과 지역성에 대
한 지리학적 증거로 만족스럽게 고찰이 된다.</u> 이를 더욱 철저하게 행한
것은 호머(Homer)의 존중할 만한 '네스토르 컵(Nestor's cup)'에 관한 기
술이다. -

> "다음엔 그녀의 흰 손이 옛 포도주잔을 가져와
> 필레안(Pylean) 왕들에게 잔을 올리네,
> 가장 오랜 옛날에, 그 '**황금** 단추'가 양각된,
> 두 다리에 네 개의 손잡이 :
> 그 빛나는 손잡이는 가장자리로 굽어
> 두 마리 거북이 마실 듯이 '**황금**'으로 조각되어 있네."

초기 문명과 초기 예술, 의심할 나위가 없는 초기 인도 문학은 그대로
이집트와 희랍의 문명 예술 문학과 동일하다. 왜냐하면 지리적 증거들
이 역사적 사실, 종교적 의례와 일치하여 이제 모든 논쟁을 넘어 <u>이집트
와 희랍이 인도의 식민지</u>라는 것이 입증되기 때문이다.[29]

해양의 아테네 코린트 메가리 사람들(Megarian)이 희랍에서 상업에 편
리했던 지역을 선택했던 동일한 경향이 '레스포이 인(Les-poi, Les-boi,
Chieps of Les, 쿠라키에灣 서북쪽 해안가 지역 사람)의 이동'에도 영향을 주었다.
이 '해양 족'은 '레스보스(Les-bos)' 섬에다가 그들의 거주지를 잡았다.

'메가리스'와 '코린트' 남쪽에 '사르바니카스(Sar'wanicas-사르반 사
람)'[30]은 단번에 중요한 정착을 단행했는데, '사론 만(Saronic Gulf)'이란
명칭으로 남아 있다.

---

29 인도의 지리학으로 희랍 고대사를 입증하는 것은 작은 기쁨이 아니다. 우리가
언급한 '사론(Saron)'은 '투뢰제네(Troezene)'왕이었는데, 사냥을 즐겼다. 가 바
다에 빠졌는데, 거기서 그는 수사슴을 추적하여 몇 마일을 헤엄쳐 갔다. 그가 빠
졌던 바다가 "사론(Saronic) 만"으로 불렸다.
30 '사라반(Sarawan)'의 온전한 형식은 '사라바니카(Sarawanica)'인데, '사라반
(Sarawan)'에서 유래한 것이다. 다음 'a'는 자주 합성이 되고(부록, 규칙 1참조)
범어의 'w' 'v'는 희랍어 'ω' 'o'가 대신하고 있다.(부록, 규칙 16 참조)

'사라반 사람(Sarawan)'은 아프가니스탄 사람들에 의해 서북쪽에 묶여 있었다. 동쪽에는 아프니스탄 사람과 '쿠취 군다바(Cutch Gundava)' 사람이 있었고, 남쪽에는 '잘라반(Jhalawan)' '켈라트(Kelat)' '메크란(Mekran)'[31] 사람이 있었다. 사라반(Sarawan)은 길이가 북동쪽에서 남서쪽까지 250 마일이고, 폭이 최고 80마일로서 면적이 15000 제곱 마일이다. 전반적으로 산이고, 높은 바위투성이 지역이다. 서쪽에 고지대가 있으니, '사라바네(Sarawanee) 산맥'이라 부르고 있다. 그러나 거기에도 어느 정도 생산적인 지역이 있다. 숄(Shawl) 계곡은 "북쪽에 있어 겨울에 춥기는 하지만, 땅이 비옥하고 물이 많고 경작이 잘 되고 기후가 훌륭하다. 풍성한 곡식과 콩 '꼭두서니 물감' 담배 '맛 좋은 과일'이 생산된다."[32] 사라반(Sarawan)과 숄(Shawl)의 북쪽에는 '아르가산(Arghasan)' 강이 흐르고, 그것이 '아르고스(Argos)' 지역에 명칭을 제공하였다. '아르가산(Arghasan)' 강은 '아므란(Amran)' 산 서쪽 내리받이에서 발원하여, 서쪽으로 흘러 투르낙(Turnak) 강[33]과 합류한다. "그것은 일시적인 급류로 2~3일도 지속하지를 못해서, 일 년의 대부분 기간 동안 한발(旱魃)이 지속된다. 거기는 전체적으로 물 부족 지역이라는 것을 1839년 영국군이 그곳을 횡단했을 때 알았던 사실이다."[34] 나는 이 지역이 현재보다 과거에 더욱 중요했고, 현재 '아군다브(Agund-ab)'라 부르는 강이 과거에는 '아르가스(Arghas)' 강이라 불렸던 점을 상기(想起)해 두지 않을 수 없다. 그런 다음에야 그 '아르가스(Arghas)'[35] 지역에 거주했던 사람들이 '아르그발라스(Argh-walas, Arg-olis)'[36] 즉 '아르가스(Arghas) 주민'이라 한 것이 확실하게 되기 때문이다. 그리고 여기에서 나는 아무 생각 없이, 훌륭한 동양학자는 이 탐구의 진행에서처럼 지리학의 음성(명칭)을 바탕을 통해 고

---

31 북위 27도 53초와 30도 20초, 동경 64도와 67도 40초 사이.
32 토른턴, <펀자브 관보>, 2권, p. 160
33 북위 31도 31초, 동경 65도 30초.
34 토른턴, <펀자브 관보(Gazetteer of the Punjab)>, 1권, p. 58
35 '아르가산(Arghasan)'은 명백히 페르시아 어 복수 '아르가스(Arghas)'이다.
36 '발라(Wala, 구성상으로)'는 지킴이, 거주자, 사람 ; '두드 발라(Doodh-wala)'는 우유배달부, '딜리발라(Dilli-wala)'는 '딜리(Dilli) 거주자'.

전과 오리엔탈 모두에 반영되어 있는바 그대로 인도 초기 방언에 관한
문헌학도의 가장 흥미로운 사실을 이끌어 낼 것이라고 말해 둔다. 그리고
나는 이 '원시 음성학적 체계'의 전개(展開)가 고대 인도의 기록과 인도의
초기 식민지들[이집트, 희랍]의 흔적을 지우려는 학자들에게도 그 소득
이 없을 것이라고는 생각지 않는다. 학자는 '서부 인도의 범어(梵語)'를
발견하고 적잖게 놀라지만, 이집트에서 '연합 어(聯合 語, collocation-함께
쓰이는 단어)'를 확인하면, **신데 사람(Sindian)** 들의 정착을 통해 헤로도토
스에서 알 수 있는바 인명(人名)과 장소 명칭, 그리고 관공서와 대학원생
급 이집트 사회에서 그 연합어(聯合語, collocation)가 더욱 풍부해졌다는
사실도 명백하게 된다. 범어(梵語)에서 단음과 삽입음은 희랍어에서 재
생되고, 그것은 그들의 원음을 의심하게 하고, 그들은 상형문자 탐구만
큼이나 체계적 재조정 코스를 요구한다. 이러한 점에서는 '라틴어'가
헤로도토스 또는 그 전임자들의 '희랍어'보다 오리엔탈 종족의 명칭인
강(江)명, 지명(地名)의 표기에 더욱 성실했다.

아르그발라스(Argh-walas, Argolis) 북쪽으로 지금은 무의미한 마을
'악케우(Akkeu)'가 있었는데, 오늘날보다는 훨씬 중요하고 뚜렷한 종
족의 명칭이다. 파생된 형식으로 그것을 표현하면 '악케우(Akkeu) 사
람' '악카이우(Akkaihu)'이다. 코린트 만(灣)에서 '아카이아(Achaia)'[37]를
찾는 것은 어려운 일이 아니다. 로구르(Logurhs, 그들의 지역은 악케우 서남
쪽에 있으니, 이미 前述했던 사항이다.)는 희랍에서는 확실히 분리되어 정착
을 하였다. 그들의 새 터전은 '크리사이안 만(灣, Crissaean Bay)'에 있고,
코린트 만(灣) 북동쪽 해안에 연결된 지역이다. 그들은 동방족의 생활 풍
습 지속이 위축된 증거를 제공해 주고 있다. 이들 '로크리 오졸로에
(Locri Ozoloe)'는 '로구리 욱쉬발로에(Logurhi Ooksh-waloe, 옥수스에 로구르
정착자들)'의 의미이다. 이것이 종족들의 역사 속에 자주 일어났던 사례
(事例)이다. 종족의 선도적 멤버 간에 폭력적 혼란, 다른 씨족과의 혼란
스런 통합, 그리고 친한 친구가 고질적인 적(敵)으로 변함, 스코틀랜드

37 '악케우(Akkehu)'는 아프가니스탄 북쪽에 있는 마을로 북위 36도 50초 동경 66
도 7초에 있다.

에 아프간 정착 자들 경우 같은 일은 그들 후손이 비교적 최근까지 지녀 왔던 사례이다.[38]

---

38 스코트 족-원래 지역과 아프가니스탄과 스코틀랜드에서 추장들은 깊은 관심 사항이다. 아프간 원정에 실패한 스카치 당국자들의 무관심을 보면, 그들은 그들이 거기서 나온 같은 종족에 의해서도 반대를 당했다는 점이다. 이 문제를 생각해 보자.

제 Ⅷ 장

북쪽의 종족들

우리는 '로구르(Logurh)', '아타크(Attac)', '바이후트(Baihoot)', '마가르(Magar)', '코린두스(Cor-Indus)', '아르그발라스(Arghwalas)', '사라반(Sarawan)', '레스포이(Les-poi)', '악타이우(Akkaihu)', '로구를욱쉬발뢰(Logurh-Ooksh-Waloe)'가 인도(印度)의 종족들이고, '로크리(Locri)', '아티카(Attica)', '보이오티아(Boeotia)', '메가리스(Megaris)', '코린투스(Corinthus)', '아르골리스(Argolis)'가 그 부모(父母)의 나라이고, '사로닉(Saronic)', '레스보이(Lesboi)', '아카이안(Achaians)', '로크리오졸뢰(Locri-Ozoloe)'에 정착했던 사람들을 살폈다.['인더스 종족'의 '희랍 정착'] 이제 나는 어떤 큰 '역사 지리학적 사실에 관한 대강(大綱)'을 만들어 나갈 것이다. 동시에 우리는 당시 아프가니스탄에서 생긴 지명에 관한 '원래 철자법'은 획득할 방법이 없고, 내가 간단히 보일 것이지만 '옛날 힌두 명칭'은 많은 경우 현재 형태로 바꿔서 '희랍과 페르시아에 적용한 원칙들'이 잔존(殘存)할 뿐이라는 점을 우선 명심해야 할 것이다. 하지만 그것들은 예민한 관찰자에게 아주 '중대한 역사적 사실'을 명백하게 제시해 주고 있다.

타울란트(Taulanth) 불리니(Bullini) 카오니아(Chaonia)

이 종족들은 희랍의 북서부 에피루스(Epirus)에 자리 잡은 집단으로, 그들이 '원시 희랍을 이루었던 정치적 성향'에 관해 점검을 계속해 보기

로 한다. 희랍 식 총화(總和)에서 다른 멤버를 제외한 그들로부터 나오는
견해는, 여타 희랍에 동반된 '더 큰 몸집'에 생긴 것보다 더욱 강력한 것
이었다.

'불리니(Bullini)'[1]는 희랍 식 표기로 '볼라니(Bolani, 볼란 사람)'이다. '볼
란(Bolan) 관(關)'은 벨루키스탄(Beloochistan)에 자리 잡고 있는데, 북부 신
데(Sinde, 인더스 강)에서부터 쉬카르푸르(Shikarpoor), 다두르(Dadur), 칸다
르(Kandahar)와 구즈네(Ghuznee)에 이르는 큰 길을 점하고 있다.

"'볼란(Bolan) 관(關)'은 다두르(Dadur) 근처에서 시작되어 최초로 부속
산마루를 감고 돌아 동쪽으로 뻗어나가 할라(Hala)산들의 정상(頂上)에
서 그 진입로와 연결되고, 힌두스탄(Hindostan)의 광대한 영역에서 그 높
고 울퉁불퉁한 길로 나가, 그 힌두 쿠쉬(Hindoo Koosh)에서부터 인도양
(印度洋) 부근에까지 뻗은 길들이 있는데, 이것들을 고려해 보면 지속되
는 작은 협곡에 험준한 지역의 통과는 '관문(關門)'이라고 말할 수도 없
다. 쿠취 군다바(Cutch Gundava) 평원에서 동방으로의 그 '볼란(Bolan) 관
(關)'의 개시(開始)는 다두르(Dadur)[2] 북서쪽 5마일 부근이다. 입구(入口)
의 해발 높이는, 대략 800피트이다. 길게 놓인 골짜기에서는 너비가 반
마일 정도이다. 막고 있는 산들은 5~600피트 높이이고, 조악한 역암(礫
巖)으로 이루어졌다. 이 '볼란(Bolan) 관(關)' 관문 부근에서 강물은 깊이
는 몇 인치에서 2피트까지 다양하고, 최초 5마일 도로는 그 강물과 여덟
번 마주친다. 입구에서 6마일 떨어진 '쿤디(Kundye, 쿤딜란이라 부르기도
함)' 관문은 돌과 자갈로 된 단단한 지표(地表)를 지닌 600야드에 40야드
소형 타원 계곡으로 열린다. 비가 많이 내릴 때는 호수가 되고 오우트람
(Outram)씨가 보고한 바와 같이, 에워싼 산의 가파름은 급류에 잡힌 군사
를 도망갈 수 없게 만들 것이다. '베베나메(Beebee Namee)'에서 로드바르
(Rod Bahar)와 켈라트(Kelat)로 가는 서쪽 길은 없어지고, 숄(Shawl)과 칸다
르(Kandahr)로 향하는 서북 코스는 계속된다. 여기에서 그 관문의 심각한
어려움은 시작되는데, 거친 치받이 경사(傾斜)가 증가하고 절박한 절벽

1 부록, '규칙 18' 참조.
2 북위 29도 30초, 동경 67도 40초.

들이 다양하게 전개된다. 시리볼란(Siri-Bolan)에서 그 관문의 정상까지 길은 서쪽 코스가 되고, 거리는 10마일로 전체적으로 물이 없다. 그 거리에서 마지막 3마일은 관문에서 가장 위험한 부분으로 길이 40~60피트 높이로 한쪽 끝에서만 올라 갈 수 있는 높은 직각 산들이 길 옆구리를 이루고 있다. 관문 산마루의 높이는 5793피트이다. 총(總) 거리는 54~5마일 사이이니, 마일 당 평균 90 피트의 높이이다. 1839년 '벵골 칼럼'은 그 관문(關門) 통과에 6일이 걸렸고, 16번을 진입했고, 21번의 행진을 하였다. 8인치 박격포, 24 파운드 곡사포, 18 파운드 소총을 소지한 벵골 포병이 별 문제 없이 이동했다는 것이다. 볼란(Bolan) 관문(關門)은 비록 군사적 관점에서는 매우 중요할지 모르지만 신데(Scinde)와 코라산(Khorasan) 간 큰 교통을 형성하기에는 더 북쪽에 있는 고물(Gomul)에 비해 상업적으로는 격이 떨어진다."[3] 그들은 이 고장의 서술과 아주 유사한 희랍에서의 지역에 그들의 거주지를 선택했던 바위땅의 추장들이었다.

독자가 접할 '탈란(Talan, 탈 사람)'[4]은, '불리니(Bullini)'의 북서쪽에 있다. 그들이 '탈란데스(Talan-des)'[5] 거주자이다.

'탈(Tal, Tull)'은 "아프가니스탄 세베스탄(Sewestan)사막에서 데라가제 칸(Dera Ghazee Khan)과 다두르(Dadur)를 연결하는 길에 자리 잡은 작은 마을이다."[6] 세베스탄(Sewestan)의 현대 지역은 '시바스탄(Siva-Stan)' 즉 '시바의 땅'이 변한 것이다. '피쉔(Pisheen)'의 첨가로 더욱 명확하게 할 수 있으니, 그것은 또 다른 '베산(Bheeshan, Siva)'의 변형이다. 희랍의 암석 지대 카오니아(Chaonia)는 아프가니스탄의 '카운(Kahun)'의 대신이다. 카운(Kahun)은 '볼란(Bolan)' 관문 남서쪽에 있다. 간단히 두 그룹으로 '타울란트(탈란)' '불루니(볼란)' '카오니아(카운)'으로 희랍과 아프가니

3 토른턴, <펀자브 관보>, 1권, p. 112. 볼란(Bolan) 관문에서 서쪽으로 가장 높은 지점은 북위 29도 52초 동경 67도 4초이다.
4 '탈(Tal)'은 일반적으로 'Tull'로 표기한다.
5 희랍인은 '타울란토스(Taun-tos)' '타울란트(Taulan-th)'로 적었다.
6 'Tull'은 북위 30도 5초, 동경 69도 4초; 토른턴, <펀자브 관보(Gazetteer of the Punjab)> 2권, p. 267

스탄을 두 쪽을 상대적으로 배치할 수 있다. 이것은 산악 씨족, 산악이웃의 연대 정신이 비상(非常)하게 작동한 결과이다. "아프가니스탄에 카운(Kahun)은 산속 마을이고 무레 족(Murrees), 벨루케 족(Beloochees)이 거주하고 있는데, 두 종족은 술리만(Suliman) 지역 남쪽 끝에서 할라(Hala) 지역까지 뻗어 있다. 길이가 15마일, 폭이 6마일의 평야가 아니라 넓은 계곡이다. 공기는 깨끗하고 세베스탄(Sebestan)이나 신데(Sinde) 평야에서보다 열기는 덜 하다."[7]

희랍의 '타울란티(Taulantii)' '불리니(Bullini)' '카오니아(Chaonia)'가 아프가니스탄의 '탈란(Talan)' '볼라니(Bolani)' '카운(Cahun)'의 반영(反映)이라면, '케란(Kheran)'의 산들과 카오니아(Chaonia)의 '케라운(Keraun)'도 완전한 동일 어이다. 고전 독자는 이들이 불행한 산들이었다는 것을 기억할 것이다. 즉 '케라우노스(Keraunos, 벼락)'을 맞았기에, 우리는 그것을 '케라우니(Keraunii) 산' '벼락(천둥) 산'이라 한다.

케란(Kheran, Kharan)은 "'푸니구르(Punjgoor)' 서쪽, '잘라반(Jhalawan)' 동쪽 소속의 동명(同名)의 작은 나라의 수도(首都)이다. 기후가 건조하고 토지가 황량해서 약간의 밀과 보리를 경작하지만, 주민들에게는 넉넉하지 못하다."[8] 카란(Kharan) 수도는 지금 '부슈테(Wushuttee)'라 부르는 산과 인접해 있는데 그것은 '케라우니안(Keraunian)' 산들과 상대를 이루고, 그것이 바로 '케라운(Kheraun)' 산, "케라우니 산맥(Keraunii Montes)"이다.

카오니아(Chaonia) 동쪽에 '카온(Cahon) 사람'은 '신디안(Sindian)'이 그들 출신지가 아니다. 그들은 '아틴타네(Atintanes)' 족인데, 희랍어로는 '아신다네(A-sindanes, 非-신디아 사람)'로 표기했다.

나는 독자의 관심을 '헬라(Hellas)'의 땅에서 가장 현저한 곳으로 돌리려 한다. 희랍의 주요지역을 횡단하는 '핀두스(Pindus)' 산맥은, '에게 해(Aegaean)'와 '이오니아 해(Ionian)' 중간에 있고, 주변에 테살리(Thessaly) 에피루스(Epirus)를 두었고, 그의 이름을 '핀드(Pind)'[9]에서 땄다. (인더스

---

7 토른틴, <펀자브 관보(Gazetteer of the Punjab)>, 1권 p. 328
8 토른틴, <펀자브 관보(Gazetteer of the Punjab)>, 1권, pp. 379, 380

의) '핀드 다둔(Pind Dadun)'은 핀두스 산맥 가까이 남쪽으로 자리 잡아, 자일룸(Jailum) 강 오른쪽 강둑에서 용감히 솟아 아프가니스탄으로 멀리 뻗었는데, 희랍에서는 연결 재생하는 뚜렷한 방법으로, 아프가니스탄의 '핀드(Pind, 염전지대)'를 희랍에서는 현재의 '염전 지대'로 나타냈던 것은 자연적으로 전이(轉移)된 희랍의 주목할 만한 일치에 해당한다. 희랍에서 위도 39도에 위치한 '핀두스(Pindus)', 그 측선으로 오트리스(Othrys) 산맥을 뻗어 테살리(Thessaly)의 남쪽 경계를 이루었는데, 그것이 아프가니스탄에 핀드(Pind) 길이와 일치하는 6마일이라는 사실은 작게 놀랄 일이 아니다. 지금 염전 지대인 '핀드(Pind)'는 일반적으로 북위 32도 30초, 33도 30초 걸친 산악 지대이니, 동쪽에서 서쪽 방향으로 아프가니스탄 술리만(Suliman) 산 동쪽 기저(基底)에서부터 펀자브 자일룸(Jailum) 강에 이르는 지방이다.

이 지역은 다른 분야에서 다양한 명명으로 알려져 있다. 그러나 유럽인은 '염전지대'로 이해되었는데, 소금이 넓은 지역에 두꺼운 바닥을 이루고 있고, 소금이 많은 지역에 포함되어 있기 때문이다. 전반적인 이 지역의 위치는 서북쪽애서 동남쪽에 걸치었다. 소금은 오돌토돌하고 굳으면 크고 단단하다. 그래서 접시나 밥그릇을 거기에서 만들어 내었고, 크게 광택이 나게 만들었다. 그 염전 지대의 급류는 그 모래에 '금가루'를 가지고 흘러내리는데, 당시에 금(金)을 얻으려고 많은 장소에서 광범위하게 채금(採金)이 행해졌다. 재미슨 박사(Dr. Jamieson)는 열정을 가지고 염전 지대의 광물자원을 상세하게 설명했는데, 결론을 다음과 같이 말하였다. "이 지역의 철, 금, 유황, 소금, 석고, 석회석, 초석(硝石)의 보유 양은, 세계 어느 지역에서도 그 풍부함을 그처럼 신속하게 알려진 곳은 없을 것이다."[10] 산줄기를 따라 핀두스(Pindus) 서쪽으로 가면 그곳과 연대된 광대한 지역에 '아타마네(Athamanes)'라 부르는 고대 종족이 거주하는데 그들의 풍속은 많은 점에서 북아메리카 주민과 유사하다.(사실 그들은 옛 희랍과 같은 족속이다.) 특히 여성들에게 힘이 드는 농사일을 맡

9 현재의 명칭은 '핀드 다둔 칸(Pind Dadun Khan)'이다.
10 토른턴, <펀자브 관보>, 2권, p. 168

긴다.[11] 그들은 아프간 지역의 사람들이었고, '다만 족(the Daman, 국경 지역
인)'이라 했는데, 그 지역이 '술리만(Suliman) 산맥'과 인더스 강 사이에
펼쳐졌기 때문이다. 희랍어로 '다만 사람(the Daman)'은 일상적인 접두
사가 붙어 '아다만(A'Daman)'이 되었고, 고장은 '아다마니아(Athamnia, 아
다마니아 사람)'와 정확히 일치한다. 아칸티우스(Acanthius)가 산악 지대이
기에, 수페이코(Suffied Koh)에 위치한 '아다만(A'Daman) 사람들'의 아칸
티우스(Acanthius)는 인더스의 아켈로우스(Achelous)와 상응하고, 아프가
니스탄의 '다마니아(Damania)'와 희랍의 '아타마니아(Athamania)'는 동
일하게 남북으로 펼쳐져 있다.[12] '다만(Daman)'에서 '탈라(Tallar)' 사람들
은 그들의 이웃과 긴밀히 협조하였다. 즉 그들은 핀두스(Pindus)산 서쪽
경사지에 집단인 다마나아 사람들(the Damanians, Athamanians)과는 절친
한 이웃으로, 그들은 '탈라레스(Talares)' 이름 아래 함께 있었다.

  희랍에서 가장 큰 강 '아켈로우스(Ac-Helous[13], 헬라의 물)'은 신데
(Sinde, 인더스 강)에 있는 '헬라(Hela) 산'에서 따온 명칭이다. '아켈로우스
(Ac-Helous, 헬라의 물)'은 북에서 남까지 전국을 관통하는데, 그것은 펀자
브에서 인더스 강과 같다. 희랍의 인더스 '아켈로우스(Ac-Helous, 헬라의
물)'은 또 하나의 강 '아라크투스(Arac-thus, 아라크 땅의 강)'[14]이다. '아르
크(Arc)'는 '시아숭(Siah Sung)' 계곡에 갈라져 나와 '바미안(Bamian)'[15] 계

---

11 헤러클(Heracl), <크레머의 희랍(Cramer's Greece)>, 2권, p. 95
12 '다만(Daman)'은 물대기를 하지 않은 지역으로, 경질점토(硬質粘土) 평원을 나
    타내고 있고, 풀이 없으나, 버들[柳]유의 관목이 산재하고 가끔 키 큰 나무도 있
    으나, 토양이나 기후의 영향으로 20피트 이상의 성장은 거의 없다. '다만
    (Daman)'은 북으로 "칼라(Kala, 염전 지대)"와 220마일 떨어져 있고, 남으로는
    스킨데(Scinde)와 경계를 이루어 평균 너비가 60마일이고, 위치는 북위 30도 33
    초, 동경 70도 71초이다.
13 '아카(Aca)'는 물, 'Helavas'는 헬라 산 사람, 'Helavas'가 'Helawas' 'Helous'가 되
    었다. (부록, 규칙 16 참조)
14 'Arac-'와 '데스(des)'는 땅, 'thus, tus, dus'는 희랍어 'des'이다. (부록, 규칙 22 참
    조)
15 이들 관문들은 카블 계곡과 쿤두즈 계곡 간을 연락을 하는 라인으로서, 힌두쿠
    쉬(Hindoo-Koosh) 서남단과 더 남쪽의 '코이 바바(Koh-i Baba)' 산을 연결하고
    있다. 그 네 개의 관문 중에 최고(最高) 관문은 해발 12909 피트로 북위 34도 40초,
    동경 68도 5초의 위치다. 토른틴, 펀자브 관보, 2권, p. 180

곡으로 들어가는 네 갈래 길의 북동부에 있는 관문이다. 우리의 지리학
적 증거들은, 우리의 발걸음마다 급속히 강화되고 있다. 산악 지역이 펼
쳐져 있는 이곳에 네 개의 주목할 만한 곳이 있다. '캄부니안(Cambunian)'
'핀두스(Pindus)' '팀파(Tympha)' '라크몬(Lacmon)'이 그들이다. 후자가 보
석이 되어 '고상한 헬라(Hela)의 가슴에 빛'을 던지고 있다. '라크몬
(Lacmon) 산'은 아프가니스탄의 '루그만(Lughman)'[16]을 보라! 이 중앙 지
점으로 희랍의 '핀두스(Pindus)'산과 '아타마니아(Athamanian)'산은 달리
는데, '핀드(Pind)'산과 '다만(Daman)'산은 모두 아프가니스탄에 있다.
이제 '라크몬(Lacmon)'산과 섞이어 '케르케티우스(Kerketius)'산은 북으
로 남으로 달리니, 북으로 가 '로그만(Loghman)', 나아가 '케르케차
(Kerketcha)'산을 이 강력한 지리학적 증거로 고정을 시키고 있다. 그 '케
르케차(Kerketcha)' 지역은 '힌두쿠쉬(Hindoo-Koosh)'와 '수페이드코
(Suffeid Koh)'를 연결하고, 카불 계곡과 젤랄라바드(Jelalabad) 평원을 분
리하고 있다. 그 최고 지점에서 높이 8000피트이다. 대체로 바위산이고,
흙이 있는 곳은 거대하고 무성한 침엽수로 덮여 있다.

희랍의 '케르케티우스(Kerketius)'산은 아프가니스탄의 '케르케차
(Kerketcha)' 지역의 대신으로, 영국인의 마음에 나피에르(Napier)의 기억
과 신드(Sind) 강안의 영광에 수심(愁心)을 불러일으킨다. 테젠(Tezeen)에
서 주그둘루크(Jugduluk)로 가는 길 '케르케차(Kerketcha)'에서, 영국 정규
군 3909명을 살해했던 도살자는, 야만적인 계략과 불측한 그 일을 겨울
의 혹한(酷寒) 속에 그것을 감행하였다. 아, 구즈네(Ghuznee) 전투에서 승
리했던 빛나던 그 열렬한 용사들과는 얼마나 차이가 나는가!

---

16 "아프가니스탄에 '루그만(Lughman)'은 젤랄라바드 북쪽지역이고, 힌두쿠쉬
북쪽, 카마 강의 동쪽, 카불 강의 남쪽, 알리상 강의 서쪽에 있다. '루그만
(Lughman)'은 젤랄라바드(Jelalabad) 지역의 일부로, 무자비한 '마호메드 아크
바르 칸(Mahomed Akbar Khan)'이 영국인 죄수들을 쿠르드 카불 대학살에서 구
해 거기로 호송하였다. '루그만(Lughman)'은 길이 40마일, 폭이 30마일로, 바위
지역이 있으나, 비옥하고 물이 좋고, 인구가 번성하다. 북위 34도 25초~35도, 동
경 70도~70도 40초에 있다."-토른턴 <펀자브 관보(Gazetteer of the Punjab)>, 2
권, p. 26

"그들이 젊고 용감했을 적에는
깃발을 높이 들고, 전투 따위가 무엇이랴,
그러나 싸웠던 그들은, 피에 젖은 수의(壽衣)를 입었네.
전사(戰士)들은 그 전(前)에는 먼지를 뒤집어쓰고 있었지,
그래서 암울한 전투에는 공격할 미래가 없다네."

-차일드 헤럴드(Childe Harold)

'아프가니스탄과 펀자브의 일부 지역의 거울(mirror)'이 되고 있는 희랍의 '테살리(Thessaly)'는, 자장 다채로운 느낌을 제공하고 최고의 승리와 최대의 재난을 기록하였다. 부지불식간에 자기 조상의 땅을 침략하여 쳐부순 사람은, 마케도니아의 영웅이었다. 작지만 문명화된 영국군을 이끌고 들어가 그의 군대도 적잖은 사람이 그(인도인의) 후손이고, 그 자신도 그로부터 나온 호전전적인 종족과 성급하게 전투를 시작한 사람은 한 사람의 네피에르(Napier) 사람이었다. 이처럼 문명의 군대가 야만의 군대를 이긴 두 차례 승리의 기록은, 아프가니스탄과 펀자브에 유명하게 남았다.[저자 '포콕'은 당초 '크리슈나(Krishna)-마하바라타 전쟁'에 문제된 '4촌 형제간의 살육 전쟁' 거듭 상기 시키고 있다.]

'라크몬 산(Mount Lacmon, Laghman)'은 그 큰 강물에도 이름을 제공했으니, 그 강은 테르마 만(灣, Thermaic Gulf)으로 흘러간다. 그 이름은 '할리아크몬(Ha-Liacmon)'[17], 즉 '라크몬(the Lacmon)'이니, '엘루미오티스(Elumiotis)'[18], 고친 이름 '이엘룸의 땅(Land of y Elum)'을 적셔 주는 강이다. '티타루스(Titarus)' 산에서 발원한 또 다른 시내는 '케르케티우스(Kerketius)' 산 동쪽으로 흘러 유명한 관문 '타타라(Tatara)' 이름을 얻었는데, 작은 '잠루드(Jamrood)' 동쪽 '키베르(Khyber)' 관문을 통과는 길을 터주고 북쪽으로 방향을 틀어 서부 종착점 '두카(Duka)'에서 다시 합류한다.[19]

---

17 '호루그만(Ho Lughman)'은 '라크몬'
18 '에룸미오(Elummyo)'는 '엘루메안', '데스(des)'는 '땅'
19 '젤라라바드(Jelalabad)' 사이에 '카베르(Khyber)' 산맥을 관통하는 아프가니스

그렇다면 우리는 희랍과 아프가니스탄에서 다음 주요 일치점을 얻게 된다. :-'다만(Daman)'과 '아타만(Athaman)'의 연결, '라크몬(Lacmon)'과 '루그만(Lughman)'에서의 합수; '핀두스(Pindus)'와 '핀드(Pind)'의 동일 지점으로 향함; 그 다음 '케르케티우스(Kerketius)'와 '케르케차(Kerketcha)'; 더욱 동쪽으로 향하여 '티타루스(Titarus)' '타타라(Tatara)'가 동일하다. 그런데 '카마(Cama)'산 '시에라(Sierra)'는 서북부에까지 걸쳐서 가까이는 '루그만(Lughman, Lacmon)'이 그 명칭 "카마 땅(Cama-Land, Cambuni)"[20]을 '캄부니(Cambunian)' 산맥에 제공을 했다. 내가 첨부해야 할 또 하나의 유사성은 '헤스티오티스(Hestio-tis, 여덟 개의 도시가 있는 땅)'와 '헤스트 누구르(Hest Nuggur, 여덟 개의 도시)'[21]가 모두 '루그만(Lughman, Lacman)'의 이웃에 있어, 강력히 연결된 부술 수 없는 언어적(Singetic) 식민지 고리를 완성하고, 이들 초기 정착민에 관한 세심한 점검은 더욱 조화롭게 우리가 전체적 구성소를 찾아내게 할 것이다. 진실은 명확하다. 범람하는 급류가 세상의 평야와 초원을 덮어, 사람과 도시와 명칭을 휩쓸어 가더라도, 살만한 지역에는 우리 종족의 산가(山家)에 그 종족 자체를 보존하고 있을 뿐만 아니라 그 명칭과 혈통도 간직을 하고 있다. 비록 자연적으로 제공된 문서이고, 없앨 수 없는 명칭들로서 역사적 훈련에 진실하고 존경할 만한 자료들을 제공해 주고 있다. **'이집트'와 '팔레스타인'과 '희랍'이 그 삼중(三重) 조화 속에 그 진실을 펼치고 있다.**

'하자라(Hazara)'[22]는 펀자브에 상업 도시이다. 그것은 '라오레(Lahore)'

탄의 '타타라(Tatara)' 관문은 '카베르(Khyber)' 관문 북쪽에 있다. 기갑부대는 거의 쓸 수가 없고, 그러나 중요한 경우 '카베르(Khyber)' 관문으로 우회를 해야 한다. '타타라(Tatara)' 관문은 북위 30도 10초, 동경 71도 20초에 있다.

20 '카마(Cama)' '부마(Buma, Bhumi)'는 '땅' '지역'의 뜻이다. 페르시아 파생어 '붐(Bum)'은 '지방' '지역'이다. 글자 "m" "n"은 항상 호환(互換)적이다. '카마(Cama)' 강은 그것이 통과하는 지역 명칭을 딴 것이다. 그것은 힌두쿠쉬에 있는 '키트랄(Chitral)' 계곡에서 발원하여 서남쪽으로 흘러 '카피리스탄(Kaffiristan)'을 횡단하고 계속 흘러 남서쪽 아프가니스탄의 '루그만(Lughman)'으로 들어간다. 그 다음 북변에 있는 카불 강으로 내려간다. '루그만(Lughman)'은 북위34도 24초, 동경 70도 35초-토른턴, 펀자브 관보(Gazetteer of the Punjab), '카마(Kama)'

21 '헤스트(Hesht)'는 '여덟', '데스(des)'는 '땅'.

22 북위 33도 50초, 동경 72도 45초.

에서 '마토크(Attock)'로 통하는 도중(途中)에 자리를 잡고 있다.

하자라(Hazara)는 '루그만(Lughman)' '케르케챠(Kerketcha)' 부근이지만, '타타라(Tatara)' 관문에 더 가깝다. 독자는 그 도시에서 이주한 주민이 '티타레시우스(Titares-ius)' 강 지류에 정착했던 것을 확인하게 될 것이다. 그들의 도시는 희랍어 형식 '아조로스(Azoros)'인데 - 같은 산악 족은 팔레스타인에 '하조르(Hazor)'가 있고, 그들의 도시와 혈통과 숭배는 헬라 족 이상(以上)이다. 나는 그들을 내 설명에 포함시킬 작정인데, 그것이 필요하기 때문이다. '지리학의 고대적 권위'가 각 지점의 탐구에서 최고점을 보여줄 것이다. 그것은 이미 언급으로 설명이 되었듯이 '아프가니스탄의 명명(命名)'은 '헬라스(Hellas)'의 경우는 놀랍게 보존이 되었으나, 변성(變成)된 철자법의 문제는 고대 희랍의 진실한 기록에 영향을 주었다. 우리가 '시바스탄(Sivastan)'을 '세베스탄(Sevestan)' '비산(Bhshan)' '피센(Pisheen)'으로 보았듯이 - 현재의 아프간은 고대 희랍어와 같은 변형을 겪었으나, 사실 원래 그 '아프간'이라는 명칭으로 제공되었던 강하고 엄격한 사상의 비유(譬喻)와 표현은 없다. 그것은 그들 희랍 후손(後孫)들을 특성화했던 그 변형의 유형과 동일하다. 이것은 그 고유 장소에서 주목 받을 필요가 있으니, 진실한 해설이 위대한 가치의 역사적 진실을 찾아낼 수 있고, 동양 학자에게 더욱 많은 어원적 진실을 안겨 줄 것이다.

나는 지금 가장 강력한 인도(印度)와 희랍(希臘)의 신화적 증거를 확보하였다. 그 증거는 헬라(Hellas) 산의 명칭 부여와 특별한 도시 명칭의 부여 연대가 일치하는 신화적 역사적 기초의 건립이라는 그것이다. '케르케티우스(Kerketius-G, 희랍)' '케르케챠(Kerketcha-A, 아프가니스탄)' '루그만(Lughman-A)' '라크몬(Lacmon-G)'가 그것이고, 희랍의 '고누우사(Gonoussa)' '곰피(Gomph)' '페래비아(Perrhaebia)'가 그 증거이다. 아마 동양학자는 희랍 고대에 그처럼 많은 '동양 신(神)'의 대거 발견에 놀랄 것이다. '핀두스(Pindus)'의 연결 고리에 대해 '린구스몬(Lingus[23]-Mons)' 중

---

23 희랍의 산과 비슷한 형식.

앙에 있다는 점에서 독자는 '란카스(Lancas)'가 '북쪽의 룬케티스(Lunces
-tis)'²⁴와 같다는 것을 알게 될 것이다. 멀지 않은 동쪽 '케르케티우스
(Kerketius)'에서, 시바(Siva)의 아들 '카르티케유(Kartikeyu)'²⁵를 발견할 수
있는데, 희랍어와 친숙한 음조상의 변화를 보인 것이다. 나의 번역은 간
단히 확증을 제공하는 정확한 것이다. '카르티케유(Kartikeyu)의 수레'는
'공작(孔雀)새'이다. 그래서 힌두의 전쟁 신이고, 천상(天上)의 군대 '리
더'이고, '공작(孔雀)새를 탄' 존재이고, 새를 타고 있는 사람으로 그려져
있고, 역시 '간가(Ganga)'로 불리고 '갠지스' 강에서 태어난 존재로 알려
져 있다. 규칙적인 '베리(Berhi)'의 파생 형태가 '베라이(Berhai)'이고, '베
라이패(Berhaopae)' '공작(孔雀)새 왕' 베라이피아(Berhaipia, Perrhaibia), '전
쟁의 공작(孔雀)새 나라'이다. 그래서 '케르케티우스(Kerketius)'산, '핀두
스(Pindus)'산 곁의 베라이피아(Berhaipia, Perrhaibia, 공작새 나라)의 전사(戰
士)가 되는 것이다. 그 '페라이비아 족(Perrhaibians)'의 왕은 뮬러(F. M.
Mueller, 1823~1900)²⁶가 말했듯이 "'구네우스(Guneus)'라 불렀다."

희랍 용어 '구네우스(Guneus)'는 힌두의 '전쟁 신' 범어(梵語) '강기우
스(Gangyus)'의 변형이니, '테살리아 족(Thessalians)'의 군사적 대장의 호
칭이다. '고누스(Gonnus)'는 역시 '페라이배안' 마을이니, 역시 '곤기우
스(Gongyus)'에서 유래한 것이고, '곤가(Gonga)의 마을'을 의미한다. 이
처럼 우리는 힌두 전쟁신의 이름, 힌두의 군사적 대장, 힌두 군사 종족의
거주지를 확인하였다. '곰포이(Gomphoi)'의 변형에 대해 뮬러(F. M.
Mueller)는 "'곰포이(Gomphoi)'란 명칭은 이들 바위들의 '쐐기(wedge) 모
양 형태'로 나타낸 것으로 보인다."라고 말했다. 여기에 희랍어로 범어
를 고려할 때 일어나는 위험이 명확한 사례가 생기게 된다. 인도의 '무
사 종족', '공작(孔雀)새 군단'이 이름을 붙일 적에 희랍어를 쓴 것이 아

---

24 우리가 의심할 바 없는 희랍 어휘들을 따라다니는 '희랍 어원을 찾아낼 때'는,
   희랍 사상적 사원(寺院)이 그 모습을 적나라하게 드러내는 바로 그 시간이다. 그
   러나 그것에는 약간의 놀라운 예외도 있다. (목사 도널드슨(J. W. Donaldson), '새
   로운 크라틸루스(New Cratylus of the Rev. J. Donaldson)' 참조)
25 일반적으로는 '카르트키야(Kartiya)', 더러는 '카르카(Kartika)'
26 Mueller, <도리아 족(Dorians)>, 1권, p. 29

니라 변용된 범어(梵語)를 썼기 때문이다. 그렇다면 그 경우는 어떤가? 우리는 '고누스(Gonnus)'와 '구네우스(Guneus)'가 '곤구스(Gongus)' '간기우스(Gangyus)' '곤가 왕(Gonga's-chief)' '간가톤(Gonga-ton)'임을 확인하였다. '곰포이(Gomphoi)'는 '공 바이(Gong-bhai)'[27], '곤가 족(Gonga clan), 전쟁 족(war clan)'[28]이다.

옛날의 단순하고 온전한 고어(古語)가, 앞선 고찰들의 진실을 증명해준다. 독자가 만약 희랍 지도에서 '티타루스(Titarus)' 산의 남쪽 지역을 살피면, 북쪽에서 발원한 두 줄기 티타루스 강이 합치는 곳을 확인할 수 있고, 거기에 '페라이비아(Perrhaibia, Olooson)'시가 있다. 독자는 희랍의 '티타루스'란 산 이름과 강의 이름은 아프가니스탄의 '타타루스(Tatarus)' 관문(關門)에서 차명(借名)한 것이다. - 엘핀스톤(Elpphinstone)[29]은 말하기를 "'울루(Ooloos)'란 명칭은 종족의 명이고, 분파 족에 대해 붙인 이름이다. 그 단어는 씨족의 연방을 의미한 것 같다. '울루(Ooloos)'는 몇 개의 지파(支派)로 나뉘었고, 각 지파들은 역시 그들의 장(長)을 '울루(Ooloos)' 왕에게 종속을 시켰다. 전쟁이 터지면 '울루(Ooloos)'의 명령을 성공적으로 수행하지 못 한사람은 왕위를 노리는 사람과 연합하여 자파(自派)의 세력을 확보하였다." 그래서 이것이 '울루손(Oolooson, the Oloosan)'[30] '페라이베란(Perhaibaean) 무사 족'이다. '페라이베란(Perhaibaean) 무사 족'은 신화적 역사적 종족이고, 트로이와 반(反) 트로이, 희랍[31]과 아프간 족속이다. 콜론넬 토드(Colonel Tod, 1782~1835)는 말했다. "공작(孔雀)새는 라지푸트(Rajpoot) 군단의 애호 문장(紋章)이었다. 공작(孔雀)새는 그들의 군신(軍神) '쿠마라(Kumara)'에 속한 성스러운 새인데, 그것은 서방(西方)의 모신(母神) '주노(Juno)'에 소속된 새이다. 공작(孔雀)새의 깃털은 개

---

27 'Bhai'(원래 '형제')는, 호전적인 라지푸트 사이에 순전히 봉건적 마을들을 종신 소유했던 '형제애'를 나타내는 용어이다.
28 '간구스(Gangus)'에 'ng'는, 희랍어 'Gan-us, Gonnus'로 쉽게 비음(鼻音)화한다.
29 엘핀스톤(Elpphinstone), <카불 왕국에 대하여(Account of the Kingdom of Cabul)> 1권, p. 211
30 페르시아어 '울루스(Ooloos)'의 복수(複數)형
31 호머, 일리아드, ii. 736

혁의 전사 라지푸트의 두건의 장식으로 힌두 사라케우(Saraceu)에서 채용되었던 바다."[32] 콜론넬 토드(Colonel Tod)는 숭고한 심정으로 계속하기를 "누가 발(Bal)의 수호자, 그의 종교[33], 성스러운 새(공작새), 해와 달의 후손,[34] 옛날 현자 후손들의 수호인가를 한번 생각해 보라. 그들은 우리의 군대를 이루어 모든 우리의 행동을 조용히 관찰하며 사람들에게 애착을 갖고 성실하고 복종을 하는 그들이다."라고 말했다.

"과거 전쟁의 라지푸트(Rajpoots, 武士) 족은, 지금 유럽에서 그처럼 무분별하게 사용된 것처럼 외래의 문장(紋章)의 착용 자는 아니었다. 메바르(Mewar)의 위대한 깃발은 진홍색 바탕에 황금 태양을 그렸고, 대장들은 단검을 소지했다. 암베르(Amber)는 '판크란가(Panchranga, 오색 깃발)'을 선보였다. 은빛 바탕에 '뒷발로 일어서는 사자 상'은 '칸데리(Chanderi)' 국가의 멸망과 더불어 없어졌다. 유럽에 이와 같은 풍속은 십자군 원정기(遠征期)까지도 소개되지 못했는데, 사라센 족에서 모방했고, 라지푸트(Rajpoots) 족에 사용은 트로이 전쟁의 고대에까지 추적을 할 수 있다. 왕가(王家)마다 그 수호신을 지니고 있고, 왕의 말안장 앞 가지에 자주 달고 전쟁터로 향했다. 최근에 '케케 리더(Kheechee leader)' '제이 싱(Jey Sing)'은 그 앞에 신(神)을 앞세우지 않고는 전쟁터에 나가질 않았다. '부즈룽(Bujrung)의 승리'가 그의 도전의 표현이었고, 그렇게 하여 '마라타(Mahratta) 족'을 떨게 만들었고, 그렇게 해서 자주 그 신(神)들이 그와 그 적들의 피를 뿌리게 하였다. 알렉산더에 반대했던 그들의 조상은 그들 대열의 머리에 헤르쿨레스(Hercules, Baldeva) 형상을 가지고 다녔다."[35] 그것은 '베라이비아 족(Berrhaibians)' 즉 헬라의 "공작(孔雀)새 군단족(Peacock war-clans)의 왕" 희랍의 '페레비아 족(Perrhaebians)'의 경우도 그러하였다. 그리고 '라크몬(Lacmon)' '루그만(Lugman)'은 '락스만(Lacshman)'의 변형이다. '락스만(Lacshman)'은 '라마칸드라(Rama-

32 Art. 'Armoire' Dict. de l'Ancien Regime.
33 Ficus Religiosa.
34 '태양'과 '월궁(月宮)' (종족)
35 토드(Tod), <라자스탄(Rajasthan)>, 1권, p. 138

chandra)'[36]의 사촌이고 성실한 동반자인데, 그 명의를 취한 종족의 정착은 '카카로브(Cana-lovh)' '가나로바(Gana[37]-Lova)' 산이나, '로바 족(Tribe of Lova)'으로 나타나 있고, 그들은 '룬케스티스(Luncestis)' '란카스 땅(Lanca's Land)'에 정착을 하였다.[38]

마케도니아 서북부에 우리는 '타르타르(Tartarian) 족'을 수용하였으니, 그들이 '보티아이아(Bottiaeans)족'과 '브르게 족(Briges)'이다. 원래 '보우티아(Boutias)족'과 '브르구스(Brigoos)'족은 카슈미르(Cashmir) 동쪽에 있었다. 에마티안(Emathian) 영역은 '에두스(Emadus)' '히말라야(Himalaya)' 지방이었다. 오늘날 "비르구(Birgoo)"는 스피티(Spiti)[39] 지방의 동남쪽 경계에 인접해 있다. '비르구(Birgoos, 다리-橋) 족'과 '가나 로바(Gana Lova, Cana Lovii, 로바 족)'의 연관성은 정치적 왕조적 지리적인 것으로, 나는 콜로넬 토드(Colonel Tod)의 왕족 라즈푸트(the Rajpoot)족의 하나인 '비르고제르(Birgoo-jeer)'관한 언급을 인용해 보겠다. "유일하다는 '수리야반시(Sooryavansi)' 족은 '게토테(Gehtote) 족'과는 달리 라마(Rama)의 장자(長子) '로바(Rova)'의 후손임을 주장하고, 현존(現存)하는 라마의 14개 종파[40] 중에 오우데(Oude) 제국은, 그 종족이 희랍에서 전권을 휘두른, 희랍 철자법으로 단일한 종족, '오이타 산(Mount Oita, 오우데 산)'[41] 즉 '칼리드로모스(Call-id-Romos)'족으로 처음은 범어(梵語)로 해설이 되었으나, 그후에는 영어로 '쿠라트라마스(Cul-Ait-Ramas)' '오우데 라마(Oude Ramas)'족으로 불리었다." 나는 여기에서 **'라마 족(Ramas)'이란 '수리야반시(Sooryavansi, 태양 족)'임을 밝히지 않을 수 없고, 그네들의 신화, 언어, 종교는 한 팔(one arm)로 로마(Rome)와 페루(Peru)까지 미쳤다고 말하지 않을 수 없다.**

---

36 윌슨(Wilson) <범어 사전>'
37 '가나(Gana)'는 '종족'의 의미이다.
38 '란케스데스(Lances-des)', '란카 땅'. '란카(Lanca)'는 '세일론 섬'으로 번역됨. 그러나 원래 인도 서북부 카슈미르 인근 고장이니, 나는 그것을 <로마 사>에서 밝힐 예정이다.
39 대략 북위 32도 동경 78도 40초.
40 Mueller의 <희랍 지도>에 'Oitae(오우데 사람)' 14개 종족 참조.
41 '오티아(Oita)'는 희랍 지도상에 '오우데(Oude)'와 같다.

나는 '테살리아(Thes-salia)' 희랍의 연음(連音)으로, '데샬리아(Des-Shalia, Shal의 땅)'에 대한 고찰을 해야겠다. '샬(Shal)'의 발음은 '숄(Shawl)'이다. 그것은 고지대 골짜기나 탁상지(卓上地)로 '쿠르클레케(Kurklekkee) 산맥'에서 돌출해 있는 발론(Balon) 관문 동쪽에 있고, '켈 탄(Chehel Tan)' 서쪽 인근에 자리를 하고 있다. "토지는 전체적으로 비옥한 흑색 토양으로 밀, 보리, 벼, 자주개자리(lucerne), 사료작물, 꼭두서니, 담배, 식용채소를 경작 재배하였다. 에워싸고 있는 산들의 가장 황량한 곳에서는 야생 양과 염소가 사냥되었고, 이용 가능한 지역은 소와 양을 위한 목초지이다. 과수원은 수없이 펼쳐져 사과 배 자두 복숭아 살구 포도 오디 석류 모과 무화과가 풍성하다."[42] __희랍의 '테살리아(Thes-Salia)'의 비옥함은 아프가니스탄에서 그 선조의 자랑과 동일한 것이다.__ 희랍에서 부유한 지역 주요 도시는 그 기갑(機甲)부대로 명성을 떨쳤고, '살의 도시(City of Sal, Pur[43]-Sal)'였는데, 희랍어로는 '파르살로스(Phar-Sal-os)'라고 다르게 표기되었다. 나는 아프간과 희랍 지역에서 눈에 띈 것이 '샬리(Shali)'라는 것, 그것은 전반적으로 '샬리' 즉 '쌀'에서 온 명칭이고, 그것들은 두 가지로 물속에서 자라는 백미(白米)와 습지에서 자라는 적미(赤米)가 그것인데[44], 이것은 물대기가 편리한 '샬리의 땅(Land of Shali, Thes-Salia)'[45]에 관한 충분한 묘사라는 것을 의심하지 않는다.[한국의 '쌀'도 범어(梵語)에서 온 것인가?]

단일한 출구를 통해 그 부유한 고장을 적셔 주는 대(大)동맥은 그 낭만적 아름다움을 칭송하여 '뎀베(Dembhe)'[46] 또는 '클레프트(Cleft)'라 불렀다. 워즈워스 박사는 말한다.

"올림포스(Olympus) 산과 오사(Ossa) 산 사이의 템페(Tempe)의 좁은 골

---

42 토른턴(Thornton), <펀자브 관보>, 2권, p. 189
43 '푸르(Pur-도시)'에서 온 것이다. '살(Sal)'은 '살의 도시'. 규칙 'u'와 'oo'는 'a'로 바뀐다.(부록 규칙 6 참조)
44 윌슨(Willson) <범어 사전> '샬리(Sali)'
45 '샬리(Shali)'는 '샬리(Sali)'로 쓰이지만, 'h'음을 지닌 채로 발음이 된다. 's'는 '샬(shall)'에서처럼 'sh'로 발음이 되고 영어의 연음(軟音) 's'와는 구분된 'ﳗ'로 표기된다.
46 여기에서 희랍어 '템페(Tempe)'가 생겼다.

짜기인 페네우스(Peneus) 입구는, 바다로 들어가기 몇 마일은 '크세르크세스(Xerxes)'를 생각나게 한다. '테살리(Thessaly)'강은 이 유일의 관문을 쉽게 지나 그 '테살리(Thessaly)' 사람들이 예부터 바다를 지배했다는 점이 그 지리적 형상(이름으로 제시되어 있음)에서 뿐만 아니라, 이 고장에 관련된 신화 전설의 형성을 가정했던 고대 전통들이 그 확신을 안겨주고 있다. 그로 생각해 볼 때, '넵튠(Neptune, 海神)'은 그 **'삼지창(三枝槍)'**로 바위를 처서, 그 갈라진 틈으로 갇힌 강물에 통로를 내어 주었네."[47] 독자는 불교적인 성자 '카시야파(Casyapa)'가 카슈미르(Cashmir) 강에서 동일한 수행을 했던 것을 생각해야 한다. 그러면 원시산업과 경건함을 개인에 통합한 '포세이돈(Poseidon)'의 의미를 금방 이해하게 된다. 우리는 인도 희랍인의 정착을 단계적으로 풀어감에 있어, 우리는 그 정확한 비율을 통해, 그 최초의 식민지 역사의 이해를 준비해야 한다. 왜냐하면 초기 지리학에 바른 견해 획득에 실패하면, 바른 역사관을 획득할 수 없고, 서로 얽힘을 막을 수 없을 것이다.

---

[47] 워즈워스(Wordsworth), <그림과 기술의 희랍(Greece, Pictorial and Descriptive)>

제 IX 장

히말라야 족(Himalayans)

"산악(山嶽) 족장들의 도시(the cities of the mountain chiefs)"[1] - 호머.

희랍에 재현된 '서북쪽 아시아의 특징'은 세 가지이다. 그들은 가장 종합적인 형식으로 원초적 식민지(植民地)의 세 가지로 분할된 집단들이다. 이 각 집단들에 의해 행해진 정착(定着)이 이후에 어떻게 수식이 되었는지는 인도와 북 희랍의 지리 역사에 관한 세심한 고찰이 없으면 판단을 내릴 수 없는 사항이다. **'아크헬로우스(Ac-Helous, 헬라의 물)'은, 원래 '인더스 강'의 명칭이다.** '페네이오스(Paen-i-Os, 오크슈스의 대장들, 또는 오크수스)'는 갠지스 강의 '스페르키우스(Sperchius, 스베르가 강)'이다. 이 주제에 대한 모든 증거가, 이들 사실을 이론(異論)의 여지없이 수용하게 할 것이다. 그렇지만 '서구(희랍)의 테살리(Western Thessaly)'가 이들 강력한 '아스바스(Aswas, 騎馬족)'의 요새였으므로, 이오니아 사람들에게 특별한 명성을 제공하였던 것이다. 그 위대한 족속 중의 하나가 '카티(Catti) 족'이었으니, 곧 알게 될 것이다.

---

1 '메르(Mer)'와 '메로(Merŏ)'는 '산', '포스(pŏs)'는 '족장'. '남자들을 부리는'으로의 활용은, 범어(梵語)에 연결된 것을 이후 시적으로 바꾸어 놓은 것으로 허구적인 것이다.

'이오니아 족(the Ionians, 희랍 식으로는 '히야니아 사람(Hiyanians)'[2] '야바니아 사람(Yavanians)', 즉 騎馬족이다.)'은 희랍에 이주한 이후에는 '핀두스(Pindus)' 산맥 서쪽 언덕에 정착했으니, 사실 그것은 희랍의 전(全) 서부 속에 육지와 바다로 그들의 계획을 펼칠 수 있었던 장구지책(長久之策)이었으니, 그네들의 원적(原籍)은 '인더스 강 북쪽'이었던 것으로 보인다. 이 위대한 인간 가계(家系)에 연유하여, 히브리인 입법자 '자반(Javan)'에 의해 '히야니안(Hiyanian, Ionian) 바다' '히파이루스(Hipairus, Epirus)'[3]라는 이름이 붙여졌다. 이 위대한 종족들─'야바나 족(the Yavanas)'은 범어(梵語) 작가들은 자기들의 활동 범위를 박트리아(Bactria, Bhooctria, '위대한 전쟁 계급의 땅')에서부터 '희랍의 해안'까지 잡고 있다. 이에서 그 용어의 이완(弛緩)성은 자주 동양학자들[4]의 눈에 띄었다. 희랍의 옥수스(Oxus) 강(江)의 최남단 합수(合水)지점은 '파미수스(Pamisus)'인데, 희랍의 '파로파미수스(Paro-pamisus)'에 파생한 명칭이고, 그것은 옥수스(Oxus) 강에 인접한 힌두 쿠쉬(Hindoo-Koosh) 산맥이다. 희랍의 '파로파미수스(Paro-pamisus)'는 '파루프 바미스(Pahar-oop-Bamis, 바미, 바미 사람에게 친근한 산)'이다.[5]

사실 '페네우스(Peneus)' 즉 희랍의 옥수스(Oxus)로 흐르는 테살리 파미수스(Pamisus)와 '바미수스(bamisus, Bamian)' 근처에서 발원(發源)하여 아시아의 옥수스(Oxus)로 흐름이 동일하다는 것을 독자는 알게 될 것이다. 희랍의 '바미아(Bamian)' 사람들은 그들의 새로운 '파미수스(Pamisus)'를 건설하지 않았고, '파미수스(Pamisus)' 원천에서 남쪽으로 약 20마일에

---

2 '히야(Hiyai, 말)'의 복수(複數) '히얀(Hiyan)' '히얀(Hianios, Ionios)'는 파생 형식이다. '야반(Yavan)'은 '빠른 말'이니, '히온(Hion)'과 동일한 명칭이다. 범어(梵語) 'v'는 희랍어 'o'로 바뀌었고, 'y'는 유사음 'i'가 되어 'I, o, n', '이오니오스(Ionios)'로 되었다. (부록 '규칙 6, 20' 참조)
3 '히(Hi, 말)'과 '파(pa, 대상)', '이라(ira, 땅)'에서 온 명칭이다.
4 인도 불교 군주 아소카(Asoka)의 글 속에서 '이오니아(Ionia)'와 '이아반아(Yavana)'의 동일시는 문헌학도나 역사가에게 만족스런 사항이다.
5 '바미안(Bamian)'은 '바미(Bami, 바미 사람)'의 복수 형식이고, "파르바미(Pahar Bami, 바미 산)는 통상 바미안(Bamian)이고, 범어(梵語)로는 '바미나가리(Vami-nagari)' '바미그람(Vami-gram)'으로 특히 '불타 바미안(Budha Bamian)'을 지칭한다. '바민(Bamin)'은 신성과 순수한 원천으로 불경(佛經)을 대표하고 있다." Wilford <아시아 연구> 6권, p. 463

위치한 보미엔 족(Bomi-enses, 바미안 족)이 그들이다.[6]

대(大) 테살리(Thessaly)의 남쪽 방벽의 서쪽 옆구리에 있는 핀두스 산
맥에서 파가네안(Pagasaean) 만(灣)까지는 강력한 불교 지지자들이 있다.
우리는 지금 북쪽 지방 거주민에게 둘러 싸여 있다. 그들은 펀자브 북서
부와 티베트 국경 출신이다. 산악 지대에서 온 이주자들은 그들이 그처
럼 사랑했던 산악의 명칭을 가지고 왔다.-

> 폭포 같은 성실한 마음들에
> 잔잔한 호수, 산 위에 만년설이 그대로 비치었네.
> 그네들 내 영혼에서 지울 수가 없었으니
> 산 노래 솟아나 넘쳐흐르네.[7]

<u>내가 주목한 희랍(希臘)의 바위산은 먼 서북쪽 인도(印度) '히말라야'를
대신하고 있다. 그래서 여기에 '신화'와 '역사'는 하나이고 먼 옛날 힌두
체계를 소지하고 있었다.</u> '오트리(Othrys)' 산의 대 테살리아 산맥은, 인
도의 '오드리(Odrys)'[8]이다. '오드리(Odrys)'는 '히말라야(Himalaya, 산들의
왕)'의 범어(梵語) 식 명칭이다. '오드리(Odrys)'란 명칭은, '달람티아
(Dalamtia)' 동쪽 옆구리 "아드리우스(Adri-us) 산"이라고 하는 고(高)지대
에 있는 테살리의 '오트리(Othrys)'보다 더욱 훌륭하게 북부 지방에 원래
의 형태로 더욱 잘 보전이 되어 있다. 이들 '아드리안(Adrian, 히말라야)'
사람들은 바다와 땅에 그네들의 이름을 부여하였다. 전자(前者)는 '아드
리아 족(the Adri-actic)'이고 후자(後者)는 '아드리우스 산(Adri-us Mons)'
이다. 이주민은 소 티베트(Little Thibet)의 '스카르도(Skardo)' 사람들이었

---

6 '바미(Bami)'와 '벤사(Vensa)' 족. 'v'는 고대 희랍 표기 실행에 탈락이 된다.(부
  록 규칙 7)
7 MS. 시편에서.
8 원래 '아드리스(Adris)'이다. '아드리스(Adris)' '우드리스(Udris)' '오드리스
  (Odris)'는 같은 발음이다. 범어(梵語) 단음 'a'는 'but'에서의 'u'와 같고, 불어 'le,
  me, te, se'에서 'e'와 같이 모호하다. 'Dunbarton'의 'o'와 같다. '아드리스(Adris)'
  는 '아드리(Adri, 산)'이니, 'is'는 '왕'이다. 결합하여 'Adris'이다. 'th'와 합치면
  희랍어 'Δ.'이다. (부록 규칙 18 ' ' 참조)

다. 그들은 '스카르두스(Skardus)' 산에 모였던 것으로 보인다. 이 경우 확
증은 열 가지를 거론할 수 있으나, 내가 직면하고 있는 영역은 탐색하는
주제에 갖가지 지역들이 조화를 이루는 것이어야 한다는 점이다. 우리
는 가정된 희랍 신화시대와 관련된 최고로 중요한 두 가지 역사적 기록
들을 소지할 것이다. **첫째는 상고(上古)의 희랍에서 불교적 바라문(婆羅
門) 종파이고, 둘째는 상고(上古) 희랍에서 라마 식 체계의 결정적인 존속
이다.** '바라문 당(the Brahminical party)'에 반대하고 분리 독립한 불교도
가, '드리오페 족(the Dryopes)의 신화시대라는 것'보다 훨씬 우수한 희랍
의 고대였다는 점을 나는 보여 줄 작정이다. 테살리아 희랍의 거대 남부
지역으로 '오드리(Odrys, Himalaya)'란 이름의 이주민(移住民)이 '부디요
데스(Bhudhyo-des, Phrtio-tis, 불타의 땅)'에 거주자이고, 이 불교도가 당시
카슈미르 북동쪽 국경에 머물러 있으며 '보드파스(Bod-pas)'라 칭했으
니, 그것이 '부드(Budh, 불타)'의 족장들이다.

불타 족(the Bud'has)은 테살리로 들어오면서, 유명한 신화적인 것, 부
(富)의 신(神) 쿠베라(Cuvera)의 전설적 거주지 '카일라스(Cailas)'라는 역사
적 명칭과 히말라야 산속에 힌두가 모셨던 친밀한 혼령 시바(Siva)도 가지
고 와 '마나사(Manasa) 호수'[9] 북쪽바위 산에 그것을 적용하였다. 실제 고
산(高山) 지역인 '카일라스(Cailas)'[10]는 북위 31도에 자리 잡은 곳으로, 서
북쪽 동남쪽으로 경사가 이루어져 있고, 거의 '히말라야'와 비슷하다. 힌
두 인이 '카일라스(Cailas)'라 불렀던 것을 희랍인은 '크수니아 호수(Xunias
Lake, 크시니아, 카슈미르 호수)' 북쪽에 '카일라(Caila, Coela)'를 온전히 간직
하였다. 파미수스(Pamisus, '바미안의 강')는 희랍의 히말라야 '오트리
(Othrys)'의 서쪽 가장자리에서 발원함에 대해, 페네우스(Peneus, 테살리아의
옥수스)를 적셔주는 '아피다누스(Apidanus)' 강은 서부 '오트리(Othrys)' 지
선(支線)에서 발원하고 있다. '아피다누스(Apidanus)' 강은 카슈미르 주요
역사와 연관되어 있고, 그 역사는 인도 신화와 섞여 있어, 희랍 신화처럼
'왜곡(歪曲)된 역사'이다. '다누(Danu)'는 힌두 신화에서 '닥사(Daksha)'의

---

9 Wilson, <범어 사전(Sanskrit Lexicon)>, '카일라사(Kailasa)'
10 해밀턴(Hamilton), <동 인도 관보(East India Gazette)>, 1권, p. 314

딸이고, '카시아파(Casyapa)'의 아내이고, '다이티아스(Daityas)'의 어머니
이다. 이 존재들은 우리의 탐색 과정 속에 '원주민(Authochton, 아타크 사람)',
뒤에는 '아테네 메뚜기(Athenian Grasshopper, 테티게 사람-Tettiges)'라고 했
던 바가 역사적인 것으로 판명이 날 것이다. '아피다누스(Apidanus)'는 '다
누(Danu)의 강(물)'[11]이니, 독자는 그것이 희랍 '카슈미르(Cashmir, Xynias)'
호수와의 연계에 기원하고 그래서 카슈미르의 창설자 '카시아파
(Casyapa)'와 그의 부인(婦人) '다누(Danu)'에 연결되어 그의 사람들은 범어
(梵語)의 '다나오이(Dana-oi)' '다나바스(Danvas) 족'이라는 것이다! '다나
오이(Dana-oi)'와 호머(Homer)의 '아케이(Achaei)'는 모두 '희랍 히말라야
족'에 가깝다. 지리학적 증거가 역사적 가치는 곧 명백하게 될 것이다.

아! 그들의 신화적인 시대가 지금 검증이 되고 있다. 그러면 독자는
이 사람들이 신화적 존재는 아니고, '드루오페스(Druopes[12], 드라우스의
왕)'이고, 그들의 남부 정착지가 '도리스(Doris)' '카라드라스 강(Chara-
dras, Chshmir Dras[13])'에 있고, 거기에 그들은 '드리오페스(Dryopes)'로 출
현하게 된다. 독자는 '에피루스(Epirus)'의 '카라드라스(Chara-dras)' 강
(江) 원천의 '카소페이 족(Cassopaei, Cashmirians)' 중에서 역시 그들을 확
인하게 될 것이다. 진실만큼이나 거짓도 많다. **진실은 범어(梵語)로의 환
원(還元)이고, 허구(虛構)는 희랍어이다.** 그렇지만, 허구와 진실은 모두
역사적 지리적 기초에 간직이 되어 있다.

나는 '드라스(Dras)'사람을 일별(一瞥)하는 것으로 만족할 수는 없다.
우리는 그들의 초기 역사에 깊은 흥미가 있기 때문이다. 그것만이 아니
고 우리는 그들과 깊은 관련이 있고, 나아가 그들은 우리 섬[영국]에도
오래 살았고, 그들에 관한 기록과 풍습이 우리 시대에까지 전해오고, 그
들은 우리의 시들지 않는 생생한 호기심을 불러일으키고 있기 때문이
다. 왜 그 사실을 숨길 것인가? 그 '드루오페스(Druo-pes)'는 우리 자신의
'드루이데스(Drui-des, Druids)'[14]이다.

---

11 '아피(Ap-i)'는 '다누(Danu)의 물' 영어 '울라스 강(Ullas-water)'과 같다.
12 'Druopes'는 영어식으로 'Draus'에서 파생하였고, "Druopes"와 'Pě'는 "대장"
13 '키라(Kira)'는 '카슈미르'이고, '드라스(Dras)'는 카슈미르 드라스 강.

들어라! 쏟아지는 하프의 소리를
빈 계곡에 울리는 파도의 노래를.
길게 늘어서 있는 대열을 보노라.
그늘을 뚫고 눈[雪]빛 장관을 연출하네.
발맞춰 가는 그들을 보노니,
궁형(弓形)의 숲 가운데 흰 대례(大禮)복 입은 성자들이 가네.
오크로 만든 화환에 장식용 수술 달린 레이스로 차리고
성스런 가슴엔 빛나는 초승달
라이어 위에 나부끼는 은색 머리털
끈 달린 수의(壽衣)로 드루이드(Druid) 첩약(貼藥-金言)을 선포하니
그들은 멈추어 숨죽이고 있네.[15]

존경받는 성자 드라우 족(Draus)의 대장들은, '인두 반사(Indu Vansa, 月宮 族)'였다. 그래서 '초승달' 상징을 그 드루이드 족(Druids)은 착용했고, 역시 종족 대부분이 불교도로서, 그네들 자신의 역사(歷史)를 말해야 했다. 그들의 주요 정착지는 '에부데스(E-Budes)' 즉 '히부데스(Hi-Bud'h-des)'[16]였고, 로마인의 압제를 피하여 그들은 마지막 도피처 영국으로 왔는데, '성자의 섬(Isle of Saints, Mona)'[17]이었다.[포콕은 '태양족-Solar Race'과 '월궁족-Lunar Race'을 나누어 설명했다.] 그들은 '드루이드 음유시인(the Druid Bard)'이고, -웨일스 음유시인-고대 라즈푸트의 바우트(Bhaut)[18]이고, -호머 식 노래의 하프 연주자이고, -호머 식 축제에 데무도쿠스(음유시인)이고, -신(神)을 가장하여 동료들로부터 존경을 이

14 '드루오페스(Druo-pes)'는 '드라우스(Draus)' 대장. '드루이데스(Dru-i-des)'는 '드라스(Dras) 땅 사람들'이다. 이것이 로마 사람들의 종족 명칭이 된 것이다. 나는 로마인의 초기 정착과 주변 사회에 대한 흥미롭고 믿을 만한 증거를 확보하고 있다.
15 워즈워스 '드루이드 족', 캠브리지 수상(受賞) 시, 1827.
16 '히(Hi) 히야(Hya) 족의 불교도, '히부데스(Hi-Budh-des)'는 '히야 부다(Hya-Bud'has-불타의 땅)'이다.
17 '몬(Mon)'은 원래 '무니(Mooni)' "성자, 자비롭고 학식 있는 사람, 근신 금욕으로 신비로운 존재"-Wilson's Sans. Lex., i. v.
18 '바르두스(Baedus)'는 '바우트(Bhaut)'의 라틴어 식 변형.

끌어 내는 자랑스러운 음유 시인이고, -사실상 델피의 신이고, -부의 왕
좌와 신탁(神託)의 응답자이고, -키오스 섬의 호머의 후예의 신념을 창
조해 내는 주체들이다. 그들이 신(神)이니, 높은 망루(望樓)에서 펠로폰네
소스(Peloponnesus)로 향하는 길을 탐색하며 크레타 섬을 감시하는 자이
며, 불교 시인으로 자연적 속성에 성자(聖者)의 힘을 찬송하는 자이다.

이 섬[영국]에 드라우스(Draus) 족의 정착은, 그 북부에는 꼭 '히부데
스(Hi-Budh-des, E-budh-des, 히야 불타의 땅)'이 있고, 돌도끼로 연출하는
놀라운 기술을 보이고, 고대 세계를 관장했던 '불교적 진취성'과 조화
를 이루었던 바다. 왜냐하면 그들은 '카슈미르' 계곡을 흐르던 사람들
과 동일한 사람들이고, 테살리(Thessaly) 평원(平原)의 모든 개연성과 동
일한 것이기 때문이다.['카슈미르 사람'='희랍인'='영국인']

이제 테살리(Thessaly-희랍 동부 '에게 해' 연안)에서 그 불교 족에 관해 살
펴보기로 하자. 이 지역을 희랍어로는 '프티오티스(Ph-thio-tis)'라 적었
으니, 첫 글자가 'B'인 '부디오데스(Bu-dhyo-des)'는 '불교도 땅'이라는
의미이다.[부록 21참조] 그들은 '두라스(Duras[19], 드라스 강)' 가까이에 자
리 잡았다. 우리는 역시 '오트리(Othrys, 희랍의 히말라야 족)' 부근에 '하이
부다(Hy-bud'ha, Hy-pata[20]-騎馬 佛陀 족)' 도시도 보게 된다. 나는 여기에
서 '신화(神話)'를 단순하게 '역사(歷史)'로 전환하여서 말을 하고 있다.
**'힘멜(Himmel, 하늘)'에서 유래한 '사카(Saca, -색슨은 梵語와 영어가 공통으
로 Saxon이다.)[21] 족'의 후손 '사카수노(Saca-soono)'인 히말라야 고산족인
'사카 족(Sacas)'이다.** 이처럼 '인도(印度)인의 하늘'이 '게르만인[獨逸]
의 하늘'이 된다. 카슈미르에서 온 이주민은 그네들의 아름다운 호수를
잊을 수도 없고, 그들의 나라를 세운 성자도 잊을 수가 없었다. '카수 호
수(Casoo-lake)' '카수 도시(Casoo-town)' 감사의 기록 '카수파(Casoo-pa)'[22]
'카사의 왕' '카슈미르 창조자'는 '오트리(Othrys) 산' '희랍인' '히말라

19 라틴어로 바꾸면 '다이라스 강'이다.
20 '히부다스(Hi-Bud'has)'는 영국의 '에부데스(E-Budes)'와 동일함
21 '수노(Soono)'는 '아들'
22 '카수파(Casoopa)'는 카슈미르 창설자.

야 족' '카일라스(Cailas)산' 사이에 있다. 그것들은 희랍 저작 속에 '크수
니아 호수(X'oo-nias)' '크수니애(X'oo-niae)'²³로 나타나는데, '부르고푸
르(Burgo-pur)', '부르고 마을(Burgo-town) 사람들'의 선택 장소보다 더
중요한 곳은 없었다.

그들은 그들의 거주지를 그들의 옛날 '두라스(Duras)' 강 원천(源泉) 가
까이에 잡았는데, 그곳이 현재 희랍의 '프루기아푸라(Phrugia-pura)'²⁴이
다. '바라문(婆羅門) 족(Brahmins)'은 '갠지스 강과 그 원천(源泉)'을 잊을
수 없었고, 라마 족은 '라마 만(灣, Lamaic Bay)' 북쪽 해안가 근처인 '갠지
스 강 하구(河口)'에 모여 '아이에네스(Aineanes²⁵, 婆羅門-Brahmins)'파를
이루었고, '스베르키우스(Sperchius)'²⁶ 즉 '낙원의 강물'에 거주지를 정
(定)했고, 그들의 주요도시는 '스베르기움(Spergium, 낙원)'인데, 브라흐
마(天神, Brahma, Ainia²⁷)의 도시는 천상(天上)의 강 '스페르케우스
(Spercheius)'에다 세웠다. '아이노이아(Ainoea)'라는 이 도시의 명칭은 일
반적인 것이 아니라 특별한 것이니, 그 이주자들은 그 이름을 그들의 옛
거주지 '오인(Oin)'에서 가져왔기 때문이다. 펀자브(Punjab)의 '오인(Oin)'
은 카슈미르를 싸고 있는 산악 남쪽에 위치한 작은 마을이다. 그것은 '자
일룸(Jailum)' 강(江) 가에 자리를 잡았는데, '바라물라(Baramula)' 지역²⁸
에서 저지(沮止)되었다가 여기에서 다시 흐르기를 시작한 곳이다.

'도도나(Dodona)'는 다시 '드루오페스(Druopes)' '카라드라스(Chara-
Dras)'²⁹ 그리고 에루스(Epirus)에 있는 '카소패이(Cassopaei)' '카슈미르 사

---

23 라틴어 형식은 '크시니아스 팔루스(Xynias Palus)' '크시니애(Xyniae)'이다. (부
　록 규칙 10, 13 참조) 희랍어 '크수네이아(Xoo-neia)'는 '카수나이아(Casoo-
　naya)' '카수(Casoo) 마을'이다.
24 라틴어 형식은 '프리기아푸라(Phrygia-Pura)'이고 '나이아팔라(Naya-pala)'
　'네파울(Nepaul)'도 동일한 형식이고, 인도 명칭도 동일한 조합이다. 범어(梵語)
　'y'는 희랍어 'i'로 대체가 된다.(부록 규칙 20 참조)
25 '베나(Vena)'는 '브라흐마(Brahma)'이다. '바이나(Vaina)'와 '바이니아네스
　(Vainyanes)'는 '베나(Vena)'의 파생 형태이니, '브라흐마 후손'을 뜻한다. 범어
　(梵語) 'v'는 초기 희랍 문자화 과정에서 탈락한다. (부록 규칙 7 참조)
26 '스베르가(Sverga)'는 힌두의 '낙원'이다. 문자 'v'와 'b'는 호환(互換)적이듯이, 희
　랍어 '스페케이우스(Spercheius)'는 범어(梵語) '스베르가(Sverga)'로 추정이 된다.
27 주 14 참조
28 트론턴, <펀자브 관보>, 2권, p. 84, '오인(Oin)' 북위 33도 40초, 동경 73도 50초.

람'과 연합한다. 내가 조금 전에 언급한 '스베르기우스(Sbergius, Sperchus, 낙원의 강물)'는 그 대신의 희랍어가 '스베르가아파가(Sberga-Apaga, 갠지스 강)'[30]인데, '스페르가파가(Spergapaga)'란 글자그대로 '하늘나라 강물'의 뜻인 '스베르기우스(Sbergius)'의 형용사형으로 '갠지스 강'[31]을 뜻한다. 인도인의 명명처럼, 희랍의 '스페르키우스(Sperchius)' 강(江)은 '테살리 오트리(Thessalian Othrys, 산 중의 왕, 희랍의 히말라야)'에서 발원(發源)하고 있다. '오이토에이 족(Oitoei)' 즉 '오우데(Oude) 사람'은 그 남쪽에 정착을 했다. 여기에도 편리한 '희랍 어원학'이 작용한다. 우선 우리를 잘못 이끌어 웃기는데, '서두르다'라는 의미의 '스페르케인(Sperchein)'은 '스페르키우스(Sperchius) 강'의 문헌학의 (오류의)대표였다.[梵語가 아닌 희랍어에서 어원 추구의 오류]

희랍의 작은 '도리스(Doris)' 지방은 카슈미르 서쪽 국경에서 합치는 '도르(Dor) 강' 사람들에게서 연유한 명칭이다. **카슈미르**의 '도르(Dor) 강' 즉 '도다(Doda)'와 큰 산 '메르(Mer)'는 '토마로스(To-mar-os)'[32]로 희랍에 수용되어. 모두 북쪽으로 흐르는 강이다.

여기에 하나를 더 하면, '도르(Dor)'는 '구르카(Goorkha) 원주민인 무사(武士) 족'의 일원(一員)인데 우리는 고산 지대 '히말라야 산 족' '오드리 족(Odrys)' 무사 족과의 관련된 강력한 사실들을 확인했는데, 그들을 희랍의 '오트리(Othrys)'에서도 확인이 되고 있다. 그래서 '도리아인의 군사적 솜씨'는 놀랄 것이 못 된다.[33]

---

29 원래는 '키라드라스(Cira-Dras)', 즉 '카슈미르의 드라스(Dras)'이다.

30 '스베르가(Sberga)'는 '하늘'이고 '아파가(apaga)'는 '강물'이다. 결합해서 '스베르가 아파가(Sbergapaga, 天江)'이다.

31 '간가(Ganga)' '간게스(Ganges)'는 유명한 '(갠지스)강'이다.

32 부록 규칙 14 참조

33 콜로넬 토드(Colonel Tod)는 기록하고 있다. "이 기간(A. D. 812~836)의 기록은, 미래의 고고학이나 역사학도에게 도움을 줄 수 있는 담보를 제공하는 텍스트로서, 침묵과 황무의 명칭 극복을 위해서는 너무나 허약한 것이다." 이렇게 말하고 나서 그는 다음 연대기를 제시했다. "'가주니(Gajuni)'는 '갤로로테(Gehlote)'를 낳고, '아세르(Aser)'는 '타크(Tak)'를 낳고, '노돌라이에(Nodolaye)'는 '고한(Chohan)'을 낳고, '라인구르(Rahirgurh)'는 '칼루크(Chalook)'를 낳고, '세트 분데르(Set Bunder)'는 '지르케라(Jirkera)'를 낳고, '(Mundore)'는 '(Khairavi)'를 낳고, '만그롤레(Mangrole)'는 '마크바하(Macwaha)'를 낳고, '제이트구르(Jeitgurh)'는 '칼

그래서 만약 희랍 '**펠라스기 인**'에 관한 미래 역사가 솔직하게 자신이 히말라야 헬라 사람들과 얼마나 오래전부터 관련되어 왔는지를 잠깐이라도 생각을 해보면, -그가 얼마나 그들의 저술과 풍습 본고장 불경(佛經)[힌두]의 의례를 알고 있으며, 그가 얼마나 브라만 불타와 라마의 체계를 알고 있으며, 얼마나 '수리아(Suria, 태양족)' '인도 반사(Indo-Vansa, 월궁족)'의 역사와 기록 전통을 알고 있는가를 생각해 보면, 희랍 역사가로서의 그에게 양심적인 해답이 제공되게 될 것이다. 즉 '카드무스(Cadmus)에서 불교 선교의 시작에서부터, 트로이(Troy)에서의 혈족(血族) 전쟁을 거치고, 희랍 최기 종교에로의 복속(服屬) 종료에까지, 상고(上古)시대 희랍 족을 형성하였던 타르타르(Tartar) '코카우네스(Cokaunes, 코카운 거주자)'³⁴, 타르타르의 염소 가죽을 걸친 '엘루트 족들(Elooths, Helots)'³⁵의 방대한 시대에 관한 희랍 역사가(歷史家)를 말하는 것이다. ['희랍 上古시대 역사'는 인도 '히말라야' 태양족 월궁족의 역사이다.]

희랍인이 처음 발을 들여놓을 적부터 넘쳐 있는 불교적 신비와 지리

룸(Kalum)'를 낳고, '조엔구르(Joengurh)'는 '다사노(Dassanoh)'를 낳고, '아미에르(Aimer)'는 '고르(Gor)'를 낳고, '로하두르구르(Lohadurgurh)'는 '쿤다노(Chundano)'를 낳고, '카순디(Kasundi)'는 '도르(Dor)'를 낳고, (Delhi)'는 '(Tuar)'를 낳고, (Padu)'는 왕권(Rijdhur)의 소유자 '카부라(Chawura)'를 낳고, '잘로레(Jhalore)'는 '소니구라(Sonigurra)'를 낳고, '시로비(Sirobi)'는 '데오라(Deora)'를 낳고, '가그로븐(Gagrown)'는 '케키에(Kechie)'를 낳고, '자두(Jadoo)'는 '주나구르(Joonagurh)'를 낳고, '파르티(Parti)'는 '잘라(J'hala)'를 낳고, '카노우게(Kanouge)'는 '라토레(Rhatore)'를 낳고, '코티알라(Chotiala)'는 '발라(Balla)'를 낳고, '페룬구르(Perungurh)'는 '고힐(Gohil)'를 낳고, '예술구르(Jesulgurh)'는 '바티(B'hatti)'를 낳고, '라호레(Lahore)'는 '부사(Bhoosa)'를 낳고, '로네자(Roneja)'는 '산클라(Sankla)'를 낳고, '케헤르리구르(Keherligurh)'는 '세후트(Sehut)'를 낳고, '만델구르(Mandelgurh)'는 '나쿰파(Nacoompa)'를 낳고, '라조레(Rajore)'는 '비르구주라(Birgoojur)'를 낳고, '쿠룬구르(Kurrunghur)'는 '쿤다일(Chundail)'를 낳고, '시쿠르(Sikur)'는 '시쿠르발(Sikurwal)'를 낳고, '오메르구르(Omergurh)'는 '자이트바(Jaitwah)'를 낳고, '팔리(Palli)'는 '비고타(Bigota)'를 낳고, '쿤투르구르(Khunturgurh)'는 '자레자(Jareja)'를 낳고, '지르가(Jirgah)'는 '(코르부르Khorwur)'를 낳고, '카슈메르(Cashmer)'는 '푸리하라(Purihara)'를 낳았다."-콜로넬 토드(C. Tod), <라자스탄 연대기(Annals and Antiquities of Rajasthan)>, 1835, 1권, p. 248

34 '코칸(Kokhan)' '코칸드(Kokhand)'로도 역시 쓰였다.

35 '엘루트(Eluths)'는 상용의 공통 형식이다. 많은 특이한 시도가 이들 '노예'의 기원을 알기 위해 고대와 현대 희랍 고고학자들의 시도가 있었으나, 희랍어를 통해서는 알 수 없는 것이다.

학적 증거로 정착한 계보학에 관해 충분한 역사적 평가가 없으면, 덮씌운 그 가식(假飾)들로부터 희랍 역사를 해방시킬 수 없다.

그래서 나는 희랍 국가의 최초 세기의 믿음직하고 흥미로운 역사 탐구에 실망하지 않을 것이다. 그러나 이 역사는 진실에 대한 개략과 실마리 제공 이외에는 희랍 작가들에게서는 '완전 독립된 권위'에 바탕을 두고 있다.

'불타 족(Bud'hists)' 가운데 '오트리(Othrys, 히말라야 노바) 남쪽' 해안가를 이은 정착민은 '라미엔 족(Lamienses[36], 라마 족)'이고, 그네들의 주 도시는 '라미나(Lamina, 라마의 마을)'이다. 산악 곶(串)까지 '마그네테(Mag-ne-tes, 마가, 모굴 족의 땅)'[37] 지역으로 정해져 있는데, 이 북쪽 정착 자들은 태고(太古)의 위대한 불타 이름 중 하나를 가지고 있는데, '순수해지기를 바라는 불타 경전에 대한 우리의 확신'을 강화할 수 있는 사실을 제공해 주기도 한다. '위대한 불교도'의 '교황(敎皇)'인 '티소(Tisso)'의 희랍어 형용사 '티사이오(Tissaios)'는 희랍 정착 이전 옛날에도 너무 자랑스러웠다. 왜냐하면 '티소(Tisso)'라는 말은 히말라야 족(族)의 이웃 '카일라스(Cailas)'와 '오트리(Othrys)'에 많이 퍼져 있었기 때문이다. <u>독자는 불교도의 희랍 이민(移民)의 광망(光芒), 그에 관한 확신의 초점에 눈을 고정하고 있으면 된다.</u> 왜냐하면 카슈미르의 북쪽에까지 그 불타 족의 첨가, 히말라야 족의 첨가는 공경할 만한 이름 '티소(Tisso)'[38]를 역시 독자가 읽게 될 것이고, '고귀한 희랍 곶(串)'[39]에로의 전이(轉移)를 알게 될 것이기 때문이다. 그러나 우리의 증거 추적이 단지 여기에 있는 것은 아니니, 그것은 긍정적인 축적이다. '라미나(Lamina, 라마의 마을)'의 남쪽으로 '두라스(Duras)'[40] 강은 '라미아크 만(Lamiac Gulf)'으로 흐른다. '두라스 강(the river Duras, 티베트의 드라스, 드라우

---

36 '라마(Lama)'와 '벤사(Vensa)'족에서 온 것이다. 'v'는 탈락.(부록 규칙 7 참조)
37 '마가가네데스가네(Magha-gane-des-Gane)' 종족. 'des'는 땅이다. 그들은 '아라칸(Aracan)'의 '모그 족(Mogs)' '마가다(Maghada)'의 '모가 족(Maghas)' '타르타리(Tartary)'의 '모굴 족(Moguls)'과 같이 동일한 불교도이다.
38 <마하반소(Mahawanso)>-기원전 500년 기록이다. 고대 불타 족인 티소(Tisso)의 주목을 받았다.(Hon. G. F. Turnour의 '마하반소' 1장 p. 1 참조)
39 북쪽 '불티스탄(Bultistan)'의 '티소(Tisso)' 북위 35도 38초 동경 75도 20초
40 북위 34도 44초 동경 67도 20초 '두라스(Duras)'는 해발 9000피트 북위 34도 22초 동경 75도 30초

스-이처럼 다양하게 쓰였음)'은 카슈미르 북쪽 국경에 짧은 구간 '라다크
(Ladakh)' 계곡을 통과해 흐른다. '불툴(Bultul, 칸탈 關門)'에서 발원하여 북쪽
으로 인더스 강을 향하는데, '모룰(Morul)' 계곡 맞은편에서 서로 합친다. 라
마 족을 긴밀히 감싸다가 '스페르케우스(Sercheius)' 동쪽 계곡으로 들어가
'테르모필래(Thermopylae)'까지 멀리 가니, 놀라운 신화적 명성을 지닌 드리
오페스(Dryopes)[41] 족도 언급하지 않을 수 없다. 단일한 종족(드리오페스-
Dryopes)을 '드루스(Drus)-참나무', '오프스(Ops)-목소리'라 해석하여 희
랍인은 '참나무에게서 들었던 것'처럼 교묘하게 속였다.

---

41 뮬러의 <도리아 족(Dorians)>, 1권, p. 45

제 X 장

켄타우르 족(Centaurs)

**"끔직한 살인자를 대동한 거인족의 후손이,
산악의 왕, 용감무쌍한 자들을 물리쳤다."**

호머, 일리아드, i . 267~8

우리는 '라피타이(Lapithae)'와 '**켄타우르(Centaurs)**'의 신화적 혹은 비신화적(역사적) 무개를, 지리학과 초기 정착자의 '언어의 저울'로 정확하게 고려해 나갈 것이다.

최초의 기록 '켄타우로이(Centauroi)'는, '테살리(Thessaly)'의 산 숲속에 거주하는 종족이다. "그들은 거칠고 야만적인 생활을 했다고 묘사되고 있다. 때로는 그들 이웃의 여자들을 납치하고, 머리털로 뒤덮여 동물처럼 산을 방황하거나, 유용한 기술은 아랑곳하지 않았으니, '케이론(Cheiron)' 경우 같은 경우는 알려지지 못했다.' 그들의 통로(關門)를 '페레스(Pheeres)' '테레스(Theeres)'²라 한다. 이 최초의 언급에서 켄타우르(Centaurs)는 '동물 같은 거대 야만인'으로 나타났으나, 이후 작가는 '괴물(河馬-켄타우르)' 또는 일부는 '사람'이나 일부는 '말[馬]'로 묘사하였

---

1 호머, 일리아드, i . 268 ; ii . 743.
2 '야수(野獸)'

다. 켄타우르는 고대 시인과 예술가들이 폭넓게 사용했던 '페이리토우스(Peirithous)' 잔치 이야기에 특별히 축복이 되었다."[3] 모든 켄타우르 중에서 가장 현명하고 정의로운 '케이론(Cheiron)'은[4] 아킬레스의 강사(講師)였고, 아킬레스의 아버지 펠레우스(Peleus)는 케이론과 친구였고, 친척이었다. '케이론'은 다른 켄타우르들처럼 '펠리온(Pelion)' 산에 살고 있었는데, 라피테(Lapithae)에 의해 추방이 되었다. 케이론의 후손은 '마그네시아(Magnesia, 케이론의 후손-Cheironida)'에 거주했는데, 그들은 '의약(醫藥)'에서 출중하였다. 희랍 이야기 중에서 가장 유명한 영웅 **아킬레스(Achilles)**를 케이론의 제자로 묘사하였고, 사냥과 의약 음악 체조 예언(豫言)술에도 뛰어났다는 것이다.[5] 그것은 희랍 어원학이 낳은 불행한 경향을 고찰하는 데에, 심상찮은 도전이다. 이 점에서는 희랍 어원학자들의 정신 작용은 그렇게 완전한 편견(偏見)에 있었거나, 아니면 마비(痲痺)가 되어 있었다. 즉 **희랍의 켄타우르는 '역사의 사원(寺院)'으로 나르기에는 너무 체구가 크고 별 특징이 없었다.** 그래서 진입이 금지됐을 뿐만 아니라 켄타우르의 형상은 고전적 불충실로 치지도외(置之度外)되어 그 존재의 부정(否定)이 바로 그동안 '역사의 생명'을 형성하는 어떤 이론을 이루고 있었다. **켄타우르**의 이름은 물론 '황소들을 선동(煽動)함'에서 유래하였다. 즉 켄타우르는 '송곳들'이니, 그들은 말을 타고 흩어진 소떼, 또는 야생 소떼를 사냥했던 사람들이다. 코린트의 독재자[6]로 페리안데르(Periander)가 있다. 플리니우스(Pliny, '박물지' 편집자)는 특히 운이 좋았다. 플리니우스(Pliny)는 이집트의 **켄타우르**가 로마로 호송된 것을 보았는데, 꿀 속에 방부 처리된 것이었다. 그러나 그것은 역시 틀림없는 *역사적인* 켄타우르였다. 왜냐하면 그 일은 '올림픽 대회(Olympiads)' 개최 이후, 아니 클라우디우스(Claudius)[7] 통치 시대만큼이나 뒤에 생긴 일이기 때문이다. 미트포드(Mitford)는 말한다. "가장 탐구심이 많고 바른

---

3 Smith's Myth. Lex., 1권, p. 666
4 호머, 일리아드, xi. 831.
5 Smith's Myth. Lex., 1권, p. 692
6 Plut. Symp.
7 Plinty, vii. 3.

고대 골동품 전문가는 **켄타우르** 문제에 어쩔 줄 모르는 태도를 보인다."
스트라보(Strabo)는 그들을 '모호한 것'이라 했으나, 이유는 없다고 했다.
핀다로스(Pindar, 522?~443? b. c.)[8]는 '켄타루르 케이론'을 가장 역설적인
존재로 묘사했는데, "신(神) 같은 야수(野獸)" 두 단어로 나타냈다. **'켄타
우르' '케이론(Cheiron)' '라피테(Lapithae)'에 관한 핀다로스(Pindar)의 '신
같은 야수(野獸)'라는 지적의 온전한 이해가, 테살리(Thessaly) 동쪽 정착
민의 이해에 필수적인 사항이 될 것이다.** 매우 다른 고장과 다른 풍습의
사람들에 의해 정착이 행해졌겠지만, 이 경우는 '라피타이(Lapithae)'와
켄타우르들의 잦은 전쟁에 관한 것으로 충분하다. 올림포스 산 고장은
더 큰 동부 해안지대와 마찬 가지로 '펀자브(Punjab) 사람들'로 이루어져
있다. 그들은 '라베(Ravee)' 강안에서 이주해온 사람들이고, '케나브
(Chenab)' 강과 합수(合水)지점에서 온 사람들과 멀지 않다. 남쪽으로 '오
사(Ossa)' 산은 '욱사(Ookha, Oxus)' 식민지인이지만, '우카(Oocha, Ooch)'[9]
사람들이 점령하고 있었다. 독자는 이 책의 지도로 알 수 있듯이 테살리
아 사람들의 신(新) 구(舊) 정착민 간에 지속적인 단일한 조화를 감지를
하게 될 것이다. 즉 '서부 헬라'와 원래 한 고장의 '출신 동향(同鄉, Singetic
provinces)'의 반영이 그것이다. '파가사이(Pagasae, 파크-Pak 사람)'[10]는 '파
가사이(Pagasae)'-페르시아 만(灣) 우두머리-로 정착을 했고, '테바이
(Tebhai, 테베 사람)'는 그네들의 바로 남쪽 이웃 새로운 도시 '테바이
(Thebae)'에서 살았다. '말리파이(Mali-pai[11], 물탄의 왕들)'은, '말리바이아
(Mali-baia, 말리 왕들의 마을)'에 거주지를 정했는데, '베부(Beeboo)'[12]에서

---

8 Pyth. iv.

9 우크(Ooch, Ossa), 북위 29도 13초 동경 71도 6초

10 '파크(Pak)'는 북위 30도 20초, 동경 73도 13초 '파크바시(Pak-vasi, 파크 거주
자)'에서 유래한 말이다. 고대 희랍 표기법 상 'v'음 상실 (부록 규칙 7참조)

11 '희랍 역사가들의 Malli' : '말리(Mali)'와 '파(Pa, 대장)'에서 유래한 것이다. 이후
희랍어 체계가 변화되었다. 마을 이름의 희랍어 '물로이(Mooloi)'의 복수형은
'물라(Moola)'였는데, '말로이(Malloi)'로 기록되어 있다.(부록 규칙 6) 현대의
명칭도 비슷하니, '탄(tan)'은 '탄(t'han, 땅)'이니, '물탄(Mootan)'은 'Mool의 땅'
이고 '폴란드(Pole land, 폴의 땅)'가 그것이다. '물로이(Mooloi)'가 '물라 파스
(Moola Pass)'에서 온 '정착 민'이라는 것은 불가능한 추정이 아니다.

12 '베부 트리구르(Beeboo Triggur)' 북위 30도 28초, 동경 71도 40초. '바이부

온 이주민을 거기에 더했는데, 그들은 '바에보이스(Baebois)' 호수로 그
들의 새 정착지를 고정하였다.

'부티아 족(Bhootias)'은 북서부 테살리에 자리를 굳혔고, 그들의 옛 이
웃 '비르구스(Birgoos)'의 인근(隣近)이다. 이들은 모두 '보티오이(Bottioei)'
'브리게스(Briges)'로 표기되어 있다. 그러나 아킬레스(Achilles) 시대에
타르타르 족의 일부는 '승리의 경력'을 쌓고 있었다. 이 시대에 타르타
르 족은 페네스우스(Peneus) 강 양안(兩岸)의 평야를 점령하고, 마케도니
아(Macedonia, 마가 족-Magas, 마굴족-Maguls 중)에서 그들의 옛 주민을 내
려 보냈다. '보티오이(Bottioei)'가 그 남쪽에 정착지를 만든 것은 확실하
다. '모국어(梵語)'로 보존된 그 이름이 다행히 있어 그 점을 명시하고 있
다. 그 명칭은 티베트 어인데, '로파타이(L'hopatai, Lapithai, 보우탄 사람)'[13]
이다. 이 '무사(武士) 족의 남진(南進)'이 용감하고 결의에 찬 군대에게 저
지되었다. 양측은 모두 풍속과 역사가 같은 기마(騎馬) 족으로 주변 사람
들과 동일한 '무사들(warriors)'이다. 희랍어로 '켄타우로이(Kentaur-oi)'[14]
라고 표기한 그들은 그들의 반대자들보다 훨씬 먼 남쪽에서 희랍으로
도래했던 사람들이다.[모두 '히말라야 카슈미르 족'이라는 이야기] 그
래서 당시 그들의 언어는 '로파타이(L'hopatai)의 언어와 완전히 다른 것
이었다. 그래서 **이들 '켄타우르(Kentaurs)'는 '캔다우르스(Kandhaurs)' '칸
다르(Kandahar)**[15]**에서 온 이주자'였다.** '칸다르(Kandahar)'와 인접한 '살

(Baiboo)'와 라틴어 '배부(Baeboo)'는 '베부(Beeboo)'의 파생형이다.

13 "힌두 말로 투베트를 '보탄트(Bhotan)' '투베탄(Tubetan)' '부티아(Bhootia)'라
고 한다. 이 고장(Boutan)은 투베트의 광대한 지역의 일부일 뿐이다. 투베트어로
영어의 '보우탄(Boutan)'은 '로파토(L'hopato)'라고 하며 힌두어로는 '랄토피발
라(Laltopivala)'라고 한다."-<아시아 저널> 15권, p. 294. "'보테(Bhote)'란 말은
유럽인이 '부탄(Bootan)'이라고 하는 고장뿐만 아니라 히말라야 양쪽까지 지칭
한다. 즉 카슈미르에서 중국에까지 이르는 지역이다."-헤밀턴 <동인도 관보> 1
권, p. 270. (부록 '규칙 19' 참조)

14 케이틀리(Keightley)는 말한다.(<신화(Mythology)> 2권, p. 22) "순전히 시적(詩
的)인 명칭인 '켄타우르(Centaurs)'와 '라피태(Lapithae)'는 적대적인 두 종족이
다. 전자는 말 탄 족속이고, 희랍 북부에 퍼져 있던 종족이고 후자는 더욱 문명
화한 종족으로 도시를 건설하고 그들의 억센 이웃을 산으로 돌아가게 했던 종
족이다..."

15 '칸다하르(Kadahar)'는 '칸다하우르(Kandahaur)' '켄타루르(Kentaur)'로 발음되

(Sal)'은 희랍 지도상 "푸르살루스(Pur-Salus, Par-Salus, 살의 도시)"[16]로 정착했다. '칸다르(Kandahar)'란 용어가 '켄타우르(Kentaurs)'로 쓰일 수 있었던 두 가지 관점이 있다. **펀자브와 테살리에서 '칸다르의 이웃'은 정확히 '칸다라(Cand-dhara, 시냇물 고장-country of streams)'이고, 앞서 제시한 '케타우르'를 도출한 증거로는 그들의 이전 정착지인 인더스 강 줄기들의 합수지점과 유사한 그들의 희랍에서의 장소와 종족의 명칭이라고 할 수 있다.** 그러나 희랍에서는 한 곳에 고정된 정착의 지향점이 달라져, 그들의 불규칙적인 생활을 희랍의 로고 제작들은 그 (켄타우르들의)방랑(放浪)의 속성에 맞추어 '사람의 상체(上體) 말의 하체(下體)'의 형상을 만들어내게 했다.

그러나 이들 '켄타우로이(Kentauroi)'에는 생각해야 할 또 하나의 관점이 있으니, 그들의 역사(歷史)를 밝혀 줄 강력한 것이다. **'하르(Har)' '하로(Haro)'(희랍어로는 'Heros-영웅')는 '전쟁' '전쟁의 신'을 뜻하고, '라지푸트(Rajpoot, 武士계급)'이다.** 그러기에 '칸다르(Kan-Har)'은 '하르(Har, 영웅)의 나라' 또는 '무사(Hero)' 족이니, 그것은 '페리바이안 족(Perrhibaeans)'이 썼던 호전적인 '카르티케야(Cartikeya)'에서 우리는 그것을 확인할 수 있다.

고전 학도에게 '하로(Haro)'라는 용어는 유독 관심이 많다. '헤로(Heros)'는 호머(Homer)에서 약 110번[17] 정도 쓰였고, 주요 장군들뿐만 아니라 하급 무사들에게도 쓰였다. 고전 학자는 지금 그 장군의 풍성한과 용어의 특별한 사용을 알 수 있다. 나는 독자에게, 그것이 자국의 유명한 '만세(Hurrah)'이니, 조상(祖上)의 함성이고 영국의 '라지푸트(Rajpoot, 무사계급)'로서 말놀음이 아니라고 주장하는 바이다. 왜냐하면 독자는 이 섬사람이기 때문이다. 그의 함성은 '하로(Haro, 만세)! 하로(Haro, 만세)!'이다. 워즈워스가 노래한 그 동방 무사(武士)의 노래를 들어 보라. '드루이드

었다.
16 이 단어에 's' 글자는 탁음(濁音) 'sh'이고, 'a'는 광음(廣音) 'au'여서, 그것은 'Shawl'로 표기되어 발음대로의 개념을 전하고 있고, 철자법을 따른 것은 아니다. (부록 '규칙 6' 참조)
17 Phil. Mus., 1권, p. 72 참조.

(Druid, 성직자, 시인)' 말이다. –

> 그 다음엔 창을 잡고 스키타이 수레(the scythed wheel)에 올랐네,
> 건장한 군마(軍馬)를 후려치고 불꽃 튀는 강철을 휘둘러
> **빽빽한** 적군을 휩쓸어 비웃음으로 날려버리다.
> 일어서라! 일어서라! 여기가 그것을 위해 죽을 곳이다.
> 그래서 드루이드의 선조 납골당 밑바닥에
> 취한 혼 불 밝혀 전쟁의 불길을 돋우네.[18]

<u>동쪽 테살리(Thessaly)에 있는 그 '칸드하로이(Cand-Haroi)'가, <라자
스탄(Rajast'han)> 36개 왕족의 하나인 '카티(Catti, Cathei)'의 위대한 라지
푸트(Rajpoot)임</u>을 나는 믿는다. '라피테(Lapithae)'와 켄타우르들(Centaurs)
의 역사에 관련된 모든 환경은 그것을 입증하고 있다. 나는 '펀자브의
합수지점'에 (현재의 칸다르와 가까운 곳에) '칸다르 족(Cand-'Hars[19])'이 정착
하고 있었던 것을 믿고 있다. 그 종족은 '카티(Catti)'와 유사하였다고 생각
한다. 콜로넬 토드(C. Tod)는 '카티(Catti)'[20]에 대해 말했다. "모든 계보학자
들은 <라자스탄(Rajast'han, 왕들의 강물)>과 '사우라쉬트라(Saurashtra)'가
인도 왕족에 기원을 두고 있음에 동의하고 있다. 그것은 인도 서부 가장
주요한 종족 중의 하나이다. '수라쉬타(Surashta)' '카티바르(Cattiwar)'로
이름을 바꾼 종족이다. <u>카티(Catti)에 거주하는 모든 주민들은 대부분 그
원형을 유지했으니, 그의 종교, 그의 예절, 모양새는 틀림없는 '스키타
이 족'이다.</u> 알렉산더 시절에 다섯 시내가 합치는 펀자브 지대를 차지했
다. 알렉산더가 이 지대에 진격했을 때 죽을 뻔 했고, 복수할 것을 기념
비로 남겼다. 카티(Catti) 인은 이것으로 그의 혼을 추적할 수 있다. 카티
(Catti) 인은 태양을 숭배했다. 그들은 평화를 비웃고, 조용한 생계형 산
업보다는 차라리 선조들의 약탈적 추구의 불안정한 수입을 선호하였

---

18 워드워즈, '드루이드', 캠브리지 수상 시 1827.
19 '칸드(Cand)'는 '자방' '지역'의 의미 : 원래 '칸드(Khand)'임.
20 <라자스탄(Rajasthan)> 1권, p. 111

제X장 켄타우르 족(Centaurs) **327**

다. 카티(Catti)의 존재 이상의 힘을 지니고 있었다. 몸집은 보통 사람 이
상으로 키는 6피트를 넘었다. 담색 머리털에 벽안(碧眼)이었다. 뼈대는
체조 형으로 그의 생활 형식에 맞았다."²¹ 이미 지적한 동쪽 테살리의 수
많은 정착 자들을 기억하고 있을 것이다. 알렉산더 침공 시에 현지에서
확인된 카티(Catti)인보다 바로 그 주변에서 온 인구가 훨씬 많았다.

'물탄(Mooltan)' '베부(Beeboo)' '테베(Tebbee)' '파크(Pak)' '우크(Ooch)'
'멜리뵈아(Meliboea)' '뵈베이스(Boebeis)' '테뵈(Theboe)' '페가쇠(Pegasoe)'
'오사(Ossa)'에다가, 나는 '뵈베이스(Boebeis)' 호수의 남쪽 가까이 자리
잡은 '페래(Pherae)'를 하나 더 첨가한다. 내가 조사한 이들과 더 많은 도
시들은 모두 카티(Catti)의 주변에 있다. 그런데 여기에 호머의 '페레스
(Pheeres, 野獸)'에 대한 설명이 있다. 그러나 그것의 활용은 역시 뚜렷이
구분이 되고 있다. 펀자브²²에 있는 옛날 정착지 '페르(Peer)'²³는 '페래
(Pherae)'가 테살리(Thessaly) 도시들 속에서 그러하듯 그 지역에 주변 마
을 속에 있었다. 사실상 두 개의 도시, 테살리의 '페래(Pherae)'와 펀자브
의 '페르(Peer)'는 과거 페르시아 어로 '존경스러운 원로(元老), 성자들'²⁴
로 명성이 나 있었다. 그리고 당시에 펀자브의 적지 않은 도시들이 그렇
게 불리었다. 그들 속에 '페레(Peer-ae-성자들)'는 유용한 기술과 과학의
기초를 제대로 이루었다. 이들 '페레(Peer-ae-성자들)'는 의약, 천문학,
음악 기타의 선생들이었고, 그들이 펀자브와 테살리에 공존한 "델로페
스(Delo-pes-돌라의 大將)"²⁵인 **아킬레스(Achilles)** 같은 주변 도시의 젊은
'라지푸트들'과 소통을 하였다. 그러나 '돌라(Dola)' 마을은 우리가 이미
확인하였던 히말라야 지방에 '돌라 산맥(Dola Mountains)'의 옛 원주민
'돌로피아 족(Dolopia)'의 일부일 뿐이다. '케이론(Cheiron)'은 당시 가장
성공한 성자(聖者)였다. '케이론(Cheiron)'은 "페르(Peer, -신 같은 성자)"²⁶

---

21 <라자스탄(Rajasthan)> 1권, p. 112
22 북위 29도 21초, 동경 70도 35초.
23 지금은 '페르 부크쉬(Peer Buksh)'라 한다.
24 마호메트의 성자를 '페르(Peer)'라고 했던 것은 오히려 고대이다. 그것이 북인
   도 성자에의 적용은 상고(上古) 시대로 올라간다.
25 '돌라(Dola)' 북위31도 동경 73도 10초. 참조

로 불리었다. 당시에 많은 신들처럼 고급 교사로 초빙되었고, '에드워드
1세(Edward)' 때 비숍 벡(Bishop Beck)처럼 군사학에서도 역시 기술을 지
녔던 것으로 보인다.

'케이론(Cheiron)'은 '카이란(Kairan)'[27] 족의 한 사람이란 명칭으로, '카
슈미르 사람'이니, 북으로는 부티아(Bhutias, Phthiotis), 남으로는 돌라
(Dola, Dolopes)와 인접해 있는 오늘날까지 '라지푸타나(Rajpootana)'에 있
는 '카론(Charon)'[28] 계급의 하나였다. 그래서 '라지푸타나(Rajpootana)'의
'카티'와 '카론', 그리고 '케이론'과 '켄타우르'의 관계는 명백한 것이
다. 나는 그 점을 뒤에 '카티(Catti)'와 관련하여 더욱 밝힐 것이다. 그리고
여기에서 나는 어떤 부당한 생각도 없이, 희랍 신화 개요에 나타나 있는
희랍 어원학의 효능을 말하려 한다. 케틀리(T. Keightley, 1789~1872)씨는
희랍 종족에 말했다. "켄타우르 족 중에서 가장 축복 받은 사람은 '케이
론(Cheiron)'이다. 그는 '크로노스(Kronos)' 님프 '필리라(Philyra)'의 아들
이다. 호머는 그를 '정의로운 사람'으로 규정했다. 그는 '자손(Jason)'과
그의 아들 '미데이오스(Mideios)' '헤라클레스(Heracles)' '아스클레피우
스(Asclepius)' '아킬레스(Achiles)'를 길러냈고, 외과 의학으로 유명했는
데, 그는 그것을 두 사람의 최후 영웅에게 전했다." 케틀리(Keightley)씨
는 각주(脚註)를 통해 "'케이론(Cheiron)'의 명칭은 '케이르(Cheir, -손-手)'
에서 유래한 것이다."라고 말했다. 이것은 단순히 희랍 어원학의 원리
로는 가능한 최선의 설명이라 할 수 있다. 그러나 내가 이미 지적했듯이
사실은 범어(梵語)인 것을 희랍어로 상정한 어휘이니, 그것은 헤시오도
스(Hesiod)의 '헤가톤케이르(Hekaton Cheires)'처럼 널려 있음을 알 수 있
는데, 그 용어에 갇혀 그것을 훌륭한 희랍어로 상상하였다. 그래서 발음

---

26 그것은 불행한 역설, '신 같은 짐승'이다.
27 '키라(Kira)'는 '카슈미르 사람'이다. '키란(Kiran)'은 '페르시아 사람들'로 '카
  이란(Kairan)'에서 왔다.
28 '카론(Charon)'은, 신들에 대한 찬양 연설문 작성자, 전령(傳令)이다. 동사 '전파
  (傳播, chur, to diffuse)'에서 파생된 것이다. - 윌슨(Wilson) <범어(梵語) 사전>. 일
  반적인 음운 원리 상 'k' 'ch'음은 수시로 환치되되, 'carus'가 'chere'로, 'chira'가
  'kira'로 된 것과 같다. - 이 원리에 대해서는, 봅(Bopp) 참조.

은 손상이 되었지만, 동종의 범어(梵語) 발음[29] 속에 보유된 것임은 전혀 의심할 필요가 없다. 나는 사심(邪心) 없이 말한다. 크게 다르게, 그 손재주는 희랍인의 생각과 저술과 신앙의 주창자로 항상 높은 대접을 받았기 때문이다. 그러나 희랍 세계의 기발한 공상(空想) 저변에 놓인 역사는, 확실히 더 이상 감출 수 없게 되었다. 그러나 '카티(Catti)'로 돌아가기로 한다. 콜로넬 토드(Col. Tod)는 말한다. "카티 족의 무기는 검과 방패와 창이다." 그리고 이제 켄타우르(Centaur)의 말과 같은 형상의 기원에 관해 생각보자. "그들은 모두 기마인(騎馬人)이고, 특히 놀랍게 그 동물을 사육했다. 암말이 애호되었다. 카티(Catti) 족의 암말은 그의 가족이었다. 암말은 같은 지붕아래 살았고, 그렇게 친숙했다. 사람의 목소리에 친숙했다. 카티 인은 말을 걸리거나 닫게 하는 것을 거의 볼 수 없다. 카티(Catti)인은 발로 걷는 것을 싫어했고, 일하러 들에 나갈 때, 약탈에 가담해 나갈 때, 공격에 저항할 적에도 말을 타고 나갔다. 카티(Catti) 족은 원래 인더스 강변 고장에 살았고, 그곳에서의 이주는 대체적으로 정확한 것으로 추적이 되었다. 그들은 법이 없고 칼이 있을 뿐이었다. 약탈보다 더 명예로운 직업이 없었다. 카티 족은 3일의 짧은 기간에 가장 어렵고 배고픈 원정을 행할 수 있는 7~8백 명의 기갑부대를 동원할 수 있었다. 그래서 방랑과 약탈 생활에의 의존은 그와 같아서, 어떤 큰 어려움도 극복 못 할 것은 없다고 그들의 후예는 알고 있다."[30] 이제 존중하는 그들 이웃에서 여성을 운반한 카티(Catti)와 켄타우르(Centaur) 풍속을 고찰하기로 한다. "카티 사람이 장가를 가기 위해서는 강간(强姦) 자가 되어야만 했다. 즉 *장가 갈 사람은 친구들과 더불어 신부가 살고 있는 마을로 가서 억지로 그녀를 운반해 와야 했다.* 옛날에 이것은 용기와 힘의 시험이었을 뿐이다. 예약은 없고, 돌과 장갑이 사용되었고, 억지와 격퇴였고, 실패한 구애(求愛)자는 더러는 물러가기를 강요하지 않고 상처를 입혀 더 우호적인 기회를 기다리게 하였다." 역시 '케이론(Cheiron)'과 '카론(Charon)'의 명칭 특성에 대한 위치와 거울 같은 반영을 말한 것이다.

---

29 '헤카톤케이레 족(Hekatoncheires)'의 역사를 응당 주목해야 할 것이다.
30 콜만(Coleman), <힌두 신화(Hindu Mythology)>, p. 280

"카티 사람은 아내와 '카론(Charon)'과 상의하지 않으면 어떤 일도 하지 않는다. 그래서 카티 사람은 아내와 '카론(Charon)'의 충고에 따라 인도된다. 가장 야만적인 종족 '쿨리(Cooies)' '카티(Catti)' '라지푸트(Rajpoots)' 도 '카론(Charon)' 사람을 신성시한다. 바트(Bhats)는 '카티(Catti)' '라지푸트(Rajpoots)'를 노래한 시인(Bards)[31]이다. 그들은 족보를 관리하고, 그들에 대한 칭송을 반복한다. 그들의 직업은 세습이 되니, 그들에게는 토지와 다른 특권이 제공되기 때문이다. 바트(Bhats)는 '라지푸트(Rajpoots)'와 더욱 직접적이고 '카론(Charons)'도 '카티(Cattis)와 긴밀한 관계다."[32] 그와 같은 관계가 '돌라포 족(Dolapos)' '돌라(Dola)의 대장'[33] '아킬레스'와 '케이론(Cheiron)'과의 관계이다. '케이론(Cheiron)'의 경우에서도 카론(Charon)의 존재가 나타나고, 성자(聖者) 존중이 확인된다. 독자는 켄타우르들이 헤리쿨레스(Heri-cul-es)[34]에게 패배했을 적에, '케이론(Cheiron)'에게로 도망하여 헤리쿨레스(Heri-cul-es)가 그만 두도록 종용했던 것을 기억할 것이다. 그와 같은 것이 "페르 테이오(Peer Theios, 聖者)"의 영향력과 신성한 성격이다.['武士'와 '司祭'와의 관계]-그와 같은 '켄타우로이(Centauroi)'와 '칸다로이(Cand-Haroi)'의 야만적 결혼 풍속, 그와 같은 펀자브 카티와 테살리 카티와의 지속적인 연관성은 기억할 만한 사실이다. 그래서 그 '에파미논다스(Epaminondas)'의 원정에서 그처럼 명성을 올렸던 빛나는 기갑병의 고상한 족속들이 여기에서 용출(湧出)하였다. 이제 나는 희랍에서 '카티(Catti)'의 현실적 존재를 제시하겠다. '카티(Catti)'의 위치는 내가 이전에 언급했던바 정확성을 지시할 것이다. 독자는 이미 펀자브 '베우트(Behoot, Baihooti)' 사람들이 희랍의 '보이오티아(Boeotia)'로 이주한 것을 알고 있다. 고국(故國, 펀자브)의 시내들은 카티 족의 요람이라는 것을 우리가 말해왔던 것도 기억을 할 것이다. 그것을 '보이오티아(Boeotia)'에서도 역시 독자는 보게 될 것이다. 즉 그들은 '카

---

31 '바르두스(Bardus)'는 라틴어 형식이나, '바투스(Bhatus)'의 변형일 뿐이다.
32 코울만(Coleman), <힌두 신화(Hindu Mythology)>, p. 283
33 '돌라(Dola)'의 '비데(Vide)'는 펀자브에도 있고, 테살리 동쪽에도 있다.
34 '헤라클레스(Heracles)'는 희랍어 형식이지만, 불완전한 단수 형식이고, 통상적으로 'oo'가 탈락한 것이다. 로마의 형태가 범어(梵語)에 가깝다.

타이란(Cathae-Ran[35], 카타이론 산의 카티 대장들)'이다. 테살리에는 또 하나
그 종족의 정착이 있었는데, 그들 각자의 분쟁을 이어가고 있었다. 즉 그
것은 '수카트부사(Su-Catt-'vusa[36], S' Catt' usa)'이니, 희랍어로는 '스코투
사(S' Cot'-ussa, 위대한 카티 마을)'이다. 헤시오도스의 '희랍 역사'[37]에서
이 종족은 올림포스 교황, 위대한 자이나(Jaina)의 정치적 경영 하에서 중
요한 역할을 담당했던 것을 알게 될 것이다. 하나 더 내가 언급해야 할
것은 "크시니아(Xynias, 카슈미르) 호수" 부근, '오트리(Othrys)'의 조금 북
쪽에 희랍 지도상에는 '크티메나(C'ti-mena)'로 나타는 '카티 사람들
(Catti-men)'[38]이 있다. 카티 사람은 '돌로피아 족(Dolopians, 돌라 대장)', '오
트리 족(Othrys, 히말라야 족)' '크시니아 족(Xynians, 카슈미르 족)'과 연관을
가지게 된다. 그리고 테베(Teebhee, Thebae)도 그 일등급 도시 중 하나였
다. 즉 주요 강물은 '아스바-치프(Aswa-Chiefs, 아스바포스, Aswapos)[39]'이
니, 그들은 '파르네스(Parnes) 산' '아티카의 파르네스(Parnes of Attica)' '아
타크바르네스(Attac-Bar'nes)'이다. 당시에까지 '아타크' 사람은 '아타크
바르네스(Attac-Bar'nes)'라는 옛 이름을 지니고 있었고, '베나레스
(Benares) 신(神)의 도시'와 옛날의 관계를 보여주고 있다. 이로써 아티카
(Attica)의 '파르네스(Parnes) 산'은 그 지역과 '보이오티아(Boeotia)[40]' 사이
에 경계를 이루었다. 여기에서 독자는 펀자브에서 '아티카'와 '보이오
티아(Boeotia)의 옛날의 정착과 관련하여 만족을 느낄 것이다.

---

35 '란(Ran)'은 '라오(Rao, 왕 대장)'의 복수형. (부록 '규칙 15' 참조) '카티(Catti)'는
  '카테이(Cathei)' '카타이(Cathai)' (라틴어로는 '카태(Cathae)')이지만, '카티(Cathi)'
  에서 온 말이다. '아리안(Arrian)'은 '카티르(Cathir)'라는 명칭을 가졌고, 페르시
  아어 복수 어는 '카티란(Cathiran)'이다.
36 '수(Su)'는 '잘' '높은 신분'이고, '카티(Catti)' '부시(Vusi)'는 '거주(居住)'이다.
  범어(梵語) 'oo' 'u'의 소멸 규칙을 참조하라.(부록 '규칙 1')
37 제2장 참조
38 '마누(Manu, Menu)'는 영어나 범어에서 인간에 대한 포괄적 용어이다. '마누
  (Man-u)'는 위대한 입법자 성자 브라흐마의 아들이니, 그래서 '인간'의 조상(祖
  上)이다.
39 '아스바(Aswa)'는 '말'이고, '포스(Pos)'는 '대장'이다. 단모음 'a e o u'는 동일하
  여, 범어의 후음(後音)은 희랍어 라틴어의 's'음이다.
40 '아타크(Attac)'와 '베후트(Behoot)'

제 XI 장

도도나(Dodona)와
하이페르보레아 족(Hyperboreans)

"그래서 엘리사(Elishah) 타르쉬쉬(Tarshish) 키팀(Kittim) 도다님(Dodanim)
은, 자반(Javan)의 후손이다."
　　　　　　　　　　　　　　　　　　　　 -창세기, 10장 4절

'옐룸(Yelum, Hydaspes, y'Hlumyo-des-Elumio-tis)'[1] 강변 족(族)은, 카날
로비아 (Canalovian) 산 오른쪽 교차점에 자리 잡고 있다. 이 고장에 가까
운 이웃은 축복 받은 신탁(神託)의 장소 도도나(Dodona)가 있다. 나는 내
가 완전히 확실하게 유명한 성지(聖地)의 역사를 작성할 것이라고 생각
한다. 그리고 이미 '원초적인 인도에서 온, 유럽인의 이민(移民) 원천(源
泉)'을 확인했으므로, 신비로운 신탁(神託)은 '건전한 지리학에 기초를
둔 합리적 탐구'에 더 이상 저항할 수 없다고 생각한다. 내가 이미 행한
'이집트인' '희랍인' '인도인'의 '종족적 통일성'을 마음속에 기억을 해
주기 바란다. 편견 없이 고찰된 이 '종족(種族)의 통일성'은, 이집트와 페
니키아로부터의 식민(植民)을 말하며 확실히 다르게 희랍의 권위를 수
용하는 한도 내에서, 그 역사를 거부하지 않고 훨씬 가치 있는 것을 마음

---

1 '옐루미오데스(Yelumyo-des)'는 '옐룸의 땅'이다.

속에 정착하게 될 것이다. 진실을 이끌어내는 데에는, '로고 제작자 (logographer)'나 '시인 역사가'의 정확성을 살피는 데에 있어서 임의적 문장도 그냥 지나치지 않는다. 과거에 관한 진정한 지식이 획득은, 가능성을 배열하고 희랍 발견의 가상적 이론으로는 될 수가 없다. '주의력 (cation)'은 권장할 만한 덕목이다. 그러나 '지나친 불신'은 신념의 강렬함보다 역사에 더욱 위험하다. 많은 우화 속에 신념의 소유자는 '역사'를 조금 얻을 수는 있다. 하지만 '회의론자'는 종족과 저술자에게서 쉽게 '발명-창작'을 만들어 낸다. 크래머 박사(Dr. Cramer)는 말한다. "트로이 전쟁 이전의 시기에 축성(祝聖)된 사원(寺院)은, '펠라스기 사람 (Pelasgi)'에게 그 기원을 두고 있다는 점은 대체로 긍정이 되고 있다. 많은 작가들은 '데우칼리온(Deucalion)' 시대, '이나쿠수(Inachus)'² 시대까지도 사원(寺院)의 존재를 말하고 있다. 헤로도토스는 펠라스기(Pelasgi)가 희랍에서 가장 오래된 '신탁(神託)을 행한 장소'였고, 펠라스기(Pelasgi)는 모든 경우에 그 상담자로 나타나 있다고 명시했다. 그러기에 '펠라스기'의 명칭을 주피터(Jupiter)에 배속시켰고, 사원(寺院)은 주피터(Jupiter)에게 헌납되었다.

> "그 다음 허공에 고정하고
> 그의 눈은 하늘을 보며, 그의 다리는
> 희생을 딛고서, 그가 쏟아낸 진홍빛 바람 속에서
> 신(神)은 다음 같이 간청을 하였다 :-
> 오 만물을 주재하시는 최고신(最高神)이시어,³
> 위대한 펠라스기 도도네아의 요베(Jove)이시어!
> 서리 속에서 한기(寒氣)를 날리며
> 도도나 산(山)의 암울한 목소리를 주재하시는
> 당신의 숲 셀리(Selli), 소박한 종족이 둘러싸고 있습니다.
> 그네들의 발은 씻지도 못한 채, 땅바닥에 누워 잠들었습니다.

---

2 Aesch. Prom. Vinct., v. 679.

3 Ζεῦ ἄνα, Δωδωναῖε, Πελασγικέ, τηλόθι ναίων.—κ. τ. λ.

누가 듣습니까. 바스락 거리는 그대 참나무의 어두운 명령을
미풍 속에 낮은 목소리로 속삭이는 그 운명의 말씀을"[4]

"테살리(Thessaly, -희랍 동부 에게 海 연안)에 같은 이름의 또 하나의 신
탁 장소의 존재에 대해, 나는 아킬레스(Achilles)의 기도와 관련되는 것으
로 그것의 존재를 확신한다. 헤로도토스(Herodotus)가 우리에게 전해준
'도도나(Dodona)'와 그 비둘기들 이야기는 젖혀 놓기로 한다. 헤로도토
스는 그것을 확실히 믿지 않았다. 헤로도토스의 보고(報告), 테베와 이집
트 사원(寺院)과 그에 대한 봉사(奉事)의 유사성에 대한 보고(報告)는 우리
의 관심을 살만하다. 즉 그것은 우리가 다른 원천으로부터 알고 있는바
'펠라스기(Pelasgi) 사람들의 많은 미신(迷信)들'이, 이집트 사람들로부터
유래했다는 것, 또는 '페니키아 사람들'을 매개로 했다는 것에 확신을
주고 있다. 스트라보(Strabo)는 주장하고 있다. '사원(寺院)에 대한 의무
(義務)'가 원래 인간들에게 부여된 것이다. 호머가 언급한 '셀리(Selli)' 사
원(寺院)의 환경부터 신(神)의 존재에 의한 것이다. '셀리(Selli)'란 용어는
많은 고전작가들이 펠라스기(Pelasgi) 기원을 언급했는데, 그들은 그것
을 '헬리(Helli)' '토마리(Tomari)'와 동등하게 생각했다. '도도나(Dodona)'
의 어원은 확실하지 않은 것 같다.....희랍 초기 역사에서 사원(寺院)의 속
성과 건축에 대해서도 더 나은 정보는 없다. '도도나(Dodona)'는 헤로도
토스에 의하면 하이페르보레아 족(Hyperboreans)의 공물(貢物)이 거기에
제공된 '희랍 최초의 정거장(停車場)'이었다. 오르는 산자락의 내리받이
에 세워놓은 것을 '토마루스(Tomarus)'[5]라고 칭했던 것은 모두 동의하고
있다. 그러므로 '토무리(Tomuri)'란 용어는 사원(寺院)의 사제(司祭)에게
부여된 '토마루리(Tomaruri, 토마루 지킴이)'에 상대적인 것으로 생각이 되
었다."[6]

독자가 펀자브(Punjab) 지도를 보면, 금방 그 신화적 범주 속에 '도도나

---

5 Strabo. vii. 328.
6 Cram. Geog. Greece. 1권, p. 118

(Dodona)'를 찾아낼 수 있을 것이다. 날줄(經度)과 씨줄(緯度)보다 덜 신화적인 것은 없다. 나는 그 시금석에 의한다. '도다(Doda)'[7]는 "북부 펀자브에 있는 도시로서 카슈미르 남쪽 산중 케나브(Chenab)의 북서쪽 강둑에 위치했으니, '부드라바르(Budrawar)' 강과의 합수(合水)지점의 맞은편에 있다."[8] **'도도 족(Dodo, Dor)'은 히야(Hiya, Aswa Sachas)의 36 개 라지푸트(Rajpoot) 중에 가장 오래된 종족이다.** 콜로넬 토드(Colonel Tod)는 그 종족에 대해 언급했다. "모든 계보학 속에 장소를 마련해 두어도, 시간은 한 종족의 과거 역사의 과거 지식을 모두 파괴하였고, 마지막 승리를 거두었다."[9] 이 위대한 종족에 관한 위엄 있고 힘 있는 진술은 '엘리사(Elisha, Ellas)' '자반(Javan)'과 같은 우리 종족의 원시 계보학 속에 모자이크 형식으로 있어, '수메루(Soo-Meroo)'의 중심축인 족속, 유명한 고산족(高山族), 힌두 신의 올림포스 사람들로 입증이 되고 있다. 그러나 '수메루(Soo-Meroo)'는 희랍과 펀자브에서 모두 지리적인 명칭이 '스노브돈(Snowdon)'이고, '도도(Dodo)'가 '도우글라스(Douglas)'인 것과 같다.

'메르(Mer)'가 '산'을 나타내는 어휘임은 '북서부 아시아'에 잘 알려져 있는 말이다. '수(Soo)[10] 메르(Mer)'[11] '위대한 산' '영광의 산'이니, 내가 이미 언급했듯이 희랍어 표기로는 '토마로스(To-mar-os)'[12]이다.

'도다(Doda)'는 북위 33도 2초 동경 75도 18초에 있는 카슈미르 남쪽 산중에 있다. 희랍의 '도돈(Dodon)'이 "토마로스(To-mar-os, Soo-Meru)"에 그러하듯이 펀자브의 '수메르(Soo-Mer)'도 그렇다. 도다 족의 거주지는 거대한 산 "메르(Mer)"로부터 5~60마일 거리이다. "펀자브 북부에 있는 '메르(Mer)'와 '세르(Ser)'는 거대한 높이 숭고한 생각을 일으키는 산으로 카슈미르 동쪽 경계에서 동쪽으로 5~6십 마일 거리이다. 그들은

7 '도단(Dodan)'은 '도다(Doda)' 족의 복수(複數)어. '모세의 도다님(The Dodanim of Moses)'
8 토른틴 <펀자브 관보>, 1권, pp. 168~169.
9 코로넬 토드, <라자스탄(Rajasthan)>, 1권, p. 116
10 '수(Su, Soo)'는 '좋음(well)', 희랍어 'εὖ'이다.
11 불어(佛語) 'Mere'같이 발음됨.
12 's'와 't'는 범어(梵語)와 희랍어에서 크게 상환(相換)적이다. 부록 '규칙 23' 참조.

원뿔 형태로 동일한 모습으로 서로 닮았으나, 크기가 다르고 하나는 *완전 백색(白色)*임에 대해 다른 것은 *한 결 같이 흑색(黑色)이다.* 같은 높이, 동일한 위도(緯度)이나, 하나는 눈에 덮여 있고, 다른 것은 완전 노출되어 있다는 점 이외에 설명은 없다. 그들은 '루프슈(Rupshu)'에 있는 산들에서는 예외로서 '수틀레이(Sutlej)' 강과 '인더스' 강 사이에 가장 높은 산들이다. 휘겔(Huegel)이 펀자브 평원 '비제라바드(Vizerabad)'에서 그것들을 선명하게 보았는데, 카슈미르의 '판잘(Panjals)' 산들 위에 높이 솟아 있었는데, 거리는 140마일 이상의 거리에서였다."[13] '도도(Dodo)'와 '메르(Mer, 수메로스)'는 카슈미르 사람의 '옐루묘데스(y'Elumyo-des)'[14]이니, 마케도니아의 '엘루미오티스(Elum-io-tis)'에 있는 '도돈(Dodon)' '토마로스(To-mar-os)'와 연결이 된다. 그리고 역시 양자(兩者)의 동일성에 주목해야 함은 '도다(Doda)'와 '메르(Mer)' 사이 중앙에 '팜부르(Pambu-r)' 시(市)가 있다는 점이다. '팜부르(Pambu-r)'도 희랍의 '도도나(Dodona)'로 이전(移轉)이 되었다. 그것은 '도도나(Dodona)'에 있는 호수 이름이 되었다. 그 호수는 '팜보티스(Pambo-'tis, 팜부르의 땅)'이다. 독자는 '팜부르(Pambur)'가 펀자브 북동쪽에 있다는 것을 알게 될 것이다. **'팜부르(Pambur)'는 '키쉬테바(Kishtewar)'에서 '카슈미르'로 가는 도중(途中)에 자리를 잡아 '무루부르드분(Muru-Wurdwun)' 강가이고, '케나우브(Chenaub)'[15] 강과 합수지점에서 위로 40마일 거리이다. 희랍 '토마로스(Tomaros)' 서쪽 고지대(高地帶)에 모인 고대인이, 북에서 남으로 온 '헬로페스(Helopes)'이다. 이들이 수 세기 동안 고전 학도들에게 호기심과 절망을 안겼던 그 신비로운 존재들이다.** 그들은 '헬로페스(Helo-pes[16], 헬라의 대장들)'이고, 그들의 땅은 '헬로피아(Hellopia)'이고, 그들의 나라는 "헬라도스(Hella-dos[17], 헬라의 땅, 도다 족)"[18]이다. 그리고 그들의 사제(司

---

13 "'메르(Mer)' '세르(Ser)'는 북위 34도 동경 76도 쯤에 있는 것으로 생각된다."- 토른턴 <펀자브 관보> 'Mer, Ser, -Doda'
14 '옐룸(Yelum)'의 땅, '엘루미오티스(Elumio-tis)'
15 북위 33도 38초. 동경 75도 40초.-토른턴 2권, p. 92
16 '헬라(Hela)'에서 '헬라 산' '페(Pe)'는 '대장' '왕'이다.
17 원래 '헬라데스(Held-des)'는 '헬라(Hela)'와 '데스(des-땅)'이다. 여기에 소유

祭)가 '셀리(Selli, 婆羅門)'[19]이다. '도도(Dodo, Dodan)'의 신성(神聖) 족은 테
살리에서 그들의 신탁 받는 곳을 "헬로페스"의 북쪽 선으로 고정했음에
대해, 인접한 '하이페르보레아 족(Hyperboreans)'은 '토마로스(To-Maros,
Soo-Meroo)' 성산(聖山)을 향해 거주지를 잡았다. 이들은 '파쉬바란 족
(Pashwaran[20], 페사베르 이주민)'으로 희랍 식으로 "파사론(Passaron)"이다.
우리는 '도단(Dodan, 도단의 점쟁이-사제)' '파사론(Passaron, 페사베르 사람
들)'과 '하이페르보레아 족(Hyperboreans, 카이베르푸르 사람들)'의 봉헌물
(奉獻物)과의 상관관계를 쉽게 알 수 있다. '카이베르푸르(Khyber-poor)'
명칭은 그들의 정착 이후에 붙인 것이다. '카이베르(Khyber)' '페사베르
(Peshawer)'(하이페르보레아 인과 파사론 인) 사람들은 아프가니스탄 지도상
에서 서로 인접해 있다.

시(詩)와 노래로 그들의 덕에 감사하는 기록에서 추론할 수 있듯이,
'하이페르보레아 족(Hyperboreans)'이 고대 민족 속에서 그토록 현명하고
경건한 사랑 속에 신성화되었던 것은 이유가 없는 것이 아니다. 뮬러(F.
M. Mueller, 1823~1900)는 말했다. "카슈미르에서는 식물 동물 사람이 그
최대한의 신체적 완벽성으로 존재하고 있다." 베일리(Bailly)는 기술과
과학과 천문학 태음력(太陰曆, luna zodiac) 행성(行星)의 발견이 대부분 아
시아 북쪽에서 기원을 두고 있다고 말했다. **<성경>에는 인류의 제2기
원에 대해, '시나르(Shinar)' 동쪽 산악지역을 언급하고 있고, 힌두의 고
대 서적도 우리종족(유럽인)의 요람을 같은 지역에다가 고정을 하고 있
다. '힌두의 낙원'은 카슈미르와 티베트[21] 경내(境内)에 있는 '메루 산
(Mount Meru)'이다.**

격은 '헬라스(Hellas)'의 진정한 어원을 보여주고 있다.

18 복수는 '도단(Dodan)'이다.

19 '셀로스 브라흐마(Selos Brahma)' ('규칙 2') (333~334면의) 호머 식 묘사 참조.

20 '파쉬바르(Pash-war)'보다 '페쉬바르(Pesh-war)'가 더 일반적인 형태이다. '파
쉬(Pash, Pesh)'은 '이전'이라는 의미이다. 페르시아어에 일반적이나, '페쉬바르
(Pesh-war)'는 '국경 마을'이다. 복수형은 '파쉬바란(Pash-waran)'이다. 그리고
'w'나 'v'는 희랍 표기에 탈락이 되어, '파사론(Pass-'aron)'이 된다. (부록 '규칙
7')

21 Mueller. Univ. Hist., iv. 19.

디오도루스(Diodorus)[22] 말했다. "'하이페르보레아 족(Hyperboreans)'은 다른 사람들보다 아폴로를 더욱 열광적으로 숭배했는데, 그들은 모두 아폴로 사제(司祭)이다. 그 고장에 한 마을이 아폴로를 모시면 그 주민들은 거의 다 '라이어 연주자'가 된다."

성스러운 처녀가 있어-
플루트를 불고
루트를 연주하고
성화(聖火)와 더불어 열광하네.
그들이 넘치는 기쁨으로 축제를 행할 적에
황금의 빛이 번쩍이는 월계관
땋은 머리를 감싸고 빛나네.
노인도 병자도 없이 당신의 성스런 음악에 맞춰 흔들리네.
고통도 전쟁도 당신의 날[日]엔 뽑아 던지네.
그대 정의(正義)의 왕들이시여.[23]

이와 같은 장대한 서정시인 핀다로스(Pindar)이 행한 '하이페르보레아 족(Hyperboreans)'에 행한 증언에 따라, 나는 영국의 의상(衣裳)에서도 그것을 행해보도록 노력하였다. **핀다로스 시인의 전(全)작품은 '강한 불교적 성향'으로, 많은 그의 교리는 주요 '자이나(Jaina) 교리'와 정확한 대응을 이루고 그 큰 원천의 하나는 카슈미르의 철학과 종교를 추적될 수 있는데, 그것들은 '카이로내아(Chaironaea, 카슈미르 사람)'[24]가 그 창시자로 소개가 되고 있다.** 그밖에 다른 종교적 영향력도 역시 '보이오티아(Boeotia)' 사람에서처럼 그 고유 장소에서 인지될 수 있을 것이다.

---

22 슈미츠(Schmits), 스미스의 <희랍 로마 인명사전(Dictionary of Greece and Roman Biography)>

23 Pind. Pyth. x. 38~44.

24 '키라(Kira)'는 '카슈미르', '카이라(Kaira)'는 '카슈미르 후예, 또는 사람' '카이로나야(Kairo-naya)'는 '카슈미르 마을 또는 지방'이다. '나야(Naya)'에서 나온 '나야 팔라(Naya-Pala)' '네팔(Nepal)'은 '정부(政府)'이다.

'도돈(Dodon)'으로부터 5마일 정도 북쪽에 주목할 만한 사제(司祭) 촌
이 있으니, 예언(점쟁이)의 보단(Bodan, '불교도'[25])이란 이름이 붙은 곳이
다. 이에서 '도돈(Dodon)'[26]은 '바라문(婆羅門)적' '보돈(Bodon)', '불교적'
집단을 말함이 명백해진다. 희랍에 '다마스티움(Damastium)'으로 나타나
는 이 도시는 '담(Dham)' '아스티(asti)'(성자의 도시, 모두가 성자)이다. 그것
이 '도돈(Dodon)' '다모스(Dhammos)'[27]이다. '하이페르보레아 족(Hyper-
boreans)'이 봉물(捧物)을 헌납했던 곳이다. 그들은 같은 족속으로 옛날
같은 땅에 살던 이웃으로, 그 '하이페르보레아 족(Hyper-boreans)'들이
니, 내가 이미 살폈듯이, "카이베르푸레아 족(Khyber-pooreans, 카이베르푸
르 사람, 카이베르 시, 지역)"[28]이다. '카이베르(Khyber)' 정착지 중 하나가 테
살리의 '포이닉스(Poenix)' 강 동쪽 연안에 있었다. 그 명칭은 원만하게
'카이파라(Kyphara)' '카이패라(Kyphaera)'를 유지하고 있다.

---

25 '부다(Boodha)'의 페르시아어 복수형이다. 부록 '규칙 7' 참조.
26 나는 카슈미르 '도돈(Dodan)'이 에피루스(Epirus) '도돈(Dodan)'이고, 그것이 바
    로 '브라흐만 족'이라는 사실을 조금도 의심하지 않는다. '데바데바(Deva-
    deva, 神들 중의 神)'는 '브라흐마(Brahma)'의 이름이고, 그것이 유음(流音)화한
    것이 '데오데오(Deo-deo)' '도도(Do-do)'이다. 나는 범어 'v'가 '◈'가 되었음을
    추적하였다. 그 일반 원리는 '뵙(Bopp)'에 나타나 있다.
27 '다모(Dhammo, 정의)'는 팔리(Pali)어 '데르마(Dherma)' 형식이다. '다모
    (Dhammo, 정의)'는 불교 이론가나 사제가 애호하는 접두사이니, 인도의 불교
    군주인 다마소코(Dhmasoko)의 경우가 그것이다. <마하반소(Mahawanso)> 참조.
28 북위 33도 30초, 34도 20초. 동경 71도 10초, 71도 30초. 사이.

제XII장

카슈미르 족(Cashmirians)

내가 제시한바, 실체적 지리학을 기초로 한 단순하고도 부정할 수 없는 사실들은, 감정에 좌우되지 않는 진실 탐색 자들에게 좋은 판단력을 제공할 것이다. 즉 '아타크(Attac)', '로구르(Logurh)', '베이우트(Beyhoot)', '아르고산(Arghosan)', '로구리(Loghuri-Ooshwale, Locri-Ozole)', '마다리(Magari)', '사라반(Sarawan)', '코린두스(Cor-Indus)', '레스포이(Lespoi)', '아그발라스(Arghwalas, Argolis)', '아케아(Akkeha)'가 희랍 세계(Hela-des, Hella-dos)에 놀랍게도 성실(誠實)하게 표현되었을 뿐만 아니라, 카슈미르 지역과, 그의 종족, 그의 마하바라타 사람(Maha-bharatian)'의 역사를 형성하고 있고, 거의 석판술(石版術)적 성실함으로 이 '헬라 노바(Hella Nova)'에 전해졌다는 그 사실이 그것이다.

희랍 '토마로스(To-Maros)' 남쪽 30마일쯤에, '카시오패이(Cassiopaei)' 사람들이 자리 잡고 있다. 그들은 '옐루묘티스(y'Elumyo-tis, 예룸 江 지방)'에서 온 사람들이다. 예룸(Yelum) 강은 서쪽과 북서쪽 경계를 이루고 있다. 그들은 카슈미르의 '카샤파스(Casya-pas)'¹ 종족이다. 하나의 가정된 신화적 이야기를 위해, 역사적 지리적 기초를 확인해 두기로 한다. 왜냐하면 우리는 다행스럽게도 가장 중요한 점에서 '인도(India)'와 역사적 기

---

1 '카시오패이(Casio-paei)'는 희랍어 형태이다.

초'에서 (희랍 역사가)서로 대응(對應)했음을 도출(導出)할 수 있기 때문이
다. 북서부 인도['서북부 인도'는 지금 '희랍 북부'와 동일시되고 있음]
가 소유한 가장 믿을 만한 문서는<라자타란기니(Rajatarangini-'왕들의 강
물')>²이다. <라자타란기니(Rajatarangini-'왕들의 강물')>는 '카슈미르
(Cashmir)'에서 저작되었다. 카슈미르는 '카시오패이(Cassiopaei, 카샤파 사
람)'와 같고, 희랍 북서부로 이주했는데, 그 연대가 기원전 2448년의 연
대를 지닌 유명한 왕조였다. 그렇게 어마어마한 고대를 주장함은 그 자
체가 최근 발견된 아시리아(Assyrian) 기념물이 맞춤형 목걸이 식 연대와
같은 '그 반대 의견'은 조금도 없을 것이다. 근고(近古)에 발견된 것과는
아주 다른 기록 방법은 가장 경탄할 만한 고대를 알리는 것이다. 구전(口
傳)보다 더욱 효과적인 기록이 없기에, '기록 전수(傳受)'가 거부된 최고
(最古)의 베다(Veda)의 제작 연대는 기원전 1500년이다.³ **그래서 원시 희
랍은 사실 원시 인도가 되고, 인도 사람이 옛날부터 모세(Moses)의 권위
로 지지된 신중한 계보학적 기록[<성경>]에서도, 이집트인이 동일한
인도 사람이라는 것을 우리처럼 알기가 어려웠다.** 즉 합리적 기초 위에
동일한 기록 방법이 희랍에 전해졌으니, **원시 희랍인은 인도인이다.** 나
는 여기에서 유식한 '다비스타 사람(Dabistan)'⁴을 소개하지 않을 수 없
다. "최소한 골자는 이것이다. 첫째, 이전에 고정된 역사를 한정(限定)이
되었던 그 이전으로 옮긴다는 것이다. 상고(上古) 시대에 원시 종족은 서
로 언어가 관련되어 있고, **그 기원은 공통적으로 '중앙(中央)아시아'**에
기원을 둔다는 것이고, 이란 사람과 인도인은 이란과 인도로 들어가기

2 <라자 타랑기니(Raja Tarangini-'왕들의 강물')>는 완전한 구성이 아니고, 서로
다른 시대 다른 작가들에 의해 제작된 것이다. 윌슨(Wilson) 교수가 지적했듯이
시대 상황이 그 내용에 크게 작용하고 있다. 역사의 초기인지라 몇 명의 작가들
이 그 시대의 연대기를 작성했던 것으로 보인다. 그 처음은 '칼하나 푼디트
(Calhana Pundit)'에 의해 행해졌는데, 그는 풍부한 '카슈미르 상고사'를 이루었
다.(윌슨 교수의 <카슈미르 힌두 역사(On the Hindoo History of Cashimir)>-'아
시아 연구' 15권 참조)
3 Capt, Troyer,<라자 타랑기니(Raja Tarangini-'왕들의 강물')>, 2권, p. 452.-'J. C.
Dutt의 계산에 의하면 Gonada 1세의 통치 시작은 기원전 2448년이고, 언급된 왕
들의 통치기간은 1266년간이다.'-Wikipedia 'Rajatarangini'
4 Shea & Troyer, <다비스트 사람(The Dabistan)>, 동양 번역 기금

전에는 하나로 통합이 되어 있었다. 이 큰 사실은, 알 수 없는 시대의 경계(境界) 안에 있다."⁵ 이것은 순전한 사유(思惟)로 신비한 역사가 건전한 계보학적 원리에 의한 것이다. 그러나 우리는 중부와 남서부 '에피루스(Epirus)'에 의해 제시된 카슈미르(Cashmir)와 인근의 단순한 기록물로 돌아가려 한다.

'카샤푸르(Casypur, 카샤파의 도시)'는 희랍 최초의 역사가인 헤로도토스(Herodotus)의 명백한 주목을 받았는데, 그는 이 도시를 '카스파투로스(Caspa-tur-os)'로, 범어(梵語) 'v'가 희랍어 'u'로 교체되어 '카스파드바르(Caspa-dwar)'-os⁶에서 변형된 형태이다. 북부 이웃인 '파크타바르(Pakta-war)'를 헤로도토스는 '파크투아카(Paktua-ka)'로 불렀는데, 고대 카시아푸르(Casya-pur, 카시미르)의 지대에 '파크타(Pakta)'⁷와 같은 어휘에서 파생된 것이다.

"카슈미르는 펀자브(Punjab) 북쪽 고지대(高地帶)로서, 바위산으로 막혀 있고, 중간에 충적토(沖積土) 평야가 있고, 자일룸(Jailum) 강이 흐른다. 그리고 다른 부분은 산마루와 협곡으로 평야에서 주변 자락까지 펼쳐 있다. 이 축복 받은 지역의 명칭은 한 결 같이 고고학도들 당혹하게 하고 있다. 윌포드(Wilford)⁸는 '카슈미르' 명칭이 '카사스(Chasas)'에서 유래한 것으로 보았는데, **'카사스(Chasas)'는 인도 동부로부터 페르시아에 걸친 히말라야와 힌두 쿠쉬(Hindoo Coosh)에 거주한 고대에 강력한 종족이었다.** 그것들은 메뉴 기관지와 힌두의 그밖에 성전(聖典)에서 언급이 되었고, 북부 힌두스탄(Hindustan)에서 넓은 지역을 역시 휘어잡고 있다. 훔볼트(Humboldt)⁹는 말하고 있다. '그의 초기 명칭은 카사이파마르(Casypamar)이니 신화적 존재 카샤파(Casyapa)의 거주를 의미하니, 그의 후손들이 골짜

---

5 <예비적 강론> p. 76
6 '드바르(Dwar-문)'는 인도 마을에 공통으로 붙은 접사(接辭)다. '란드바르(Randwar)'가 그 예이다.
7 '파크타(Pakta)'에서 유래한 것들이다. 즉 '파크티우스(Pactyus)', '파크티우쿠스(Pactyukus)'가 그것이니, 헤로도토스는 'Πακτυακα'라고 했다.
8 '카우쿠수스(Caucusus)'-<아시아 연구> 6권 pp. 455~456
9 <중앙아시아> 1권, p. 102

기에서 살았다.' 힌두 고전에 의하면 '카샤파(Casyapa)'는 '브라흐마
(Brahma, 天神)의 후예(後裔)'로서 원래 그 골짜기를 점령한 산과 호수를
이은 곳에서 금욕적인 생활을 하였다. 배수(配水)가 된 그 곳에 도시가 세
워졌고, 성 '카샤푸르(Casyapur)' 또는 '카샤파 마을'이라 불렀다. 그것이
일상적으로 '카사푸르(Cashapur)'로 부르다가 마지막에는 '카슈미르'에
이르렀다. 아불 파젤(Abul Fazel)은 그의 <라자 타란기니(Raza Tarangini-
'왕들의 강물')> 요약본에서 '금욕주의자 쿠수프(Kushup)가 물결이 잠잠
해진 다음에 바라문(婆羅門, Brahmins)을 이끌어 이 고장에서 살게 하였
다.'고 하였다."[10]

나는 여기에서 명백한 이 다양성들을 조정함에 별 어려움이 없다는
것을 밝히고자 한다. 쟁점은 다음과 같은 것이다.-

'카사(Chasa) 족'은 거대 종족이다.

'카샤 파(Casya Pa)'는 카사(Chasa)의 족장이다.

코카사스(Coh Chasas, Cau-casas)는 '카사 족(Chasas)'의 산맥이다.

카스파유스(Chas-payus, Cas-pius)는 '카사(Chasa) 족장'의 바다이다.

카스미르(Chas-mir, Cash-mir)는 '카사 족(Chasas)'[11]의 호수다.

카소파스(Casopas)는 카샤파(Casyapa) 사람, 또는 카사(Chasa)의 족장,
또는 카슈미르 사람이다.

카슈미르는 북으로 '불티(Bulti, 소 티베트 족)'가 있고, 동쪽으로는 '잔스
카(Zanska)' '키슈테바르(Kishtewar)' 산악지대, 남쪽으로는 '자무(Jamu)'
'쿰바(Chumba)' '라자부르(Rajawur)'와 그밖에 펀자브 평원으로 내리받
이가 된 작은 산악들이 있고, 서쪽으로는 다르다 족(Dardas)에 의해 점령
된 황무지가 있는데, 다르다 족(Dardas)은 한 때 강성했던 '귀케르 족
(Guikkers)'의 후손이다. 구불구불한 산악지대로 둘러싸인 고원 지대에
국한하여 고려해 볼 경우, 카슈미르는 남동쪽 눈 덮인 '판잘(Panjal)'로부

10 토른턴, <펀자브의 관보(Gazetteer of the Punjab)>, '카슈미르'
11 '미르(Mir, 대양)' (윌슨의 <범어사전>) 그러나 나는 라틴어의 '마레(mare)'와 영
    국의 '윈더미어(Winder-meer)'의 '미어(meer)'처럼 생각할 수도 있고, 그 카슈
    미르 사람들이 이 섬(영국)에도 살았을 것이라는 점을 우리는 잊지 말아야 한다
    고 생각한다.

터 북쪽 '두라부르(Durawur)' 산등성이까지가 120마일 길이이고, 남쪽 '푸티 판잘(Futi Panjal)'로부터 북동쪽 '세사나그(Shesha Nag)'에까지 너비가 70마일이다. 경계가 불규칙하나 멀리서 보면 계란형이다. 휠겔 (Huelgel)은 그 평야를 길이 75마일, 너비 40마일로 어림잡았다.[12] 전반적으로 카슈미르는 단순하고 쉽게 이해가 된다. 바위산으로 둘러싸인 분지(盆地)이기에 암울한 지역이지만, 그 골짜기와 이웃 지방 간(間)의 소통을 행하는 곳을 '관문(pass)'이라 불렀다. 카슈미르를 감싸고 있는 '판잘(Panzal, 산맥)'은 약간의 예외는 있지만, 대체로 화성암(火成巖)과 현무암으로 살구 씨의 어두운 빛깔이다. 1828년 6월 카슈미르에 지진(地震)이 생겨서 약 200가옥이 파괴 되고 일천 명의 사상자를 내었다. '자일룸(Jailum)' 강안을 따라 확장된 충적토 저 지대가 아닌, 골짜기에 경작할 수 있는 더욱 큰 부분이 형성이 되어 산맥에서 평야로 뻗은 약간 높은 몇 개의 고 지대가 생겼다.

사람들은 그들의 토착어로 '카리바스(Karywas)'라 불렀는데, 조약돌이 없는 훌륭한 충적토로 이루어졌다고 비그네(Vigne)는 설명하고 있다. 그것들의 표면은 파릇파릇하고 일반적으로 잔디 볼링 장 같이 부드러웠으나, 그것들은 갈라져 계곡의 시내로 깊이 파여 있었다. 비그네 (Vigne)는 전 계곡이 과거 호수가 자리 잡았던 강력한 증거로 그것들을 생각 하였다. 그 카슈미르 풍경이 웅장하고 빼어난 것은 거대한 산의 숭고함과 충적토의 평야로부터 에워싸고 있는 산마루 관문까지 다양한 계곡에 그림 같은 아름다움에 그 원인이 있다. 수많은 호수와 맑은 시내물은 폭포를 이루고 있고, 무성하고 다양한 산림과 저지대에는 풍부하고 다양한 야채(野菜)가 있다. 비그네(Vigne)는 찬양을 멈출 줄 모르고, 밀턴(Milton)의 감미로운 능변을 인용하였다. -

꿀맛 같은 상호 의사를 교환하는
산과 계곡 강물 산림(山林)과 평야들,

---

12 이 지방은, 북위 33도 15초, 34도 30초 ; 동경 73도 40초, 75도 30초 사이에 있다.

이제 땅과 호수와 숲을 이[戴]고 있는 기슭과
바위들 굴들 동굴들도 서로 어울려 있네.[13]

카슈미르 사람들은 신체적(身體的)으로, 여러 광대한 인도의 다른 분파 사람들보다 훌륭했다. 비그네(Vigne)는 **카슈미르 사람들을 주로 헤르쿨레스(Hercules) 같은 체격으로 묘사를 하고 있다.** 즉 무어크로프트 (Moorcroft)는 그 원주민을 전반적으로 신장(身長)이 크고 균형 잡힌 모습이라고 묘사하고, 소작농(小作農) 중에는 '파르네시아의 헤르쿨레스 (Farnesian Hercules)'의 모델이 될 만큼 건장한 체격과 근육을 지닌 사람들도 볼 수 있다고 덧붙이고 있다. 엘핀스톤(Elphinston)과 포스터(Forster)도 역시 카슈미르 사람들의 체조형의 균형 잡힌 체형을 증언하고 있다. 이들 탁월한 여행자들이, 고대 희랍의 힘센 남성과 아름다운 여성들이 카슈미르 사람과 비슷하고 그들의 이웃이고 희랍인 형성에 도움을 주었다는 상상은 거의 하지 않았다. 희랍의 '캐로네아(Chaeroneia)'와 '플라태아 (Plataeia)' 사람들은 이 지역의 출신이다. '카이로나야(Caironya)'[14] 사람은 카슈미르 사람이고, '플라타이아(Plataeia)' 사람들은 '발타이아(Baltaeia, 발티 사람)'[15]이다. 그 북쪽의 힘들이 희랍의 무사와 시인들에게 그대로 전해졌다.

"카슈미르의 언어는 범어(梵語)의 방언이고, '데바나그리(Devanagri)' 문자로 쓴다. 그것은 페르시아어를 많이 포함하고 있고, 정부의 기록물과 문서 전달도 그것으로 행한다. 카슈미르는 마호메드 교도 침공 이전의 것이 명백한 상고(上古) 시대를 대표하는 기념물들이 풍부하다."[16] 이들 중에 '쿠루 판두(Cooroo Pandoo)' 사원(寺院)은 일찍부터 관심을 받아왔

---

13 밀턴(Milton), <실락원(Paradise Lost)>, ix. 115.

14 '카이란(Cairan)'은 '캬슈미르 사람들'

15 '발티(Balt)'에서 '발타이(Baltai)'가 나왔다. 희랍어는 '블라타이아(Blataia, 라틴어 Plataea)'로 'b' 'p' 'v'는 상환(相換)이 된다.

16 토른턴, <펀자브의 관보(Gazetteer of the Punjab)>, 1권, pp. 339~372. - "카슈미르 초기 역사는 '동양 고대 지방사'로 있다가 윌슨(Wilson)교수의 다양한 학식과 새로운 판단으로 암흑에서 이끌려 나온 것이다."-윌슨 '카슈미르 역사' <아시아 연구> 15권, pp. 1~120. '왕계(王系)', pp. 101~104 참조.

다. 그처럼 '카샤파(Casyapa, Cassopaei[17])'람들은 이미 말했던 바와 같이 의심할 수 없는 권위, 압도하는 권위가 이미 지리학 적으로 입증된 것임을 제시 했었다. 이제 우리는 여신(女神)과 왕비의 빛나는 숄(shawls)에 대한 단서를 확보하였다. 풍부한 주변의 루비와 광물의 광산에서 우리는 그녀의 결혼식에 '데바(Devas[18], Devi, 사제들)'에 의해 제공된 '하르모니아(Harmonia)'의 거대 목걸이를 알 수 있게 된다. 그리고 과거 희랍에 있었던 왕과 개인적인 부(富)의 장식물로 황금의 풍성함이 설명되고, 상아(象牙)의 빈번한 사용과 그것의 예술적 활용을 알 수 있게 되고 이른 바 **'희랍의 우아한 양식'이 사실은 '카슈미르 사람의 미'**였음을 알 수 있고, '페이디아스(Pheidias)'의 기술로 표현된 장대한 형식의 영원한 모델의 원천을 확실히 알 수 있다. 그래서 **'아타크(Attac)' '타타(Tatta)' '코리(Kori)' '인더스(Indus)' '마가(Magar)'가 한꺼번에 희랍에 제공되어 희랍의 뱃사람과 상인의 편견에 제공되었고, '아티카(Attica)' '테기게스(Tettiges)' '코린티안(Cor-Inthians)' '메가레안(Meganreans)' 사회에 주어졌고, 동일한 희랍에로의 이주(移住)로 가장 고상한 사원의 건축에까지 제공이 되었다는 점은 이론의 여지가 없다.**

우리는 카슈미르 동쪽 옆구리에 '수메로스(Soo-Meros)' '팜부르데스(Pambur-des)' '도다(Doda)'가 에피루스(Epirus)에서 '토마로스(To-Maros)' '팜보티스(Pambo-'tis)' '도돈(Dodon)'으로 대신된 것을 확인하였고, 카슈미르 남부 지방인 핀두스(Pindus) 서쪽 경사지에 대한 고찰을 하지 않았다. 그 지역은 '마탄(Matan)'이다. 희랍에 새로운 체류(滯留)객들이니, 조국의 푸른 광야를 떠난 사람들로 '메탄아스테(Metan-Astae, 마탄 사람[19])'으로 불렸다. 마탄(Matan)은 "'카리바(Karywa, 고지대)'는 이슬라마

---

17 윌슨(Wilson) 교수는 8명의 대사(大師, 인간 부처)에 대해 말하면서 다음과 같이 말했다.(<아시아 연구(Asiatic Researches)> 16권, p. 455) "'카시아파(Kasyapa)'는 한 때 번성했던 고대 왕국에 알려졌던 명칭이다. 그는 히말라야 코카서스 산맥을 따라 확장된 세력의 대장으로 보이고, 네팔(Nepal) 카슈미르(Cashmere) 전통으로 판단할 때, 이 지역에 그 명성의 자취가 많이 남아 있다."

18 '데보스(Devos, 희랍어 Θεος)'는 '종교 지도자' '사제(司祭)' 이름이다.

19 '마탄(Matan) 바스티(Vasti)'는 '거주민'이니, 동사 'vas'는 '거주하다.'이고 'Vasti'는 복수(複數)어이다. - 윌슨 <범어 사전> 이 'v'는 희랍 고어, 범어이니,

바드(Islamabad)에서부터 동부 계곡으로 막혀 있는 기본 영역까지 펼쳐
졌다. 그 위치가 거대 산악의 아래에 자리 잡았을 뿐만 아니라 시내도 없
고, 관개(灌漑)도 행하지 않지만, 온통 비옥한 충적토로 이루어져 경작
(耕作)을 행하면 쌀을 제외한 밀 보리와 모든 곡식의 수확이 풍성하였다.
그러나 카슈미르의 큰 인구 감소로 대부분 지역이 황무지가 되었고, 표
면이 완전한 최고의 푸른 초목으로 나무나, 숲, 인간의 거주로 손상되지
않았다....휘겔(Huegel)은 거기에 모든 방향으로 4~5마일 폭의 구간을 정
하였다. 그는 역시 이 비옥한 지역의 고독과 침묵을 말하고 공식적으로
거대한 수송로를 통해 관개 사업을 언급했으나, 지금은 완전 황폐화 하
였다. 이 고원지대는 250~300피트 높이로 카슈미르 지역의 대 충적토
평원이다. 그 서구(희랍)의 탁월성에 대해 약간의 명성으로 고대 건물들
이 황폐한 상태로 남아 있는데, 그것은 그 건축 상 보여주는 고도의 기술
과 단순 장중 숭고의 건축적 특징으로 보는 사람들의 감탄을 불러일으
키고 있다. 그 사원은 단단한 석회석 벽돌로 지어졌는데, 흑색으로 되어
어둡고 장중함[20]을 더하였다. 이 초기 문명의 특별한 기념물은 외부 주
랑(柱廊)으로 지역을 차단하고 그 속에다 주 건물을 세워 외부와 분리가
되어 있다. 네 개의 대문이 있고, 각각 네 개의 방위 기점으로 향하고 있
고, 동쪽과 서쪽이 다른 쪽보다 훨씬 훌륭하다. 열주랑(列柱廊, 기둥들을
연이어 배치시키는 방식)으로 둘러싸인 안에 벽과 같은 거리를 유지한 중앙
에 직사각형의 주 건물이 있으니, 길이는 70피트 넓이는 60피트, 현재
상태로 높이는 40피트 가량이다. 건물의 전체적인 특성은, 열주랑(列柱
廊) 식과 같이 특별하기보다는 장중 단순 진지하다. 스타일상의 약간은
'이집트' '투스칸(Tuscan)' '색슨(Saxon)'과의 조합을 연상하게 한다. 카
슈미르 전문가들의 전통은 그것을 2500년 전의 건물로 산정(算定)하고
있다. '코라우 판다우(Korau Pandau)'라는 이름으로 보아, 힌두 신화와 관
련된 두 사람의 왕 '쿠루(Kooroo)'와 '판두(Pandoo)'에게 바쳐진 것이다.

'고어표기'라 한다. 고대어에서 사용되었으나, 이후 탈락된 이름이다.

20 '자크망(Jacquement)'은 말한다. "그것은 시멘트를 쓰지 않고 절단된 돌들을 쌓
아 올리는 방식으로 건축되었다."

역시 그 이름은 '태양의 도시'라는 의미이다.

휘겔(Huegel)은 역시 말했다. '불행하게도 나의 설명은 세계에서 가장 깨끗이 파괴된 단순 장중한 모습이 보여준 것에 대해 제공할 개념은 거의 없다. 그 형식은 도처가 귀족적이고, 장식은 고상하다. 그러나 거대 건축물이라는 특성을 지니고 있다. 이들의 효과는 거대 대리석으로 고조시켜 그것을 세워서 장식하였는데 그것은 세계에서 가장 풍요로운 골짜기에서 그렇게 하였다.'"[21] 독자의 눈을 카슈미르 서쪽 지방으로 향해보기로 한다. 거기에 있는 **'아타크(Attac)'는 (희랍의)'아티카(Attica)'의 부모(父母)이다.** '쿠루(Cooroos)'와 '판두(Pandoo)' 사원의 건축학적 해명은 아주 쉬운 문제이다. 즉 독자가, 그들의 선조들이 부모 국가인 아타크와 카슈미르를 통치했듯이, 카슈미르 국왕들의 계통이 아티카(희랍의 아티카)를 통치했다는 것을 알게 하는 것이고, 그 귀족의 후손들이 카슈미르 북서쪽에 아직도 존재함을 알게 하는 것이다. 나아가 독자가 대(大) '야두(Yadoo)' 족의 일족(一族)인 '아토크(Attoc)'의 왕족에서 '판디온(Pandion)'이 나왔고, '야두(Yadoo)' 족의 후손은 인도의 아티카와 펀자브의 카쇼파스(Casyo-pas) 사이 '이엘루미오데스(Y'Elumyo-des, 옐룸 땅)'[22] 주변을 방랑하고 있다. **'케크로포스(Cecropos)'는 '펠라스가(Pelasga)' 족장이었고, '펠라스가(Pelasga)'는 '펠라사(Pelasa) 사람', 카슈미르 북쪽 자락에 산재(散在)해 있다.**[23] 신성화된 판두(Pandoo)의 배후가 된 사원은 '메탄(Metan) 사람들'의 중앙에 있고, 희랍의 카시오패이(Cassiopaei) 속에 왕의 마을은 '판도시아(Pand'osia, 판두 마을)'[24]이고, 희랍에는 '왕의 강'[25]과 '왕의 호수'[26]가 있고, 거기에 카슈미르 유랑 족 그 위대한 종족 '쿠쿠루스(Coocuroos)'[27]가 세운 도시가 있고, 이 도시는 '왕의 강(아케론-

---

21 이들 폐허는 북위 33도 45초, 동경 75도 8초에 있다.-토른턴, <마탄>, 권2, p. 42. '판자브'

22 '엘리미오티스(Elymiotis)'와 카슈미르 사람들.

23 '풀라자(Pulaza)', 북위 45도 동경 71도 15초.

24 '판두부시아(Pandoo-vusia)'의 'vus'는 '거주'이다. 'oo'와 'v'가 합해 '판드부시아(Pand'wusia)'가 되니, 영어의 'w', 희랍어 'ⱷ'로 바뀐다.

25 '아케론(Ache-Ron)'에서 '아카(Aca-물)'와 '라나(Rana-왕)'이다.

26 '아케루시아(Ache-Rusia)'에서 '아카(Aca)'는 '물', '라쥬(Rajyu)'는 '제왕'이다.

Acheron)'과 '코쿠투스(Co-cootus)'[28] 강의 합수(合水) 지점에 건립되었다는 것, 어버이 도시 '코코투스(Coh-cothus, 산위에 있는 코트)'는 세월의 흐름에도 '카쇼파스(Casyopas, 카슈미르 사람)'과 가까이 있고, 옛 이름 '키쿠루스(Cichurus)'는 '에푸레(E-Phure)' '히야 마을(Hiya Town, Hi-pur)'[29]이고, 옛날에는 '헤파이라(He-paira, Epeiros)'의 수도(首都), '히야 왕들의 나라'였는데, '히야니아(이오니아) 바다(기마족의 바다)'에 잠겼다는 것으로 이해하면 된다. 역시 독자는 헬레네스(Hellenes, 헬라 왕)의 땅과 남서부 이탈리아를 구분하는 바다를 거듭 일별(一瞥)하여, 동일한 자오선(날줄, 經度)와 고도(高度)에 희랍의 전임자(前任者)로 또 다른 '판두(Pandoos)' 왕의 도시 '판도시아(Pandosia)'[30], 또 다른 '왕의 강' '이케론(Ache Ron)'이 있음을 알 필요가 있다. 그러나 왜 사실을 은폐(隱閉)할 것인가? 이 **'판두 족(Pandoos)'은 유랑(流浪) 족이다**. 그들은 틀림없는 '불교도(Su-Budhas)'이다. 확실한 '부다 족(Budhas)'이니, 그것을 관통해 흐르는 그 강물의 서쪽 정착 자는 언어가 서로 다르다고 알려져 있다.[31] 그러나 카슈미르 이집트 왕들과 헬라와 인도의 지리학에 종속된 희랍의 아티카 판디온 판다루스의 왕들에 대한 고찰과 '브라타스(Bharatas, 바라타스의 땅)'와 <마하바라타(Maha Bharata, 摩訶婆羅多)>의 역사의 고찰이 없이 '판다바 가(the House of Pandava)'의 귀족 유랑(流浪) 문제를 나는 여기에서 포기할 수는 없다.

　　'바라타베르샤(Bharataversha)'는 인도 고유의 계급 명칭으로 '바라타 (Bharata)'에서 유래한 것이다. '바라타(Bharata)'는 '두시얀타(Dushyanta)'의 아들이니, 그의 영지도 같은 이름이었다.[32] 그의 후손들은 '바라타 족

27　'키쿠루스(Chichurs)'는 '쿠코스루스(Coocosrus)'의 희랍 식형식이다.
28　'코쿠투스(Cocootus)' 강에서 '코(Coh)'는 '언덕' '코트(Coth, Koth, Kotli)'는 '도시'이니, 북위 33도 29초, 동경 73도 47초에 있다.
29　'히야(Hiya)' '히(Hi)' '아스바(Aswa)'는 서북 아시아 대(大) 라지푸트(Rajpoot) 족이다. '기마(騎馬)'로 유명하니, '히야(Hiya)' '아스바(Aswa)' '아스프(Asp)'는 '말[馬]'의 의미이다.
30　'판두(Pandoo)'와 '부스(vus)'는 '거주하다' 의미이다.
31　'사바투스(Sabbatus)' 강은 '수부다(Su-Buddhas)' 강으로 읽는다. 'oo'음은 'a'음과 상환(相換)적이다.
32　윌슨(Wilson) <범어 사전>

(Bharatas)'이다. 그들은 '쿠루스(Cooroos)' '판두스(Pandoos)'라고 칭했던 라이벌 종족들 속에 살았는데, 델리(Delhi) 인근에 있는 운명의 '쿠루크세트라(Coorookshetra)' 평원에서 치열한 전쟁을 펼쳤다.

제 XIII 장

헬리아다이(Heliadae)

"빛의 샘물! 그대 황금 항아리로부터
일 년 내내 넘치는 광명을 쏟아 붓는다.
더러 여기저기 살아 있는 싹들을 기르며
글로리(Glory)가 숭배했던 푸른 공간을 불태운다.
'수많은 물결들의 목소리'[1]는
영원한 성지(聖地)로부터 나오는 시레(Sire)의 힘을 찬송하네."-E. P.

자연의 가시적 힘을 찬양하는 경향은, '인간의 힘'을 약하게 생각했
고, 태양의 숭배자부터 동서의 비카르(Vicar, 회당 목사)신들까지 태초부
터 '태양족(Solar race, 다신신교도)'과 '월궁족(月宮 族, Lunar race-유일신교
도)'의 계층에 차별화 한 명칭을 부여하였고, 원시 세계의 주민들로부터
'해'와 '달'의 독특한 숭배를 이끌어 내었다. 그 명칭들은 인간 족속의
두 가지 방대한 차별적 직함(職銜)이 되었다. 그래서 우리가 '태양족' '월
궁족(月宮 族, Lunar race)'으로 표현된 옛 종족을 볼 때도 그러한 명칭을
'신화적인 것'으로 생각할 수 없고, 원시 우상숭배자들로 간주할 수도

---

1 Rev.(묵시록), i . v . 15.

없다. 이 구분은 '아피안 랜드(Apian Land)'와 이집트 로마 페루의 존경할 만한 연대기로 온전한 무게를 지니고 있는 형편이다. 바라타 베르사(Bharata Versha)나 인도에서 기분 좋게 두 큰 왕조가 **'수리아 반사(Surya Vansa)'의 '태양 국'과 '칸다라 반사(Chandra Vansa)'의 '달나라'로 실제로 나뉘어 있었다**. 전자는 희랍 최초의 정착 자들이었고, 종교 창시자로 도단(Dodan, 婆羅門 司祭 족)이다.

우리가 지니고 있는 바라문(婆羅門) 숭배의 최초 기록은, 바라문(婆羅門)의 문학은 <베다(Vedas)> 문학[2]인데, '베다'는 태양 달 바람 그리고 자연의 명백한 대행자들(agents)을 향한 호소로 이루어져 있다. 그것들은 푸라나(Puranas-힌두 聖典)를 망가뜨리는 바보 같이 '끼어 넣은 어구'와는 완전히 다르다.

그러나 월궁 족(Lunar race, 여기에서는 부처가 대장임)은 '유일 신'으로 숭배되는 시대가 왔다. 이 변화는 종교 전쟁 세기를 열었고, 호전적 종족 중에서는 수리아 반사(Surya Vansa)와 칸다라 반사(Chandra Vansa)가 가장 힘이 센 챔피언이었다. 희랍 초기 연대기를 망가뜨린 동일한 기록의 오류가 이 아시아 나라들의 그것에도 역시 작동(作動)이 되었다. 그래서 우리는 고대 페르시아 연대기에서 "이란(Iran)과 투란(Turan)" 간에 격정의 오랜 전쟁을 말하지만, 그 '원통한 적(敵)들'의 구별되는 종교상의 바른 관념을 획득할 수 없는 것이다.['전쟁'에 궁극의 이유는 없음] 고대 희랍은 희랍어가 된 범어(梵語) 어휘로 알게 되듯이 현재 페르시아 인으로서 소유하고 있는 그들 중요한 명칭의 해설이, 우화적 기초에 통찰력을 제공할 수 있을 것이다. '아이라(Aira)'[3]는 푸루라바(Pururavas)의 이름이고, 불타의 아들, 불교 대 족장인데, 그렇게 월궁족의 장(長)인 불타의 아내 "이라(Ira)"로부터 명칭을 얻었다. 그래서 복수형 "아이란(Airan)"은 불타의 백성과 그들의 땅 "이란(Iran)과 이란니아(Irania)"이다.

그들의 적대자였던 '투란(Turan)'은, '수란(Suran)' '수라(Sura)'의 변형으로 '태양족'이다.

---

2 윌슨(Wilson) 역, <리그베다(Reg. Veda Sanhita)>
3 더욱 일반적으로는 '알리아(Alia)' 'l'과 'r'은 상환(相換)적이다.

그렇다면 여기에 우리는 격노와 방어 경쟁에서 그 원인과 각각의 챔피언에 관한 구분된 견해를 얻게 된다.

아이라니안(Airanians, 불교도)의 적들은 '듀족(Diws)'로서 로마의 '데우족(Deus)' 범어(梵語)의 '데바 족(Devas)'으로 지정이 되어 있다. 이처럼 장황하게 우리는 용어에 대한 정의(定義)를 획득했다. 데바 족(Devas)은 '바라문(婆羅門) 족(Brahmins)'이니, 그것이 일반적인 명칭의 수용이기 때문이다. 그러므로 역시 그것은 '디우(Diu)'⁴이다. 나아가 그 오랜 분쟁을 증명하기 위해 페르도우시(Ferdousi, 940~1020-페르시아 詩人)가 주목을 했듯이 '경쟁적 종파'라는 논리는 '같은 저자'의 또 하나의 오류이다. 왜냐하면 한 가지의 오류가 병든 질문자에게 수용되면 자주 '아주 가치 있는 권위'를 입증하기도 하기 때문이다. 영웅 루스탐(Rustam)이 의심스러운 전쟁에서 오래도록 싸웠다는 '듀 수페드(Diw Sufeed)'는 '듀 수베드(Diw Su-ved)' 즉 '높은 신분의 바라문(婆羅門) 베단티스트(-베다 숭배자)'이다. 이처럼 '발음과 형태'가 몇 세기를 전해지면서 진실한 개념도 시간 속에 사라졌다.

역시 모산(Mohsan)은 '팀사르 다사테르(Timsar Dasater, -존중할 만한 데사테르)'라는 작품에 대해서 말했는데, 그는 '팀사르(Timsar)'가 '다스수트라(Das-Sootra, 열 개의 수트라)'라는 뜻이라고 하였다.

나는 광범한 **'태양족(Tribes of the Sun)'**에 대한 빠른 점검을 행할 것인데, 그들의 영향과 종교적 실례(實例)는 광범한 영역에 널려 있었다. <u>일반적인 관점에서 우리는 '태양의 후손'이라는 최초 고대 종교적 초점을, 라마(Rama)의 족장 오우데(Oude)에서 볼 수 있을 것이다.</u> 이집트 팔레스타인 페루 로마에서의 '태양족(the Solar tribes)'의 유행은 분명하고 퍼져있음을 이루 다 거론할 수 없을 정도이다. 이집트에서는 국왕을 휘어잡아 종교적 체제가 너그러워 불타의 숭배도 자유로워 **월궁 족(Lunar Race)**의 커다란 머리와 그네들의 종교 철학 체계를 구현하게 허용을 하였다. 사실 이집트의 계급 구조는 다양한 숭배의 형식과 의례를 포용하고 허

---

4 '디오(Dio)' '데오(Deo)' '디우(Diu)' '디유(Dyu)' '듀(Diw)' '에우(Dew)' '데우(Deu)' '도(Do)'는 다양한 형태이나 동일한 단어이다.

용하여 특별히 종족적(種族的) 감각에 반(反)하는 것은 예외로 하였으나, 그런 것은 거의 없었다.

북 인도의 '대 수리아(Suria) 족'의 후손은, 세계적으로 그들의 거대한 건축, 거대한 성벽, 엄청난 공사로 유명하여 로마 이탈리아 희랍 페루 실론 같이, 보는 사람들을 놀라게 하는 것으로 유명하다. 그들은 이 모든 점에서 '키클로패안(Cyclopaean, 구클로페스, 북부 줌나 대장, 오우데 라마족)'과 일치한다. 이 종족은 희랍 아카이아(Achaia) 남쪽에 일찍이 정착하였고, 그들이 '아르카디안 족'이니, '프로셀레노이(Pro Selenoi)' '이전의 월궁 족(Before Lunar Race)'이다. 그들의 명칭은 '아르카데스(Arca-des[5] 태양의 나라)'와는 구분됨을 명시하고 있으니, '아르카데스(Arca-des)'는 아케아(Akeha[6]) 인근의 '아라크 땅', 바빌론 지역의 이라크(Irak)로서 동일한 어휘가 다른 양상을 보이고 있다. 펠로폰네소스 반도(Peloponnesus)에서 아주 옛날엔 태양족이 널리 퍼져 있었음은 명백하다. 희랍의 광범한 구역에 '아피아인(Apiaen) 땅'이란 명칭을 제공한 사람들은 그들이었으니, 그 용어가 고대와 현대의 어원의 표준을 이루었다. 그들이 '아피아인(Apiaen)' '태양족'[7]이다. 독자는 아이스쿨라피우스(Ais-cul-apius)가 아폴로(Apollo) 태양[8]의 아들임을 기억할 것이다. 그것은 아주 정확한 것이다. 그는 '위대한 태양'의 후손이었고, 결론적으로 '아이스쿨라피우스(Ais-cul-Apius[9], 태양족의 長[10])'이니, 영국 에든버러(Edinburgh) 의(醫) 학교에 응모한 '미스트(Mist) 족 후손'과 인간적 의학적 능력에서 의심할 바가 없는 이름이다. 콜로넬 토드[11]는 쓰고 있다. "메바르(Mewar) 왕자들은 태양족 '수리아 반사(Surya Vansa)' 장손(長孫) 계열이다. 또 다른 아버지

---

5 '아르카(Arca)'는 '태양', '데스(des)'는 '땅'
6 인도인의 정착지도 참조.
7 '아비(Abi)'는 '태양', '아비안(Abian)'은 복수형이다. 범어에서 'v' 'b' 'p' 상환됨으로 '아피안(Apian)'은 '태양족'이다.
8 희랍어 '아폴로(A'Pollo)'는 '발(Ball)'의 표기로 동일한 대상에 형식이 다양하다.
9 '헤리쿨레스(Heri-cul-es)'에서 희랍인은 '헤라클레스(Hera-c'les)'를 만들었듯이, '아스쿨라피우스(Ais-cul-apyus)'에서 '아스클레피오스(As-c'lepios)'로 변형시켰다.(부록 '규칙 1' 참조)
10 '아이스(Ais)'는 '대장', '쿨(Cul)'은 '종족'. '아피(Api)'는 '태양'이다.
11 <라자스탄(Rajasthan)> 1권, p. 211.

의 이름은 '라구반사(Raghoovansa)'이니, 라마의 선조에서 유래한 것으로 초점은 각 자손이 태양족이라는 점이다. 그 메바르(Mewar) 왕은 '힌두 수라즈(Hindoo Sooraj-힌두의 태양)'라는 형식이다. 일백 명 왕들의 후손은 자신이 '수리아 고크라(Soorya Gokra-태양의 발코니)' 구름 속에 있노라고 말하고 있다. 이집트 족에서 가장 큰 찬미 대상은 '아피스(Apis, 태양)'이고, 그들의 오우데(Oude)와 태양 숭배의 관계는 그네들 땅의 명칭 '아에티아 (Aetia)'[12] '오우데(태양)의 땅'과는 구분이 되어 있다. 그러함에도 오우데 (Oude)의 '라만 족(Ramans)'은 명백히 '라메세스(Rames-es[13], 라마 족의 장)'로 존재한다.

펠로폰네소스 반도(Peloponnesus)의 또 다른 고대 명칭은 '이나키아 (Inachia, 태양의 땅)'[14]이다. 그래서 '아나쿠스 강' '이나키대(Inachidae, 태양 족)'이다. 아리기베(Arigive) 연대기에서 볼 수 있는 가장 존경스런 이름은 '인나쿠스(Inachus, 태양 왕)'이다. 그 후손들은 '아우토크톤(Autochthons, 아 토크 대장의 후손)'[15]이다. 인나쿠스(Inachus) 족, 더욱 정확하게 말해 '이나 카스(Inacas)'는 세상에서 '신구(新舊) 태양족의 공존'이었다. 그들이 페 루의 인카(the In'cas of Peru[16]) 족인데, 그 의미는 '페루비안(Peruvians, 태양 의 백성)'인 태양의 땅이라는 뜻이다. 여기에서도 역시 키클로패아 식 라 마 족(Cyclopaean Ramas)의 특징인 방대한 공공사업이 행해졌다. 그들은 라마(Rama)와 시트바(Sitva, 그의 아내)의 축제를 행하고 있다. 콜로넬 토 드[17]는 말했다. "라마에서부터 모든 종족이 '수리아 반사(Surya Vansa, 태 양족)'으로 구분되고 후손임을 주장되었으니, '메바르(Mewar)' '제이포 르(Jeipoor)' '메르바르(Merwar)' '베카네르(Bekaner)'의 왕 등의 수많은 종 족이 그것이다." '이요디아(Ayodia)'는 수리아(Surya) 족이 세운 최초의

---

12 '아크티아(Actia)'는 '아디티아(Aditya-태양)'의 축약이다.
13 '라마(Rama)'와 '에스(es-대장)'이다.
14 '이나카(Inaca-태양)'의 파생형 '이나(Ina-태양)'-'이나키아(Innach-ia)'는 '태양의 땅'이다.
15 ((7장 p. 275 참조))
16 '파루(Paru)'는 '태양', '파루비우아움(Paruvyu-a-um)'은 '파루(Paru)'의 파생어(태양족)
17 <라자스탄(Rajasthan)> 1권, p. 45

도시이다. 다른 수도들처럼 그 중요성은 가벼운 경사지이다. 하지만 과
장이 감안되어, 라마를 향한 거대한 장관을 확보해야만 했다. 그 위치는
오늘날까지 알려져 있는 약속된 이름이 '오우데(Oude)'이다.....넘쳐났
던 고대 아시아적인 성격의 수도(首都)들과 아요디아(Ayodia)의 그것은
요긴하였다. 현재의 수도(首都) 루크노(Lucknow)는 전통적으로 고대 오
우데(Oude)의 주변 도시로 그의 형제 '락스만(Lacshman)'[18]을 향한 칭송으
로 '라마(Rama)'로 부르게 되었다고 주장이 되고 있다.

'라크몬(Lacmon)', '오우데(Oude)' 산맥, '오우데 라마(Oude Ramas)'의
14개 종파, '로바(Lova) 족', '라마(Rama)의 아들', '카날로비 산(Canalovii
Montes)' 명칭은 독자에게 이미 제시된 것이다. 이것이 희랍의 거대 구조
의 배후를 이룬 고대 종족이다. 이들에 대해 콜로넬 무어(Colonel Mure[19])
는 정확하게 언급했다. "분명하게 도리아 정복(Dorian Conquest) 이전에
있었던 미케나이(Mycenae) 귀족 체계를 세워 거주한 사람들을, 북부 이
야기 속의 야만(野蠻) 반귀(半鬼)의 보잘것없는 신화적 존재들 속에서 구
분해 내기란 쉬운 일이 아니다. 우리는 저 이집트의 왕들이 그들의 피라
미드와 궁궐에서 지냈듯이 미케나이(Mycenae) 귀족들은 민간의 전설 속
에서까지도 그들의 거주지에 친숙했을 알 수 있다." 그들이 '이집트
(Egypt)'인이고, '페루(Peru)'인이고 '로마(Roma, Rama[20])'인이다. 그들은
동일한 족속이다.['태양족'] 니부르(B. G. Niebuher, 1776~1831)는 다음과
같이 적고 있다. "로마(Rome)는 [원래부터]라틴어 명칭이 아님은 저절
로 명시되는 바이니, 로마 시는 이탈리아 형식과는 또 다른 형식이라는
점은 의심할 것도 없으니, 티베르(Tiber)의 신화적 명칭과 비슷하다. '로
마(Roma)'란 명칭은, 희랍인이 생각했듯이[21] 피르기(Pyrgi)의 주변 마을

---

18 <라자스탄(Rajasthan)> 1권, p. 38
19 <희랍 문학사>, 1권, p. 24
20 로마의 정착 종족 초기 역사의 증거들은 초기 희랍의 역사보다 더욱 확실하다.
　　로마 고대사 문제에 대해 나는 주목할 만한 진전을 이루었다.
21 1권 p. 287. 니부르는 자연스럽게 이 축복 받은 이름을 "**Papus** 힘"에서 유래한 것
　　이라 상상했다. 범어 장음 'a'는 자주 희랍어에서 'o' 'w'로 대체가 되는데, '포세
　　이돈(Poseidon)'과 '포세이단(Poseidan)'의 방언적 변화가 그것이다.

이 그렇듯이, 한 때 그 도시에 주변의 모든 '펠라스기 사람(Pelasgian)'을 포괄했던 방식이다." 그리고 또 하나 그가 찾아낸 놀라운 장면이 있다. 니부르(Niebuhr)는 말했다.

"이 서부 세계는 우리가 '새 것'이라고 부르는 '태고(太古)'와 '종말(終末)'의 연결 속에 있었다. '그레고리 역(曆)'이 행하기 이전에 모든 민간인에서 사용되었던 고대 '아체칸 달력(Aztecans calendar)'은 일 년이 104개 태양들로 이루어져 있었다. 25일이 기본이 되어 일 년을 나누는 형식이다. 이 기간 동안에 그네들은 25일을 만드는 중간에 두 번의 윤일(閏日)을 끼어 넣었다. 우리가 '세속적인 새해[新年]'에 '멕시코 인의 개화(改火, New Fire) 축제'를 보면, 로마인 더욱 정확하게 '에트루리아 사람(Etruscan)의 축제'를 기억하지 않을 수 없다. 특히 로마에서 '개화(改火, New Fire)'는 '매 3월 첫째 날'에 베스타(Vesta) 사원에서 불을 붙인 것으로 행해졌다."[22]

셈법에서 로마와 페루의 유사성을 나는 잠깐 살필 것이다. 그러나 나는 '페루'의 후손이 '태양족' 후손이라는 것과 '수리아 반사(Sooria Vansa)'가 '오우데(Oude)의 태양족'이라는 것을 확실한 증거의 고리로 연결을 할 것이다. 그리고 나서 그들은 양쪽 모두가 '운데(안데스, Un-des, Andes)'라는 점이다. **"'운데(Undes)'는 카일라스와 라바나스라드(Ravanas Hrad) 호수 서쪽 히말라야 영역 사이 지방으로 그 호수에서 발원하여 서북쪽으로 흐르는 수트레즈(Sutlej) 강과 교차하는 지역이다."**[23] 콜로넬 토드는 말한다.[24] "오늘날까지 안데스(An-des)는 중국 타타르(韃靼, Tartary)와 국경을 이룬 티베트의 알피네(Alpine) 지역을 지칭하고 있다." 그렇다면 여기에서 우리는 오우데(Oude)의 라마 족이 바로 안데스와 페루 사람, 쿠클로페(Cuclopes, 줌나의 대장)와 연결되고, 희랍과 로마에서 키클롭(Cyclopes) '구클라(Guk'la, 가축 떼)'의 소유자로서 특징을 지닌 동일한 종

22 Niebuhr, <로마 역사>, vol. ⅰ. p. 281.
23 해밀턴(Hamilton) <동인도 관보> 2권, p. 692. '운데스(Un-des)'는 '우루아데스(Urua-des)'의 방언이다.
24 <라자스탄> 1권, p. 44. 그러나 콜로넬 토드는 그것이 '안가(Anga)'에서 유래한 '카르나(Karna)' 지역의 '수리아-Sooria의 아들'로 생각했다.

족[유목민]이다. 그러기에 '태양의 황소'와 '아르카데스(Arcades, 태양의 땅)'를 뒤덮은 거대한 양떼라는 고대 작가의 상투적인 비유가 생긴 것이다. 멕시코 사람들은 이 종족과 관계가 없는 것이 아니고, 언어는 범어(梵語)의 방언으로 범어를 다 내버린 것도 아니다. 페루(Peru)라는 땅이 '태양(Peru)'이라는 어휘에서 왔다면, 멕시코(Mexico)는 '막시코(Makshico, 금과 은의 풍성함)'[25]에서 온 것이라 못 할 까닭이 없다. 이 나라에 종족적 유사성의 증거는 언어에 한정된 것이 아니다. 이 고대 민족의 거대한 기념물은 그들의 기원을 동일하게 과시하고 있다. 페루의 고(古) 종족과 관련된 정말 진본을 얻었던 사람의 말을 들어보자. "많은 집들의 벽은 수 세기 동안 변하지 않고 남아 있다. 돌들의 크기와 모양의 다양성 흉내 낼 수 없는 기술을 발동하여, 고통스러운 존숭을 통해 마음을 기쁨으로 채우는 고대와 중세의 흥미로운 기풍을 그 도시(Cozco)에 제공하였다."[26]

'쿠즈코(Cuzco)의 요새'에 대해서 말하였다. "요새와 성벽과 무기고가 모두 돌이다. 불규칙적으로 놓인 무거운 덩어리들이지만 큰 것 사이에 간극(間隙)을 작은 돌로 채웠다. 그들은 투박한 작업으로 끝 부분만 다스린 거친 절단이었다. 이들 돌의 대부분이 널따란 것이어서 어떤 것은 38피트 길이에 18피트 너비, 두께가 6피드이다."[27] 희랍의 구클라(Guk'cla, 키클롭스) 족의 유물과 실론 섬의 건축적 힘의 대리석들처럼 "여행자는 무엇보다 고산지대 중심에 과거의 기념물인 사원, 궁궐, 요새, 집들이 연이은 산, 거대한 군사 도로, 수송로, 그 밖의 공공물과 마주치는데, 그들의 실행 속에 보일 수 있는 과학의 단계와는 관계없이 그들의 수와 소재(素材)의 장대함과 구상의 웅대함에 놀라게 된다."[28] 이 작가는 고원 지대에 도로를 건설하는 통일된 사업을 고려하면서도 그것이 고

25 "'마크시카(Makshika)'는 광물질로 두 종류가 있다. 밝은 황색의 황금 마크시카(Makshika)는 황동이 혼입 된 것이고, 백은 마크시카(Makshika)가 그것이다. 그러나 그것은 종족의 명칭이 이기보다는 '금광석' '은광석'일 뿐이다."-윌슨<범어 사전>

26 프레스코트(Prescott), <페루(Peru)>, 1권, p. 15. '뮐러(Mueller) 장군의 메모 2권, p. 225' 再引

27 프레스코트(Prescott), <페루(Peru)>, 1권, p. 15.

28 같은 책, p. 59.

대 라마 족 '태양족'에 근거를 둔 어떤 열등한 생각이라는 것은 언급하
지 않았다.

프레스코드 씨(Mr. Prescott)[29]는 말하고 있다. "길도 없는 시애라(Sieras)
산맥은 눈으로 덮여 천연 바위를 뚫는 공사판에 상점도 없고, 공중에 매
달려 다리를 놓고 땅을 잘라낸 벼랑을 사다리로 기어오르고, 까마득한
깊이의 골짜기는 돌들로 채워진 상태에서의 공사가 행해진 것이다. 간
단히 말해 산악지대의 악 조건은 현대에 가장 용감한 기술자나 감당 성
공할 수 있는 그런 것이다.....여기 저기 널려 있는 부셔진 잔해는 유럽에
흩어져 있는 대(大)로마 길 위의 파편 같아서, 그들의 초기 장대함을 증
언하고 있어, '잉카 족(Incas)이 만들어 놓은 길'은, 인류가 일찍이 시행한
가장 유용하고 거창한 공사에 속한다는 생각에, 분별력 있는 여행가의
끝없는 찬사(讚辭)를 이끌어 내게 하고 있다."[30] 만약 놀라운 종족의 장대
한 산업이 아메리카에서도 여행가의 감탄을 유발했다면, 그것은 로마
(Roma)에서와 동일한 라마 족(Ramas)의 고대적 성취로 현대에도 가장 현
명한 비평가의 놀라움도 덜 하지는 않을 것이다.[이것이 포콕의 '四海
同胞主義'이다.] 나는 니부르(B. G. Niebunr, 1776~1831)의 고대에 관한 명
쾌한 해설이, 희랍과 로마 역사가의 가느다란 빛의 도움도 없이, 당시 존
중이 되고 있는 사원(寺院)에 적절한 비중을 두며 행했던 것이라는 점을
말해 둔다. "내가 이미 말했듯이 타르퀴니우스(Tarquinius) 통치는 이전
의 시대로부터 커다란 간극(間隙)으로 분리되어 있다. 왜냐하면 로마 시
대부터 그 이전에 제시되었던 것과는 매우 다른 것을 제시하고 있기 때
문이다. 안쿠스 마르키우스(Ancus Marcius)가 행했다는 정복(征服)은 매
우 작은 지방에 국한된 것이니, 그는 티베르 강 하구(河口)와 오스티아
(Ostia) 요새(要塞)의 주인이었다.

그러나 마르키우스(Marcius) 다음은 역사가들이 그 흔적을 역시 볼 수
있게 기록하였다. 오늘날까지 큰 하수관(下水管)을 바꾸지 않는 '클로아
카 막시마(Cloaca Maxima)'는 고찰의 대상이고, 단순히 도시 쓰레기를 운

29 프레스코트(Prescott), <페루(Peru)>, 1권, p. 59.
30 훔볼트(Humboldt), <안데스의 고찰(Vue des Cordilleres)>, p. 294

반하는 것이 아니라 *티베르(Tiber) 강에 의해 형성된 호수 물을 주로 빼내고,* 카피톨리네(Capitoline) 아벤티네(Aventine) 팔라티네(Palatine) 사이로 이끌어, 다음은 쿠이린날(Quirinal)과 비미날(Viminal) 사이 지역에까지 이르게 하였다.

이 공사는 회반죽을 쓰지 않고 사각 벽돌로 반원을 이룬 것인데 오늘날까지 칼 하나 꽂을 틈도 움직임이 없이 지표로부터 물을 이끌어 티베르(Tiber) 강으로 들게 하고 호수를 견고한 땅으로 바꾸었다. 그러나 티베르(Tiber)는 축축한 제방을 지니고 있고, 거대 성벽이 세워져 대부분이 지금까지 남아 있다. 규모와 거대함(니부르는 동일한 인원이 동원되었을 것이라 했음)에서 피라미드 맞먹는 이 구조는 그 실행의 어려움을 피라미드를 훨씬 능가하고 있다. 너무 장대하여 그것을 살펴볼수록 얼마나 크고 힘센 국가가 그것을 해냈는지 이해할 수가 없다. 피라미드와 비교 되는 왕국의 수송로는 이해할 수 있는 크기가 아니다. 왜냐하면 그들은 내부에 시멘트가 있는 벽돌로 건축되었으나, 더욱 고대 작업에는 모든 것이 '알반 석(Alban stone)'을 잘라낸 사각형 벽돌로 건축이 되어 그 기초가 아주 깊게 잡혔다."[31] 이들이 '보이오티아(Boeotia)의 고대 카타보트라(Catabothra)를 건설했던 사람들이고, 카슈미르와 테살리 계곡에 배수를 했던 사람들이고, 실론 섬에 거대 물탱크와 운하를 건설했고, 미케내(Mycenae)의 옛 성곽을 건설하였고, 이집트 테베의 장대함과 솔로몬 사원을 후원했던 사람들이다. 이들 종족 전체가 '태양의 후손' 영역에 지속적으로 거주하지 않은 것이 사실이나, 그들은 사실 같은 나라 같은 백성들과 다름이 없다. 카슈미르 부근에서 '룬케스티스(Lun-ces-tis, 란카스-마케도니아)'와 희랍의 마가다스(Magadhas)로 식민하여 남부 지역을 힌두 식 이름, 실론(Ceylon-케이론) 섬 식으로 이름을 부여하고, 이민임을 말하지 않은 그 종족이다. 그리고 희랍의 국민을 이루어서도 이미 제시된 그 원거주지와 지리적인 증거에 최소한의 관심도 없었던 것은, 널리 퍼져 있는 힌두 사상에의 확신이니, 케이론(Ceylon, 실론) 섬은 원래 란카

---

31 니부르(Niebuhr), <로마사(Histore of Rome)>, 1권, p. 66.

(Lanca) 명칭에 정당한 요구가 없었던 사실과도 동일한 것이다.[실론=란
카] 그것은 라인케스티스(Lyncestis, 란카스 땅) 주변의 모든 주민이 높은 북
쪽 위도(緯度) 사람이라는 증거들이다. 명예로운 G. 터너(Turnour, 1799~
1843)는 그의 '실론 역사 축도(縮圖)'에서 '란카(Lanca)'에 대해 언급하였
다. "인도의 학자들이 실론과 '란카(Lanca)'의 동일성을 수용하지 못 한
것보다 이 힌두 여행가가 '실론'과 '란카(Lanca)'를 동일시한 것은 더욱
가치가 있다." 그는 토드(Tod)의 말로 "매우 먼 지역 '란카(Lanca)'로 전해
진 것은 힌두 인이 선발한 생각"이다. '란카 땅(Lanca's land, Lynces-tis[32])'
에 관한 니부르(Niebuhr)와 전통적 힌두 인의 신념에서 고대 세계에 관해
이해할 수 있는 견해란, 한 손으로 트라키아에 대고 다른 손을 키스 알피
네(Cis-Alpine) 바위에 대고 흥미를 느끼는 학생에게 주장하는 정도이다.

란카(Lanca, 실론), 트라케(Thrace), 마케도니아(Macedonia), 이탈리아(Italy)
사람은 틀림없는 북쪽 히말라야 국경 사람들이니, 특히 내가 요즈음 이
집트와 히말라야에서 주목한 바 '마나살레(Manasaleh)'에서 10마일 정
도 떨어진 '라바나 호수(Ravana's Lake, Ravans Roodh) 인근의 사람들'이
다. 인도의 최고 권력자와 '라이벌'이었던 라바나(Ravana)는 이미 주목
했던 바와 같이 수리아 반사(Surya Vansa)의 대(大) 족장으로서, 그의 호전
적인 반대자 오우데(Oude) 군주인 라마(Rama)에 의해 추방이 되었다. 라
바나(Ravana) 종족들은 티베트에서 온 불교도와 연합하였다. 더욱 거대
해진 이 사람들은 트라키아(Thrace) 정착지에서 이탈리아로 이동하였다.
우리가 이미 살폈던 '이스카르도(I'Scardoh)'와 히말라야 집단은 스카르
두스(Scardus)와 아드리우스(Adrius) 산에 정착을 하였다. 드라우스(Draus)
사람이 다뉴브 강 합수(合水)지점에 명칭을 제공하니, 로마 사람들은 카
르닉 알프스(Carnic Alps) 북쪽에 근원을 둔 그들을 '드라베(Drave, Draus,
Dravus)'라 불렀다. 아드리아 북서쪽 해안에서 멀지 않은 곳에서 란카
(Lanca, 실론) 사람들은 그들 최초의 정착지가 '파타비움(Patavi-um, 불타
마을[33])'이다. 그 옛 고장에 관한 기록은 이웃 도시 '아드리아(Adria)' '히

---

32 '룬케스데스(Luces-des)'이다.
33 'Bud'hasTown'-'Pata'는 불타, 'Patavi'는 불교도

말 탄(Himal 'Tan')[34] '하밀톤(Hamil-ton)'의 건설에 성실하게 보존이 되어 있다.['地名'의 역사적 힘] 이 바로 남쪽으로 중요한 강 파두스(Padus) '부다(Buda's)'강이 있는데, 그들의 역사를 우리는 지속적으로 논의를 해 왔다. 그네들은 '린고네스(Lingones)'의 로마 형식, 즉 쉽게 말해 '란크고네스(Lanc-gones[35], 란카 족)'이다.

이제 우리는 바야흐로 역사(歷史)를 보증하는 왕관을 쓰게 되었다. 그들 대장의 기념물을 보라. '라바나(Ravana)'는 아직 '라벤나(Ravenna-이탈리아 북동부 해안 도시)' 도시 이름으로 남아 있고, 이탈리아 서부 해안에 그 큰 '라마(Rama, Roma)' 강을 보라. 태양족 라지푸트의 거대 도시-'게나타가타(Gena Taga-ta, Gens Toga-ta[36], 타그-Tag 족[37])'의 도시가 전쟁과 연동된 정책에 의해 어떻게 점점 작아지고 카슈미르 원주민인 강성한 토루슈카 족('Torooshcas)과 후스카 족(Hoosacas)은 역사학도에게 잘 알려져 있다. 그러나 역사 학도는 로마 사회의 내적 구조와 그 국내 정책을 확실하게 모를 수도 있다. 왜냐하면 그것은 독자적인 힘찬 탐구를 해야 하기 때문이다. 그 도시는 상아(象牙) 의자인 '최고의(最高椅, Curule)'를 소유고 있었는데, 그것은 쿠루스(Curus)의 왕의(王椅)였으니, 쿠루들(Curus)은 판두 족에 반대자 '플레브(Pleb's)'[38]이고, 인도의 수드라 족(Soodras)과 '세나토르 족(Sen-ators)', 더 정확하게 인도의 '센나트 바르 족(Sen-nat wars[39], 무사 족장들)'이다. 독자는 로마인이 고(古) 헬라어를 사용할 때에 그 어원이 희랍어와 같다는 것을 알고 있을 것이다. '무사 족'의 사무소는 '노인(元老, Senex)'과는 무관하다. 내가 초기 로마 사를 탐구해 보니, 미래를 위하여 그 문제를 더 이야기를 해 보자. 그러나 우리는 그 거대한 건축적 성공과 관련하여 이 정력적인 종족을 면밀히 고찰하기 전에 '트린코말레(Trincomalee) 호수'에서 16마일 거리에 있는 '콘델레이

---

34 '탄(Tan)'은 '땅', 원래는 '칸(Chan)'으로 썼다.
35 '가나(Gana)'는 '종족'이다.
36 '게나(Gena)'는 '종족'이다.
37 '타그(Tag)'는 '라지푸트(Rajpoot) 족'이다.
38 '플레바스(Plebas)'는 '비하된 종족', '추방된 사람'이다.
39 '센(Sen)'은 '군대', '바르(War)'는 페르시아어 한정사(限定詞)

(Condeley) 호수' 근처에 내가 '남부의 란카(Lanka, Ceylon)'라고 불렀던 곳
에 건설된 놀라운 공사에 관련된 베르톨라키(Bertolacci)[40]의 말을 들어보
기로 하자. "둘레가 거의 15마일로 알려진 이 호수는, 훌륭한 방법으로
몇 개의 장소에 그 길이 너비 두께에서 12~15피트의 돌로 제방을 쌓아
올려 엄청난 힘의 난간을 이루었다. 어떤 때, 어떤 정부(政府)가 이 놀라
운 공사를 했는지 만족할 만한 고찰은 없다. 그러나 그 엄청난 규모는 많
은 인구와 그것을 실행할 수 있는 힘을 지닌 강력한 정부(政府)를 증언하
고 있고, 아울러 현재의 주민 거주지에서 멀리 떨어진 곳의 문명 정도를
말해 주고 있다. 이 거대 공사에서 특히 주목해야 할 부분은 이 호수 물
을 관리하고 지키기 위해 밑에서 넓이가 150피트이고 그리고 꼭대기는
130피트인 두 개의 산을 만들었던 점이다. 그래서 그것이 이론(異論)의
여지가 없는 엄청난 인구에 광활한 경작지(耕作地)를 알려주는 기호임
을 수가 있다. 그것은 실론(Ceylon)에서 명백히 고대에 다른 작업도 있었
다는 것을 명시해 주고 있다. 너무나 예스러워 어떤 정부(政府)나 바라문
(婆羅門) 족의 왕국도 추적될 수 없다. 그러기에 우리는 우리가 상고시대
로 더욱 멀리 되돌아가야만, 이 섬에서 그 문명과 번영을 존경할 수 있는
생각이 우리에게 떠오를 것이라고 말하지 않을 수 없다."

그와 동일한 것이 희랍의 다양한 부분에서도 틀림없이 주장이 될 수
있다. 특히 '보이오티아(Boeotia)'는 옛날 카타보트라(Catabothra)로서 한
때는 효과적인 관개(灌漑)가 이루어졌는데, 희랍의 역사적 시대에 폐허
가 되었다. 우리가 다시 '페루'로 돌아가 보면 이 위대한 사람들의 정체
성(正體性)을 알려 주고 있는 것은 특별한 사회적 관습보다 더욱 강력한
증거는 없을 것이다. '페루' 사람들과 그들의 조상, 그리고 인도인은 그
관점에서 같은 사람들이다. 프레스코트(Prescott)[41]는 말하고 있다. "코카
잎을 모아 햇볕에 말려 거기에 라임 향을 더하면, 동양의 '구장나무 잎'
처럼 씹을 수 있다. 구장나무의 톡 쏘는 잎은 씹을 때 라임과 섞일 것이
다. *동양과 서양이 멀리 떨어져 있지만, 그 사회적 성향의 유사성은(그것*

40 H. G. Turnour, <실론 약사(Sketch of History of Ceylon)>
41 프레스코트(Prescott), <페루(Peru)>, 1권, p. 133.

처럼) 한 결 같다."

또 하나, 인도의 진짜 '**키클롭스(Cyclops)**'의 약간 북쪽에 있는 카슈미르 부근을 여행한 주의 깊은 관찰자의 말을 들어보기로 한다. "아메드 사(Ahmed Shah)는 나에게 모자를 벗고 접근하여 가까워지니 자주 멈추며 그의 손등을 땅에 댔다가 그것을 앞이마에 가져다 붙이며 허리를 낮게 굽혀 인사했다."[42] 그리고 비그네(Vigne)는 '로벗슨(Rovertson)의 아메리카 역사'에서 "몬테주마(Montezuma, 1466~1520, 아텍 족 최후 황제)는 코르테스(Cortes-멕시코 정복자)에게 그의 손으로 땅을 만지며 그것에 입을 맞추는 인사를 행하고 돌아왔다."

카스퀴 족(Chasquis, 그 고장 운반자)'은 옛날 인도의 '코시드 족(Cossids)'이었고, 스파르타의 '헤메로드로모이(Hemerodromoi)'였다. '페루'에서의 공급은 수도(首都)와 통하고 있었는데, 그것은 고대 로마 제도와 유사한 것으로, 시저(Caesars)의 통치 하에서 그녀는 세계의 반을 통치하는 정부(情婦)였다.[43] 추가한다. "라마 인의 가축, 페루 사람의 양떼는 전적으로 태양, 잉카에 적당하다. 그들의 수는 무수하고, 그들은 고장의 추운 지역에 여기저기 흩어져 있다. 거기에서 그들은 익숙한 목동(牧童)의 돌봄을 따르고, 목동은 계절에 따라 다른 풀밭으로 그들을 인도한다."[44]

그런데 목동들은 그들의 방대한 가축을 거느린 희랍의 '아르카데스(Arcades, 태양들)'이다. 그들이 '태양의 황소들'이고, 고대 희랍 시인들이 '헬리오(Helios)'로 신성시했던 존재들이고, 이들이 '태양왕'의 '이나키엔세스(Inachi-enses[45], 잉카 종족)'이고, 이들이 '아피안(Apian, 태양족)', '아피도네(Api-dones, -Api-tanyas[46] 태양의 아들들)'이고, 이들이 인도 북부 수리아 반사(Soorya-vansa)이니, 그들은 사후에 '그들의 처소 태양'으로 돌아 갈 것을 바라니, 희랍인의 '엘리시움(El-ysium, 태양의 집)'[47]이다. 동방

---

42 Vigne, <카슈미르>, 2권, p. 225
43 프레스코트(Prescott), <페루(Peru)>, 1권, p. 66.
44 프레스코트(Prescott), <페루(Peru)>, 1권, p. 48.
45 '인카(Inca)'는 '태양', '엔세스(enses)'는 종족.
46 '아피(Api)'는 '태양', '타나이아(tanaya)'는 '아들'
47 '헬리(Heli)'는 '태양', '부시(vusi)'는 '거주'

신의 숭배의 거대함은 이집트, 아시리아, 희랍, 페르시아, 페루가 있다
는 점은 의심할 나위가 없다. 페르시아와 페루에서 특히 숭배자들의 간
절한 위엄의 신상(神像)으로 장대한 빛을 뿌리는 대상이 되어 있다.

> 아! 그렇지만 무슨 붓으로 저 살아 있는 별[태양]
> 저 아름다운 수레를 그릴 수 있을까.
> 지극히 빛나는 그 원 속에
> 무궁하신 빛의 주님이
> 엠피레움(Empyreum)을 넘어 조용한 행해(航海)를 시작하시네.
> 그래서 일만 개의 햇살이 그 베일을 벗어나오네.[48]

프레스코트(Prescott)[49]는 말하고 있다. "가장 유명한 페루인의 사원(寺
院)은 수도(首都)의 자랑이고 제국의 경이인 쿠즈코(Cuzco)에 있었는데,
그곳은 군주(君主)의 은총 속에 있어, 코리칸카(Coricancha[50], 황금의 장소)
라는 명칭이 부여되었다. 사원(寺院)의 내부 장식은, 감탄을 자아내는 호
화판이었다. 그것은 전체가 금광(金鑛)이었다. 서쪽 벽에는 인간 형상의
신상(神像)을 만들었는데, 그는 정면으로 태양이 우리를 비추듯이, 그렇
게 만든 빛의 중심을 보고 있다. 그 형상은 거대한 황금 접시에 에메랄드
와 보석 가루를 짙게 이겨 사용하였다. 그것은 동쪽 큰 정문에 자리를 잡
아 아침 햇살이 그것을 바로 비추게 만들었고, 전 거실을 더욱 자연스럽
게 밝히게 하였고, 벽과 천장을 황금으로 칠한 것에 반사되게 만들었다.
사람들의 비유적인 언어로, 황금은 '태양의 눈물'이니, 사원의 내부를
윤을 낸 접시와 보석으로 장식했다. 사원의 벽으로 둘러 싼 코니('올림
피'-건축 용어)는 값비싼 금속이고 널따란 황금 벨트를 건물 외부의 돌 속
에다 끼워 넣었다." 얼마나 멋진 장관인가. 고대 세계 모든 지역에 '태양

48 '수리아(Surya) 찬송' 윌리엄 존스 경(Sir W. Jones) 번역
49 프레스코트(Prescott), <페루(Peru)>, 1권, p. 91.
50 '구리칸카(Ghur-i-cancha)'에서 '구르(Ghur)'는 '말' 'i'는 '의' '칸카(Cancha)'
　는 '황금'이다.

숭배'가 행해졌다는 것을 알 수 있고, 우리 반구(半球, 西歐)와는 교류가 단절된 나라도 그 같은 문명에 이르렀다는 것을 알 수 있다.

'페루'에서 '북 인도'로 가보자. 거기에서 우리는 태양의 후손, '라지 푸트(武土 족) 군대'에 관한 탐구로 성공을 했던 역사가(歷史家), 콜로넬 토드(Colonel Tod)를 반기지 않을 수 없다. "(카슈미르의) 제이푸르(Jeipoor) 궁정에서 왕자들은 쿠쉬(Cush)에서 내려가기를 요구했는데, 라마의 둘째 아들 반세프티니(Bha'n Septini[51])는 특별히 성스러웠다. '여덟 마리의 말이 끄는 태양의 수레'는, 태양에 헌납된 사원에서 출발한다. 라지푸트 신화에 관해 우리는 바라문(婆羅門)의 전설에서보다 그들의 영웅적 시 속에서 좋은 생각을 얻는다. 태양신은 그들이 화해시키는데 가장 많이 신경을 쓰는 신이고, 그의 명예 속에 그들은 태양의 집에 수용되기 희망하며, 전장(戰場)에서 피를 흘린다. 그들의 '최고 천(最高天)'은 그래서 '반탄(B'hant'han, 태양의 영역)'이다."[52] '우디푸르(Oodipoor)'에서도 태양을 모두 좋아하여, '태양의 문'[53]이 그 도시의 주요 입구(入口)이다. 태양의 명칭이 궁정[54]의 '중요한 홀'에 붙여지고, 태양[55]의 발코니에서 태양의 대신인 어두운 몬순(계절풍) 속에서 '라마의 후손'은 모습을 드러낸다. 빛을 내는 거대한 태양을 석고에 그려 걸어놓은 정전(正殿) 앞쪽에 왕좌가 있다. 이미 언급했듯이 신성의 표준이 태양이므로, 스키타이 식 왕권 상징물에 '칸기(changi)'라는 것이 있는데, 그것은 검은 전(氈)이나 타조 깃털로 만든 중앙에 태양을 상징하는 황금 판을 붙여 막대기 손잡이를 단 것이다. '왕의 파라솔'은 '케르니아(Kernia)'라 하는데, 해의 빛살(Karna[56]) 같은 형상이다. 그 힌두이즘의 체계는, 전 바빌로니아 아시리아 왕조에 영향을 주어서 <성서>는 풍부한 증거로 넘쳐 있어 태양신을 다양하게 언급하고 있고, '모든 산' '모든 무덤'을 그 기둥으로 장식하

---

51 '태양의 일곱 번째 날: 태양의 탄생'
52 <라자스탄> 1권, p. 563.
53 '수라폴(Sura-pol)'
54 '스리아말(Surya-mahal)'
55 '수리아고크라(Sury-Gokra)'
56 <라자스탄> 1권 p. 565.

고, 또 다른 대응물은 '황동으로 만든 송아지'⁵⁷인데 매월 15일에 배치하여 특별하게 신성시하였다.⁵⁸

'달의 주인 도시'인 푸툰 솜나트(Puttun Somnat'h)에서 숭배되는 '발나트(Bal-nat'h) 신'도 태양의 신 '발(Ba'l)'이었다. 그래서 그 왕국의 종족을 다스리는 자를 '발의 왕(Bal-ca-Rae)'라 하고, 그 수도를 '태양의 도시(Bali-capoor, Balabhi⁵⁹)'라 한다. 독자는 '태양의 도시' '헬리오폴리스(Heliopolis)'를 잊지 않았을 것이다. 그리고 '태양족' 이집트 최초의 왕 '메네스(Menes)'와, 태양족의 영주 '메누 바이비스바타(Menu Vaiviswata)', 그의 목소리로 '위대한 메누(Menoo)'⁶⁰가 솟아오른 태양에 경배했다는 그의 동상도 잊지 않았을 것이다. '페루'에서 가장 장대한 국가적 근엄(謹嚴)함은 '라이미(Raymi) 축제였다.' 이 축제에서 사제는 '희생의 신체'를 벌린 다음, 그것의 모양을 살피고, 신비로운 미래⁶¹의 교훈을 읽는다. 독자는 이탈리아의 '로마니(Romani)'와 북쪽 종족의 '투루스키(Toorooschi, Hooschis, Etruscans, Oscan)'는 기억해 낼 필요도 없을 것이다.['동일한 풍습'이 있다는 것]

나는 여기에서 그들의 위대한 영웅들은 '카스트바르(Castwar)'와 '발리크(Balik)'⁶²의 대장들이라는 점을 간단히 지적해 두고자 한다. '카스트바르(Castwar)'는 레다(Leda)의 아들이고, 폴록스(Pollox)의 형제이다. 즉 양자(兩者)는 모두 카슈미르 사람이고, 레다(Leda, Ladakh) 출신 발크(Balk) 사람이다. 나는 여러 번 인류의 위대한 '키클롭(Cycloptic) 계'가 태양 부계(父系) 신봉자라는 증거를 대었다. 그리고 이미 널리 그 기원과 시간을 정복한 거대한 야망과 그 건축적 힘에 의한 그 탁월한 조각의 형태

---

57 '난드(Nand)'
58 <라자스탄> 1권 p. 605
59 <라자스탄>, Appendix iv p. 801. '헬리(Heli)'는 '태양', '팔리(palli)'는 '마을' '도시'이다.
60 희랍어 '메므누(Me'-M'noo)'는 '므하메누(M'ha-Menoo)'의 변형으로 '위대한 메누(Menoo)'이다.
61 프레스코트(Prescott), <페루(Peru)>, 1권, p. 101.
62 '카스트바(Castwar)' '카슈미르(Cashmir)' '네팔(Nepal)'로, '발리카(Balika)' '발리카(Balikha)' '발리카(Vahlika)' '발크(Balk)'로 나타난다. 라틴어 형식은 '카스토르(Castor)'이다.(부록 '규칙16' 참조)

를 말하였다. '수리아 반나(Surya Vana)의 군대'는 그들의 '시리아(Syria)'
정착에 관해서 잠깐 살펴 볼 것이다. 특별히 그들은 '가호를 받은 이스
라엘 후손'에 강렬하고 호전적인 반대자로 탁월하였다.

프레스코트(Prescott)는 너무나 바르게 '로마인'과 '페루 사람'의 '태양
숭배'의 유사성을 소개했기에, 나는 그의 발언을 능가할 수 없다.

프레스코트(Prescott)는 '페루'에 대해 말했다. "성화(聖火)는 태양의 처
녀성으로 신봉되었다. 그래서 잘못하여 그것을 꺼드리면, 사건은 왕국
의 어떤 재난을 낳는 '재변(災變)'으로 간주되었다."[63] 프레스코트
(Prescott)는 라마의 의식(儀式) 상, 옛날과 현재의 공통된 '꽃들의 모성(母
性)'을 표시하는 몇 가지 예를 빠뜨리지 않았는데, 이집트와 마찬 가지로
로마는 태양족과 월궁 족의 합류가 식민되었기 때문이고, 그래서 대 신
관(大 神官)들은 각자의 의례(儀禮)에 참석을 하고 있다. "로마 가톨릭의
또 하나 단일의 비유는, '태양의 동정녀'로 표현이 되고 있다. 그들이
부르는 그 '엘렉트(Elect, 選民)'에 관해서 나는 이미 언급하였다. 그것은
'젊은 여성으로 신에의 봉사에 헌납된 존재'이고, 상냥한 나이에 그 집
에서 선발되어 수녀원에 소개되고 거기에서 백발이 된 '마마코나
(Mamaconas)'[64]라는 연장의 교사에 교육을 받는다."

"그 존경할 만한 교사의 지도 아래, 동정녀들은 그들의 종교적 의무
의 본성으로 교육되었다. 그녀들은 '실잣기' '수놓기'에 고용이 되고,
'비큐나(야마의 일종)'의 질 좋은 털로 사원과 잉카의 복장과 살림살이에
쓰이는 걸개를 짠다[織]. 무엇보다 라이미(Raymi) 축제 때 얻은 성화(聖
火)를 돌보는 일은 그녀들의 의무이다. 기관에 입소한 다음부터 그녀들
은 세상과 모든 관계를 끊고 가족과 친구 관계도 그러했다. 잉카(Inca)나
코야(Coya), 여왕이 아니면 아무도 그 성역으로 들어갈 수가 없었다. 최
고의 관심이 그들의 도덕에 몰리어 일 년 내내 방문자들은 그 기관을 관
람하고 그녀들의 규율에 보고를 받는다. 슬프다, 누가 이 불행한 여인들

---

63 'Vigilemque sacraverat ignem Exubias divum eternas.'
64 '마마 카니아(Mama-Canyas)'는 '처녀 어머니'이니, '카니아(Canya)'는 '처녀'이
   다.

에게 간계(奸計)를 찾아낼 것인가! 잉카의 가혹한 법에 의해 그녀의 사랑
은 목이 졸리고, 남자가 소속된 마을은 파괴되어 땅에 묻히고, 그 존재
기억을 지우기 위해 돌들을 세웠다. **'아메리카 인디안'과 '고대 로마인'
과 '현대 가톨릭 제도 간'의 이렇게 면밀한 유사성**은 보는 이를 놀라게
한다."[65]

　만약 이 작가가 '광범한 라마 족의 우상 숭배'를 알았더라면, 그가 태
초에부터 오늘날까지 '아르카반다(Arca-Bandha, 태양족)'라 부르는 불타
라마 의식적 예배의 점진적 연결을 살폈더라면 그는 간단한 문제에 바
른 해답을 얻었을 것이다. 즉 '라마(로마)의 재미없는 교황(敎皇)들'은 초
기 기독교의 힘으로 '그 힘의 열쇠'가 자기 손아귀에서 빠져나가려 할
때, 어떻게 박해로써 '그들의 비틀거리는 신들[교황]'을 지키기 위해 싸
웠고, 간계(奸計)뿐인 힘을 잃은 사제가, 감각에 정신을 복종시키는 갖가
지 의례(儀禮)를 지키면서 반대를 못 하도록 정치적 힘을 동원했는지를
그는 알게 할 수 있었을 것이다.[가톨릭교도의 '박해' 비판] 다음으로는
그(작가)는 충성에 홀린 사람들과 힘을 지니고 있는 '아투스 나이비우스
(Attus Naevius, 희랍의 점쟁이)'와 '숫돌[전쟁 폭력의 비유]'의 계승자[교황]
에게서, 우선 인간 판단력의 신비주의를 벗겨내고, '진리'라는 명목과
형식뿐인 '서구의 라마이즘'을 박살내어 '그 궁극적 허무주의'부터 사
람들을 구해냄을 명시했을 것이다.

65　프레스코트(Prescott), <페루(Peru)>, 1권, p. 105.

제 XIV 장

불타(佛陀) 시바 족(Bud'ha Sivas)

나는 '시간(時間)'에게, '이들 사원(寺院)은 누구를 위해 세워졌느냐'
고 물었다.

'시간'은 대답도 없이 자기 손으로 무너뜨린다.

'시간'은 입으로, '신비를 벗기겠다.'고 무시했다.

그리곤 빠른 날개를 타고 서둘러 떠났다!

나는 명예(名譽)에게, 부러진 기둥은 누구의 것인가를 물었다.

그녀의 불같은 호흡은, 숭고한 작업에 생명을 제공한다.

슬픔과 수줍음이 섞인 풀 죽은 모습으로

알 수 없는 한숨을 쉬며 '시간'의 뒤를 따랐다.

썩어가는 퇴적을 보고 놀라움에 휩싸여서,

당당한 걸음걸이로 망각(忘却)의 관문을 통과하다.

그리고 그러한 모습을 긍지(肯志)는 비웃었으니,

어쩌면 그대는 내가 누구를 우는지 알 수도 있겠지.

이 폐허 속에서도 빛나는 장대한 반구형 지붕은, 누구의 것인가?

'그들이 내 것이라고 해도 내게 그것이 무슨 상관인가.' 그가 대답했다.

－바이론(Byron)

'그 누가' 옥수스(Oxus)와 인더스 북쪽 위도(緯度)의 얼어붙은 영역의
주민을 보내, 무더운 이집트와 팔레스타인에 식민(植民)을 상상할 수 있
겠는가! 그러나 사실이 그렇다. 이들은 인도(印度) 종족이었고, '수리야
(Surya, 태양)'란 명칭은 지금 시리아(Syria)의 방대한 영역에 지속이 되고
있는 명칭이다. 이 '무사종족(武士, martial race)'이 대규모로 머물렀던 곳
이 팔레스타인이다. 그 땅을 희랍인들은 '아이굽티아(Ai-gup-tia, Aegyt)'
라 불렀고, 그것은 식민지인에게서 유래한 것으로 '하이고파티(h'Ai-
gopati)'로 그것은 그들의 원(原)거주지 명칭이고, 숭배의 대상이었다. 그들
은 '하이아(Hya, 騎馬族)'의 동일한 곳에서 왔고, 대부분 '태양의 후손'이고,
'고파티(Gopati)' 숭배자들이니, 이 용어는 '태양' '황소' '시바(Siva)''를
뜻하는 것이었다. 그래서 '기마(騎馬) 태양 족(H'ai-Gup'-tai, Ai-Guptai)'
이고, '고프타이(Gop'tai)'는 고프티(Gop'ti)에서 왔는데, 그것은 '고프티
(Gop'ti)의 후손'이라는 의미이고, 그들의 대 단위는 '쿠슈(Cush)의 아들
들'이다. 그러기에 '쿠쉬테스(Cushtes)'는 '아니티오파스(Aitio-Pas, Aithio
-Pas, 오우데의 대장들)'로 활용되었다. 쿠사(Cusha)는 라마의 아들 중의 하
나였다. 그는 오우데(Oude)의 군주이고, 그의 명성으로 '라메세스(Rams-
es, 라마의 대장)' 왕조가 일어났고, 동일한 태양 왕조에 '라모트길레아드
(Ramoth-Gilead)' 명칭을 가진 자들이 시리아(Syria)에 정착했다. 콜로넬
토드(Colonel Tod, 1782~1835)는 말하고 있다. "라메세스(Rameses)는 수리
아(Surias, 태양족)의 대장이니, 수도(首都) 아요디아(Ayodhia)는 그의 어머
니 쿠살리(Cushali)가 지정한 것이었다. 라메세스(Rameses)의 아들이 로
바(Lova)와 쿠쉬(Cush)였고, 그들을 우리는 '라비테 족(Lvites)'과 '쿠쉬테
족(Cushites)', 또는 인도인 '쿠쉬바(Cushwas)'라고 할 수 있다."

"그러면 라메사의 어머니 쿠살리(Cushali)는 애티오피아(Aethiopia,
Cusha Dwipa, 쿠사 땅) 출신인가? '라마'와 '크리슈나'는 모두 청색으로 그
려졌고, '연꽃'을 지닌 나일 강 전형(典型)이다. 그들의 이름은 자주 람크
리슈나(Ram Chishna)와 동일시되고, '새[鳥] 머리의 신(神)'이 사자(使者)

1　유명한 이집트 '전차 기마부대'와, 솔로몬 시대에는 그 축복 받은 혈통이 그 유
　대인에게로 유입되었다는 것은 더 말할 필요도 없을 것이다.

로 그려지고 있고, 역사가들은 동시대 사람으로 여겼다. 그 둘은 실제 왕
이란 점에 이론의 여지가 없으나, '크리슈나'는 라마의 가계로 '비슈누
(Vishnu)의 화신(化身)', '태양에서 온 라마'였다. 라마의 가계에는 불타의
대(大) 제자의 모친 트린산카(Trisankha)가 있었고, 그의 상징은 뱀[龍]이
다. **불교 추종자는 '크리슈나와 그의 사도'가 불교와는 사촌(四寸)이었
다고 주장한다.** 그들의 동상은 서로 혼합되었다."

고대 식민화의 대강(大綱)은 '아부시니아(Abus-sinia)' 즉 '아부아 신(Abua
Sin, 인더스 강)' 계와 아부신(Abusin)의 합수 지점 '누브라(Nubra)' 강(江) 계
통, 둘로 나뉘는데, '누브라(Nubra)'는 아프리카 인근의 '누비아(Nubia)'
에 이름을 제공했다. '오우데의 대장들(Aithio-pa²)'은 아프리카의 또 다
른 지역에 '아이티우피아(Aithioo-pia)'란 이름의 식민지를 두었는데,
'닐(Nil³-푸른 강)'은 아프리카에서 '나일(Nile)'로 나타났다. 이처럼 지명
과 강물 명칭으로 이집트가 인도의 식민지라는 개시(開始)적 증거에 우
리는 도달할 수 있다. 그러나 우리는 여기에서 머뭇거릴 필요는 없으니,
사실상 압도적인 증거들이 너무 많아 그 선택이 어려울 정도이다.

히브리어로 '이집트 지역'은 '미스라임(Misra-im, 그들 표기로는
Mahes'ra-im⁴)'이니, 후자는 히브리어 '마에스라(Mahes'ra)'의 복수로 그
'시바(Siva)' 명칭은 이미 '고프티 시바(Gop'ti Siva, 시바 사람)'라는 것으로
명시되어 있다. 테살리(Thessaly)에 제공된 '에리아(Eeria)'란 고어(古語)
도 통상적인 희랍 고대 연구가의 어원으로 토양의 색깔이 '흑색'임을 뜻
하니, 이집트어 '케미아(Chemia)'의 역어(譯語)로 보이니, 플루타르크
(Plutarch)가 명시한 '눈자위가 검은 것'을 의미하고 검은 토양의 이집트
에 그것을 적용한 것이다. '에에리아(E-eria)'란 희랍 고어는 단순히 '헤
헤리아(He-Heri-a)'⁵이니, 그것은 '히야(Hya)⁶ 불타의 땅' 또는 '이오니아

---

2 '헤이투푸(Hei-thoo-phoo)', '하이아스투푸(Hayas of Thoo-phoo)', '티베트
   (Thibet)'는 '누브라(Nubra)' 국경지대로서 이민 대열을 형성하였는데, 그 이민
   은 팔레스타인(Palestine)에도 역시 나타났다.
3 더 일반적으로는 '닐라브(Nil-Ab, 푸른 물)'이다.
4 원래 '마헤스브라(Mahesvra-시바)'이다. 범어 '마히(Mahi)'는 항상 희랍어 '마
   이(Mai)'로 나타난다.

의 불타 숭배자'이고, '카메(Kame)'라는 용어는 '케미아(Chemia, 눈의 검은 자위)'와는 관계가 없다. '카마(Kama)'는 단순히 '카마(Kama)' 지역의 명칭이니, 그것은 이미 '캄부니(Cam-bunii)' 산의 구성 요소에서 확인을 하였다. '캄부니아 산'의 캄부니아와 이집트의 '카메(Kame)'는 모두 동일한 종족이고, '히야니안(Hiyanian, 이오니안)', '아스반(Aswan, 기마 족)'이니, 시에네(Syene)의 백내장(白內障) 족에 제공되었고, 아스바포스(Aswapos, 아소포스) 명칭은 '보이오티아(Boeotian)의 강'에 붙여졌다. **메루(Meroo) 성산(聖 山)**에 대한 숭배는, 원시 힌두의 그 고장에 대한 개성의 발휘이고, 그것을 먼 에티오피아(Aethiopia) 지구에 적용하였다. 이 먼 지점에까지 힌두는 메루(Meroo) 성산(聖山)의 장엄한 봉우리 이름을 전하였다. 힌두가 채택한 땅에서, 그 성스러운 이름들은 '메로에(Meroe, 최고 성직자 자리)'로 나타난다. 이처럼 희랍에서는 인도의 그 거대한 신체와 종교적 양상이 열광적으로 보존되었음을 나는 앞서 '토마로스(To-mar-os)' 어형(語形)으로 살폈다.

옛날 범어(梵語)적 희랍어인 '헬리오폴리스(Heliopolois)'[7]는 힌두인의 주요 도시 중의 하나였고, **'창조주의 위대한 삼위일체(truine)의 상징'은 '온(On)' 즉 '옴(O'm)'으로 일컬었다. 그 신성의 글자 옴(O'm)-'ॐ'은 '아옴(aom)' '아움(aum)'으로 발음하여, '창조신' '보호 신' '파괴 신'의 3대 사도(使徒)를 거느린 브라흐만, 최고 존재를 의미한다.** 글자들이 연이어 이루어져 있다. W. 존스(Jones) 경은 '가야트리(Gayatri)'가 베다(Vedas)의 어머니이니, 세 글자 상징 '아움(Aum)'-'ॐ'으로 표현된다고 했다. W. 존스(Jones) 경은 그것을 다음과 같이 번역하고 있다. "성스러운 태양, 만물을 밝히시고, 즐겁게 하시고, 만물이 그로부터 왔고, 돌아가야 하고 그 성스러운 자리로 우리가 올라가야 함을 가르쳐주는 신을 찬송합시다." 콜브룩(Colebrooke) 씨는 그것을 해설하였다. "브라흐마(Brahma)는 눈부

---

5 '히파이로스(Hi-pairos)'와 '히푸레(Hi-phure)'는 '히브데스(H- Bud-des, 말 탄 불타들)'이다.
6 '히(Hi)'-'헤리 시바(Heri, Siva)'
7 '헬리(Heli)'는 '태양'이고, '폴리(Poli)'는 '도시'다.

신 능력을 지녀 빛나는 태양이라 부르고, 나를 사유하게 하고, 사고의 목적을 향해 내 안에서 신비한 빛을 주관하신다. 내 자신은 최고 브라흐마 (Brahma)의 빛을 받은 현신(現身)이다. 유일한 존재는 신이 있을 뿐이니, 그는 위대한 정신(마하마트마-Mahamatma)이다. 그를 태양이라 부르니, 그는 모든 존재들의 영혼(정신)이다."[8]

우리는 이처럼 히브리 입법자에 의해 주목된 그 위대한 종족을 회복시켰다. 즉 '도다님(Dodan-im)' '데오데오(Deo-Deo)' '도도(Do-Do, 신중의 신-브라흐만)'의 숭배자이다. 결론적으로 도단님(Dodan-im)은 '브라임족(Brahims)'이니, 나는 '아이네아네스(Aineanes[9])' 용어로 설명했다. 이 사람들과 '셀리(Selli)'[10]는 '에피루스(Epirus)' '테살리(Thesaly)'에 공존하는 '신탁을 받는 곳(점쟁이 마을)'에 그 집단을 이루었다. 고전 독자는 '델피(Delphi)', 정확히 말해 '델피 신전 안에 있는 원형의 돌'에 대해 '단일한 용어'를 적용한다는 것을 기억할 것이다. 힌두 신화의 고대를 단숨에 보여주는 하나의 용어, 존중할 만한 혈통이나 희랍의 후손(후예)과 같은 위치를 말하는 용어이다. 그것은 '옴팔로스(Om-phalos[11]-배꼽)'이다. 이 용어는 희랍인이 중심이라는 생각을 나타낸 이름이다. 이 개념으로는 '옴팔로스'와는 관계가 없다. 그것은 초기 인도 식민 자들이 '옴팔로스'라고 일컬었고, '나비자(Nabhi-ja, 브라흐마-Brahma[12])'의 범어(梵語) 식 굴절이다.[이 부분은 역시 '포콕'의 최고 승부처이다.] 같은 태양의 도시 사람들은 '라마인'인데, 페루에 정착해서 그들의 가장 신성한 도시를 '쿠즈코(Cuzco-배꼽)'라 했던 사실은 오우데(Oude)족과 델피 사람, 헬리오폴리스(Heliopolis, Om)의 도시를 다시 하나로 묶는다.

그러나 이집트와 주변 지역은 높은 북위 고도의 히말라야 티베트 오

---

8 콜만, <힌두 신화(Hindoo Myth)>, p. 236, 콜부루크 <아시아 연구>
9 ((p. 316 참조))
10 ((p. 337 참조))
11 '옴(Om)'은 '브라흐마(Brachm)', '팔로스(phlos)'는 '열매'이다.
12 '옴팔로스(Om-phalos)'는 '배꼽', '옴팔로스(Om-phalos)'는 '브라흐마의 열매'이다. 브라흐마는 연꽃에서 나오고, 그것은 '비슈누(Vishnus)'의 배꼽에서 나온다. 그러기에 브라흐민의 '옴니스(Om-nis)'나 '라마(Roma)' '로마(Roma)'에 정착 자는 '모두가 위대'하다.

우데(Oude) 뿐만 아니라, 더 남쪽 지역 인더스 지역 대표자들도 있었다. 대형 거주지 '빌스(Bhils, Bhiloi)'는 도시와 섬에 '필라이(Philai)'라는 이름 으로 나타나 있고, 시에네(Syene, Aswa, Baal-태양의 숭배자)의 반대편에 자 리를 잡았다. 인도에 그 조상의 도시를 둔 장대한 후손은, 내구성(耐久性) 있는 거대 기념물로 연이은 감탄을 자아내게 하였다. 그 도시가 '룩소르 (Luxor)'였으니, 그것은 벨루키스탄(Beloochistan)의 '룩수르(Lukshur)'에 서 연유한 명칭이니, 그 위치는 벨라(Bela)에서 케드제(Kedjee)로 가는 도 중에 벨라(Bela)에서 서쪽으로 40마일 떨어진 곳이다.[13] 그 조상(祖上)의 도시는 모호하게 되었지만, 빛나는 기념물은 남아 있고, 이집트 룩소르 에 오벨리스크는 경이(驚異)의 관람자에게 감탄을 안겨주고 있다. 펀자 브(Punjab)의 또 다른 종족 '나사모네(Nasamones)'는 후텁지근한 아프리 카 기후를 그들의 고대 영토(기후)와 치환하고 하고 있다. '나사모네 (Nasamones)'는 헤로도토스 책에 나오고, 전설적인 위치에 있었다. 그러 나 그들은 '나수모네스(Nasumones)의 후손' '나수몬(Nasumon)'[14] 사람이 니, 나수몬은 북쪽 펀자브(Punjab), 케나브(Chenab)강 북쪽 언덕, 인도와 카슈미르 간(間)의 대로(大路)에 있다. 인도와 카슈미르 국경 지대 인근 에 '아보아시니아 족(Aboa-Sinians, 북쪽 인더스 강 사람)'은 아프리카 정착 민의 중요한 부분에 명칭을 제공했다. 그들은 '카르나(Karna)'인데 부모 명칭은 '카르나크(Karna-k)' 지대이다. 그리고 '쿠살리(Cush-ali)'는 이집 트의 '쿠스(Cus)'[15]이다. 카르나(Karna)는 이집트 인구의 원천인데, 이 문 제와 더불어 펀자브 지도를 살펴보면 유별난 점이 있다. 카르나(Karna) 사람들은 카슈미르 북쪽 국경지대에서 왔다. 그들도 태양족으로 희랍 에서는 '아카르나아(A-Carnanians)'으로 '아카르나(Acarnania)'에 '카르 노(Carno)'섬 식민지이다. 코프토(Coptos)로 이끄는 운하 가까이 스트라 보(Strabo)에 위치한 투포니아(Tu-phonia)는 카르나(Karnas) 또는 수리아

---

13 북위 26도 14초, 동경 65도 52초. 토른턴 <펀자브 관보> 2권 p. 26.
14 '나수몬(Nasumon)'은 북위 32도 2초, 동경 75도 11초에 있다.
15 이집트인의 '코스비르비르(Kos-birbir)'와 희랍인의 '아폴리린노폴리스 파르 바(Apollinopolis Parva)'

반사(Surya Vansa)에 반대하고 대립한 대표적인 종족이다. '투포니아(Tu
-phonia)'는 투판(Tu-phan, Tuphou)의 식민지로 '티베트에서 불교적 신앙'
을 가진 사람들이다.

'구르나(Gurna)'는 고대 이집트에서 주목할 만한 곳인데, 고대 인도
의 '기르나르(Girnar)'의 식민지로 이 아프리카 식민지는 '떠돌이 이집
트인'을 위한 것이었다. 콜로넬 토드(Colonel Tod)는 말한다. "주나구르
(Joonaghur, Girnar) 출신인 야두(Yadu)는 크리슈나 족속으로 이 지역을 오
래 소유했던 것으로 보인다. 그리고 그 종족 명칭 '켄가르(Khenars)'는 이
성스러운 산 가까이 있는 기념물만큼이나 오래 갈 것이다."[16]

"뱀(龍, 佛陀)을 추적하는 크리슈나 독수리 비유와 크리슈나의 망명을
다룬 과학과 종교의 복원 서적은 중요한 역사적 사실을 감추고 있다……
그 뱀이 도망치려 했던 쿠트크(Cutch) 만(灣)은 상고(上古) 시대부터 오늘
날까지 소팔라(Sofala), 홍해, 이집트, 아라비아 상인의 수출입 항구이다.
불교도 '트리비크라마(Trivicrama, Mercury-水星)'가 거주했거나, 아니면
드바리카(Dwarica) 해적들이 그를 불러들였다. 불타(Mercury)가 나일 강
까지 왔을까? 이집트의 헤르메스(Hermes)는 그가 아닌가? 그에 관련된
네 개의 서적이란 힌두의 베다가 아닐까? 크리슈나 시대에 대표적 불교
도는 네마나트(Nema-Nath)이다. 그는 검은 얼굴이고[17], 신장은 젊은 멤
논(Memnon-희랍 신화의 거인)이다. 그의 상징은 '뱀'이었다. 크리슈나는
신이 되기 이전에 부처를 섬겼고, 드바리카(Dwarica)에 있는 크리슈나의
사원은 불타의 옛 성지에 세워졌으나, 역시 남아 있다. 가야(Gaya) 동굴
의 기록 문자들은 '헤리(Heri)가 불타(Bud'ha)다.'라고 했다."

콜로넬 토드(Colonel Tod)의 현명한 추측은 완전히 정확한 것이다. 나
는 나일 강의 땅이 태양 숭배자들에 의해 점유되었을 뿐만 아니라, '히
헤리안(Hi-Herians, Hiya Bud'has, Hi-Heria)'은 테살리의 지파였고, 영국의
'페래(Pherae, 성자)'와 '히부데(Hi-Budes, E-budes)'도 '히야(Hiya, 야두 불교
도)'에서 유래한 것이라고 콜로넬 토드(Colonel Tod)는 말하였다. 내가 희

---

16 <라자스탄> 1권 p. 25.
17 <아시아 번역> 2권, p. 304.

랍에서 주목했던 '오피엔 족(Ophienses)'은 불교의 '헤에리안(He-Herians, 하이아, 뱀 족)'이고 그 남쪽으로 '아포도티(A-Podoti, 非 불교도)'[18]가 나타난다. 누브라(Nubra)와 아보아시니아(Aboa-sin-ians) 레(Leh, Ledakh) 출신의 정착 자는 아프리카에 굳게 불교적 신념을 심어 금방 보아도 의심할 필요가 없는 사항이다. '부토(Buto)'는 '부다(Bud'ha)'[19]의 단순한 변형(變形)으로 레토(Leto, Latona)의 점치는 곳으로 그 바른 이름은 '레탄(Leh-tan, 레 지방, 라다크)'으로 그 이웃에 바로 '불토(佛土, Bud'hasland)' 사람들이 이주했음을 나는 말했다. 즉 아프리카 식민지에 '부티아(Bhutias)'는 호수에 그 이름을 부여했고, '멘자레(Menza Leh, 레 땅에 있는 마나사 호수-Ladakh[20])'이다. 이집트의 '멘자 레(Menza Leh)' 사람과 인도와 테살리의 히말라야 족 간의 고대부터 존속된 절친한 관계보다 더욱 충격적인 것은 없을 것이다. 라다크(Ladakh, 중부 티베트)에 있는 '레(Le)'는 수도(首都)이고, 인더스 강 우측 북안에서 2마일에 위치하여 '신카바브(Sin-kah-bab)'라고도 한다. 좁은 모래 평원이 강가를 따라 펼쳐지고, 북쪽으로 2천 피트의 높은 산맥이 있는데, 그런 고도(高度)에 도시가 건설된 것이다. '레(Le)'는 원추형 또는 직각 형 탑들이 정상(頂上)으로 이어지는 절벽이 에워싸고 그 위에 얹히어 있는 도시이다. '레(Le)'는 펀자브와 중국 타르타리(Tartary)의 교역을 연결하는 곳으로 중요하며, 타르타리(Tartary) 지역에서 반입된 숄모(shawl-wool)의 주요 거래처이다. '레(Le)'는 약 5백 가구에 인구가 4천 명 정도 크기였다.[21] 무어크래프트(Moorcraft) 진술에 의하면 '레(Le)'의 해발 고도는 1만 1천 피트 이상이고, 비그네(Vigne)에 의하면 약 1만 피트에 동경(東經) 34도 11초 북위(北緯) 72도 14초라 한다.

'레탄(Leh-tan[22], Ludakh)'의 점치는 곳 '불타(Bud'ha, Buto)'는, '부룰로

---

18 '아부다티(A-Boodhati)'로 읽음.
19 여러 곳의 다양한 이름(참조 부록 21)
20 "'마나사(Manasa) 호수'는 '운데 족(Un-des)'과 '중국 타르타르'가 붙인 명칭이다. '마나사(Manasa) 호수'는 남녘으로 대 히말라야 지역이 있다.……그 호수의 다른 지역에는 지붕 귀퉁이에 긴 막대기를 세우고 색깔이 다른 천이나 머리털을 걸어 장식한 라마와 사제들의 오두막들이 있다."-해밀턴, 2권, p. 203.
21 토른턴, <펀자브 관보>, 2권 pp. 21, 22.
22 '탄(Tan)' '탄(t'han)' '스탄(st'han)'은 '고장' '땅'이다. '레(Leh)'는 '루다크(Ludakh)'

스(Burullos)' 호수 남쪽 습지로 추정되고 있다. '부룰로스(Burullos)'의 다른 명칭은 '레탄(Lehtan)' 바로 남쪽 축복된 관문인 '부룰루(Burulu)' 사람들이 정착하고 살아서 생긴 이름이다. '불타(Bud'ha)'는 프톨레마이오스(Ptolemies, -기원전 4~3세기 이집트 역대 왕들)[23]에 의해 '프테노테(Phthe-nothes)'라고 명명된 수도(首都)이다. 명백하고 쉽게 쓰면 '브드나테(Budh-nathes[24], 부처님)'이다. 이것은 희랍인이 '헤파이스토스(Hephaistos)'와 동일하게 여겼던 '신격화한 존재'이다. 이처럼 이집트인의 조상이 '히야부다(Hiya-Bud'has, 테살리의 히에리안)'의 동포겨레였다는 것을 정확하게 말해주고 있다. '헤파이스토스(He-pha-is-tos)'란 용어는 희랍인들에게 나쁜 의미로 쓰이질 않았고, 희랍인이 그 명칭의 제공자도 아니었다. '히파이스데스(Hi-pa-is-des[25], 히야-騎馬 대장 나라의 주인)'은 '헤리(Heri, 부처)'라고 콜로넬 토드는 정확하게 지적했다. 불타의 라마 식 체계가 역시 들어와 프톨레마이오스(Ptolemies-기원전 4~3세기 이집트의 역대 왕) 왕조와 더불어 더욱 진작(振作)이 되었던 것은 명백한 사실이니, '프톨레마이오스(Ptolemy)'-희랍어 '프톨레마이오스(Ptolemaios)'를 통해 수용된 용어-는 '군주의 사무소'라는 명칭이다. 왕이 있는 '프톨레마이오스'의 희랍 식 표기는 '부다라마요(Budha-lama-Hyos, 불타의 히야 라마)'이다. 나는 '프톨레마이오스(Ptolemies, -이집트 역대 왕들)'부터 아래로 시저(Caesar) 시대까지 그들의 자매(姉妹)와 결혼했던 풍습은, 고대 '옥카토(Okka'to-힌두족의 익스바카)' 시대까지 거슬러 올라가는 불타(Bud'has)의 고(古)풍속의 하나였음은 다시 언급할 필요는 없을 것이다. 이처럼 페루에서도 '하이고프타이(Hai-gop'tai)' 풍속이 있었다. "가르킬라소(Garcilasso)에 의하면 법정 추정 상속인(heir-apparent)은 항상 자매(姉妹)와 결혼하여 하늘 출신의 왕관을 계승했고, 거푸집의 훼손됨을 막았다."[26][순수 혈통 보존] '사키아(Sakyas, 불교도의 왕)'의 풍속은 오래된 것

이니, 그 수도를 '레(Leh)'라 한다.
23 Ptolemy Geog. iv. 5.
24 '나타(Nat'ha)'는 '주인'이다.
25 '히(Hi)' '히아(Hya)' '파(Pa)'는 '대장'이고, '이스(Is)'는 '주인', '데스(Des)'는 '땅'이다.

으로 진짜 불교도 원천으로부터 나온 것이니, 그 시대의 '팔리(Pali, 경전)' 학자에 의해 보존되어 있다. 여기에 인용해 보겠다.

"나는 서로 다른 왕조가 다스린 수도(首都) 명칭을 포함한 '티카(Tika)'에서의 인용을 제시해 보겠다. 그리고 힌두 연대기에는 그 실마리가 없어진 오카코(Okkako, 인더스의 이크스크바쿠-Icskwaku)와 그 후손 그리고 아버지 이름을 빌린 이름 '사키아(Sakya)'의 유래에 대해 살펴보겠다. 그러나 이것은 1833년 8월 '벵골 아시아 저널(Bengal Asiatic Journal)'에 실린 티베트의 '카규르(Kahgyur)'에서 크소마(Csoma de Koros)씨가 인용했던 것과 거의 비슷하다. 그 19개 왕조의 수도는 다음과 같다. 쿠사바티(Kusawati), 아요자푸라(Ayojjhapura), 바라나시(Baranasi), 카필라(Kapila), 하티푸라(Hatthipura), 에카크쿠(Ekachckkhu), 바지라부티(Wajirawutti), 마두라(Madhura), 아리타푸라(Aritthapura), 익다파타(Ikdapatta), 코삼비(Kosambi), 카나고카(Kannagochha), 로자(Roja), 캄파(Champa), 미틸라(Mithila), 라자가(Rajagaha), 타카실라(Takkasilla), 쿠스나라(Kusnara), 타말리티(Tamalitti)가 그것이다."

"오카코(Okkako) 장남은 오카카무코(Okkakamukho)였다. 오카카무코(Okkakamukho)로부터 수도다노(Suddhodano, 고타모 불타의 아버지)까지의 왕권은 카필로(Kapilo)에서 통치를 했고, '오카코(Okkako)' 왕조라 했다. 오카코(Okkako)는 5명의 아내가 있었는데, 하타(Hattha) 키타(Chitta) 잔투(Jantu) 팔리니(Palini) 비사카(Wisakha)가 그녀들이다. 각각은 500명의 여성 수행원을 갖고 있었다. 가장 나이 많은 처(妻)는 4명의 아들 5명의 딸을 낳았다. 이 9명의 자녀를 낳은 다음 그녀는 죽었다. 왕은 젊고 사랑스러운 공주를 왕비로 앉혔다. 그녀는 '잔투(Jantu)'라는 아들을 가졌는데, 아버지 이름을 역시 계승한 것이다. 탄생 5일 만에 이 아이에게 화려한 옷을 입고 왕(王)을 알현(謁見)했다. 군주는 기쁜 나머지 '그 어미의 소원을 원하는 바를 모두 허락하겠노라.'고 하였다. 그녀는 '통치권이 그녀의 아들에게 양여(讓與)되기'를 빌었다. 격분한 왕은 그녀를 꾸짖었다.

---

26 프레스코트(Prescott), <페루(Peru)>, 참조.

'너는 안 되겠다. 너는 내 다른 아들을 망칠 작정이냐?' 그러나 그녀는 왕을 사적(私的)으로 만날 때마다 풍성하게 애무하며 동시에 그에게 불평을 늘어놓았다. '대왕이시어! 거짓을 말하시면 대왕께 무가치한 일이십니다.' 성가시게 졸라댔다. 결국 왕은 그 아들들을 모아놓고 말하였다.-'애들아, 나는 무심중에 너희 아우 잔투(Jantu)를 처음 보았을 때 그 어미와 약속을 하였다. 그녀는 나의 사임(辭任)을 주장하고 그녀의 아들에게 왕권을 넘기겠다는 약속을 이행(履行)하라 주장을 하고 있다. 나라의 코끼리와 마차가 얼마이든 너희가 원하는 만큼 가지고 코끼리 말 전차 군대도 가지고 떠나도록 하라. 내가 죽으면 너희 정의(正義)로운 왕국으로 돌아와 회복하라.' 이 명령을 내리고 왕은 아홉 명의 신하를 그들에게 보내 그 일을 담당하게 하였다. 아들들은 울며 탄식하고 대답했다. '자애(慈愛)로운 아버님, 너그럽게 용서해 주십시오.' 왕과 궁중 사람들의 축복을 받으며 떠날 준비를 마친 왕자들은 그들의 누이를 대동하고 다음 말로 그들의 의사를 밝혔다.-'우리 형제는 동행합니다.'-그들은 군대를 이끌고 서울을 떠나서 '네 개 주민의 장(長)'이 되었다. 많은 사람들이 왕이 죽으면 그들이 돌아와 그들의 권리를 되찾고 그들이 추방 원인을 풀 것이라 상상했다. 첫날에 이 군중은 한 '요자나(yojana, 6~15km 거리)'를 행진했다. 둘째 날은 두 '요자나(yojana)', 그리고 3일 째는 세 '요자나(yojana)'를 갔다. 그래서 왕자들을 서로 의논을 하였다.-'사람들의 무리가 매우 크게 되었다. 우리가 작은 군주에게 복종을 하면 그의 변방을 맡을 것이고, 역시 그 소송(訴訟)도 우리에게 무가치하게 될 것이다. 남에게 고통을 가하여 무엇을 얻겠는가? 그렇다면 잠부디포(Jambudi'po) 황무지에 도시를 세우도록 하자.' 의견의 일치를 보고, 히마반토(Himawanto) 국경을 보수하고 그들의 도시를 물색했다."

"그 시대에, 우리의 '보디사토(Bodhisatto)-걸출(傑出)한 브라흐만 가정에 태어나 카필로 브라흐만이라 했음'-는 집을 떠나 '이시(Isi)' 종파에 성자(聖者)가 되었고, 히마반토(Himawanto) 고장으로 와 사라수(沙羅樹) 숲 속 연못가에 세운 오두막에 체류하였다. 이 개인에게 '보밀라카난(bhomilakkhanan)'란 호칭(呼稱)이 부여되었고, '80 큐비트(cubit, -50cm)의

땅 아래와 공중(空中)'에서 선악(善惡)을 구분하게 하였다. 어떤 고장에
서 풀과 숲 덩굴식물들이 남쪽으로 뻗어 자라다가 동쪽을 향했다. 사슴
과 멧돼지를 추적하는 사자 호랑이 맹수와, 생쥐 개구리를 추적하는 고
양이와 뱀도 이 구역에서는 더 이상 추적을 못 했고, 오히려 추적을 당하
는 것들이 단지 으르렁거리고 꽥 소리 내는 것만으로 그 추적자들이 도
리어 포획을 당하는 것이었다. 거기에 '카필라 이시(Kapila Isi)'는 그 땅
의 우수성에 만족하여 '판나살라(pannasala)'를 건설했다."['힌두 낙원'
의 전제]

   "어떤 경우에 (그 오카코(Okkako) 왕의) 왕자들이 그들의 목적을 확실히
하고 도시 세울 장소를 물색하여 그 오두막을 방문했을 때, '카필라 이
시(Kapila Isi)'는 그들에게 동정심을 발휘하여 다음과 같이 말했다.-'이
판나살라(pannasala)에 도시가 서면 잠부디포(Jambudi'po)에 유명한 수도
(首都)가 될 것이다. 여기서 태어난 사람은 다른 고장 사람 백 명 천 명을
대적(對敵)할 것이다. 여기에 도시를 세우고 나의 판나살라(pannasala)에
너희 왕의 궁궐을 지어라. 여기에 세워지면 한 사람의 칸달로(chandalo)
도 카카바티 왕처럼 위대할 것이다.' 왕자들은 물었다. '아이요(Ayyo)를
위한 거주지는 없을까요? 어르신.' '나의 영토에서 내 거주(居住)는 염려
마라. 너희 도시 모퉁이에 내 건물이 서면, 그것을 카필라(Kapila)라고 해
라.' 왕자들은 그의 충고를 받들어 거기에 정착을 했다."

   "관리들은 다음과 같이 주장하였다.-'이 아이들이 아버지 보호 아래
서 성장을 하면, 그는 결혼 동맹을 결성한다. 그들은 우리 책임 아래 있
다.' 관리들은 그 문제를 왕께 전했다. 왕은 대답했다. '우리는 우리와 동
급(同級)의 왕녀는 없고, 우리 누이와 결혼할 동급의 왕자도 없다. 부등
(不等)의 동맹 속에서 아버지나 어머니 쪽에서 어린이가 태어나면 탄생
으로 더럽혀진 대로 강등(降等)이 될 것이다. 그러므로 우리의 누이들과
결혼 동맹을 결성하자.' 그래서 그들의 큰 누이를 확인하고 4형제는 나
이에 따라 누이와 결혼했다."

   "이 진행이 그들의 아버지에게 전해지자, 그는 기뻐하며 어찌할 줄
몰랐다. '그들은 확실하게 사키아-Sakya이고, 그 어법(예법)을 제대로

적용한 명백한 사키아-Sakya이다.'"

"수도다노(Sudhodano) 왕 시대부터 그 동맹에 후손 모두는 사키아-Sakya라 했다."

"브라흐만 카필로(Kapilo)가 살았던 지역에 세워진 도시이므로 카필라나가라(Kapilanagara)[27]라 불렀다."

그리고 '라마'와 '이집트' '페루'에 남아 있는 매장(埋葬) 의례의 통일성은 더 말할 것이 없다. 프레스코트(Prescott)는 말한다. "'병든 잉카의 몸'은 향유를 발라 쿠즈코(Cuzco)에 있는 태양의 대 사원으로 옮겨진다. 거기에서 페루의 군주들이 성소(聖所)로 들어가면, 맞은편에 왕의 조상(祖上)의 석상들이 서 있고, 남자들은 오른쪽에 왕비들은 왼쪽에 서는데, 사원의 벽은 황금빛으로 번쩍이는 가운데 '제사장'을 보게 된다. 신체는 평상시의 왕의 복장을 하고 황금 의자에 앉아 머리를 아래로 숙이고 손을 가슴에 얹고 얼굴은 타고난 어두운 색깔 그대로다.-유럽의 밝은 색은 거의 없다. 그리고 머리털은 검거나 그들의 죽을 나이에 맞게 은색이다. 고정된 참배자를 대동함은, 생명에 그처럼 진실한 모양과 모습이라는 것이다. 페루 사람들도 이집트인들처럼 자연이 지정한 한계를 넘어 육체를 영속하려는 신비한 시도에 성공하였다."[28]

이집트 사제에 의해 헤로도토스(Herodotus)[29]에게 공개된 사망한 왕족들의 '피로미스(Piromis)'란 이름의 긴 서류철은, 고전 독자도 보아야 할 것이다. **헤로도토스의 그 '피로미스(Pi-Romis)'는 피라마(Pi-Ramas, 라마들)이었고, 잉카의 태양왕 족의 대표자들이다.**

대 족장 '부드(Bud'h)'는 모세가 언급한 '푸트(Phut)'이다. 그리고 '부드(Bud'h)'는 '히에라르크 족(Hierarchs)'과 같이 있었고, 아티카(Attica, 아티카 사람)의 사제 '부테(Butes)'와 히야니아(Hiyania, 이오니아)의 사제는 긴밀히 연관되어 있고, **모두 '서북 아시아'에서 왔다.**

희랍어를 거치면서 변형된 이집트 명칭들이 명시해 주고 있다. 우리

---

27 H. G. Turnour, '마하반사(Mahawansa) 서문' p. 35.
28 프레스코트(Prescott), <페루(Peru)>, p. 32.
29 헤로도토스(Herodotus), ii. 143.

가 말하는 헤파이스토스(Hephaistos)의 사제 '세토스(Sethos)'가 아마시스 (Amasis) 사후에 이집트에 주인이 되었다. 이 '세토스(Sethos)'는 간단히 '시도(Sithos)'이니, 불교 식 '시다(Sidha, 성자)'이다. <u>신비주의 금욕 자는 다섯 가지 목표가 있다.-유복[裕德, affluence], 모양[裕貌], 신들의 사회 [佛國, the society of Gods], 신성한 로카(Locas)에 거주[極樂, residence in Locas], 신과의 동일시[佛身, identification with a Deity]이다</u>[30]. 그래서 '토트(Thoth)' 이집트인의 머큐리(Mercury) 즉 동방의 불타는 서쪽의 보덴 (Woden)[31]이고, '수드(Soodh)'의 변형이다. 영어의 '퓨어(Pure)'[32]는 고 로 마 어 '푸루스(Purus)'이고, 페르시아 고어 '페르(Peer, 성자)'이다.

이집트의 영웅적 대장은 '수사스트라(Su-Sastra, 수사스트라의 武士)'의 대신인 '세소스트리스(Se-sostris)'[33]의 변신(變身)들이다. '무사(武士)'는 '부크트리아(Bhoo-c'tria, 박트리아[34])'이다. 그렇다면 우리는 역시 '수순 카(Soo-Sunka)'에 대한 '세손크(She-Shonk, 전쟁의 소라고둥)'는 인도의 영 웅들이 전쟁에서 사용했던 것이다. 왕 '라메세스(Rameses)' 명칭도 '라 마 대장' '세소시스(Sesos-is)' '사소 대장(Saso Chief)'[35]은 잘 보존이 되어 있다.

그리고 로셀리니니(Rossellini)에 의해 생생하게 제시된 '티르테카 (Tirtheka)'는 '티르타카르(Tirthakar[36], 성 자이나 교사)'의 변용이다.

역시 그리고 우리가 '힉소스(Hycsos)'를 읽어도 그 사람들에 대한 관 념을 얻은 수가 없다. 우리는 그들이 '목동(牧童) 족(族)'이라 들었을 뿐이 다. 그들의 이름은 그것에 포함된 의미뿐만 아니라 그들이 왔던 곳까지 말해 주고 있다. 그러므로 '훅소스(Hooksos)'는 '욱사스(Ookshas)'에서 유

---

30 윌슨(Wilson), <범어 사전>
31 '보덴의 날(Wednes-day)'은 '메르크레디(Mercredi)', '머큐리의 날', '불타의 날 (Bud'ha's-day)'이다.
32 '수두(Soodhu)'는 '순수'이고, '페르(Peer)'는 '늙음'이니, 그것은 '순수'를 의했 다. 마호메트의 '성자' '장로'에게 적용된 것이다.
33 '수(Su)'는 '잘'이고, '사스톤(Aaston)'은 '무기'이다.
34 '부(Bhoo)'는 '위대'이고, '카트리아(Catrya)'는 '무사'이다.
35 '사소(Saso)'는 위대한 라지푸트 일원(一員)이다.
36 '티르타(Tirtha, 聖)'에서 유래하였음.

래한 '옥수스(Oxus)' 족일 뿐만 아니라, '욱스(Ooksh, 황소[37])'에 부(富)를
축적한 종족으로 '욱시네(Ooksh-ine, 옥수스 주인의 바다)' '룩시네(Lux-
ine)' 이름을 부여했던 무사(武士) 집단이다. 만약 옥수스(Oxus)의 호전적
인 종족이 에욱시네(Euxine) 주변 지방을 다스리고, 이집트로 들어갔고
그 다음 팔레스타인(Pali-stan[38], 팔리스의 땅, 목동의 땅)을 휩쓸고, 이집트에
자리를 잡았다면, 그 때 이집트는 아직 이스라엘 후손들이 남아 있을 때
이다. <u>이스라엘 후손은 그들 바로 남쪽에 있었고, 그 '호전적인 종족'은
마지막 서 유럽[영국]까지 관통하였다.</u> '훅소스(Hooksos)'는 에욱시네
(Euxine)보다 인류 문명에 중요한 바다의 명칭을 부여하는데 기여(寄與)
하였다.

　그들은 '발티(Balti)[39]'의 타르타르(Tartar) 무리였으니, '발티카(Baltikas,
발티 족)'처럼 그들의 명예, '부단(Boodhan, 보덴)'을 대동하고 다녔다. 동
일한 무사 족이 남부 희랍에서도 그 초기 집단을 이루었음을 알 수 있다.

　테살리(Thessaly)에 이미 '파에니옥스(Paen-i-oksh, 옥수스의 왕)' 확인된
옥수스(Oxus) 추장 존재는 이스라엘 후손의 가장 치열하고 격렬하고 가
장 호전적인 적(敵)으로 성지(聖地)에 다시 나타났다. 비록 북쪽과 서북
쪽의 먼 지역에서 도출된 종족들이지만, 비상한 인구로 채웠고, 먼 고원
지대로부터 왔으나, 평야와 아래 골짜기로 급류처럼 쏟아져 내려, 그들
의 진전을 압도하여 고대 문명의 사람들을 긴 속박 속에 묶었다.

　희랍 작가들의 '우크샤스(Ookshas, 옥수스 족)' '후크사스(Hucsas)'는 그
와 같았다. 그들은 궁극적으로 이집트의 중요한 곳에 명칭을 제공했으
니, 그것은 성스러운 기록 속에 '고센(Goshen)의 땅=소떼의 정류장'[40]으

---

37 '우크산(Ooshan)'은 '우크사(Ooksha)'는 '황소'의 변형이다. 범어와 영어가 같다.
38 '팔리(Pali)'는 '목동'이고 '스탄(s'than)'은 '땅'이다.
39 "'발티(Bali)'는 카슈미르 북쪽에 있는 작은 국가 '소 티베트'이다. 접두어로 '중
　티베트' '라다크(Ladakh)', 대 티베트 남부 '타르타리(Tartary)'와 구분된다. '발
　티(Balti)'는 '이스카르도(Iskardoh)'라 하여 수도와 구분을 하고 있다. '발티
　(Bali)' 북쪽으로 중국 '타르타리(Tartary)'와 묶여 '무스타그(Mustag)'으로 부르
　게 되었고, 동으로 힌두쿠시와 연대를 하고 있다."-토른턴 <펀자브 관보> 1권,
　p. 119
40 '고(Go)'는 '소', '고스탄(Goshtan)'은 '소떼 정류장'

로 나타나 있다. 거기에서부터 그들의 이익을 위해 요셉의 말을 따라 그 형제의 파라오(Pha-raoh, 왕) 알현(謁見)이 있었다. 젊은 이집트 왕은 말했다. "내 아버지 내 형제와 가축과 소떼 모두를 그들이 가지고 있는데, 그들은 가나안(Canaan)땅에서 나와서 고센(Goshen) 땅에 있다."

"당신의 직업은 무엇인가?"라는 파라오(Pha-raoh)의 질문에, 이런 이유로 요셉(Joseph)의 형제는 대답했다. 그들은 말했다. "당신의 종들은 목동들이고, 우리와 아버지도 그렇습니다." 파라오(Pha-raoh)는 젊은 비지에르(Vizier, 장관)에게 말했다. "고센의 땅에 그들이 살게 하라. 네가 그들 중에 힘찬 사람들을 알면 그들에게 내 소를 관리하게 하라."[41] 만약 내가 희랍을 통해 우리에게 전해진 이집트 신화에만 있는 불완전한 형태의 오류인 '십일조(十一條) 세금'에 주목을 했다면, 그 문제는 본 저서의 논외 사항이다. 그러나 나는 희랍과 인도 신화의 다른 이름일 뿐인 이집트 신화 일부를 정당하게 다루어 갈 것이다. **'희랍'과 '인도' '이집트' 신화의 동질성은 이미 확립이 되었고, 그것들은 역사적 기초에 의지하고 있음을 알게 될 것이다.**

라지푸트 태양족의 우두머리는 '위대한 태양'이라 부르고, 사실 거대한 '쿠클로포스(Cuclopos, 키클롭스)' '고클라(Gok'la) 왕' '이나키엔 족(Inachienses)의 족장'이다. 이 '위대한 태양'은 사망 시(時)에 신(神)으로 모셔졌고, 인도 '윤회설(輪回, metempsychosis)'에 의하면 그의 영혼은 황소 '아피스(Apis)'이고, 희랍의 '세라피스(Serapis)'이고, 이집트의 '수라파스(Soora-pas, 태양 대장)'[42]이다.

태양 대장, 우스라스(오시리스), 구클라 왕과 '투푸(Tu-phoo)' 간의 평범한 전쟁 이야기는 '아피안 족(Apians, 오우데 태양족)'과 '투푸(Tu-phoo, 티베트)' 사람의 전쟁의 역사일 뿐이다. '투푸(Tu-phoo, 티베트)' 사람은 사실상 대부분 월궁(月宮)족은 불교도로 라마(Rama)와 아프리카의 아이티오피아(Aityo-pias, 오우데 사람)의 반대편이다.

---

41 창세기 47장 1, 2, 6절
42 '오리스(Osiris)'는 원래 '우스라스(Oosras)'로서 '황소'와 '빛'을 아울러 의미했다. '수라파스(Soora-pas)'는 '태양 왕'이다.

이제 나는 서북 인도 히말라야 지역에서 아프리카 식민을 주도했던 증거들을 개괄할 것이다.

첫째, '나일(Nile)' '아부시니아(Abus-Sinia)' '누비라(Nubira)'는 인도의 큰 강 명칭에서 따온 것이다. 즉 '닐(Nil)' '아부 신(Abu Sin, 인더스의 두 이름)' '누브라(Nubra)'[43]에서 온 것이다. 둘째, 인도와 북쪽 국경의 마을과 지역 명칭에서 유래한 것이다. 부토(Buto)에서의 '암몬(Ammon)' '레토(Leto)'의 '점치는 곳'이 그것이니, 사제의 메로에(Meroe) 필라이(Philai)의 도시와 섬, 룩소르(Luxor)시, 에리아(E-eria) 땅, 투푸(Tu-phoo)땅, 카메(Kame)땅, 미스라임(Misra-im)땅, 아이굽토스(Ai-guptos)땅, 쿠쉬(Cush) 땅, 쿠쉬(Cush)의 후손, 아스반(Aswan)의 폭포, 카르낙크(Karna-k)시, 구르나(Gu'rna)시, 멘자레(Menza Leh)호수, 부룰로스(Burullos)호수는 모두 힌두의 땅에 있는 '하몬(Hammon)' '레탄(Leh-tan)'을 세웠던 인더스 지역에서 빌려 온 것이니, 성 메루 산(Mount Meroo), 빌라 산(Bhila), 룩소르(Lukshor), 히헤리아(Hi-Heria), 카마(Kama), 마에스라(Mahesra), 하이곱타(Hai-gop'ta), 쿠쉬(Cush) 산과, 아스반(Aswan), 카르나(Karna)땅과, 구르나르(Gurnar)시, 나수몬(Nasumon)시, 나라사레(Manasa Leh)땅, 불룰루스(Burulus) 산이 그것이다. 셋째는 라마(Ramas) 스타일의 통치자 들(Rameses)은, 오우데(Oude)의 대장, 히야 부다 라마(Hiya Budha Lamas-람세스), 프톨레마이오스(PtoLemai-os), 부토(Buto, Budha)의 점치는 곳, 프타(Phtha, Bud'ha), 헤파이시데스(He-pha-is-des, 히야의 대장, 이오니아 땅), 헤파이스토스(He-pha-is-tos)에서 유래하였다. 넷째 매장(墓)소의 유사(類似)성이다. 다섯째 건축술의 거대 웅장함이다. 여섯째 변형된 범어(梵語)를 수단으로 이집트 사람이라 상상했던 번역된 말의 위력이 그것이다. 나는 내가 탐구했던 기초가 된 완전히 다른 두 가지 초록(抄錄)으로 이들 증거 논의를 끝내야겠다. 그것들은 내 탐구에 기초가 된 서로 다른 원천(源泉)에서 도출된 것이니, 확실한 증거와 아울러 우리의 법정(역사)에 수용될 유용한 증거가 될 것이다.[J. G. Frazer의 <황금가지(1890)>를 앞선 '인류학-

---

43 언어의 전반적인 구조상 'r'은 'i' 앞에 소멸한다.

anthropology의 元祖'가 포콕임을 명시하고 있는 부분임]

바른 의견의 개요는 건강한 판단을 행하는 사람들에 의해 표현되었으니, 인도인의 이집트 식민에 관해서, 틀림없이 대부분의 이제까지의 피상적 관찰자의 마음에 강한 확신을 심을 것이다.

"프랑스 문학 예술가들의 저작은 말할 것이 없고, 영국 캡틴 '부르 (Bur)' 말은 '인도'의 일부를 '이집트'에 붙인 것으로 주목할 만하다. 그는 명백히 덴데라(Denderah)의 사원 방문을 하였다. 그러나 그는 인도에서 '영국 여행가의 고찰'을 듣고도 이해를 못 했으며, '프랑스인이 고찰한 주제'도 이해를 할 수 없었다. 그것은 기껏해야 영국인 여행가 진술에 심증(心證)을 보태는 정도였다. 느슨한 옷차림에서 그는 아직 우세한 '인도 복장'을 인지하였다. - '내가 자주 예상했던 그 추측은 사원의 모습이나 그 장식으로 강화된 것이 아니고, 관습의 커다란 유사성, 결론적으로는 끈끈한 우정 같은 관계이니, 틀림없이 앞서 동방 국가에 존재했던 그들이 아직도 **숭배하고 있는 대상의 통일**에서 생긴 것이다. 우리와 동행(同行)하는 인도인들은 그들이 그 폐허에서 본 바는, 그 땅을 방문한 왕(rajah)이 그 사원(寺院)을 지어 그네들에게 자기네 신들(their owen deities)을 보여주었다는 놀라움과 존경심을 털어놓았다.'[44] 그는 덴데라 (Denderah)가 원천(源泉)인 사자(獅子) 상들을 언급하였다. 웅크린 사자가 입에서 물을 토해내는 형상은 본능적으로 먼 동양 인도로 돌아가게 하고 있다. 알바레즈(Alvarez)란 다른 여행가는 악숨(Axum[45])에서 유사한 석상을 발견했다. 두 고장에서 돌 건축 상 놀라운 유사성을 찾아낸 것이다. 살세테(Salsette) 엘레판티나(Elephantina) 엘로레(Ellore)의 작은 동굴은 이집트와 누비아(Nubia)에 삭굴(削堀)과 테베(Thebes)의 왕들의 무덤, 입삼불(Ipsambul)에 벨조니(Belzoni)가 모래 벌에 당시의 기념물을 세웠던 것을 연상시킨다."

"대륙과 실론 섬 사이에 '라미세람(Ramiseram)'에 탑들은 높은 연대와 성스런 속성으로 추정되고 있고, 외국인의 입국(入國)이 여기에서 숭배

44 Bibl. Britannica, v. 38. Literature. p. 208.
45 Heeren. v. 172-2. 178.-Oxf.

되는 탑의 숭배를 멈추게 했으니, 라마(Rama)와 시바(Siva)와 마하데바
(Mahadeva)는 갠지스 강물로만 씻은 법이니, 순례자에 의해 그곳 물을 이
곳으로 날러 왔다. 축소된 피라미드형으로 '거대한 문(門)'이 본 탑으로
열려 있어 고대 이집트 기념물에 관한 '로드 발렌티나(Lord Valentina[46])'
의 기록을 연상시킨다. 이집트와 인도의 종교적 체계 간의 유사성, 즉 메
로에(Meroe)와 인도의 유사성은 우리를 마지막 질문에 도달하게 한다.
메로에(Meroe)가 인도 문명을 수용했는가 아니면 메로에(Meroe)로부터
인도가 그 문명을 수입을 했는가? 이들 중에 후자는 인도에서의 문명 진
전은 남쪽에서 북쪽으로 행해졌다는 것을 의미하니, 메로에(Meroe) 식
민지인은 바다를 통해서 인도로 왔다는 것이다." 힌두 족의 초기 역사가
확립이 되면, 그것의 문명은 '북 인도'에서 시작이 되었고, 바라문(婆羅
門, Brahmins) 계급은 초기 문명과 자신들을 동일시하고, 무식한 사람 속
에 정복 족으로 보였고, 그들의 본국을 역사적으로 입증함은 불가능한
문제였다. <u>모든 사람들이 인정하는 것은 '북쪽에서 남쪽 인도 반도'로
내려 왔다는 점이다.</u> 카슈미르[47] 왕국 전통이 그 고장에 최초로 들어간
'바라문(婆羅門, Brahmins)'에게 이름을 붙였고, 히말라야 지역 산속을 여
행한 영국 여행자들의 탐구로 그 문제가 알려지게 되었다. 이 산맥의 중
심에 원시 바라문(婆羅門, Brahmins)의 거주지가 발견되었고, 그들 신들의
고대 사원도 발견 되었다. 갠지스의 두 줄기 강물의 합수 지점에서 '데
바프라자가(Devaprajaga, 북위 30도 8초)'가 세워졌고, 바라문이 거주했다.
바드리누트(Badri-Nuth) 사원도 보이는데, 아주 부유하여 7백 이상의 번
성한 마을들을 지배하고 있었고, '사원의 고위 사제'에게 의존을 하고
있는 상태였다. 이 '교황'은 역시 타르타르(Tartar) 기원의 주민 1500명을
지닌 '카슈미르'에서 '소 티베트'로까지 가는 길에 교역(交易)의 장소 마
나(Mana)를 그의 관할에 두고 있었다. 우리는 역시 간구트리(Gangutri) 지
방 국경에 또 다른 고대 사원을 볼 수 있는데, 이곳은 갠지스 강이 이 '아
시아 알프스'를 돌아 그 속이 광활한 얼음바다를 이루었다. 이 지역에서

---

46 '로드 발렌티나 여행기(Lord Valentina's Travels)' 1권, p. 340.
47 Ayeen Akberri, ii. 157.

는 전적으로 '시바(Siva) 숭배'가 두드러져 세월의 경과에도 아직 남아 있는 사원들은 '시바의 성지(聖地)'로서 남부 나라의 순례자들이 찾아 와, 신심(信心)을 불러일으킨다. 이처럼 유사(有史) 이전부터 그리고 정복 자들이 들어오기 이전에 신성한 왕국이 형성되었고, 그 영향은 전 인도 와 다른 지구의 동서(東西)로 확장이 되었다.[포콕의 '지론(持論)'임]

"인도 최고(最古)들은 영웅들의 요람으로 '갠지스 지방'을 대변하고 있는데, 그들은 그 후에는 군사를 이끌어 실론 섬까지 갔다. 한 마디로 인도에서 문명은 이집트에서 그것을 추적하는 것과는 거꾸로 역동적으 로 넘쳤던 것이니, '이집트에서 사회적 운동'이란 남쪽에서 북쪽으로의 이동이었다.[48] 이와 같은 확신은 바라문(婆羅門)의 고찰에서 확인될 수 있다. 그들의 서적(書籍)은 자주 두 개의 산악(山嶽)을 자주 언급하고 있 으니, 인도 최 북부를 넘어 멀리 위치한 '이암부드비파(Iambudwipa, 생존 할 수 있는 세계) 중앙'에 자리 잡고 있다. 그 중 하나는 '마하 메루(Maha Meru, 위대한 메루)'이고, 다른 것은 '만다라 산(Mount Mandara)'이다. '만다 라(Mandara)'는 바라문(婆羅門)의 기도와 그들의 종교적 의례, 생활의 원 리적 발생 속에 자주 행해진 암시이다. 그들과 책에 의하면 이 산은 북쪽 가장 먼 곳에 있어서 그의 가슴에서부터 그네들 조상이 그네들의 시원 (始原)[49]을 얻었다고 지금도 믿고 있다. 그래서 문명의 통로가 북에서 남 으로 향했다면, 우리는 그 지방이 그 종교적인 싹을 아프리카 대륙에서 받았다는 관념은 폐기(廢棄)하지 않을 수 없다. 그리고 유일하게 남은 전 제는, '*메로에인(Meroe)의 문명은, 인도인에게 빚을 지고 있다.*'이다. 고 대 작가들 속에 찾아질 수 있는 주장이 있을 수 있다. 그와 같은 진술의 불공정성을 포기하고 우리는 여기에서 그들 자체로 무게가 없으면 이 미 진행이 되었던 것은 무엇에서 큰 힘이 나왔는가를 생각해 볼 수 있다. 필로스트라투스(Philostratus, 170/172~247/250)[50]는 그의 수강생(受講生)들 에게 '바라문 이아르쿠스(Iarchus)'를 소개하고, 에티오피아 사람은 원래

---

48 Heeren, iii. 253.
49 Dubois' India, i. 73.
50 V. A., iii. 6.

인도의 족속(族屬)이었는데 그들이 충성하기로 맹세를 했던 군주를 살해하여 계약을 훼손하여 인도 추방이 강요된 종족이라고 말하였다[51]."

어떤 이집트 사람은 자기 아버지로부터 인도 사람은 가장 현명한 사람들이고, 인도의 식민지인 에티오피아 사람들은 지혜와 가르침을 간직하고 있고, 그들의 근원을 알고 있다고 하였다. 우리는 최근에도 동일한 주장을 보게 되는데, 3세기에 율리우스 아프리카누스(Julius Africanus)가 '**인더스 강에서 이주해 온 에티오피아 사람은 이집트 근처에 정착했다**[52]'[53]는 진술을 에우세비우스(Eusebius, 260/265~339/340)와 신켈루스(Syncellus)가 그 말을 들었고, 에우세비우스(Eusebius)는 그 말을 기록해 놓았다.

내가 이미 제시했던 바와 같이 이집트, 에티오피아, 아비시니아의 북쪽 근원(根源)은 모두 카슈미르 티베트 명칭을 종합한 지리학적 근거에서 도출된 것으로, 아프리카 트라키아(Thrace) 북부 희랍 페루 로마 고대 문명에 빛을 뿌렸다는 것으로 단순화 할 수 있다.

나는 이제 가장 엄격한 '해부학'에서 도출된 역시 강력한 다른 증거를 제시한다. 그것은 이 중요한 질문에 대한 '유럽인 견해에 대한 결론'이 될 터인데, 저자는 그 빛나는 견해를 제시하였다.

"나일 강 연안에 아시아계(系) 최초 거주자들은, 명백히 공존하는 독립된 증언으로 명시되고 있다. **쿠비어(Cuvier)와 블루멘바흐(Blumenbach)가 고찰했던 모든 '미라들(mummies)의 두개골'은 코카사스 유형이라는 것이다.** 미국의 생리학자(Morton 박사)도 동일한 결론을 주장하였다. 다음이 1백 개의 이집트인 두개골의 검사 결과이다. -[54]"

---

51 Ibid, vi. 8.
52 "Αἰθίοπες ἀπὸ Ἰνδου ποταμοῦ ἀναστάντες, πρὸς τῇ Ἀιγύπτῳ ὥκησαν." Chron. Can., 278
53 Lemp. Barker's edit., 'Meroë'
54 이집트인의 두개골(Crania Aegyptiaca): Philadelphia, 1844.

Sepulchral Localities. 묘소 위치	No. 숫자	Egyptian. 이집트인	Pelasgic. 펠라스기 형	Semitic. 셈족	Mixed. 혼합 족	Negroid. 혹전계	Negro. 혹인	Idiot. 백치
Memphis 멤피스 .	26	7	16	1	1	1	—	—
Maabdeh 마압덴 .	4	1	1	—	—	2	—	—
Abydos 아비도스 .	4	2	1	1	—	—	—	—
Thebes 테베 . .	55	30	10	4	4	5	—	2
Ombos 옴보스 . .	3	3	—	—	—	—	—	—
Philæ 필레. . .	4	2	1	—	—	—	1	—
Debôd 데봇 . .	4	4	—	—	—	—	—	—
	100	49	29	6	5	8	1	2

<해부학적 증거 : 고대 이집트인 두개골 100개에 대한 인종적인 분류표>

"도표는 말해 주고 있다. '두개골의 8할 이상이 혼합된 코카사스 인 (Caucasian)이고, 펠라스기 형과 이집트인은 1대 1과 3분의 2, 셈족은 이 집트인의 8분의 1, 전체의 10분의 1이 흑인과 그 밖의 외국인이고, 흑인 계는 8개 예로 전체의 10분의 1이고 순수 흑인은 1명이다.'"

이들과 다른 자료에서 모튼(S. G. Morton, 1799~1851) 박사는 다음과 같 은 결론을 내었다.

"이집트와 누비아(Nubia)의 나일 강 연안은 원래 코카사스(Caucasian race) 계 사람들이다."

"이 이집트인이라 부르는 원시인은 함족으로, 성서에서 '미즈라이미 사람(Mizraimites)'이라는 리비아 가계와 제휴된 족속이다."

"오스트랄 유럽인, 또는 메로이테(Merite)사회는 인도 아라비아 족속 으로 원시 리비아 거주자와 접목이 되었다."

"이 외래 종족을 제외하면 이집트 족은 아시아 유럽의 코카서스 종족이 넘쳐 든 것이니, 펠라스기, 헬레네, 스키타이, 페니키아 사람이 그들이다."

"콥트 족(Copts)은 코카서스와 흑인이 다양하게 섞인 것이다."

"흑인은 이집트에 그 수가 많았으나, 과거에도 지금과 마찬가지로 종 (從)이나 노예였다."

"현재 펠라스 족(Fellahs)은 고대 이집트의 덜 섞인 계통이다. 이집트 족은 투아리크(Tuariks) 카빌레(Kabyles) 시바(Siwahs) 그리고 그밖에 리비아 종족과 병존하고 있다."

"현재 누비아 사람들(Nubians)은 기념비적인 에티오피아 후손이 아니라 아랍과 흑인 족이 다양하게 혼합되었다."

"그리고 레프우스(Lepsius) 베우페이(Beufey) 메이어(Meyer) 분센(Bunsen) 비르크(Birch)와 다른 문헌학자들은 고대 이집트어가 셈족이나 시로-아랍어(Syro-Arabic languages)와 많이 유사하고, 그것은 그들 중간에 자리 잡은 인도어와 독일어의 방언이다. 쿠아트레메르(Quatremere)는 현재 코프트 어(Coptic)와 고대어의 관계를 밝혔는데, 우리는 그 속에서 세상에 널리 퍼져 있는 그 언어 계급과의 자매 적 접촉을 확인할 수 있다. 분센(Bunsen)의 제1서는 다양한 해설로 이 관계를 보여주고 있고, 그는 '이집트 숫자에 대한 에세이'로 레프시우스(Lepsius)를 앞섰다. **히브리어(Hebrew)와 범어(梵語)의 관련성의 인정은 최근의 일이다.** 그러나 퓌르스트(Fuerst)와 델리츠(Delitzsch)는 그것을 풍부하게 입증하여 지금은 일반화 되어 있다. 이집트 고어는 인간 언어의 모든 다양한 연결 고리를 보여 주고 있다. 그리고 켈트어(Celtic)까지도 범어(梵語)에서 분화된 것으로 피라미드와 기념비의 언어인 고대 코프트 어(Coptic)와 거의 일치하고 있다. 만약 이집트 고어(古語)가 다른 고어와 많은 유사성이 있고, 그것들이 서로 형태와 굴절 상으로 동일한 점이 없다면, 쉬운 추론은 그것의 원래 모양과 개성을 유지하고 있고, 어떤 발전 과정에 있다는 사실이다. 분센(Bunsen)은 말하고 있다. '이집트 언어는 확실히 티그리스 유프라테스 영역의 섬으로 고착된 원시 형태의 것이다.'[55] 이집트 사원의 의례 신화(儀禮 神話)와 아시아의 그것은 역시 많은 점에서 유사하다. 플리니(Pliny[56])가 인용한 바와 같이 주바(Juba)는 "시에네(Syene)에서 메로에(Meroe)까지 이집트에 살고 있는 사람들은 에티오피아 사람이 아니라 아랍인이다."라고 했다.

"그러기에, 최초의 식민지인 함족 미즈라임(Mizraim)이 아시아에서 저지대 이집트로 들어가 헬리폴리스(Heliopolis) 멤피스(Memphis)에 정착하

---

55 분센(Bunsen), <인종학 리포트(Report on Ethnology)>. British Association, 1847.
56 Lib. iv. 34.

여 그 놀라운 왕국을 이루었고, 그들의 지혜 기술 노동은 유일 불멸의 명성을 제공한 것이라는 것이 유일하게 합리적인 것으로 우리에게는 보인다. 멤피스 근처에 피라미드는 고대의 기념물이고, 경쟁의 테베 기념물은 못해도 19개 왕조를 넘겼다. 뿐만 아니라 수에즈(Suez)의 이스트무스(Isthmus)는 아시아에서 아프리카로 통하는 자연스럽고 유력한 관문을 제공하고 있고(수에즈는 대륙 간의 모든 중요 탐험에 통로였다.), 그것은 쉽게 이집트 저지대로의 이민(移民)을 주도했다."[57] 분센(Bunsen) 같은 탁월한 이집트 학에 전문가도 최근의 인기 있는 저작[58]에서 그러한 견해를 수용하였다. 상형 문자는 원시 시대부터 이집트가 '함족의 땅'이라는 이름이고, 이집트와 카이로의 일반적인 명칭은 오늘날까지 '미(무)스르(Misr, Musr)'이다. 페니키아 이야기도 '미세르(Miser)'를 언급하고 있는데, 그는 명백히 미즈라임(Mizraim)이니, 타우투스(Tautus, Thoth)의 조상(祖上)이다. 뿐만 아니라 일등급 신(神)중의 하나는 '캄(Kham)'인데, 그의 명칭과 신비적 속성은 그를 이집트인의 선조 '함(Ham)'과 동일시한 것으로 보인다."

"이집트 역사의 장구함은 놀랄만하다. 마네토(Manetho)는 그 국가의 존속을 수 천 년이라고 주장했음에 대해, 헤로도토스(Herodotus)는 나일 강이 그 지역에 행한 충적토 퇴적에 관해 2천년을 언급했는데, 그가 그 자신 탄생에 앞선 시대로 쉽게 계산한 기간이다. 그러함에도 연대는 만족할 정도로 선명하지는 못 하다. 이집트가 시작 초기부터 비교되는 문명에 있었다는 점은 의심의 여지가 없고, 사회 체제에서 '아브라함의 시대'보다 훨씬 앞선다는 점은 지금 대체로 긍정이 되고 있다. 그 속에서 발견되는 '법정(法庭)' '귀족' '첩'과 '부'를 동반한 족장 왕 '파라오(Pharaoh)'는 사회의 어떤 고정된 상태와 연합했다."[59]

나는 이 종족이 '약속의 땅(Land of Promise)'에서 이스라엘 후손과 크게 대적했던 종족임을 고찰해 나가겠다.

---

57 Wilkinson. vol. ⅰ. p. 2.
58 '세계사 속에 이집트인의 위치(Egyptens Stellung in der Welt-geschichte)'.
59 J. Eadie, D. D., L. L. D. '상고(上古) 동양사 해설'-Encyclopaedia Metropolitana, 18권, p. 64.

제ⅩⅤ장

'약속의 땅'

> 당신은 대국을 격파하고 힘센 왕을 죽였습니다. 아모리테 족(Amorites)
> 왕 시온(Sihon), 바산(Bashan)의 오그(Og), 모든 카나안(Canaan) 왕국들이 그것
> 이라. 그래서 그들의 땅과 유산을 이스라엘과 그 백성들에게 주셨습니다.
> — 시편 85장 10~12절.

이것은 '진리의 위대한 창조자'에 올린 깊은 감사의 마음을 대동(帶
同)한 것인데, 나는 그 비밀한 주체(主體)를 생각해 보겠다. 내가 '그 중요
한 문제'에 던지는 설명은, 그것이 무엇이든 나는 겸허하게 '그 빛'의 유
일한 원천을 설명하고 우리 조상들의 문학적 노력의 결과를 특성화한
'라우스 데오(Laus Deo, 신념과 가치)'로 내 진술의 '서문'을 삼고자 한다.

인간 종족을 회복시키는 숭고한 작업을 위해, '여호와의 축복'으로
'축복을 받은 사람들의 놀라운 역사'는, 땅 위에 있는 어떤 단일한 종족
과의 관련 속에서 신(神)의 연민과 정의의 가장 큰 기념물일 것이다.
'젖과 꿀이 흐르는 땅' '포도와 올리브의 땅'은 특별한 유산으로 충성
스런 아버지의 후손들이게 '특별한 신앙에 대한 상(賞)'으로 허락이 된
것이다.

그러나 위대한 족장의 후손이, '동일한 자애로운 존재[여호와]'가

"쾌적한 장소에 그들을 놔두고" 그들이 그곳으로 들어갈 무렵에, '이미 호전(好戰)적인 종족이 소유하고 있는 비옥한 땅'을 당신의 완력(腕力)으로 빼앗아 제공했다는 것을 이해한다는 것은, 완전히 불가능한 문제이다.

이집트에서 '선택 받은 백성의 기나긴 노예 생활'은 그 젊은 통치자 요셉(Joseph)이 제시한 기적과 섭리로 마감되었다. '요셉을 몰랐던 통치자'는 이집트 왕위를 차지했고, '히브리인의 속박'은 가혹하고 불리한 것이었다. 섭리에도 불구하고, 태양족이 '즉각 실행하고자 한 야심'은 신체(身體)에 대한 존재의 영원성을 시도하고[미라], 같은 종족에게 명성의 영원성을 확실하게 하는 거대 구조를 길러내게 그렇게 가르쳤다. [피라미드 왕국]

고대에 그와 같은 작업은 군주에 의한 그 업무에 '동원된 인력(人力)'이 없이는 가능할 수 없었으니, 왕은 살아 있는 거대 기계로서 그들 주체의 거대한 지분을 동원하여 일관된 행동으로 반발(反撥) 없이 군주의 야심으로 실현했던 것이다. 그와 같은 방법으로 '로마의 수송로(輸送路)'도 건설이 되었고, 도로와 '이집트 피라미드'가 건설이 되었다. 이 유명한 '거대 돌 쌓기' 후원에 히브리 인의 힘은 크게 압박을 당했다. 그들의 비참한 생활은 <성경>에 생생히 기록되어 있다. 결국 구원의 날은 밝았다. 신(神)의 특별한 개입으로 그들은 그 이집트 땅에서 떠날 수 있었으니, 그 이전의 날까지는 '노예(奴隸)의 역사'였다. 그러나 그와 같은 '가치 있는 보조자들[유대인]'를 '호전적인 사람들'이 온순하게 다룰 수는 없었다. 호전적인 사람들은 평화의 방법을 비웃고 있었으므로, 그들의 소망 실현의 목적으로 주변에 사업을 도울 '노예 집단 유지'가 불가결하다고 생각했을 것이다. '히브리인의 추적'이 결정이 되었고, 급히 실행이 되었다. '태양의 라지푸트 군단'은 길에 올랐고, '망명자들'의 앞에는 바다가 가로 막았다. 파라오(Pharaoh)의 기갑부대와 전차는 그들의 배후에 바로 나타났는데, 기적이 없으면 궁극의 멸망에 구조될 수 없는 긴박한 상황이었다. 기적은 위대한 히브리 입법자(모세)가 수단으로 제공되었다.

"당장

자세를 가다듬고, 눈을 부릅뜨고

무리 중에 그 주인, 신 같은 히브리 사람이 일어섰네.

그 다음, '영원의 목소리(Voice Eternal)'를 토했네. 아므람(Amram)의 아들,

하늘 같이 자애로운 눈으로 모두를 둘러보니,

그 어린이와 어른이 있는 넓은 공간에는

그 직원도 드물고 혜택도 희미하다.

거기에다 펼쳐진 홍수를 침착하게 살피고

하늘을 훑어 보다. '현재의 신(incumbent God)' 물결들은, 그들의 잘못을
   고백하고

그리고 무서운 경외(敬畏)에 그들의 머리들을 조아리며,

멀리 흩어지며 천둥 같은 목소리로

그를 찬송하네. 그래서 허약하고 지친 모습은

승리의 왕이 원정에 대동한

힘을 다 쓴 '선택된 무리'도

그 통령(統領)의 모든 지역의 광활한 장관에서

멀리 물러가 승리의 길을 제공 하였네.[바닷길이 열림]

그래서 빽빽한 대오는 영광의 줄이 되어

찬송 속에 그들은 찬양을 소리치네."[1]

'신(神)의 백성들'이 황무지에서 장기 체류하면서, 놀라운 사건의 연속으로 그 히브리인 입법자(모세)의 권위로 고취시키고 옹호했던 바는 <성경> 독자에게 잘 알려져 있다. 그러나 모세는, 이스라엘 백성들이 그 '약속의 땅'으로의 진입에 마주치고 극복해야 할 '특별한 어려움'을 미쳐 다 알지 못 했다. <u>그 곳은 극렬하고 호전적인 태양족(Solar race), 월궁족(月宮族, Lunar race)이 이미 차지해 거주하고 있었다.</u> 이집트 식민을 행한 인간들이, 유사한 광범한 배열을 종합한 가능성 속에서 그들은 정복

---

1 M S. Poem. - E. P.

을 계속하고, 정착지를 넓혀 갔다. 독자 앞에 제시될 풍부한 증거들은 그 사실을 입증할 것을 나는 의심하지 않는다. 그는 이미 언급했던 바, 히말라야 산 부근과 라다크(Ladakh)의 높은 북위(北緯)의 사람들의 놀라운 모습으로, 이집트의 비옥한 땅에도 정착했기에 거기에도 인도(India) 고유의 표를 붙인 종교 의식과 다양한 사회적 제도를 가져왔었다. 그 사람들은 팔레스타인에서 거듭 달리 보일 수도 있으나, 그러한 이유에서 종족성과 식민(植民)의 공통성은 거의 자명(自明)한 것이다. 팔레스타인 비옥지대 북부에 이미 와 있던 '타르타르 인(Tartarian)'은, 그 고장에 괄목할 만한 비율을 점하고 있었는데, 그것은 간단히 제시가 될 수가 있다. 이미 '파에니오크스(Paen-i-oksh, 테살리 페네이오스)'와 이집트에 '후크샤스(Hoocshas, Hycsos)'에서 고찰했던 옥수스(Oxus) 족은, 전쟁의 구름처럼 그 고장을 덮었던 것이고, 이어 성지(聖地)에 '부자(富者)의 행진'을 계속하고 있었다. 알려진 그 지역에 가장 오래된 이름은 초기 문명의 자리는 '카니아(Canya)'인데 우리(서구인)가 붙인 이름이 '카나(Canaa)'이고, 히브리 어형(語形)[2]을 거치면서 히브리 사람이 '카나아니테(Canaanites, 商人족)'의 나라로 정하였다. 그러나 명칭은 카니아(Canya)이니, 고전적으로 '아폴로(Apollo)'이다.['카슈미르', '크리슈나'와 연결한 진술임]

다른 이름 '팔라이스티네(Palaestine)'는, '팔리스탄(PaliStan, 牧童의 땅)'에서 연유한 것이니, 바로 '하이크소스(Hycsos, 옥수스 족)'이니, 이집트인을 제압하여 오래도록 묶어 두었던 종족[태양 騎馬 족]이다. 나는 이제 이 '식민(植民)의 요점'인 특히 이스라엘 사람과의 관련을 짚어 나갈 것이다. **'탐이 나는 약속의 땅'** 북부에, 라다크(Ladakh) 사람은 이미 이집트에서 고려가 되었고, 메느잘레(Menzaleh)의 이웃에 강력한 정착을 이루었다. '레(Leh, Le-banan)'[3] 족은 역시 그들의 큰 강으로 표가 났으니, '레

---

2 나는 여기에서 전반적인 말한다. 우리가 공감이 멀어진 히브리어는 희랍어 로마 어에 기초를 했다. 그렇지만 기록자에 의해 제공된 '명칭'들은, '동일한 발음'을 지니고 있는 '동일한 장소의 명명'으로 유용하다.

3 '레(Leh)' '바나(Bana)'는 '종족'이다. 페르시아 어 복수형이 '바난(Banan)'이다. '바나(Bana)'는 범어 '바르나(Varna)'의 라지푸타나(Rajpootana) 형태이다. 'p, b, v,'는 상환(相換)이 된다.

오느테스(Leon-tes, 레 사람의 땅)'이 그것이니, 그것은 '코엘레(Coele, Caile)', 히말리아 산의 '카일라(Caila)'이다. 레란드(Le-land) 강안에서 10마일 거리에 라셈(Lashem, Lais) 시가 있었는데, 투베트(Tub-et, Tob)의 수도 '라사(Lahsa)'에서 연유한 것이다. '투베트(Tubet)'는 유명한 '토페트(Tophet)'에서 생겼고, 그것의 다양한 사용이 <성경>에도 활용이 되고 있다.

. 그 바로 남쪽으로 요르단 강(River Jordan) 동안(東岸)에 호전적인 '헤르멘(Hermen)'이 있었는데, 그들의 정착지는 '헤르몬(Her-mon)' 산에 있었고, 그 서쪽 경사지에서 타르타르(Tartar) 왕국이 시작되었고, 타르타르 왕은 '오그(Ogz, 바산 왕)'였다. 바산(Bashan)은 독자도 살폈듯이 '북방의(Hyperborean) 펀자브'를 지칭하는 것으로 카슈미르 북쪽에 있다. 카슈미르 바산(Bashan)에 인접해 '길리드(Gilid)' 땅의 언급도 빼놓지 않고 있으니, 팔레스타인 바산 왕국에 '갈리드(Galid)' '길레아드(Gilead)'가 나타나 있다. 여기에서 그는 역시 길기트(Gilgit)을 발견할 것이고, 그것이 팔레스타인에 '길기테(Gilghites)'에 명칭을 제공하였다. 강렬하고 거대한 '오그(Og, Oguz)와 타르타르' 무리는 모세에 의해 언급된 가장 중요한 적(敵)들 중의 하나인데, 모세는 그들과 마주쳐 그들을 패배시켰던 강력한 적(敵)이다. <성서> 사가(史家)는 말하고 있다. "거인들의 자취는 침대 틀을 보면 철제(鐵製)이고, 그것은 라바트(Rabbath)에 있는 것, 아몬(Ammon) 후손 것이 아닌가? 기리가 9큐빗(×45cm)이고 폭이 4큐빗이니, 한 사람의 인간 큐빗을 따른 것이다."[4] 이 가공할 개척자인 '왕의 도시들'은 많고 잘 수호(守護)가 되어 있었다. 그러했음에도 불구하고 멈출 줄 모르는 신(神)의 힘으로, 이스라엘의 손아귀에 떨어졌다. <성서> 기록자는 말하고 있다. "우리는 그를 무찔렀다. 그에게는 아무도 남아 있지 않을 때까지 무찔렀다. 그래서 우리는 당시 그 도시의 모든 것을 차지했다. 우리가 빼앗지 않은 도시는 없었다. 바산(Bashan)에 있는 60개의 도시 아르고브(Argob)의 모든 지역 오그(Og) 왕국이 그것이다." 그러고 나서 히브리인의 시대 진입에, 모세(Moses)는 그 땅에 남아 있던 군사적 형태(조직)의

---

4 신명기(申命記), 3장, 2절.

'진보된 상태'를 따랐다고 증언(證言)하고 있다. "그 모든 도시는 성벽과 대문과 막대기로 둘러싸여 있고, 장벽 없는 탑(塔)이 굉장히 많았다."

거인(巨人) 타르타르(Tartar)의 패배 현장은 '에프라임(Ephraim)' 숲이 그 곁에 있었고, '아스타로트 카르나임(Ashtaroth Carnaim)'과 가까운 곳이다. 현존하는 아스토르(Astor)는 카슈미르 북쪽 옛 바산(Bashan) 왕국에서 볼 수 있다. <성경> 기록자는 그 도시가 "아스토르의 카르나 인의 도시"였기에 '아스토레트 카르나임(Ashtor-eth Carna-im)'[5]이라고 불렀다. 카슈미르에 '카르나(Carna)' 지방은, 카슈미르의 바산(Bashan)에서 아스토르(Astor)와 대칭적 위치에 있다. 그래서 이들 종족은 그 조상의 사회 형태에 묶긴 강한 감정을 지니고 이주(移住)해 와서 서로 이웃에 정착한 것이다. '오인(Oin)'과 '하조르(Hazor)'도 역시 바산(Bashan) 왕국의 국경 도시인데, 팔레스타인에서 원래 그 모국(母國)의 위치를 유지하였고, 그들의 거주에도 본국의 감정이 있었다. 본국에서 이웃인 '오인(Oin)'과 '하조르(Hazor)'는 새 처소에서도 이웃이었다. 이들 도시는 카슈미르 카르나스(Carnas)의 동쪽과 서쪽에 있는데, 거리가 30마일 정도이다. 히브리인의 바산(Bashan) 바로 서쪽에 '토브(Tob)' 땅이 있었는데 히브리 방식으로는 '투베트(Tub-et)'인데, 거기에는 상당수의 사람들이 거주했는데, 라바트(Rabbat)에 이르는 헤르몬(Hermon) 지역의 동쪽 경사지이다. 이 지역이 '불교도 식민지'임은 의심할 필요도 없다. 그러나 역시 이 점을 생각함에 희랍의 거대 불교 지역과 연계가 있기에 '하만(Hamman, 함족)'[6], -아프리카 사막에 그들의 점치는 곳에 고정이 되어 있을 뿐만 아니라 가나안(Canaan) 땅에 거대한 힘을 가지고 있는 '하만'을 언급해 둔다. 아모니테 족(Ammonites)이 바산(Bashan)의 남동쪽 경계에 처소를 잡았음에 대해, 아모리테 족(Amor-ites, 옥수스의 라지푸트)은 남서쪽[7]에 식민지를 잡았다.

---

5 '카라임(Caraim)'은 히브리어 '카르나(Karna)'의 복수(複數)형이다.
6 '하만(Ham-an)'은 '함(Ham)'의 복수형이다. '함(Ham) 사람들'이다.
7 '아무(Amoo)'는 '옥수스(Oxus)'이다. '아므바르(Amoo-war)'는 '아무(Amoo) 사람들' '옥수스(Oxus)'이다.

그러나 이들 '타르타르(Tartar) 족'이 옛날 먼 곳에 원정하여 번성한 정착지를 세웠던 것은 문명의 저울로 견주어 볼 때 명백히 순리를 거스르는 것임은 명백하다. 현재 반(半)야만인의 나라, '히비테 족(Hiv-tes)'은 원래 '키바(Khiva)' 사람이었다는 것이 무엇을 말할 수 있을 것인가! 전쟁과 평화의 방법에서 문명화된 생활에서의 어떤 대대적인 후퇴가 타르타르 지역에서 행해졌다는 것은 명백하다. 왜냐하면 우리는 인류의 어떤 대(大) 집단도 이집트처럼 '동일한 대(大) 규모의 이민(移民)과 보다 덜 문명화 족속'은 상상할 수 없기 때문이다. 그러나 '키바(Khiva)' 사람은 '카마(Cama)'에 산재한 것으로 보이나, 그들은 본류는 가자(Gaza) 부근이었다. 춥고 인구가 드문 '키바(Khiva)'에서, 따뜻하고 풍요로운 '약속의 땅'으로의 변화는 얼마나 특별한 것인가. 그 '타르타르(Tartar) 사람들'의 처음 거처와 두 번째 거처의 강한 대조는 무엇보다 그 혹독한 기후를 체험한 사람의 생생한 묘사보다 더 좋은 증언이 있을 수 없다.

애벗(Abbot) 대위는 말하고 있다. "영국에서는 **키바(Khiva) 겨울**의 추위를 알릴 수가 없다. 커다란 숯불 위에 말리려고 걸어 놓은 내 수건은, 금방 어름덩어리가 되었다. 문을 열어 놓으면 바람이 통로를 탐지하고 액체란 무엇이나 고체로 바꾸어 햇살이 비치는 곳 이외에는 해동(解凍)이란 없다. 그늘에서 눈은 더욱 쌓이고 뭉칠 수도 없어, 눈덩이를 만들 수가 없다."[8]

이 놀라운 지역의 항해(航海) 지대를 살펴보기로 하자. 이곳에는 가장 흥미로운 기념물이 아직 남아 있는데, '고대 희랍과 페니키아'의 연관성을 알려 주는 것으로 고대 작가들은 자주 암시했으나, 어떤 사람들은 고집스럽게 부정하고 다른 사람들은 의심을 하고 있다. 북쪽에는 기발하고 사업을 하는 페니키아 사람들이 거주를 하였다. 그들의 처음 거주지는 아프가니스탄 **오피엔세스(Ophi-enses, 뱀-용 족, 불타 족)** 땅이니, 상징은 뱀이었다. 이 상인 족으로 그의 뱃머리는 파타이코이(Pat-aikoi)로 장식한 초기 코르키라(Corcyra) 식민지인과 동일한 족속으로 그 섬은 '파

---

8 Abbot's Khiva and Horaut. vol. ⅰ. chap. ⅴ. p. 77.

야카스(P'Hayakas)' '하이아스(Hayas)' 사람들이라는 것을 고전 독자는 기억할 것이다. 그 고대 항해자들이 그들 뱃머리를 장식한 이미지를 '파타이코이(Pat-aikoi)'라 했는데, 그것은 '부다이아코이(Budh-Hayakoi, 하이아-騎馬 불타의 造形)'으로 당시에 상류층 종교에서 유래한 분리 독립 지지자의 종교적 교사나 교부(敎父)의 상이다. 그러므로 이 사람들은 '바이니코이(Bhainikoi, Phainikoi[9], 히아 족)' 형(形)이었다. 이 힘찬 종족의 원래의 장소는 '헬라족 이주(移住, Hellenic emigration)'와 긴밀히 연결되어 있는 지역이었는데, 그래서 희랍의 '가정(假定)된 신화'는 이들의 역사와 섞여 있다. 나는 이 사실을 내가 고찰한 범위에서 간단히 제시할 것이다. '카베이리(Cabeiri)의 역사'는 견딜 수 없을 정도로 신화적이다. 사실의 평범한 문제인 역사는, '페니키아 사람'과 관련 속에 이제 명백한 관점에 놓일 것이다. 그러나 '역사(歷史)'가 없으면, 미래의 탐구를 위한 이른바 우화(寓話) 속에 남아 있어야 할 운명이다. **파이니카스(Phainicas, 히야족-Hyas)'는 아프가니스탄 로그르(Logurh) 근처 '비니바담(Bhini Badam, 히아 부디스트)'의 이주민이다.** 거기에서 파생어 형태가 '파이니키아(Phainika)'이다. 독자도 알게 될 것이지만, '비니(Bhini)에 주 도시'가 사이단(Saidan)인데, 파이니카(Phainica)의 새로운 땅에서 시돈(Sidon)을 정착지의 이름으로 삼았다. 사이단(Saidan)의 복수형이 '시다(Sidha, 성자[10])'이고, 사이단(Saidan, Sid-an, Sid-on)은 '성자들의 도시'다. 그것은 다마스티움(Damastium)이 에피루스(Epirus)에서 그렇게 이름이 붙어서, 토브(Tob, 투베트) 땅에서의 다마스쿠스(Damascus, Damas-kas[11]) 희랍의 가장 중요한 지역에서 불교 포교(Budh'istic Propaganda)의 우두머리 지역이라는 뜻이다.

크레우제르(Creuzer)는 매우 정당하게 페니키아 사람의 카베이리(Cabeiri)

---

9 '파이엔(P'Haien)', '하이(Hai)'의 복수형이 '하이아스(Hayas)'이다. '파이니카(P'Hainika)'도 같은 의미이다. 파생형 '하이아스(Hayas)'는 아일랜드 식민 인이다. 그러기에 아일랜드 사람과 페니키아 사람은 비슷하다. 아일랜드 사람은 '히베르나스(Hi-bernas)' '히아(Hya)' 족이다.

10 '시다(Sidha)'는 '성자'이고, '시단(Sidhan)'은 '성자들'이다.

11 '다마스카스(Ahamas-kas)'는 '다마스(Dhamas)'의 파생형이다.

숭배를 추적했는데, 카베이리(Cabeiri)와 함께 파타이코이(Pataikoi)를 확
인하였고, 카베이리(Cabeiri)는 루누스(Lunus)와 연합되어 있었다.

만약 독자가 히야니안(Hiyanian, 이오니아 사람, 騎馬 족)과의 연관 속에
영역을 말한다면, 그는 그 경우에 평범한 사실을 이해하는 데는 어려움
이 없을 것이다. 파타이코이(Pataikoi)는 카베이리(Cabeiri)와 동일한 것일
뿐만 아니라, 코루반테스(Corubantes)와도 같은 것이다.

이제 간단한 사실을 보기로 하자. **'카베이리(Cabeiri)'는 '키베리(Khyberi,
키베르사람)'이고, '코루반테(Corubantes)'는 '고르반데스(Ghorbandes, 고르분
드땅사람)'이고, 그들은 모두 파타이코이(Pataikoi) '월궁 족(불교도, 유일신
도)'이다.** '헤파이스토스(He-pha-is-tos, 히아 대장 땅의 왕, 부다)'가 그네들
조상이라고 말한 것이다. 로마인의 생각도 비슷하다. '헤파스토스 족
(Hephaistos)'은 '불칸(Vulcan, Balkan, 발크 사람)'과 같으니, 그것으로 타르
타르 지역은 사람들이 불교주의를 내 보인 것이다. 카베이리(Cabeiri,
Khyberi)의 그밖에 다른 명칭 - 악시에로스(Axieros)와 카스밀루스(Casmi),
옥수스 왕과 카슈미르 왕 - 도 란카스(Lancas) 땅에 불교 구역의 장(長)과
일치한다. 다시 그것들은 '디오스쿠로이(Dios-Curoi, 두 쿠루스)' 또는 '카
쉬미르(Cashir)' '발크(Balk)'와 복합어가 되었다.

동일한 의인화의 체계는, 힌두(Hindu)의 우주 생성 관에 깊숙이 가라
앉아 있고, 사실상 그들 신화 체계의 전부이다. 빌포르트(Wilford)가 애
를 써서 입증을 했듯이, 카베이리(Cabeiri)는 쿠베라(Cuvera - 힌두 富者의
신)이니, 단어 '키베르(Khyber)'이다. 그 지역은 루비(홍옥)로 된 부귀의
땅으로 주변 강가에 황금이 발견되고, 그 원시 시대에 그것은 역시 북쪽
의 지배세력과 같다. 희랍인처럼 힌두인도 '쿠베라(Cubera)'에 대한 어
원을 가지고 있었으니, '쿠베라(Cubera)'가 세 개의 다리, 여덟 개의 이빨
을 지녀 '극도로 불쾌'한 '쿠(Cu)'와 '육체'인 '베라(vera)'[12]에서 그 이름
이 생겼다는 것이다. 그래서 힌두의 '쿠베라(Cubera)'와 페니키아 인의
파타이코이(Pataikoi), 희랍인의 '카베이리(Cabeiri)'는 단순하게 바뀌었

---

12 윌슨(Wilson), <범어 사전(Sanskrit Lexicon)>

으나, 단순한 '불교도의 숭배' '불교도의 사업' '불교도의 부(富)'를 말
하는 내용으로, '키아이베르(Khiaiber)' 지역과 그 인근에 풍성했던 것들
이다.

로마의 아우구르 족(Augurs)은 무식하게 '디 보데(Dii Bodhes, 불타 신들)'
라고 하는 대신에 '키베리 디 포테(Dii Potes)'라고 했다. 가끔 그들은 '카
블로이(Cabuloi, 카블 신들)'이라고 하는 대신에 '코발로이(Cobaloi)'라고
무식하게 말한다. 그들의 숭배는 '키벨레(Cybele, Cubele)'의 그것과 유사
하나, 이상할 것이 없다. 그것은 '카불레(Cabule)'의 변형일 뿐이니, '카
불레(Cabule, 카불)'는 자주 '높은 관을 쓴 여성'을 나타낸다. 그렇다면 '카
베이리(Cabeiri)'에 대표적인 불교 숭배와 불교적 대장들을 가진 것이고,
로구르(Logurh, Locri) 지역부터서 카슈미르까지 펼쳐 있고, 히아(Hya)와
페니키아 족의 숭배 대상이었다. 왜냐하면 그들은 같은 종족이기 때문
이다. '카이베리(Khaiberi)'에 대해 고려해야 할 또 하나의 중요한 점이 있
다. 그들은 '케브레비(Khebrew-i, Hebrews)'이다. **'아브라함(A-braham, 원
래 인도 방언 Brahm이다.)'은 고대 히브리에서 고려된 것이다. 히브리인은
'하이브리(Haibri)'에서 연유한 것인데, '과객(過客, passenger)'이란 의미
로 메소포타미아로부터 이사(移徙)해 왔다는 의미이다. '유다(Yudah)' 족
은 사실 '야두(Yadu)'이니, 앞서 언급이 있었다.** 그래서 '신의 사람들'은
다른 종족에 연유한 것으로 인류의 도덕적 종교적 중요한 저작에서 특
별히 신성화 되고 있다.

역시 고대 희랍 작가들은 '히페르포레아 족(Hyerporeans)', 즉 '카이베
르(Khaiber, Hebrews)'에 대한 경건함을 항상 두고 있다. 인도 게르만 어와
셈족의 방언의 관계가 인정된 것은 불과 최근 몇 년 간일뿐이다. 아프가
니스탄의 북부는 이 거대한 언어 계(인도, 게르만 언어와 셈족의 언어)의 출
발점이라는 것을 나는 의심하지 않는다. **아프간 족은 유대인(Jews,
Ioudaioi-Youdai-oi)의 후손이라고 주장을 해왔다. 경우를 뒤집은 것이
다. '하이브레(Haibrews, Khaibrews)'는 '야두 족(Yadoos)'에서 유래하였다.
바로 그 '야두(Yadoos, 아프간 족)' 땅(Dan과 Gad)에는 고대 유대의 잔족(殘
族)이 있다.** 그러나 나는 지금 가나안의 해상(海上) 점거의 고찰을 더 하

는 쪽으로 가야만 한다.

솔로몬의 시대보다 훨씬 오래 전부터 가장 먼 곳으로 대양(大洋)을 가로지른 그들의 배들을 가지고 있었던 이 힘이 넘치는 사람들은 '부모의 땅 인도(India)'에까지 버릇처럼 항해(航海)를 하였고, 해상의 라이벌 희랍보다 훨씬 앞서 그것을 체험하였다. **솔로몬 궁전의 황금과 호화로운 기기(器機)들의 출처는 인도라는 점은 명백하다.** 항해 거리와 수입품의 속성, 페니키아 사람의 고국(故國)이라는 점 등이 그 사실을 입증하고 있다. **인도까지 항해(航海)에는 3년이 걸렸다.** 히람(Hiram)의 해군을 거느리고 "왕을 위해 타르시스(Tarshish)의 해군이 바다에 있다."[13] 타르시스(Tarshish)의 해군은 삼년에 한 번 황금과 은, 상아(象牙), 원숭이, 공작새를 가지고 돌아온다. 나침반과 내비게이터가 없는 고대에 가나긴 연안 항해에 필요한 기술과 노력과 숙련을 말할 것이 없고, <성경> 사가(史家)에 의해 그 3년의 항해는, 대(大) 실론 섬 연안 항해였다는 점도 나는 조금도 의심을 하지 않는다. 집단 정착에서의 상응하는 단조로움은 최근에 '바산(Bashan)' '길레아드(Gilead)' '아스토레트카르나임(Ashtoreth-Carnaim)' '하조르(Hazor)'가 놀랍게도 모국(母國) 인도의 '바산(Bashan)', '길리드(Gilid)', '아스토레(Astore)'의 '카르나스(Crnas)', '후자라(Huzara)' 세트와 조응한다는 사실이 알려졌다.

역시 놀라운 또 하나의 일치는 가나안(Canaan) 연안에 나타나 있다. 모국(母國)의 북쪽에서 남쪽으로 '아코(Acho)', '키손(Kishon)' 강, '카르멜(Carmel)', '도르(Dor)'를 따라 정착 자들은 '아코(Aco)', '키센(Kishen)', '카르멜(Carmel)', '도르(Dor)'를 세웠다는 점이다. 인도에서 '아코(Acho)'는 '바산(Bashan)' 가까이 인더스 강 지류에 자리 잡고 있다. '키센(Kishen)' 강, 또는 '키센 군가(Kishen Gunga)'는 바로 크리슈나(Krishna) 강이니, 바로 남쪽으로 흐르고, 카슈미르 서북쪽 국경을 감돌고 있다. '도르(Dor, 도리아인의)' 강은 서쪽에 있다. 하지만 '카르멜(Carmel)' 시는 남쪽으로 비교적 가까운 거리다. '옛 강물' '키손(Kishon)' 강의 바로 남쪽으로 유명

---

13 열왕(列王), 10장. 22절.

한 '메기도(Megiddo)'가 있는데, 그것은 인도에서 '마가다(Magadha)', 희랍에서 '마게단(Maghedan, 마케도니아)'으로 이미 주목한 바 있다. 이 지점 주변에 위대한 라지푸트 왕 "자빈(Jabin) 주인의 대장 비 유대인의 하로세트(Harosheth)에 거주했던 카나안 왕" '시세라(Sisera)'가 대패(大敗)했던 현장(現場)이다. '수리아 반사(Surya Vansa)'에 의한 '발(Bal)'의 숭배는 이미 언급했던 바다. 그 우상 숭배에 들어간 이스라엘 후손은 타락했고, 더구나 그 '태양 우상 숭배'의 특징인 '황소 숭배'를 채용하였다. 그들은 "'발림(Baalim)'에게 수종(隨從)하였고, 그들 조상의 주 하나님을 버렸다. 주 하나님은 이집트 땅에서 이끌어 내 주셨는데, 다른 신들을 좇고 주변 사람들의 신을 따라 그것들에 경배하여 주님을 성나게 하였다. 그래서 그들은 주를 버리고 '발(Baal)', '아스타로트(Ashtaroth)'에 수종하였다."[14] 모든 원시 문명에 관한 콜로넬 토드(Colonel Tod)가 갖고 있는 선명한 견해는, 그 이름을 영광스럽게 해 주고 있다. 그의 견해는 포괄적이나, 자연스럽고 역사적인 것은 아니다. 그 힘찬 작가는 말하고 있다. "'불단(Buldan, 태양에 바쳐진 황소)'은 잘 기록이 되어 있다. '라자스탄(Rajasthan)'에는 수많은 '발림(Baalim)'과 '발푸르(Balpoor)' 사원(寺院)이 있다. '사우라스트라(Saurashtra)'에는 몇 개의 '마데오(Mahadeo)'가 있다. 모두 '태양'을 모신다.

> '그에 다른 이름이신 브올(Peor), 그가 이끄실 적에
> 시팀(Sittim)에 이스라엘 나일에서 진격하였네.'-<실락원>, b. 1

.......그 시절 '모든 우상 숭배자들'은 '힌두이즘'이라는 교리를 지니고 있었던 것으로 보인다."[15] 또 주장을 펴고 있다. "주님이 보시기에 유다(Judah)의 죄악(罪惡)은, 발(Bal)의 상(像)을 '높은 곳, 형상들, 숲, 모든 높은 산, 나무 아래에 세우는 것'이고, 기둥(링감, lingam)은 발(Bal)의 상징이었다. 기둥은 '향(香)을 사르는 제단'이었고, 힌두의 신성한 아마부스

---

14 사사기(土師記), 2장, 11~13절.
15 <라자스탄(Rajasthan)> 1권, p. 76.

(Amavus)인 '송아지를 그 달 15일에 희생(犧牲)시켰다.' **이스라엘의 송아
지는 '발케사르(Balcesar, Iswara)의 황소'이고, 이집트의 '오시리스
(Osiris)' 송아지이다."[16]** – "'마하데바(Mahadeva, Iswara)'는 '메바르(Mewar)'
에서 라지푸트 수호신이고, 왕조 초기부터 '겔로테(Gehlote)' 찬양의 유
일한 대상인 그의 배우자 이사(Isa)와 더불어 나타나고 있다. '이스바라
(Iswara)'는 '에크링가(Ek-linga)'의 별칭으로 숭배가 되고, 사면(四面)의
흉상으로 대표되는 사면신(四面神) '이스바라 카오무키(Iswara Chaomukhi)'
이다. '신성한 황소' 난다(Nanda)는 모든 '이스바라(Iswara)' 성지에 부속
으로 그 황소의 제단이 있고, 메네스(Menes, Apis)와 이집트 오시리스
(Osiris) 성지(聖地)에도 그것이 있다."

 "신성한 황소 난다(Nanda)는 가끔 그의 분할된 성지(聖地)를 갖는데.
'우디푸르(Oodipoor)' 계곡에 있는 것은 계절에 관련된 것으로 점치는 곳
으로 유명하다. 그 황소는 '이스바라(Isvara)'의 말[馬]로서 그를 전쟁터
로 실어 날랐다. 그것은 자주 전속력을 내는 이스바라 배우자 '이사(Isa)'
를 나타낸다. 그 황소는 페르시아 사람들에 의해서는 '미트라스
(Mithras)'에게 공여(供與)되어 힌두 신앙과는 반대로 보이는데, 황소는
태양신의 제단 위에 공식적으로 피를 흘렸다. 제단 위에서 '불단(Buddan,
황소의 供與)'뿐만 아니라, 인간 희생도 있었다. 이집트의 사제(司祭)들이
'오시리스(Osiris)'에게 아피스(Apis)의 친척을 비쳤는지는 알 수 없으나,
이집트인은 '쇠고기 먹는 것'을 금하지 않았으나, 그들도 그렇게 했을
수도 있다. 에클링가(Eklinga) 성지(聖地)는 산골짜기에 자리 잡고 있는
데, '우디푸르(Oodipoor)' 북쪽 6마일 정도의 거리이다. 주변에서 우뚝 솟
은 산에 원시적 형태를 이루었는데, 급경사의 꼭대기에 벌집 같이 무리
를 이루었다. 거기에는 풍부한 작은 샘물이 있어, 그것이 담록(淡綠)의
관목(灌木)을 기르고, 특히 '키네르(Kiner, Oleander)' 신에게 바칠 만한 꽃
이 '아라불리(Aravulli)'에 무성하게 자라고 있다. 대나무와 망고 나무의
숲은 예전부터 일반적인 것이었다. 그러나 대나무가 발(Bal) 숲을 해쳐

---

16 <라자스탄(Rajasthan)> 1권, p. 79.

'신성모독'이라 생각하여 대나무는 거의 파괴가 되었다. 그러나 거기에
는 신성화한 많은 나무들이 주변에 널려 있다. 그렇게 상세하게 얽혀 있
는 사원의 바른 개념을 전하는 것은 어려운 일일 것이다. 사원은 꼭대기
가 피라미드형으로, 고대 '시바(Siva) 사원(寺院)'과 같은 공통된 탑형이
다. 힌두 신성 건축의 다양한 발주(發注)는 사원의 직각 벽으로 세운 꼭대
기 모양으로 구분이 되고 있다. 시바 사원(寺院)의 꼭대기는 일관되게 피
라미드형으로 그것의 측면은 그 기초가 '정사각형'인가 '직사각형'인
가에 따라 다르다. 꼭대기에는 '쿨리스(kulhis)'라 부르는 스핑크스, 도자
기, 구형, 사자 같은 장식을 형상을 올렸다. 꼭대기가 피라미드 절두체
(截頭體)인 경우에만 비올리(Biolli)에서처럼 사자들의 행렬이 주변을 감
싸게 했다. 에클링가(Eklinga) 신전은 넓은 면적에 백색 대리석으로 지었
다. 개방형 둥근 천장의 사원 아래에 기둥들이 떠받들고 4면의 신상 앞
에는 자연 크기의 황동으로 만든 '황소 난다(Nanda)'가 있다. 그것은 정
교한 비율로 이룬 주물(鑄物)이다. 보물을 찾겠다는 신심 없는 침입자의
'망치'나 '발포(發砲)'가 그 옆구리에 구멍을 나게 한 것 말고는 완벽한
형상이다. 사각형 안뜰 안에는 소형(小形) 신상들을 보유한 작은 성지(聖
地)가 있다.'[17]

"내가 그 '루니(Loony)강'과 마주친 가까운 곳에 '발푸르 시바(Balpoor
-Siva, 발의 도시)'에 헌납된 작은 사원(寺院)을 방문했다. 신(神)의 신비로
운 상징 앞에 '반(Vahan, 놋쇠 황소)'이 있었다. 그것은 동시에 명백히 사우
라(Saura) 반도의 유일한 숭배 대상이었다. 이 지역은 *역사의 오래 전, 아*
마 히람(Hiram)과 티레(Tyre) 항해자들이 예루살렘의 현명한 왕[솔로몬]
에 헌납 자였던 때보다 훨씬 앞서서 홍해 해안과 이집트 팔레스타인과
*소통 관계에 있었다*는 것은 거의 의심할 수 없다. **인도의 발 에스바(Bal-**
Eswar)와 황소(난다-Nanda)가 아니면 그것이 무엇이기에 '발(Baal)과 놋
쇠 송아지'에다 15일이면 특별한 경배를 올릴 것인가?......그러기에 발
푸르(Balpoor, 벨의 도시) 시리아의 발테크(Baltec, 헬리오폴리스)와 동일하

---

17 <라자스탄(Rajasthan)> 1권, p. 515.

다. 명의와 제의(祭儀)와 상징에서 이른바 풍요와 생산의 상징인 태양 숭
배와 그의 유형인 황소 숭배의 일치가 그것이다."[18]

　이스라엘 백성인 이스라엘 후손들이 타락했던 그 우상 숭배에 대한
성실한 묘사는, 내가 묘사했던 가나안(Canaan) 땅의 식민(植民)을 그 사람
들과 정확한 일치를 제대로 보여 준 것이다. '라지푸트 전쟁 대장'의 거
주지 '비(非) 유대인의 하로세트(Haro-sheth)'는, 이미 제시한 힌두의 전
쟁 신 '하르(Har) 도시', 하로스(Haros, 희랍어 헤로스)를 위한 대도시, 군사
요새지의 정밀한 제시이다. 자빈(Jabin)이 소유했다는 "9백대의 철 전차
(鐵 戰車)"는 구 희랍과 인도의 무사 계급의 일상적 군사력의 묘사이고,
"그가 사람들을 제압했던" 군사력의 묘사이다. 그 군사력의 괴멸에 전
지전능한 신력을 통해 그 전사(戰士)들에게 내린 공포감은 학살의 유일
한 유물인 '시세라(Sisera)'가 그 학살 현장에서 맨발로 도망을 쳤던 사실
이다.

　항상 '라지푸트들(武士族)'이 그러하듯이 신비로운 자애의 권리를 믿
고 완전히 격렬한 전투로 망가진 맨발의 상태로, 시세라(Sisera)는 그가
태평을 누렸던 대장의 부인 장막으로 들어갔다. 그러나 이 명백한 성역
(聖域)은 비참한 그의 살해 현장이 되었다. 시세라(Sisera)는 경멸을 받을
만한 죽임을 당했다. 그의 파괴는 수치스러운 것이 되었다. 시세라
(Sisera)가 "지쳐 잠들어 있을 때" 그의 사원으로 들어온 한 여인의 연약
한 손이, 대못으로 그를 장막 속에서 살해한 것이다. 그 어떤 것도 가슴
에서 솟아난 찬송, "그 때에 이스라엘의 심판이 행해진다."는 그 점쟁이
입에서 나온 숭고와 고상이 결합된 감사를 능가할 수 없다.

　"이스라엘의 복수를 주신 너희 주(主)를 찬양하라. 당시 사람들은 기
꺼이 자신들을 헌납했다...."

　"주여, 당신이 '세이르(Seir)'로 나가셨을 때, 당신이 에돔(Edom)의 들
[野]로 진군하셨을 적에, 땅이 흔들렸고, 하늘은 눈물을 흘렸고, 구름도
그러했습니다...."

18　토드(Tod), <서아시아(Wetern Asia)> p. 54.

"산악(山嶽)도 주님 앞에서는 녹아내렸고, 저 시나이(Sinai)까지도 이스라엘 주님 앞엔 그러합니다...."

"*저네들은 새 신(神)들을 택했습니다. 그래서 전쟁이 대문 앞에 이르렀습니다. 4만 명의 이스라엘의 창과 방패가 보이지 않으십니까?*"

"내 가슴은 기꺼이 이스라엘에 헌납하는 통치자들에게 나아가 있다. 너희 주를 찬양하라. 하얀 나귀를 탄 너희, 심판에 거(居)한 너희, 그 길을 걷는다고 말하라."

"물 깃는 곳에서도 궁사(弓師)의 소음에서 구제를 받을 것이고, 주님의 정의로운 행동을 연습할 것이고, 정의로운 행동이 이스라엘 마을 주민으로 향하리니, 그러면 주님의 백성은 그 대문으로 갈 것이다."

"데보라(Deborah)야 깨어나라, 깨어나라. 깨어 깨어나 노래하라. 바라크(Barak)야 일어나라. 그리고 그대의 포로, 아비노암(Abinoam)의 그대 아들을 이끌어라....."

"제불룬(Zebulum)과 나프탈리(Naphtali)는 고원 지대에서 죽을 위험에 있었던 자들이다."

"왕들이 와서 싸웠다. 그 다음 메기도(Megiddo) 강가 타나크(Taanach)에서 카나안 왕들과 싸웠다. 그들은 돈을 한 푼도 얻지 못 했다."

"그들은 하늘에서 내려와 싸웠다. 별들도 운행하면서 시세라(Sisera)에 대항해 싸웠다."

"키손(Kishon)강이 그들을 휩쓸어 갔다. 그 옛 강물은 키손(Kishon[19])강이다. 오 영혼이여, 그대가 강자를 짓밟았구나."

"그 다음, 껑충대다가 말의 편자가 부러졌다. 힘 센 자들의 껑충댐이라."

"너희 메로즈(Meroz)에 저주가 있으리라. 주님의 천사가 말했다. 너희 주민에 독한 저주가 있으리라. 그들은 주님의 가호로 오지 않고, 강자를 치는 주님께 오지 않았다."

"헤베르(Heber)의 아내 자엘(Jael), 케니테(Kenite) 여인들에게 축복이 있으리라. 장막 속에 여인들 위에도 축복이 있으리라."

---

19 옛 고장 카슈미르의 '키센(Kishen-크리슈나 강)'에 연유하였다.

"그가 물을 원했다. 그녀는 그에게 우유를 주었다. 그는 훌륭한 접시에 버터를 내왔다."

"그녀는 손으로 대못을 잡고 바른 손으로 일꾼의 망치를 들고 시세라(Sisera)를 세게 쳤다. 그녀는 시세라(Sisera)의 머리를 세게 쳤다. 그녀는 시세라의 사원(寺院)을 치고 돌아 다녔다."

"그녀의 다리에 그는 절하고 쓰러져 내렸다. 그녀의 다리에 절하고 쓰러졌다. 그곳에 절하고 그곳에 쓰러져 죽었다.....그래서 모든 당신의 적(敵)들은 망합니다. 오, 주여! 그러나 그들도 주님을 사랑하여 태양처럼 그의 권능 속에 행진하게 하소서."[20]

콜로넬 토드는 말한다. "전쟁에 지거나 한 도시가 점령된다는 것은 포로와 공포감을 내버린 신호(信號)이니, 여성 '라지푸트(Rajpootni[21])'에게는 죽음보다 더욱 나쁜 경우이다....적들이 야수(野獸) 같은 타르타르(Tartar)였을 때, 우리는 운명의 주후르(Juhur)[22]가 명예를 지켰던 감정에 들어가 볼 수 있다. 그러나 그 실행은 라지푸트의 국제적인 전쟁과 공통이다. 나는 많은 돌과 놋쇠 새긴 명문을 가지고 있는데, 그것은 승리의 증거로서 '포로가 된 적(敵)의 처(妻)들'을 기록하고 있다. 시세라(Sisera)의 어머니가 창밖을 내다보고 격자를 통하여 외쳤다. '전차(戰車)는 어찌해서 지체하는가? 그들이 속도를 못 내는가? 그들에게는 모두 한두 계집을 나누어 가지지 않았는가?'-우리는 전장(戰場)에서 돌아올 아들을 상상하는 '라지푸트 어머니'의 완벽한 한 장의 그림을 갖게 된다."[23]

그 명확한 시각을 지닌 이 작가[성경 史家]의 놀라운 묘사보다 더욱 강력한 표징은 없다. 가장 존중되는 고대의 풍속 의례와 변용된 언어에서까지 대부분의 꼼꼼한 연대가보다 더욱 믿을 만한 역사가가 있다는 것을 망각한 사람들은, 이 <성경>의 장 절로 자신의 관점에서 주관을 세워 왔다. 그들은 바로 내가 제시한 증거[地名의 고찰]를 수용할 것이고,

20 사사기, 5장 2~31절.
21 여성 '라지푸트(Rajpoot)'
22 종족의 '여성 희생물'
23 콜로넬 토드, <라자스탄(Rajasthan)>, 1권, p. 640.

'가장 중요한 법정[역사]'에서는 맘대로 주장 제시된 구절, 정황적(情況的) 증거를 과시하는 '진실'과 '증명'은 거부가 될 것이다. 콜로넬 토드는 철자(綴字)를 바로 잡았다. "시세라(Sise-Ra)"는 라지푸트 명칭인 '세세 왕(Sese-Prince)', '세세 대장(Chief of the Sese)'으로 라지푸트 대왕 족(Royal Rajpoot Tribes)의 하나이다. 콜로넬 토드는 '라자쿨라(Raja-cula, 수리아 반사-Surya Vamsa의 왕족)'를 그처럼 놀랍게 설명하였다.['일방주의'가 아니라 '다투는 양자를 함께 고찰하는 포괄적인 史學徒 시각'을 강조하는 포콕]

그래서 결국은 다음과 같은 사항이 드러난다. **첫째-팔레스타인 식민지는 인도인과 타르타르 인 지방 명칭이 동일하다. 둘째, 옛 나라 인도와 새 나라 팔레스타인의 우상 숭배의 동일성이다. 셋째, 인도와 시리아 양 지역에서 전차(war-car)의 우선적 상용화(常用化)이다. 넷째, 인도의 라지푸트와 팔레스타인 라지푸트의 동일성이다. 다섯째, 이스라엘 족이 마주치고 내던진 다른 종족에 대한 긍정적 고시(告示)이다.**

나는 팔레스타인에 남은 여타(餘他) 지역과 종족에 관해 잠깐 언급할 것이다.

'페니키아' 식민지의 출발점과 그의 '부모 도시 시돈(Sidon)'은 명백하다. 독자가 아프가니스탄 지도를 가지고 있으면, '파이니카스(Phainicas, 페니키안스)'의 위치를 확인할 수 있다.

솔로몬 사원의 건축으로 히람(Hiram)에게 내린 상에 관해 히람의 경멸적 질문을 포함한 저 동방 연극이 갖고 있는 강렬한 풍자를, 독자는 지금은 이해가 될 것이다. <성경> 기록자는 우리에게 말하고 있다. "히람(Hiram)은 티레(Tyre)에서 솔로몬이 그에게 제공된 도시를 보러 왔으나, 솔로몬은 그에게 그 도시들이 기쁘지 않았다. 그래서 그는 말했다. 형제여 당신이 내게 주겠다는 도시는 무슨 도시인가? 그러고 나서 솔로몬은 그 도시들을 당시에 '카불 나라(Land of Cabul)'라고 이름을 지었다."[24] 펀자브 지도를 참조하면 독자는 바이니카스(Bhainikas, 페니키안스-

---

24 열왕기(列王記), 9장, 13절. '카불(Cabul)'은 '더럽고' '기분 나쁜' 곳이다.

Phoenicians)에 있는 본래의 '카불(Cabul)'과 시돈(Sidon)을 확인할 수 있을 것이고, 그 도시들이 페니키아(Phoencia) 내부에 있는 것도 알 수가 있다.

그런데 '불쾌' '추악(醜惡)'을 의미하는 '카불(Cabul)'이라는 용어는, 히람(Hiram)의 옛 조상의 나라에 명칭에 관한 조롱의 연극에 나온 말이다. 키손(Kishon, 크리슈나 강)에서 멀지 않고 이미 주목했던 도르(Dor)와 메기도(Megiddo)의 조금 남쪽 팔레스타인에 인도 사람의 정착지 '사마리아(Sa-mar-ia)' '수메루(Soo-meru)' 성산(聖山)과 헬라 족 식민지 '소마로스(So-maro-s)'가 그것이다. 그것은 이스라엘 족이 도착하기 오래 전에 불교 숭배의 성산(聖山)이었고, 그것은 예루살렘 사원과 일종의 라이벌적 기관을 지속하였다. 사마리아 여인이 예수께 말했다. "저는 선생님이 선지자임을 알고 있습니다. 우리 조상은 이 산에서 숭배를 하였습니다. 선생님은 사람들이 마땅히 섬겨할 곳이 예루살렘에 있다고 하십니다."[25] 우리는 이처럼 가족이 종족으로 확장되고, 종족이 민족으로 확장되면서 동일한 초기의 통일 감정도 잔존하는 원시 가부장적 사회의 의심할 수 없는 증언을 듣고 있는 것이다. 여기에서 독자는 고산 족(高山族, mountain tribes)의 이동 속에 명시된 이주와 정착의 특별한 조화를 생각하지 않을 수 없을 것이다. 그래서 우리는 팔레스타인의 '도르(Dor)' 시, '키손(Kishon)', '메기도(Megiddo)', '사마리아(Samaria)'산이, 동일한 북쪽 사람의 카슈미르 지역의 '도르(Dor)' 강, '키센(Kishen)', '마가다스(Magadhas)', '수메루(Su-meru)'를 동시에 확인할 수 있는 것이다. <u>그 사회가 가장 존중하는 것으로 '통합되는 그것(명칭)'보다 그 원시적 연대에서 더 강력한 증거로 과연 무엇이 있겠는가?</u>

아프가니스탄과 팔레스타인에서 더욱 남쪽에 거주자들을 살펴보겠다. '사론(Saron)'은 사마리아 지방 남쪽 국경에 있다. 이 지역의 고향은 쉽게 '사라반(Sarawan)'을 생각했을 것이고 '사로니카 족(Saronicas, 사로론 灣 정착 자)'과 동일한 사람들이다. 아프가니스탄에서도 그러했듯이 팔

---

25 요한, 4장, 19, 20절.

레스타인에서도 형태상의 약간의 차이는 있으나 '대장의 도시'는 사론
(Saron)이다. 요즈음 그 사회적 양상의 뚜렷한 점에 대해 주목되고 있다.
아프가니스탄 사라반(Sarawan) 지역에 '살(Shal, Shli)'²⁶라는 곳이 있다. 팔
레스타인 사론(Salon)에도 '살리사(Shalish-a)'란 곳이 있다. 널리 알려진
팔레스타인 가자(Gaza)는, 아프가니스탄 사라반(Sarawan) 지역에 가자
(Gaza)라는 곳이 있다.

우리는 '신(神)의 백성(the people of God)'이라는 강렬한 적(敵)들 속에
있다. 그들은 이스라엘 군대에 대항해 함성²⁷을 지르는 어떤 적(敵)보다
강한 무사들이다.

'필리스티네(Philis-tines, 빌 땅의 사람들)'은 대부분 고대 '인도(印度) 원
주민'이다²⁸. 그들은 하몬(Hamon) 계 지파로 역시 그 지파에 마케돈
(Macedon)의 필리포스(Philipos, 빌 왕)가 있었다. 고전 작가들에 의해 이 사
람들은 '알로풀리(Allo-Phuli)'로 바뀌었으나 진짜 이름은 '할라플라
(Halaphula, 할라 산 족)'이고, 역시 '헬라(Hela)'라고도 적었으니, 우리가 이
미 주목했던 '헬레네스(Hel-lenes, 헬라 족장)'의 조상들이다. 우리는 이제
페니키아 연안 사람과 그들의 희랍 형제의 현실적 관계를 확인할 수 있
다. 그래서 페니키아에서 실론 섬까지 별 어려움 없이 연안 항해 항해자
들에 의해 두 지방의 용이한 상호 교류가 옛날부터 있었던 교류와 식민
과 유사성에 대한 초기 역사가들의 보고들을 기꺼이 수용할 수 있다고
나는 믿는다. **나는 인류를 향해 평화(平和)와 친선(親善)의 조짐을 전했던
그 나라의 흥미로운 주제 소개 못함을 유감스럽게 생각한다. 그렇지만,
이후 탐색의 속성은 직접적인 고구(考究)를 요하는 것이다.**['다다이스
트' 포콕의 기본 태도]

---

26 '선고된 숄(Pronounced Shawl)'이다.
27 호머의 '보엔 아가토스 디오메데스(Boen agathos Diomedes)'는 '현재 북아메리
   카 인디안'이다. 그의 지속력과 불굴의 용기는 미래에 주목을 받을 것이다.
28 말콤(Malcolm), <중부 인도(Central India)> 참조.

제 XVI 장

시간, 오류와 진실의 기초

'시간'은 모든 피조물의 뿌리이고,
창조주는 기쁨과 고통의 뿌리이다.
'시간'은 경험을 낳고, 그것을 부수고,
'시간'은 모든 것을 멸(滅)하고 새롭게 만든다.
'시간'은 잠이 든 모든 것을 보고 있다. 멸(滅)할 수도 없는 '시간'이여!

　　　　　　　　　　　－마바르(Mhabar). 베다(Adiparv)

　광범한 인류의 원시 가족의 이미 채택된 견해에서부터, 추적되었던 그것들의 지역적 영향에 이르기까지, 비록 어떠한 지방적 종교적 신념이나 존경스러운 고대 역사가의 교훈이라고 할지라도, 그것이 **'교부(敎父)적 통치와 교훈의 위대한 원리'와 조화**를 이루지 못 하면 거의 신용할 수 없는 것이다.[종교적 뿌리가 없이는 것은 신용할 수가 없음] 북방 식민지 구성 요원이 그들의 원시 정착지가 이미 추적이 되었고, 그들의 정착이 역시 지리학적 명료성을 지니고 있으니, 역사적 결과를 낳고, 그 결과는 식민지 언어 현실로 해설에 기초를 남기었다. 그것은 사실들을 고찰하는데 올바른 것이니, 그것들을 풀어서 주장 전개의 기초를 삼으면 그 위에 '추정된 역사의 경과'가 세워질 것이다. 그러나 그러한 과정은

너무나 이론적 원리에만 기대는 것이기에, 나는 이미 수행해왔던 대로
의 유익한 결론과 탐구 체계를 고수해 나갈 것이다. **그 탐구는 일반적 희**
랍 역사가들의 방법으로는 도저히 획득될 수 없는 사실을 포함시켰으
니, 이 저서를 통해 이미 명시하였듯이, 희랍 작가들은 그러한 [梵語의]
정보를 얻어낼 능력이 전혀 없었기 때문이다. 평범한 역사적 진실을 흐
리게 하는 수많은 오해의 사례를 여기에서 거론할 필요는 없을 것이다.
그와 같은 사례는 쉽게 10배로 늘릴 수도 있다. 그러나 진리를 추구하는
사람의 관심을 억누르는 것은, 상고(上古) 원시 시대 희랍인에 존재했던
그 사회 상태와 완벽한 조화를 이루는 모든 것이 사실의 연속에 요구되
는 불가결한 속성이었다는 점이다. 사실상 그 언어 형성에 선행(先行)하
는 희랍의 고대는 너무 존중이 되어서 대체로 희랍적인 것이라 불리는
사회 상태였다.['힌두'와 '희랍'의 완전 동일성 속에 '의도적 차별화']

　'그라이코스(Graikos)'의 어원(語源)은 우리는 로마인의 중계를 통하여
결국 '그리스(Greek)'란 용어로 수용하게 되었지만, 나는 그것에 간단한
주석을 가하겠다. 그것은 전반적으로 희랍인이 기록한 신화적 지분(支
分)과의 긴밀한 관계에서 고려된 것이다.

　그러나 현재로는 초기 희랍 사회에서 가장 두드러진 양상의 고찰이
필요하다. 왜냐하면 그것이 행해지기까지는, 희랍 역사에 나타난 허위
매체를 통해서 논설들이 치우치게 되거나 우리를 잘못 이끌게 되기 때
문이다.

　오늘날의 이동(移動)에는 개선된 기계적 장비가 있지만, 기존한 문명
사회 상태를 그 이동(移動) 속에 세운다는 것은 명백하게 불가능한 일이
다. 그리고 원시 사회 상태에서 한 종족의 생계(生計)로서 무수한 가축 떼
가 동반되어 방해 받지 않은 넓은 지역을 이동(移動)하였고, 방대한 지역
에 많은 사람들이 그러했다는 것도 명백한 사실이다. 그와 같은 '대형(大
形)의 이동(移動)'은 명백하나, 오늘날은 문명화한 힘의 경계들 때문에
허용이 될 수 없는 사항이다. 원시 사회에서는 그와 같은 시기심(猜忌心)
이 발동하지 않았다. 종족이 커지면서 '가부장적 체계'가 생겼을 것이
고, 존경할 만한 시조(始祖)를 찾아내어 깊은 존경과 찬양을 드리게 된 것

이다. 종족(국가)의 아버지는 그 종족의 신(神)이 된다. 동일한 효과가. 승리한 무사(武士)나 금욕주의자[司祭]에 의해서도 생겼다. 그리고 그런 종류의 숭배에 '월궁(月宮) 족(Lunar race, 유일신 족)'은 특별히 중독이 되어 있었다. 비록 태양족(Solar tribes, 다신교도)이 희랍에 '태양 숭배'를 소개는 했으나, 시간의 진전에 따라 종족과 숭배는 완전히 '월궁 체제'로 대체되었고, 다음에 알게 되겠지만, 종국(終局)에는 그것이 고대 희랍인 숭배에 기초를 이루었다. 그러나 내가 그 문제로 들어가기 전에, 헤로도토스에 의해 기록된 두 가지 사항을 요약한 '비숍 털월(Bishop Thirlwall, 1797~1875)의 신중한 생각'을 살펴보는 것이 좋을 것이다. 그 유식한 성직자는 말하고 있다. "<일리아드>에서 아가멤논(Agamemnon)은 '근엄한 약속'에 증언을 하러 신들을 방문했다. 그 올림포스 신들 중에 아가멤논은 우선 주피터(Jupiter)만 불렀다. 그 다음에 아가멤논은 보이는 모든 것, 들리는 모든 것, 해, 강, 땅, 마지막으로 지하(地下)에까지 '위증(僞證)을 행한 자를 처벌하는 신들'에게 호소를 하였다."

"그 같은 방식에서 우리는 '**펠라스기아 사람들(Pelasgians)**'이 그네들의 원시적 신앙에 따라 '볼 수 없는 힘'을 숭배했고, 감각적 세계에 다양한 형상을 정령(精靈)화했음을 알 수 있다. 그것은 '**펠라스기아 종족**' 속에서 성행(盛行)한 가장 오래된 종교적 형식이고, 그것은 역시 '펠라스기인' 내부 예로서도 가능하고 고대 페르시아 인의 예에서 확신할 수가 있다. 이러한 측면에서 우리는 '헤로도토스의 말'도 이해할 수 있는 것이다. 그러나 헤로도토스가 그 단순 신념이 희랍 신화의 복합적 체계로 바뀌었다는 그 논리를 따라가다 보면, 헤로도토스를 수용하기란 쉽지 않다. **헤로도토스는 희랍 종교가 수행했던 두 가지 큰 변화를 구분하고 있다. '외국 신들의 소개로 형성된 것'과 '태생 시인들의 발명(창작)으로 된 것'이 그것이다. 헤로도토스의 탐구는 그가 말했듯이 모든 희랍 신들의 명칭은 야만인들[힌두인]에서 유래하였고, 헤로도토스가 이집트에서 수집한 정보도 몇 가지 예외가 있으나 그들의 대부분은 그 '야만 지역[힌두]'에서 이식(移植)된 것이라는 확신** 속에 있었다. 일부 이집트 사제는 그것을 부정했다. 그러나 나머지 대부분은 그것이 이미 알려진 사실이라고 말했다. 그러기에 헤로도토스는 '펠라스기아 사람들'이 발명한 이름과 '바다의 신' 포세이돈을 빼고는 아프리카에서 들어와 퍼진 이름으로 추측을 하였다. '신들의 명칭'에 관해서 헤로도토스와 그의 스승들은, 이집트의 명칭에 상응한 희랍어로의 번역 과정에서 생긴, '희랍인이 생각한 신들의 속성'이라는 점을 알 필요가 있다. 그러나 이 헤로도토스의 증언이나 판단은 희랍에 행해진 전통적 '동방 식민(植民)'과 연결이 되었고, **한 때 그 주민들은 동방 사제 식 제도로 우선 문명의 기초를 세웠던 것으로 보이고, '희랍 신비와 밀교적 교리'는 동방[인도] 인이 전수했다는 것, 희랍 신화와 이집트 신화의 몇 가지 일치점은 아직까지 격렬하게 논쟁이 되고 있는 가상(假想)의 전제가 되어 있다.** 그것은 옛 '펠라스기'의 어두운 시대에 희랍으로 들어온 식민은 사제(司祭)가 그 앞장을 섰고 그들이 새로운 정착지에서 최고 권력을 행사했던 것으로 보인다."

"사제(司祭)들은 그들의 옛 고장에서, 신(神)의 특성과 그 기능과 방출 속에서 무한히 다양해져 있으나, '생활과 지성의 샘물'인 유일신(one God)에 대한 지식을 전수받은 확신과 지혜를 가지고 왔다. 그들이 무식한 대중의 경배에 제공했던 것은 그 미개의 정신을 어지럽게 하는 그네들의 단순성에서가 아니라, 상징과 기발한 우화의 베일을 통해서 전했으니, 그것은 사람들에게 문학적 진실로 수용되었고, 점차 복잡한 신화적 체계로 정착하게 되었다. 사제의 숭고한 독단은 '선택된 소수'에 보존이 되었고, 그들은 그것들을 그네들의 수수하고 단순한 형식으로 사유할 수 있었고, 그네들만이 고대 신학의 교리를 전하는 사원의 시(詩)와 칭호와 이미지를 이해할 수 있었다. 이 사제(司祭)적 정부(政府)가 모든 곳에서 그 영웅적 대장들에게 권력을 내어 주고, 사제가 '그늘'로 돌아왔을 때는, 그들의 이론은 성지(聖地)에 국한되었고 끔직한 모호함으로 축복되는 의식의 수용에서만 등장이 되었다. 한편 시인(詩人) 족들이 나와 대중의 귀를 사로잡았으니, 시인들은 영웅 전설과 종교적 신화를 섞어 그 원래 의미를 상실하게 만들었고, 신화적 혼란을 초래하였다. 도라아 인의(Dorian) 침략으로 그 어려움은, 세속인과 사제의 불신의 골을 깊

게 만들었다. 그러나 사제들의 종교는 신화 속에서 군사적 변개와는 무
관하게 보존이 되었고, 그것은 오늘날 이교주의(異敎主義)로 명시되는
수단이 되었다.'"

이 요약에서 알 수 있듯이, 최근에 그 독일 고위 성직자는, 바른 식견
(識見)을 보여주고 있다. 하지만, 그 헤로도토스의 견해는 그 속편을 통
해야 더욱 소중한 진실의 함유가 명시될 것이다. 즉 **희랍에서 '태양 족
의 숭배'와 '월궁 족의 숭배'가 융합한 것이 그 점이니, 그것은 결코 완성
이 될 수는 없으나, 희랍 민중 속에 교리와 의례로 아직까지 그 두 가지
가 남아 있다. 뿐만 아니라 이 숭배 종족 간의 차별성은 명백하게 남아
있으니, 스파르타 족(Spartans)과 아테네 족(Athenians)보다 더 명백한 대
립적 개성을 보인 예가 없는데, 그것은 각 종족에 관련된 종교적 상호 질
시(嫉視)에 원인을 둔 것이었다.**

희랍 종족에서 '타르타르(Tartarian) 속성'은 이미 광범하게 검토되었
다. 이 사람들의 중요한 부분은 '불교(힌두)적 신념'이었다. 그들의 수와
군사적 묘기는 궁극적으로 북부 희랍에서 태양족을 축출하는데 성공했
다. 이 중요한 사건은 잠깐 주목할 필요가 있다. 그들의 본국의 회복을
정말 상실한 채로 오랜 뒤에 원시적 족장들이 그들의 족보(族譜)를 보유
한 것에 비상한 관심으로 불교적 신념, 또는 월궁 족의 멤버를 설명함에
나는 우선 '아티크(Attic) 족보(族譜)'를 간단히 살펴보지 않을 수 없다. 꾸
며낸 이야기와는 달리, 정당하게 고찰될 때, 그들은 아주 중요한 역사적
자료임을 알게 될 것이다. 그런데 그것은 단조롭지 않고 '굉장히 꾸며놓
은 것 같은' 바로 그런 계보나, 희랍 기록들을 생각해 보면 그 반대로
가치가 있는 것이다. 그 '조상(祖上)의 가정(家政)'이 출발한 고장[인도]
에서부터 그와 같은 방대한 영역에 행한 언어[梵語]와 지리로 설명이 될
때 유용한 것이 될 것이다.

이 지점에서 나는 '현대 희랍에 유능한 역사가 한사람'이 '변조된 매
체로부터 전해진 정보' 때문에 완전히 미혹에 빠진 것을 유감스럽게 생

---

1 틸월(Tirlwall), <희랍 역사(Greece History)>, 1권, p. 101.

각한다.

어떤 '종족'에 대한 확신이나 믿음이 없이, '거친 전설(傳說)' '뜬 구름 같은 우화(寓話)'의 비(非)역사적인 기초를 장담해 버리는 일이 그것이다. 어떤 사건에 '기념적인 실례(實例)'가 '발명적(창작적)' 원천으로 기여할 수 있으니, 발명의 이론은 기둥을 세우고 미케내(Mycenae) 거대 성곽을 쌓는 것과 같다.

역사적 기준은, 엄격한 해설에서 벗어나 '그 역사를 다루는 사회 상태'와 조화가 이루게 될 기초가 될 때까지 긴장을 해소하도록 해야 할 것이다. 그렇지 않으면 우리 본성의 정당한 감정과 건전한 판단과 실제적 기준에 혼란을 제공하게 될 것이다. 대리인의 존재는 합리적으로 신용을 주어야 하므로, 효과를 내려는 기계적인 대행은 순전히 문학적이고, 창작적인 것이기 때문이다. 괴상하고 허구적인 그 경우에서 진실의 추구는 병든 탐구자의 의무가 될 것이니, 그것은 시간의 위력을 크게 허용하여, 인류의 손으로 보장된 가장 숭고한 구조에서처럼 진실의 탐구에 막대한 영향을 미칠 것이다.

밀턴(J. Milton, 1608~1674)의 우화적(寓話的) 기록에 관련하여, 그로우트(Grote, 1794~1850)씨는 말했다. "우리의 위대한 시인(밀턴)은 영국 '고 우화(古 寓話)'에 관해 그릇된 견해를 버리기보다는 그것을 붙들어 세우고 있다고 나는 생각한다. 신비적이고 환상적 것(그것은 '불가능하고 부조리한 것'이다)의 생략은, 인기 있는 서사문학에서 그 생명의 피를 뽑아버린 것이고, 신뢰자의 감정에 작용하는 그들의 독특성과 매력을 버리게 하는 처사이다."

"더더구나 우리는 동일한 방법으로 고대 희랍 신화를 부수고 환멸을 느끼게 하는 것에 동의하는 것은 아니니, 그들은 훨씬 고도(高度)의 완벽성으로 신화적 아름다움과 특성을 보유하고 있고, 역시 그들은 영국에 영국 우화보다는 더욱 장대한 단계에서 희랍인의 공공 정서와 사적 감정에 스며들어 더 깊이 침잠되어 있기 때문이다. 단지 그 두 코스가 열려 있을 뿐이다. 즉 **현대 역사가가 고대 영국 우화(寓話)를 다루듯이 전적으로 신화(神話)로 처리하는 것과 그들의 독특한 속성을 존중하여 일상적**

이고 보증할 수 있는 역사(歷史)와 복합된 속성으로 인정한다는 것이 그 것이다. 희랍 신화에 관한 후자의 방법에는 충분한 이유가 있다. 그리고 그렇게 할 경우 그들은 희랍 정신사에 중요한 장을 건설할 수 있고, 일반 적으로 인류의 역사에도 그러할 수가 있다. **초기 유사(有史) 이전의 시대 에 관해 희랍인과 다른 사람들의 의 역사적 신념은 그네들의 종교적 신 념에 각별히 종속이 되어 있다. 특히 희랍인들은 그 두 가지가 격동과 분 할 이상으로 긴밀하게 복합되어 있다. 신 영웅 인간-종교와 애국심-신 과 영웅과 인간 문제가 분리할 수 없는 하나로 짜여 있다. 그 속에서 그 들이 원래 그것이 무엇이었건 진실과 현실의 가닥들은 의도된 바와는 구분이 된 바가 없이 그대로 있었다.** 그와 같은 자료를 종합하고 천재들 의 방전(放電)으로 생기를 얻어 희랍의 '신화적 고대'는 단번에 사람들 의 신념과 감정을 사로잡으며 어떤 전체를 이루었다. 그러나 우리가 그 것을 그 주체적 조건에서 분리해 낼 때, 신용도 매력도 없이 객관적 비판 의 면밀함에 그 본체를 드러내게 된다. 더구나 '초기 희랍 신화의 부분 들'은 마땅히 그 부분들의 총합으로 고려가 되어야 하고, 영웅 전설 또 는 전달자의 어떤 영웅 전설에서 신비적 속성을 제외하는 것이니, 그들 간에는 필수적이고 총체적인 차별성이 있듯이 어떤 오류의 관점에서 '전체'가 표현이 되어 있다. 트로이(Troy)와 테베(Thebes)의 신화(神話)는, '크레테(Krete)의 제우스(Zeus)', '델로스(Delos)에 아폴로(Apollo)'와 아르 테미스(Artemis), 헤르메스(Hermes) 또는 프로메테우스(Prometheus) 이상 으로 어떤 역사적 기초를 추적하여 객관적으로 다룰 수가 없다. 다른 신 화들과 구분하여 트로이 포위를 단순화하는 것, 확실한 역사적 연대기 적 사건으로 발군(拔群)의 것이라 생각을 하면 신화적 세계의 진정한 특 성과 일관성을 파괴하는 행위이다. 우리는 (이전의 장에서 명시했듯이) 그 와 같은 폭력적이고 쓸데없는 비판의 강요는 제외하고 그것이 서로 관 계가 없는 '동종(同種)의 형제애로 연결된 하나의 계급에서 생긴 그 이야기' 를 전달만 하는 것이다."[2] 이 장에서는 크레테(Krete)의 제우스(Zeus), 아

---

2 G. Grote 저, <희랍의 역사(The History of Greece)>, 1권, p. 651.

폴로(Apollo) 프로메테우스(Prometheus)의 신화(神話)에서보다 트로이(Troy)
와 테베(Thebes)의 신화에서 더욱 그 합리적 정신이 역사(歷史)적 기초를
추적하는 만족스러운 객관적 작업을 방해하고 있다는 것을 알게 될 것
이다.

그러나 '영국에서의 영국 우화(寓話)'가 역사적 진실을 흐리는 것으로
거부된다는 것, 즉 '역사적인 것을 찾아내야 한다는 것'은 무엇인가?
그와 같은 교훈이 전해졌고, 진리의 빛이 시간의 페이지에 비춰졌을 지
라도 그 페이지의 숙독은 '베일을 제거하기로 한 이론'으로 그렇게 되
었음을 말하는 것이 '독립된 역사의 학도'에게는 만족스러운 것이다.
'아우토크톤(Authochthons, 아테네의 메뚜기)' '켄타우르(Centaurs)' '라피타
이(Lapithae)' '오졸라이(Ozolae)'가 '탐구의 빛' 앞에 사라졌다. 그리고 카
베이리(Cabeiri)와 코리반테스(Corybantes)도 역사적 범위 안에서 그 자리
잡게 되었다. 그래서 나는 모든 진전의 뿌리를 전적으로 공격하는 이론
을 긍정하는 그 단정적 결론들을 붙들고 있을 수는 없게 되었다. 만약 그
가르침이 옳다면, 그것은 바로 속임수가 되는 것이다. 그 적용의 결과는
무엇인가? 간단하게 '관중의 감성'은 속일 수가 있을 것이다. 그러나 재
능이 있는 배우의 연기가 모든 것에 영향을 줄 수는 없다. 그래서 비록
아투스 내비우스(Attus Naevius, 고대 로마 점쟁이)의 '기적(奇蹟) 수행'은 부
정(否定)이 되지만, 그의 존재(-있었음)는 인정이 될 것이다. 그 동일한 사
람 속에 거짓과 진실이 공존한다. '역사적 가치'라는 용어의 상대적 정
의를 생각하며 <라자 타란기니(Raja Tarangini-왕들의 강물-카슈미르 歷代
王紀)>의 능력 있는 번역가이며 해설가의 진술을 들어 보자.

"내가 다른 곳(라자 타란기니, 2권, 372면)에서 말했던 바를 되풀이 할 수
는 없습니다. 나의 확실한 주장인데, 기원전 3102년은 '칼리 유가(Kali
Yuga)'의 개시(開始) 연대이고, 내가 생각하는 역사적 연대입니다. 그 '연
대'는 그들의 가치를 최저로 축소한 결과로 중국, 힌두(인도), 페르시아,
페니키아, 이집트나 그밖에 민족과 같이 한 그것입니다. 우리에게까지
이르러 있는 예술과 과학 종교 정치적 제도를 고려하여 평가한 결과이
니, 최소한 기원전 3000년 전에 저 위대한 나라들이 있었다는 것을 믿어

의심하지 않습니다. 그것은 내가 <라마유나(Ramayuna)>의 영웅 라마(Rama) 탐색의 한계를 초월한 것입니다."

"기원전 2천년의 이 나라(카슈미르) 역사 속에, 우리는 종교적 분쟁이 있었던 것을 알 수 있다. '베다'와 '불교'의 대립이 그것이다."[3] 이 트로이어 대령(Captain Troyer)의 의견은, 유럽의 역사가 메마른 사실의 단순 짜깁기가 아니라, '세계에서 가장 존중할 만한 사회'의 바른 해설자에게 빚을 지고 있다는 그 저자의 바른 판단과 충분히 공조를 하고 있는 사항이다. 나는 내가 빚을 지고 있는 콜로넬 토드(Colonel Tod, 1782~1835)의 저작을 이미 언급하였는데, 거기에 제시했던 바와 같이 그 책은 소중한 지리학적 사실의 탁월한 해설과 확실한 증거를 제시하고 있는 유능한 저작이다. 콜로넬 토드(Colonel Tod)는 '**마하바라다(摩訶婆羅多, Mahabharata) 대전**'을 설명했는데, 나는 '그 대표단이 희랍인으로 추가(追加)되었다는 점'에 주목하였다.[지리적 사상적인 정황을 종합할 때 그렇다는 말.]

"그것(마하바라다(Mahabharata) 대전)은 '하스티나푸르(Hastinapoor)가(家)'와 '인드라프레스타(Indrapres'tha)가(家)' 사이에 명백한 종교적 정치적 주도권 다툼이었다. 그 두 가문(家門)이 하나의 족속이라 할지라도, 전자(前者)의 교리를 무엇이었든 간에 후자는 '불교의 교리'를 지녔고, 그들은 그것을 헤리(Heri, 불타)의 변형된 체계로 수용하였다. 양가(兩家)는 '**월궁 족**'이었고, '최초의 불타'로까지 추적이 되었다. 그는 '엘라(Ella, 땅, 태양 후손의 딸)'를 옹호하고, 마누(Manu)는 후기 홍적세(洪積世)의 대 족장으로 추정이 된다. 그래서 그 불타도 고대 마누(Manu)와 동일하게 '수리아(Suria, 태양)의 후손'이라고 주장이 되고 있다. 그런데 '불타(Budha, Mercury)는 월궁 족'임으로 그의 후손은 '칸드라 반사(Chandra Vansa)' 유형이었다. 한편 태양족은 '수리아 반사(Surya Vansa)'였다. 그래서 이들 나라는 주로 미트라(Mithras)를 숭배했으므로, '시리아' '아시리아' '사우론디아(Saurondians, Heliadae)'라고 칭했다. 역시 그래서 발(Bal)이라 부르는 '솔로몬 타드모르(Solomon Tad-mor)' 도시에서는 '시도니아 사람들

---

3 트로이어 대령(Captain Troyer), Paris, 1840 ; pub. 'Societe Asiatique'-<아시아 저널(Asiatic Journal)> 1841. 참조.

(Sidonians)의 신에 대한 숭배'가 존중되었다. 이처럼 초기 거대 두 종족의 구별은 '수리아(Surya)'와 '인두 바도하(Indu Badoha)'로 되었으니, **태양 숭배자들은 '우상 숭배자'가 되었고, 달(머큐리)의 숭배자들은 '유일신 (The One)'을 숭배했다.**

태양족은 처음 인도('라마유나')에 거주했고, 그들의 수도는 아디티아 (Aditya, 아에스티아스탄, 태양의 땅)였다는 것은 의심할 필요가 없다.... 그 월궁 족의 최초 불타 조상들은 먼 지역에서 출발을 했다. 그 모든 지역 에 불타 숭배가 우세했으므로 월궁 족은 남성 신을 숭배했는데, 원시 유럽인들은 그들 원래 조상의 보르덴(Worden), 불타(Booda) 또는 머큐리 (Mercury)와 엘라(Ella, Ert'ha)를 숭배하였다....그래서 역시 '악귀(惡鬼, 라 후-Rahoo와 케투-Ketoo)들'이 그들의 부모를 삼켰을 때, 소멸하는 공포감 이 있고, 거기에서 스칸디나비아 족은 동일한 체계를 따랐고, 옛 스키타 이 족과 라지푸트들도 '일월식(日月蝕)'이 생길 경우 모든 타악기 유(類) 를 두들기며 악귀(惡鬼)를 쫓는 행사를 벌렸는데 그들의 신화적 유사성 (類似性)에 그러했던 것이다." 이 말은 정확한 것이다. 불타 족의 후손은 '코루반테 족(Corubantes)'인데, 고전 작가들은 그들을 심벌즈를 두드리 는 것으로 그 족속을 표현하였고, 나는 그들을 고르반드(Ghor-band)[4] 사 람으로 제시했다. 그들은 역시 카블(Cubele, Cabul)의 사제(司祭) 족이니, 그들은 처음 이다(Ida) 산에 거주를 하였고, 그 이름은 소아시아에 전해 졌을 뿐만 아니라 그 하이아(Haya) 족의 식민지 지중해 섬에까지 전해졌 다. '키프루스(Cyprus, 지중해 동단에 섬 공화국)'가 그것이니, 키베르 (Khyber) 사람의 정착이 행해졌고, 그 주요 도시를 '사라미스(Sa Lamis[5], 최 고의 라마)'하였는데, 아티카(Attica) 남부 섬에 대한 명명과 같은 방식이 다. '이다(Ida)'는 불타(佛陀)의 아내이고, 이크그바카(Ichshwaka)의 딸이 다. 그러기에 '코루반테스(Corubantes, 고르반드 사람)'의 역사는 고전 작가 들 속에는 카베이리(Cabeiri, 케이베르 사람)의 역사와 다소 섞여서 나타나 고 있다.

---

4 '고르반드(Ghor-band)' 지도 참조.
5 '수 라마(Su Lama)' (부록 '규칙 6' 참조)

아프간의 이름 '고르반드(Ghor-bandh)'⁶는 '구루반두(Gooroo-Bandhu)' '구루 족'⁷의 변형이다. 그래서 '코루반테스 족(Coroobantes)'은 '불타의 동족' '구루(Gooroo)'이고, 그의 아내는 이다(Ida)였는데, '이다(Ida) 산'으로 남아 있고, 그 키베리(Khyberi, Cyp'ri)는 키프루스(Cyprus)의 정착민이다. 불타 족은 명백히 '구루(Gooru, 大師)' 족이다. 그는 신격화 되어 있는 것은 그 에 대한 기록 찬송들이 말하고 있다. 빌포르트(Wilford)가 고찰한 바와 같이 고르반드(Ghor-band)의 인근에 있는 바미안(Bamian, Bomienses)을 불교 작가들은 '전순(全純)의 원천'으로 생각되었는데, 인접한 지역이 '페네바담(Pheene Badam, 하이아 불타)'의 땅이니, 이점에서 그들은 페니키아 식민지였고, 확실히 불교도임을 알 수 있다. 페니키아 아스타르테(Asarte, 카슈미르 아스토레)는 보통 '카바르(Chabar)'⁸란 별칭을 지니고 있다. 이처럼 거의가 구름 속에 싸여 있는 희랍 땅의 역사적 기초는, 대부분의 그 지명으로 크게 입증이 되고 있다. 그러고 보면 '트로이의 포위(the Siege of Troy)'는 병적인 침략에 가공할 차단(遮斷)이라는 점에 반대하지 않을 것이다.

희랍 특별 지역의 상대적 가치에 대한 콜로넬 무어(Colonel Mure)의 발언은, 진실과 허구의 합당한 경계를 정한 것으로 사람들이 편견이 없는 것으로 동의할 수 있다. 그 작가는 말하고 있다. "피네 클린턴(Fynes Clinton)의 견해에 대한 그로우트(Grote)씨 비판을 따르는 모든 지적인 독자에게 명백한 점은 다음과 같다. 즉 피네 클린턴(Fynes Clinton)의 주장에는 오류(誤謬)가 있다. 피네 클린턴(Fynes Clinton)은 '과도한 회의주의적

---

6 "'반두(Babdhu)'는 '혈족'이다. '반두(Babdhu)'는 세 종류가 있다. 자신과 아버지 어머니, 아버지 형제의 아들(4촌) 이모의 아들, 외삼촌의 아들, 같은 방법으로 할아버지 누이의 아들"-월슨 <범어 사전> '반두(Babdhu)'
7 "'브라흐만의 구루(Brahmanical Gooru)'는 '정신적 부모'이다. 그들로부터 '입사의 만트라(Mantra, 기도)'를 받고, '영적 부모'는 젊은이에게 계절에 따라 필요한 임명 의례를 행한다. 이 사람이 자연적 종교적 교사(敎師)일 수 있다."-월슨 <범어 사전>
8 아랍어 '카바르(Kabar-위대)'의 요류이다. 페니키아 어 '가바르(Gabar)' 참조. '바산(Bashan)'에서는 '아스토레트(Ashtoreth)'이다. '카이베르나이오브(Khaiber-nayob)' '카페르내움(Caper-naum)'은 '카이베르(Khaiber, Caper)'의 지역이다.

인 법(the ultra-sceptical law)'을 발동하여 순수한 문건인 '올림픽 등록자
의 인정(the admission of the Olympic register)'을 완전히 '입론의 오류(petitio
principii, -미해결의 전제를 그 기초를 두고 있는 立論상의 誤謬)'로 취급을 하여,
그밖에 펠로폰네시아 사람들의 문서에 편향된 '클린턴(Clinton)씨를 지
지할 수 없다.'고 규정하였다. 전자(前者) 기록('올림픽 등록자')의 경우에,
그로우트(Grote, 1794~1850)씨는 자의(恣意)적인 것을 버리고 무결(無缺)한
것으로 남겼는데 다음과 같은 것이다. 즉 **4년 마다 행해진 올림픽 승자
를 구체화한 엘리스(Elis, 희랍 도시)의 확실한 연대는, 기원전 776년 이후
부터이다. 그러나 헤로도토스(Herodotus, 484?~425? b. c.) 투키디데스
(Thucydides, 460?~400? b. c.) 같은 대표적인 희랍 초기 역사가가, 부지(不知)
또는 무시했던 것은, 그들은 '기원전 260년경부터 희랍을 가치 있는 연
대기'로 생각했으니, 그 이전 500년은 이후에 추정된 연대라는 생각에
서 그러하였다.** 그와 같은 경우 그로우트(Grote)씨의 판단 기준에 의하면
그 문서가 카론(Charon)과 헤로도토스(Herodotus)가 알고 있었던 '스파르
타 왕의 연대기'보다 더욱 가치가 있었는가의 문제는 알기가 쉬운 것은
아니지만, 에라토스테에스(Eratosthenes, 276?~194? b. c.)가 그토록 높이 평
가했던 그 권위로 그것을 인용을 하였던 것이다."[9]

　콜로넬 무어(Colonel Mure)가 암시한 '스파르타 왕들의 연대기'는, 콜
로넬 토드(Colonel Tod)가 잘 밝히고 있듯이, 가족 연대기(Senachies)의 기
록으로, 올림픽 경기에 승자 패자의 목록과 같은 것이라는 것을 알면 독
자는 쉽게 이해가 될 것이다. 이 연대기는 특별한 것으로 그들의 유지(遺
志)로 따로 묶어 둔 '사유지(私遺志)'이니, 그들의 임무는 그들이 보유한
왕의 연대기와 그들이 노래한 칭찬을 조심해서 보존하는 일이다. 그것
은 중간 시대부터가 아니라 가장 먼 시대부터 방대한 자료에서 시인들
은 왕가의 영웅적 행적을 제작해 내야했고, 그 연대기적 영웅적 기록은
희랍 식민지 족속에게 가장 중요한 것으로 항상 생각되었는데, 우리는
콜로넬 무어(Colonel Mure)의 고찰로 정당한 비중을 제공할 수 있게 된 것

9　무어(Mure), <희랍 문학사(The History of Greek Literature)>, Append. J. , 502.

이다.

콜로넬 토드(Colonel Tod)는 말하고 있다. "**기독교 시대의 12세기 말까지 성행한 '가정된 예언의 정신(점쟁이)**[10]**'은 쿤드(Chund, Chand)를 '트리칼라(Tri-cala)'라고도 불렸는데, 그는 역시 '프리티라지(Prithi-raj)'의 계관시인(桂冠詩人)이라고도 불릴 수 있다.**"

"69권 10만행으로 이루어져 있고, 각권은 특별한 전쟁 사건을 기록한 그의 저작은 그 시대의 엄청난 연대기"였고, 결과적으로 그 나라 사람들이 높은 가치를 둔 것이었다(유럽 고대사에 유용한 것임). 그 연대기적 역사적 지리학적 신화적 상세함뿐만 아니라 그 풍속화라는 점에서 그렇다. 트리칼라(Tri-cala)의 용맹과 카노우게(Canouge)의 탄식이 두드러지게 나타나 있다. 쿤드(Chund)는 티모테우스(Timotheus)처럼 계율과 노래로 단순히 용기를 불어넣는 사람이 아니고 그 자신이 '용감한 기사(騎士)'였다. 그는 당시에 시인의 표본이었다. 모험을 찾는 용맹과 담대함을 지닌 시인(詩人)인 그는, 그가 가담하고 있는 가치 있는 사업에 반(半)을 맡고 있는 영웅적 주인을 모시고 있었다. 새들의 놀람이건 어치(까마귀科 새)의 지저귐이건 올빼미의 울음이건 간에 그것에 대한 해석으로 내린 운명의 판결로 미인의 거주지를 탐색하여 그것을 찬양하고 죽음을 무시하고 과거 개인의 영광을 돌아보며, 쿤드(Chund)는 '축제의 컵'을 차지하려는 준비와 생기에 차 있었다." ……"인도의 서북쪽은 옛날부터 많은 호전적인 군주의 작은 군주국가로 분할되어 있었다. 그 각 영역은 영주의 소유였고, 거기에서 각 소유주는 법정(法庭)을 가지고 있었는데, 그것은 왕권의 축소판으로 거기에는 꼭 '시인(詩人)'이 있었다. 그것은 결론적으로 모든 족장이 '재능 있는 시인(詩人)'을 소유하는 것이 일차적 목적이었고, 그는 관에 보석을 박아 구분하였으나, 실권은 없었다.…… 이처럼 <라자스탄(Rajasthan)>의 '시인들'은 수가 많았고, 사회적으로 구분된 계급이었고, 전체적인 체계와 정치적 종교적 사회적 것에 어조와 영향력을 제공했다."……

10 인도와 서구의 시인. '혜안'의 천성을 소유한 것으로 간주되었다.
11 콜로넬 토드 <아시아 저널> 3권, 1840.

"많은 우리나라(영국) 사람들이 분명하게 알고 있는 거만한 경멸감을 가지고서, 유럽의 학술적 탐구에서 도출된 결론을 '라지푸트 시인정신' 형성 이전의 풍자시에 관한 언급이라고 사람들은 치부(置附)해 버릴 수도 있다. 그러나 이보다 더욱 근거가 없는 것은 없다. 우선 첫째, 미래의 시인은, 난해한 고전 언어인 범어(梵語)를 학습해야 한다. 그 풍부한 언어 속에 모든 그 문학은 연결이 되어 있다. 범어(梵語) 속에서 법, 과거의 법과 종교 예법을 배워야만 하는데, 약간의 후기 소형 책자로써가 아니라, 초기 대형 책으로 그렇게 해야 한다. 미래의 시인은, 인도(印度)의 헤시오도스나 호머인, 발미케(Valmike) 비아사(Vyasa)가 지은 <라마유나(Ramayuna)>와 <마하바라다(Mahabharata)> 서사시부터 시작을 해야 한다......그러나 이들 작품들은 시인들에게 쉽게 수용될 수 없으니, 문법적 탐구의 긴 과정과 율격의 복잡한 규칙을 고려하고 그 자체 예술적 신비를 감안하여 간단한 '2행시(Doha)'부터 '긴 만연체 시(Bhojunga)'까지 알아야 할 것이다. 그와 같은 폭넓은 요구를 구비(具備)했다고 하더라도, 바라문(婆羅門, Brahmin)의 절대반대보다, 그 시인들의 '풍자적 견책(譴責)'을 무서워했던, '시인이 그들 무사(武士) 족에게 행사했던 세속적 영향력'에 우리는 놀라지 않을 수 없다."[12]

즉 시인(詩人) 쿤드(Chund[13]) 또는 트리칼라(Tri-cala[14])의 이 역사는, '삼중(三重)'이니 호메로스(호머, Homeros, 원래는 'Ameros'임) 칼카스(Cal-chas)[15]를 기억하고 있는 모든 고전 학자를 공격할 수 있다. 왜냐하면 그것은 '맹인' '호메로스'와 조금도 관련이 없이 시인(詩人) 쿤드(Chund)는 '라지푸트[武士]'였기 때문이다. 사실상 아메로스(Ameros)의 칼카스(Cal-chas)는 라지푸트 돌로페스(Dolo-pes)의 시간 속에 단련된 '칼카스(Cal-cas)'이고, '트로야(T'roja, T'Rajya[16], -불타 왕국)' 평원에서 싸웠던 오우게인(Ougein)의 아반티스(Abantis)이다. 그렇다면 이것[트로이 전쟁]은 불

---

12 <아시아 저널>, 33권, 1840
13 '쿤드(Chund)'는 페르시아 어 '칼라(Cala, 시간)'와 동일어이다.
14 '트리(Tri)'는 '3', '칼라(Cala)'는 '시간'이다.
15 '칼라(Cala)'는 '시간', '카스(cas)'는 '총명한 사람'이다.
16 '타(Ta)'는 '불타(佛陀)' '라지아(Rajya)'는 '왕국'이다. (부록 '규칙 1' 참조.)

타 왕국의 우화(寓話)인가? 그것은 희랍 속에 오드리 족(Odrys, 히말라야)
의 존재보다 훨씬 허구적인 것이다. 돌로페 족(Dolopes, 히말라야 돌라의 족
장)의 존재, 희랍에 스페르키우스(Sperchius, 갠지스 족)의 존재, 그것을 진
실로 나는 이 <희랍 속에 인도>에서 그들의 존재를 보여주고 있다.

월슨(H. H. Wilson, 1786~1860) 교수는 말하고 있다. "(현존하는 푸란-Purans
에 묘사된) 기원과 교리의 발전, 전통, 제도들은 하루아침에 이루어진 것
이 아니고, 기독교 이전 3세기에 그들의 존재가 확립된 증언들이니, 어
떤 허구보다 앞선 '고대 세계"의 제도와 신앙'이다." 콜로넬 토드
(Colonel Tod)가 역사에 관해 말하고 있는 것은, 광막한 시간의 우위에 눌
려 있는 것을 언급한 것인가?-

"만약 갠지스 강과 나일 강을 연결하는 이 고대 신비를 가리는 베일이
운명이라면, 그것은 걷힐 것이고, 그것은 라마 탐험의 해설로 이루질 것
이다. 이제까지는 아르가나트(Arg'hanat'hs)의 그것처럼 거의 비유적인
것으로만 그것을 생각을 했다……만약 알렉산더가 인더스 강 하구(河口)
에서 그의 소형 범선으로 강을 타고 '펀자브(Punjab)'에 건설을 행했다
면, 바다의 왕이라 불렀던 사가라(Sagara)의 후손, 쿠살라(Cushala)의 후손
6만이, 뱃사람이라는 말을 왜 상상을 못 할 것인가?"[18]

밝고 유식한 존스 경(Sir W. Jones, 1746~1794), 빌포르트(Wilford)와 토드
(Tod)의 공통된 생각, 낮 익은 길을 걸었던 그 밖의 사람들을 가리켜, 꼭
무모(無謀)하고 공상적이라고 해야 할 것인가! 내가 제시한 인간의 '이
민(移民)'과 '식민(植民)'의 '가장 존중할 만한 지속'에 그들은 일치하고
있다. 심원한 콜브룩(Colebrooke) 이상(以上)인 저 고상한 학자들의 결론
은, 독자가 나와 동행을 해 와서 알듯이, 각 나라의 성실한 사가(史家)의
연대기를 잇는 증거의 쇠사슬로 서로 때어놓을 수 없도록 대갈못을 박
게 할 것이다.

"라마(인도의 바커스-Bacchus)는 시타(Sita)의 남편, 카우셀리아(Causelya)
왕의 아들 수리아(Surya, 태양)의 후손의 대표자이다. 페루비아 족(Peruvians)

---

17 Vans Kennedy, <아시아 저널>, 1841.
18 콜로넬 토드, <라자스탄>, 1권, p. 602.

잉카가 동일한 후손으로 대축제 라마시트바(Rama-Sitva)를 뽐내고 있다. 이로써 먼 아시아 지역까지 라마의 의례와 우화적 역사를 전했던 그 동일한 종족이 그 남아메리카도 채웠던 것으로 추정할 수 있는 것이다."[19]

 "모든 이 의심할 수 없는 사실들은, 병(病)든 견해에서는 나올 수가 없으니, **에티오피아와 힌두스탄은 그 동일한 비상한 족속이 점령을 하여 식민을 했던 곳이다.** 이 확신에 보텔 만한 것이, 벵골(Bengal)과 베아르(Behar, Pelasa)의 고산(高山)족은 그 모습에서 특히 입술과 코가 현대 아비시니아 사람(Abyssinian), 즉 아랍인들이 쿠쉬(Cush) 후손이라고 하는 사람들과 구분하기 어렵다는 점이다." 존스 경(Sir W. Jones)은 단순하지만, 이해할 수 있는 말로 결론을 내고 있다. "힌두 족에 관한 피상적 고찰을 해도 몇 권의 책은 될 것이다. 그 결론은 이것이다.-**힌두는 옛 페르시아, 에티오피아, 투스칸, 스카타이 고트, 켈트, 중국, 일본 페루 사람과 태곳적부터 유사성을 지녔다.**"[20]

 이제 편견이 없는 존스 경(Sir W. Jones)의 최초 논문 중의 하나 이 전체적인 견해를 따르는 사람은 없다. 그러나 내가 제시한 광대한 영역에 원시 이민의 현실적 원천의 증거와의 관련 속에서 그 주제가 연대기 역사라 부른 것의 일상적 증거는 되지 않고 있다는 점은 인정을 한다. '거대 종족(種族)의 언어'가 가장 위대한 역사이니, 내가 매우 조심스럽게 엄밀한 검증을 하였듯이, -'단순히 **발음**이 유사하다는 이론이다(no theory, no mere similarity of sound-발음이 바로 **열쇠이다**)'-가 나의 고찰에 모든 결론을 나오게 하였다. 그 전개는 좁고 상상적인 기초가 아니라, 일관되고도 방대한 결론들에 의해 확인된 것이다. **고대 세계는 '생리학적 사실'의 '문법'이다.** 그것의 탐구에 의해 우리 종족(유럽인)의 조상의 위대한 방랑의 거대한 지도가 진정으로 읽히게 될 것이다.

---

19 윌리엄 존스 경, <아시아 탐구> 1권, p. 426.
20 <아시아 탐구> 1권, p. 426.

제 XVII 장

헤시오도스(Hesiod)의 희랍 역사

'희랍의 산과 강'에서 볼 수 있는바 그처럼 확실하고 부정할 수 없게 된 지리학적 사실은, '그 산과 강물'에 명칭을 제공했던 그 사람들'과 관련되어 있다. 그리고 그것들이 '그 역사와 관련된다는 점'을 잊어서는 아니 될 것이다. 그래서 만약 희랍 초기 작가(시인)들 속에서, 그와 같은 사회 상태와 완전히 불일치를 보일 경우는, 그것이 바로 완전히 '발명(창작)'에 의한 조작(造作)된 것이거나, 그 작가가 최초 정착자의 원래 언어를 망각하고 이해할 수가 없어서 생긴 '고대사의 왜곡(歪曲)'이다. 초기 희랍 문학에 전(全) 권역(圈域)에 횡행했던 언어상의 '모조품(模造品)'은 그 역사의 기층(基層)을 이루는 지리학적 과정 속에 충분히 밝혀졌다. 그래서 **만약 키클롭 족(Cyclopes), 아우토크톤 족(Authochthons), 아테네 메뚜기(Athenian Grasshopper), 케이론(Cheiron) 그밖에 다른 것들이 사실의 왜곡이 밝혀졌다면, 헤시오도스와 '로고 제작자들(Logographers)'의 저작의 명칭들도 역시 변질된 철자법의 범주에 들어 있는 것이고, 그 철자법에 기초한 변질된 역사이고, 헤시오도스의 말은 명백히 '희랍어'이지만, 그러나 사실(事實)은 범어(梵語)이고, 티베트어, 펠라비(Pehlavi) 방언(方言)이었다.** 그러나 그와 같은 작가들에 의해 제공된 역사의 대강(大綱)은

---

1 ((공준(公準)- p. 240 참조))

진품일 수 있지만, 개인과 왕과 사람들은 완전히 왜곡(歪曲)이 되어 있다. **헤시오도스(Hesiod, 기원전 8세기 시인)의 '희랍 역사'는 전반적으로 신통계보학(神統系譜學, the Generation of the Gods), 신들의 족보(族譜)가 그 본성이다.** 그렇지만 그것은 틀림없이 축복 받은 '페리클레스 장성(長城)'에 비유될 수 있는 것으로, 그것은 희랍인의 역사를 말할 뿐만 아니라 이전의 역사, 고대인의 역사를 말하고 있다. 거기에 우리는 소벽(小壁)을 볼 수 있고, '엔태블러처(기둥 위에 걸쳐놓은 수평부분)'가 있어 무덤 같은 명문(銘文)이 있고, 거대 사원의 장식을 볼 수 있다. 각 해체된 조각들은 그 벽이 말하도록 작용을 했고, 어느 정도는 그 자체의 이야기이다. 그 상대적 시대와 기록자의 개성, 그리고 아직 남아 있는 명문은 주의력 있고 끈질긴 역사학도에 의해서만 판독이 될 수 있다. 초기 희랍 사람들의 차별된 견해에 기초한 이들 고찰(考察)은, 그 희랍 사회의 구성원과 조화를 이룬 희랍 사회를 묘사하고 있다. **희랍 식민지의 대(大) 합계는 이미 제시했듯이 '태양족(Solar races)'과 '월궁 족(Lunar races)' 양대(兩大) 체계로 되어 있는데, 각 종족의 대표적 족장은 태양족이나 불교 숭배나 간에 강한 편향성을 보여 각각의 독특한 신앙심을 추구했다.** 태양족이 먼저 정착을 행했으나, 불타 족(월궁 족)은 내구(耐久)성이 있었다. 카슈미르와 티베트 왕국의 국경에서 명백히 생겨난 라마 족은 일찌감치 테살리아(Thessaly-그리스 동부 에게海 연안 지방)에 선을 보였고, 다른 지역에도 나타났다. 그리고 **헤시오도스가 그린 제우스(Zeus)의 생활기록은, 타르타리(Tartary)의 라마주의(Lamaism)와 완전히 조화를 이룬 평범한 사실을, 왜곡하여 진술을 하고 있다.** 그 헤시오도스에게 어떤 우주적 속성에서 얼마나 변형이 다양하게 행해져 들어왔건 간에, 그것은 모두 허구이고, 내가 견지하고 있는바, 그 '고대 기초' 위에다가 헤시오도스는 '새로운 사원(寺院)'을 건축했던 것이다. 히말라야 사람 '몬 족(Mons)' '아드리우스(Adrius)' '오트리 족(Othrys)'의 존재는 이미 제시하였다. 발티(Balti)와 스카르도(Skardo) 사람들의 이주(移住)도 확실히 제시했다. 그래서 이제 아드리우스(Adrius)와 히말라야 산 주민과 가까이 있었던 '대 라마 족' '달마티아(Dal-I'matia)'² 지역을 생각해 볼 필요가 있다. **'라마 식 사고 체계**

(Lamaic system)'가 초기 희랍 시대에 큰 힘으로 작용했다는 것을 의심을 할 것도 없다. 그러나 우월을 가리는 그 경기는 힘으로 행해졌으니, 레바논(Lebanon) 사람 레(Leh) 족과 공통인 그 타르타르(Tartar)가 없었으면 초기 페니키아 이집트 식민지에 그토록 강력한 요소를 찾을 수 없고, 전 희랍을 지배한 지배적 영향력을 확인하기는 불가능하다. 이 종교적 체계는 역사가 진전함에 따라 변형되고 널리 퍼져서 희랍 신비의 피난처에 자리를 잡게 되었고, 말하자면 옛날에 자리를 잡은 국가 입장에서 공개된 장소가 강조되었다.

'라마 식 통치권(Lamaic sovereignty)'은, 가장 융성했던 시절에 3부 왕관의 힘을 휘둘렀고, 왕이 없어도 역시 독재적 성격이었다. 희랍의 불타 식 성직도 일인 독재를 정착시켰다. 그 사제직도 역시 희랍에 퍼졌으니, 그 숫자나 특별한 신분으로가 아니라- 희랍에 브라만 같은 계급은 없다. - 그 관리의 기발함에 연유했으니, **아테네에서 중국까지 순수한 불교를 드러내는 조상 숭배 원리를 이행(履行)함이었다.** 그것은 최고의 인간애를 교묘하게 정치적 사제(司祭) 정신으로 집약하였다. '엘레우스 시(市)의(Eleusinian) 신비(神祕)' 속에 시작된 그 아테네 사람들의 믿음은, 속편으로 피타고라스(Pythagoras, 580?~500? b. c.)에게 그대로 이어졌으니, 피타고라스에 관해서 나는 감탄할 만한 학자이고 심원한 학도 최근 '콜브룩(H. T. Colebrooke, 1765~1837)의 확증'에 주목할 것을 권하는 바이다.

내가 앞서 주목해 왔듯이, **'라마 식 체계(Lamaic system)'는 티베트 히말라야 국경 고지대에 발원(發源)했는데, 테살리(Thessaly) 북쪽 아드리안(Adrian, 히말라야산)에 강력한 정착을 이루었고, 그 이웃에 달레 라마(Dale Mamas)로 뚜렷이 드러나 있다.** 이러한 관점에서 북부 희랍에 강력한 세력으로 내려온 것은 라미엔세스(Laminenses, 라마 족)라고 지적한 것이다. **그러나 그곳에서 희랍의 거대 체계가 주도되었던 주요점은, 올룸포스(O-Lum-'pos, Ool-Lam-'pos-'높은 라마 대장')라고 정착 자들에 의해 호칭(呼稱)되게 게 되었다.** 그 주요 도시(요새)는 푸투임(Puthuim, Budhyum,

---

2 '달레 라마스(Dale Lamas)' - '위대한 라마'이다.

Budhaton)이었는데, 그 서쪽 인근에 살몬(Sa-L'mon, Su-L'mon³-'높은 라마의 마을')이 있다. 바로 동쪽으로 스라케스(Sraces)가 있었는데, 희랍어로는 '트라케 족(Thraces⁴)'이니, '불교도 집단'으로 그들이 정착했던 고장의 지역을 그렇게 불렀다. 스라카 족(Sracas) 교리는 '자이나 족(Jainas)'처럼, 오늘날까지 그들의 일부가 되어 있으니, 마땅히 주목을 해야 할 것이다.

'자이나 족(Jainas, Sracas)'이 거주했던 고장은 '비아리아(Biharia, 비아라의 땅)', '자이나 왕국'이라 불렀는데, 그 조금 남쪽으로 '로파토스(L'hopatos, 불타 족, 자이나 신앙 족)' 성곽이 있다. **중세에 불교 식 로마의 체계와 같을 뿐인 고대 세계에, 세상에 둘도 없는 통일과 힘을 지닌 그 성직 정치 지배 체계의 대장은, 희랍어로 '제노스(Jeenos)'라고 했고, '제노스(Zeenos)'라고 썼으며, 희랍과 페니키아에서 고대 '불교 식 교황(敎皇)'으로 제공된 명칭이다⁵. 희랍 용어 '제우스(Zeus)'는 대체로 데바 사람(Deva, Deus, Theos) 식으로 생각이 되었다. 그러나 그렇지도 않다. '제우스(Zeus)'는 단순히 '제이우스(Jeyus, 승리의 제우스)'로 '제우스(Zeus, Zenos⁶)'란 희랍어로 굴절된 것이다.**

'지노(Jino)'는 다른 신(神)들보다 우수한 등급⁷을 지닌 '자이나 족' 계

---

3 '수(Su)'는 '잘' '높은 신분'이다. '라만(Laman)'은 '라마(Lama)'의 복수어 '위대한 라마들'이다. '라마(Lama)'에서 'a'는 탈락된다.(부록 '규칙 1, 6' 참조) '살라미스(Sa-Lamis)' '술라마스(Soo-Lamas)'로 정착한 것도 있다.(부록 '규칙 6' 참조)
4 부록 '규칙 23' 참조.
5 Z'aan-im, xix. 33 ; Judges, iv. 2 ; Micah, i. 11. "'자이나스(Jainas)'의 히브리 식 수용이다. 희랍어 '스라케스(Srakes)' '트라케스(Thrakes)'와 같다. 헤시키우스(Hesychius)는 고대 희랍의 왕들이 '자니데스(Zani-des)'처럼 차렸고, 파우사니아스(Pausanias)는 '크로니우스(Cronius)' 산에 고대 조작상은 어떤 '자네스(Zanes)'라고 하였다."-Paus. i. v. p. 430
6 파생어 또는 소유격으로 '제노스(Zeenos, Jeenos)'는 그 근본을 보여 준다. '제우스(Zeus)' '디오스(Dios)'는 '데바(Deva)' '데오스(Deos)' '테오스(Theos)'로서, '제우스(Zeus)' '제노스(Zeenos)' '제우스(Jeus)' '제노스(Jeenos)' '자이나(Jaina)' '불교 교황'임을 알려 준다. 그리고 '제우스(Zeus)' '디오스(Dios)'는 희랍에서 '브라흐만적인 풍미(風靡, Brahminical sway)'이다. '불교 최고 교황'인 그 이름은 일반적으로 '지노(Jino)'로 적혔고, '지노스(Jinos)'로 읽었다. 희랍어에서는 'J'음이 없어서 'Z'로 대신했다.

급에 일반화되어 있는 명칭이고, 최고의 불교 권위서에 당시에 '통치의
성자적 교황'[8]에게 항상 적용되었던 명칭이다. 이처럼 '재노스(Jaenos, 자
이나 교황)' '신과 인간의 왕' 즉 '데바(Devas, 사제의 왕)'은 희랍시대 이전
오래전부터 있었다. 비아리안(Biharian, Pierian) 고지대에 있던 수많은
'비아라 족(Biharas, 자이나)' 사원(寺院)은 그와 같은 명령의 명성을 수립
했는데, '욕망 진압의 성자'란 높은 이름으로 희랍어로는 '모우세
(Mousee)' 로마어로는 '무사(Musa)'인 모우세(Mow'see[9] 대 성자)로 살았다.
그들은 피에리아의(Pieran) 뮤즈, 자이나(Jaina) 시인, 비야르(Biharas, 불교
도) 수도원의 성가대(聖歌隊)였다. 그 수도원은 '올람포스(Oo'Lampos, 고
위 라마의 長)' 주변에 있었고, **그 최고의 교황(敎皇)이 제우스(Jeyus, Zeus)
였다**. 그의 주요 마을이 푸티움(Puthium, 불타 마을)과 살몬(Sa L'mon, 고위
라마)이니, 나는 이미 이른바 히말라야 족(Himalayans, Adrians)과 스카르
도스 고산족(高山族, Skardos Mons) 불교 이민의 원천과 이웃인 거대 세력
'달마티(Da'L'ma-ti, Dale Lamas, 위대한 라마)'에 관해 최근 지적을 하였다.
그 스카르도(Skardo) 사람들은 동일한 어형인 '아스코르두스(As-cordus,
Iskardus)' 강으로 뚜렷이 제시되어 있다. 이스카르두스(Iskardus) 정착민
은 '부티아(Bootias, Boeotia)', '비아리아(Biharian, Pierian)' 산과 인접해 있
다. 이 스라카(Sracas), 트라케(Thraces) 족속들은 뵈오티아(Boeotia)에 정착
을 했었는데, 핀다로스와 헤시오도스의 저작에서 뚜렷이 볼 있듯이 이
지역의 학자들에게 사변적 어조를 제공했던 경향이 있었다. 이들 뵈오
티아(Boeotia)의 트라키아 사람(Thracians)과 피에리아 사람(Pierians)과의
관계에 관한 틸월(Bishop Thirlwall, 1797~1875)의 고찰은 커다란 차이로 표

---

7 윌슨, <범어 사전>-'지노(Jino)'
8 <마하반소(Mahawanso)> 참조.
9 '모브(M'ow)', '마우세(M'hausee)', '마우세(M'haoose)'를 희랍인들은 '마우사
이(Mousai)'로 만들었다. '모하(Moha, 위대)'와 '부세(vusee)' '부세(wusee)' '욕
망을 진압한 성자'라는 의미를 이루었다. 'h'음은 단모음 'a' 'u'를 탈락시킨다.
(부록 '규칙 1, 24' 참조) 희랍인은 '마히(Mahi, 위대)'를 '마이(Mai)'로 발음하는
데 젖어 있다. 장음 'a'는 'Law'에서 'a'같이 발음하고 '부세(vusee)'에서처럼 'v'
와 합한 'a'는 'oo'가 된다.(부록 '규칙 16' 참조) '마우세(M'haoosee)'가 '모브세
(Mowsee)' '마우세(Mousee)'와 비슷하게 됨과 같다.

가 났고, 그 원시 스라카 족(Sracas)의 종교적 성향에 활용이 될 수 있어 나
는 그것들을 여기에 소개를 해 보겠다.[10]

"이들 보이오티아의(Boeotian) 트라키아 사람(Thracians)은 의심할 것도
없이 그들의 명칭과 개성에서 다른 '**펠라스기아 사람들**'과 구분이 되고
있다. 그리고 그들의 희랍인과의 관계는 펠라스기아 사람들이 원래 그
렇게 불렸던 그것과 매우 유사했다. 그들이 후대에 트라키아 족이라는
이름으로 우리가 알고 있는 사람들과 어떻게 관계를 가졌는지는 더욱
어려운 질문이지만, 트라케 사람들은 희랍이 바뀔 때에 큰 변화를 수행
하였고, 그 종족이 트라케에서 소아시아로 이주하여 '미시안(Mysians)'
'비티니안(Bithynians)' '마리안디안(Mariandyians)'이란 다양(多樣)한 이름
으로 정착을 해서 그들의 이후 유럽 지역의 소유자로 어떻게 상호 연합
을 했는지는 명확하지 않다."

－스트라보(Strabo)는 말하기를 '헬리콘(Helicon)산에 뮤즈'를 숭배하
고, 레이베트리아(Leibethrian) 님프에게 동굴을 헌납했던 것은 이 지역이
트라키아 사람들에 의해 점령되었다는 것을 증명하고, 그 트라키아 사
람은 피에리아 족(Pierians)이라는 것을 말한 것이다. 올림포스 산 북쪽
자락에 피에리아(Pieria) 땅과 레이베트룸(Leibethrum) 핌플레아(Pimpleia)
도 동일한 권역이었다.[11] 그러나 왜 '피에리아 사람(Pierians)'을 '트라키
아 족'으로 불렀는지는 나타나 있지 않다. 왜냐하면 호머는 '트라케
(Thrace)'는 멀리 '피에리아(Pieria)'에서 시작된 것으로 서술했다. 그래
서 트라케(Thrace)가 렘노스(Lemnos)를 찾으러 테살리아(Thessalian) 올림
포스로 하강했을 적에, 트라키아 족의 눈 덮인 산에 뮤기기 전에 피에리
아(Pieria)와 에마티아(Emathia)를 우연히 발견한다.

"피에리아 족(Pierians)은 순수한 트라키아 사람(Thracians)일 수 있다.
피에리아 족(Pierians)으로부터 그 이름이 그들 주변의 외래 족으로까지
확장되었다.[12] 그렇지 않고 만약 그들이 북쪽에서 올림포스 자락으로 내

10 털월(B. Thirlwall), <희랍 역사> 1권, p. 50.
11 털월(B. Thirlwall), <희랍 역사> 1권, p. 50.
12 이 경우(피에리아 족(Pierians))는 순수한 헬라 족 '에톨리안 족(Etolians)'과 비슷

려왔다면, 그네들은 그들이 떠났던 장소로부터 명칭을 가지고 왔을 수 있다. 비록 그 보이오티아의(Boeotian) 트라키아 사람들(Thracians)이 신화시대에 속해 있어서 그 전설들이 역사적 전통으로 고려될 수 없다고 할지라도 그들의 존재와 북방 피에리아 족(Pierians)과의 친밀성은 잘 입증이 된 것이다. 그리고 그 점이 입증하고 있는 동일한 증거들은 희랍에서 그들 존재에 대한 몇 가지 중요한 결론을 내는 것을 정당하게 해 준다. 그들에게 독특한 것으로 지목된 '뮤즈의 숭배'는, 비록 그것이 많은 종족에서도 표출된 동일한 천성(天性)에서 생긴 것이라고 해도, 희랍인들의 지적 문화의 원시적 단계를 위한 어떤 기반을 제공하고 있는 것이다. 깊은 동굴 속이나, 샘물 속에 살고 있다는 '볼 수 없는 신들(the invisible deities)'이 음악과 노래를 좋아하고 그 영감을 나누어주어 인간이 듣기 좋은 곡조를 만들어내게 한다는 신앙은, 시와 시의 효과를 체험하는 재능도 포괄을 하고 있다. 어떤 민간 종교 형식과 최초 정치적 천재들의 투쟁과의 그 연결은, 초기 희랍시가 종교적 주체에 전적으로 헌납된 '후기시(詩)'와 구분 되게 함에 대한 어떤 보증서도 소용이 없게 하는 점이다. 그러나 '희랍에 점치는 곳'은 그들의 기원에 관련되어 있고, 델피(Delphi)의 점치는 장소가 피에리아 족(Pierians) 트라키아 사람들(Thracians)이 세우지는 않았다고 할지라도 그 종족은 다양한 희랍 신화 요소를 결합하고 거의 호머의 시 속에 나타난 형식으로 그들을 바꾸었을 가능성은 충분하다."[13]

'헬라(Hellas, Srakes, Thrakes) 민중' 속에, 생성된 종교적 성향은 명백하다. 호머에 의해 소개된 더욱 대중적 개방 체계에도 불구하고, 희랍 신화속에 그 진동(震動)은 오래 지속되었다. 이 저서에 밀접한 '자이나(Jaina, Sraca) 체계'에 독자도 관심을 가질 것이므로 여기에서는 더 논하지는 않을 것이다.[부록 3. '자이나' 교파. 부록 4. '자이나 인'에 대하여, 부록 5.

하다. 세월의 흐름 속에 그 기원부터 오랜 많은 문명화된 종족들에게 그 이름을 전하였다.
13 뮬러(Mueler-z. c. w. M. 서문 p. 219)는, 그것을 신들의 거주지 '피에리안 올림포스(Pierian Olympus)'가 그들의 명칭과 뮤즈를 호머와 헤시오도스에게만 제공하고 있다는 단순한 사실에서 추론을 해 낸 것이다.

제XVII장 헤시오도스(Hesiod)의 희랍 역사 437

자이나 족, 참조]

북동부 희랍에 라마 식 숭배가 소개된 것을, 확실히 헤시오도스는 감지를 하고 있었다. 헤시오도스는 비록 그 생각에서 더 나가지는 못 했으나, <신통기(神統記, Theogony)>를 지었을 때였다. 희랍에서 '태양족'의 정착했던 고대와 그 숭배에 상응한 형식들은 이미 살폈던 바다. 희랍에 들어온 '월궁 족(유일신 족)' 라마의 소개는, 거의 아시아 모든 종족들의 살육 속에 깊이 물들여진 아주 먼 옛날부터 있었던 치열한 분쟁의 새로운 신호였다. 헤시오도스가 '자이나 족(Jainas, Zeenos)의 태고(太古)'라고 했던 때의 태양족 왕조의 확립은, 일반적인 희랍 식 변형으로 '데바(Deva, 크로노스-Cronos 신) 즉 카르노스(Karnos)'이다. 그 태양 숭배 족, '수리아타니아(Surya-tanayas, Eurytanes) 태양의 후손(카르나 족)'은, 아카르나니아(a'Carnania) 지방에서 이미 고찰을 하였다. 이 종족이 바로 헤시오도스의 '크로노스(Cronos-제우스의 아버지)'이다. 카르노 족(Carnos)은 크로노스(Cronos)로 탈바꿈되었을 뿐만 아니라, 신격화된 인도(印度) 추장인데, 동일한 변동이 수반된 것이다.['크로노스(태양족)'과 '제우스(월궁족)'의 대립]

'카르나(Karna)'는 안가데사(Angadesa), 즉 벵골(Bengal)의 일부인 바갈푸르(Bhagalpoor) 지역의 군주였다. 그는 '판두(Pandu) 왕자들의 맏형'이었고, 수리아(Surya, 태양)의 아들이었다. 그런데 '월궁(불타) 족'의 판디아 사람(Pandians)과 수리아 반사(Surya Vansa) 사이에 경쟁과 전쟁의 이유가 생겼다. '카르노스(Carnos) 족'의 일부는 앞서 살폈듯이 카슈미르 국경에서 이주했을 때 이미 살폈는데, 그 무렵 '카르나(Carna)'로 그 이름이 박힌 셈이다.

그러나 '종족 카르나스(Carnas)' 이름은, 족장 '크로노스(Cronos-제우스의 아버지)'와 '카르노스 앙쿨로미트레스(Cronos Angkulo-mitres)'[14]의 지역 명칭이 되었을 뿐 아니라, '크로노스 앙쿨로메테스(Cronos Ang-kulo-meetes, 불가해한 사투르누스)'가 되었다!-고클로페스(Goc'lopes, 고클라의 대

---

14 '안가쿨라(Anga-kula)'에서 '안가(Anga)'는 '종족', '미트라(Mitra)'는 '태양', '에스(es)'는 '대장'이다.

장)은 '외눈박이 괴물'로 변했고, 시렌 족(Sirens, 시린의 사람들) '발라라마
(Balarama, 크리슈나의 사촌)'은 매력적인 목소리를 지닌 시렌 족(Sirens)이
되었다! 이러한 명칭의 변개(變改) 가운데, 테살리아(Thessaly, 희랍 동부에
게 해 연안)의 지노 교황(Jino Pontiff)에 의해 행해진 자이나(Jaina)종파 정착
의 단순한 역사와 '태양족의 멸망'이 두드러지게 나타나 있다. 라마는
고위 권력 속에서 성장했다. 북쪽 희랍의 종족인 수리아 반사(Surya
Vansa)에 대항하는 대 연합을 결성하여 그 라마는 이후에 자기의 군사에
승리를 예견하게 한 강력한 기반을 구축하였다. 그 라마는 '줌나(Jumna)
의 족장(키클로페스-Cyclopes[15])'과 '에카탄카이레스(Ekatankaires[16], 카슈미
르의 思惟 족)'을 자기편으로 삼는데 성공을 하였는데, '에카탄카이레스'
는 희랍에서 '에카톰페돈(Ekatom-pedon, 통합의 불교)'으로 나타나 있다.
테살리에서 이 종교 전쟁은 10년간 계속되었다. 그 '자이나 교황'은 '올
랍포스(Ol'ampos, 최고 라마 왕)'산 카르나데스(Karn-des, 카르나스의 땅)에
중심을 세우고, 희랍의 히말라야(Othrys)를 지배하였다.[제우스의 설명]
'고클라(Gokla) 대장들[17], 카슈미르 불타 족'[18]에 의해 인도된 케루나 족
(Keroonas[19], 대 교황의 자이나 족)은 티탄 족(Tithyans[20], Titans)을 누르고 오래
도록 우세를 견지하였다. 태양족은 '히파이루스(Hipairus, 하이아 족장의
땅)' 남서쪽 끝에 있는 '타르타라스(Tartaras, 타르타르 사람)'에게로 쫓겨
났다. '히아푸토스(Hya-putos, 히아 족의 아들, 크로노스의 아들)'과 잔류한
이단자들은 그 약정된 지역에 감금되었다. 그리고 '포사이단(Po-
saidhan, 사이단의 장)'이 '에카탄카리이레스(Ecatan-kaires, 카슈미르 불타 족)'
과 함께 그들을 감시하였다. 동쪽에 있는 '드루오페 족(Druopes, 드라스 족
장)'과 서쪽에 '엘뢰아티스(Eloeatis, Eluths)' 또 하나의 타르타르 거대 족

---

15 ((p.256~257 참조))
16 '에카톤(Ekaton)'은 '하나의 대상에 집착된 정신을 지님'이고, '카이라(Kaira)'
   는 '카슈미르 사람들'이다.
17 '구클로페스(Guklopes)'는 '키클로페스(Cyclopes)'
18 '에카탄카이레스(Ekatankaires)'
19 '케루노스(Keroonos)'는 '자이나(Jainas)' '불교도'이다. '케라우노스(Keraunos)'
   는 '천둥'이다.
20 '티티안(Tithyan)'은 '티티아(Tithya-이단자)'의 복수형이다.

인 '칼카스(Khakas)'가 그들을 감시했다는 것은 그 족장들이 추방되었던
장소를 보여주기에 충분한 것이다. 그 최후의 종족이 '칼코스(Chalkos)'
이니, 헤시오도스의 '놋쇠 성곽(the wall of brass)'이다!

그 거대 종족의 한 지파가 일찍이 올림포스 산의 북서쪽에 정착을 했
다. 거기에 주요 도시 '칼키스(Chalkis)'로 나타나는데, 그네들의 고장은
'칼카스(Khalkas)' 왕국에 '칼키디케(Chalk-idike)'이다. 그 종족에 또 다른
지파는 희랍 지도상에 오에타(Oeta)산 서쪽 경사지에 '코라에스(Coraes,
오늘날 코라엔)'으로 나타났다. 그들은 같은 종족임이 후크(MM. Huc)와 가
베트(M. Gabet)의 몽골(Mongolia) 여행으로 증명되었다. 가베트(M. Gabet)
는 적고 있다. "[몽골(Mongolia)에 있는]이 성역(대 라마의 사원) 심원한 곳
에서 사방으로 퍼지는 그의 오색 빛은 그 라마의 왕 앞에 엎드린 찬송자
의 영원한 축복을 받고 있다. 이 고장에서는 그를 존경하는 뜻으로, '성
자(聖者)'라고 하는데, 자신을 축복된 그의 제자라고 생각하지 않는 사람
은 아무도 없다. 대(大) '코우라엔(Couraen)' 주민을 만나 어디에서 왔는
가를 물으면 '나는 신성한 코우라엔(Couraen)의 사도(司徒)입니다'라고
대답한다." 그렇다면 먼 옛날 희랍에서도 동일한 그 **'엘루트 족(Eluthes,
Coraen, Khalkas)'**이 있었다.

방금 전에 살폈던 '대 전쟁'에서, 자이나 교황은 대 태양족의 하나를
자기편으로 끌어넣었는데, '카티 족(Cattis)'으로 이미 테살리아(Thessaly)
에서 고찰을 했던 바다. 그들은 헤시오도스의 '코티 족(Cottys)'으로 '구
클로페 족(Gooklopes)'와 같은 종족이니, 그 '케라우노스(Keraunos, 전쟁의
벼락 족)' 반열(班列)로 싸웠다. 북부 그리스에서 라마 체계의 권력 아래로
떨어진 최후의 적(敵)은, 티베트 이단(異端) 파 '토우푸(Tou-phoo, 헤시오도
스의 투포-Tu-pho)'였다. 역시 그 종족도 '제이우스(Jeyus) 총독' 케라우노
스(Ceraunos, 자이나 족)에 의해 '타르타루스(Tartarus)'로 추방(追放)되었다.
사물의 새로운 질서는 거대 분쟁의 소동(騷動)이 뒤따랐다. 최고의 라마
는, 북부 희랍의 모든 지방과 '하이테로스(Hai-Theros[21], 하이야 족의 사제

---

21 '하이테로스(Hai-Theros)'는 '하이야 사제(司祭)', '아이테로스(Ai-theros)'는
  '창공'이다.

들)'에게 대권(大權)을 행사하였다. '포사이돈(Po-Saidon, 사이돈의 대장-아
프가니스탄 지도에 경계가 확실히 되어 있음)'은, 상업적인 일과 그 나라의 해
군력을 지휘했는데, 군사력 지도력으로 라마 전쟁에서 태양족은 이교
(異敎) 함대를 추적하여 그의 장군 '팔라포테스(Pala-pot-es, Polu-but-es[22]
-바다 왕들의 대장)'의 격파로 크게 유명했다.

헤시오도스가 우리에게 남겨준 것에 따르면 희랍에서 '<u>라마 식 통치
자[제우스]의 계승'은 오늘날 타르타리(Tarary)에서 행해지는 방식으로,
순전한 교황(敎皇) 통치로 정착되어, 대 라마의 사망하면 그 나라 안에 어
린이로 환생(還生)된다고 전제한다. "제우스(Zeus, Jeyus)에 의해 탄생된
새로운 존재가 있는데, 그는 밀교적 신통기(神統記)에 확실하게 되어있고,
그의 모험은 독특한 형상을 이루었다.</u> '자그레우스(Zgreus[23] Chakr'as-명예
로운 아들)'는 제우스의 아들이고, 제우스의 딸 '페르포네(Persephone,
Par'soo-pani[24])'가 나왔다. 그는 제우스가 좋아하는 사람이다. 거대 약속
의 후손이고, 최고의 지배를 계승할 것이 예비가 되어 있다."

그는 역시 '카루나스(Karoonas, 자이나 족)' 통치권을 가지고 있다. '명
예로운 아들'은 이처럼 라마 식 통치의 계승자로 묘사되었고, '티베트
국왕의 일상적 마크'인 '뿔 지닌 타르타르 대장 복장'을 하였다. 사실 그
는 타르타르의 주피터 하몬(Tartarian Jupiter Hammon)과 동일한 존재로 그
라마 식 숭배는 이집트로의 타르타리(Tartary) 이민(移民)에 동반되었다.
타르타리(Tartary)의 교황 식 예정된 계승자는, 이교도 티탄 족(Titans,
Tithyas)에 의해 살해되었던 것으로 보인다.[헤시오도스 '神統記'의 재해
석] 그러나 전수에 대한 불교적 신념으로는 젊은 라마는 자이나 교황의

---

22 '팔라(Pala)'는 '보호자', '포트(Pot)'는 '배', '에스(Es)' '대장' '왕'이다.
23 "'자그레우스(Zagreus)'는 '카크라스(Chakras)'의 변형이다. 희랍어는 'ch' 'J'가
   없으므로 그것을 'Z'로 적었다. 그래서 '제이우스(Jeyus)' '카크라스(Chakras)'
   는 '제우스(Zeus)' '자그레우스(Zagreus)'가 되었다. '카크라우스(Chakraus)'는
   '카크라바르티(Chakravarti)' '세상의 지배자' '카크라스(Chakra)'의 지배자, 바
   다에서 바다로 이어지는 지역의 지배자이다."-윌슨 <범어 사전>
24 그로우트(Grote), <희랍의 역사(The History of Greece)>, 1권 p. 25. '파라수파니
   (Parasoo-pani)'는 '두르가(Durga)'의 이름이고, 역시 '코로에(Coroe)'라고 하였
   다.

소속 '수라메(Soo-Lamee, 대 라마 여왕)'에서 다시 태어난 것으로 기술되고 있다. 다른 설명으로는 이 새로운 존재를 '디오나우소스(Dio-Nausos)'로 '메루(Meroo) 성산(聖山)에서 태어났다고 하나, 제우스의 '메로스(Meros, 허벅다리)'로 역사가 왜곡(歪曲)되었다!

이미 살폈던 희랍으로 온 '코카운 족(Cocauns)'으로 동일한 타르타르의 일부인 '엘레우시네(Eleusine, 엘레우트 추장)'은, 아티카(Attic) 영역에 라마 식 교리 포교에 주무를 맡았다. 그러나 그 계급의 기발한 재주는 그 선교 업무에 버려두지 않았다. 동일한 기술적 방법들은 그 사건 수 세기 후에 야심적인 페이시스트라투스(Peisistratus)의 복장 다자인에 성공의 왕관을 쓰게 되었다. 초기 미신(迷信)으로 천상(天上)에 거주하는 그 복장(服裝)으로 차려입은 빼어난 미녀들이 갑자기 아테네 사람들 이웃에 모습을 드러낸 것이다. 그녀의 성스러운 성격은 금방 알려졌으니, 그녀의 이후 행동은 모두 그녀의 주장대로 '신에게서 왔다.'는 주장을 믿게 만들었다.

몇 세기의 상호 거리가 있음에도, 이 효과는 시인의 정신 속에 탄생되었으니, 시인은 이처럼 과거 시적이고 종교적이었던 그 열정의 싹에 매료(魅了)가 되었다. 시인은 그녀가 다음과 같이 말하게 했다. "나는 공경을 받는 데메테르(Demeter)이다. 신과 인간의 기쁨과 수호자니라. 그러나 와서 사람들을 모아 칼리코루스(Callichorus) 샘물 위에 내 사원(寺院)과 제단(祭壇)을 세우게 하라. 내가 그네들의 희생 방법과 나를 달래는 방법을 알려 주겠노라." 가정된 천상의 존재가 없어졌으니, 그녀 자신이 그녀의 위엄을 보였던 것이 된다.

"지금의 형태와 위상으로 바뀌었으니,
그녀의 이마엔 나이도 없어졌고,
아름다움이 주변에 넘쳐 나네.
그녀의 로브스(예복)에선 향기가 흘러나오고,
화려한 빛으로 천상의 모습으로 멀리 비추었는데,
황금 옷은 그녀의 어깨 위를 흘러내고

빛나는 걸게는 잠그지도 않았네.

그리고 번개 불들이 응시를 눈멀게 하니,

그 홀은 잦은 불꽃으로 가득했네."[25]

아테네 사람들의 주변에서 라마의 신앙으로 인도(引導)하는 홀린 선교사는 이와 같았는데, 예배 형식과 타르타르 의례(儀禮)는 '엘레우시니아의 신비(Eleusinian Mysteries)' 축제를 구성하였다. 그 어떤 것도 우리에게 전해져 있는 성스러운 의례의 창시자의 생각과 고대 엘레우시아 사원의 숭배와의 불일치보다 더욱 명백한 것은 없다. 그런데 각각은 그 모든 지파(支派)에서는 기나긴 그 나라의 불교주의는 일관되게 우세를 보이고 있다.

'불교주의(Budhism)'는 케크롭 족(Cecrops[26]) 시대부터 이미 있었다. 상고 시대 그 시작이 아리스티데스(Aristides)에 있는데, 그 건설은 오구고스(Ogugos)의 아들이 했다고 한다. 오구고스(Ogugos)는 '오카코스(Okakos)'로 읽어야 하는데, 그것은 힌두의 '이크스바카(Ikshwaka)' 유형의 대 불교 식 교황이다.

'엘레우시니아의 신비(Eleusinian Mysteries)'를 언급했던 모든 고대인은, 그들이 희랍에서 축복 받은 최고의 성자(聖者)이고 가장 존경 받은 사람이라는 것에 동의를 하고 있다. 나는 이 시점에서 불교의 속성을 밝혀 그 존중할 만한 불가의 숭배를 그들의 개별적 차이를 논하여 독자를 당황하게 하지는 않을 것이다. 호머 식으로 행해진 인명 지명 사물의 변용의 진면목을 밝혀 그 대강을 드러내 보려 한다. 그것은 '라리아 평원(Rharian Plain)'과 '켈레우스(Celeus)'에 관련된 역사이다. 엘레우시니아의(Eleusinian) 숭배에 기초를 둔 고용인의 지위 개성에서부터, 시인들이

---

25   . . . . . μέγεθος καὶ εἶδος ἄμειψεν.
Γῆρας ἀπωσαμένη περί τ' ἀμφί τε κάλλος ἔητο
'Οδμὴ δ' ἱμερόεσσα θυηέντων ἀπὸ πέπλων
Σκίδνατο τῆλε δὲ φέγγος ἀπὸ χροὸς αθανάτοιο
Λάμπῖ θεᾶς, ξανθαὶ δὲ κομαὶ κατενήνοθεν ὤμοος·
Αὐγῆς δ' ἐπλήσθη πυκινὸς δόμος, ἀστεροπῆς ὥς.

26 스트라보(Strabo), '희랍 지리(Greek geography)', 387.

주목을 한 브라만 식 숭배 형식으로 다소 영향을 받은 그 아티카의 일부 지역성에도 신앙의 이유는 있다. 그 아티크(Attic) 땅으로 순례자가 맞는 어려움과 그 부근에 알려진 연이은 정치적 문제들은, 확실히 그 지역적 숭배에 혐의를 알려주고 있다.

호머가 생각했던 그 데메테르(Demeter) 역사와 병렬하는 '라리아 평원(Rharian Plain)'은, 브라만 5개 주파 중에 축복된 라리아(Rarhya) 분파와 무관한 것이 아니지만, 그 지파는 힌두 연대기에 볼 수 있는 비교적 현대적인 족속이다.

순례를 떠나기 전에, 그녀의 공경 심에서 관측된 것으로 보이는 경배와 엄숙을 '라리아(Rarhya)' 땅의 지배자 켈레우스(Celeus, Culyus[27])에게 전했다고 한다. 그래서 그녀의 특별한 명령으로 존경할 만한 신비가 시작되었다는 것이다. 그들은 대자(大者-大乘)와 소자(小者-小乘)로 구분이 되고 있다. 소자(小者)는 '파라수파니(Parasoopani, Durga, Cali)'라고 하여 2월에 축하를 하였고, 대자(大者)는 불교도의 선교사 데메테르(Demeter) 경배를 8월에 올렸다. 대자(大者)의 축제가 행해지는 달을 '바드로미욤(Bhadro-miyom, 대 바드라)'라 하였으니, 힌두의 달 '바드라(B'hadra)'는 8~9월이니, 사실상 희랍의 '보에드로메온(Boedro-meon, 8월)'이다.

이 매혹적인 변장 속에 소개된 축제의 연속을 위해, 상고 시대의 아테네 부근에서 브라만과 불력(佛力)의 대표자로서 구분 상정된 바가 특히 세 개의 개별 신성한 존재로 지목이 되어 있었다. 그 고위 대 제사장은 '스리브도레모스(Sri-B'dho-Lemos, 신성한 불타 라마-Tri-p'to-Lemos[28])', '수몰부다(Su-mol-Boodha, 태대 불타)', '데오클레스(Deo-c'l-es, 브라민 종족의 장)'가 그것이다. '데바(Deva-바라문 종족의 長)'는 준 제왕적 지위의

---

27 '쿨리우스(-귀족)'는 '쿨린(Culin)'의 다른 이름일 뿐이다. "'쿨린(Culin)'은 5대 종파 22개 라리아(Rarhiya) 분파의 하나이다. 벵골 왕 '발랄 셈(Balal Sem)'이 세웠다."-윌슨 <범어 사전> '쿨리니 브라흐민(Culini Brahmins)'은 '쿨레니우스(Cullenius)' 산에서 가장 큰 세력이었다.

28 '스리(Sri)'는 희랍어에서 '트리(Tri)'와 상환(相換)적이고, 접두어로 신들의 명칭에 붙는다. 영국에 'The Rev.'와 같다. '프토(P'to)'는 '보드(Bodh)'와 반대어이다. '수말(Su-mal)'은 '태대(太大)'이고, '포도(Podos)'들은 그 최후의 제자들이다.

향유가 오래가지는 못 했다. 그러나 엘레우시스와 아테네에서는 눈에 뜨이는 사원과 신상은 데바(Deva)의 것이라 하고 있다. '게푸라에(Gephu -Rae, 동굴의 왕-때로는 Sroo²⁹-cula-dutae)'는 불타 신앙의 특별 장관으로, 아테네의 독특한 종족으로 그들의 신비를 간직했던 상고 시대 순수 동굴 은둔의 '자이나 족(Jainas)'이었다. 인도와 희랍 고대 사회에 서로 다른 것이 아니라는 점은 희랍 언어의 지속성 속에 그처럼 뚜렷이 나타나 있다.

이처럼 **부라만 식 영향력은 가장 일상적인 어휘에서 나타나 있다. '카코스(Ka-kos, 악당)'은 '고고스(Go-gho-s, 백정)'이고, '고고스(Go-gho-s)' 일원은 악(惡)을 가리키는 말로 '사카손 족(Saca-soons, 삭손 족)' 언어로 스며들어서 '악(Bad)'은 인도어 '바드(Badh, 살해하다)'에서 온 말이다.** 역시 '소포(Sophos, 현자)'는 '수부야(Soo-Bhoo-ya, 고위 사변가)'로 그 사람을 통해 인간이 신과 합하는 존재이다. 그리고 데스포테스(Despotes, 地主³⁰)는 '압제자'와 유사한 개념으로, 극단의 과두정치(寡頭政治) 체제에서 시민적 독재의 대극 점까지, 개인적 희랍인 나아가야 했던 대표적 권력 체제를 대표하는 강력한 투쟁을 전제하는 말이었다.

에렉테우스(Erectheus) 통치 하(下)에서 엘레우시니아 족(Eleusinians)의 경쟁적 씨족과 그 왕자의 문제로 전쟁이 생겼던 것을 잠깐 주목할 필요가 있다. 에렉테우스(Erectheus)가 패배를 했으나, 모든 개별적 문제에서 우위로 알려진 아테네 사람들이 그네들의 신성한 의례를 보존해 주고, 스스로 자신들을 조정하겠다는 약속을 얻어내었다.³¹ '에우몰피데스(Eumolpides, 高位 佛陀 司祭의 후예)'는, 후기 엘레우시니아의 고위 계급의 왕 쿨리우스(Coolyus)의 딸에 도움을 받은 '케루케(Keerukes³²-불교도)'라는 일반적인 명칭으로, 하위 사제와 함께 신성한 의례의 집행관으로 임명이 되었다. 구 종족적 숭배 형식보다는 차라리 신비로 엘레우시니아

---

29 '스루쿨라(Sroo-cula)'는 '스루(Sroo)' 족이다. 불교 자이나(Jainas) 종파이다.
30 '데스(Des)'는 '땅'이고, '파(pa)'는 '주인' '통치자'이다.
31 Thucyd. ii. 15
32 '케리케스(Ceryces)'는 '케루카(Keeruka-불교도)'에서 유래한 말이다. '케루코스(Keerukos)'는 희랍인에게 '불교 선교사'이다.

의(Eleusinian) 숭배를 취급하는 더욱 현대적인 희랍 작가들에 의해 우리는 다음과 같은 사실을 알게 된다. 즉 '무스타이(Mustai, 해탈)'라는 이름으로 소승(小乘, Lesser Mysterics)주의로 긍정된 후보들이니, 그 이름은 불교도의 '목사(Moksha)'에서 연유한 명칭이니, 육체를 벗어난 영혼, '윤회(輪回)에서 제외된 존재'이다.

그러나 그들이 '대승(大乘, Greater Mysteries)'에 인정되기까지는 또 한 해를 기다려야 한다. 시작 단계에 주요 의례 중의 하나는 명백히 상징적인 것이다. 그것은 '신성한 강' '칸타루스(Kant-harus, 경배의 장소[33])'에서 암퇘지를 씻는 것이다. 그 희생까지 정화(淨化)는 계속되는 것이다. 이들 '무스타이(Mustai, 해탈)'는 비밀을 맹세했으니, 그것은 사실상 그 종교적 성소(聖所)에서 옛 종교적 고장에 절대적으로 필요한 것이었고, 오직 그곳에서만이 호머와 그의 세속적 신상(神像)의 더욱 매력적 이단(異端)에 대항할 수 있는 기반을 보존할 수 있었다. 그 입사(入社)는 '에바프토이 ĕbãptoi (ἐπόπται)'[34] 식이었으니, 그들은 데메테르(Demeter) 보호구역으로 들어감이 허락되지 않고, 연결 통로에서 엄숙하게 대기를 하고 있었다.

4일 5일 6일이 가장 중요하게 간주된다. 4일에 석류와 양귀비 씨를 담은 바구니를 가지고 대 행진이 시작한다. 그것을 황소가 끄는 수레에 싣고, 여인들이 뒤를 따르는데, 그녀들은 신비의 작은 상자를 지녔던 것으로 보인다. 5일은 '횃불의 날이다.' '다도우코스(Dadouchos)'라는 횃불 소지자가 앞장을 선 행진은 데메테르(Demeter) 사원까지 횃불을 들고 가서 다음날 저녁까지 거기에 머무른다.

가장 숭엄한 6일은 대 교황이 주도했다. 그것이 '이아크코스(Iakchos, 원래는-요게 Yoges)'이니, '무미(Mooni, 성자)'의 칭호이다. '요기(Yogi)'는 독실한 사람으로 정의(定義)되니, 그는 세계적인 행위와 의례를 수행하고, 그 결과에는 관계없이 브라흐마(Brahma, 창조신)[35]에 정신을 집중한

33 '아르하(Arha)'는 '숭배', '아르하타(Arhata)'는 '숭배자' '자이나(Jaina)'를 말한다.
34 '아바프토이(Avaptoi)'는 '획득'의 뜻이다.
35 '라마(Rama)'는 '사랑을 받다.'는 뜻이다.

다. 그러나 엘레우시아의 '요게(Yoges)'는 북서부 인도의 거대한 힘의 왕국 축복 받은 '디오나우소(Dio Nausho)' 군주의 이름이다. 그는 자이나 교황(제에우스-Jeyus), 대 라마 여왕, 수라메(Soo Lamee)의 아들이라 불렀다. '코우로스(Couros)'라는 용어가 특별히 '이아코스(Iacchos)'에게 제공된 실제 기원을 몰랐던 소포클레스(Sophocles, 496?~406? b. c.)는 그 젊은 신이 엘레우시니아 데메테르(Eleusinian Demeter)의 가슴에 있다고 하여, 그 개념은 고전적 권위의 긴 기차(汽車)로 반복되었고, 조각으로도 제작이 되어 신념을 굳어지게 하였다. 소포클레스의 '코우루스(Couroo's)'는 '구루스(Gooroo-s, 영적 敎師)'이다. 그러므로 데메테르는 희랍 식으로 '코우로 트로포스(Couro-trophos, 구로스의 양육자)'이다. 이아코스(Iacchos, Yoges) 조각상은 도금양(myrtle, 관목 식물)의 화관으로 장식이 되고 횃불을 들고 있는데, 즐거운 함성 속에 성스러운 길을 따라 운반되었다. 6박 7일 기간 동안 이 순례의 입사(入社)가 가장 중요한 신비 속으로 들어가는 것이 목격되었다. 그런데 그들은 전령으로 보내진 '신도'나 '석방자'가 아니었다. 새로운 정화(淨化)를 통과한 것이고, 비밀의 맹세가 반복이 되어 마음 속 깊은 성역으로 수용된 것이다. 그 각 개인의 입사 다음에는, 저 신성한 말, 유럽인의 신비한 신화와 동방인의 고행이 오랜 동안 묵살되었다. 그것들은 타르타르 사제의 말이며, 티베트 인의 언어이다.

ΚΟΓΞ	OM	ΠΑΞ.
KONGX	OM	PAX.
DKON	QSUM	PHAG-HTS.[1]

<'삼 성신(三聖神, the Three Holy Ones)에의 경배'[36]>

---

36 '온전한 공식'은 '드콘(Dkon)'-'크숨파그(Qsum-la-p'hag)'-'트살로(Hts-'hal-lo)'이다. <아시아 연구> 20권 p. 45. 'Csoma de Cooroos' 참조 ; '옴(Om)'은 브라흐만들에게 '브라흐마(Brahma)' '비슈누(Vishnu)' '마헤사(Mahesa)'이고, 불교도에게는 '불타(Bud'ha)' '데르마(Dherma)' '산가(Sanga)'이니, '법'과 '승려(성직자)'이다. 범어 공식은 '나모(Namo)' '라트나(Ratna)' '트리야야(Triyaya)'이다.

지속적 불타의 화신에 관련된 현재 라마 교리는, '자그레우스(Zagreus, 축복 받은 후손)' 역사에 약간의 빛을 비추고 있고, '최고 자이나 교황'이 없을 수 없다는 이론을 명시하고 있다. 프린셉(Prinsep) 씨의 티베트 타르타리 몽골의 사회적 정치적 상황에 관한 인기 있는 저술에서 인용한 것이다. 라마 식 사고는 다음과 같다.

"신이 만물을 창조하고, 만물은 그분에게로 돌아갑니다. 그러나 영혼은 그 공과(功過)에 따라 윤회를 좇아 열등한 존재와 우수한 존재를 거칩니다. 영혼이 부여된 여섯 가지가 있습니다. 천사와 악마, 인간, 짐승, 새, 파충류가 그것입니다. 각자의 상태에서 영혼은 완벽한 의미를 지니고 있습니다. 모든 것 중에 최고의 것은 신에게로 흡수되기에 그로부터 다시 생명의 불타들이 분리되어 나오고, 인간의 형상을 갖습니다. 인간들을 그 죄악에서 불러내기 위해 완전한 길을 가르치십니다. 다시 태어나는 현존의 최고 불타는 '라사의 델라이 라마(Delai Lama of Lessa)'이고, 워런 헤이스팅(Warren Hastings, 1732~1818) 시절에 캡틴 터너(Captain Turner)의 방문과 같은 '테수룸부(Teeshoo-Loomboo)'의 '반드산 렘부키(Remboochi)', 페킨(Pekin) 법정에 대 사회 복지 사 '캉키아포(C'hangkia-fo)'이다. 이들 중에 '라사의 델라이 라마(Delai Lama of Lessa)'는 교황으로 모든 불교도의 영적 안내지이다. 그는 우리 선교사들이 거기에 있을 적에 겨우 9세였다. 6년 동안 교황으로 인정이 되고 있었고, 밍켄타우체(Ming-chen-tou-tse) 자방에 모호한 시판 족(Sifans)에 발탁(拔擢)이 되었다. 이 불교도 죽으면 새로운 탄생을 찾기 위해 모두가 명상에 잠기고 기도를 행한다. '기도 통(桶, prayer-barrels)'[37]을 배가된 힘으로 돌린다. 그들의 가정에 주목하여 계승할 불타를 가졌다고 생각을 하는 모든 사람들은 코투그투(Kotooktoos) 성회(聖會)를 열어 세 아이를 선발하여, 심사를 행할 라사(Lassa)로 보낸다. 그들은 6일 동안 함구를 하고, 심사자들은 열심히 명상하며 기도에 바친다. 7일 째에 그들은 세 어린이 이름을 황금 판 위에 적어 그것들을 항아리 속에 넣는다. 원로 코툭투(Kotooktoo)가 제비를 뽑아,

---

37 모든 라마는 자신의 기도 통(桶)을 가지고 있다. '기도'와 '사유'가 유일한 '청정화(淸靜化)' 방법이라고 생각하고 있다.

뽑힌 아이는 즉시 '델라이 라마(Delai Lama)'로 선언이 되고 국가와 도시
에서 행해진다. 하지만 배제된 두 아동은 연금(年金)을 가지고 가족에게
로 돌아간다."[38]

불교 신앙은 비록 그것이 궁극적으로 희랍의 국가 종교로서 공(功)이
들여지면서 쇠퇴했음에도 불구하고 그 자체의 의지에 따라 엄청난 힘
으로 신격화된 성자의 가시적 비가시적 상존하는 관념을 사회 지파에
스미게 하여 유지가 되게 하였다. 이에서 '포세이돈'은 한 때 트로이 성
곽을 건설하는데 개입하는 그 중요한 대리인이었다. 다른 한편 아레스
(Ares)는 상처를 입고 천국의 영액(靈液)이 상처로 흘러내렸다. 아폴로는
그를 돌고래로 변화시켰는데, <u>사실상 요소들을 지배한다는 '중세 성자
들의 힘'이란 바로 '불타 신상들의 일반적 특성들'이다.</u>

신격화된 각 영웅의 강한 특성은 말하자면, 기껏해야 각 신들의 판에
박은 개성일 뿐이다. 그래서 즉 성자[39](Bud'ha)의 대장 시돈(Sidon)의 장
(長)은, 페니키아 드바리카(Dwarica)와 신데(Sinde) 해안에 자리를 잡아,
'바이샤(Vaisya, 상인 계급)'의 후원자로서 긍정이 되었고(페니키아 선박의
船首像으로 보존이 될 정도였음), 바다를 특별히 지키는 신으로 숭배되었다.
그 신앙 자들은 아폴로 성지 순례자만큼이나 활발하였다. 그리고 천상
에서 공간적으로 우주적 신뢰를 지키는 존재로서 상존하는 인격이라는
그들의 철저한 믿음은 로레토(Loretto) 성지 순례의 신념으로 확실히 명
시하였다. 고대 불교도가 가졌던 더욱 묘한 철학적 원리는, 공간 속에 제
공된 더욱 생생하게 인격적으로 행해진 믿음으로 자취를 감추게 되었
다. 이처럼 <u>히말라야 힌두는 실체적 '메루(Meru)' 비실체적 '인드라
(Indra)'를 인지할 수 있었고, 테살리아에 인도의 희랍인도 '토마루스
(Tomarus)'에 대한 불타를 알 수 있었지만, 이후의 희랍 세대는 바다 속
깊이 궁궐과 통치권을 맞춘 상인들의 가부장적 위대한 수호자 '포세이
돈'에게 강력하게 고정이 되었다.</u> 그래서 호머 식의 키오스(Chios)와 더

---

38 Prinsep, 'Mongolia'. p. 107
39 '시다(Sidha)'는 '성자', '시단(Sidhan)'은 '성자들', '파시단(Pa-Sidhan)'은 '성자
들의 왕'이다.

불어, 키오스(Chios) 시대보다 수세기 이전에 있었던 구 불교식 원리의
중요한 행동은, 포세이돈의 힘을 원양(遠洋) 선원의 주님으로 작동하게
만들었다. 에우보이아(Euboea)의 '애개(Aegae)'는 바다 속 깊이에 훌륭한
건축으로 자리 잡은 페니키아 파도 통치자[포세이돈]를 위한 궁전 제공
의 위엄을 자랑하였다. 거기에는 그의 마필(馬匹)도 있었는데, 그들은 황
금 갈기에 놋쇠 편자로 장식을 하였다. 그의 뜻을 따르는 각료와 전차를
타고 포세이돈은 출렁이는 거대 물결을 가로질러, 물결의 큰 마루들은
그의 행진에 완전한 고요로 잠기고 그 마귀들은 그들 왕을 알아보고 빛
나는 수레 주위를 수천의 게이(동성애자)로 뛰어다닌다.

> "바다 속 깊이
> 자랑스런 궁전이 섰으니,
> 번쩍이는 불명의 황금
> 바다 신이 드신다.
> 그가 줄지어 선 마차(馬車)에 발을 내디디니
> 그 놋쇠 편자와 어깨와 장갑차들을 보라.
> 그렇게 자랑스러운 파도를 이룬 황금의 갈기
> 빛나는 수확물에서 그 황금 신의 형상을 보라.
> 오른 손에 들린 황금 채찍을 보라.
> 찬란하게 그의 마차에 오르는 것을 모습을 보라,
> 이제 그의 말들에게 바다 위를 달려고 격려하네,
> 멀리 급등한 요괴들의 날뜀을 향하여.
> 그들은 그들의 어두운 굴속에서 왔으니,
> 그들은 그들의 왕 앞에 만세를 부르고,
> 대양은 그 모습 앞에 기쁨의 미소를 짓네."[40]

그러나 중요한 힘을 지닌 신앙은, 우화(寓話)에 기초한 것일 수는 없

---

40 호머, 일리아드, xiii. 21~29

다. 신화는 그 자신의 지향과 강함을 보인 것일 뿐이다. 이미 대체적으로 살폈듯이 **신(神)을 모시는 부계적 체계 속에서, 그 전 체계의 총화와 실체를 알게 될 것이다.**['조상신(祖上神)'의 연장이라는 논리] 그것의 범위는 세계적이고, 야망을 구체화한 것이고, 동포애만큼이나 강한 것이다.

제 XVIII 장

'페니키아 인(Phoenician)'의 불교

독자는 내가 이미 '바산(Bashan)'과 '레바논(Lebanon, 레 족)'에서 타르타르(Tartarian) 사람들에 대해 언급했던 것을 기억할 것이다. 팔레스타인으로 이스라엘 후손이 들어옴에, 그 지역과 그밖에 지역에 어떻게 라마(Lama)가 있었는지는 다양하게 입증이 될 수 있다. 나는 그 사실을 확인하기 위해 단 하나의 상황만 언급하기로 하겠다. -상고(上古) 시대부터 타르타르 의식(儀式)은 하늘의 여왕께 이른바 '카오님(Chaonim, Cakes)'을 헌납했다.

후크(M. Huc, 1813~1860)는 말했다. "우리는 **중국인의 대 명절 8월 15일에 카보르테(Chaborte)에 도착했다. 이 축제는 '유에핑(Yue-Ping, 月餠)'으로 상고(上古) 시대부터 행해진 것이다.** 그것은 달을 숭배하는 미신에서 생겼다. 축제 기간에는 모든 노동은 중지된다. 노동자들은 그들의 주인으로부터 금전적 만족을 받는다. 모든 사람은 좋은 옷을 입고, 놀이와 경기를 즐기는 것이 일반화 되어 있다. 친척들과 친구들은 서로 '달의 형상'을 박은 떡을 나누어 먹는다.'"

그와 같은 것은 '약속의 땅'에 히브리인의 정착 시기에 타르타르 사람들도 행했던 것이다. 다마스쿠스(Damascus)에 '다모스(Dhammos, 사

---

1 후크(M. Huc), <타르타르 여행 추억(Souvenirs d'un Voyage dans la Tartarrie)> 1권, p. 84.

제, 중)' 불교도의 정착은 이미 주목을 했었다. 그 사실은, '카드모니티 족(Cadmon-i-tis, 가우타마 족의 땅)'이 창시자 '가우타마(Gautama)'에서 유래한 불교도의 용어라는 것이 확신을 더하게 하고 있다.

희랍과 페니키아의 관계는 같은 종족으로서, 테베(Thebes)에 유명한 카드무스(Cadmus)에 정착을 했다는 점은 의심의 여지가 없다. 조인빌(M. Joinville[2])은 말했다. "가우테메 불타(Gauteme Boudha)는 '사만 가우테메(Samon Gauteme, 聖主 가우테메 불타)'이다. 시암(Siam, 타이의 예 이름) 사람의 사모노코둠(Samonocodum)은 킨갈레세(Cing halese)의 보우도우(Boudhou)와 동일하다는 것은 이미 살폈다....'사모노(Samono)'와 '사만(Saman)'은 서로 유사하고, '코둠(Codom)'은 '가우테메(Gauteme)'로 쉽게 생각할 수 있음을 우리는 알고 있다."

다양한 작가와 세계의 다양한 지역의 역사적 요구의 확립과 비판에 **고대의 음운 정서법** 체계의 상호 긴밀성은 최고의 가치를 지니고 지고 있다. **그 나라의 역사가에 생소한 명칭과 상응한 표현상의 어떤 형태소의 유무(有無)가, 현재는 고대 언어와 과거 힘 센 종족의 폐허 속에 묻힌 가치 있는 역사를 위해 길을 마련해 줄 것이다.** 페니키아의 '카드무스(Cadmus, 알파벳을 희랍에 전했다는 페니키아 왕자)' 식민지는 특히 이 범주에 소속이 되고 있다.

케이틀리(Keightley)는 말했다. "**카드무스(Cadmus)**의 명칭과 동쪽 셈족의 케담(Kedam)은 묘하게 일치하고 있다. 그래서 실제로 그것은 테베(Thebes)에 있는 페니키아의 유일한 식민지 이름일 수 있으니, 왜냐하면 일반적인 식민화의 증거는 보이지 않기 때문이다. 예를 들어 우리는 '보이오티아(Boeotia)'의 언어와 제도에서 **페니키아 사람들**의 영향은 찾아 볼 수가 없다. 더구나 페니키아 사람들과 같이 원양(遠洋) 상업 족은 낯선 곳에 정착지를 택했다는 것을 상상할 수 없고, 그들의 개성에 맞은 무역(貿易)과 무관한 바다에서 떨어진 비옥한 농업에 적격 지를 택할 수 없기 때문이다. 그 식민지 후예들이 완전히 페니키아 속성을 버리고 오랜 동안 모든

---

2 <아시아 연구>, 7권, p. 415.

교역을 싫어하게 되었다는 점도 이상스러운 일이다. 그러기에 카드무스 (Cadmus)의 희랍 기원 추구는 실망을 무릅쓴 추구라고 생각할 수 있다."[3]

이 고찰들은, 희랍 신화 저자를 판별하는 모든 곳에서, '바른 판단'이라는 특성을 지닌다. 동시에 상고 시대 희랍 역사의 고찰에 '지리학적 토대'의 필요를 확실히 하고 있다. 신화의 작가 말하고 있는 페니키아 언어는, 카드무스(Cadmus) 지역에서 '이후에 분화된 변별적 방언으로 특성'은 수용하지 않은 것이다. 그러나 페니키아 언어는 더욱 결정적이 셈족의 언어 형태로 변화를 시작하여 켈트 어(Celtic)와 통합되어 갔고, '켈트 어'와 '페니키아 어'가 거의 동일하게 되었다. 그러기에 해설자 없이 희랍인과 규제 없이 자유로운 의사전달을 행하고자 했던 힘은, 가우타마스(Gautamas, 카드무스) 지역과 그의 사제를 구분되게 하였다. 상고 시대에 관해 믿을 만한 작가들이 기록했던 바와 같이, 그것은 초기 불교도 선교적인 노력이라는 것과, **희랍에 카드무스(Cadmus)가 정착했던 것은 불교 선교가 최선봉이라는 것은, 거의 의심할 수가 없다.** 인도에서 다양한 기록에서 가치 있는 기록들을 독자적으로 불교 국왕들의 칙령을 모은 <마하반소(Mahawanso)>의 숙독만으로도 충분히 이 중요한 사실을 확신할 수 있다. 팔레스타인(Palestine) 북부와 펀자브(Punjab) 북쪽 간과─ 한쪽의 자이나(Jaina)의 지역과 다른 쪽의 라마(Lamaic) 체계 간에, 지속 된 놀라운 조화에서 도출된 역사적 가치는 부정될 수 없다.

통상적으로 '도안(圖案)적인 교리(a designing creed, 기본 敎理)'의 소개에도 치명적 정치적 결과가 뒤따랐다. 하지만 **테베(Thebes)와 보이오티아 (Boeotia)는 그 명칭들이 보유하고 있는 종교적 선교(宣敎)에 어울리지 않은, 전반적인 '유혈과 난동의 현장'이라는 점은 명백하다.** 당시의 불교 선교사인 '가우타마스(Gautamas, Cadmus)'는 보이오티아(Boeotia)에서 정말 용의 이빨[4]을 보게 될 것이니, 넓은 들[野]에 작물은 상하고, 오래도록 거의 열매가 없을 것이라고 말했다. 그는 불교적 신념뿐만 아니라 일반인으로는 수용하기 어려운 많은 '바라문(婆羅門)적 수행 이론'을 혼합 소

---

3 케이틀리(Keightley), <신화>, 1권, p. 327.
4 '드라콘(Drakon)'은 '뱀', '두루곤(Droogon)'은 '브라흐마(Brahma)'이다.

개 주장했던 것으로 보인다.

그래서 '가우타마스(Gautamas[5])'는 바라문 계급(Brahmins[5])의 '베다 철학(Vedantas)'을 선교하였다. 희랍의 '로고 제작자들(Logographers)'은 이 종교전쟁으로 규정된 끔찍한 살육에 살아남은 사람들은 스파르토이(Spartoi) 가족이라고 말한다. 즉 '손(Sown)' 족이다. 단순한 사실이 명백한 것이다. 즉 '가우타마스(Gautamas)' 원리를 품은 사람들은 '소푸르(So-pur)' 족으로 그들의 고장은 '소푸르탄(So-pur-tan)'이라고 불렀고, 거기에서 동계(同系)의 희랍어 형식이 '스푸르탄(S'purtan)' '**스파르탄(Spartan)**'[6] 이다. "'**소푸르(Sopur)**'는 카슈미르에 작은 도시로 거기는 불루르 호수(Wulur Lake)에서 자일룸(Jailum) 강이 흘러 내려 펀자브 평원으로 들어가기까지 급한 코스를 시작하는 자일룸(Jailum) 시 위에 있다."[7] 그들이 '**스푸르탄 족(S'poortans)**'이었으니, '군사 대장들'로서 그 후에 희랍에 가공할 존재가 되었다. 일부가 카슈미르 북쪽에서 왔으나, 종족의 대부분이 라다크(Ladac)였기에 그들은 '라다키 사람들(Ladacimen, 라카다이 사람)'[8]이라 불렀고, 그들은 더욱 갈고 닦인 남녘의 이웃사람들에게 정감어린 농담의 영원한 주제가 되었다. 스파르타 식 희랍 방언은 아토크(Attoc)의 본래 취미에 맞추기에는 너무나 타르타르 식이었다. 아토크(Attoc)의 대가부장 바이시아(Vaisya, 즉 불타)에 의해 히아니안(Hyanian, 이오니아)에 접목된 아토크(Attoc)의 상업 편향은 상고 시대부터 민족적 혐오와 반감의 원인을 이루었다.

불교식 교리와 신상(神像)이 주로 심어 주는 '가우타마스(Gautamas, 불교)' 교리는 브라만 계급의 편향이 명백할 뿐만 아니라, '가우타마스(Gautamas, 불교)'는 '테바이(Thebai, Dabai)'[9]의 새로운 도시 관문의 명칭인데, 즉 브라만 계급 사제(司祭)의 도시이고, 신성한 힘의 여성으로 간주

---

5 '오돈테스(Odontes)'는 '이빨'이고, '베단타스(Vedantas)'는 '베다주의자'이다. 'v'와 'o'는 상환됨(부록 '규칙 16' 참조)
6 부록 '규칙 1' 참조.
7 토른턴(Thornton), <펀자브 관보(Gazetteer Punjab)>, 2권, p. 250.
8 '라다키(Radaci)'는 '라다크(Ladac)'에서 유래된 것이다.
9 '데바이(Devai)'는 '데바이(Debai)'로도 발음이 된다.

되는 축복의 '불타 사크티(Bud'ha Sacti)'를 모방한 것이기 때문이다. 그 명칭은 '옹카라(Ongka-ra)'였고, 희랍어로 '옹카(Ongka)'인데, 거기에 옹카 아테네(Ongka Athene)의 신비스러운 이름 생겼는데, '옴(Om)'은 브라흐마의 신비스런 명칭임은 이미 살펴었다.['On'='Om'='절대신']

불타의 사절이 행한 지각없는 종교적 열정이, 당시에 '카크라베르티(Chakraverti, 자이나 교황)' 통치에 기분 나쁘게 보인 것 같다. 그래서 '가우타마스(Gautamas, 불교도)'에게 '8년의 노예 상태'에 처해진 것으로 묘사되어 있다. '가우타마스(Gautamas)'의 결혼은 모든 작가들의 시적 서술로 황홀한 일화를 이루었다. 그것은 보에오티아(Boeotia)에 있는 위엄 있고, 고상한 모든 사람들에 의해 축복된 고위 라마 사절에 주어진 혜택의 속성으로 보인다. 동방 풍속에 따라 기분 좋게 '가우타마스(Gautamas)'에게 주어졌고, 모든 것이 인도계 희랍 사람들에게 온전하게 유지된 그대로이다. 그 밖에 값진 선물 가운데는 그 '불교 사절'의 처(妻)에게는 히아(Hya) 땅의 능란한 불교도의 장인(匠人)이 제작한 대(大)라마(Grand Lama, 제우스)가 내린 거대한 목걸이도 있었다.[10]

데바(Devas)시에 첫 '가우타마스(Gautamas)'의 출연에 동반된 재난(災難)은, 그 불행한 도시의 존속과 더불어 계속되었다. '불교 신도'와 '베다(Veda)파' 사이에 생긴 종교적 분쟁은 '에티오클레스(Etyoc'les[11], 바라문-婆羅門 족의 장)' 시대와 '팔라나게스(Pala-nag-es[12], 나가 족장의 왕)' 시대에 걸쳐 과격(過激)하게 몰아닥쳤는데, 엄청난 손상을 가했던 전쟁은 궁극적으로는 데바(Deva) 시(市)뿐만 아니라 아르고스(Argos)까지 휘말리게 만들었다.

중세에 국방부 장관처럼 '불교 파'와 '바라문(婆羅門) 파'는 상호 성전(聖戰)에 잘 준비된 챔피언들을 내보냈다. 그 대전(大戰)에 전투 대원(隊員)의 한 사람인 사제 전사(戰士) 예언가 암피아래우스(Amphiaraeus)가 투

---

10 '헤파이스데스(He-pha-is-des)'는 '헤파이스토스(He-pha-is-tos)'이다.
11 '에티오(Etyo)'는 '에타(Eta-브라흐민)'의 접사(接詞). '쿨(cul)'은 '종족'이고, '에스(es)'는 대장이다.
12 '팔라(Pala)'는 '보호자', '나가(Naga)'는 불교의 '용'이고, '에스(Es)'는 '왕' '대장'이다.

입되어 테베(Thebes) 성벽 앞 거대 전투에서 죽었다. 그 전투 방식은 너무 충격적이어서 나는, [詩人]아이스킬루스(Aeschylus, 525~456 b. c.) 시대에 까지 내려온 그 감탄할 만한 성자이며 군사적으로 위엄이 있었던 불교도의 심정을 말하지 않을 수 없다. <u>그것은 '긍정적 행위자'와 '허구적인 행위자'를 구분하는 단일한 경고를 전달해 주고 있고, 기적(奇蹟)은 독단 (a dogma)이나 기적을 행하는 사람은 사실(a fact)이라는 것을, '불교의 희 랍'과 '불교의 로마'에 공히 요구되는 수천의 기적들이 널려 있음에 대 한 시위인 것이다.</u>[포콕은 '기적'의 실행에서 '사실'만을 서술한다는 입 장임] 야심의 대장 에테오클레스(Eteocles) 폴리네이케스(Polyneices)에게 그들의 정신적 부모가 내린 저주가 그들에게 전해진 것은 그 위대한 '베 다 추종자(Vedantist[13])'가 사망한 다음이었다. 그러나 그것은 그 데바 (Devas) 시(市)를 일 년에 한 번씩 번갈아 다스리자고 동의했던 두 지도 자의 격렬한 다툼 속에 곧 분명하게 되었다. 권력의 단맛을 본 에테오 클레스(Eteocles)는 그가 추방한 폴리네이케스(Polyneices)에의 왕권 이양 (移讓)을 거부하였다. 추방된 왕은 아르고스(Argos)의 왕 아드라스투스 (Adrastus) 궁전을 수리했고, 왕의 딸 아르게이아(Argeia)와 결혼하여 그의 싸움에 그 왕을 개입하게 하였다.['마하바라타 전쟁'과 유사함]

"그 주변의 아르게이아 대장을 향한 원정의 제안에 폴리네이케스 (Polyneices)는 그들에게서 좋아하는 무기를 보았다. 그러나 앞서 격렬한 반대자 암피아래우스(Amphiaraeus)는 이제 그에게 화해할 것을 권했는 데, 그의 누이 '에리필레(Eriphyle)'의 남편(암피아래우스)은 강하게 반대 를 주장하였다. 암피아래우스(Amphiaraeus)는, 불의(不義)하고 신들의 뜻 에 반하는 그 사업(전쟁)을 맹렬히 비난했다. 그리고 그는 '멜람푸스 (Melampus)를 떠난 점쟁이 족속'이었으므로, 그는 자신과 주요 지도자들 이 모두 죽을 것을 예언했고, 티데우스(Tydeus)의 미친 광란이나 폴리니 케스(Polynikes)의 범죄적 야심에 공범자가 될 것이라고 말했다. 이미 '칼 리도니아(Kalydonian)' 곰 사냥과 '펠리아스(Pelas)' 장례 경기에서 두각을

---

13 '오이디포스(Oidi-pos)'는 '아이디아포스('Aidya-Pos)'이니 '베다 왕'이다. '바 이디(Vaidyh)'는 '베다 추종자'이다.

나타낸 암피아래우스(Amphiaraeus)는, 테바(Theban)의 전투에서 모든 영
웅 중에 가장 뛰어난 존재였고, 그 승리에 절대 불가결한 존재였다. 그러
나 그것에의 개입을 꺼리고 있는 그를 아무도 막을 수가 없었고, 아내
'에리필레(Eriphyle)'의 영향력을 빼고는 암피아래우스(Amphiaraeus)를
설득할 수가 없었다. 카드무스(Kadmus)와 결혼할 때에 하르모니아
(Harmonia)에게 신들이 제공했던 빛나는 목걸이를 가지고서 폴리니케스
(Polynikes)는, 그것을 '에리필레(Eriphyle)'에게 뇌물로 바치며 그것은 암
피아래우스(Amphiaraeus)의 결단이 '그 조건'이라고 유혹을 하였다. 이
더할 수 없는 선물에 유혹이 된 '부정한 그 아내(에리필레)'는, 그녀의
남편이 은신처에서 나와 운명의 원정(遠征)에 가담하게 하였다. 내키
지 않게 멀리 끌려나와 그 원정에 그 자신과 동조자들의 재앙을 예견
했던 암피아래우스(Amphiaraeus)는, 자신의 전차에 오르면서 아들 '알
크메온(Alkmaeon)'과 '암필로쿠스(Amphilochus)'에게 부정한 '에리필
레(Eriphyle)'를 죽여 자신의 죽음에 복수를 하고, 테베(Thebes)에 대항한
제2 원정에 참가하라는 명령을 내렸다.'"14

'아드라스투스(Adrastus)' '카파네우스(Capaneus)' '암피아래우스
(Amphiaraeus)' '히포메돈(Hippomedon)' '티데우스(Tydeus)' '파르테노패우
스(Parthenopaeus)' 폴리네이케스'(Polyneices)' 7인의 대장이 앞장을 선 아
르기베(Argive) 군대는 도시 성곽 앞에 나타났는데, 대부분은 축복 받은
[詩人]아이스킬루스(Aeschylus, 525~456 b. c.) 비극 작품 <테베에 대항한 7
인(The Seven against Thebes)>을 제작 되게 하였다. 대군을 진격함에 기갑
부대가 구름 같이 나타나, 공포가 그 도시를 지배했다.

> "쿵쿵거림에 귀를 기우려라
> 적진(敵陣)에서 들려오는 소리!
> 대양(大洋)의 물마루 같은 말들
> 멀리 요동치는

---

14 그로우테(Grote), <희랍의 역사> 1권, p. 369.

그들의 물결치는 말이 나타나 야만의 무리에 앞장을 섰구나!
그리고 일어난 지상(地上)의 구름 같은 무리들
하늘가에 퍼져 소리를 죽이고,
그들의 충성심을 보내고 있네.
그리고 우리의 휴식을 깨우는 천둥 같이 요란한 편자 소리
바람 타고 더욱 가까이 들려온다.
평원을 덮어 오는 적(敵)들의
들끓는 포효(咆哮)
거침없는 폭주(暴注)
넘치는 녀석들이 산과 하천을 찢었네."[15]

이 시민들의 공포 앞에, 에테오클레스(Eteocles‒폴리니케스와 '테바 왕위'
를 다투다가 모두 사망했음)는 단호한 표정을 지었다. 그는 말했다. "배가 대
양(大洋)의 파도 속에 있는데, 선원은 그 은신처를 내버리고 뱃머리로 달
려가 무엇을 할 것인가?" 그래서 그의 결의 찬 충고는 결국 시민의 공포
감을 잠재우는 데 효과를 내었다. 금방 도착한 전달자가, 7인의 적장들
이 각각 7대 성문 앞에 서 있고, 티데우스(Tydeus)는 프뢰테아(Proetean) 성
문(城門)을 마주보고 있다고 전했다.

"그의 삼중(三重)의 옷은 어두운 물결처럼 날렸고,
그의 투구는 드높이 솟았다 :
그의 방패 안에 구리 방울들은
공포감을 널리 퍼지게 하네.
거만함을 보여주는 저 방패‒
별이 돋은 하늘처럼 그 과시함을 더해
하늘같은 뽐내는 암흑의 저 눈초리.
그와 같이 허풍 치는 팔을

---

15 Sept. cont. Theb., 79, 86.

그는 전쟁의 공포 속에 미친 듯이 보여주네.

널리 몰려온 대열을 통해

강둑에 서서 '싸우자!'고 소리친다.

모두 재갈을 물린

전마(戰馬)도 싸우자 날뛰고

귀를 찌르는 트럼펫 소리에 맞춰

절망적 싸움에 그처럼 불을 지르고 있네."[16]

그 도시 침공에 앞서, 카드메이안(Cadmeians), 플레기아에(Phlegyae) 포 캐안(Phocaeans)의 연합군은 그들의 침략자를 맞아 진격을 하였다. 그러 나 이스메누스(Ismenus) 산 근처의 전투에서 패배하여, 그들은 성 안으로 후퇴를 하였다. 크레온(Creon)의 아들 메내티우스(Menaetius)는, '장님 점 쟁이' 티레시아스(Tiresias)에게서 그를 하레스(Har−es)[17]에게 '희생(祭物)' 으로 바쳐야 테베(Thebes)가 승리할 것이라는 예언을 듣고, 도시에서 나가 성문 앞에서 살해를 당하였다. 그 도시의 공습(攻襲)이 이제 시작되었다. 파르테노파에우스(Parthenopaeus)는 사다리를 타고 성벽에 오른 페리클리 메누스(Periclymenus)가 던진 돌에 맞아 살해되었는데, 호전적인 카파네우 스(Capaneus)는 제우스(Zeus)의 벼락에 강타를 당했다. 이 신력(神力)의 개 입에 질린 아드라스투스(Adrastus)와 그의 아르기베(Argive) 군대는 그 성 벽에서 물러가니, 테베 사람들은 반격(反擊)을 가하였다. 양측 대장은 일 대일의 싸움을 시작했고, 그들은 너무나 화가 나서 자신의 목숨은 내버 리고 오직 상대를 죽이기를 원해서 거기에 함께 죽어 넘어졌다. −

"그들은 절친한 친척으로

지극한 미움으로 서로 나뉘어

끝내는 갈등 속에 분노의 격앙(激昻)이라.

저 증오가 마감하면, 태생(胎生)에 진실하여

---

16 Aeschyl. Sept. ap. Theb. 384, 394.
17 '하레스(Har−es, Ares)'는 '전쟁 왕'.

생명의 피를 흘리며 잔디 위에 누이리니,
지하에서는 함께 섞이리."[18]

암피아래우스(Amphiaraeus)는 전투의 물결을 거슬러 열심히 싸웠지만, 망명자(亡命者, 도망병)들에게 운반되었고, 페리클리메누스(Periclymenus)에 의해 추적을 당해서 그의 창에 찔리었으나, 전지전능(全知全能)한 '자이나 성자(제우스)'는 기적적으로 땅의 가슴을 열게 하여 그의 전차와 마필이 손상되지 않은 채로 그를 구해주지는 않았다.[19] 기억할 만한 사건은 역사 시대에까지 테베 사람들이 그 지점에 세운 성스러운 무덤을 만들어 입증이 되게 하였다.

모든 아르기베(Argive) 대장들은 그 절망적 전쟁에 망했다. 이제 홀로 남은 예언가 무사(武士) 아드라스투스(Adrastus)는, 놀라 명마(名馬) 아레이온(Areion)을 타고 외로이 아르고스(Argos)에 도착했다. –

**"그 힘센 그의 준마(駿馬)가 구해냈으니,
비통의 복장과 검은 갈기의 말 한 필뿐이라."[20]**

불교도 연대기에 있는 저 장대한 이야기 중의 하나가 이처럼 수세기 후에 행동 경위가 묘사되어 기록 되었다.['마하바라타(摩訶婆羅多)' 공통 형식으로 서술되었다는 지적임] 즉 특별히 그 상상력에서 동양적이고 장대한 어떤 작가인 아이스킬루스(Aeschylus)[21] 당대에까지, 구두(口頭)건 기록이건 전해진 서사 물에서 그 역사가의 '브라만 불교 교리(Brahmino-Bud'histic creed)'를 숙지(熟知)하고 있었던 시인, 그리고 테베 시대에 음울한 장대함에 기대어 시인 자신의 장엄한 영웅들에 관해 생생한 생각과 신념을 살려 기록해 놓은 바인 것이다.['전쟁 無用論']

---

18 Aeschyl. Sept. ap. Theb. 933, 940.
19 Pind. Ol., vi. 21. Plut. par. 6.
20 Paus., viii. 25, 5.
21 '아이스쿨레스(Ais-cul-es)'는 '바이시아(Vaisya)'의 왕, '메르칸틸레(Mercantile)' 종족의 왕.

제XIX장

아폴로, '라다크(Ladac)'의 불교주의

'일어나라! 나도 한 사람의 인간이니라.'　　　　－사도행전, 15장, 26절.

로마 불교의 자취에 영향을 받은 '이탈리아 연대(聯隊, band)'에 독실
한 백부장(百夫長)이, 성 베드로(St. Peter) 앞에 부복(俯伏)하며 '그네들의
신(라마 神)'으로 경배를 올리니, 기독교의 겸허함을 지닌 베드로는 그와
같은 경배를 '타락'이라 꾸짖고 동시에 자신의 임무는, 사실 그는 어떤
신의 대신이 아니고, 어떤 접근할 수 없는 특별한 계급을 이루는 행위가
아님을 밝힌 대목이다.['로마 敎皇'의 본래 위치]

　베드로도 역시 사람이었다. '최고의 고상한 것'과 '저급한 감정'을 지
닌 인간이었다.[1] 그는 경배를 받을 수가 없었다. 왜냐하면 베드로는 역
시 '잘못할 수 있는 약한 존재'로 프래토리아 홀(Praetorian Hall)에서 자신
의 비겁을 고백했던 그대로이다. 교황 코르넬리우스(Cornelius, ?~253)도
확실히 ['신'으로 받음을]나무랐고, 그때부터 자신을 지상(地上)에 있는
'그리스도 같은 목자(牧者)'는 아니라고 생각하였다. 아마 그 '주인'에
대한 충성스런 사도로는, 동서(東西)에서 '라마의 신들(Lama-gods)' 이야

1　Jer. xⅶ. 9 ; Luke xx. 31, 62 ; Galati. ⅱ. 11~14 ; 1Cor. ⅸ. 27.

기는 들어 본적이 없었을 것이다. 이런 이유로 인해서, 지상에서의 신들과 그 수만의 추종자들은 그 충동에 모두 흔들리고 있다. 아! 비록 영적 외국의 자존심이 눈가림을 할지라도, '인간의 공명심(human ambition)'은 유리알 같아 그처럼 쉽게 꿰뚫어 볼 수가 있는 것이다.

그처럼 '막강한 신격(神格-제우스)'이 희랍에 몇 백 년 동안 존재하였다. 그 기발(奇拔)한 신들의 최고 사제들은, 개인적으로 헌납을 행하는 고백의 순례자나 대리인에게서 '자이나(Jaina) 왕 아폴로(Jaina Prince Apollo)의 황금 상'으로부터 카론(Charon)의 오벌(obolus, 희랍 銀貨)에 이르기까지, 많은 은(銀)과 금(金)을 모았다. 그리고 그 비상한 재주를 지닌 그 협회(協會)의 생생한 위력에 대한 확신은, 오늘날의 수많은 순례자에게도 그대로 이어져, 적절한 성지(聖地)에 맞춘 은으로 만든 요람의 헌납은 수많은 후손을 위한 행복한 조상(祖上) 일로 간주되었다. 순례자에게는 돌로 된 왕관과 신의 옥좌가, 우주 최고 통치자의 의지를 해설하는 사람이 요구하는 그 위엄에, 결코 낮은 것이 아니었다. 숭고의 감정에 호소하는 모든 것이 그 편안한 거처에 관계되어 있었고, 눈에는 장엄한 신의 조각, 귀에는 들리는 합창된 찬송, 코[鼻]로 느끼는 향기, 신을 향한 약한 인간의 모든 호소가 그것이다. 그것이 정말 생명의 종교임이 틀림없으니, 그것은 '백악(白堊)의 성곽'[寺院]에 번창할 것이다. 아 인간(Humanity)이여! 그것이 우리가 존중하는 *그대(thee)*이니, 우리의 '신(God)'은 아니다. [포콕은 '偶像'과 '神祕'가 없는 과학도라는 입장임]

라다카이(Ladacai, 라카다이) 사람의 종족 신(神)은, 그 '불가시(不可視)의 존재'에 대한 경외감에 어울리는 정신을 심어주는 잘 계산된 장소에 붙박이로 그 거주(居住)를 고정하고 있다. 후게스(Hughes)는 썼다. "스트라보(Strabo, 63 b. c.~21 a. d.-희랍 역사 지리학자)는 '그 장소'를 '광대한 국립 극장'에 비유하였다. 그런데 그 비유는 아주 작은 부분에까지 정확히 맞힌 것이다. 왜냐하면 그 도시(Delphi)는 그 산을 둘러 싼 완전한 반원(半圓)으로 세웠을 뿐만 아니라, '키클롭 식(Cyclopean) 돌 쌓기'로 세워진 규칙적 계단식이다. 거기에서 신들과 그들의 사도가 드라마를 구성했던 거대 극장 같은 것이었다니! 고대 순례자가 이 숭엄한 성소(聖所)를 보기위해 지루한 계단을 넘은 다음 그 놀라움이 얼마나 큰 것이었겠는가. 이 '만국(萬國)의 공통 제단(祭壇)', -구멍 뚫린 바위들에 트럼펫과 말들의 울음 대중의 함성은 메아리를 치는데, 모든 장려한 조각과 희생이 그의 안목에 찬란하게 빛을 낼 때에는 얼마나 놀라운 것이었으랴. 그리고 이 지점에서 '그것과 연관된 무슨 숭고한 회합' 이외에 그 화가에게 무슨 표현할 사항이 따로 떠올랐을 것인가!"²

이 '예언적인 신(아폴로)'의 사랑을 받은 그 거주지에 대한 목격담은 감탄할 만하다. <u>고대 힌두 후예의 신(神)이 희랍 힌두의 신(神)이고, 호머 노래 속에서의 그 희랍의 신(神)이다. 그 신(神)은 크리슈나(Crishna)이다.</u> ['아폴로'의 原本이 '크리슈나'임] 그리고 그의 바윗돌 옥좌와 그의 도시 크리사(Crissa, 크리슈나)에서부터 빛나기 시작하여 크리사이안(Crissaean, 크리슈나의 灣) 바다로 '불타는 황금[태양]'으로 진다. 힌두 신에게 바쳐진 그 도시가 델포이(Delphoi³)이니, 델바이(Delbhai⁴, 델비 족)의 거주지이며, '아르주나(Arjuna)'란 명칭은 판다바(Pandava) 제3 왕자이니, 그의 군대는 '바이자얀(Vaijayan, 아이얀)'임은 이미 '아이가이안 바다(Aegaean Sea, 에게 해)'로 주어졌던 것을 고찰하였고, 그 북쪽에 '테르마(Therma)' 만(灣)이 있었는데 그것은 '데르마(Dherma⁵)'에서 온 것이니, 동일한 왕자 '아르주나(Arjuna)'의 다른 이름이다. 아르주나(Arjuna)와 크리슈나(Crishna)는 모두 마하바라다(Mahabharata) 전쟁의 영웅임은 이미 살폈던 바다. '델비(Delbhi, Arjuna)'는 크리슈나의 절친한 친구였다. 그러므로 그 이름의 이 도시는 이후에 (신)옥좌(玉座)가 되어 번성(蕃盛)하였다.[神人 同居]

'아폴로노스(A'pollonos)'는 '아발라노이(A'Balano-j-크리슈나(Crishna⁶)'

---

2 후그(Hughes), <희랍 여행(Travels in Greece)>, 1권, p. 358.
3 라틴어로는 '델피(Delphi)'
4 '델비(Delbhi)'는 '아르주나(Arjuna)'이다. '델바이(Delbhai)'는 '아르주나(Arjuna) 의 후예, 또는 사람'이다.
5 '데라마(Dhora)'는 '라자(Raja)'이다.
6 '발라(Bala)' '발라라마(Bala-rama)' '아노자(anoja-태생)'에서 온 말이다. '발 라 라마(Bala Rama)'는 크리슈나의 4촌이고, 제3대 라마(Ramas) 비슈누의 제8현 신으로 간주된다. '발라데바(Bala-deva, 위력의 신)'는 크리슈나의 형이다.

이니, 이름의 희랍 식 조음화(調音化)이다. 크리슈나(Crishna, Krishna)의 방 언은 특히 카슈미르 주변에서는 '키센(Kishen)'으로, 카슈미르의 '키센 (Kishen)'이고 팔레스타인의 '키손(Kishon)'이다. 팔레스타인에서 '발라 노이('Balano-j, A'Balano-s)'는 인도에서처럼 '사마(Sama)'라고도 했는 데, 그것은 역시 '크리슈나'를 나타내는 말이다. '카나니테(Canaanites[7], 카 냐-Canya 사람)'으로 크리슈나('Balano-j, A'Balano-s)의 또 다른 이름이니, 특별한 경배의 명칭이다.[8] ['크리슈나'의 명성]

 '라다키(Ladaci)' 사람들(Lacedaimon)은 각별히 '크리슈나'를 기억하고 숭배하였는데, 말하자면 카냐(Canya)는 타르타르의 민족 신이었다. 그래 서 그들의 이름이 '라카니안(La'canyan, La-conian[9], 카냐-Canya 사람)'이다.

 감탄할 만한 작가 콜로넬 토드(Colonel Tod, 1782~1835)의 안내로 그 동 일한[크리슈나] 신(神)의 원시 옥좌를 잠깐 방문해 보기로 하자. 그가 우 리를 안내한 곳은 '라지푸타나(Rajpootana)'에 있는 아부(Aboo)의 거대 바 위로 된 고지대이다. 서부의 '파르나수스(Parnassus)' 이상으로 축복되는 순례지이다. 그러한 만큼 정말 '성자의 절정(絕頂)'이라고 부른다. 순례 임원들이 그들의 성공적인 대담성의 기념으로 그 성자의 발아래 주변 에 돌 더미를 쌓았다.

 "셀 수도 없는 동굴은 산의 여러 곳에 보였고, 옛날의 혈거인(穴居人, Troglodyte)의 모습을 보여주고 있다. 그리고 거기에는 둥근 구멍들이 있 었고, 포탄의 구멍 같은 것들이다. 나는 그 은둔자와의 대화(對話)에서 '빛과 어둠의 힘 사이 투쟁의 종말'을, 참을 성 있게 기다렸다. 은둔자는 '부르사트(Bursat, 雨期)' 동안 주위에 모든 불순물이 없어져서, 비로소 루 니(Loony)에 발로티아(Balotia) 만큼이나 떨어진 조드푸르(Jodpoor) 성채 (城砦)와 사막이 보일 수 있게 되었을 때에, 내게 '말'을 하였다. 우연히 태양이 솟아난 동안 우리가 '사르키(Sarchi)'까지 펼쳐 있는 널따란 베틀

---

7 '카니안(Cayan)'은 '카니아(Canya)'의 복수형이다.
8 'Ouranon Kurion, Baal Samen, kalountes'-Phil. ap. Eus. b. i. c. x.
9 '라오(Lao)'는 '사람들'. '카니아(Canya)'-'라코니아(La'conya)' 복수가 '라코니 안(Laconian)'이다.

(Bheetul) 계곡과 동쪽으로 거의 20 마일 떨어진 구름 덮인 아라불리 (Aravulli) 정상 속에 유명한 '암바 바바니(Amba-Bhavani)' 옥좌를 알아 볼 수 있게 된 동안, 우리가 징험(徵驗)을 해볼 때까지 약간의 시간이 있었 다. 그러나 결국 '수리아(Surya)'가 자신의 권위로 갑자기 말을 털어놓기 시작하여 의문점을 해소했으니, 그의 눈은 어두운 청색의 천장이 어둡 고 건조한 흙빛이 될 때까지 그 사막을 압도하였다. 오직 바라는 형상은 '숭고의 실연'이었고, '침묵'이 확신을 주는 매력이었다."

"만약 광활한 심연 아래에서 그의 눈을 돌리면 단지 오른쪽으로 반원 (半圓)만 돌리고, 시선(視線)은 프라마르(Pramars) 성곽의 유적에 둔다. 그 어두운 성곽은 태양의 빛 반사를 거절하는데, 훌쭉한 야자나무는 그들 의 쇠퇴를 조롱이나 하듯 옛날 그들의 지배가 영원하리라 생각했던 종 족의 황폐한 궁정에서 깃발 같이 그들의 잎들을 펄럭이고 있었다."

"오른쪽으로 조금 멀리 다일바라(Dailwarra)의 돔들이 세워져 있고, 뒤 로는 성림(聖林)이고 환상적 봉우리들이 사방을 감싸며 고원의 산마루 에서부터 바늘처럼 솟아 있는데, 위에서 내려다보면 보면 산의 깎아지 른 면 위를 구불구불 길을 따라 흐르는 실개천들이 보인다. 푸른 하늘과 사막, 대리석 신전과 초라한 천막, 당당한 숲과 기복이 심한 바윗돌, 모 두가 대조를 이루고 있다. 추운 바람에도 불구하고, 직접 그와 같은 대 창조자 앞에 불려온 듯 마음은 그 자체가 무의미하다는 것에 짓눌려, 그 와 같은 가운데서 '사색적 나태(懶怠)의 상태'에서 벗어나기에는 노력이 필요했다."

"내 시선(視線)은 힌두의 그 보고(寶庫)에 머물러 즐겁게 쉬고 있으며, 서구의 지성인에게 신비스러운 더욱 고전적인 '판테온(Pantheon, 萬神 殿)' 같은 것을 찾는 것은 즐거운 일이었다. 동료들 가운데에 희랍의 판 (Pan) 같이 보이는 존재가 있었으니, 다리는 염소 같았고, 입에는 갈대를 물고 있었다. 동쪽으로는 광장에 기둥들이 세워져 있었고, 중앙에는 코 끼리들의 행렬이 있는데 그 코끼리에는 타고 있는 사람, 북, 호화로운 의 상과 4피트 길이의 대리석 덩어리를 실었다. 그 앞에는 기둥이 있었는데 다른 사원에서도 볼 수 있는 비슷한 것으로 원형 기반에 세워졌다. 다양한 방들에는 제단과 입주자들이 있는데, '자이나 교황들의 상(Jineswars[10], 4피트 높이)'의 좌상(坐像)으로 공경(恭敬)의 대상들이다."[11]

그러나 이제는 인용된 유식한 비숍 대학장(Principal of Bishop's College)의 건강한 판단의 바른 방법으로, 그 신으로 모셔진 '대장(대왕)의 전(全) 역사'가 있는 그 역사의 철저한 기초를 따져볼 수가 있을 것이다. 콜브르크(Colebrooke)도 역시 동일한 견해를 지니고 있다. 콜로넬 슬리먼(Colonel Sleeman)도 그 점에서 바른 견해를 지니고 있다. 슬리먼의 견해는 이론이 아니라 사실(事實)이다. 그는 말했다. "<u>힌두들은 그네들의 삼 대 신(三大神)은 점쟁이들과는 완전히 다른 속성과 특질이 만신(萬神) 그 자 체라고 생각하고 있다. 그러나 우리는 그 화신(化神)들은 '위대한 인간' 에 불과하고, 그의 찬양자와 '시인들'이 신(神)으로 승격을 시켰다고 생 각해 버린다. 그것이 고대 희랍과 이집트에서 '신 만들기' 방법이었다.</u> 시인들이 노래했던 모든 사람들은 하늘에서 내린 경배를 받고 있다. 하 지만 신들 중에 최고라는 크리슈나(Crishna), 비슈누(Vishnu)의 화신으로 치부(置附)되는 행동보다 덜 괴물 같은 존재는 없을 것이다."[12] ['비슈누 化身'이라는 '크리슈나' 이야기가 가장 큰 '괴물 이야기'라는 비판이나, <u>'절대 신의 인격화'의 최초의 事例</u>이다.]

이 견해가 옳다는 것을 알게 될 것이다. <u>그 대사(臺詞)를 기록했던 역 사가(歷史家)는 '바트(Bhat, Bard-시인)'라 하였는데, 그는 그 왕으로부터 직능과 명예와 부(富)를 받았던 사람이다. 그 왕의 사망이나 그들의 빛나 던 자리에서 추방이 되면 그의 희망도 없어졌다.</u> 그에게 신이었던 그는 영원히 떠나 가버린 것이다. 국왕의 후덕함은 영원히 땅속에 묻히게 된 다. 그렇다면 과거에의 감사와 슬픔의 추억이 그 전투의 폭풍우 속에서 병사의 갑옷을 덮었던 그 깃발과 그 왕들의 최후 후손들을 휩쓸었던 그 대장의 정신에 마땅히 경례를 올리는 것은 이상스러울 수가 없다.

'크리슈나 아폴로(Crissaeus A'Pollono-s)'의 역사(歷史)는 희랍어로 '신

---

10 자이나 교황들의 조각상
11 토드(C. Tod), <서아시아(Western Asia)>, p. 111.
12 슬렌먼(C. Sleenman), <인도 관리 이야기(Rambles of an Indian Official)>, 1권, p. 61.

화(神話)'라는 것과는 완전히 무관한 사항이다. 나는 '인도의 왕'과 '희
랍의 신'이 의심할 것도 없는 동일한 원천에 나온 바를 간단하게 제시해
보이겠다. 첫째는 윌슨(Wilson) 교수가 <라자 타란기니(Raja Tarangini, 왕
들의 강물)>에서 도출한 '카슈미르 역사'에서 찾을 수 있다. 그것은 건전
한 판단으로 심원하고 다양한 지식을 제공하고 있다.

<라자 타란기니(Raja Tarangini, -왕들의 강물)>는 카슈미르 왕들과 갠지
스 지역의 왕들 사이에 자주 있었던 정치적 가정적인 놀라운 교류와 동
맹에 주목을 하고 있다. 그리고 왕의 수행 단체나 군대가 인도의 한 끝에
서 다른 쪽으로 이동을 했던 시설에도 주목을 하였다.

이 사실은 마음에 새겨할 사항이다. 왜냐하면 인도 작가들 속에서 많
은 차이를 보이는 점에 대한 만족스런 고찰이기 때문이다. 그것은 '희랍
의 역사(歷史)'와 더불어 '크리슈나의 역사(歷史)'에 전제로 필수적인 사
항이다. '펠라스카스(Pelakas, 비아르 사람들)'의 지역에 '비아르(Bihar)'에
서 남쪽으로 10마일 떨어진 곳에 거대 고대 도시 '크리슈나'가 있었다.
그것은 '마게다니아 족(Magedhanians, 마가다 왕들)'의 수도였다. 그래서
그 '그리아(Raja Griha, 왕의 저택)'란 명칭이 생겼다. '그리아(Griha) 족'은
그들의 부계적인 명칭 유형이 '그라이카(Grahika)'였으니, 거기에서 파
생된 것이 '희랍(Graecus, Greek)'이다. "마가다(Magad'ha) 왕들은 인도의
최고 왕들이었다. 2천 년 이상 동안 그들 나라는 학문과 문명과 무역의
중심이었다."[13] 그의 이름과 기억을 불교도가 아끼는 영웅 마가다
(Magad'ha) 왕들의 최고인 '자라 산다(Jarasandha)'의 거주지가 '라자 그리
아(Raja Griha)'이다. 그것은 제국 '트로이아(Troya)' 운명으로 영원히 통
합된 왕이다. '그 불타 왕국'은 '일리온(Ilion, 일리아의 도시)' 불타의 도시
이다[14]. 유명한 '잔투스(Zanthus)' 강은 '트라지아(Trajya)' 성벽 곁으로 흐
르는데 '트라지아(Trajya)'는 '라자 그리아(Raja Griha)' 족의 군사적 대장
'산두스(Sandhus)'가 있었다. "디오니소스 적인 '노누스(Nonnus)'는 그 '자
라 산다(Jara Sandha, old Sanda[15])' '인드라의 마하라자(Maharaja of Indra)'이

13 윌포드(C. Wilford), <아시아 연구> 9권, p. 82.
14 '일라(Ila)'는 '불타 족' '일리안(Ilyan, Ilion)'은 '불타 후손'이다.

고, 인도의 왕 마레우스(Marrheus)[희랍 식으로는 Maha-Raj']이니, '산 데스(Sandes)'라고 부르고, 현재 '미노스(Minos)'와 같고, 그의 바커스 (Bacchus)는 크리슈나 성격을 지닌 '바그반(Bhagwan)'과 같다."[16]

"'라자 그리아(Raja Griha)'는 최초의 마가다(Magad'ha) 왕들 '자라 산다 (Jara Sandha)'의 거주지였다. 그는 '판두(Pandu)'의 아들 '아르주나(Arjuna)' 와 '발라라마(Balarama)'에게 살해되었다.[<마하바라타> 서술 내용] '라 자 그리아(Rajagriha)'는 성곽을 이룬 다섯 개의 산속에 거주한 것으로 묘 사되어 있다. 그 기록은 '파 히안(Fa Hian)'의 방문 때(기원 후 393년)에 된 것이다. 그래서 우리는 '힌두의 인도'에서 가장 오래전에 축복을 받았 던 하나의 도시가, 1500년 사이에 완전히 없어진 것에 놀랄 필요는 없을 것이다."[17]

나는 윌슨(H. H. Wilson, 1786~1860) 교수가 <라자 타란기니(Raja Tarangini- 왕들의 강물)>의 요약해서 '그래키(Graeci)' '잔투스(Zanthus)' '크리사(Crissa)' '아폴로노스(Apollono-s)'를 설명해 제시한 것보다 더욱 설명할 수는 없 다. 그것은 <아시아 연구(Asiatic Besearches)> 15권에서 있는 것으로, 거기 에서 카슈미르 왕 '고네르다(Gonerda)'와 사위 '**자라산다(Jarasandha)**'가, 최근의 왕이란 점은 주목할 필요가 있다.

"비록 '고네르다(Gonerda)'란 명칭이 <마하바라트(Mahabharat)>에는 보이지 않지만, 그래도 '자라산다(Jarasandha)'와 '크리슈나(Crishna)' 간 에는 완강하고 피비린내 나는 전쟁이 있었고, 그 과정에서 '이아무나 (Yamuna)'에서 전투가 벌어졌고, '자라산다(Jarasandha)'와 연합한 함사 (Hamsa)와 딤비카(Dimbica) 두 왕자는 살해되었다. 함사(Hamsa)는 발라라 마(Balarama)에 패배하여 '이아무나(Yamuna)'로 도망을 쳐서 물에 빠져 죽었다. 이 전쟁의 원인과 경과는 <마하바라트(Mahabharat, 摩訶婆羅多)> 에 수긍을 할 수 있게 서술이 되어 있고 당시 인도에 인도와 '크리슈나의

---

15 '자라(Jara-여 악마)'의 시적인 변용이다. '산다(Sandha)'와 관련이 있다. "그는 반쪽씩 태어나, 그것이 합해서 '라크사 자라(Raksha Jara)'가 된다."-윌슨<범어 사전>
16 윌포드, <아시아 연구> '마가다(Magadha) 왕들에 대하여'
17 윌슨(H. H. Wilson), '고대 힌두 항해(航海)에 대하여(On Early Hindu Navigation)'

역사(歷史)'에 빛을 던져주고 있다. 그래서 그의 존속(存續)을 수용하지 않을 수 없었을 것이다. 마가다(Magadha) 왕 자라산다(Jarasandha)는 강력한 왕으로 묘사되어 있고, 케디(Chedi)의 왕 시수팔라(Sisupala), 이아바나(Yavanas)의 강력한 왕자인 카루사(Carusha) 왕 바크라(Vacra), 남서 왕 바가다타(Bhagadatta), 방가(Banga) 푼드라(Pundra) 수라세나(Surasenas) 바드라카라스(Bhadracaras) 보두스(Bodhus) 살바스(Salwas) 파라바라스(Parawaras) 수스탈라스(Sust'halas) 무쿠타스(Mucutas) 풀린다스(Pulindas) 살바이아나스(Salwayanas) 쿤티아스(Cuntyas) 남부 판칼라스(Panchalas) 동부 코살라스(Cosalas)의 왕들과 연합하였고, 북부 보이아스(Bhojas) 18 가문(家門)을 서부로 내몰았고, 마트시아 족(Matsyas)을 남쪽으로 추방하였다. 마투라(Mat'hura) 왕 칸사(Cansa)는 자라산다(Jarasandha)의 딸과 결혼을 하였는데, 그것은 사위 살해에 대한 복수를 하기 위한 것이었고, 후에는 크리슈나와의 전쟁을 감당해야 했다. <마하바라타(Mahabharat)>에 의하면 이 전쟁은 3년간 계속이 되었고, 자라산다(Jarasandha)는 바가바트(Bhaghavat)에서 마투라(Mat'hura)를 열아홉 번을 포위 공격을 펼치었다고 한다. 두 권력자는 결과에 동의 했다. 크리슈나는 가족과 추종자들을 데리고 도망을 칠 수밖에 없었고, 인도 서부 해안가로 가서 강한 드바르카(Dvarca) 도시를 세웠다. 자라산다(Jarasandha)의 권력은 '라자수이아(Rajasuya) 희생 수행', 달리 말해 '인도의 최고 왕국으로 자부'하기에는 무적의 장애물이었다. 이 장애는 기민하게 크리슈나 자신이 그 전쟁과 엮이었고, 판다바(Pandava) 왕자들을 자기편으로 그를 끌어들였다. **크리슈나**는 비마(Bhima)와 아르주나(Arjuna)를 대동하고 우회로로 베아르(Behar)로 들어갔는데, 고라카푸라(Gorakhapura)와 티루트(Tirhut) 곁에 있는 산 아래를 지나다가 거기에서 방비가 없는 **자라산다(Jarasandha)**를 체포했다. 그 왕국은 그 서울에서 소동이 났고, 수일의 전쟁 이후에 비마(Bhima)와의 일대일의 격투 끝에 자라산다(Jarasandha)는 살해되었다. 사건은 예상된 결과들로는 보이지 않는다. 판다바(Pandava)와 카우라바(Caurava) 왕자 간에 대 전쟁에 기인한 것이라는 점은 틀림없는 사실이다. 그 결과 중의 하나는 크리슈나가 그 아저씨를 살해하고 회복한 경내로부터 그가 배격을 받았다는 점이다. 수라(Sura)의 딸 쿤티(Koonti)의 사생아인 카르나(Karna) 마투라(Mathura) 왕이 자라산다(Jarasandha)의 사망 이후에 그 영토를 관장했던 것으로 보이고 카우라바(Caurava) 왕자들에 의해 충성스런 동맹 관계가 유지되었던 것은 의심할 나위가 없다."

고대 씨족 제도의 전반적인 경향으로 알 수 있듯이 **자라산다(Jarasandha)**의 신격화로 시작된 경과는 크리슈나의 경우도 그렇게 행해졌다. 그리아(Griha, Graihakas)의 사람들은 불교도였고, 그들 교리의 하나는 '영혼의 윤회(transmigration of souls)'였다.['윤회'는 힌두 베다(Veda)부터임] 불교도 나라에 왕이 된다는 것은 불교도 성자라는 것을 의미했고, 불교도 성자는 동양 고위 고관의 열렬한 소망 '오 대왕이시어 영원하시라!(大王 萬歲!)'에 온전한 대답이었다. 군사적 게임과 숭고한 축제는 그라이카스(Graikas) 왕 기념으로 오래된 것이니, 그들이 유럽에 이주하여 희랍에 정착한 다음에 그들의 대장들에 관한 기록을 행했던 바다. "'라자 그리아(Raja Griha)' 산에는 불행한 자라산다(Jarasandha)가 궁전을 가지고 있었는데, 가까운 곳에는 온천이 있었고, 거기에서 그는 대체로 거주를 하였다. 약간의 유물이 지금까지 남아 있는데, 숭배의 장소로 여겨진다. 푸자(Puja)는 거기에서 최초로 크리슈나와 다섯 판다바(Pandava)에게 경의를 표했다. 그 다음에 노(老) 산다(Sandha)와 아들 라하데바(Lahadeva)에게 꽃을 바쳤다. 불행한 영웅의 추억으로 군사 게임이 매년 선을 보였다. 그들은 침통함으로 축제를 행했고, 사람들은 멀리서도 찾아왔고, 진행이 되는 동안 공진회(共進會)도 열렸다. 그 곳에서 행한 군사 게임과 공진회는 전 인도에 유명했다."[18]

그렇다면 역사가(歷史家)는 여기에서 희랍 원시인과 마주치는데, 히말라야 족(Himalayas)뿐만 아니라 펠라사(Pelasa) 마가다(Maghada) 바르(Bahar)에서 희랍으로 들어온 종족과 일치하고 있고, 희랍인 신의 기초로서 그들 대장들의 간직된 기억과도 일치함을 알 수 있다. 비록 크리슈나의 큰형님 '발라데바(Baladeva)'는 히말라야 산과 마주쳐 망했던 것으

---

18 윌포드(C. Wilford), <아시아 연구(Asiatic Researches)>, 10권, p. 8.

로 생각되었으나, 마지막에는 희랍 도착에 성공하였고, 거기에서 그의
명성은 위대하게 되었고, 크리슈나는 그 나라에서 떨어진 땅에서 망하
였다. 발라데바(Baladeva) 유디슈트라(Yudishtra) 크리슈나(Crishna)는 그
들이 인도에서 추방된 다음에는 그들의 권리를 지키기 위한 것이었을
지라도 모든 슬픈 고통 그들 욕심으로 흘렸던 피에 대한 후회를 대신하
는 존재가 되었다.

"한 순례지에서 다른 순례지로 방랑하며 그(크리슈나)의 친구 아르주
나(Arjuna) 유디슈트라(Yudishtra, 퇴위한 인도 최고 군주) 발데바(Baldeva)와
더불어 솜나트(Somnath)의 성지 주변 신성한 땅에 접근했다. 신성한 트
리베니 카니아(Triveni, Kanya)에서 목욕재계를 하고난 다음 '크리슈나'
는 그늘진 페풀(Pepul)에서 한낮의 열기를 피한 다음 그가 잠들어 있는
데, 산지기 빌(Bhil, 전설이 그렇다)이 파드마(Padma, 또는 로터스 마크)로 잘못
알아 화살을 쏘았다. 친척들이 돌아왔을 때는 그 크리슈나의 숨은 끊겨
있었다. 오랜 동안 발데바(Baldeva)는 그 시체를 떠나지 못 했다. 그러나
결국 '세 줄기 시내가 모이는 지점'에 그를 매장하였다. 원래 나무의 어
린 가지라고 주장된 페풀(Pepul)의 어린 나무가 서 있는 지점은, '힌두의
아폴로[크리슈나]'가 자신을 정화하기 위해 황금 히라니아(Hiranya) 침
실로 순례를 행하는 발걸음을 빨리하다가 숨진 곳이다. 이 정화 장소는
'스베르가 드바라(Swerga Dwarra, 열락의 문)'라고 하는데, 태양으로부터
무죄임이 선언되는 최고의 효력을 내는 '데바 푸툰(Deva Puttun)'을 그 내
용으로 한다."[19] 나는 '라다카이(Ladacai)'족의 영웅과 숭배를 소개하였
는데, 그는 그 사람들의 신(神)이었다. **불교도의 이론으로, '자이나 왕 제
우스(Jeyus)'의 아들 위대한 제노(Jeenos, 자신과 세계의 勝者)가 불사(不死)
라는 것은 사실상 필수적인 사항이다.** 그의 이미지는 남았을지 모르지
만 그는 그들에게서 자취를 감추었을 것이다. 그러나 어딘가에는 '성왕
(聖王)'으로 거하시니, 그 볼 수 없는 권능은 감지되고 획득할 수 있었다.
쿠루 족(Cooroos)과 판두 족(Pandoos) 간의 전쟁은 표면상으로는 정치적

---

19 토드(Tod), <서 아시아>

인 것이지만, 실제에서는 불교 파와 바라문(婆羅門) 파의 싸움이었다. 바
라문(婆羅門) 파가 완승을 하였다. 크리슈나(Crishna) 발라데바(Baladeva)
유디슈트라(Yudishtra)의 불교 신앙 챔피언들은 유랑의 신세가 되었다.
[포콕은 '크리슈나'를 '불교도(유일신교, 월궁족)'로 수용했음은 가장 주
목해야 할 사항임] 사도 전사족의 하나 크리슈나는 외국에서 영면을 하
였다. 테일러는 말했다. "힌두의 모든 전승(傳承)은 전쟁으로 가득하고,
그 속에 종교적 지분이 명백히 있다. 나는 그것은 '수라 족(Suras, 신들)'과
'아수라 족(Asuras, 악마들)'과의 전쟁임을 충분히 보여 주었으므로 거듭
할 필요는 없을 것이다. 칼리 유가(Kali Yuga)의 시작에 우리는 서구에서
중앙아시아에 대항하는 종족들을 확인할 수 있다. 특히 불교[20]가 제외
될 수 없는 '펀자브(Punjab)'에 특별하게 다양한 그 종족들의 자취들은
'고대 카슈미르 역사' 속에서 일부가 추적이 되고 있다."[21] 라오카니아
족(Lao-Canyians, La'Canians)에게 크리슈나는 상존하는 '현장에 있는 신
(praesens divus)'이다. **'델바이(Delbhai)' 아르주나 족(Arjuna, 'Aegeans)의 도
움을 대동한 '크리슈나의 사도'는 그들 자신의 권력을 강화하고 성자의
명성에 적절한 부유한 성지(聖地)를 확보하는데 성공하였다.**[델피의 '아
폴로 신'의 설명] 그 상황은 더 이상 눈을 끌 수 없을 정도였다. '코린두
스(Cor 'Indus)'와 가까운 드바리카(Dwarica)는 크리슈나(Yadu Nat'h, 야두 족의
왕)가 후퇴했던 최후의 지지(支持) 지역이었다. 그리고 드바리카(Dwarica)
는 시누스 코린티아쿠스(Sinus Corinthiacus, 크리슈내안 灣)와 연동이 되어
우리 정신 속에 항상 나타나고 있다. 크리사(Crissa) 지방과 크리새안 만
(Crissaean Bay) 주변의 장대함과 미와 낭만적 풍경은 억압을 할 수 없을
정도이다. 워즈워스(Wordsworth, 1770~1850)[22]는 적고 있다. "이 경치의 아
름다움에 대해, 이 특별한 자태에 대해, 다음 밀턴(J. Milton)의 구절보다
더욱 훌륭하고 정확한 것은 없으리라. 밀턴이 그 상상력으로 그것을 적

20 C. Ritter, <유럽 민족사 입문(Die Vorhalle Europaeischer Voelkergeschichten)>
21 트로이어(Troyer), '라마유나(The Ramayuna)' <아시아 저널> 1844년 10월, p. 514.
22 워즈워스(Wordsworth), <그림과 기술의 희랍(Greece, Pictorial and Descriptive)>,
   p. 23.

었는데 여행자들이 크리소(Criso) 성채의 폐허에서 본 것과 유사하게 그
경치를 묘사하였다."

"그것은 신록으로 하부를 장식한 산이었다.
널따란 평원, 부채꼴로 펼치어
편히도 누웠는데, 곁으로는 두 줄기 강물이 흐르네.
하나는 넓고 다른 것은 좁아, 그 사이에
작은 시내들 얽혀 있는 평원을 이루어,
강물들은 그의 공물(供物)을 바다에 바치며 합하네.
풍요한 땅의 곡식, 기름과 포도주,
떼 지어 몰린 풀밭의 소들, 언덕의 양들.
거대한 도시 우뚝 솟아 잘 보았겠지,
그 가장 힘센 왕국의 터전을."

바미안(Bamian, 이후 희랍에 보미에네 족)의 이웃 '자이나 성자'인, '파르
나수(Parnassus)' 지상(地上) 신(神)의 존재는 그 산의 미래 목적지를 보여
줄 것이다. '파로파미수스(Par-o-Pamisus, 바미안의 산)'의 일부를 '파르나
수스(Parnassus)'라고 했다. "이 산들을 '데바니카(Devanica)'라고 했는데,
'부 데바(Bhu Devas, 地上의 신들)' '세상의 신들' 귀신들로 가득하였다."[23]
(파르나스 Parnas) 그러나 원시 혈거 은둔의 초라한 파르나사(Parnasas)가
거대한 성지(聖地)로 될 날은 금방 찾아왔다.

희랍인의 종교적 감정상 비록 '아폴로의 신위(神位)'[24]는 제 2차적인
것이었으나, 어떠한 신(神)도 그처럼 신속하게 숭배자의 경건함이 생기
게 하는 것은 없었고, 그처럼 종합된 공감과 경외감을 자아낸 것이 없었
다. 최초 정착부터서 희랍 천재들의 타고난 고상함은, 그를 음악과 시의
'후원(後援) 신(神)'을 생각했다. '시(詩)의 신'에 의해 '하야 왕(Haya Lord[25],

---

23 윌포드(C. Wilford), <아시아 연구>, 6권, p. 497.
24 포콕(E. Pocoke), <메트로폴리타나 백과사전> 1권, '희랍의 역사' - '희랍 신화
    에 대한 예비적 고찰'

Phoebus-포이부스, 아폴로)' 신탁에의 신앙이 함축과 헌신을 낳게 하였다. 우아한 품위와 종교적 힘이라는 이 이중적 특성은 델로스 섬의 장님 시인[호머]에 의해 아름답게 포착이 되어 그의 영감의 악보 창조에 영광의 찬사 취주(吹奏) 나팔이 울렸다. 그 주제의 장엄함과 투쟁을 한 다음에 시인은 웅대한 시작을 터뜨리게 되었으니, 그것은 번역으로 다 알기는 어려운 것이다.

> "당신의 바위 같은 이마
> 우뚝한 산들에 종소리 퍼졌다;
> 강들은 바다로 흘러들어 가면서,
> 비탈 같은 파도는 그 아래로 쓰러지지만,
> 시내들은 찬송의 노래를 불렀네."[26]

하지만 델로스 섬(Isle of Delos[27]) 같은 바위투성이 지역에 그와 같은 장엄한 신위(神位)가 어떻게 하여 생겨났는가? 이것은 시인(詩人)이 설명을 해 낸 것이고, 그 설명은 희랍 초기 고대사에 이미 제공이 된 '태양[아폴로] 숭배'와 온전한 조화 속에 있는 것이다. 이 레토(Leto, Leh-tan[28]-제우스의 애인, 아폴로의 어머니)의 후예, '신성한 자이나 왕(Jaina Lord)'의 후예인 '카니아(Canya) 사람들'은, 희랍에서 '예언 신'으로 수용하는 데는 큰 어려움을 지니고 있었다. 바위의 '델로스(Delos) 섬'에는 라다키(Ladaki) 신과 영웅 숭배를 하는 유일한 '소도(蘇塗, asylum)'가 있었다. 그러나 그 종교적인 체계가 개종자를 확보하는 공정한 기회를 획득하자 급속도로 퍼졌다. 데메테르(Demeter)와 페이시스트라투스(Peisistratus)의 경우에도 매우 유용하여 그 교묘한 방법은 '델피(Delphi) 사제'에게 도움을 청해 왔고, 그들의 시인들은 그 사제 속성들을 관장하는 강한 지배자로 명성을

---

25 '피히아푸스(Pi-Hya-pus)'는 '히아 대장'이다.
26 Hymn. Apoll. 22-24
27 V. 27, ut Bupra.
28 '레(Leh)' 또는 '라닥크(Ladac)' 땅.

날리게 되었다. 그들은 어떻게 '왕 같은 자이나 성자(the Princely Jaina Saint)'가 바위투성이 위험한 벼랑의 파르나수스(Parnassus) 변두리까지 왕림(枉臨)을 하셨는지 노래하였다. 거기를 엄숙한 침묵으로 지배하시고 어떻게 공허한 공간 오지(奧地)에 임하시어 그의 성지(聖地)로 그곳을 택하셨는지, 어떻게 당신이 끔직한 '나가 푸타(Naga Putha[29], 뱀 족의 佛陀)'에 의해 수호된 이 바위샘을 발견하셨는지, 어떻게 악마를 극복하고 신이 승리했는지를 역시 노래하였다. **그것은 '뱀 족(Serpent Tribe, 龍族)'[30]의 사제이니, '투폰(Tu-phon, 티베트)'의 충실한 파당의 이단적 실행에 익숙한 자이다!** 대 라마 '케라우나스(Ceraunas)'에 의해 타르타르의 땅으로 쫓겨난 비슷한 배교자(背敎者, renegade)이고 대 라마 족장들이다! 그러나 왕관을 얹은 신의 승리는 그의 '부유한 성지(聖地)를 확보한 사제직'의 확립이었다. 우리가 자이나(Jaina) 시인의 인도(引導)를 따라가 보면 그것은 중세 시대 성자들의 역사 속에서 만나게 되는 것과 같은 그 신성의 제시와 같은 '기적 같은 것'이 나온다. 높다란 왕위에서 신은 '크레테(Crete) 해안'에서 펠로폰네소스(Peloponnesus)에까지 그들의 일에 바쁜 항해자(航海者-商人)들의 사업을 보고 있는 것이다. 신(神)에게 상존(常存)하는 그 신비로운 힘의 행사는, 육신(인간)에서 육신으로 전해지는 법이니, 그것이 라마 왕의 변전 방식이다.[인간 속에 있는 신] 신(神)은 산악 이마에서 급한 비행(飛行)으로 허공을 찢기도 하고, 불꽃의 물결 속에 뛰어들어 거대한 돌고래가 되기도 한다. 그는 거품을 높이 날리기도 하고 그 중심으로 배를 흔들기도 한다.[신비적 속성]

아! 신(神)은 강한 강풍으로 배를 바위 많은 펠로폰네소스 해안으로 몰고 가기도 한다. 저항할 수 없는 힘에 배는 거품이 이는 '코린티안(Corinthian)' 만(灣)으로 미끄러져 들어가 크리사(Crissa) 항구에 도착한다. 거기에서 배는 땅을 밟게 된다. 영광스런 한 젊은이가 바다 가에 나타난

---

29 '푸토(Putho, Pyth)'는 '불타', '나가(Naga)'는 '뱀'이니, '경건' '선'의 상대어이다.
30 '한 쌍의 뱀이 막대기를 감고 있는 형상'은 '헤리(Heri)'나 '불타(Bud'hi)'의 표지이다. '케라우노스(Ceraunos)'는 '천둥'이고, '케루나스(Ceruas)'는 '자이나(Jainas)'이다.

다. 그는 선원들의 공포를 목격하고 부드럽게 그들은 어디에서 왔고, 목
적은 무엇이냐고 묻는다. '크레타(Cretan) 선장'은 그의 항해가 얼마나 놀
랍고 어쩔 수 없었는지를 이야기한다! 이제 장대한 선교사는 자신을 밝
히고 신비한 항해 속에 자신들의 대행업(선교 업무)과 그들 고위층의 기
능을 선포한다. 그들은 고향으로 돌아갈 생각을 못 한다. 그 영광스런 성
지(聖地)에 경배(敬拜)하며 모든 것이 포기하게 된다. 그들은 기꺼이 복종
을 표시하고 항해(航海)는 접어버리고 배는 해안가에 내버렸다. 제단을
배경으로 한 그들의 음침한 말로 **'자이나 성자(Jaina Saints)'**의 **'상존(常存)
하는 자유(自由)'**를 쏟아 부어서 그들의 잔치에 몰입하게 하고, 다시 출
발할 수 있는 '당당한 연예인'으로 그들이 걸맞을 때까지 계속한다.

> "이제 고상한 잔치에 와인도 즐겼네.
> <u>신성한 자이나 왕에게 인도(引渡) 되었네.</u>
> 저 놀라운 하프와 라이어를 연주하는 손
> 장대하게 성큼 성큼 걸었네. 크레타의 음악대
> 춤추며 성지(聖地)를 따랐네.
> 크레테의 패안(Paean) 시인이 신을 찬송하여
> 그의 가슴에서 감미로운 가락이 넘쳐 나오네.
> 여신 뮤즈의 노래를 쏟아내었네.
> 발걸음도 가볍게 높이 날아
> 금방 파르나소스(Parnassus) 비탈 산을 올랐네.
> 당신들이 거하시는 사랑스런 곳
> 순례자들 구름 같이 몰리어 경배를 올리네."[31]

이처럼 시인은 그 위대한 신위에 대한 신력(神力)의 확신 속에 노래를
한다. 그래서 순례 집단이 행진이 따르고, 상고(上古) 시대의 희랍의 기
초가 시작되었고, **'라마 식 선교'**가 확립되었다.

---

31 포콕(E. Pocoke), <메트로폴리타나 백과사전> 1권, '희랍의 역사'-'희랍 신화에
    대한 예비적 고찰'

성자적 후원자를 돕고 그 존엄한 존재를 영광스럽게 만들기 위해서 희랍에는 '자이나 시인'의 기록이 있었다. 이 승격된 성자[시인]에 의해 효력을 발휘한 기적(奇蹟)들은, 시적(詩的)인 것이다. '풍요로운 옥좌'가 역사적으로 확립이 된다. 합리적 존재들의 요구에는 '시'의 '증언으로 돌아가라.'하며, 완전한 '역사(歷史) 거부'로 나간 것은, 이해에 '감상적 찬사'를 행한 것이다. '동양[인도]과 서양[희랍]의 라마주의(Lamaism)' 가 그러하였다. 추종자에게 심리적 부복(俯伏)을 요구하는 사람들은 신화의 보급(sacella)을 확대하려는 것일 수 있다. '다이에나(Diana)를 위한 은(銀)의 성지(聖地)'는 조성할 수 있으나, '역사의 전당'을 후원하지는 못 한다.[포콕의 '신비주의' 비판] 그것이 '희랍의 불교주의', '로마의 불교주의'의 미래였다. 그리고 **희랍을 눈멀게 한 델피(Delphi), 로마인을 눈멀게 한 바티칸(Vatican)**[32]이 '시간의 진실(역사)'를 덮었던 그것이다. 초자연주의자들은 모든 것을 주장하고, 상처 받은 이성(理性)은 아무 것도 인정할 수 없다.['과학주의' '합리주의'에 있었던 포콕] 전설은 완전히 거짓이지만, 그러나 인성(人性, personality)의 진실은 남아 있다. 그것을 그 부모격인 '라마(Lama) 시(詩)'의 '신학적 제도'에서 징험을 해 보기로 한다. 재간 있는 사제(司祭)의 대행사는 의심할 것도 없이 명백하다. 그러나 놀라운 기적의 현실적 수행의 증거는, '계급 제도의 기업'의 그것보다 더 깊은 기초를 가질 수는 없다. **나는 독자들에게 불교도가 처음에서 끝까지 절대적으로 매달리는 그 '수많은 기적(奇蹟)들' 중에서 그 하나를 인용해 제시할 것이다.** 실론 불교 경전에서 진본인 <마하반소(Mahawanso)>에서 인용한 것이다. <마하반소(Mahawanso)>는, '유물(遺物)' 속에 개시(開始)된 역사이고, '유물(遺物)'이 수용된 성지 건축이고, '유물(遺物)' 상상적 경건함이니, 불교도들은 거기에서 옛날이나 지금이나 축복을 누리고 있다.

"'적(敵)의 정복자[佛陀]'가 유물(遺物)의 그릇 안에 수행할 일을 온전히 하고 사제들을 모아 놓고 다음과 같이 말했다. '유물(遺物) 그릇 속에

32　Hymn. Apoll. 172. 'Τυφλὸς ἀνήρ, οἰκεῖ δε Χίῳ ἐνι παιπαλόεσσῃ.'

내가 할 일은 끝내었다. 내일 내가 그 유물을 모시겠다. 주님들께서 유물 (遺物)을 유념하신다.' 그 왕국은 이처럼 그에게 주어져서 그 도시로 돌 아왔다. 이에 사제들은 '유물'들을 운반할 사제에 관해 의논을 했고, 그 들은 소누타로(Sonuttaro)라는 사제에 그 유물 호송 업무를 맡겼다. 그는 피아 파라베노(Piya Paraweno)에 거주했고, 교리의 여섯 개 부분에서 '선 생(先生)'이었다."

"(地上의 '부도-Budho-生佛'이) 순례를 행하는 동안, 세상에 대한 자비 로운 구세주[불타]는 (전생에) 이 사람은 난두타로(Nanduttaro)라는 젊은 이였는데, '최고(最高)의 불타[佛陀]'에 초청을 받고 (갠지스) 강둑에서 그 제자들과 함께 자리를 하였다. 그 성사(聖師)는 그의 성직자 수행원들과 함께 '파이아가파타나(Payagapattana) 그릇' 속에 승선(乘船)을 하였는데, (그 제자 중의 한 사람인) 바다지(Bhaddaji)는 교리의 여섯 가지 지파(支派)의 '선생'으로, 초능력을 구사하였다. 그 바다지(Bhaddaji)가 (갠지스)강 가운 데 '소용돌이'를 보고 동료들에게 말했다.-'여길 내려가면 25요자나 (yojanas) 넓이의 황금 궁성이 있는데, 마하파나도(Mahapanado) 왕(王)인 나의 소유이다.' 그래서 지금 그 '카포(kappo)'의 시작이었다."

"(갑판의)사제 중에 믿지 않은 사람이 강에 소용돌이로 다가가니, 그것 이 '최고(最高)의 불타[佛陀]' 성사(聖師)에게 보고되었다. 성사(聖師)는 바다지(Bhaddaji)에게 '사도(使徒)들의 의심을 풀어라.'라고 명령(命令)했 다. 이에 바다지(Bhaddaji)는 그의 초능력으로 그의 팔을 공중으로 '팔미 라(palmira) 나무' 일곱 배 높이로 펼치어 두사투포(Dussathupo)를 '불타- Budho'인 성사(聖師) 곁에 가져다 놓았다. 바다지(Bhaddaji)는 시다토 (Siddhatto) 왕으로 그가 사도가 됨에 따라 브라말로카(Brahmaloka) 천(天) 을 관장했기에 그의 영적 복지(福祉)는 사람들에게까지 나타나게 되었 다. 이로부터 그 전(前)의 지위가 회복되었고, 강에 배 위로 돌아왔고, 바 다지(Bhaddaji)는 초능력으로 강바닥에 잠긴 궁전을 성사(聖師)의 발가락 끝에 놓아 여러 사람들에게 보이고 그것을 강바닥에 다시 던졌다. 젊은 '난두타로(Nanduttaro)'는 우연히 그 기적을 보고서 '유물(遺物)은 적절한 다른 사람에게 넘겨야겠다.'고 생각했다."

그 행진은 가장 멋진 반주(伴奏)를 얻게 되는데, 군악(軍樂)의 장관과 수많은 사람들의 환호가 그것이다.

"사도(使徒) 소누타로(Sonuttaro)는 그의 '파리에베노'에서 행진의 거동을 알리는 음악 소리를 처음 듣고 즉시 땅을 가르고 지하(地下)의 나가(Naga) 땅으로 나가서 '나가 라자(Naga Raja)'를 만났다. 라자(Naga) 왕은 옥좌(玉座)에서 일어나 소누타로(Sonuttaro)를 그 옥좌로 모셨다. 그리고 모든 존경을 다 바치며 어느 곳에서 왕림(枉臨)하셨는가를 물었다. 소누타로(Sonuttaro)가 설명을 하니, 라자(Naga) 왕은 다시 그 사제(司祭, théro)에게 무슨 목적으로 오셨는가를 물었다. 주요 목적을 설명하고 나서 소누타로(Sonuttaro)는 사제(司祭)들의 메시지를 전했다. – '마하 투포(Maha Thupo)를 모시는 목적은 불타(Budho)의 예비적 말씀을 따른 것이다. 네가 이미 내게 항복을 했으므로, 그대 수중에 유물(遺物)은 내 것이다.' 이 말을 듣고, '나가라자(Naga Raja)'는 깊은 실망에 빠져 생각했다. '그 희생(犧牲)의 특성은 확실히 강제 수단을 갖게 되는구나. 그렇다면 그 유물(遺物)들을 다른 장소로 옮기는 것이 그 방법이다.' 이에 '라자(Naga Raja)'는 곁에 서 있는 그의 조카에게 몰래 암시(暗示)를 해서, '어떻든 그렇게 하도록 하라.'라고 했다. 조카 '바술라다토(Wasuladatto)'는 아저씨의 의도를 알아차리고, '유물(遺物) 아파트'로 달려가 장식함(裝飾函)을 꿀꺽 삼켰다. 그리고 메루(Meru) 산자락을 수리(修理)하여 자신의 초(超)자연력으로 그의 규모를 300의 이오자나(yojanas)로 넓히고, 거기에 자신을 묶어 두고 머물고 있었다. 이 '초자연적 나자(Naga) 전승(傳承)'은 수천의 무리에게 퍼져나가 그 묶인 자세를 유지하게 하였고, 연기와 빛을 방출하게 하였다. 그리고 수천 마리의 뱀들을 그에게로 불러서 역시 그들이 그를 감싸게 하였다. 이런 상황에서 거기에 모인 수많은 '데보(dewos)'와 '나가(nagas)'들은, '뱀들과 사제(司祭, théro)의 전쟁을 보겠구나.'고 말을 했다."

"유물(遺物)이 그의 조카에게 간 것에 만족한 그 아저씨는, 테로(théro)에게 대답했다. '내게는 유물(遺物)이 없습니다.' 그 사제(司祭, théro)는, '나가라자(Naga Raja)'에게 나가(Naga) 땅에서 그 유물(遺物)의 시작부터 도착까지를 보여주고 '그 유물(遺物)을 내게 넘기라.'고 말했다. 그 '휘록

암(輝綠岩) 왕-나가라자(Naga Raja)'은 사제(théro)에게 그 유물 아파트로 가서 그것을 찾아 그것을 자신에게 증명을 해 달라고 하였다. 그 사제는 '케티요(chetiyo)와 케티요(chetiyo) 아파트'를 보고 둘 다 절묘하게 건축되었고, 온갖 방법으로 장식이 되었기에 소리를 쳤다. '란카(Lanka)에서 쌓인 모든 보물이 이 아파트 계단 하나 값도 안 되겠다. 나머지는 누가 다 이르랴.' 나가(Naga)왕은 보물은 거기에 없다고 한 자신의 이전 말을 잊어버리고 항변을 하였다. '사제님, 그처럼 완벽한 방법으로 보관된 장소에서 유물을 그보다 못한 곳으로 옮김은 부당한 것이 아닙니까?' 소나테로(Sonattero)는 대답했다. '나가(Naga)여, 당신이 축성(祝聖)의 네 가지 고위 등급을 획득함은, 특별한 제공이 아니다. 그러기에 축성(祝聖)의 네 가지 고위 등급을 획득할 수 있는 적당한 장소로 유물(遺物)을 옮기는 것은 아주 정당하다. <u>타타가타스(Tatthagastas, Buddhos)는 상사라(sangsara, 無限 輪回)에서 벗어날 수 없는 불행을 지고 나온 존재들을 구원하러 태어난다.</u> 역시 지금의 경우도 그 **불타[佛陀-Budho]가** 목적을 성취하려는 것이다. 그것의 이행(履行)으로 나는 유물(遺物)들을 옮겨간다. 오늘이야 말로 란카(Lanka, 실론) 왕국은 그 유물(遺物)의 봉안을 실행할 것이다. 그러기에 지체 없이 즉각 유물(遺物)을 내 놓아라.'"

"나가(Naga)는 교활하게 대답했다. '주여, 당신이 응당 아시듯이 그것(遺物)을 가져가소서.' 사제(théro)는 나가(Naga)에게 그 말을 세 번 반복하도록 하였다. 그러나서 곧 사제(théro)는 그 장소에서 미동(微動)도 없이, 놀랍게 가늘어 볼 수도 없는 팔을 만들어 메루(Meru) 산에 그 조카 입 속으로 집어넣어서, 금방 그 유물(遺物) 상자를 꺼내 가져가 버렸다. 그러고 나서 칼로(Kalo)에게 '나가(Naga)여, 그대는 여기서 쉬고 있어라.' 지상(地上)에 쉬게 하고는 아누라다푸라(Anuradhapura)에 그의 파리베노(pariweno)로 올라갔다."

"그러한 다음 그 '나가라자(Naga Raja)'는 그 조카에게 메시지를 보내, '사도는 떠났다. 우리에게 완전히 속았다.'고 하고 그 유물(遺物)을 가져오게 하였다. 그 동안 그 조카는 그 상자가 그의 뱃속에는 없는 것을 알고 돌아가 큰 탄식을 하며 그 아저씨에게로 갔다. 그러자 '나가 라자

(Naga Raja)'는 '우리가 속았구나.'라고 소리치며 울었다. 괴롭힘을 당했
던 '나가 족(nagas)'도 모두 유물이 없진 것을 슬퍼했다."

"메루(Meru)에 모인 데보 사람들(dewos)은, 분쟁을 보고 나서, 나가
(nagas)를 물리치고 유물(遺物)을 가져간 사도의 승리를 기뻐하였다."

"유물(遺物)을 빼앗기고 깊은 고통에 있던 나가 사람들(nagas)은, 탄식
이 넘쳐 (아누라다푸라-Anuradhapura에 있는) 테로(théro)를 찾아가 울었다.
사도들은 그들에 동정하여 작은 유물(遺物)을 그들에게 주었다. 그들은
그동안의 겁박(劫迫)을 오히려 즐거워하며 '나가 족(Nagas) 땅'으로 물러
가 '공물(供物)'로 존재의 '가치는 있는 보물'을 다시 바치게 되었다."³³
['유물(遺物)'은, 욕망의 주체인 '육신'이며, 동시에 그(육신)에 응하는
'모든 세상의 대상(財貨)의 상징'이고, 역시 '창조주-붓타 자신의 소유
물'이라는 의미]

셀 수도 없는 구절들이, 그처럼 인기 있는 표현으로 애호된 종족 속에
서, 진정한 사원(寺院) 존재의 상존하는 증거로서, 놀라운 신비력의 작용
을 끝없이 배가 시켰다. **많이 알려지지 않은 그 '땅을 쪼개 가르는 능력
(faculty of cleaving the earth)'과 '실체적인 살과 피'에 관한 지하(地下)를 말
하는 장(章), 더욱이나 드문 보이지 않은 손의 창조 능력, 인간 진흙 벽 속
에 있는 유물 상자를 도출해 낸 기발한 집게 문제는, 시적(詩的) 수행으로
동양이나 서양에서 그 라마의 신성(神性)을 펼치는데 표준이 되는 수단
이다.** 나는 그로우트(Grote, 1794~1850)씨의 다음과 같은 견해에는 동의
할 수 없다. "종교 개혁의 위대한 운동과 현대인의 정신 속에 비판적 철
학적 습관의 점진적 형성은 이들 성자의 전설에서 촉발(促發)되었다. 한
때 수많은 대중의 매력적인 신념이었던 것이 그 신용을 완전히 상실하
여 비록 그것이 진지하고 열정적이어서 그것에 종교적 편견이 섞여 있
다면, 역사적 진실을 보장하는 것으로써 개신교도 사이에 공공적 신념
의 초월적 가치 증거 가치가 있는 것으로 간주되지는 않는다."³⁴ 이시스
(Isis) 강둑에 아직 거주하고 있는 불교 종족은 그네들의 풍습이 용인했

---

33 <마하반소(Mahawanso)>, 31권, pp. 183~189.
34 그로우트(Grote), <희랍의 역사>, 1권, p. 633.

던 가치 있는 책 속에 제시된 것처럼 그처럼 비판적이고 철학적인 것이
아닐지 모르지만, 그 진술에 실제적 평가를 해 주고 있다.['신비주의' 속
에도 그 '歷史'는 있다는 포콕의 입장]

유럽인의 어떤 분야는 '라다크의 라마이즘(Lamaism of Ladac)'과 크리
슈나의 후손, 희랍의 아폴로에 영향을 얼마나 받았는가는, 프린셉(H. T.
Prinsep, 1792~1878)님의 유능한 논문으로 금방 알 수가 있다. 그 저자는 쓰
고 있다.

**"서구의 불교도는, 처음 '그리스도(Christ)의 이야기'를 듣고는, 금방
그 의례와 관념이 그 몇 백 년 전에 인도에 이미 있었음을 말하고 있다.
인도로부터 기독교는, 그 군주적 제도와 의례적 형식인 사원(교회)에의
봉사를 도출해 내었다.** 그 공의회나 집회에 신앙의 관점에서 균열이 생
김이나, '유물의 숭배'와 그네들을 통한 기적의 작용, 그리고 많은 수련
법, 목사의 의상 그리고 승려나 탁발 수사의 머리 면도까지 다 인도에서
온 것이다. 몇 가지 유사점을 상세히 비교하고 서구 교회에서 마지막 채
용된 신념과 의례에서 더욱 오래된 교리와 실행에서 분할을 추적한다
면 하나의 전체가 될 것이다. 현재 우리의 목표로는 그렇게 긴밀한 많은
일치점을 보이는 상고 시대를 확립하는 것으로 충분할 것이다. 그러나
교리와 의례와 제도적 유사성과는 다른 차원에서 우리(서구인)는 '불교
주의(Boodhism, 신비주의)'가 동방(東方)에서 서구에서 '로마주의
(Romanism)'와 매우 유사한 과정을 겪었음을 알게 된다. 그것들은 특별
히 '주도적이고 임명적인 교사 계급'을 확보하여, 다스리는 군주가 그
것을 국가 종교로 채용하기 이전에 널리 대중 속으로 포교를 행한다는
점이다. 그것은 사소한 관점과 교리적 논점에서 이단(異端)과 균열(龜裂)
이 생겨서, 하나의 종파가 자기에 편에서 국가 권력을 잡고 그 반대파를
박해 축출하고 약화시켜 마지막에는 '사원(교회)과 권위'를 파괴할 때까
지 계속된다. '영적 힘'에 대한 '현세적 복종'이 그 분할된 주도 계급에
의해 보편적으로 전파되었다. 그리고 그 대중들의 영향에 대한 건방진
의존으로 서양의 사제처럼 동방의 사제들도 왕권을 우습게 파괴하고
어떤 경우에 상황이 무르익으면 사제(司祭) 정부를 수립했는데, 우리가

티베트에서 보듯이 일상적 현재의 권력을 대신해서 특별한 '주도적 임명된 계급'에게 모든 업무를 관장하게 주어버린 경우이다. 그러나 동방에서의 결론은 서양에서의 그것과 동일했다. '사제(司祭)의 정부'는 외국의 지지(支持)가 없으면 자신들을 지속할 수가 없다. '사제(司祭)의 지배'는 역동적 군사행동과 완전히 공존할 수 없다는 것이 알려져 있고, **'역동적 군사행동'은 항상 틀림없이 정치적 힘의 원천이었다.** '티베트의 대 라마'는 중국의 보호를 받는 하인(下人)이니, 교황이란 이름과 영적 권세가 아직 많은 사람들을 지배함에 불구하고, '로마 교황'이 오늘날 프랑스, 최근에는 오스트리아에 의존한 것과 같다."[35]

방금 인용된 저작은 '라마 식 정부[교황청]'에 대한 가치 있고 모든 필요한 내용을 담고 있으니, 우리가 역사의 일상적 원천에서 얻은 개념을 훨씬 초월한, 그 고대(古代)에 도달하고 있는 것이다. 그 문제가 다루어진 종족은 '희랍 이집트 팔레스타인'에서 이미 고찰이 되었다. 또 하나의 관점 즉 그들은 많은 유럽에 나타나 있는 헌신적 예술 양식의 원천적 존재로서의 고찰할 수 있는 점이다. 그러나 이 관점은 너무나 흥미로운 방법을 제기하는 것이기에, 내가 서론에서 밝힌바[역사 지리학적 접근]를 변명할 수 없게 할 것이다.

<후크(M. M. Huc)와 가베트(Gabet)의 몽골과 타르타르 여행기(*Travels of MM. Huc and Gabet in Mongolia and Tartary*)> 속에 포함된 유능한 견해는 '그들의 유용성(有用性) 영역을 어디로 확장을 했었는가?'하는 점이다. 그는 말하고 있다. "이 책은 우리가 항상 마주쳤던 그 '라마이즘(Lamanism)'의 가장 구체적이고 완전한 고찰을 포함하고 있다. 그리고 <u>그들은 '로마식 사제(司祭)의 권위'에 대해, 불교의 외적 의례 제도와 '로마 교회'의 그것 간에 '놀라운 유사성'을 확신하고 있었다.</u> '독신주의', '금식', '사자(死者)를 위한 기도'는 말할 것도 없고, '유물(遺物)과 성수(聖水)', '향', '대낮의 촛불', '기도(祈禱)'에서 '셈을 하는 목걸이 묵주(黙珠)', '성자의 축복 행진', 수도승의 관습과 탁발 수도회의 유사함을 보존하고 있다.

---

35 H. 프린셉(Prinsep), '몽골 사람과 타르타르 사람(Thibet, Tartary and Mongolia)'

비록 우리의 선교사(宣敎師)들이 라마의 이미지들을 '우상(偶像)'이라고
하지만, 로마의 우상들도 이미지들이니, 우리는 그 구분이 가치가 있는
것이 아니라고 생각하기에 기타 사항으로 버려 둘 수 있다. **'내가 방법
을 찾고 만들어야 할 운명(inveniam viam aut faciam)'**이라는 원리에 의하면,
우상 숭배를 반대하는 로마인의 십계명 궁행은 '미살(Missal)의 복제'로
확인될 수 있다. 이들 선교사들이 유럽식으로 자신들의 여행지에 축성
(祝聖)의 이미지를 소지했던 것은, 거대한 불타 이미지를 라사(Lhasa, 티베
트 자치구 首都)로 보냈던 것과 비교될 수 있다. 이처럼 그들 숭배 대상이
'철제 이미지'이고, 불교주의냐 로마주의냐에 관계없이 '인간'과 '이교
도(異敎徒)'의 손으로 제작된 작품이다. 후크(M. Huc)가 사교적인 인사말
로 불교도의 비용(희생)으로 그의 조롱이 어떻게 그 자신(유럽인)에게 적
용될 수 있는가를 완전 망각하게 하고 있다는 점의 인지(認知)는, 편견 없
는 정신을 위한 흥미롭고도 고유한 학습이었다. '사물의 해설이 헛됨'
을 증언한 사도 교수의 강론이 제공된 라마 대학에서 모임을 설명한 다
음 후크(M. Huc)는 몇 마디 말을 덧붙였다.... 성 로욜라(St. Ignatius Loyola)
가 신앙의 날카로운 눈으로 그가 실제적으로 곡식의 가루가 육체로 되
는 것을 보았다는 그 '진실에의 증언'을 추가해서, 우리는 후크(M. Huc)
가 그 라마의 화체설(化體說, 聖變化, Transubstantiation)교리 설명을 생각해
보기로 한다. 저자는 다른 곳에서.... 후크(M. Huc)가 불교 수행자나 은둔
자를 향해 행한 농담은 그 로마주의자들이 수천 번을 반복했던 것과 유
사하다.........**'라마의 수도원'은 '로마의 그것'과 많이 유사하고, 몇 가지
작은 점에서 구분이 된다.** 그들은 동일한 규율 동일한 행동 원리에 소속
되어 있으나, 사회에서 동일한 범위에서 살고 있지는 않은 것 같고, 재산
의 점유권이 그 중에 [라마가]우월하다. 우리 선교사들이 그들의 설립
기관에 몇 개월을 지냈다. 라사(Lhassa)에 '최고 라마' 말고도 그에게서
임명을 받은 대 라마도 과거부터 연속된 승계로 내려왔다. 그 예 중의 하
나이다. ...."

"후크(M. Huc)는 뒤에 요약을 하였다................. 그는 라마들도 '티에
너(天女, Tienhow)'라는 '하늘의 여왕(女王)'을 가졌으나 '다른 이야기로

된 여신(女神)'이라는 점을 추가했을 것이다. 후크(M. Huc)는 자신과 독자들의 설득에 아주 인내심을 발휘하여 '요술'로 그러한 것들이 그 자신의 교회로 오게 되었다고 했다. 그러나 그러한 문제에 왜 우리가 폭력을 행사해야 할 것인가. 훨씬 쉽고, 더욱 지적이고, 양자가 거기에서 도출된 직선 코스가 있다면, 그리고 대부분의 우리가 '이교(라마) 의례'와 현재 로마의 '교황(敎皇, Pontifex Maximus)'이 철지난 것이라고 생각한 그것들을 설득이 될 때까지 기다려야만 할 것인가? 이상한 말이지만, 그 문제를 못 본 채하기보다는 병행(竝行)하는 속성이 지켜지고 만연(蔓延)해 있으니, <u>'만신(萬神, all the gods)'의 사원 판테온(Pantheon)은, '모든 성도들'을 교황 보니파티우스(Pope Boniface)가 축성(祝聖)하는 때와 같은 것이다</u>. 우리가 연례적으로 '성수(聖水)를 말[馬]에게 뿌리는 것'과 키르케 사람들의 게임에의 '그것'과, 로레토(Loretto)에 대한 '비싼 선물'과 델피(Delphi)에 대한 '선물', 수녀와 구 로마의 '산크퇴(sanctoe)', 마리아의 성지(聖地)와 상고 시대 우상들의 성지(聖地), (자기 수련의 산코-Sancho가 그렇게 솜씨 좋게 자기 자신에 행하는)채찍질과 이시스(Isis) 사도의 실행을 비교할 필요가 있겠는가? 그 병행(竝行) 속에 유일한 어려움은, 그것을 멈추게 하는 것이다. <u>로마의 많은 교회의 벽과 기둥에 '광채도 없이 숨겨진 봉헌된 수많은 그림과 명패들'을 다 살펴 본다는 것은 불가능한 일이다</u>."

"미술의 고급 분야, 고 미술가를 예로 들어 보면, '비너스' 여신을 그렸던 화가는 '희랍 미인에서 그에게 매력적인 각 모습'을 조합을 한 것이라고 하고, 이탈리아 화가들은 때때로 교회를 찬양하려고 성자와 순교자 그림 속에 그들 자신의 여신들의 모습들을 불후하게 만들었다고 한다. <u>옛날이나 지금이나 라마이즘(Lamanism)은 로마주의(Romanism)와 그 유사성을 견지하고 있다</u>. 고정적으로 생기는 기적과 신비는 사제들의 도움으로 생기고 있고, 어리석은 신도에게 영향을 미치고 있다. 예증(例證)된 약간의 예들이 기발한 사기(詐欺)의 구체적인 경우이다. 그러나 '태평한 후크(M. Huc)'는 그것을 마귀(魔鬼)의 일로 간주(看做)하였다........

"개신교도가, '로마 성당이 인류의 일반 대중에 그 영향력을 유지 확장하는 방법'을 어떻게 생각하고 말하든 간에, 인간의 본성상 그 모든

방법이 계산에 기초해 부정된다는 것은 불가능하다. 그것에 더해 어떤
순수한 신앙의 '개선에의 저항'이 그처럼 오래 되었다는 동일한 이유는
그것을 더욱 오래 가게 할 것 같고, 우리는 정말 어떤 기회에 알아 수 있
는 경우가 없었던 것이다. 사제(司祭)의 도열(堵列), 불 밝히는 양초, 연극
을 하는 무언극에 연기(煙氣)를 내는 향, 모든 용품 그것으로 그렇게 다양
한 사원의 그렇게 많은 종교가 이전에 차별을 행하였다. 우리는 후크(M.
Huc)가 주장한바 '로마 성당'은 현재 불교가 우세한 광대한 지역에서
'개종(改宗)의 공정한 장소'를 확보했다는 견해에 완전 동의한다. 외적
형식 상 전이(轉移)는 쉬운 문제이다. 그가 라자(Lhassa)에 잠깐 거주하는
동안 그는 말했다……"

"만약 새로운 체계가 구(舊) 체계를 대체하지 못 하면, 최소한 그것에
접목(接木)이 될 수 있다. 그것은 우리(영국)의 식민지인 실론(Ceylon) 섬
에서 이미 입증이 된 것이다. 모두를 확보할 수 있었던 지역에서 로마주
의(Romanism)는 때로는 일부분으로도 만족을 했기 때문이다. 테넨트 경
(Sir Emerson Tennent, 1804~1869)은 실론 섬에서 로마 성당으로 처음 개종
했던 사람들을 최근 저서에서 살폈다. '새로운 신앙의 종사자들을 따라
그들의 다수가 오늘날 신갈레세 사람(Singalese)처럼 불교의 미신(迷信)에
역시 밀착하여 그것을 아꼈다는 것은 의심할 것도 없다. 그래서 그는 그
네들의 종교에 이끌림에 외적 개종을 쉽게 하려고 화려 장대함에서 그
들이 젖어 있는 자신들의 종족적 경배의 축제로 경축하는 것과 다르지
않고 그것을 능가 한다고 말했다. 그러나 그 로마 사절들은 아베 두보이
스(Abbe Dubois)의 말처럼 마리아와 구세주의 상(像)을 승리의 마차로 실
어 날라, 자게르나트(Jaggernath)의 주연(酒宴)을 모방하고, 바라문(婆羅門)
의식의 무용사를 교회 의례로 소개했던 것이니, 예수회 전임자들의 말
을 듣고 순응함이 결여된 상태에서 멈춰버린 것이라고 우리는 이성적
으로 생각할 수 있는 것이다.'³⁶"['라마주의'가 '로마 성당'으로 바뀜에
사실상 변할 것이 없다는 이야기]

---

36 Edin. Review. April 1851. p. 411.

서구 불교가 고대 라마이즘과 관련을 가지며 현재에 전해지고 있다
는 다른 작가의 말을 들어 보기로 하자.

"이방인 가운데는 모든 성지(聖地)에 그의 사제(司祭)가 있다. 그리고
이들 사도들은 그 제단(祭壇)에 봉물을 바치는 존경을 바치는 후원자를
일반적으로 유지하고 있고, 물론 신도들은 풍성하게는 못 할지라도 생
계비용을 대는 체계를 깊이 서약하게 되어 있다."

"얼마나 많은 이 그림의 개별 작품들이, 현대 '이탈리아'와 '시실리'
에 그 진실(眞實)인지를 살피고, 나면 한심스러울 정도이다. '유일한 하
나님'을 드러내 말하는 곳임에도 불구하고, [라마와] 동일한 다신론(多
神論)이 (교묘하게 말을 해도, 성자들에의 경배는 실제적인 그 교리의 특성이기 때
문이다.)역시 명시되고 있다. 그리고 이미 '다수화가 된 것들'로 같은 이
유에서 남용이 넘치고 있다. 한 편으로는 '신성한 참견의 참람하고 무가
치한 졸라댐'이고, 다른 편으로는 '사리사욕을 추구하는 개인들'에 의
해 실제적으로 고무됨이 그것이다. 사제들은 봉물(捧物)에 병(病)이 드
니, 직업적 탁발승(托鉢僧)의 비축 물은 쉽게 믿은 대중의 과중한 기부금
유혹으로 조성된 것이고, 대부분의 성당과 거의 모든 정규 목사의 채플
에서, 신비로운 덕택으로 소유하게 되었다는 '이미지'와 '유물'을 가지
고, 과거에 감사하거나 미래에 희망을 두고 사원의 선행(善行)을 바라는
성금(誠金)을 받는 상자가 있다는 것을 역시 우리는 알고 있다."

"나는 칸타니아(Cantania)에 가난한 어부(漁夫)들이 정규적으로 해안
에 도착을 하면 힘들여 거둔 소득 물(所得物)을 가지고 '카푸친(Capuchin,
Franciscan)'에게 간절한 목소리로 경배하는 것을 보았다. 그들은 비록 고
통에 찌들고 얻은 바가 없어도 일상의 거지인 '신성한 부랑자'에게 거절
을 하지 않았다. 정말 사람들에게 할당된 책가방 크기의 양을 피할 정도
로, 그렇게 가난하거나, 위험의 부정(否定)으로, 뒤따를 하늘의 진노에
두려움이 없는 사람은 거의 없다."

"이 불행한 체계(體系)의 일반적 효과는, 신에의 경배 품격을 낮추고
성자들의 일정을 부풀리고, 유혹의 영향력을 확장하고 순례를 부축이
고, 헌납한 명판으로 제단을 꾸미고, 그들의 진실 입증에 그림자가 생기

지 않도록, 수많은 기적이 지금도 생기게 하는 것이다. 간단히 말해, 그 것이 지금의 '이탈리아'와 '시실리'를 이루고 있는 것이고, 그들 속에 있 는 사원의 상징이고, 그들 미(美)의 충만이나, 미신(迷信)의 헌납을 도발 하는 계산된 대상에 대한 문건일 뿐이고, 현인의 연민(憐愍)이고 세상의 비웃음거리이다."[37]

나는 <마하반소(Mahawanso)>의 원전(原典)에서, '란카(Lanca, 실론)' 숭 배에 관한 간단한 진술을 보충하려는데, 그것은 '보리수(Bo-tree, Bud'ha tree)' 숭배에 대한 기적과 관련된 것이다. 특별한 불교 성자들은 그들이 애호하는 것으로 독특한 나무들을 선택했다. 그래서 우리는 제우스는 '참나무'를 아테네는 '올리브'를 선택한 것을 독서(讀書)로 알 수 있다.

보리수(菩提樹) 가지는 그 지방에 신비로운 행사를 대표하고 있고, 많 은 축복을 제공하고 수많은 기적을 행하고 있다. 그 하나의 예를 들어 보 자. 그것은 그림 같은 효과를 내려는 것이 아니다. "사람의 손에서 보리 수 가지를 해방한 즉시, 8큐빗의 공중으로 저절로 균형이 잡히고 빛이 나, 그 가지는 여섯 가지 색깔의 후광을 낸다. 땅을 비추는 그 매혹적인 빛은 브라마의 하늘로 올라가 해가 질 때까지 계속 볼 수가 있다." 이제 그 사원의 이익의 효과를 명시해 보자. "그 기적(奇蹟)에 감동한 10000 명의 남자가 축성(祝聖)이 되어 아라한(阿羅漢)을 획득했고, (욕망을 벗어 나) 사도(司徒)가 되었다."[38] 아폴로 식 '유물'의 은혜로 '구원'의 문제를 생각해 보자. 그것은 불교도의 사명감으로 왕국의 법정의 하나를 수리 하겠다는 소망했던 장에 생긴 것이다. 다음은 불교도 특사에 의해 주장 이 된 내용이다. "데바 족(Devas)의 왕이여, 불타의 오른쪽 송곳니와 오 른쪽 쇄골(鎖骨-빗장뼈)의 유물을 간직했습니다. 데바의 왕이시여 란카 (Lanka, 실론) 땅의 구원에 포함되는 문제에 이의를 갖지 마소서."[39] "이처 럼 세상의 구원자(불타)는 '열반(Parinibanan)'[40]을 얻으신 다음에도 유물

---

37 블룬트(Blunt), <고대의 자취(Vestiges of Antiquities)> p. 4.
38 <마하반소(Mahawanso)> p. 118.
39 <마하반소(Mahawanso)> p. 105.
40 '해탈(解脫)'-엘레시우스의 '모크스타이(Moksh'tai, Mustai)'의 목적.

(사리)로써 무극(無極)의 역사(役事)를 행하시어 세속 인간의 번영과 영적 평안을 위하셨습니다. 그러함에 정복자(제우스-Jeyus)는 아직 살아 계시니, 무엇을 행하지 못 하시겠습니까!"[41]

"(聖樹로 남으신 다음)남동쪽 가지에 한 열매로 현신(現身)하여 완전히 익었다. 사도 테로(Thero[42])가 떨어진 열매를 집어서 심은 왕에게 바쳤다. 왕은 그 열매를 황금 꽃병에 심고 마하사노(Mahasano)에서 준비한 향기로운 흙으로 채웠다. 모두가 그것을 보고 있는 동안 여덟 개의 순이 돋아 큰 나무가 되어 그 높이 4큐빗이었다."[43] 이 기적은 진실한 란카(Lanka, 실론)의 사원의 위대한 축복이었으니, 아눌라(Anula)가 그녀의 500 시녀와 궁중의 500 여인을 대동하고 테리 산가미타(Theri Sanghamitta) 공동체에 사제들 행렬에 참가하여, 아라한(Arahat[44], 阿羅漢, 忍辱)의 성호(聖號)를 획득했다.

이제 '서구(西歐)의 라마이즘'으로 돌아오기로 하자. 성 콜룸반(St. Columban)은 그가 잃어버린 장갑을 찾기 위해 까마귀 한 마리를 고용했다. 다른 경우에 그는 저장된 통(桶)에서 따른 맥주 마시기를 신비스럽게 저지를 당했다. 이 경우 그로우트(Grote) 씨는 바르게 말하고 있다. "성 콜룸반(St. Columban)이 자기의 잃어버린 장갑을 까마귀를 고용해 물고 오게 했던 것은 정확하게 호머 시대나 헤시오도스 시대 특성이다. 호머 시대의 사람과 제우스 또는 아테네(Athene) 신 사이에 생긴 강한 신뢰와 숭배의 공감이 그네들의 고통과 위험에 처한 자신의 필요에 그들의 도움을 불러낸 것이다."[45]

내가 이미 제시했던 '원시 희랍' 특히 '테살리아의 라마 사람들과 라마 식 사회 상태'는 전설(傳說)적 계급 개념의 사회였을 것이다. 다시 서구 라마이즘(Lamaism)에 대해 솔직한 말을 들어 보자. "성 라이몬드(St.

---

41 <마하반소(Mahawanso)> p. 109.
42 '사제' : 자이나 교황이 통치하는 '하이 사제(Hai-theros)'
43 <마하반소(Mahawanso)> p. 109.
44 "'아리(ari, 敵-욕망)'에서 유래한 말이다. '하타타(Hattatta)'는 '극복'이다."-
　　<마하반소(Mahawanso)> 주석.
45 그로우트(G. Grote), <희랍의 역사>, 1권, p. 633.

Raymond)는 그의 망토에 실려 바다를 건넜고, 성 안드레(St. Andrew)[46]는 어두운 밤중에도 환하게 빛이 났다."[47] 동방의 '라마 가부장'은 무엇이라고 말을 하겠는가?

"앞서 아토크(Attock)는, 불타의 위계(位階)에 장벽이 없었고, 불타는 전통적으로 우화(寓話)와 마법(魔法, 신앙 속에 웅대한 재료)을 섞었는데, 수르아카리아(Sur-Acharya)가 인더스 강 서쪽 부족들을 방문했을 때, 그는 그의 외투에 몸을 싣고 강물을 건넜다는 기록이 있다."[48] 이제 '광명의 신화'에 대해 알아보도록 하자. "임금 노동자인 많은 아산키아 족(Asankyas)은 투포(Thu'po) 성지(城址)의 건축 과정에서 신앙을 개종하여 불타인 수가토(Sugato)에 귀의(歸依)했다. 수가토(Sugato)는 불교로의 개종을 결심함에 최고의 포상(褒賞)으로, 천상에 태어나 '*투포(Thu'po) 에서 후손도 얻으리라.*'라 하였다. 투포(Thu'po)에서 두 사람의 여인이 인부로 일을 했었는데, 위대한 '투포(Thu'po) 공사'를 마친 다음에, 두 여인은 타바틴사(Tawatinsa) 하늘에서 탄생 하였다. 이 두 여인은 전생(前生)에 자비심이 발동하여 향기로운 꽃과 봉물을 준비하여 그 후에도 투포(Thu'po)로 내려와 시주(施主)를 하였다. 케티오(Chetiyo)에게 꽃과 봉물을 바치고 그들은 경배를 올렸다. 그런데 그때 바티반코(Bhatiwnko) 왕국에 살고 있는 사도 마하시보(Mahasiwo)도 밤에 그곳에 왔다가 '위대한 투포(Thu'po)에 기도를 올려야겠다.'라고 말하고 그 여인들을 보고 자신을 커다란 사타파니(Sattapanni) 나무 뒤로 숨어서 그녀들이 못 보게 하고, 신비스런 봉물을 응시하였다. 그녀들이 기도하고 있는 중에, 그는 그녀들에게 말했다. '당신들에게서 나온 광채(光彩)가 온 섬을 밝힙니다. 무엇을 행하시어 데보(Dewos)의 세계에 이르게 되었습니까?' 그 데바타스(Dewatas)는 그에게 대답했다. '위대한 투포(Thu'po)에서 우리가 행했던 노역입니다.' 전생(前生) 불타의 계승자에 대한 신앙의 열매가 그토록 위대하였습

---

46 뉴먼(Newman), '강론 – 버밍엄 신화(Lectures, or Birmingham Mythology)' 286. 287. 참조

47 N. B. 이 '빛'과 '그림자'의 신비는, 옥스퍼드 지역에서 실행된 이래 매우 빈번하게 일어나 이미 100회 정도의 기록을 보였다.

48 토드(Tod), <서아시아(Western Asia)>, p. 277.

니다."[49]

나는 위대한 도시 건설에서 생긴 가치 있는 신화에서 또 하나를 인용하겠다. "성 스콜라스티카(St. Scholastica)는 그녀의 기도로 폭우를 얻었다."[50] 라마의 족장은 무엇을 말했는가? "그의 영지에 그 섬은 한발(旱魃)과 질병과 고통으로 괴로웠다. 죄의 어둠을 쫓는 데 권위자 같은 자애로운 사람이 사제들에게 요구하였다. '주여! 세상이 한발(旱魃)의 불행과 공포로 덮여 있습니다. 부처님이 세상에 계실 때도 세상 구원을 위해 아무 것도 행하지 않았습니까?'"

"그래서 사제들은 불타 '간가로아나 수탄(Gangarohana Suttan)'에게 이의를 제기했다. 그 말을 듣고 '이빨 유물'에 '황금으로 만든 불타의 온전한 상'과 '신사(神師)의 접시에 물'을 담고 그 불타의 이미지에 손을 모으고 그의 전용 마차에 실어 모든 생명에 위안을 주는 수용의 '실라(Sila)' 행사를 살폈다. 그리고 대중들도 역시 같은 행사에 참여하여 구호품을 기부하게 하였다. 그 수도를 천상(天上)의 도시처럼 장식을 하고 섬 속에 거주하는 사제들에게 둘러싸여 그는 주요 거리로 나왔다. 거기에서 모인 사제들은 '라타나수탄(Ratanasuttan)' 구호(口號)를 외치며 동시에 궁궐이 자리 잡은 거리의 끝까지 행진을 했다. 3일을 계속해서 그 둘러친 성벽 주변을 서성거렸다. 해가 돋을 무렵에, *폭우가 땅을 쪼갤 듯이 내렸다. 모든 병자와 절름발이가 기쁨에 날뛰었다.* 그래서 왕은 다음과 같은 칙령을 내렸다. '어느 때나 이 섬에 또 다른 한발(旱魃)과 질병의 고통이 있을 때에는, 너희는 이 축제(祝祭)를 생각하라.'"[51]

서구에 라마이즘의 또 하나 사례는 최근에 인용이 되었다. "유물(遺物, Relics)이 병자, 환자, 상처받은 자를 건드려도 어떤 때는 아무 효과도 없지만 다른 경우는 부정할 수 없는 효과가 난다."[52]

란카 땅(Lanca's Land, 실론) 불교와 란카 족[53]의 불교, '린고네스(Lingones)'[54]

---

49 <마하반소(Mahawanso)>, p. 178.
50 뉴먼(Newman), '강론-버밍엄 신화(Lectures, or Birmingham Mythology)', p. 287.
51 <마하반소(Mahawanso)>, pp. 248~249.
52 뉴먼(Newman), '강론-버밍엄 신화(Lectures, or Birmingham Mythology)', p. 286.

의 불교, 타크사크(Tackshak) 족은 무엇을 말하는가? 그 불교 사절은 말하고 있다. "데보 족(Devos)의 왕이여, 그대는 신의 '오른쪽 송곳니'와 '우측 쇄골(빗장뼈)'을 가졌으니, 삼 세계(三 世界)에서 경배를 받을 만합니다. 계속 신사(神師)의 '송곳니'를 받드시고, '쇄골'을 주어버리면 아니됩니다. 데보 족(Devos)의 왕이여! 란카 땅의 구원 문제는 의심하지 마십시오."[55]

그 요구는 응낙이 되어, 유물과 성스런 접시는 획득되었다. "모든 구역에서 축하하러 모인 사람들이 그 도착을 목격하려고 모여들었다. 우연히 그 유물은 팔미라 나무 일곱 배 높이로 솟아올라 공중에 머물며 자체를 모여 주었고, 놀란 대중은 그들의 머리털이 끝까지 솟은 일이 벌어졌다. 그것이 진행이 되면서 동시에 불꽃과 물줄기가 솟아올랐다. 전 랑카(Lanca, 실론 섬)가 그 불꽃으로 비춰졌고, 그 물로 적셔졌다."[56] 그리고 이제는 진정한 (라마 식) 성당을 경우를 살펴보자. "그 기적을 목격하며 사람들은 그 정복자(제노스 지노스-Zenos Jinos[57]) 신앙으로 개종이 되었다. 왕의 손아래 동생 마타바요(Mattabhayo)는 무니스(Munis[58]-성자들의) 왕에게 역시 개종(改宗)을 하였는데, 수천 명의 사람들과 함께 개종을 애원했었고, 그 종교의 목사를 획득 했다."

"이처럼 구세주(붓타)는 신체 유물을 수단으로 무한 공덕을 수행하여 인류의 정신적 안정과 세속적 번영을 달성하였다."[59]

프로테스탄트들은 이들 기적의 진실성을 의심할 만한 어떤 권위도 없다. 프로테스탄트는 강력한 선의 증언과 (기적의)할인권으로 모든 '쾌활하고 진실한 정신'에게 추천을 하고 있다. 의심을 할 필요는 없을 것이다. 왜냐하면 "불교도에게 기적(奇蹟)은 역사적 사실이고, 그것에 부

---

53 시론(Ceylon)과 히말라야(Himalayas)
54 '가나(Gana)'는 '종족'
55 <마하반소(Mahawanso)>
56 <마하반소(Mahawanso)>
57 '제우스(Jeyus)' '승리', '제유피티(Jeyu-piti)' '승리의 주님'
58 '성자들'
59 <마하반소(Mahawanso)>

족한 것은 없다. 그리고 불교도는 다른 사실들도 그렇게 생각하고 다루고 있다. 같은 자연 환경에서 프로테스탄트들은 놀랄 것이 없듯이, 초자연적인 것에 불교도는 놀라지 않는다. 불교도는 특별한 경우에서 장소를 가릴 수도, 가리지 않을 수도 있고, 결심을 못 할 수도 있고, 구별한 증거를 찾지 못하거나 판단을 미루며 그는 '그럴 수 있어!'라고 말할 것이다. 불교도는 '나는 그것을 믿지 못 하겠다,'고는 결코 말하지 않을 것이다."[60]

이와 같은 '일차적 원리'를 역사적 규범으로 알고 있는 불교도들에게 나는 다음과 같은 <마하반소(Mahawanso)>로부터의 적절한 결론을 추천하는 바이다.

"이처럼 불교도들은 이해할 수 없다. 그들의 교리란 이해할 수가 없다. 그리고 그 불가해한 것을 신앙하는 사람들에게 제공이 된다는, 신앙의 결실은 막대함을 역시 믿을 수도 없다."[61]

---

60 뉴먼(Newman), '강론-버밍엄 신화(Lectures, or Birmingham Mythology)', p. 294.
61 <마하반소(Mahawanso)>, p. 108-이것은 '피타카타바(Pitakkattava)' 관문에 대한 언급이다.

제 XX 장

아타크탄 족(Attac'thans)

"위대한 에레크(Erec) 사제(司祭) 마음의 그 문제는, 오직 '그 사람들'이
었다."
                                                          -호머

　'아우토크톤(Autocthons-원주민, →아타크 사람)'이 신화적 전설일 것이
라는 가정(假定)은, 거짓임이 이제 드러났다. 그리고 그 동일한 나머지도
동일한 지리학적 증거로 역시 수용이 되었다는 것을 알게 될 것이고, 그
것은 '희랍 작가들의 잘못된 희화화(戲畵化)'로 이미 밝혀졌다. **'에레크
테우스(Erectheus)'** 는 신화적으로 쉽게 상상할 수 있는 명칭이다. 그는 땅
에 소속이 되고 그 관할을 하는 땅은, 거만한 '원주민(Autochthon)'이 장
점으로 여기는 것을 무시하는 것들과 관계하고 있었다. 그러나 그가
더욱 우리에게 겸허한 모습으로 올 수밖에 없는 것은 '육체와 피에 맞
는 겸허함'인데['성 베드로'의 겸허], 그것이 그의 주장을 역사적 탐구
로 유인하는 것일 수 있다. 애라크(Erac, 자주 'Arak'로 적음) 지역은, '하이
아부도(Haya-Budhos, 파이아케 족)'과 이웃이니, 이들은 이미 페니키아
(Phoenicia, 히베르니아) 식민지임을 앞서 살폈다. **에레크테우스(Erectheus)
는 간단하게 '이라크데우스(Erac-deus, 에라크의 司徒)'이다.** 에레크토니
우스(Erech-thonius)는 동일한 인물로 추정하는 것이 옳은 것 같다. 즉 용

어의 변이(變異)이다. 그것은 '에레크테니우스(Erech-than-yus[1], 에라크 땅
의)'이다. 그는 아티크(Attic) 기록 속에 나타난 사람 가운데서 가장 뛰어
난 인물이다. 고대 아테네에서 가장 위엄 있는 가계 중의 하나인 부타
대(Butadae)는 '에레크테우스(Erectheus)'를 그들의 조상(祖上)으로 자랑
을 하였다. 그로우트(Grote, 1794~1850)는 말했다. "아테네의 위대한 웅
변가 리쿠르구스(Lykurgus)의 족보는 부타대(Butadae) 가계의 일원으로,
리쿠르구스(Lykurgus)의 아들 아브람(Abron, Abram)에서 출발된 것이고,
에레크테이온(Erectheion)에 있는 공공 서판(書板)에, 헤파이스토스
(Hephaestos)와 대지의 아들 에레크테우스(Erectheus)를 그 가계의 최초 최
고의 이름으로 포함을 시켰다."[2] 리쿠르구스(Lykurgus)가 에레크테우스
(Erectheus)의 후손이라는 주장은 정당한 것이다. 리쿠르구스(Lykurgus)가
자신의 가계 명칭을 정(定)한 것은 '시몽 드 몽포르(Simon de Montfort) 페
테르 드 로케스(Peter de Roches)'처럼 재산과 왕권에 토대를 둔 것이다.
'루쿠르구스(Lukur-gus)'는 사실상 '로구르 소유(of Logurh)'라는 것이고,
그 아테네 위대한 웅변가의 조상은 '에라크테우스(Eractheus)', 로구르
(Logurh)[3] 인근(隣近)의 에라크(Erac)의 사도(司徒)라는 의미이다. 에라크
(Erac)의 사도(司徒)는 역시 '히아 족장 땅의 왕(the Lord of the Hya-chiefs'
Land)'[4]의 후손이니, 그것은 '불타(불교도)'의 후손이다. 그래서 부타대
(Butadae, 불교도)는 그네들의 조상으로 에라크(Erac)의 사도(司徒)임을 자
랑했던 것이다. '베네 부담(Bheene Budam)' '로구르(Logurh)' '아라크 땅
(Arac-land)'이 서로 붙어 있다. 그들이 모두 불교도라는 것은 지적할 필
요도 없을 것이다.

**"에레크테우스(Erectheus)는, 포세이돈(Poseidon) 신과 같고 '에레크테
우스 포세이돈(Erectheus Poseidon)'이란 명칭을 아울러 지니고 있다."[5]** 그

---

1 '에라크(Erac)'와 '탄(t'han)'은 '땅'이다.
2 그로우트(G. Grote), <희랍의 역사>, 1권, p. 263.
3 '지도' 참조.
4 '헤파이스투스(He-pha-is-tus, Hi-pa-is-des)'는 '히(Hi)' '하이야', '파(pa)'
  '대장', '이스(is)' '왕', '데스(des)' '땅'이다.
5 그로우트(G. Grote), <희랍의 역사>, 1권, p. 263.

처럼 지리학적 권위로도 '포세이돈(Po-seidon)'은 그냥 '사이단(Saidan)
의 장(長)'⁶이니, 사이단(Saidan)과 '에라크 땅' '파이니카스(P'hainicas)'는
모두 아프가니스탄의 인근 지역이고, 시단(Sidan)은 앞서 밝혔던 바와 같
이 팔레스타인 페니키아 지역에 반복이 되고 있다.

**에레크테우스(Erectheus)와 포세이돈(Poseidon)은 아테네(Athene)와 더
불어 숭배되었다. 이것은 중요한 역사적 사실이다.** '포시단(Po-Sidhan)'
은 '성자들의 왕'이고 역시 '시돈(Sidon)의 왕'⁷이다. 사실상 서구의 불교
주의가 그렇듯 그는 '사원(寺院)의 왕' '추기경(樞機卿)'으로 교황(敎皇) 제
우스(Zeus)의 아래 직위였다. 그는 "아테네 신과 동통으로 경배되었다."⁸
그것은 자연스런 것이었다. 독자는 테살리(Thessaly)에서의 타르타르
(Tartar) 사람, 엘레우시니아(Eleusinian) 신비 속에서의 아테네 족(Athens)
에서의 타르타르(Tartar) 사제들, 재능 있는 테리(Theri)의 방문, 데메테르
(Demeter)라 부르는 여 사도, 그들 신화를 만들어낸 엘레우티니(Eleuth-
ini, -엘레우트 족장), 팔레스타인과 티베트에서 '천상(天上)의 동정녀 여
신'에게 떡을 올린 타르타르(Tartar) 축제를 알고 있을 것이다.

그녀의 이름은 '아테네(Athene)'이니, 희랍 식 표기는 '아데네(Adheene⁹
-천상의 여왕)'이다. 이집트인도 동일한 신 '네티(Neeti, 또는 폴리키-
Policy)'인데, 그 변형된 표기가 '네이트(Neith)'이다. 그래서 '하늘의 여
왕'과 '성자들의 왕'은 '파레드로이(Paredroi, 친구 신들)'이었다. 다른 불
교 성자들처럼 그들은 신체적이고 영적이었다.[육체를 지닌 현실 속의
신] 그들은 파리처럼 가느다란 풀잎에 걸터앉을 수도 있고, 하늘로 부풀
어 완전히 사라질 수도 있다. 앞서 보았듯이 그들은 공중을 유랑하거나
땅을 쪼개고 지하로 내려 갈 수도 있다. 사실상 원시 희랍의 불교도들에

---

6 '포(Po)'는 '대장'이다.
7 '시다(Sidha)'는 '성자', '시단(Sidhan)'은 '성자들', '포시단(Po-Sidhan)'은 '성
   자들의 왕'이다. '시단(Sighan)', '다마스카스(Dhamas-kas)'는 '성자들의 마을'
   '모두가 성자들'이라는 의미이다.
8 그로우트(G. Grote), <희랍의 역사>, 1권, p. 263.
9 '아디(Adhi-위)' '이네(inee)'는 '여왕'이다. '아데네(Adheenee)' '아테네
   (Atheenee)'이다. '아테네(Athene)'는 오늘날 타르타르는 '티엔호우(Tien-How
   -天后)' '하늘의 여왕'이라 부르고 있다.

의해 주장, 증언, 신앙되지 않은 사항은, 동양이나 서양이나 라마 식 사원의 사제들에게 바라는 어떤 위력도 없는 것들이었다. 왜 그러했는가? "불교도들에게 기적(奇蹟)은 역사적 사실이고, 그것으로 부족함이 없었다. 그리고 상황 속에 자연적인 사실이 프로테스탄트들에게 놀라운 것이 아니듯이, 초자연적인 것이 불교도들에게는 놀랍지 않은 것이다.""[10] "동양에서부터 서양까지 확실히 '불교 사원'은 그들의 개념으로 신비에 매달려 있고, 유물의 축적(蓄積)이 무궁하고, 유물들은 만방(萬邦)에서 증가되고 있다.""[11]

나는 지금 (희랍의)원주민으로서 신화적으로 간주되었던 '아타크(Attac) 왕국'에 이르렀다. 그것은 더할 수 없이 정확하다. 독자는 <마하바라타(Mahabharata, 摩訶婆羅多)> 장대한 시편의 주제, 판두 족(Pandus)의 '야두 왕(Yadu Lord)'과 그들의 협력자인 야두(Yadus) 족, **크리슈나나 아폴로**를 기억할 것이다. 희랍인이 '반인반사(伴人半蛇)'라고 한 케크로포(Cecropos[12])는 빛나는 종족이었다. 케크로포 족(Cecropos)은 그 명칭이 함유하고 있는 대로 '케크로포스(Cec'roo-pos, 쿠케로 족의 왕)'으로서 가장 강력한 야두(Yadus) 족의 하나였다. 코케로 족(Cookeroos)은 더러 '구이케르(Guikers)'라고도 했으니, 상고 시대 아토크(Attoc) 부근에 아직도 그 예터를 확인할 수 있다. 원주민 아토크(Attoc) 사람들을 통치했던 아타크 왕의 예법을 금방 알아 볼 수 있다. 그 왕, 그 종족 대장, 아티카 지분으로부터 '케크로피아(Cecropia)' 명칭은 획득되었다.

희랍인들이 '카리안(Carians)'이라 했던 코리(Cori) 기원(起源)의 해적들이 아티카(Attica) 해안을 약탈했던 때는 '아타크(Attac) 왕'이 통치를 하고 있을 때였다. 판다바(Pandava) 왕자들 중의 하나인 아르주나(Arjuna) 족은 이미 고찰했듯이 테살리아(Thessaly) 서해안에 정착했고, 판다바(Pandava) 왕자 아르주나(Arjuna) 명칭인 '이아자야(Aijayas, 'Ijaya[13])'에서

---

10 뉴먼(Newman), '강론-버밍엄 신화(Lectures, or Birmingham Mythology)', p. 294.
11 뉴먼(Newman), '강론-버밍엄 신화', p. 285.
12 '케쿠루(Cecooroo)'는 '쿠쿠루(Coocooroo) 종족'이고, '포스(Pos)'는 '대장'이다. (부록 '규칙 1, 2' 참조.)
13 부록 '규칙 7' 참조.

유래한 '아이가이안(Aigaean)'을 정착한 그 앞바다 명칭으로 하였다. 동일한 '군인 식민지인들'도 '해변인'이 아니라 '아르주나 판다바 족(Arjuna Pandavas)'로서 아테네 인근을 살피었다. 이들 '판다바 족(Pandavas)'은 '델바이(Delbhai)'와 같고 또 다른 이름이 '애개안(Aegaen, 승리의 대장 아르주나)'이다. 이 왕족의 다른 지파(支派)가 라다캐(Ladacae) 사람 신으로 모셔진 이가 **크리슈나(Crishna)**로 알려졌고, **크리슈나의 다른 이름이 '아폴로(Apollo, Apollonos, ABalono-j)'**였다. '아이가이안(Aegaean)' '아이가이알레스(Aegaeales)' '델피(Delphi)' '크리사(Crissa)' '아폴로(Apollo)'는 모두 판다바 족(Padavas) 가계와 연결되어 있고, 희랍 사가(史家)에 의해 '판디온(Pandions)'이라 적혔다. '판디온(Pandions)'의 '케크로파 족(Cec'roo-pas, 케크로 대장)', 야두 족의 지파는 크리슈나(아폴로) 이래 힘차게 '야두(Yadu) 장(長)'으로 유형화되었다. 아테네에서 '바라타(Bharata) 대장'과의 관계는 역시 명백하게 될 것이다. '판다바 족(Pandavas)'에 대한 간결하고 믿을 만한 견해를 확보하고 고대 힌두와 인도 희랍 가계 관련 고전에 관한 정보를 위해 나는 독자들에게 카슈미르 역사에 관한 놀라운 논문에서 적출한 윌슨 교수(H. H. Wilson, 1786~1860)의 독보적 요약을 소개하고자 한다. -

"우리는 여기에서 우리가 앞서 힌두 경전에서 적출해낸 것, 카슈미르(Cashmir)는 카우라바(Caurava) 왕들의 오랜 연속에 종속되고 그들은 공통의 조상의 후예로서 실질적으로 판다바(Pandava) 족과 동일하다는 점의 의견 일치에 주목하게 된다. 인도 서북부에서 이 가계의 지위는 많은 저서에서 언급이 되었고, 그들의 고대 주요 업적들은 펀자브(Punjab)와 그 주변에 있다. 그리고 이들 전통은 불확실한 허구로 당혹스럽기는 하지만, <u>이 인도의 일부(펀자브)가 판다바 족(Pandavas)의 원산지라는 생각을 지지(支持)하고 있는 것으로 보인다.</u> 힌두 경전에 의한 판다바 족(Pandavas) 출생지로서 카슈미르 역사 속에 긍정적 주장들을 젖혀놓더라도, 명확한 동일 장소는 아닐지라도 우리는 판다(Panda, 판다 족)의 영토와 도시를 고전 작가들 저작 속에서 확인할 수 있고, 동시에 카우라바(Caurava) 판다바(Pandava)의 조상 쿠루(Curu)는 인도의 중앙에 자리를 잡

아 하스티나푸르(Hastinapur)를 왕으로 삼았다고 파우란(Pauran) 작가들
은 말했다. 그러나 **판두의 '5명의 가짜 아들들(the five supposititious sons)'
은 같은 고전에 의하면 사실상 히말라야 산(Himalaya mountains) 속에서
태어났는데, 아내 쿤티(Cunti)를 대동한 판두(Pandu)는 리시스(Rishis)를
데리고 거기로 하강하여 그 왕을 후원했다고 하니, 원래의 카우라바
(Caurava) 가계가 인도 북서부 산악 지대에서 왔다는 점은 거의 의심할 필
요가 없는 것이다.""⁴**[포콕은 여기에 '아테네 문명의 기원'을 두고 설명
한 것임]

이미 희랍에서 고찰한 전 지리학적 증거들은 이 견해의 정확성을 입
증하고 있다. 아폴로(Apollo)라는 명칭이 바로 '판다바(Pandava)'이고 '하
이아 왕(Hya Chief)'이며 '야두 왕(Ya du Lord)'이라는 것을 가리키고 있다.
그는 힘찬 쿤티우스(Koontius) 아폴로, 쿤티(Koonti)의 아들이니, 쿤티는
판두(Pandu)의 아내이고, 3명 판다바(Pandava) 왕자의 어머니이다. 그는
역시 '파이푸스(P'haipus, 하이아 대장)'이다.

"아리안(Arrian)과 플리니우스(Pliny, 기원후 23~79년-'박물지' 편집자)에
의해 수용된 '마가스테네스(Magasthenes, 350~290 b. c. 고대 희랍 역사가)' 항
에 모아놓은 이 고장 풍습과 전통적 역사에 관한 문건(文件)은 명백히 인
도(印度) 원천으로 소급이 되고 있고, 판다바(Pandava)의 역사와 연결되
어 있다."

"여왕들이 인도(印度)만 통치했는지도 고찰을 했다. 우리는 서구에
서 자주 주목을 한 '여성 정부(政府) 스트리 라지암(Stri Rajyam)'을 알고
있는데, 그것은 사실 동방에 있었다. 그 개념은 역시 '히말라야 전역'에
서 유래한 것으로 보이고, 판다바(Pandava) 5형제가 여인 '드라우파디
(Draupadi)'와 결혼하기 이전의 고대에부터 있었던 제도이다. 그녀의 아
버지 드루파다(Drupada)가 반대를 하니, 유디슈티르(Yudhishthir)는 일처
다부 결혼(一妻多夫, polyandrian marriage) 문제에서, 이전에 다른 왕자들이
이미 걸었던 길을 따른 것이라고 말했다."['마하바라타'의 내용]

---

14 <아시아 연구>, 15권, p. 11.

"아리안(Arrian)은 말하기를, '판다이아(Pandaea) 지역'은 헤르쿨레스(Hercules)의 딸 '판다이아(Pandaea)' 이후에 알려진 명칭이고, 헤르쿨레스(Hercules)가 통치한 그 고장에서 그녀는 태어났다. 그러나 헤르쿨레스(Hercules)는 그 지방을 가리키지 않고, 수라세니(Suraseni) 조바레 족(Jobares)에게 존중되었는데, 그들의 주요 도시는 마투라(Mat'hura)였다. 그러므로 우리는 결론적으로 헤르쿨레스(Hercules)는 '판다이아(Pandaea)' 지명에 연관된 것이고, 그 지역은 야무나(Yamuna) 강 서안이라고 판단한다. 북부 판디아 사람들(Pandians)의 위치를 명확하게 한(희랍 반도에 있는 '판디온'을 바꿀 이유가 없음으로) 그 다음 권위자는 프톨레마이오스(Ptolemy)이다. 프톨레마이오스(Ptolemy)는 '판다이아 사람들(Pandians)'을 즉시 펀자브(Punjab)에 고정하고 히다페스(Hydaspes) 비타스타(Vitasta) 부근, 또는 카슈미르 강 부근으로 생각했다."[15]

우리는 이처럼 그 가계에 대한 뚜렷한 견해와 카슈미르와 그 인근에 있는 그 가족, '마하바라트(Mahabharat) 전쟁'에서 생긴 광범위에 걸친 이민(移民)의 원인, 희랍에서 그들과 유사 종족의 긍정적 지리학적 증거를 확보하고 있다. '케크루파스(Cecr'oopas)' 왕조는 아테네 통치를 오래 지속하였다. 그것에 대해, 가장 확실한 것은 희랍 사학자 중에 판디온 족(Pandions), 아타크탄(Attac-thans, 아타크 사람들)에 판다바 족(Pandavas)이 보인다는 점이다. 제왕적이고 사제적인 불교도의 위력은 '히야니아 족(Hyanians, Ionians)'의 대 가족이 중심을 이루었다. 연속적인 케크루(Cecr'oo) 대장 중 하나인 판디온(Pandion)의 사망 이후에 '에라크(Erac, Erectheus)' 왕이 계승을 했다. 그리고 그의 형제 '불타 사제'[16]는 고관이 되었고, 영원히 불교 사제들이 되었다. 에레크테우스(Erectheus)가 보이고 있는 다양한 개성은, 역사 학도를 적잖이 당혹하게 했다. 그로우트(G. Grote, 1794~1850) 씨는 말했다. "**에레크테우스(Erectheus)는 아테네의 허구적 역사에서 세 가지 특성을 보이고 있다.-신으로서 '포세이돈 에레크테우스(Erectheus)', 대지의 아들 영웅으로서 에레크테우스(Erectheus),**

---

15 윌슨(Wilson), '카슈미르 힌두 역사(On the Hindoo History of Cashimir)'
16 '부테(Butes)'는 '불타' '주님'이다.

판디온(Pandion)의 아들 왕으로서가 그것이다. 희랍인들의 원시 시대에 상상 속에 신의 개념과 인간의 법칙이 복합되고 섞인 결과이다.'"[17]

이 애매모호함은 지금 사라질 것이라고 나는 믿는다. 에레크테우스(Erectheus) '에라크 군주'는 신처럼 보이고-(불교도 용어로는 성자에 해당함), '포시단(Po-sidhan) 에라크데우스(Erac-deus)'는 "에라크 사제, 성자들의 대장"이다. '대지의 아들'이므로, 그는 '아타크탄(Attac-t'han)'이고, 아타크 대장 중의 한사람이다. '왕으로서' 그는 판디온(Pandion)의 아들이거나, 판다바(Pandava) 족의 대장이다. 그 모든 특징은 '히야니아 족(Hyanians, Ionians)'이 소유했던 불교적 특징과 온전히 공존했던 바다. **그로우트(G. Grote) 씨에 의해 주목을 받은 '신과 인간의 혼합'은 라마 식 교리의 필수적 결론이고, 그것의 긍정은 우주를 주제하는 힘의 부여일 뿐만 아니라 영감과 전능의 선물이었다.** 불교 성자(聖者)는 존재하지만 역시 존재하지 아니하고, 신이며 인간이고, 볼 수도 있지만 역시 볼 수도 없는 존재이다. 사실상 그에게는 전능(全能, omnipotence)이 부여되어 있었다.

그러나 에라크(Erac)의 군주들은 아키카를 다스리고 제왕의 계급적 능력이 인정될 뿐만 아니라 그 바라타(Bharata) 대장들은 다르게 보였다. 그네들은 '데스브라타(Des-Bh'ratia, 바라타 족의 땅)'에서 이미 고찰이 되었다. 그들은 '브루트(Bhuth)'로 고려가 되었고, 그들은 이제 '프루타네스(Prootanes, 바라타 대장들[18])'로 명시가 될 것이다. '프루타네스(Prutanes)'란 용어는 '바실레이스(Basileis, 왕)'[19]와 동일한 의미이다. 인도인 조상(祖上)의 풍속에 의하면 '프루타네이움(Prutaneium, 브라타스 홀)'의 제단 위에는 '영원의 불'[20]이 불타게 하였다.[인도 寺院의 '불' =희랍 로마 寺院의 '불']

이 귀족 종족의 연이은 대장들과 모든 외국 사절들은 이 고대 건물에

17 그로우트(Grote), <희랍의 역사>, 1권, p. 271.
18 '브라탄(Bh'ratan)'은 '브라타(Bhrata)'의 복수형이다. '브라타네스(Bh'ratanes)'는 '바라타(Bharata)의 대장들'이다.
19 스미스(Smith), Antiq, p. 970.
20 Πῦρ ἄσβεστον.

서 접대가 되었다. 대 **바라타(Bharata)** 족['마하 바라타']의 대장들의 소집을 '보울레(Boule, 회의)'라고 했는데, 거의 변경이 없이 솔론(Solon)의 시대까지 이어졌고, 당시 이 원로원(元老院)은 500이 구성원이었고, 50명 씩 10개 분과로 나뉘었고, 동일한 종족 '프루탄에스(Prutanes, **바라타** 대장들)'에서부터 시작이 되었다.['바라타 족 원로 모임'이 아테네 '프리타네스'의 기원이라는 의미]

나의 의도는, 전(全) 희랍의 고전적 기능들의 논의에서 호머 식 이전의 명명(命名)을 따르자는 것은 아니니, 여기에서 나는 '솔론 식 희랍'과 대조가 되는 '희랍 상원(上院)'의 속성에 관한 뮐러(F. M. Mueller, 1823~1900)의 견해를 인용하겠다. -

"초기 희랍 제도 속에 아테네의 프리타네스(Prytanes, 元老院)의 임무와 비교적 근대적이긴 한 '아테네의 민주적인 의회'의 충격적인 불일치는, 이전의 제도를 망각한 것이니, 단절된 자취와 *그들의 고대 의미를 상실한 명칭*들이라는 점은, 나에게 그 아테네의 프리타네스(Prytanes, 원로원) 원래의 성능에 대해 다시 생각해 보게 하였다. 아테네 프리타네움(Prytaneum)에는 법원이 있었고, 우리가 역사적으로 고려를 하는 시대에는 이전의 광범한 범죄 관할권의 흔적만 간직을 했다. 그래서 옛날에는 프리타네아(Prytanea, 원로원)란 이름이 증명하듯이 소송 거리를 앞에 둔 당파들에게 문제의 가치를 감안해서 판결의 유지를 위해 보탬이 되는 수수료를 부과하는 아테네 최고 법정이었다. 그 명칭은 그 금액이 옛날에는 판결하는 원로들의 봉급이었으니, 호머와 헤시오도스에서는 봉물(奉物, 선물) 같은 것이었다. 더구나 고대 금융 사무소 콜라크레테(Colacrete)는 한때(그 이름이 명시하듯) 희생 될 동물들의 배당 몫을 모았고 (이것은 스파르타 왕들의 음성수입과 정확히 일치함), 그래서 그들은 프리타네움(Prytaneum)에서 잔치를 유지할 수 있었고, 판결 수수료를 모았으니, 예를 들면 '그 바로 원로(Prytanea)'라는 명칭이 그것이다."[21]['민주 의회'에서 원래 '원로 의회' 기능이 약화됨]

---

21 Mueler, <도리아 족(Dorians)>, 2권, p. 141.

이제 케크로파스(Cecroo-pas, 코크로 대장들), **바라타(Bharata)족**, 판다바
족(Pandavas)이 아테네를 통치했던 것을 힌두와 고전과 지리학적 명명
으로 알게 되었다. 그들은 카슈미르 부근의 아토크(Attock)에서 온 사람
들이니, 거기는 최고 힌두 정부가 자리 잡았던 곳이다. '**바라타 족
(Bharatas)**'은 역시 '프로티아 족(Protians)'으로 제시되었는데, 그들 동료 이
민에서 아주 가까운 이웃인 '카시오패이(Cassiopaei, 카슈미르 사람)'과 '키
쿠로스(Cicuros[22])'라는 이름의 케크루 족(Cec'roos)이 '판도시아(Pandosia,
판도 마을)'에 있었음을 이미 말 했었다.

그래서 이들이 '**아토크(Attock)' 족 '바라타 족(Bharatas)' '케크루파 족
(Cec'roo-pas)' '바이자야 족(Vaijayas)' '델보이 족(Delbhois)' '발라노이
(Balanoj)**'이니, 희랍인들은 그들 말의 어원을 모르고 '아우토쿠톤 족
(Autochthons)' '테스프로티아 족(Thes-Protians)' '케크로프 족(Cecrops)'
'애개안(Aegaean)' '델포이(Deklphoi)' '아폴로(Apollo)'로 기록을 하였다.

나는 이제 원시 '아티크(Attic) 역사'를 간략하게 제시할 것이데, 그것
은 비록 범위는 약간이나 확실한 결과물을 확보한 것이고, 희랍에서 일
반적으로 행해진 자만심과 단일 종교관의 결과로 우리 방식으로 강요가
되었던 은폐 상태를 폭로한 것이 될 것이다. 내가 그 스케치를 행하기 전
에, 그 영웅적인 **테세우스(Theseus)** 역사 속에서 주요 사건을 간략하게 살
필 것이다. 그리고 여기에도 '카슈미르 왕국'과 '아토크(Attock) 족'과의
긴밀한 관련성이 역시 있다. **테세우스(Theseus)'는 '애게우스(Aegeus)'의
아들, '아르주나(Arjuna)' 이름 가문의 왕자이다.** '애게우스(Aegeus)'나
'아르주나(Arjuna)'는 역시 판디온(Pandion)의 아들로 제시되었다.

엄청나게 로맨스 방식으로 정치적으로 억지로 짜 맞춘 '테세우스
(Theseus)의 역사'는, 이전의 속성들은 희랍 정치인들의 불필요한 오점
(汚點)이고, '쾌활한 협객(俠客)'이 최초의 진실한 형식이라는 신념으로
이끌었다. 그 사실은 그 두 가지 관점에서 일관이 되고 있다. **테세우스
(Theseus)의 행동에서는 정말 협객(俠客)의 속성은 있었으나, 그것은 군사**

---

22 '키키로스(Chichyros)'

적이고 성자(聖者)적인 것이었다. '자이나(Jaina) 교리 이행자'로서 고대
붉은 십자가 기사로서 그들의 세력을 넓히는 것은 테세우스(Theseus)의
영광이었으니, 온갖 방법과 힘으로 자기네 종교로 개종자를 확보하였
다. 아테네 국가를 완전히 다시 조합하여, 그 자이나(Jaina) 왕이 잘 구성
하여 세웠다는 역사가들의 그 장부(帳簿)는 완전한 것으로, 나는 '테세우
스(Theseus)'라는 그의 이름이 놀라운 정치적 변화를 초래하고 그 수단으
로 이익을 확보했던 사실을 함축하고 있다는 것에 의심을 하지 않는다.
'테세우스(Theseus)'는 틀림없는 '지적인 성자(Dheesyuj, Thes-eus)'이다.

수많은 자잘한 독립 도시로 분산된 국가의 악들이 테세우스(Theseus)
의 주의력을 벗어날 수 없었다. 그러기에 그 지적인 대장은 모든 분할된
정치적 관할권을 폐기하고, 타자들을 왕국의 수도로 승격을 시켰다. 두
가지 괄목할만한 사실을 희랍의 구두어로 가장 아름다운 장식을 하여
그의 경력을 드러내었다. 그 두 가지 중 하나는 크레타(Crete) 미노타우
로스(Minotaur)의 정벌이고, 다른 하나는 아마존(Amazons)을 축제로 맞아
들이는 것이었다.

미노타우로스(Minotaur)와 테세우스(Theseus)의 역사를 당시에 크레타
(Crete)의 유명한 기록과 관련지어 크레타(Crete)의 높은 문명과 힘을 참
고하여 조용히 생각을 해 보면 명백히 허약한 국가 아테네 왕국에 알려
졌을 것이다. 성자 메누(Menu)의 격언과 법의 영향 아래, 크레타(Crete) 왕
국은 전례가 없는 번영의 나라를 이루었던 것으로 보인다. 그의 힘이 이
미 기울었던 호머 시대에까지도 90개의 도시가 번창했다는 증거가 있
다. 아직까지 보유된 한때 부유했던 국가의 지리학적 모습 속에 부족함
이 없는 증거들로 판단을 해 볼 때, 많은 강력한 브라만적 체계의 양상이
테세우스(Theseus)의 시대에 아테네를 지류의 위치로 드러나게 한 것이
다. 아테네는 아직 그것으로 정치적 존재로 성장 지속해야 하는 그 충실
한 정부의 형태를 향해 투쟁 중임에 대해, 크레타는 강력한 브라만 사제
들의 영향 하에 있었던 것으로 보인다.

봉물(奉物)이 당시 아티카(Attica)의 허약한 국가에게 요구되었다. 즉
매년 메노타우르(Menoo-Taura[23], Menoo-Durga)에게 바칠 일곱 명의 젊은

이와 일곱 명의 처녀 희생이 그것이었다. 두르가(Durga)는 무서운 파괴의 **여신 칼리(Cali)**의 성격으로 힌두 신중에 가장 지독한 신이다. 그녀는 해골 목걸이를 걸고 흉포(凶暴)를 즐기고 엎드린 인체(人體)를 밟고 짓밟고 나타나 있다. 여신의 축제도 역시 지독하다. 이 재난에서, 새로 생긴 아테네 왕국은 사랑의 여 사제 우상을 만들어 그것을 피하였다. 테세우스(Theseus)의 군사 경력 속에 생긴 또 하나의 사건은 커다란 의심과 엄청난 추측을 유발한 것인데, 나는 그것을 역사의 범주에 둘 작정이다. 나는 **아마존 족(Amazons)**과 테세우스(Theseus)의 대결이란 아테네 사람들 자체의 최후 큰 분쟁의 장면을 상상된 전설의 일부에 붙인 것이라고 생각한다.

그로우트 씨(Mr. Grote)는 말했다. "아티크(Attic)의 골동품 연구가는 자신 있게 양군(兩軍)의 대결 위치를 지적하였다. '아마존'이라 부르는 기념물이 자리한 곳에 아마존 족의 왼쪽 날개를 두고, 오른쪽 날개는 프닉스(Pnyx)에 닿았는데, 거기는 뒤에 아테네 민주주의 의사당이 세워진 곳이다. 그 전쟁의 상세한 공방(攻防)과 최후 승자와 결과는 헤로도토스(Herodotus)가 '플라태아(Plataea) 전쟁'으로 상세하게 다뤘듯이 확신을 가진 작가들에 의해 거듭 고찰이 되었다. **'아마존네이온(Amazoneion)'**이라 불렀던 그 음침한 곳은 도시의 서쪽 문 가까이 무덤이나 안티오페(Antiope) 기둥이 있는 곳이다. 그 지점을 호르코모시온(Horkomosion)이라 불렀고, 테세우스(Theseus) 사원 가까이에 있고, 정적인 테시아(Thesia) 축제에 아마존에게 희생이 제공 되었다. 그처럼 많은 종교적 승리의 기념물이 있고, 거기에다가 그것은 아테네와 희랍 다른 지역의 조각가 화가들이 선호하는 예술의 주제였다."

"그 반(反) 역사적 서사시에 어떤 부분도 아마존 족의 침략과 패배에서보다 희랍의 국가 정신에 더욱 깊숙이 작용한 것으로 보이는 것은 없다. 그것은 '로고 작가들(logographers)'의 고정적 주제였을 뿐만 아니라, 마라톤(Marathon)과 살라미스(Salamis)와 더불어 정당하게 시민들을 자

---

23 '타라(Rara)'는 '두르가(Durga)'이다. '메누타라(Menoo-Tara)'는 '메누두르가(Menu-Durga)'이다.

랑스럽게 만들었던 고대의 위업으로 웅변가들에 의해 친숙하게 호소가 되었다. 그것은 헤로도토스, 리시아스(Lysias) 플라톤(Plato) 이소크라테스(Isokrates)의 회고적 신앙의 일부를 형성하였고, 그 사건의 정확한 날짜가 연대기 작가들에 의해 정착이 되어 있다. 그것은 아테네 사람들만의 확신이 아니었다. 희랍의 전 지역과 유럽 아시아를 통해 아마존 족의 전통과 기념물이 발견되고 있다. 태나루스(Taenarus) 곶(串) 가까이에 있는 라코니아(Laconia)의 '메가라(Megara)' '트뢰젠(Troezen)'과 뵈오티아(Boetia)의 쾨론네이아(Choeroneia) 테살리(Thessaly)에 한 곳 이상에서, 아마존 족의 조각과 기념물들이 보존되어 있다. (운위-云謂 되듯이) 아티카로 향하면 그 호전적은 여인들은 그녀들의 통과 증빙(通過 證憑)이 없어 그 지방을 횡단하지 못 했다."[24] 희랍어 어원에 생긴 희랍 역사에 생긴 부작용의 사례가 또 하나 나타난다.

'**아마존(Amazon)**'이란 용어는 '토박이'이나 '땅'과는 관계가 없고, '젖가슴이 없는' 여성들이라는 관념과도 무관한 것으로 나타났다. 그들 아마존 족이 아테네의 경계 안으로 진입(進入)하여 무서운 살육을 행할 적에 '아마존 족(Amazons)'이라는 희랍어 형태는 당시 '아티카 주민'에게는 없는 말이었다. 그 '**아마존 족(Amazones)**'란 단순히 '우마손(Uma-soons, 우마의 후예)'라는 것이고, '우마수나(Uma-sooa)'는 '우마의 딸'이라는 의미이다. '우마(Uma)'는 '마하데바(Mahadeva, 시바-Siva)'의 가족 '파르바티(Parvati, Dura)'의 별명(別名)이다. '우메(Um-es, 우마의 왕)'은 '**시바(Siva)'의 명칭**이고, '우마소트(Uma-Soot)'는 '우마수누(Uma-soon-oo)'[25]와 같은 말로, '카르티케이아(Cartikeya, 전쟁의 신)'를 뜻하고, 케르케티우스 산(Mount Cercetius)의 '카르티케이안(Carticeyan, 전쟁 족장)'의 명칭부여에서 이미 고찰했던 바다.

그렇다면 여기에서 '**아마존 족(Amazons)**'이라는 어휘의 번역을 통해 얻은 평이(平易)한 의미에 의해 희랍인의 추측 대신에 우리는 긍정적 '역사적 사실'에 도착하는 것이다. '세미라미 족(Semiramis)' 족의 경우에서

---

24 그로우트(Grote), <희랍의 역사>, 1권, pp. 289~290.
25 '수누(Soonoo)'와 '수타(Soota)'는 '아들'이고, '수나(Soona)'는 '딸'이다.

처럼 옛날 '스트레 라지암(Stree Rajiam, 여인의 政府)'의 존재했다는 것만
이 아니고, 무기를 사용한 '거대 조직(우리가 최근 아프리카 아마존 족의 전쟁
에서 보았던 것처럼)의 존재'를 의심할 필요가 없는 것이다. 그들의 (희랍)
정착은 아주 명백한 것이다. 그들의 잘 알려진 거주지는 '테르모돈
(Thermodon)' 근처이다. 거기에는 '아미세누스(Ami-senus, Uma-sena)'만
(灣)에 '두르가의 전사(Durgas' warrors)'[26]란 명칭이 남아 있다. 그리고 동
일한 '에욱시네(Euxine)' 해안 서쪽에 '아마스트리 족(Ama-stris, 우마의 여
인들-Umas'-Women[27])'의 또 다른 정착이 있다. 그리고 '테르마 만(灣,
Thermaic Gulf)'의 북쪽으로 당시 그녀들의 종족 '칼라스트라(Chala-stra,
Cula-stri[28]-女人 족)'이 있었다. 이렇게 우리는 한편으로는 혹평을 행하고
다른 편으로는 합리적인 결과를 얻은 셈이다. 그것은 의심할 필요도 없
이 확실한 풍속들이 넓고 깊고 지속성 있는 기초를 이루고 있어, 그 이유
가 없는 것이 아니다. 그들 풍속들은 우리가 그들의 역사적 기초를 부정
할 만한 더 훌륭한 주장이 없을 때까지 존중을 받을 가치가 있다.

그러기에 방금 인용한 진술에서는 이야기 대신으로 수많은 범주에서
'아마존의 전쟁 계급'에 대한 사실을 입증 추론할 만한 것은 거의 없는
형편이다. '부패한 희랍 버전'을 무너뜨리고 진정한 텍스트를 복원하
면, 그로우트 씨(Mr. Grote)의 모든 진보적인 사례들이 완전히 자연스럽
게 된다. '키메리안 보스포루스(Cimmerian Bosphorus)'를 횡단하고 바로
아테네의 심장부에서의 이루어진 전투는, 우리가 예상할 수 있는 과감
하고 호전적인 종족에게서만 가능했던 것이고, 전쟁에 임했던 양쪽의
정확한 위치 중의 하나인 '프닉스(Pnyx)'는 평상의 희랍어로[29]는 설명이
불가능하고 테세우스(Theseus) 시대를 넘어 거슬러 올라가야 한다. 그것

---

26 '우마(Uma)'는 '시바의 아내'이고, '세나(sena)'는 '군대'이다. '세나(Sena)' '여
신'이니, "'카르티케이아(Kartikeya)'의 아내, 신들의 무장(武裝)을 의인화한 존
재이다."-윌슨, <범어 사전>
27 '우마(Uma)'와 '스트리(Stri)'는 '여성'이다.
28 '칼라(Cala)'는 '종족', '느트리(stri)'는 '여성'이다.
29 '프눅스(Pnux, Pnyx)'는 '푸크노스(Puknos-겁쟁이)'와는 무관하고, '푸크누스
(Puknos)' '부그누스(Bugnoos)' '화자(話者)'이다. 일반적인 '부크누스(Vuknoos)'
는 '부그노스(Bugnos)' '바크트리(Vaktri)'와 같다.

이 그 자체를 설명해 주고 있는 '테세이아(Theseia)' 축제와 '아레이파구스(Areipagus[30])' 기념물로 알 수 있는 그 '아마존 족'에게 희생(犧牲) 제공을 배워냈다는 가정(假定)과는 무관하게, 나는 '그것들(희생(犧牲) 제공)'을 사실(事實)의 긍정적 증거로 생각하고 그것들이 그 이전부터 대대(代代)로 전해졌다고 본다. 왜냐하면 이제 **'호전적 아마존 족'**의 역사적 사실의 확보하고, 기둥과 음산한 건물을 세우고 '정기적인 희생의 축제'를 행했던 그 아마존 족의 사실(事實)을 기록해 둔 '인도 아테네인의 실행과 의견'을 알아야 한다는 점에서, 나는 후자의 경우['이전부터 전해졌다는 의견']로 '아마존 족(Umasoons)은 완전히 몰락'을 했던 것이고 그 밖에 달리 생각할 수가 없는 점이다. 아니다, 철저하게 인도인에게 그들의 정기적 발생과 기록하는 구조상 변이된 *명칭(name)*과 그러나 유지된 실천-지울 수 없는 *사실(fact)* 증거의 통합에서 생긴 바로 그 무지(無知)이다. 그리고 인도 종족의 대표로서 희랍 **아마존**의 예술적 기념물을 생산했던 조각가 화가 시인이 있었지만, 그들은 바닥이 없는 이론의 토대 위에 자신의 무지의 증언을 첨가하였고, 동시에 '함께 발광(發狂) 사실'을 증언하였다. 역사가 웅변가 편년사가(編年史家)가, 상상적 존재도 없이 그 아마존에 관해 느끼고 말했던 것은 이유가 없는 것이 아니다.['기존했던 아마존-희생 풍속의 척결'이라는 의미]

희랍인들이 취급한 대로도, 그 문제는 두 가지 부분으로 나뉘게 된다. 즉 '불가능한 대리인들'과 '가능한 행동들', 그것은 최대한의 경우와 최소한의 경우가 있고, 한 저울에 달기는 불가능하고, 다른 저울로는 가능한데, **합리적인 가능이 불합리한 불가능보다 중요하다.** 그렇다면 '행동의 원천'을 젖혀 놓고도 우리는 어려움을 제거하는데 행동의 증거를 얻을 수 있겠는가? 그것은 다른 사람들을 위해 찾아내는 것이 될 것이다. 나의 탐구에 모든 결과는 그 양에서는 작지만 원리상 힘 강하여 더욱 현실적인 결정적 증거 체계로 이끌 것이라고 나는 믿고 있다. 즉 우리는 '그 건물의 기초의 파괴'를 보장하지는 않을 것이니, 괴상한 모습은 전

---

30 '하리아바가스(Harya-bhagas)'는 '하로(Haro)의 지역'이다.

면의 단순성을 파괴하기 때문이라는 것을 알게 될 것이다.

다음과 같은 것에는 그 이유가 없는 것이 아니었다. **"성공한 시저 (Julius Caesar)의 지성(知性)은, 아마존 족이 넓은 아시아 지역을 정복하여 지배하고 있다는 것을 알고 있었다."** 그리고 만약 고대인과 더불어 그 '위대한 무인(武人)'이 아마존의 생각의 보편적 형식을 믿고 그들의 무기력함의 결과도 역시 알고 있었다면, 나는 역사적인 '아마존 족'을 따라 '아마존 족'의 역사적 성취를 수용함에 자신(自信)을 한다.

'바라타(Bharata)' '바이자야(Vaijaya)' '판데아(Pandea)' '케르크로피아 (Cecropia)'와 그 밖의 다른 종족이 '프루타네스(Prutanes)' '아이기알레스 (Aigiales)' '판두스(Pandoos)' '케크롭스(Cecrops)'라는 이름으로 '아토크 (Attock)' 식민지에서 나타났듯이, 그 사회에서의 계급이 원래 원주민의 그것과 일치를 예상함은 합리적인 일이다. 그렇다면, 아티크(Attic, 아테네) 정부 원시 형태는 희랍 작가들의 저작으로 우리 시대에까지 전해져 온 오해들일 것이고, 그렇지 않으면 지금까지 전해 온 원래 명칭들은 변이되었고, 그 명칭과 관련된 일상적 진술들도 변이(變異)가 되었을 것이다. **'아티카(Attica)'**는 원시인의 인도(印度) 사람의 개성을 철저히 드러내는 것과 그 적용에서 원시적 속성을 명시하는 것은 내가 앞서 인용한 탁월한 작가의 고찰을 제시하는 것보다 더 좋은 것은 없다. 그의 증언은 더욱 가치 있는 것이니, 많은 점에서 그의 놀라운 전 작품을 통해서 그는 희랍인들의 원래 거주 출발지점에 대해 의심이 없고, 결론적으로 희랍인들이 그들의 원시적 자산들을 호머와 투키디데스의 희랍(Homeric and Thucydidean Greek)까지 다루었다. 나는 그로우트 씨(Mr. Grote)가 긍정한 상고 시대의 아티크 사회 현실을 확인한 것에 행복을 느끼고 있다. 하지만, 그로우트 씨(Mr. Grote)는 '테세우스(Theseus)'의 개인적 인격과 트로이(Troy)의 장소로서의 존재는 비실제적인 것으로 다루고 말았다. 그로우트 씨(Mr. Grote)의 아티크(Attic, 아테네) 국가 구성원에 고려는 고대 아토크(Attock) 족의 풍습과 체계를 바르고 진실하게 고찰한 것으로, 나는 여기에서 그것들은 소개만 할 것이다.

그로우트 씨(Mr. Grote)는 말하고 있다. "'프라트리 족(Phratries)'과 '제느테 족(Gentes)'은 아테네 사람들 중에 오래전부터 사실 지속적이고 연합을 했다는 것을 아는 것은 굉장히 중요하다. 전체의 기초는, '집'이고 가문(家門)이다. 그 수가 많든 작든 일가(一家)을 이루었다. 그러기에 그 일가(一家)는 형제이고 확장이 되어 동포애로 묶이었다.-**1. 특별한 최고 존재로 개성화한 원시 조상으로 상정된 공통 신의 이름으로 공통된 종교 의례와 배타적 사제 의식. 2. 동일한 매장지. 3. 재산의 공동 계승권. 4. 상호간의 상조 방어 상휼(相恤)의 제공 5. 고아 여자 상속인이 있을 경우, 도움을 주고 결혼을 시키는 것. 6. 자신들의 최소한의 집정관이나 회계 담당자를 두는 것**. 이와 같은 권리와 의무가 그것들의 고상한 통합의 특징이다. 몇 개의 가계를 묶고 있는 씨족 집단은 덜 절친하지만, 유사한 권리와 의무를 역시 포괄하고 있고, 씨족 성원의 살해 사건에서 신성 의례의 교감과 고발의 권리를 포괄하고 있었다. '원로원(元老院)'에서 선출된 '필로바실레우스(Phylo-Basileus, 種族 왕)'이라 부르는 치안 판사의 회장의 통치 아래서, 각 씨족 성원은 네 개의 부족 중에서 그 하나에 소속으로 보이는데, 같은 씨족은 신성 의례를 통한 정기적인 교감을 즐기었다. 이 의례에서 종족의 왕 '제우스 겔레온(Zeus Geleon)'은 '겔레온테 족(Geleontes)'의 후원 신(神)이었다. **결국 네 종족 모두는 신성한 아버지 수호자로서 '아폴로 파트고우스(Apollo Patrous) 공동 숭배'로 연결이 되었는데, 왜냐하면 아폴로는 '이온(Ion)'의 아버지였고, 네 종족의 시조가 '이온(Ion)'이라 알려져 있기 때문이다.**[31] "[희랍의]아티카(Attica)와 [펀자브의]아토크(Attock)의 원시 종교적 사회적 통합은 그와 같았는데, 점차 그 규모가 확장되어 정치적 통합으로 두각을 보인 것은 그보다 더욱 이후에 그 시초가 트리티에 족(Trittyes) 데메 족(Demes)이었다. 종교적 가족적 집합의 연대는 트리티에 족(Trittyes)과 데메 족(Demes)보다 앞서 행해졌다. 그러나 비록 뒤에 생기기는 했지만, '정치적 연대'는 그 역사의 큰 부분에 걸쳐서 고정적으로 그 영향력을 증대시켰음을 알 수 있다. 전자(종교적 가족적 연대)의 경우에서는 개인적인 관계가 필수적인 지배적

---

31 그로우트(G. Grote), <희랍의 역사(The History of Greece)>, 3권, p. 74.

성격이고 지역적인 관계는 부수적인 것이나, 후자(정치적 연대)의 경우
에는 재산과 거주지가 주요 문제가 되고 개인적 요소는 반주(伴奏)로서
고려될 뿐이다. 크든 작든 모든 씨족의 연합은 현실적인 것이거나 상
상적인 것이나 간에, 희랍인의 공통 정신 원리임을 알 수 있고, 조상
숭배 관념이나 혈통적 교감 의례의 융합임을 확인할 수 있다. 모인 사
람들이 그들의 희생을 바치는 '신이나 영웅'은 그들이 그에게서 유래
한 '원래 조상'으로 알고 있었다. 비록 자주 '밀레시안 헤카타이우스
(Milesian Hekataeus)' 경우처럼 긴 족보 속에 자주 언급되는 경우도 있기
는 하다. 각 가족은 그들 가족만 모이는 조상이나, 집안 어른들의 '제사'
를 행했다. 그 종교적 의례의 정지(停止)로 가족 의례의 절멸은, 희랍인
들의 불행이었으니, 그것은 그 구성 시민들의 손실일 뿐만 아니라, 불쾌
한 심정으로 그 나라(희랍)로 왔을 수 있는 사망한 시민의 가족 신(神)을
빼앗는 처사가 되었기 때문이다. '젠 족(Gens, 프라트리 족)'라 불렸던 더
욱 큰 연합은 동일한 가족의 원리가 확장이 되어 형성된 것으로 적당한
별명을 지닌 공통 신이나 영웅을 숭배하면서 그들을 조상으로 생각을
하였고, '테오에나(Theoenia)' '아파투리아(Apaturia)'(제일차 '아트크'와 제2
차 '아티크'는 모두 '이오나아 족'이다.)의 축제는 해마다 씨족의 성원을 모아
놓고 숭배와 특별한 공감을 유지하였으니, 더욱 큰 동맹이 더 작은 결속
을 지워버리지 않았다."[32]

　여기에서 주목한 '프라트리 족(Phratries)'은, '브라트리아(Bhratriya[33], 형
제 족)'으로 같은 족속의 후손을 모두 포괄하였고, 이후에는 군사적 속성
을 가졌으니, 더욱 정확하게는 앞서 설명한 '가나(Gana, 종족)'[34]이었다.

　라지푸트 족(Rajpoots, 히아니아 족, 이오니아 족) 사이에 결혼 풍속에서,
여자 상속인이나 딸들의 경우를 콜로넬 토드(Colonel Todd)는 잘 드러내
어 설명하였다.

　저자는 말하고 있다. "'라지푸트 족(Rajpoots, 무사 족)'은 자신들의 종

32　그로우트(G. Grote), <희랍의 역사(The History of Greece)>, 3권, p. 74.
33　'브라트라(Bhratra)'는 '형제', '브라트리아(Bhratrya)'는 한정사(형용사).
34　'가나(Gana)'는 '종족'이다.

족과의 근친결혼(intermarry)은 하지 않는다. '금지'에 한계는 정해져 있
지 않다. 그것은 아주 먼 곳(종족)까지 확장이 되어 있다. 이 종족들은 모
두가 '인종의 일반적 용어(Cula Sesodia)' 속으로 용해될 수가 있다. '세소
디아(Sesodia)' 남녀는 결혼으로 결속할 수가 없고, 혈통 존중 족속과 결
속할 수 없었다."

'**테세우스(Theseus)' 시대의 '제우스 겔레온(Zeus Geleon)'은, '자이나
겔롱(Jaina Gelong, 대라마)' '겔론테 족의 교황' '라마 식 사제의 교황'이다.**
그는 매일 그 이름으로 먹고 사는 사람이다. 이에 대해 '아폴로 파트로
우스(Apollo Pat-Rous)'는 '아발로노(a'Balono-j, 불타 왕)'이니, 왜냐하면
아폴로(Apollo)나 크리슈나(Chishna)는 '하이안(Hyan, Ion, 히아 족)'의 아버
지이기 때문이다. 그래서 어느 종족이나 간에 불교도 원리가 그러한 것
처럼 신의 속성을 지닌 가부장에게 존경과 감탄을 지니고 부모의 족속
을 우러르는 것이 전해 왔음을 확인하는 것은 더 이상 놀라운 것이 아니
고 자연스러운 결과이다.

그로우트 씨(Mr. Grote)는 말하기를 "역사가 헤카타이우스(Hekataeus)
는 실재 사람이고, 그의 부친 헤게산데르(Hegesander)는 역시 그러하다.
나는 그가 자랑을 해 보인 15대에 걸친 조상신의 존재가 위험하여 긍정
할 수 없고, 상승 계단이 부실하고 허구적이어서 믿을 수 없다."[35]고 했
다. 그러나 나는 반대로 그것들은 온전하고 실체를 가졌다고 생각한다.
헤카타이우스(Hekataeus)의 족보보다 훨씬 멀리 자신의 족보를 추적했던
리쿠르구스(Lycurgus, 기원전 9세기 스파르타 입법자)는, 지리학적 증거로 일
반적인 그의 종족 인민의 일반 역사와 완전한 조화를 이룬 완전 정확한
것으로 밝혀졌다. 이제 고대인도 종족이 보유한 족보를 조심스럽게 살
펴보면, '헤카타이우스(Hekataeus)의 족보'가 불교의 성자(Deva)에 그의
기원을 찾았던 것은 완전하고 정확한 것이었다. 그것은 내가 이미 증명
했듯이, '테오스(Theos)'란 '인도계 희랍 족(Indo-Hellenes)'의 의미이다.

테세우스(Theseus) 시절, 인도 희랍인 '아파투리아(Apaturia)'는 모든 사

35 그로우트(Grote), <희랍의 역사>, 2권, p. 74.

람들이 수용했던 단순히 '아바타리아(Abatarya) 족의' 축제였다. 이에 대해
'테오에니아(Theo-enia)'는 아토크의 불교도를 위한 것이었고 그들은 '데
베나(Dev-'ena³⁶)' 즉 '신성(神聖) 족(Deva)'이었다. '아바타르 족(Avatars)' 축
제는 '바바네푸시안(Bhavane-Pusyian³⁷)' 달에 개최가 되었으니, '파르바
티(Parvati)'와 '시바(Siva)³⁸'의 축제이다. **이 같은 축제와 의례(儀禮)는 '헬
라 산(Hela Mountains)'과 '아토크(Attock)'에서 온 주목할 만한 최초 이주
자들이 대동한 것이었다.** 이 족속들은 '아티카'에게 그 아버지 나라에
'정치적 분담'을 소개 하였다. 그러나 그 정치적 분담은 고전 고고학에
서 제일 애매모호한 것이다. 이처럼 **'아티카 주민'의 분할(分割) 명칭인
'나우크라리(Naucrary) 족'의 속성은 별로 알려진 것이 없다.** 이 문제가
최고의 골동품 애호가들에게 얼마나 당혹스런 것이었는지는 고전적
유물에 대한 가장 탁월한 저작에서 인용한 다음 진술로 알 수 있을 것이
다.

"솔론(Solon, 아테네 立法 家 638?~559? b. c.)의 통치 이전에 '나우크라리
족(Naucraries)'이 무엇인지는 어느 곳에도 언급이 없다. 그러나 클레이스
네 족(Cleisthenes)의 제도 내서에는 '데메 인(Demes)'과 유사한 정치적 구
분을 지니고 있었다.... 어떻든 솔론(Solon)의 시대 이전에 '나우크라리
족(Naucraries)'은 해군(海軍)과의 관계는 없었다. 그리고 '나우클라로스
(Naukraros)'란 단어는, '나우스(Naus, 배)'에서 파생될 수가 없고, '나이오
(Naio)'에서 유래하였다. 그리고 '나우크라로스(Naukraros)'는 '나우크라
로스(Naukraros)'의 이형태(異形態)이니, '집주인(a householder)'의 의미로
'나울론(Naulon)'은 '셋집 거주자'의 의미로 쓰였다."³⁹ 만약 고전 독자가
'나우크라로스(Naucra-Ros)'가 '나우그라라(Naug'ra-Raj⁴⁰, 市民 長)', 즉 인

---

36 '베나(Vena)'는 '종족'이다.
37 '바바네(Bhavane)' '바바네(Bowanee)'로 적는다.
38 '바바네(Bhavane)'는 '파바티(Parvati)'의 이형태(異形態)이다. '파수(Pasoo)'는
    '시바(Siva)'이다.
39 Smith's Dict. of Greek and Roman Antiq.
40 '나우가라(Naugara, Nagara)' '시민'이고, '나가라라즈(Nagara-raj)'는 '시민의
    장'이다.

도(印度) '구장(區長)'의 희랍 식 변용임을 알면, 원시 '테세안(Thesean)' '케크로피아(Cecropian)' '아티카 주민'이 안고 있는 모든 문제를 즉시 통찰할 수가 있을 것이다. 그 주민(住民)의 불교적 구조는, 다비스 씨(J. F. Davis, 1795~1890)에 의해 잘 제시되었는데, 다비스 씨(Mr. Davis)의 진술은 '희랍 원주민의 인도 기원(起源)에 대한 견해'를 심어주는 것으로 필요하다.

다비스 씨(Mr. Davis)는 말한다. "이 나라(중국)에서 자손은, 평생토록 그들에게 절대적인 힘으로 지배를 행하는데, 부(富)와 위엄(威嚴)의 원천을 가지고 그렇게 했다. 그러나 커다란 목적은 '종족의 영구화'와 '조상들에 대한 제사'이다. 아들이 없으면 명예도 만족도 없고 불행 속에 죽는다. 그래서 유일한 치료 방법은 그의 손아래 동생을 채용을 허락하는 것이다. 남성이 그 아들들의 봉사를 받은 것은 살아 있을 때만이 아니다. 노년에는 아들들이 조상의 전당(殿堂) 가족 묘소에 모여 그가 더 이상 그것을 행하지 못 할 때까지 그 의례를 계속하다는 것이 큰 위로(慰勞)이고, 그래서 '그 전망은 없다.'는 점이 '무자(無子)'의 비참을 배가(倍加) 한다. 그 미신(迷信)은 정부(政府)가 그 종족의 사망 후의 의무를 맡도록 영향력을 행사한 것이다. 벌을 받을 만한 '의무의 거절'은 우리가 알고 있듯이 '법'으로 정해져 있다. 정말 자손들 보살핌의 모든 문제에 있어서, 중국인은 세상의 어떤 불행이 뒤따르는 '거절'의 상상보다, '자기 조상의 묘소에 종교적으로 참례(參禮) 거부'보다 더한 불행이 없다."[41]

여기에 나는 한마디 말만 첨가하고자 한다. 콜로넬 토드(Colonel Tod, 1782~1835)는 현명하게 그 중국인(中國人)들이 '하이아(Hya)' 족 이오니아 사람들과 연관되어 있음을 밝히었다.

---

41 다비스(J. F. Davis), <중국인(The Chinese)>, 9장, pp. 131~134. Ed. Knight, 1840.

제XXI장

불교 선교사

트로이 전쟁(the war of Troy)으로 인해 '힌두(Hindu) 희랍의 사회적 요소'의 대대적으로 붕괴가 되었던 때'부터서 '확실한 불교도의 [교황, 제우스]시대'에 이르는 기간 사이의 '사라진 희랍의 역사(歷史)'는, '에카탄카이레 족(Ekantan-kaires, 카슈미르의 唯一神 사상)'이 그 자리를 채우고 있었다고 나는 믿는다.

이들 '라마(Lama)'의 저술과 수도승의 봉사 그리고 오랜 동안 불교 사제(司祭)의 지위를 고정시켜 왔던 신비스런 그 대행 체들은, 결국 인기 있은 시인(詩人)의 통일된 영향력을 빌어서 인도에서나 희랍에서 그들의 '데스파티스(Des-patis¹ 地主)들'의 관심들을 사로잡아, '불교 사제들의 힘과 영향력'을 유지시키는데 전력(全力)을 다하게 만들었다.

이후에는 더욱 겸허한 행동 영역이, 옛날 빛나던 그 신분(身分)의 영역을 대신하게 되었다. 옛날 신비의 선전가 멜람푸스(Melampuses, 최초 예언가)시대가 거의 지나갔고, 타르타르(Tartarian) 사제 후손이 겸허한 자세로 공무(公務)를 이행(履行)하였는데 그곳은 과거 사제들이 '국립 사원(寺院)과 국가 봉록'을 뽐내었던 곳이다. '누마(Numa², 영적 교사)'의 성공적

---

1 '데스포테스(Des-potes)' '데스(Des)'는 '땅' '파티(pati)'는 '왕'이다.
2 '누마구루(Num-Guru)'는 '영적 교사'이다. '누마스(Numas)'는 '존경'이고 '눔(Num)'은 '절하다'이다.

인 정치적 종교 경력 수행과 동일한 재능 있는 교사들도, 그들의 운동이 과거 희랍에서 획득했었던 그 정치적인 영향력을 상실하고 있었다. 로욜라(Loyola, 1491~1556-스페인 성직자)는 그의 당대에 고대 '라마 식 명령(Lamaic order)'을 복원하여 기적을 행했으나 그 개인의 경우에 그쳤다. 비록 많은 '수보야(Soo-bhoo-ya, 神과 合致한 목표에 도달한 思惟族)'가 선행(先行)했었지만, 로욜라(Loyola)는 라마이즘을 되살리려는 위대하고 성공적인 챔피언이었는데, 희랍의 감정은 수도승이 기득권층 무게를 감당하기에는 너무나 부풀려 있어서, 희랍이 아닌 다른 그곳이 '불교'란 식물이 싹이 트고 꽃이 피어 열매를 만한 곳이라고 생각했다. 로욜라(Loyola)의 선택은 '현명한 라마 선교사'의 재능만큼이나 감탄할 만 것이었다.

30년 여행의 대(大) 노력을 감내(堪耐)한 로욜라(Loyola)가 도달한 곳은, 고대 불교의 챔피언으로 '유형당한 판두 족(the exiled Pandoos)'을 입양시켰던 땅'이었다. 그 나라는 로욜라(Loyola)가 도착하기 수백 년 전부터 '바라티(Bharati)'의 '식민지'가 되어 있었다. 지도상으로는 **현재 이탈리아 '브루티(Brutii)'**와 같은 지방이었다. 로욜라(Loyola)는 다년간의 노역과 예견과 총명과 미증유의 성공에도 불구하고 그 지위는 '행자(行者)'로 고정이 되어 있었다. 카슈미르(Cashmir)의 '명상(瞑想)자들(Meditatives)'은 이미 '헤파이루스(He-pairus)'의 땅을 '카시오포이(Cassiopoei)'로 바꾸어 놓고 있었다. 동일한 '불교도 연대(聯隊)'가 남부 이탈리아에서도 '**바라타(Bharatas)**'를 결성하였는데, 거기에도 '판두(Pandoos, Pandosia)' 마을이 역시 '수부다 강(Su-Budhas, 사바투스 강)' 인근에 세워졌으니, 그 바로 남쪽이 히아(Hya) 대장[3] 라마의 정착지[4]였다. 그러나 그것은 이탈리아 해안에서 직접 희랍의 해안과의 의사 전달 속에서 열정적이고 명쾌한 '라마 사절(使節)'이 그 위치를 잡았던 것이다. 이렇게 자리를 잡았으니, 성공을 했더라면 그의 영향력은 이탈리아에서 뿐만 아니라 서부 희랍에

---

3 '히포니아테스(Hi-pponia-tes)' '히파니아데스(hi-panya-des)'는 '히아 대장의 땅'이다.
4 '라메티쿠스 시누스(Lameticus Sinus)'는 '라마의 만(灣)'이다.

서도 그것이 감지되었을 것이다.

한편 크로토나(Crotona)의 해상(海上) 지위는, 동방 라마 국가들에서 온 다른 사절들과 교류에 큰 편리함을 제공했다. 고대 불교도의 힘찬 사업을 알아 본 사람은 없었으나, 피타고라스의 고난과 성공에 대한 평가는 당연한 것이 될 수밖에 없다. 비록 힘차고 재능 있는 사절의 도래 시기에 한때 남부 이탈리아의 대부분의 운명이 흔들렸고, 복잡한 정부의 체계를 움직이는 힘센 손이 보이지는 않았어도, 라마 식 제도(Lamaic establishments)의 많은 영향력이 아직 드러나지 않은 채로 있었다는 점은 의심할 것이 없다. 그것은 '가톨릭 석가모니(catholic Sakya, 우주의 지배자-정신)'의 솜씨이다.

그로우트(G. Grote, 1794~1850) 씨는 이제까지 희랍 고전에서 도출된 것 중에서도 심오한 '사모스 섬 사람-피타고라스(Pythagoras)의 성격 목적 체계'에 관한 가장 확실한 견해를 확보하고 있다. 그는 말하고 있다. "피타고라스(Pythagoras)는 원래 종교적 영향에서 도출된 인류애(brotherhood)의 창시자이니, 수도승의 기벽(奇癖)을 가지고 종교적 정치적 과학적 방향에 종사하였고, 잠시 '실제 정치적 지배력'을 행사 할 수 있는 지위에도 있었다. 그러나 이후에는 정부와 국사(國事)에서는 떠나 종파적 사생활로 들어가 과학적 탐구를 하였다. 역시 개인적으로는 탁월한 정치인들을 길러내기도 하였다. 허위와 근거 없는 진술이 난무하는 고대에, '이 축복 받은 인간'에게서 우리는 몇 가지 합리적으로 입증하고 믿을 만한 중요한 사항을 발견한다. 피타고라스(Pythagoras)는 사모스(Samos) 출신으로 부자 상인 므네사르코스(Mnesarchos)의 아들이었다.-그의 사후 더욱 열렬한 그의 존숭(尊崇)자들에 따르면, 아폴로(Apollo)의 아들이고, 제50번째의 올림피아드의 해(b. c. 580년)에 태어났다. 그의 젊은 시절에 관해 많은 기담(奇譚)이 있으나, 그것은 남길 필요가 없을 것이다. 그것들 중에는 '먼 나라로의 여행'도 포함되어 있으니, 그의 여행은 30년 동안 계속되었고, 아라비아(Arabians) 시리아(Syrians) 페니키아(Phoenicians) 칼데아(Chaldeans) 인도(Indians) 갈릭 드루이드(Gallic Druids)를 방문했다는 것이다. 그러나 피타고라스(Pythagoras)가 실제로 이집트, 페니키아,

바빌론, 칼디안(Chaldeans)을 방문했다는 것은 믿을 만한 근거가 있다. 피타고라스(Pythagoras)는 기원전(紀元前) 560년~540년 사이에 이집트를 방문했다. 약 1세기 전에는 이집트 왕조의 최후 왕인 아마시스(Amasis)가 이집트를 통치하였는데, 그 때 이집트는 아직 외국의 정복으로 독특한 고유 특성이 아직 바뀌지 않았을 때이고, 1세기 전에 희랍 용병과 상인들의 허락으로 약간의 제도의 수정이 있었을 따름이다. 이집트 풍의 장관(壯觀)과 사제들과의 대화, 일반 대중에게는 수용되지 않은 다양한 신비주의, 비밀 의례(儀禮)는 **피타고라스(Pythagoras)**의 정신에 자연스럽게 각인(刻印)이 되었을 것이고, 신비로운 준칙과 금욕주의 식습관(食 習慣)과 의장(衣裝)에 관한 생각을 피타고라스(Pythagoras)에게 심어 그것은 그의 동시대 사람들에 의해 분명하게 되었다. 그러나 그것들은 원시 희랍 종교에서 공통적인 현상은 아니었다."[5]

나는 피타고라스(Pythagoras)가 '언급된 모든 나라'를 방문했던 것과, 실제적으로 열렬한 '라마이즘 사도들'을 방문하고 돌아다녔다는 점에 대해 조금도 의심을 하지 않는다. 피타고라스(Pythagoras)가 인도를 방문했다는 것도 자명(自明)한 것으로 나는 믿는다.

피타고라스(Pythagoras)가 '아폴로의 아들'이라고 한 것은 근거가 없는 것이 아니다. '헤리(Heri, A'Balono-j, 크리슈나)'는 절대적으로 '야두의 왕(Yadu Lord)'이고 '불타의 대장(Bud'ha Chief)'이기 때문이다.[이 전제는 포콕의 '가장 큰 전제=힌두이즘=상고시대 세계이념'임]

그로우트 씨(Mr. Grote)는 계속하고 있다. "피타고라스(Pythagoras)의 개인적 이론과 견해와 뒤를 이은 피타고라스학파의 그것을 우리는 구분을 해야 하고 기하학 천문학 등에서 피타고라스(Pythagoras)를 선행(先行)한 기원을 찾을 것은 별로 없다. 그러나 **피타고라스(Pythagoras)는 죽은 인간의 영혼이 다른 인간이나 동물로 '윤회(輪回)'한다**는 이론을 믿었는데, 우리는 다른 증거뿐만 아니라 그와 동시대 '엘레아의 철학적 제노파네족(the philosophic Zenophanes of Elia)'의 증언이 있다. 피타고라스(Pythagoras)

---

5 그로우트(G. Grote), <희랍의 역사>, 4권, p. 529.

는 개 한 마리가 두들겨 맞고 비명을 지르는 것을 듣고 그것을 말리고 싶
어 말했다. '그 개는 내 친구의 영혼을 가지고 있습니다. 나는 그 소리를
듣고 그인 줄을 알았습니다.' 헤라클레토스(Herakleitus)의 일반적 증언
과 함께 이것은 피타고라스(Pythagoras)가 넓게 탐구하고 교훈을 획득한
사람이었으나, 그러나 피타고라스가 불행에 재주를 부리고 건전한 판
단을 결여(缺如)했다는 점은, 그의 동시대 사람들에게 알려진 피타고라
스(Pythagoras)에 관한 것의 전부이다."

"**피타고라스(Pythagoras)**는 소피스트(sophist, 넓은 관찰과 총명 상향적 발명
의 정신을 가진 사람. '소피스트'의 원래 의미는, 플라톤 학파의 논증에 앞서 헤로도
토스까지 전해진 감성-sense주의자임)를, 영감을 받은 스승, 예언가, 기적 실
행자, 신들과 하나가 된 자와 연결하여, 새로운 형제애(兄弟愛)의 찾기 위
해 그 모두를 고용했고, 그들 고유의 종교적 의례와 관찰로 한데 묶었다.
에피메니데스(Epimenides) 오르페우스(Orpheus) 멜람푸스(Meampus)의 그
것과 유사한 피타고라스(Pythagoras)의 탁월한 헌신에서 그는 인생에 모
범을 보인자로 나타났고, 인간의 수준을 초월하여 그의 제자들을 향상
시킨 것으로 평가되었고, 신이 될 만한 존재로 그들을 추천할 정도라고
평가되었다. 오르페우스(Orphic)의 인생처럼 피타고라스(Pythagoras)의
인생은 '형제애(兄弟愛)'에 대한 절대적 우선권을 의도하였고, 무분별한
대중보다는 열성분자에 적합했던 보호 관찰과 입사식(入社式, initiatory
ceremony)을 거치게 했으니, 스승에게 정신적으로 능동적이고 헌신(獻
身)적인 자를 선발(選拔)하게 하였다. 이 고고한 가식(假飾)을, 약 반세
기 이후에 엠페도클레스(Agrigentine Empedocles)가 약간 다양성을 지녔
으나, 피타고라스(Pythagoras)의 그 방법을 그대로 베껴 적용했다. '크
로토니아테 족(Krotoniates)'은 피타고라스(Pythagoras)를 '북극의 아폴
로(Hyperborean Apollo)'와 동일시했다고, 아리스토텔레스도 그것을 우
리에게 말을 하고 있고, 풍자적 티몬(Timon)은 피타고라스(Pythagoras)를
'인간을 낚아내는 숭고한 말의 요술사'라고 규정하였다."[6]

---

6 그로우트(G. Grote), <희랍의 역사>, 4권, p. 531.

피타고라스(Pythagoras)를 '크로토니아테 족(Krotoniates)'이 '키베르푸르(Khyber-poor)의 크리슈나(아폴로)'와 동일시한 것은 '라마의 교리'를 지닌 사람들에게서 합리적으로 기대할 수 있는 정확한 것이다. **피타고라스(Pythagoras)는 그 '라마 교리'에서 보면, '크리슈나(Chrishna, Heri)의 화신(化身)'**이고, 필연적으로 '헤리쿨레스(Hericul-es)' '불타(佛陀) 족의 대장'으로 생각했을 것이다.

'불타 화신의 연속'은, 라마 사제들과 평신도의 본성으로, 철저하게 상호 엮여져 있는 상황이다. 만물에 그 원시적인 힘이 오늘 날도 존재함에 대해, 후크(M. M. Huc)와 가베트(Gabet)의 진술은 넉넉한 그 증거가 되고 있다.-

"오르토우스(Ortous) 모래 평원을 가로지른 며칠간의 여행 후에 우리는 우리의 도정(途程)에 황량한 그림 같은 위치에 세운 작은 라마(Lama) 수도원이 보였다. 그러나 우리는 멈추지 않고 지나쳤다. 우리가 이미 탄환(彈丸)이 닿을 거리쯤에 와 있을 때, 우리는 뒤로 말발굽 소리를 들었다. 우리가 뒤돌아보니, 라마(Lama)였고, 그는 열심히 우리를 향해 달려왔다. 그는 말했다. '형제여, 당신들은 우리 수도원에 멈추지 않고 그냥 지나갔습니다. 당신들은 하루를 머물며 우리의 성자(聖者)에게 당신의 경배(敬拜)를 올리지 못 할 정도로 그렇게 서둘러야 합니까?'"

"'예! 우리는 매우 바쁩니다. 우리의 여행은 하루 이틀의 여행이 아닙니다. 우리는 서쪽으로 가고 있습니다.' 라마(Lama)는 말했다. '얼굴 모습을 보아하니 당신들은 몽골 사람은 아닙니다. 나는 당신이 서쪽에서 온 사람임을 알 수 있습니다. 그러나 당신들이 그렇게 오랜 여행을 하시려면 우리 성자 앞에 부복(俯伏)을 해야 좋고, 당신들에게 행운이 올 겁니다.' '우리는 인간 앞에 절하지 않습니다. 서양의 진정한 교리는 그런 일과는 반대입니다.' '우리 성자(聖者)는 단순히 사람이 아니십니다. 아마 당신네들은 우리의 작은 수도원에 생불(生佛) 카베론(Chaberon) 모신 행운이 있다는 것을 모를 겁니다. 그분이 티베트 성산(聖山)에서 이곳으로 내려 오신지가 2년이고, 사실 그분은 7세이십니다. 그분은 전생(前生)에 이 골짜기에 자리 잡은 거대 왕국에 대 라마이셨습니다. 그 왕국은 겐기스 칸(Gengis Khan) 전쟁에 무너졌습니다. 그 성자(聖者)가 다시 나타나, 우리는 작은 왕국의 서둘러 건설하고 있습니다. 형제여, 와 보시지오. 우리 성자(聖者)께서 당신들의 머리에 그의 바른 손을 펴면, 행운이 당신들의 발걸음과 같이 할 것입니다.'"[7]

고대 불타의 계승자들이 상주(常住)한다는 보편적인 믿음은 이와 같다. 그 효과가 **피타고라스(Pythagoras)**의 방문으로 '크로토니아테 족(Crotoniates)'에 생긴 것은 진정한 기적이라고 일컬어진 것이니, 크로토니아테 족(Crotoniates)의 가장 강력한 의미라는 점에서 도덕적 정치적 개혁보다 못하지 않는 것이다. 사치(奢侈)가 폐기(廢棄)되고, '단순한 옷'이 '유혹적 옷차림'을 대신했다. 그 걸출한 도덕적 선교사의 첫 담화에, 2천의 대중이 개종(改宗)을 하였다. 그리고 원로원도 그 위대한 라마 사도의 고상한 힘을 실지(悉知)하여, 피타고라스(Pythagoras)에게 통령(統領)의 높은 자리를 제공했고, 그의 아내와 딸을 종교적 여성 수행의 머리 자리에 두었다. 이들 개종의 확산적 속성은 <마하반소(Mahawanso)>에 간직된 불교도 계율을 정확히 지키는 것인데, 거기에는 수천 명의 개종(改宗)이 단 하루에 이루어진다.

그로우트 씨(M. Grote)는 말하고 있다. "그들 이야기를 진실한 근거로 삼기는 불가능하다. 그러나 우리는 **피타고라스(Pythagoras)**의 성공이 그가 '신들이 좋아했던 인간'이고, '신의 비밀 특허권자'로서 매우 위대했다는 점, 그가 대중의 존경과 부유한 권력층의 많은 헌신적 지지다들을 확보했다는 점, 3백의 지지자를 선발하여 그들의 서약 종류에 따라 자신을 포함해서 서로 묶어 특별한 식사조절, 의례와 관찰을 통합의 징표로 했으나 그들에게 부과한 재산공유 같은 없었다는 점에 관해서는 믿을 수가 있다. 그가 도시에서 부와 지위에서 높은 사람들과 연대하고 절친한 관계로 묶었던 것은, 정치적 야심을 종교적 과학적 추구와 뒤섞은 것으로 거의 무의식적 경향에 의한 것이다."

"피타고라스(Pythagoras) 학파의 '헌신적 상호 집착'은, 감정적으로

---

7 후크(M. Huc), <타르타르 여행 추억(Souvenirs d'un Voyage dans la Tartarrie)>, 1권, p. 271.

'각 개인의 무시'와 같은 것이다. 사실상 그 순서에서 그들 두 가지 속성
은 잘 명시가 되고 모두를 영속하게 한다. 더구나 그 질에 대한 특별한
성찰은 그 멤버들의 눈으로 모범적 덕목을 보게 하고, 그들은 통치에 알
맞은 개인임을 진지하게 믿게 하면, 의무에 대한 야심을 북돋아 준다는
것을 우리는 믿을 수 있다."

  "그러나 피타고라스(Pythagoras)의 이 영향력은 크로톤(Croton, 남부 이
탈리아 도시)의 일반 시민에게까지 미쳤고, 대부분의 이탈리아 시실리
사람들은 그 도덕적 정치적 쇄신을 체험할 수 있었다. 시바리(Sybaris)
레기움(Rhegium) 메타폰툼(Metapontum) 히메라(Himera) 칸타나(Cantana)
사람들은 피타고라스(Pythagoras)의 교리에 힘을 느낄 수 있었다. 크로
톤(Croton)에서 피타고라스(Pythagoras)를 향한 존경 자들은 끝이 없었다.
그래서 3백 명의 부유 귀족 신분을 뽑아 자신들의 상호 맹세로 서로를
묶고, 창설자에게 복종을 맹세하게 했다. 이 강력한 형제애는 차별적 식
사 조절과 의례와 그들의 통일로 표가 났으니, 그것은 비록 그 시작 과정
은 종교적 과학적인 것뿐이었지만, 결국은 그 고차적인 복잡한 정치적
결과를 낳게 되었다. 그러나 피타고라스(Pythagoras) 학파의 개성은 통일
의 요소를 포괄할 뿐만 아니라 역시 분열(分裂)의 요소도 포함했었다. 왜
냐하면 임원들의 '거만(倨慢)한 배타성'과 자신들의 종교적 정치적 울타
리 밖에 있는 '개인들을 무시함'은, 피타고라스(Pythagoras)가 그의 공동
체로 들어오지 못하게 했던 더욱 부유한 많은 시민들의 격렬한 적대감
을 자극했기 때문이다. 뿐만 아니라 그 가르침은 크로톤(Croton) 행정부
에 놀라운 지위 향상을 지속적으로 요구하자 그 여파는 다른 도시로 확
장이 되었고 그것은 점차 '희랍 전 영역(Magna Graecia)'의 공공 문제에 영
향을 미치게 되었다. '의회의 정치적 원칙'은 확실하게 귀족적(貴族的)이
었고, '시민의 통치'와는 180도 다른 것이었다. 정말 그와 같은 상황에
서 피타고라스(Pythagoras) 학파들은 이전의 크로톤(Croton) 시 행정 체계
와 공존하게 된 것이다. 그런데 이것에 대해 '피타고라스(Pythagoras) 영
향력의 급격한 상승'에다 '많은 이유'를 돌리게 되었던 것으로 보인다."

  그로우트 씨(M. Grote)는 계속했다. "정치적 피타고라스학파들(Pythagoras)

은 행동에 인증을 받았고, 억측이 최소화되었다는 점, 일반적인 질서 속에 개인들의 소질을 고려하는 기술이 2세기 전 예수회 사람들(Jesuits)에게서 눈에 뜨였듯이 다양한 방법에서 피타고라스학파들(Pythagoras)이 많이 닮아 있었다는 가정(假定)은 합리적인 것으로 보인다. 우리가 알 수 있는 그네들의 모든 정치적 원리는 배타적 귀족적인 것으로, 시민의 통제와 간섭에 부정적인 시민들에게는 어느 모로 보나 불리한 환경인데, 그래도 그 점에서 그들이 기존한 그 도시 정부와 공존하며, 그네들 자신의 행동이 낡은 귀족 정치에 추가적 혐오를 초래하지는 않았으나, 악화된 민주적 반대 세력이 일어나게 하여 폭동은 한 없이 길게 이어졌다."

그로우트 씨(M. Grote)는 말한다. "관찰의 엄격함이 다른 사람들 속에서 종교적 공포의 원천을 요령 있게 다루는 기술과 결합하면 정말 그를 요새화하고 고양시킬 수가 있을 것이다. 그러나 과학이나 철학 신비로운 종교적 계시(啓示)까지도 그것이 무엇이건 간에, 개인적 대화와 사도의 수행에 한정된 것이 그처럼 그 배경으로 돌려지면, 그 모든 것을 보거나 느낀 것에 관계없이 그것이 어떤 야심적 형제애의 정치적 우위가 되었다면, 우리는 그 '피타고라스주의'가 그 사회 전반에 혐오스런 것이 되었다는 것은 의심할 나위가 없다. 더구나 우리는 그 가르침이 단순히 헌신적 배타적 정치 파당을 이루는 것을 대표할 뿐만 아니라 그들의 개인적 처신을 통해 '형제들'을 빼고는 우정의 손길을 거절하고 그들의 친구와 친족을 싫어하는 호사스런 자기기만(自己欺瞞)을 명시하고 있는 점을 알고 있다."[8]

독자는 이제 금방 '인도의 최후의 불타', 잘 알려진 석가모니에서 연유한 피타고라스에 의해 가르쳐진 불교 교리를 그 직접적 영접이 입증될 결정적 증거의 그 지점에 이르렀다. 그것은 현명하고 심원한 학자이며 철학자인 제임스 콜브루크(James Colebrook)님과, 현재와 과거의 단계[9]에서 불교 대한 간결하고 포괄적인 견해를 가진 저자의 제시로 충분히 입

---

8 그로우트(Grote), <희랍의 역사>, 4권, p. 551.
9 프린셉(H. Prinsep), <티베트 타르타르 몽골(Thibet, Tartary and Mongolia)>, W. H. Allen and Co.

증될 수 있다. 불타 신앙 성도들이 잿더미 위에 견고한 돌쌓기 공사를 했던 '사리탑(Stupas)'을 언급한 다음 제임스 콜브루크(James Colebrook)님은 다음과 같이 말했다. "우리는 이들 '사리탑(Stupas)'의 탐색에 참가하여 매우 흥미로운 결과를 예상할 욕심이나 권리가 없습니다. 탑들은 불교도 신앙으로 행한 난해한 건축이고, 그 설립자를 기원전 6세기 뒤로 꼭 돌이키지 않아도 충분합니다. 정말 이들은 그들의 이름이 밑바닥과 수의(壽衣)에서 발견된 석가모니 제자 성도의 실제 무덤이 아닐 수도 있습니다. 그러나 더욱 그럴듯한 추론은 그들이 그렇게 존재한다는 사실입니다. 인정(認定)을 받거나 말거나 건축의 모습과 새긴 글자들은 최소한 예수 탄생 3~4세기 전에 건축된 것입니다. 유물 위에 날짜가 있는 그 사리탑의 건립은 당시에 거대한 부자(富者)들에게 신앙을 준 그들 성도와 사도들의 법은, <불경>의 기록으로 남아 있습니다. 그리고 이것이 우리가 세우고자 한 것의 모두입니다. 그러나 불교가 이들 책과 함께 그처럼 고대에 있었다면 그것을 존중했던 고대 희랍 작가들의 침묵에 관해서는 설명하기 어려움에 봉착합니다. '불타(Boodh)'라는 명칭은, 클레멘 알렉사드리누스(Clemens Alexandrinus, 150~215) 이전의 희랍 문학에 속에는 없고, 그가 인도에서 와 '부트(Booth)'를 세운 한 테레빈투스(Terebinthus)를 우연히 언급했던 것이 많은 사람에게 적용이 되었습니다. 우리는 그 침묵에 관해 확실한 어려움을 갖고 있으나, 모든 야만인의 문학을 취급하는 데서처럼 희랍인의 풍속에 일관성은 없습니다."

"우리는 희랍인이 페르시아인(Persians) 파르티아인(Parthians)과 수백 년을 정치적 상업적으로 긴밀한 관계에 있었음에도 희랍의 역사 문학의 책 속에서 그들을 거의 볼 수 없는 것이다. 그래서 그것은 관찰되어야 하니, <불경(佛經)>은 승려들의 특별한 자산이고, 대부분 그들 속에 구두(口頭)로 전해졌다. 계율에 의한 근신, 삭발, 승려의 황색 옷은 그들에 대한 지식을 인지하는 선행 조건이다. 그리고 동일한 것이 지금도 불교도에게는 엄격하다. 출판물의 혜택과 지식을 향한 열정을 가진 유럽의 지식인일지라도 <불경>의 존재를 모르고 있었고, 최근에까지도 <불경(佛經)>의 정밀한 지식을 획득했다고 하겠는가? '석가모니의 이론'이 동방에서처럼 서구(西歐)에도 널리 퍼져 충분히 알려지고 확립이 되어 있었다. 피타고라스(Pythagoras, 570~495 b. c.)는 그 **'윤회설(the doctrine of transmigration)'**을 희랍에 가지고 왔는데, 석가모니(Sakhya Muni, 563~480 b. c.) 사망 연대 무렵이었고, 그것의 가능성을 우선 자신의 경우부터 수용하였다.[**'피타고라스'가 '불타'보다 7년 앞선 선배로 확인이 되었고 '윤회설'은 '힌두' 이론임**] 그러나 우리는 피타고라스가 바빌로니아보다 더 동쪽으로 갔는지에 대해서는 직접적인 증거는 없다. 그러나 피타고라스가 그 이론을 인도(印度) 원천에서 도출했다는 것은 매우 일반적으로 인정하고 있고, 윤회설(輪廻轉生, metempsychosis, transmigration of souls)에 대한 신앙 말고도 불교와 유사점을 지니고 있다. **피타고라스(Pythagoras)**가 확립한 이론과 그가 가담한 침묵과 명상의 생활, 연속적 성직 서임의 종류인 입사(入社)의 단계는 정확히 '피타카타이아(Pytakattayan)'의 개념과 일치하고, '아타카타(Atthakatha)'에서 보고된 '실행'과도 일치하고 있다. 피타고라스(Pythagoras) 식 제도는 역시 그 성격상 수도원(修道院) 식으로 서술이 되어 그러한 점에서 역시 인도의 불교도 '정사(精舍, Viharas)'와 긴밀하게 유사하다. 피타고라스(Pythagoras)의 교리는 희랍과 이탈리아 소아시아에 널리 퍼져, 그의 사후(死後)에도 수 세기 동안 '미트라이크(Mythraic)'라는 이름으로 불교 신앙이 널리 퍼졌다."[10]

피타고라스의 불교에 관한 이 명확한 견해와 피타로스의 석가모니로부터의 이론의 수용에지지(支持)로, 나는 심원한 학자로 알려진 H. T. 콜리브루크(H. T. Colebrooke)님을 간단히 소개하여, 비록 사소한 문제일 것이나, 철저한 입증으로 충분하고 온전하게 바로 잡아 이 책과 밀접하게 해 놓을 것이다.

한편 나는 플라톤 철학과 힌두 철학의 관련성을 논한 성공적인 동양 학자의 견해를 제시하여 앞서 인용한 작가의 것과 함께 참조하게 할 것이다.

밀 박사(Dr. Mill)는 말하고 있다. "성령(聖靈, Divine Mind)의 유전(流轉,

---

10 프린셉(H. Prinsep), <티베트 타르타르 몽골(Thibet, Tartary and Mongolia)>, W. H. Allen and Co. p. 159.

transition)이 개체(인간 개인)의 지성으로 나뉘어 들어가서, 최고의 것[인간]에서부터 열악(劣惡)한 것[동물]까지 만물을 이룬다. 그리고 '높고 낮은 존재들의 흡수'로 행해지는 바가 '세계의 멸망'이라는 전제는, '힌두의 기획'과 '플라톤주의'가 놀랍게 일치하고 있는 점이다."[11]

학자 콜브루크(Colebrooke)는 말했다. "그런데 피타고라스학파(Pythagoreans)와 오켈루스(Ocellus)는 특별히 세상을 하늘과 땅으로 구분하고, 그 중간에 그네들은 '고귀(高貴)한 것(lofty)'과 '저열(低劣)한 것(aërial)'[12]을 구분하였다. 여기에서 우리는 명백하게 '스바와 안타릭샤(swar and antarickska)' – '하늘'과 '땅'과 '투명한 중간 하늘'을 갖게 된다. 피타고라스와 이후의 오켈루스(Ocellus)는 그 중간 지대에 '악마들'을 거주하게 했고, 위에는 신(神)이 계시는 하늘, 인간은 그 신 아래에, 영적 존재들은 보이지 않은 중간 지대에 배치했다. **'베다(Veda)'는 기도와 마술로 와글거리고, '열악한 영혼들의 추행(醜行)'을 체포하고 추방하는 수단이다.** 말썽꾸러기 작은 도깨비들은 '희생(犧牲)'의 주변으로 모여들고, 종교적 의전(儀典)을 방해한다. 아무도 피타고라스와 그의 계승자들이 '윤회설(the doctrine of metempsychosis)'을 지녔다는 것에 신경도 쓰지 않았으니, 힌두들이 대체로 동일한 영혼 윤회(輪回)의 교리를 가지고 있는 것에도 마찬 가지이다. 역시 그들은 '감각적 물질 기관[육체]'[13]을 '합리적 의식적 영혼'[14]을 구분하는 것에 동의(同意)하였으니, 그것은 역시 피타고라스의 '육체(Thumos, body)'와 '영혼(Phren, immortal)'의 구분이니, 하나는 육체와 함께 있고 다른 것은 **불멸(不滅)**이다. 힌두처럼 피타고라스는 희랍의 철학자들과 함께 모호한 '저열한 것(aërial)에 영혼의 옷 입히기'를 하여 육체적인 영역에서 분리를 행하였고, 더욱 징그럽게 만들어 육체와 통합했다. '남근(sucshina, linga)'과 '산키아(Sanc'hyas)의 사리라(sarira)'라는 것이 그것이다. 그것들은 변전과 변화에 배당된 바로서 정복(征服)을 행하고, 달

---

11 W. H. Mill (비숍 대학 학장), <아시아 사회(Asiatic Society, 1835년 8월 5일.)>를 먼저 읽을 것.
12 Ocell. c. iii. in Opusc. Myth., p. 520.
13 '마나스(Manas)'
14 '지바탄(Jivatan)'

[月]의 소관으로 규정되었고, 천상(天上)의 달처럼 저절로 바뀌는 것으로 전제되었다. 그래서 '망자(亡者, 죽은 사람)'의 영혼은 탄생을 계승(계속)할 운명으로 달보다는 더 높게 오르지 않는 법이지만, 그것을 통과해야만 영원히 돌아오지 않을 그 장벽을 넘는다는 것이다.['解脫'] 그러나 내가 베단타 철학[베다 철학]에 예상하고 있고, 미래 논문에서 연구를 가정하고 있는 바는, '*인도 이론과 희랍 이론의 유상성*'은 후기보다는 초기가 더욱 심했다는 점이다. 그리고 초기의 희랍 철학과 후기의 희랍 철학, 피타고라스 파와 플라톤 파의 사이에 명확한 간격을 두고 상호 관계를 생각해 볼 수가 거의 없게 된 형편이다. *나는 인도 사람들이 그 점에서는 '학습자' 이기보다는 '선생들' 이었다고 결론을 낼 수밖에 없다.*"[15]

이 날카로운 진술에 놀란 저명한 동양학자들은, '절대적 동일성'은 아닐 지라도 피타고라스 철학 체계와 불교 철학의 각별한 유사성에 관해 연속 기사를 쓰겠다고 공언하였다. 그 기사(記事)의 연속은, 희랍 역사를 추리하여 아주 교훈적으로 엮은 것으로 가장 생생한 문학 세계를 전망하는 것이었다. 유럽 저널의 페이지를 장식하는 위대한 학자들의 탄식할 만한 고질병(痼疾病)은, 이 열광의 기대에 맥이 풀리는 것이다.

이제까지 지나쳤던 원천(源泉)에서 도출한 그 권위에 의지하여, 그러나 가장 겸허하게, 나는 콜부르크(Colebrooke) 같은 위대하고 심원한 총명을 확신하는 그 영광 속에 기쁘다.

이 철학을 가르친 사람은 '위대한 선교사'로 그 이름이 사무실과 위치를 알려 주고 있다.-

범어: '부다구루스(Bud'ha-Gooroos)'
희랍어: '푸타고라스(Putha-Goras)' **'부처이신 영적 스승님(Bud'has Spiritual Teacher)'**
영어: '피타고라스(Pytha-Goras)'

---

15 Colebrooke, Roy. Asiat. Trans. vol. ⅰ.

부록

부록 1. '불경(佛經)'에 관하여

- J. 프린셉(J. Prinsep, 1779~1840)의 '몽골(Mongolia)'에서

'불경(佛經)'에 관해서 우리는 세 가지 완본(完本)을 가지고 있으니, '산스크리트(Sanscrit)어' 본(本), '티베트(Tibetan)어' 본(本), '팔리(Pali)어' 본(本)이 그것이다. 그리고 모든 본(本)들이 능숙한 사람들이 고찰하고 다듬어져 다 같이 존중이 되고 있다. 우리는 '산스크리트(Sanscrit)어' 본(本)을 가지고 있다. 그것은 '니팔(Nipal)' 카티만두(Katimandoo)에 거주한 영국인 '호지슨 씨(Mr. Hodgson)'가 입수한 것이다. 그가 그것을 약 15년 (1836) 전에 파리 국립 도서관에 전해서, '레뮈자(Remusat)'와 '보우르노우프(Bournouf)' 씨에 의해 세계로 퍼졌다. 우리는 역시 '티베트(Tibetan)어' 본(本)도 가지고 있는데, 같은 경로를 통했고, 인도 정부가 '크소마 다 코로스(M. Csoma da Koros)'의 고찰을 거치게 한 것이다. 그의 노력 결과로 몇 번의 '초역(抄譯)본'이 1835년, 1840년 사이에 '벵골 아시아 연구소'에서 발행한 월간지 <아시아 사회(Asiatic Society)>에 발표되었다. '팔리(Pali)어' 본(本)은 '윌리엄 터너(William Turnour, 1785~1864)'에 의해 연구되었는데, 그는 실론(Ceylon) 섬 정부의 고급 공무원이었다. 이 신사(紳士)는 처음 <마하반소(Maha-wanso)>를 직역하여 분권(分卷)으로 출간하였다. 이 책은 불교 권역(圈域)에 분포되어 있는 고대 시(詩)로서 상고

(上古) 시대의 작품인데, '아타카카타(Attha-katha)' 킹가레세(Cingalese) 판본(板本)에서 15세기에 편찬된 것이었다. 그 다음 '터너(W. Turnour)'는 월간 벵골 <아시아 사회(Asiatic Society)>에 '팔리 불타(佛陀) 연감(Pali Bud'histical Annals)'이란 제목의 글을 연재 하였는데, 그 속에 우리는 불경(佛經) 자체 대한 온전한 분석을 볼 수 있고, 불교 신앙인들이 자신들을 위해 침묵하고 있는 것에 거의 일치시킨 그 시대의 순수한 그들에게 돌려 준 비판적 기초를 확인할 수 있다. 우리는 '산스크리트(Sanscrit)어' 본(本) 불경(佛經)이 언제 준비되었는지 정확한 연대를 알 방법은 없다. 그러나 당초 '모가다(Moghada)어'에 근거를 둔 것이라는 점은 공언(公言)이 되고 있고, '모가다(Moghada)'는 '바르(Bahar)족'이니, 그 지방에는 '파탈리푸투라(Pataliputra, 현재의 Patna)'와 '라자그리아(Rajagriha)'가 있다. 석가모니는 거기에서 탄생을 했고, 그 지역에는 더욱 오랜 수도(首都)도 있었다. '티베트(Tibetan)어' 본(本)은 '산스크리트(Sanscrit)어' 본(本) 번역인데, 17~19세기 사이에 1백 권으로 된 '카규르(Kahgyur)'라고 한다. **티베트는 석가모니' 사후(死後) 수백 년 동안 '불교주의'로 개종(改宗)을 하지 않고 있었다.** 그래서 우리는 세계 종교의 '*최초 발상 연대(date of the first appearance)*'의 증거를 이 티베트 지역에서는 찾을 수 없는 것이다. 그러나 '티베트(Tibetan)어' 본(本)은 역시 지금도 거기에서 쓰이고 있고, 그것도 '산스크리트(Sanscrit)어' 본(本)에서 나왔고, 실론 미얀마에서 발견된 '팔리(Pali) 어'본(本)도 **모든 주요 부분에서 일치하고 있으니**, 전체 순수 성격을 담보하고 있는 증거는 부정을 할 수 없게 되어 있다. 왜냐하면 거기에는 그들 상호 먼 거리에 있는 승려 간에 어떤 공모(共謀)도 있을 수 없기 때문이다. 그렇지만, 원래 기록의 고본(古本)을 정착하기 위해서는 이 '상호 유사함'보다는 다른 증거를 찾지 않을 수 없다. '터너(W. Turnour)씨'가 점검한 '팔리(Pali)어' 본(本)은 '피타카타야(Pitakttayan)' '아타카타(Attha-katha)' '마하반소(Mahawanso)'로 이루어져 있다. '피타카타야(Pitakttayan)'는 불교도의 신념(信念)으로 석가모니 자신의 생애와 말

---

1 프린셉(Prinsep) 씨는 아직 상반된 견해를 고려하지는 못 하고 있다.

씀, 계율을 내용으로 하고 있는데, 석가모니 자신의 입에서 나온 것을 그
의 사망 후에 제자들이 직접 모은 것이다. '아타카타(Attha-katha)'는 승
려들의 행적으로, '피타카타야(Pitakttayan)'의 정착(定着)과, 석가모니 사
후에 '테로(Theros, 주요 승려)'의 계승을 그 내용으로 하고 있다. 그리고
석가모니 '열반(涅槃, Nirwan)' 수백 년 이후에 생겨난 균열(龜裂), 그리고
서로의 차이점을 확인하고 거기에서 생긴 간극(間隙)을 극복하여 최초
석가모니의 사례(事例)와 복음(gospel) 자체에 정착하려는 집회들을 특별
한 내용으로 삼고 있다.

부록 2. 티베트(Thibet)의 불타
 - 콜만(Coleman)의 '힌두 신화(Mythology of the Hindoos)'에서

'**신(神)이란 죽지 않는다. 또는 죽자마자 어린 아이로 금방 다시 태어
난다.**' 이 '부활(復活)'의 문제는, 모든 승려(僧侶)들의 생각 그것이라는
점은 두 말할 필요가 없다. 그리고 그것은 수백 만 명의 '테수 라마(Teshoo
Lama)'의 경배(敬拜) 자들은 확실히 다 믿고 있다. 1783년 '티베트 사절단
(the Embassy to Thibet)'의 저자 '터너 씨(Mr. Turner)'는, 인도의 영국 정부에
의해 '노(老)라마의 사망' 다음에, 그의 '부활(復活, 回生, resuscitation)'이라
는 '신생한 라마(the infant Lama)'를 축복하러 파견이 되었다. 19 개월이
된 성자(聖子)는 인터뷰에서 단정하게 행동을 하였고, 주의를 집중하고
순응했다. '터너 씨(Mr. Turner)'는 그가 말이 없었으나, 그 라마가 순진하
게 '그[Mr. Turner]가 구원을 받았다.'고 선언을 하여, 그 대답으로 많은
말을 하게 되었다. 그러나 터너 씨(Mr. Turner)는, '어린 교황[聖子]'에게,
통령(統領, Governor-General)과 인도(특히 왕실의 도시에 거주하는)의 착한 백
성들은, 교황이 사망했을 때에 참을 수 없는 슬픔에 있었으나, 수많은 경
배 자들에게 '이익'을 위해 다시 돌아오셨음에 대해 무한한 기쁨과 행복
에 있다는 것을 이해하게 어렵게 전달을 하였다. '터너 씨(Mr. Turner)'가
어린 교황(敎皇)에게 올린 '이 찬사'와 '잘 생긴 진주목걸이'는 그 꼬마

라마가 그것을 알아보고 만족함을 보이고 그 가까이 있는 황금 컵에서 캔디(보통 강한 외국 사절에게 주는 것이 아닌, 과자)를 집어다 사절들에게 주었다. 그 대사(大使, Mr. Turner)는 계속 통령(統領, Governor-General)의 전반적 희망을 표명하기를-'라마는 오래 계속해서 세상을 밝히시고, 이제까지 다져온 우의를 더욱 굳게 하여 지적인 라마 존경 자들과 사심이 없는 영국인 거주자 간에 이익을 위해 주실 것'을 전달하였다. 화자를 계속 주시하고 있던 '꼬마 라마'는, 터너 씨(Mr. Turner)가 했던 모든 말을 그가 이해했던 것처럼, 절하고 고개를 끄덕였다. 정말 그 대사는 모든 점에서 그 '어린 라마'의 공손함과 집중에 만족을 했다. 왜냐하면 앞서 그 영국 신사가 도착했던 것을 알았을 때 그는 그들을 보고 너무 짜증이 나 있었고 그는 일상적 시간에는 오래도록 서 있는 것이 예사(例事)였다. 대화를 않고 듣고 있을 때도 어린 교황은 계속 그들을 주시하며 "컵들에 차[茶]가 비워졌을 때에, 그는 불안해져서 그의 고개를 돌려 이맛살을 찡그리며 그것들이 다시 채워질 때까지 소란을 피웠다." 그는 특별히 작은 손목시계 운동으로 행동이 일깨워졌고, 그의 감탄은 완전히 정중(鄭重)하고 깨달은 철학자 같은 행동이었는데, 명백히 자연스러워 구속을 받지 않는 그것이었다. 간단히 말해서 '로마 교황'['세속적 이익 추구의 교황']도 이 경우에, '티베트의 어린 교황'보다 그 상황에서 더욱 적절하게 행동할 수가 없었을 것이다.

부록 3. '자이나(Jaina)' 교파
-부카난(Dr. Buchanan) 박사의 '저널'에서

자이나 교(Jains)의 교사(Guru)인 '판디타 아카리아 스바미(Pandita Acharya Swami)'가, 나의 초청을 받고 '나[부카난(Dr. Buchanan) 박사]'를 방문했다. 그는 가장 지적(知的)인 제자들을 대동하고 와서, 자신의 교파(敎派)에 관해 다음과 같은 말을 하였다.-

우리 교파(敎派)의 원명(原名)은 '**아르하타(Arhata)**'이다. 우리들은 '산카라 아카리아(Sancara Acharya)'에 의해 이교(異教)로 간주된 21개 교파 중의 하나로 알려져 있다. 다른 힌두들처럼 '브라흐만' '크샤트리아' '바이샤' '수드라'로 나뉘어 있다.

'**아르하타들(Arhatas, -자이나들)**'은 이교도로서, 베다 그리고 다른 바라문(婆羅門, Brahmins)의 19 푸라나(Puranas)를 거부하고 있다. 우리들의 책은 '비야사(Vyasa)'라는 한 '리시(Rishi, 神)'가 지었는데, 다른 바라문(婆羅門)들을 그를 '신(神)의 화신(an incarnation of deity)'으로 여겼다. '**아라타들(Arhatas, -자이나들)**'이 따르는 교리의 주요 책을, <요가(Yoga)>라 하고 있다.

우리들은 '모든 바라문(婆羅門)들(Brahmins)은 날 때부터 평등(평등)이다.'는 이론을 수용하고 있다.

'**아르하타들(Arhatas, -자이나들)의 신(神)들**'은 '**완전한 인간의 정신들 (the spirits of perfect men)**'이다. 그 신(神)들의 위대한 공덕에 힘을 입어 '모든 변화와 불행'에서 벗어났고, 모두 동일한 지위와 힘을 지니고 있다. 그들은 다양한 명칭을 지니고 있으니, '지네스바라(Jineswara)' '아라하트(Arhat)' '시드(Sidd'h)'라는 것이 그들이니, 각자는 개별적인 이름으로 불리니, '많은 이름들'이 '수천의 활용 능력'을 소유하고 있다.

이들 '**시다 신들(Siddhas)**'은 하늘에서 거주하여, '목사(Mocksha)'라 부르고, 미래에 행복은 그들(-시다 신들)의 공경(恭敬)으로 획득이 된다.

그의 공덕으로 그 자리에 도달했던 최초의 인간은, '아디파라메스바라(Adiparameswara)'인데, 그를 공경하여 '**시다들(Siddhas)**'의 은혜가 확보된 것이다.

'**시다들(Siddhas)**'의 하인(下人)이 '**데바타들(Devatas, 善人의 정신)**'이다. '**데바타들(Devatas, 善人의 정신)**'은, 비록 완전한 '무한 변전의 해탈(解脫, exemption)'을 획득하지 못 하고 '스베르가(Swerga)'라 하는 제2천(天)에 거주(居住)를 하지만, 거기서 한동안 인간으로 사는 동안에 행한 그 선행에 따라 힘과 행복을 누린다.

'**스베르가(Swergam, 데바타들)**'는 '**메루 산(Mount Meru)의 정상(頂上)**'보다 높은 하늘에 자리 잡아, 인간들의 존중을 받게 되어 있고 그들은 인간 현세적 복락을 부여하는 힘을 가지고 있다.[올림포스 산과 비교]...'메루 산

(Mount Meru)'과 땅 아래 '부바나(Bhuvana, 지옥)'에는, 사악한 인간들이 거주한다. 그들을 '아수라(阿修羅, Asuras)'라 부르니, 비록 큰 힘을 구사(驅使)하나 비참한 곳이다. '부바나(Bhuvana, 지옥)'는 다시 벌을 받는 10개 구역으로 나뉘었으니, 그들이 '좋아했던 죄(罪)'에 따라 그 혹독(酷毒)함이 달랐다.

'아라타들(Arhatas-자이나들)'은, '소[牛] 같은 동물의 살해가 한 인간을 죽이는 것과 동일한 죄'라고 알고 있다. 다른 동물의 살해도 죄가 되지만, 흉악한 것은 아니다....'아라타들(Arhatas-자이나들)'은 <베다>를 따르는 바라문(婆羅門)과 자주 연합하고, 불타를 따르는 '산가타들(Sangatas)'도 그러했다. 그러나 그러한 것은 무지(無知)한 긍지에서 생긴 것이다. '아라타들(Arhatas-자이나들)'이 불타(佛陀)를 아는 한, '데바타(Devata, 善人의 정신)'와 동급이라고 생각할 수는 없다.....'자이나 바라문(婆羅門)'은 모두 '바이디아(Vaidya)'이니, 베다 이론을 따르는 다른 사람들과 차림새는 같다. 그들은 '구루스(Gurus, 지도자)'를 가지고 있는데, '구루스(Gurus, 지도자)'는 모두 '사니아시스(Sanyais)', 즉 '세상(일)과 육체의 쾌락을 떠난 사람'이다.

'사냐시스(Sanyais, -세상(일)과 육체의 쾌락을 떠난 사람)'는 면도질을 하지 않고 머리털을 뽑는다.....'자이나들'은 전 인도에 퍼져 있다. 현재 그 수는 많지 않으나, '툴라바(Tulava, 자이나)'는 예외다. '자이나들'은 앞서 '전 아이라(Ayra, Bharatacana)'에 퍼져 있었다고 하고, 그들의 계급이 '크샤트리아(Kshetrya)' 후예라고 주장하였다. 자이나 내(內)에는 '두 종류의 사원(寺院)'이 있다. 하나는 지붕이 덮여 있는 '바쉬(Bash)'라는 것이고, 다른 것은 성벽으로 둘러싼 '베투(Bettu)'라는 것이 그것이다. '베투(Bettu)'는 '언덕'을 의미한다. 자이나들은 (신의) '인간 창조나 세상 창조'를 부정한다. 그들은 '브라흐마(Brahma)'가 왕의 아들이었고, '데바타(Devata)'라고 인정하나, '창조력'은 인정하지 않는다.....사실 이 주목할 만한 교리는, '자이나들'과 '불교도'가 그들의 가장 특별함을 이끌어 낸 것이고, '전통 힌두'에게는 전적으로 알려져 있지 않는 것들이다. <베다> 추종자들의 베다 이론에 의하면, '<u>인간의 영혼</u>'이 '<u>신성한 우주정신(universal Mind)</u>'의 일부이고, '<u>그 신적(神的) 정수(精髓)와 하나 될 수 있</u>

다,'는 것을 믿는다. 그래서 베다 철학 작가들은 신(神)에 대한 지식으로 동등성이 획득될 수 있고, 그것을 수단으로 '특별한 영혼은 신(神)이 될 수 있고, 패권(覇權)까지 획득할 수 있다고 암시한다.'...'넓게 세상의 영원함'을 신앙하는 그들은 '산키아(Sanc'hya)' 철학과 공통이고, 아마 거기에서 유래했을 것이다. '살생을 피하는 것'은 전통 종교에 뿌리박은 것이긴 하나, 터무니없는 것이다[2]. **자이나들**은 어떤 다양한 물질적 육체와 영원히 결합하는 '영혼(Jiva)'를 믿고, (내가 그들의 형이상학을 바르게 이해했다면)하나와는 다른 두 개의 신체 중에 하나는 '마음(정신)'의 구성원이 되고, 다른 것은 그것대로 욕망을 갖는다[존중한다]...그렇게 육체를 얻은 영혼은 윤회(輪回)를 계속하며, **'안데리카(Anderica)'**라는 더욱 야비(野卑)한 육신을 얻어 '인간'이나 '재미없는 존재'로 머물거나, 귀신들과 어울려 나타나곤 한다. 이 최후 단계가 **'바이카리아(Vaicaria)'**이다. 그들은 '아하리카(Aharica)'라는 이름 아래 5단계 신체로 구분이 되는데, 그것들은 사소한 형태(생물)로 설명이 된다. 당초 '성자의 머리'에서 나와, 어디에나 있는 성자를 만나 귀의(歸依)할 정보를 원하는 성자에게 종속된 존재들이다. 왜냐하면 그것들도 성자와의 '소통'을 방해받지 않는다고 전제되어 있기 때문이다.

　인도 북부 지방의 **자이나들**은, 보통 '사우리아스(Sauryas)'라고 부르고 자신들을 '스라베아 족(Sraweas)' '이아티 족(Yatis)'과는 구분을 한다. '스라베아 족(Sraweas)'은 인도 북부 다른 다양한 종족들을 포함시키고 있다.

부록 4. '자이나 인(Jainas)'에 대하여
－스테펜슨(J. Stephenson) 목사의 저, '칼파 수트라(Kalpa Sutra)'에서

　그들(자이나들)은, 바라문(婆羅門)들처럼 '다수(多數)의 하늘과 지옥이 있고, 현생(現生)에 대한 상벌(賞罰)이 있다.'고 생각한다. 그 하늘 중 몇

---

2 '자이나 사제들'은, 작은 동물을 밟지 않으려고, 가려는 길을 먼저 털[毛]이 달린 비를 가지고서 쓸고 지나갔다.

가지를 소유가 허락되어 있는 신(神)들은, 한 때 '인간이나 동물'이었으니, 열등한 것만을 즐기면, 다시 땅위로 내려 와야 했고, 새로 태어나서도 성자(聖者)가 못 되면 다시 윤회(輪廻)를 계속하지 않으면 안 된다. 이 신들의 왕은 '사크라(Sakra, 마가디의 Sakke, 불교도의 Sakko, 브라만의 Indra)'이다....'온 세상의 집착에서 떠난 성자(聖者)'는 기쁨의 '열반(涅槃)'에 들어가 완전한 지식으로 고통과 번민을 벗고 최고 천(天)에 오르니, '시다셀라(Sidda Sela, 完石)'라 부르고, 신들보다 높이 올라 신과 인간들의 찬미(讚美)의 대상이 된다...

'자이나의 사회'에는 두 계파가 있다. '목사'와 '평신도'와 비슷한데, 모두 남녀가 섞여 있다. '목사 같은 존재'의 이름은 '사디스(Sadis-Sages)'이다. 모두가 독신(獨身)이고, 백 명씩 4~5개의 집단을 이루어 '수도원 원장'을 모시고 '자이나 종교의 사제 업무'를 수행한다. 여승(女僧, Sedhwins, Nuns)도 분리되어 생활을 하나, 지금은 그 수가 아주 적다. '자이나 평신도'는 '스라바카(Sravakas, 청강자)'라 부르고, 여자들은 '스라바키(Sravakis)'라 한다. 그들은 변형된 '카스트'를 형성하고 있다. '남부 인도 마호메트'나 '기독교도'와 같은지 의심이 간다......'자이나교의 실천적 부분'은 '다섯 가지 의무(義務)'와 '다섯 가지 죄악(罪惡)'이 있다. **'의무(義務)'는 1. 짐승에 대한 자비심 2. 자선 3. 살아 있는 성자 경배, 죽은 성자 존영 존중 4. 죄의 고백 5. 종교적 단식이 그것이다. '죄악(罪惡)'은 1. 살생 2. 거짓말 3. 도둑질 4. 간음 5. 방자함**이 그것이다. '자이나 종교의 충격적인 그림'은 '사유(思惟)'와 '독서(讀書)'와 '단식(斷食)'의 계절을 지키고, 그것을 '파리우사나(Paryushana, Pajjusana)'라 일컫고 있다. 그것은 불교도의 '바소(Wasso)'와 일치하는 것으로, '바소(Wasso)'는 두 부분으로 나뉘어 앞선 50일과 뒤따른 70일을 5회의 '바드라(Bhadra, Sukla Paksha)'로 그것을 잇게 하는 방식이다. 앞선 단식(斷食) 기간을 '스베탐바라스(Svetambaras)', 뒤따른 단식(斷食)을 '디감바라스(Digambaras)'라 한다. 내가 주장해야 할 마지막 문제는, *자이나들 가운데 '고백(告白)'의 존재로서, 최소한 일 년에 한 번의 '사제(司祭)'에게 고백(告白)'이 악령의 함몰에서 구해 낸다는 점이다. '짐 부담을 진 양심'은 항상 고백(告白)*

을 하고, 다양한 금식으로 그들에게 속죄(贖罪)를 하게 한다. 그러나 '성스런 계절(the holy season)'의 개시에는 선량한 **자이나**도 성자를 찾아가 고백을 하도록, 강요가 되어 있다. 나는 그 **자이나** 교리에 놀랐고, 그래서 내가 '파디카만(Padikaman, 산스크리트 어)' 기술적으로 표현된 그 '의무(義務)'란 단어 해석에 '잘못'이 있었나 생각해야만 했었다. 그러나 말하고 쓴 것과 그 용례(用例)로 미루어 모든 의심이 걷히었다.

부록 5. 자이나 족(Jainas)

- 콜만(Coleman)의 '힌두 신화(Mythology of the Hindoos)'에서

'**자이나** 사람들(Jainas, Svarakas)'은, 불교와 같은 종파(宗派)라 생각하고 있다. 그러나 그들의 신념은 불교 종파 신념과는 배치되고 있다. **불교 종파는 '최고 신(Supreme Being)'이 부정되고 있다.** 그러나 자이나들은 '최고신'을 인정하나 그 신의 우주의 조절에 '간섭'은 부정한다. 자이나들도 불교도들처럼 다수의 하늘과 지옥이 있음을 인정하고 있고, 상과 벌은 장점과 결점에 달려 있고, 미래 인간의 탄생은 선악으로 조절이 되어 '중생(衆生)의 모든 상태'로 된다고 알고 있다. 이 지점에서 독자는 '불교의 그것'을 알기 위한 개요를 말할 필요는 느끼지 않을 것이다. 이처럼 **자이나**들은 바라문(婆羅門)처럼 '최고 신(Supreme Being)'을 인정한다. 그러나 **자이나**들은 '자신들을 창조한 신성한 존재들'에게 기도를 하는데, 바라문(婆羅門)은 '그들의 신들이 하늘의 후손'이라고 생각한다. 한편 **자이나**의 숭배 대상은, 불교의 그것과는 구분이 되는, 경건(敬虔, piety) 자비(慈悲, benevolence) 선행(善行, goodness)으로 '8복(福, beatitude)에 올라간 사람들'이다. 불교도와 마찬 가지로 <베다>의 신성한 권위를 부정한다. 그러나 그들은 '베다교의 신들의 상'을 그네들 사원(寺院)에 인정하고 그들에게도 경배를 하나, 자신들의 '티르탄카라스(Tir'thankaras)'보다는 아래라고 생각한다. 그러기에 실제로 그들은 두 신앙을 섞은 것처럼 보이고, 무신론(無神論)과 다름이 없는 교리에, 바라문(婆羅門)의 다

신교(多神敎)와 같이 거칠다.

'자이나교'의 창시자는 리샤베데바(Rishabedeva)인데, 그는 13번이나 인간으로 태어났다. 그 다음 23명의 다른 성자(성인)이 '티르탄카라스(Tir'thankaras, 그 교파의 지도자)'가 되었고, 그들은 27번 현신(現身)하였다. '현존하는 불타'는 그의 제자였다. 자이나들은 24명의 '티르탄카르나(Tir'thankars, 그 교파의 지도자)'를 설명한다. '자이나(Jainas)'는 '지네(Jine, Ji는 征服)'에서 유래했다. **'자이나'는 '여덟 가지 범죄(犯罪) 행위'를 이겨내야 하니, '야식(夜食)' '우유 제공 나무의 열매 따먹기' '살생' '꿀이나 고기 먹기' '도둑질' '강간' '밀가루나 버터 치즈 먹기' '타 종교 신 섬기기'가 그것이다.**

자이나들은 불교도보다 동물에 대한 '자비심'이 더욱 확장하였다. 그것은 그들의 '윤회(輪回)' 신앙과 연동된 것이다. '자이나(Yati, 사제)'는 목화 실로 만든 빗자루를 소지하는데, 그가 지나가기 전에 갈 길을 쓸거나 앉기 전에 자리를 쓰는 것으로, 생명을 밟거나 손상하지 않도록 그렇게 하는 것이다. 엄격한 '야티(Yati, 사제)'는 비오는 날 밖에 나가지 않고, 같은 이유에서 먼저 입을 가리지 않으면 말하지 않는다. 끓이지 않은 물은 마시지 않으며, 자기 옷을 세탁하고, 그의 몸을 깨끗하게 하여 무심(無心)간에 살아 있는 동물을 파괴하는 우려에서 벗어난다.[3]

부록 6. 후크(E. R. Huc)의 '몽골(Mongolia)' —중세의 사원들

사막에서 그처럼 자주 만나는 장엄하고 화려한 그 대 건축물들은,

---

3 이 종교에서의 그 계율의 엄격한 고수(固守)는 메이저 셀리(Major Selley)의 글 '엘로라(Elrora)의 경이(驚異)'와 관련이 되어 있다. "베나레스(Benares)의 금욕은 여타 종파와 마찬 가지로 '동물의 죽음'에 극도로 민감하다. 불행한 유럽인이 그에게 마실 물을 볼 수 있는 현미경을 제공했다. 그는 미생물을 한번 보고서 그릇을 던지며 다시는 물을 마시지 않겠노라고 맹세를 하였다. 그 맹세를 그는 지키고 죽었다."

몽골 사람들의 자유롭고 자발적이고 열정에 의한 것이다. 그들의 복장과 생활은 그토록 단순하고 검소한데, '종교 의식과 종교에 관한 비용'에 있어서는 너그럽고도 놀라운 후한 인심을 지니고 있다. 라마 승원(僧院)으로 둘러싸여 있는 어떤 '불타 사원(寺院)의 건설'이 결정이 나면, 라마 승려들은 그들의 정당성을 증명하는 여권(旅券)을 가지고 길을 나선다. 그들은 타타르(Tartarie) 왕국 전 지역으로 흩어져 가서 '불타(Bounddha)의 이름'으로 보시(普施)를 요청하며 여러 천막들을 돌아다닌다. 그들이 한 가정에 도착하여 '봉헌 물(奉獻物)'을 넣을 그릇을 보여주고, 그들의 여행 목적을 말하면, 사람들은 기쁨을 가지고 열렬히 환영을 한다. 그러한 상황에서, 보시(普施)를 하지 않는 사람은 한 사람도 없다. 부자들은 '바디르(badir[4])'에 금붙이나 은붙이를 넣고, 귀금속이 없을 경우, 소나 말 낙타도 봉헌을 한다. 가난한 사람들은 그들 형편에 따라, 빵 버터 모피 낙타털이나 말총으로 만든 노끈을 바친다. 얼마가지 않아 막대한 양이 모인다. 겉보기에는 그토록 빈곤한 사막에서, 가장 부유한 절대군주의 재산에 맞설 수 있는 장엄하고 화려한 건축물들이 마치 마법(魔法)처럼 들어선다. 아마 이런 방식으로 신자(信者)들의 열성적인 원조로 과거에 유럽 성당(聖堂)들도 세워졌을 것이고, 그 엄청난 사업으로 오늘날도 '이기주의로 무관심한 사람들'을 비판 고발하기를 주저하지 않을 것이다...

부록 7. 타르타르(Tartary)와 로마에 대한 라마(Lama)의 영향력
-후크(E. R. Huc, 1813~1860)의 '몽골'에서

'기손 탐바(Guison-Tamba)'가 앞으로 나가기 시작하니, 타타르(Tartarie)의 모든 부족들이 움직이기 시작했다. 그리고 '기손 탐바(Guison-Tamba)'

---

4 라마 승려들이 보시를 요청할 사용하는 그릇.

가 가는 길로, 수많은 군중이 몰려들었다. 부족들은 '봉헌 물'들을 가지고 왔는데, 말 소 양 근 은 보석들을 가지고 왔다. 사람들은 고비(Gobi) 사막 여기저기에 우물을 팠고, '기손 탐바(Guison-Tamba)'의 행렬이 지나가기로 한 지방에 왕들은 머무를 장소에 미리 식료품과 필생 품을 준비를 해 놓고 있었다. '라마 왕'은 황색 말을 타고 있었고, 마차는 고위 라마 승려 네 명이 모는 네 필의 말들이 끌고 있었다. 그 라마 왕의 행차에는 3천명의 라마승이 동행을 했는데, 그들은 말이나 낙타를 타고 무질서 하게 사방을 달리면서 환희(歡喜)에 빠져 있었다. 마차가 지나가는 길 양쪽에는 구경꾼이라기보다는 숭배자들로 둘러싸여 있었고, 그들은 성자의 도착을 애타게 기다리고 있었다. 그 마차가 나타났을 때, *모든 사람들은 무릎을 꿇었고 몸을 길게 뻗어 엎드려서 이마는 땅에 닿고 손은 머리 위로 올려 합장을 하였다. 마치 신이 은총을 내기 위해 지상을 거쳐 가는 것만 같았다.* '기손 탐바(Guison-Tamba)'는 이처럼 위풍당당하게 행진을 만리장성(萬里長城)까지 이어 갔다. 중국에서 '기손 탐바(Guison-Tamba)'는 더 이상 신(神)이 아니었고, 단지 유목 종족들의 왕일 따름이었다. 중국인들은 이들 유목민들이 조롱과 풍자 대상이었으나, 북경 황실에게는 역시 두려움의 대상이었는데, 그 유목인들이 그 제국의 운명에 큰 영향력을 행사할 수도 있었기 때문이다. 그 행렬은 절반만 국경을 넘도록 허용이 되었고, 나머지는 장성(長城) 넘어 차르(Tchakar) 평원에 남아 있도록 했다....중국 황제는 몽골의 구세력에 대한 악몽(惡夢)을 지니고 있었다. 이전에는 그들이 제국의 지배자였던 것을 알고 있고, 재(再)침략을 두려워해서 그들의 약화에 모든 수단을 동원하고 있다. 몽골은 그 광활한 영토에 비해 사람 수는 적지만, 당일(當日)에도 어마어마한 군대를 동원할 수 있다. 대 라마인 '기손 탐바(Guison-Tamba)'가 *손짓을 한 번 하면 시베리아 국경에서부터 티베트 끝까지 모든 몽골 족이 일제히 일어나 그들의 성자가 부르는 곳으로 급류처럼 달려 갈 것이다.*

부록 8. 로마의 불교
－뉴먼 박사(Dr. Newman)의 '강론－버밍엄 신화(The Birmingham Mythology)'에서

"동쪽에서 서쪽까지, 북쪽에서 남쪽까지 확실히 가톨릭 성당은 우리가 생각하기에는 신비(神秘)에 목을 매고 있다. 유물(遺物) 가게가 무궁하고, 그것들이 온 땅에 넘쳐나 각 제품마다 힘찬 덕에 초자연적 작동이 잠들어 있다. 로마에는 '진짜 십자가'가 있고, 베들레헴의 '구유', 성 베드로의 '의자'가 있고, 파리에는 '가시 면류관'의 일부가 있고, 트레브(Treves)에는 성스런 '의상'이 전시되어 있고, 토리노(Turin)에는 '수의(壽衣)'가 있고, 몬차(Monza)에는 십자가의 '못으로 만든 쇠 왕관'이 있고, 또 다른 못이 밀라노 대성당(Duomo)에서 주장이 되고 있고, '성녀의 유품'이 에스쿠리얼(Escurial) 수도원 유적지에 전시되어 있다. 하나님의 어린 양(Agnus Dei) 축복 매달, 성 프란시스의 의상, 모두가 신(神)의 명시이고 은혜의 매체이다. 십자가상은 '애원 자'를 향해 머리를 숙였고, 마돈나들은 '모인 대중'을 굽어보고 있다. 성 자누아리우스(St. Januarius)의 피는 나폴리에서 정기적으로 액화(液化)되고, 성 위니프레드 우물은 믿음이 없는 지방에서도 놀라운 광경이다. 여인들은 '성흔(聖痕)'을 만들고, 금요일에는 다섯 곳 상처에서 '피'를 흘리고, 그들의 머리를 원형(圓形)으로 찢는다. 유물(遺物)들을 환자나 상처가 난 곳에 대어 효과가 없는 적도 있지만, 다른 경우는 역시 그 효과를 부정할 수가 없다. 축복 받은 성녀의 중재(仲裁)로 획득된 풍성한 은혜를 누가 듣지 못 했으며 파두아(Padua)의 성 안토니의 호소에 임한 놀라운 결과를 누가 듣지 못 했는가? 이들 현상은 때로는 성자의 생존 시에 보고가 되고, 사후에도 동일하고, 특히 그들이 전도사나 순교자일 경우 그러하였다. 야수(野獸)들이 로마의 원형 극장에서 그들 희생물들 앞에 쭈그리고 앉았다. '도끼 잡이[刀斧手]'가 성 세실리아 머리를 자를 수가 없고, 성 베드로는 마메르티노(Mamertine) 감옥에서 수감자의 세례를 위해 샘물을 이끌어왔다. 성 프란시스 크사비어는 5백 명의 여행자를 위해, '소금물'을 '마실 물'로 바꾸었고, 성 레이몬드는 '그의 외투'를 타고 바다를 건넜다. 성 안드레는 어둠 속에서도 환하게 빛이 났고, 성 스콜

라스티카는 그녀의 기도로 '퍼붓는 비'를 얻었고, 성 바울은 '까마귀들'을 길렀으며, 성 프란시스는 '수호천사'를 보았다."

이 책 속에서, '불교의 진정한 라이벌'이 되는 '성당'을 확인해 보세요.

부록 9. 생산적인 조직에 대하여
- 뉴먼 박사(Dr. Newman)의 '강론-버밍엄 신화' 293~4면

"'기적(miracle)'은 의회 의원에게서 생겼는가, 기관의 주교(主敎)에게서 생겼는가, 아니면 웨슬리교파의(Wesleyan) 설교자에게서 생겼는가, 나는 그 '기적(miracle)'의 관념을 거부한다. 그것이 성자에게서 생겼건, 성자 유물에서 생겼건, 성자의 중계자에서 생겼건 즉시 불신은 아닐지라도 나는 그것에 놀라지 않는다. 그리고 나는 이 행동이 확실히 옳고 나의 '제1원리'가 진실이라고 생각한다. 가톨릭에게 '기적(奇蹟)'은 '역사적 사실'이고, 그것으로 부족함이 없다. 그리고 그들은 다른 사실도 그렇게 생각하고 다룬다. 상황에 따른 '자연적 사실'에 개신교도가 놀라지 않듯이, '초자연적인 상황'에 가톨릭교도는 놀라지 않는다. 기적(奇蹟)은 특별한 경우에 일어날 수도 있고 일어나지 않을 수도 있다. 사람은 그것을 한정할 수 없고, 뚜렷한 증거도 없으며, 판단을 미루고 '가능한 일이지.'라고 말하며 '나는 그것을 믿을 수 없어.'라고는 결코 말하지 않는다."

본 저서, 492~496면에 불교도의 경우도 이것을 적용하였음.

부록 10. 타르타르 사람(Tartarian)의 라마주의(Lamaism)
- 크소마 데 코로스[5](Csoma de Cőrős)의 '트란실바니아의 시쿨로 헝가리어'에서

티베트 <대장경(大藏經)>은 '카기우르(Ka-gyur)'라 하고 100권으로

5　Csoma de Cőrős, 1784~1842

되어 있다. 그것들은 석가모니 부처의 가르침을 간직한 것인데, 석가모니는 기원전 1000년에 살았다.

이들 저작(著作)의 대강 :

석가는 그의 6년간의 궁핍(窮乏)과 금욕(禁慾)이 소용없었음을 선언하고, 실속 있는 식사로 자신을 새롭게 하고 힘을 회복하여, 궁리(窮理)에 들어가 완벽에 도달하여 부처가 되었다. 그는 '바라나시(Varanasi)'로 가서 이전에 도반(道伴, -함께 도를 탐구했던 친구)이었던 5명에게 그의 교리를 가르치고, 그 다음 고위층의 자제 50명의 젊은이를 교육하여 성직자로 임명하였고, '라자그리아(Raja Griha, Palipootra)'로 갔다. 마가다(Magad'ha) 왕 '킴바사라(Kimbarasa)'는 석가에게 숲 속에 저택을 제공하고, 두 사람의 젊은 브라만에게 부처의 교리를 배우도록 하였다. 석가는 부모의 동의 없이는 입문(入門)을 거부하였고, 승려들이 여승들을 유혹하지 말도록 명령을 내렸다. 석가는 5백 성자(Arhatas)와 더불어 기적을 보이며 북쪽에 있는 큰 호수 '마드로스(Ma-dros)'를 방문하였다. 가우타마(Gautama, 불교도)의 절제와 브라만의 절제는 유사하고, '육신'의 절제로 가르치니, *사도 한명이 7일 동안에 얼마나 많은 '약방문(藥方文-불타의 말씀)'을 제공할 수 있는지를 가르쳐,* 놀라운 자선(慈善)이 성자에게 답지(遝至)하였다.

'사가마(Sagama)'는 코살라(Cosala) 스라바스티(Shravasti)에 최고 관리의 아들과 결혼하였다. 그녀는 겸손하고 신중하고 재능이 있었는데 그녀 이름 중에는 '비아라(Vihara)'라는 것도 있는데, 32개 알을 낳았다. 거기에서 32명 소년이 나왔다. 스라바스티(Shravasti)에서 '사가마(Sagama)'의 보시(普施)가 있었다. 승려와 여승에게 무명(목화) 천을 주어서 목욕할 때에 사용하게 하였는데, 당시까지 사용한 적이 없는 것이었다. 사망한 교인(敎人)의 분류 방법, 고백(告白)의 잔치 마무리, 승려들 간의 다툼, 석가가 종교적 성격으로 인도(引導)된 상황, 석가의 명상(瞑想), 비참한 농부의 상황을 보고, 명상을 하고, 먹이로 풀고, 두 여인에게서 정제된 우유 수프를 받고, 사유를 그만 두고, 악마를 이기고, 부처가 되고, 초승과 보름에 고백을 축복하고, 사도들 자신에게 죄가 있으면 스스로 큰 소리로 고백하라 권하였다. '죄에 대한 고백' 말고도 음식조절, 언행, 복장, 자세, 처신을 가르쳤고, 식사 음주 선교 '불행에 대한 위로'를 가르쳤다. 슈라바스티(Shravasti)에서 존경을 받고 있는 가정의 몇 명의 여인이 도시 가까운 정원에서 사도 '카르카(Ch'har-Ka)'에 의해 인도(引渡)되었는데, 그녀들이 누구의 비아라(Viharas-普施人)인가를 말해 주었다. 공손한 행동이었다. 석가의 제자들은 많은 의상들이 있는데, 업무마다 다른 옷을 입고, 옷을 입고 벗으면서 독서하고 탐구하는 휴식을 갖는다. 승려들의 특수 복장을 존중하는 규칙도 있다. '둘바(Dulva)' 제 7권은 승려들의 죄악(罪惡)을 규정하고 있는데, 큰 죄와 가벼운 죄로 나뉘었다. 예배 실에는 부처의 머리털 손톱 등을 신성한 물건으로 간직한다. 사제는 반지를 낄 수 없고, 구리 놋쇠 청동 철제 뿔의 용기(容器)는 소지할 수 있다. 부처의 진실성은 다음과 같이 진술되어 있다.

"달도 뭇별과 함께 떨어질 수 있다. 숲과 대지도 허공에 사라질 수 있고, 넓은 대양(大洋)도 마를 수 있다. 그러나 '마하사라마나(Maha-Saramana)'가 거짓말을 할 수는 없다." 가무(歌舞)의 학습을 금하고 있다. 우산은 허용이 된다. 석가는 흐파그스르갈(Hp'hags-rgal)의 왕과 왕비 아들 관료를 개종시키기 위해, 카티아야나(Catyayana)와 5백 명의 제자를 파견하였다. 보디스바타(Bodhiswatas)는 중부 인도로 파견이 되었다. '가족'은 신(神)들도 결정을 내릴 수 없다. 석가는 슈도다나(Shudhodana)의 집을 방문하기로 했다. 병이 들어, 악귀가 '죽어라.'고 했다. 석가는 나가스(Nagas)의 도전을 받았다. 석가가 중앙 인도-마투라(Mathura) 나라에 역사(役事)했다. 석가는 악귀를 물리쳤다. 귀신은 사라지고 재앙도 없어졌다. 가야(Gaya)의 이웃에 있는 신성한 무화과나무 아래서 '악귀'를 마지막 물리쳤다. 수 개의 깊은 '명상'과 '열락'의 몇 단계를 지나 결국 그의 나이 36세 동이 틀 무렵에 최고의 지혜에 도달했다. 석가에 대한 찬송과 기도가 있었다. 하늘의 신들이 그를 모시었다. 이어 최고천(最高天)에 신들과 대화를 하고 지상(地上)에 거주하게 되었다. 신들이 신성한 백단향(sandal)가루를 뿌리며 석가를 노래하였다. -

"가우타마는 죄가 없다. 그는 고지(高地)에 서 있다. 값비싼 약이 백병

(百病)을 고치려고 오고 있다. 그들 찾아 본 사람은 3천년 동안 지옥에 가지 않을 것이다. 육신을 벗어나 최고의 행복을 즐긴다. 이들이 자선(慈善)을 받을 만한 사람들이다. 그 자선(慈善)이 '해탈(解脫-their final deliverance from pains)'을 이룰 것이다. 석가의 유물(遺物)에 대한 분쟁이 있었다. 한 브라만이 중재를 하였다. 유물(遺物)과 카이티아(Chaityas) 건물이 분배되었다."

이것이 카기우라르(Ka-Ghyuar) 티베트 대장경(大藏經)의 간소한 대강(大綱)이다. '타르타리(Tartary)에서의 가톨릭 교리에 대한 정보'는, <아시아 연구(The Asiatic Researches)> 20호에 티베트 여행자이며 학자인 데 코로스(Csoma de Cőrős, 1784~1842) 글이 있다.

부록 11. '신성화(神聖化)'에 대한 콜로넬 무어(C. Mure)

"**가장 묘한 '궤변(詭辯, 決疑論, casuistry)'은, 허구적인 고대 희랍이나 로마의 역사 시대에 왕들이나 영웅들 즉 세속적인 영웅들의 '신성(神聖)'을 판별할 수 없게 만들어 버렸다.** 희랍 이교주의(異敎主義, Paganism)는 그것이 역사 시대이면서 동시에 암흑시대를 두드러지게 만들었으니, 공화정의 국가에서보다 군주제의(Monarchical) 국가에서 더욱 그러하였다."

콜로넬 무어(Colonel Mure, 1799~1860)는 말했다. "초기 허구적인 고대사를 밝히는데 도움을 주려는 비평가는 꼭 다음과 같이 생각할 일이다. -전(全) 고대의 기간 동안, 동일한 태양이 밝아, 신화적 전통 속에 기술된 동일한 형식의 풍속이 보급된 증거가 있다는 점이다. 역사적 비유를 참조해서 초자연적 속성에서 불합리한 것이 부정 되듯이, 아킬레스(Achilles)가 '베스파시아 인(Vespasian)'이라는 것은 사실이다....그러나 희랍 체계의 극점(極點)과 *희랍 신화 속에 일반적 사실의 기초*는, 로마 가톨릭 성당에서 '성자숭배 방법'과 같은 데에서 도출된 것이라는 점이다. 아가멤논(Agamemnon)과 아킬레스(Achilles)의 인간적인 성격이 제외되었다는 주장은 성 베네딕트(St. Benedict)나 성 프란시스(St. Francis)가 그러했다는 것으로 입증이 될 수 있다. 많은 로마 가톨릭 성자는, 호머가 트로이(Troy) 전사들에게 행했던 초자연적인 묘사 이상의 속성을 그네들 존재에 전설로 제공을 받고 있다. 희랍의 '반신(半神)들'이나 '신으로 받들어진 영웅'이었듯이 로마의 성자(聖者)들은 천상(天上)의 명예로 추천 존중이 되었다. 그러나 그들의 대부분은 실제 개성과 관련된 역사적 사건과 관계가 있다는 점을 부정할 사람은 없다. 그러나 희랍 영웅들에 관련된 '반대의 추론[역사적 사실]'을 공정하게 도출해 내는 방법을 알아 내기도 쉽지는 않을 것이다."

부록 12. '마하반소(Mahawanso)' 서문에서

그 섬(실론 섬)에 거주자를 속일 목적으로, <피타카타이아(Pitakattaya)> 경전 17장에 언급된 그 명령과 "고타모(G'otamo)의 다섯 가지 결심"에 실론(Ceylon)의 불교도가 과연 '그 중제 역할'을 했는지는 흥미로운 문제이다. 그 시작은 호지슨 씨(Mr. Hodgson)가 '벵골 아시아 사회'에 보낸 버마(Burmese) 왕국의 <피타카타이아(Pitakattaya)> 본(本)과 산스크리트 본(本)의 비교 추적으로 행해졌다. 그러한 언급에 대해 디가니카요(D'ighanikayo)에 파리니바나수탄(Parinibb'ananasuttan)은, '그러한 것은 없다.'고 말했다. 그러나 '다섯 가지 맹세'는 그 수탄(Suttan)의 아타카타(Atthakatha)에는 보존이 되어 있으나, 거기에도 수코(Sukko)에 대한 명령이나 비야오(Wijayo)의 정착 예언은 없다.

나는 말바테(Malwatte)와 아스기리(Asgiri) 협회의 두 사람의 고위 사제(高位 司祭)와 '그 불일치'를 논할 기회를 가졌다. 그들은 '아타카카타(Atthakatha)' 본(本)에만 '다섯 가지 맹세'가 있는지도 몰랐고, 다른 텍스트에서 그것이 빠진 것의 중요함에는 주의도 하지 않았다. 그들은 <피타카타야(Pitakattaya)> 본(本)만이 불타의 말씀과 계시와 예언의 정수(精髓)를 형상화했다고 생각했다. 그것은 불타가 열반(涅槃)에 든 다음 수 세기 뒤에 그의 제자들이 감명을 얻어 수용된 것이고, <피타카타야

(Pitakattaya)> 본(本)에 행한 제자들의 보충이 그 텍스트로 추정이 되어 경전화(經典化)한 것이다. 약간의 힌트가 나왔으니, 그 특별한 보충은 고대 실론 섬 거주인의 개종(改宗)을 돕는 것으로, 마인도(Mahindo) 사제들에게 '정말 거짓'인지에 대해서, 사제들은 자연스럽게 만약 그것이 아니라면[否定된다면] 결국은 <피타카타야(Pitakattaya)> 본(本) 자체를 바꾸는 것이 효과적일 것이라고 말했다. 유럽인과의 대화에서 실론 불교 사원 우두머리가 행한 솔직한 대화는 그들이 '공손함으로 대접한다.'는 좋은 취미를 초월한 것은 없었다.[한 결 같이 공손 솔직했다.]

  '비자요(Wijayo)의 란카(Lanka, 실론) 섬에 착륙'에 관해서 허구적 서술체로 제7장에 자세히 전해지고 있는데, '율리시스(Ulysses)가 키르케(Circe) 섬에 도착'한 것과 아주 유사하여 그것은 호머(Homer)의 작품을 수용할 수 있는 고장에 살았던 사람이 '표절(剽竊)'을 행했다는 공박에서, <마하나모(Mahanamo)>를 지켜내기 힘들 것 같다. '율리시스(Ulysses) 대원(隊員)의 남자들이 붙잡혀 갇혀서 키르케'와 대면한 부분은, '비자요(Wijayo)와 그의 사람들이 쿠베니(Kuweni) 영지 내 란카(Lanka, 실론 섬)에 도착'한 장면과 가장 유사하다.

  "우리는 갔다. 율리시스(Ulysses)여!(당신의 명령대로였다.)
  덤불과 사막을 지나
  숲 속 골짜기에서 궁전을 찾았고,
  어두운 숲과 주변은 암흑으로 감싸여 있었다.
  돔의 천장을 울리는 목소리
  님프나 여신의 베틀 노래인가.
  접속을 구했으나, 접속이 없었는데,
  빛나는 그녀가 왔고, 정문들이 활짝 열렸다.
  여신은 부드럽게 손님을 맞아 머무르게 했다.
  그들은 영문도 모르고 시키는 대로 따랐다.
  나(Ulysses)만 뒤처져 마냥 그 행렬을 기다린다.
  나는 오래 기다리며 공연히 문만 보고 있다.

남은 이도 사라졌고 대문에 지나가는 이도 없다.

그래서 그들의 상황을 물어 볼 사람도 없었다.”

“그 다음 너울거리는 불꽃같이 세차게,

나의 언월도(偃月刀)는 그녀를 베었다.

그녀는 비상한 공포에 짓눌려, 떨며 소리쳤다.

그녀는 기절해 쓰러지고, 울던 눈을 떴다.

‘무엇하자는 것인가? 어디서 왔는가?

아 인간도 아니다. 종족을 말하라,

놀라운 힘과 독(毒)을 품고 있는 사람들!

당신은 사람이 아니고, 사람 생각도 없다.

그렇다면 당신은 ‘올 것’이라는 그 사람인가?

(헤르메스-Hermes가 예언한 황금 지팡이를 든 강자-強者)

토로이(Troy)에서 온 대양(大洋)을 방랑했던 사람

지혜와 기술이 유명한 사람

율리시스(Ulysses)? 오 위협의 광포(狂暴)를 멈추어라.

칼을 갑 속에 넣고, 우리와 평화의 손을 잡지 않을래?

서로의 기쁨과 믿음으로 한데 뭉쳐

서로 사랑하고 사랑으로 낳은 신뢰가 당신이기를!’

‘그러면 얼마나 무서운 키르케(Circe)인가! (무섭게 대답한다.)

사랑하여 신뢰가 생기도록 하라!

그대의 매력 속에 내 친구들이 신음할 때는

그들이 아닌 ‘짐승들’이 되었단 말인가?

오 그대의 고약한 마음이여, 나를 이끌어

의례(儀禮)의 잔치를 함께 하고 그대를 침상에 오르게 하리라.

무기를 빼앗아 복수를 행하고

그래서 냉차고 무력한 마법이 나를 감았구나.

당신은 천상에서 그러했는데도, 부정을 하고 있다.

맹세하라, 그렇지 않으면 신(神)이라도 잡힐 것이다.

맹세하라, 그대 영혼 속에 아무 거짓도 없다고,
절하고 맹세하라, 아무 허영도 없다고.'
여신은 맹세했다. 그리고 나의 손을 잡아
다정한 침상으로 이끌었다.”

당시 란카(Lanka, 실론)에 우세한 종교는, '악마 숭배'였던 것으로 보인다. '불교도'는 거기(실론 섬)가 초자연적인 힘을 지닌 악마(야코-yakkhos)가 살기에 알맞다고 생각을 했다. <마하반소(Mahawanso)>에서 란카(Lanka, 실론) 초기 역사에 포함된 거짓을 벗겨내면, 서술 속에 형상화되어 있는 사실들이 외적인 증거와 나머지 잔여분과는 완전히 일관되게 된다. 어떤 사건의 연결도 '비자요(Wijayo)'보다 더욱 유사한 것은 없다. **즉 '비자요(Wijayo)'가 상륙하여, 지방 대장(隊長)이나 왕의 딸과의 연결되었고, 그것을 통해 그 섬의 지배권을 획득 계승했고, 그 다음 그녀를 물리쳐야 했고, 섬을 완전히 지배한 다음, 남부 인도의 군주들과 연합하였다는 것이 그것이다.**

서사(敍事)가 너무 풍부하고 3장에 걸친 주요 사실이 달라 설명이 필요하다.

11장은 더욱 확장된 관심을 소유하고 있으니, '데바난피야티소(Dewananpiyatisso)'가 아소코(Asoko)에게 대사를 파견하고, 그 대사는 위임을 받아 란카(Lanka)로 돌아온 내용이다.

12장은 기원전 307년에 대회를 마치고, 선교(宣敎)를 목적으로 불교 선교사들이 각처로 확산(擴散)된 것을 내용으로 하고 있다.

부록 13. 시바(Siva) 마하데오(Mahadeo, 루드라-Rudra)
－콜만(Coleman)의 '힌두 신화'에서

파괴의 신 '시바(Destroyer, Siva)'는 다양한 형태로 표현이 되고 있다. 그는 보통 백색 은색인 '세 개의 눈'과 앞이마 중앙에 초승달(그것은 大洋

을 휘젓는데 쓰임)이 있다. 때로는 한 개 또는 다섯 개의 머리를 갖고, 손에
는 다양한 무기(武器)를 들고, 난디(Nandi)라는 황소를 타고, 무릎에 '파
르바티(Parvati)'를 휴대하고, 다른 경우에는 '탁발'을 하고 '불타는 눈'
과 '술 취한 얼굴'에 '푸르바티(Purvati)'와 '안나푸르나(Anna Purna)'를 간
청하는 팔들의 형상으로 표현이 된다. 그는 역시 '만물의 파괴자 칼(Kal,
시간)'의 형상으로 표현된다....시바(Siva)의 상징에 대해 패터슨 씨(Mr.
Patterson)는 시바의 '세 개의 눈'은 '과거' '현재' '미래'의 구분이다. 앞이
마에 초승달은, '달의 모습'으로 시간을 살피고, '뱀'으로 그것의 '년 수'
를 나타내고, '해골 목걸이'로 나이의 망각과 변화, 인간 세대의 지속을
의미한다. '삼지창'을 한 손에 들어 창조와 보존과 파괴의 위대한 속성
을 그의 속에 통합되어 있고, **'브라마(Brahma)'와 '비슈누(Vishnu)' 위에
올라 자신이 '시바(Siva)' 이스바라(Iswara, 최고신)라는 의미이다.** 모래시
계 같은 '다마라(damara)'라는 그 속의 '모래'처럼 시간이 흐름을 그린 것
이다. 엘레판타(Elephanta) 동굴에 '트리무르티(Trimurti, 三神 브라흐마, 비슈
누, 시바)'의 거대 조각에서, 시바(Siva)는 해골 모자로 '파괴'와 '창조력'
을 나타내고 있고, 같은 동굴의 다른 모습에서 시바(Siva)는 여덟 개의 팔
중에 두 개는 부러져 있어 복수(復讐)의 성격을 나타내고 있다. 나머지 여
섯 개 중 하나는 칼을 휘두르고, 다른 손으로는 인간의 형상을 쥐고 있
고, 또 다른 손으로 피를 담는 그릇을 가지고 있고, 울려 퍼지는 '희생의
종(鐘)'을 지녔고, 남은 두 손으로 장막을 쳐 태양을 가리고, 파괴의 속성
을 포괄하였다.

　황소 난디(Nandi, '시바'의 變身)는 힌두에 의해 크게 존중이 되고 있다.
이 동물은 신성한 시바(Siva)의 상징 중의 하나이다. 이집트에서 '아피스
(Apis)'가 '오시리스(Osiris)' 혼으로 존중되는 것과 같다. 이집트인들은
상담(相談)을 하러 가면 아피스(Apis)가 호의적인 대답을 한다고 믿고 있
다. 바르톨로메오(Bartolomeo)는 말하기를, 힌두는 그들의 문 앞에 쌀이
나 곡류를 문 앞에 두었다가 그 동물이 즐겨 지나가도록 하고, 만약 그
앞에 멈추면 행운으로 생각했고, 만약 '힌두 가게 주인'이 가장 숭고한
그 문제[난디]를 수용 못하고 의심을 하면, 치명적인 손해를 입는다고

칼커타(Calcutta)와 다른 도시 거리에서는 알고 있다고 했다.

고대 신화의 유식한 작가의 비유에, **시바(Siva)**의 창조적인 성격에서 생명의 제공자 주피터(Jupiter)의 '이인일면(二人一面, Jupiter Triophthalmos)'이나 제우스(Zeus)의 '3목(三目)', 이집트 오시리스(Osiris), 페니키아 카비리(Cabiri)의 '악시에로스(Axieros)'에 비유하였다. 이들은 모두 '태양의 의인화'이고, '만물 창조의 정신'이다.

그 파괴적 속성으로, '사투르누스(Saturn, 土星, 시간 파괴자)'가 있다. 그는 역시 '산카라(Shankara, 은혜의 신)'로 숭배가 되었으니, 그의 추종자들은 **'산카라의 반석(磐石)에서 솟아난다는 거대한 갠지스 강'**에서 그들이 즐기는 혜택을 그에게 돌리기 때문이다. 그러나 '비슈나이바 족(Vishnaivas)'은, 갠지스 강이 처음 (비슈누 天) 바이콘타(Vaicontha) 비슈누의 발아래서 흘러, 브라흐마(Brahma)가 하늘의 전역(全域)에 부어주므로 '나라신가(Nara Singha) 화신(化身, avatar)'에 관계하므로 거기에서 시바(Siva)의 머리로 가고 또한 거기에서 대지(大地)를 적신다는 주장으로, '산카라(Shankara)' 숭배자에 반대를 하고 있다.

비슈나이바 족(Vishnaivas)은 '이스바라(Iswara, 최고신)'라는 이름으로 **비슈누(Vishnu)**신을 주장한다. - 사이바 족(Saivas)이 최고를 주장하고, 부반 이스바라(Bhuvan Iswara, 우주의 주인)을 **시바(Siva)**에게 줄 것을 주장하였다. **'이스바라(Iswara, 최고신)'** 명칭은 처음 '브라흐마(Brahma)'가 즐긴 것이나, **시바(Siva)**의 일파가 그 신위(神位)를 억압했고, 시바의 아들 바이라바(Bhairava)가 그의 머리 중에 하나를 잘랐다. 그 다음에 **시바**는 잠시 최고 권위를 유지했다. 그러나 비슈나이바 족(Vishnaivas)은 최고를 놓고 서로 겨뤄 그 쟁패전에 피를 동반한 투쟁이 계속 되어, 두 종파는 오늘날까지 '탁발 숭배자들은 종파 전쟁' 때문에 수많은 사람들이 모이곤 한다. 이 경우 그들 적대감의 주제는, '신성한 갠지스 강이 비슈누(Vishu)의 발에서 나왔는가 아니면 시바(Siva)의 머리에서 나왔는가?' 문제일 뿐이다.

'사이바스(Saivas-시바 숭배 족)'는 많은 종파적(宗派的) 특징을 가지고 있다. 그 중에 첫째가 '트리술라(trisula, 삼지창)'이니, '하늘' '지상' '지하'

를 지배한다는 시바의 영지(領地)의 표시이다. 이 무기는 지상에서 지속
적으로 작용하는 것으로 생각되어, 급사(急死)도 그 지점이 문제가 아니
라는 주장이다. 그래서 시바(Siva)는 삼지창(三枝槍)의 소유자이다. 둘째
'술라(Shula)'라는 것도 같은 상징이다. '트리술라(trisula)'와 '술라(Shula)'
란 앞이마와 가슴에 백색 지대를 이루고 있다. 셋째 시바의 (앞이마 중앙
에) '키아크수(Ciakshu, 세 개의 눈)'이니, 시바는 '삼목신(三目神, Trilocena)'
이다. 넷째는 '아그니(Agni, Ti, 불)'이니, 태양의 상징이다. 다섯째 '티루
마나(Trumana, 大地)'이니, 측면에 종파의 표시로 적색 바탕에 흰색이나
황색을 썼다. 여섯째는 '트리푼다라(tripundara)'로 세 줄 무늬 장식이니,
여신 바반(Bhavan)의 세 아들-'브라흐마(Brahma)' '비슈누(Vishnu)' '시바
(Siva)'를 나타내는데, 그것은 자단(紫檀)과 재[灰]로 되었다. 일곱째는
'링가(linga, 남근)'이니, 목과 팔과 이마에 그렸다. 여덟째 초승달이니, 앞
이마에 황색으로 그렸다. 아홉째는 '푸투(puttu, 점)'이니, 홍색, 백색, 흑
색이다.

부록 14. 바바니(Bhavani, '자연의 여신')

힌두 신화 전 영역을 지배하는 모순(矛盾)은 너무 강하여, 일관적 모습
을 가질 수 없고, 우리가 더 진행할수록 더욱 당혹스럽게 되어, 새로운
이야기는 이미 관련된 이야기와 화해하게 한다. 창조 문제에서, 나는
'여신(女神) 바바니(Bhavani, 자연)'가 세 여인으로 나뉘어 그녀의 세 아들
'브라흐마(Brahma)' '비슈누(Vishnu)' '시바(Siva)'로 나뉘어 결혼했다는
것을 이미 말했다. 마지막으로 그녀는 역시 '파르바티(Parvati)'가 되었
다. 다른 견해에 따르면 '파르바티(Parvati)'는 '브라흐마(Brahma)'의 딸
로, 그녀의 대지의 형식은 '다크샤(Daksha)'이니 '수티(Suti)'라고 칭했다
고 한다. 그녀가 결혼한 다음에, '신'과 '다크샤(Daksha)' 간에 분쟁이 생
겨서 불사(不死)의 명예를 제공하겠는 '사위(시바)의 잔치 초대'를 거절
했을 뿐만 아니라, 시바(Siva)를 공격하여 시바의 분노를 일으켰고, 시바

(Siva)는 '수티(Suti)'의 부드럽고 사랑스러운 가슴을 뚫어 그녀가 분노하고 모욕을 느끼게 하였다. 왜냐하면 **시바(Siva)**는 떠돌이 승려로, 해골 목걸이를 걸고, 묘역(墓域)을 즐기며, '신의 행사'를 저주하고, '신들의 사회'에 부적합다고 생각하였는데, 그녀는 남편 같이 (마음대로) 행동을 하였다. 힌두의 교리로는 '여자가 결혼하여 영원히 아버지 집을 떠난다.'는 것은 '다크샤(Daksha)'의 경우로는 '역(逆)으로 기억을 해야 할 교훈[反面敎師]'을 제공하였으니, 그것은 새로 결혼할 여인들에게 위험스러울 수 있고, 열정으로 사람들이 '적절한 훈련'을 하지 않을 수도 있는 사례(事例)였다. 그러기에 나는 그(-'파르바티(Parvati)') 사건을 믿을 수 있다. 가부장적 비방과 중상에 맞서 남편을 옹호했었기에 슬픔에 잠긴 수티(Suti)는 갠지스 강 언덕으로 물러가 가신(家神)의 제단에서 죽는다. 시바는 사랑스런 아내의 상실에 슬픔을 가눌 수가 없었다. 그녀의 시체를 보자 시바는 '시바의 감성'은 자신을 예견했다. 격발을 시키고, 껴안고, 입을 맞추고, 고통스럽게 다시 돌아오기를 호소했다. 그녀의 사망(死亡)을 의심하여 피할 수 없는 운명의 상실을 확인하고, 마지막에는 분노와 허기로 가라앉았다. 이 상황에서 **시바(Siva)**는 '비슈누' '브라흐마' 그밖에 신들에 의해 발견이 되었는데, 그들은 그러한 **시바(Siva)**의 슬픔에 작게 놀란 것이 아니었다. 불사의 '비슈누'가 눈물을 흘리고, **시바(Siva)를 위로하며 이 세상에 '진실한 것'은 없**으며 만사가 '**마야(maya, 환상)'라 하였다.** 시바는 그 위로를 거절하고 비슈누의 눈물과 합하였다. 그래서 그 눈물이 축복은 받은 '순례의 호수'가 되었다.

결국 '수티(Suti)'의 아름다운 자태가 그들 앞에 나타나 천상의 웃음으로 시바(Siva)를 만족하게 했고, '수티(Suti)'는 산악의 지배자 히마반(Himavan)의 딸 메나(Mena)로 다시 태어나 '시바'와 헤어질 수 없게 되었다. 감당할 수 없는 슬픔의 고통에서 뜻 밖에 행복으로의 회전은 최초의 격동이었다. 그러나 피곤한 육신은 부드럽고 조용한 안락을 추구하고, 그의 매력은 가슴에 자리 잡아 인간의 언어와 행동이 신성을 더럽히는 경지를 넘어서게 된다. 그러기에 나는 '파르바티(Parvati)'로서의 시바(Siva)와 수티(Suti)는 마땅히 약간의 준비를 거친 다음에 다시 결합할 수 있었고, 일상적인 부부들과 같이 살았을 것이라고 확실히 말할 수 있다. 즉 때로는 표현할 수 없는 열락의 상태에서, 때로는 잊을 수 없는 무관심 속에서, 때로는 폭풍의 결혼 생활에서 그것들은 모두 우리가 그럴 수 있고, 통과를 시도하고, 통과를 할 수 있는 것들이기 때문이다.

"육신의 은신처에서 높이 솟은
축복 받은 카일라사스(Kailasas) 산꼭대기, 거기에서 모든
생명의 보배를 지닌 가지가 뻗어났으니,
마에사(Mahesa) 나라, 인간들의 두려움과 기쁨이라.
파르바티(Parvati)는 요긴한 것을 얻어
빛나는 달 속에 감추어두고,
그리고 눈을 감고 재미있는 장난과
망서림에 있었네.
모든 육신은 어두운 일식(日蝕)에 잠기어,
브라만의 깨끗하고 성스런 입술이
부드러운 기도로 그날을 회복 하였네.
그 천상의 손길이 그의 이마에서 물길이 솟게 하여
흘러 내려 서쪽 동굴들을 적실 때였네."-윌리엄 존스 경의 '갠지스 강 찬송'

시바(Siva)가 편안하게 이 삼중의 절묘한 섬의 훌륭한 남성으로 남아 무작정 세계로의 방랑이 없었더라면, 사건은 그네들 사이에만 머물고, 내가 말한(신들까지 놀라게 하는) 거창한 구름은 거의 나타나지 않았을 것이다.

그러나 그와 같은 문제[시바(Siva)와 수티(Suti)에게 생겼던 문제]는 우주 지배자들의 사소한 사항이고, 독자와 내 자신도 더욱 돈키호테 식 더욱 훌륭한 이해를 시도함이 없이 그들을 현실 속에 파악하는 것으로 만족을 해야 할 것이다.

패터슨 씨(Mr. Patterson)의 말대로, '파르바티(Parvati)'의 인생으로 더 들어가기 전에, <u>시바가 비슈누가 보는 앞에서 죽은 수티(Suti)를 자기의</u>

팔에 안고 광적으로 춤을 추었고, 그것을 다섯으로 토막을 내어 광포하게 땅 위에 흩뿌렸다는 문제를 생각해 보지 않을 수 없다. 그 지점들은 이후에 성소(聖所)로 지정이 되었고, 시바(Siva) 자신과 시바 힘의 특별한 상징이 되었다. 수티(Suti) 죽음의 결과로 바라바드라(Vira Badra)가 살해한 '다크사(Daksa)'는 생명을 찾았으나, 시바의 교리를 수용한 염소[山羊]의 머리가 되는 조건이었다.

패터슨 씨(Mr. Patterson)는, 다크사(Daksa)의 편에서 생각을 하면, 시바가 성공하지 못 한 것에서 그 시바의 기호를 버린 것으로 해석을 하였다.

시바의 아내로서 '파르바티(Parvati)'는, 천군(天軍)의 대장 카르티케이아(Kartikeya)와 가네사(Ganesha, 지혜의 신)의 어머니에 해당한다.

그들은 모두 매우 특별하게 태어났고, 그들의 설명으로 알게 될 것이다. '파르바티(Parvati)'는 천 개의 이름을 가진 여신이다. 그녀의 모습과 위력은 다른 어떤 힌두 신들보다 다양하고 포괄적이다. 그녀는 남편 시바에게 어떤 때는 의존도 하지만, 완전히 독립되어 있다.

그녀는 자연과 생산의 여신 '바바니(Bhavani)'로서, 여성들이 일을 하도록 한다. '마하 데비(Maha Devi)'로서 그녀는 우주의 주인 '마하데오(Mahadeo) 부인'인 여신이다. '파르바티(Parvati)'로서는 마하데오(Mahadeo)의 동반(同伴)자이다. '두르가(Durga, Katyayini)'로서 그녀는 '아마존의 대장(Amazonian champion)'이고 신들의 강력한 수호자이고, 신들이 그들 속성대로 수많은 손으로 다양한 파괴의 무기를 휘둘러 보호를 받게 하는 존재이다. 이 특성으로 그녀는 희랍의 올림피아 '주노(Juno)', '팔라스(Palas)', 또는 '무장한 미네르바(Minerva)'와 비교가 된다. 그러나 명백하게 모든 신들의 위력과 신성함을 한데 섞어 비교할 수 없는 크기이다. 칼리(Kali)로서 그녀는 디아나 타우리카(Diana Taurica)이고, 칼(Kal, 시간)이 사라질 수밖에 없는(시바를 짓밟은 것으로 제시되었듯이) '검은 심연 영원'으로 의인화되고, 그녀의 남편을 초월한 최고 속성으로 묘사되었다.

'파르바티(Parvati)'는 수많은 형태로 설명되었다. 그러나 '바바니(Bhavani)' '데비(Devi)' '두르가(Drurga)' '칼리(Kali)'라는 중요한 형식의 다양화니, 나는 그녀가 일반적으로 알려진 그것에 주목을 하겠다.

'파르바티(Parvati)'로서, 그녀는 백색으로 설명이 되는데, 칼리(Kali)로서는 짙은 청색이나 흑색이다. 그리고 위엄 있는 엄청난 '두르가(Durga-앞으로 설명할 것임)'로서는 황색이다.

이 성격으로 그녀는, 열 개의 군단을 대표한다. 그녀는 한 손에 창을 들었는데, 그것으로 그녀는 거인 '무히사(Muhisa)'를 무찌른다. 다른 손에는 검(劍)을 들고, 세 번째 손에는 뱀 꼬리가 그를 감고 있는 거인의 머리털을 잡고 다른 손에는 삼지창 원반 장갑 화살 방패를 들었다. 그녀의 한 발꿈치로는 거인의 신체를 밟고, 오른쪽 발은 사자의 등을 밟고 있는데, 사자는 그의 팔을 찢고 있다. 그녀의 머리에는 화려하게 장식한 왕관이 있고, 그녀의 의상은 장엄하게 보석들로 장식을 하였다.

부록 15. 카슈미르(Cashmir[6])

'정규 역사(歷史)'의 한계를 초월한 시기에, '왕국 카슈미르(Cashmir)'가 있었다는 것은 아주 명백한 사실이다. 만약 우리가 우리들 저자들[포콕이 인용한 학자들]과 경쟁을 벌리려고 왕국과 왕들의 배열을 가지고 분쟁을 할 경우, 우리는 헤로도토스나 알렉산더 시절 같이 '카스파티루스(Caspatyrus)'나 '아비사루스(Abisarus)'의 존재 증명으로 만족을 해야 할 것이다. 그러나 그 같은 시대에 그 국가의 정규적 구성이 있었다는 점은 의심할 수가 없고, 수 세기를 지나서보다 인도(India)의 관심 속에 결정적 영향력이 실재했다는 것은 가능했고, 그것은 원래 '판다바(Pandava)' 왕들의 지배였고, 그것은 힌두스탄(Hindustan) 평원의 군주들이었다.

같은 방법으로 '카슈미르(Cashmir)의 종교'는 상고(上古) 시절에 힌두교였다. 의심을 할 것도 없이 원래는 '오피테(Ophite, 蛇神 숭배)'였으나, 이후 그것은 힌두 의례의 일부일 뿐이고, '나가 족(Nagas)'이 전통 '만신(pantheon, 萬神)'에 포함되었다. 시바(Siva)의 경배(敬拜)가 바로 그것에 접

---

6 윌슨(Wilson) 교수의 '라자 트란기니(Raja Tarangini-왕들의 강물)'에서

목이 되었으나, 원래부터 동일한 것은 아니었다.

불교 종파가 **카슈미르(Cashmir)**에 전해진 것은 상고(上古) 시대로 보이며, 바라문(婆羅門) 사제들의 온전히 조직화한 시발점이 되었을 것이고, 간단히 말해 브라만 카스트의 진작(振作)을 선도(先導)했을 것이다. '아소카(Asoca)'는 시바(Siva)의 숭배자이지만, 이 새로운 신앙에 지지를 선언했다. 그의 아들 '잘로카(Jaloca)'는 그것을 탄압에 힘을 쏟았고, 카노우(Canouj)에서 온 바라문(婆羅門) 식민지 사람 소개와 그 일부 견해를 같이 했을 것이다.

부록 16. '범어 문학'의 현재와 미래에 대하여
- 태일러(W. C. Taylor) 선독(先讀) 1834년 12월 - '왕립 아시아 사회 저널' 2권

'범어 문학'은 완전한 무명씨(無名氏) 문학이다. 모든 것에 관련되고 밝혀진 것은 아무것도 없다. 형식과 실체에서 사라진 고대 유럽 없어진 유물과 혹사하나, 기원만 같을 뿐, 유사한 것은 없다. 힌두스탄은 그렇게 많은 정복자들이 분노를 품고 지나가고, 발자국을 남기고, 소유하며, 경우에 따라 국경도 바꿔놨지만, **언어(梵語)는 더할 수 없이 풍부하고 다양하여, 유럽인이 고전이라 하는 그들의 방언의 아버지로서, 희랍어의 유연함, 로마어의 힘의 원천이라는 것은 놀라운 사실이다.** 언어에 비해서 철학은 시대적 관점에서 피타고라스의 가르침은 어제의 것일 뿐이지만, 과감한 사유의 관점에서는 플라톤의 용감한 노력은 아주 흔한 장소에서 연마되었다. 시는 우리가 이전에 가졌던 어떤 개념보다 훨씬 지적(知的)인 것이다. 과학적 체계는 모든 천문학적 계산력을 당황하게 하였다. 방대한 문학은 허풍이나 과장으로 설명할 수가 없고, "홀로 있었고, 홀로 버틸 수 있는" 그 자체를 주장하고 있다.

'언어(梵語)에 숙달'하기는 거의 목숨을 건 노동이고, 그의 문학은 끝도 없다. 상상력을 발동해도 끝없는 신화의 이해에는 겁을 먹을 수 있다. 그의 철학은 모든 형이상학적 어려움에 부닥치게 된다. 그의 입법(立法)은 그것이 고안된 '카스트'만큼이나 다양하다.

부록 17. 희랍 문자 - 수라슈트라(Surashtra)의 '사(Sah) 황제들의 왕국'에 대하여

'벵골 시민 봉사'[7] - 에드워드 토마스(Edward Thomas) 저(著)

셀레우키디아(Seleucidian)의 지역에 대한 라브린슨(Rawlinson) 시장님의 말씀을 듣고, T. 씨는 말했다. - "그것에 덧붙여서, 글자의 유사성으로 미루어보면 '숫자 상징(numerical symbols)'은 희랍이 그 근원으로 확인될 수 있다. 예를 들어, □은 정확한 희랍의 □이고, 시가이안(Sigaean, 기원전 5백여 년)의 그것이고, 아폴로의(기원전 數年) 알파벳이다.[8] 그러나 인도(印度)의 암호가 희랍의 □임을 알 수 있는 것은 팔리(Pali)의 □이니, 그것은 네메안(Nemean)와 아테네(Athenian)의 □와 동일한 글자이다. 인도의 □은, 카드무스(Cadmus) 희랍의 □과 크게 같고, 동전에 □는, 정확한 아티크(Attic)의 □(기원전 4백년)[9]를 만들었다."

다른 한편 이 가운데에 확장된 숫자의 배열은 인도가 아마 어쩌면 희랍인에게 빚을 진 것일 수도 있으나, **인도인이 전반적으로, 희랍인의 글자나 그네들 글자에 맞춰 기록상 상응체계는 채용한 것은 아니라는 점은 명백하다.** 그리고 엄밀하게 글자의 모습으로 남아 있는 인도(India) 형식으로 판단해 볼 때, 지금 구제라트(Guzerat)의 '사 족(族, Sahs)'의 용례에서 볼 수 있듯이, 원래의 글자 모습들은 '고대 범어(Sanscrit)'에서 도래했거나, 현재 일상적 기록보다는 '순수한 팔리(Pali) 알파벳'에서 유래하였다. 이 사실을 인정하면, 그 문제에서 '인도인은 희랍인에게 어떤 도움도 빚진 것이 없다.'는 결론에 이르게 된다.

---

7 '국립 아시아 사회' 저널, 12권, p. 42.
8 계간지 <에딘버러 평론(Edinburgh Review)> '로린슨의 발견에 대하여(on Rawlinson's Discovery)', '왕립 아시아 사회 저널' 1847, 참조
9 프라이(Fry)의 '축도(縮圖, Pantographia)' 참조.

부록 18. '헝가리 어'와 '범어'에 관한 크소마 코로스(Csoma de Coeroes) 씨

인도 국가들의 초기 영향력, 초기 소유, 언어 정착의 증거로, 나는 크소마 데 코로스(Csoma de Cőrős, 1784~1842) 씨의 <티베트어 사전(Tibetan Dictionary)> 서문을 인용하겠다. 범어(梵語, Sanscrit)를 할 줄 아는 그 헝가리 학자는 말하고 있다. "유럽의 다른 국민에서 보다, 헝가리 인이 '범어(梵語) 공부를 한다.'는 선언은 자기 자신의 민족에 대해 긍지를 느끼게 하고 만족감을 제공할 것이다. 헝가리 인들은 범어(梵語) 공부에서 그들의 기원, 생활 방식, 풍속, 언어에 관한 정보의 여유를 찾을 것이니, **범어(梵語)의 구조(다른 인도의 방언과 같이)는 헝가리어와 아주 유사하고, 우연하게 유사한 유럽의 언어와는 크게 다르기 때문이다.** 크게 유사한 한 가지 예로, 헝가리 언어에서 '전치사'는 '인칭 대명사'와 함께 쓰일 경우 말고는 '후치사'로 항상 고정이 되어 있다. 그리고 동사의 '어간(語幹)'에서 '보조 동사'의 도움 없이 단순한 '철자의 추가'로 여러 종류의 동사들이 능동, 수동, 원인, 희망, 반복, 상호 동사(動詞)로 변별이 되는데, 이러한 헝가리어의 형식은 범어(梵語)의 그것과 동일하다."

부록 19. '가면(연극)'에 대하여
- 에드워드 우팜(Upham) 님이 콜러웨이(J. Callaway) 목사에게 보낸 편지에서

절묘한 풍자 코미디 아리스토파네스(Aristophanes, 448~380 b. c.)의 <새들(Birds)>은, 고대 신화나 동양적인 교리가 너무나 충격적인 것으로 어울려 아무나 흉내 내지 못할 정도로 우습게 만들어, 가면들(masks)의 기계적 성질을 설명하고 있다. 이 드라마를 인도(India)의 '하늘 이론'과 비교해 보면, '자간다레(Jagandare)'의 영역에 거주자(居住者)는 '거대 새들의 왕'이고, 그곳은 '히말라야의 바위'이고, 그것의 매력적인 동굴은 풍부한 상상력을 제공하여 영원한 기쁨을 제공한다. 이 드라마는 불교도의 '[多層의]하늘

이론', '거대 조류(鳥類)가 세(貰)낸 세계', '중천(中天)의 위치', '희랍 풍자
가가 있는 바로 그 위치', 그리고 그가 '동양(인도) 이론의 위대한 중심점'
에는 무식하다는 것, 또는 그 '드라마의 교묘한 기계(機械) 성'을 다 추적하
기는 불가능하다는 점이다. 다음의 우아한 영적(靈的) 시구는, '가우다마
스 바나(Gaudamas Bana)'가 말한 바로서, 그 지역에는 천벌(天罰)이 없는 곳
으로, 윤회(輪回, metempsychosis) 이론을 정말 진실하게 펼치고 있다. –

> "오, 오라 그대 인간 허약한 진흙의 형상,
> 그대 떠도는 나뭇잎, 그림자, 하루살이,
> 불쌍하고 날개도 없는 그대는, 다 꿈이 아니고 무엇이랴.
> 단 한 번이라도 우리가 그 '불사(不死)의 주제'에 귀를 기우리게 해주소서.">

이 약간의 불완전한 암시는, 연극에 장관을 이룬 가면들이 얼마나 긴밀
하게 그 '동양(인도)의 교리'의 제시와 긴밀하게 닮아 있는지를 보여주고 있
다. 그러기에 '가면(연극)'의 진정한 기원에 대한 매우 중요한 요구는, 당신
의 가치 있는 '콜란 나탄나바(Kolan Natannawa)의 윤회(輪回)'에 의해 탐구해
보도록 길이 열려 있다는 것은, 의심할 수가 없다. 연극은 '악귀의 가면'과
'자간드리(Jagandri) 가면'을 보여주고, 그래서 *아리스토파네스의 '새들'의*
*진실한 원형*을 보여줄 것이고, 거인 폴룩스(Pollux, 제우스 레다의 아들)와 루키
안(Lucian, 희랍 작가)의 놀란 모습의 원형도 사람들에게 보여주게 될 것이다.

부록 20. '희랍어 형성'에 대한 규칙들
- J. 프린셉(J. Prinsep, 1779~1840)의 '몽골(Mongolia)'에서

장음(長音) [a]는, [a]나 [â]로 표현된 것과 무관하게 그 모음이 나타나
쓰인 단어에 익숙한 대로 그 형식에 가깝다.[混用이 되고 있다.]
'but' 'hut' 'rut'에서 단모음 [u]는 단음 [a] [e] [o] [u]와는 무관하게 보
일 것이다. 그들은 확실하게 다르지만, 동일한 힘을 지니고 있다. 영어

발음은 'nat' 'net' 'not' 'nut'의 발음과 의미가 크게 다르지만, 범어(梵語)
의 단모음화는 'nut'로 그들을 대신한다. 이처럼 희랍의 단모음 [o]는 라
틴어의 단모음 [u]가 된다.

범어(梵語)에서 자음의 각 부류에 '구성소(members)'들은 항상 호환(互
換)적인데, 희랍어 형성 과정에서도 그 자음들은 '큰 위상(緯相)'을 그대
로 보여 주고 있으니, [kh] [k] [g] [gh]가 모두 그들의 지속적 힘을 유지
하고 있다.[동일한 의미 전달 수단으로 쓰이는 '동일한 발음'으로 간주
됨] 이 모든 경우에서 '눈'이 '귀'보다는 그 다양성을 추구하는데 더 날
카로운 도구이다.

규칙 1. - 'gokola' 'gok'la'에서처럼, 단음 [oo] [u] [a]의 소실
(Ecthlipsis-생략)이다.

규칙 2. - [Ä] [ê] [ô] [û]는 동일한 힘을 것으로 간주된다. [pâ] [pê]
[pô] [pû]는 [u]로, 둠바르톤(dumbarton)에서는 [o]로 표현된다.

규칙 3. - 범어(梵語)의 '비사르가(visargah)'는, 희랍어 라틴어에 [S]
로 공급되었으니, '대장', [pa] [pas]와 같다.

규칙 4. - 범어(梵語)의 [oo]는 구분 없이 [u]나 [oo]로 어느 용어나
특별히 주목된 희랍어 방식대로 적고 있다.

규칙 5. - [c]와 [k]는, 'Goc'las'나 'Gok'la', 'Lacedaemon'나
'Lakedaemon'에서처럼 동일하게 쓰였는데, 둘 다 [k]의 경
음(硬音)이다.

규칙 6. - 범어 [oo]는, 희랍어로 쓰일 경우 자주 개구음(開口音) [a]
를 가리키고, 범어(梵語)에 장음 [a]는 희랍어 라틴어에서
는 [o]가 되었으니, 'Trajya'가 'Troja'로 된 것과 같다.

규칙 7. - 범어(梵語) 고음 [v]는, 희랍에서는 자주 생략이 되었으
니, 'Vaineanes'가 희랍어 'Aineanes'로 'Vaijaiyan'이 라틴
애개아어 'Aijaiyan'으로 된 경우이다.

규칙 8. - 범어(梵語) [su]는, 희랍어 곳곳에 [u]로 쓰였으니,
'Suboea'가 'Euboea'로 된 것과 같다.

규칙 9.　- 희랍어 [OI]는, 라틴어와 영어에 [OE]이니, 'Euboia'가 'Euboea'로 된 것과 같다.

규칙 10.　- 범어(梵語)에 경음 [b]는, 희랍어에서 자주 [ph]로 표현되었으니, 'Phthiotis' 'Budhya-des'에서 온 것과 같다. 희랍어 [ph]는 [f]로 발음할 수 없으니, 'uphill'에 [ph] 같은 것이다.(규칙 11참조)

규칙 11.　- 희랍어 [x]는 범어(梵語) [ks]나 [ksh]의 대신이니, 'Ooksha'가 'Oxus'로 된 것과 같다.

규칙 12.　- [B] [P] [V]는 공통된 것이다.

규칙 13.　- 희랍어 [v]는, 라틴어 영어에서 [y]로 표현 되고 있다.

규칙 14.　- 범어(梵語) [S]는, 희랍어에서 자주 [T] [Th]로 표현이 되니, 'Srawkes'가 'Thrakes'로, 'Srooc'lo'가 'Troglo'로, 'Someros'가 'Tomaros'로 'Soo-raksh'가 'Tho-raks(Thorax)'로 된 것과 같다.

규칙 15.　- 범어(梵語) [j]는 자주 [y]로 소멸하니, 'Bahooja'이 'Bahooya'로, 'Rajan'이 'Rayan'으로, 어떤 때는 완전 소멸하였다. 'Rajan'에서 'Ran'으로 된 것이 그것이다.

규칙 16.　- 범어(梵語) [v]는, 희랍어 [φ]나 [o]로 되었다. 'M'avusi'가 'M'aoosi'나 'Mausi'로 되고, 'El-vusium'이 'El-usium'으로, 'Sarawancia'가 'Saronica'로, 'Helavas'이 'Helous'로, 'Argwala'와 'Argois', 'Okshwali'와 'Ozoli'가 그 예이다.

규칙 17.　- 범어에 [Bhi]는 희랍어 [Phi]이니, 'Bhillipos'가 'Philippos'로 표현되었다.
　　　　범어 [Dh]는 희랍어 [Th]이니, 'Athene'는 'Adheenee'이다. 범어의 '땅'과 '나라'인 [des]는 [tus] [dus] [des] [thus] [tus] [tas] [tis] [tes]로 표현된다.

규칙 18.　- 희랍어 접두사는 자주 범어를 [a]로 시작하게 했으니, 'Carna'를 'A'carna'로, ''Bala'를 'Apollo'로, 'Daman'을 'A-thaman'로 발음했다.

규칙 19.　- 범어(梵語) [A]는, 희랍어에서 자주 [i]가 되었으니,

'**Bolani**'가 '**Bullini**'로 표현되었다.(규칙 6 참조)

규칙 20. ─범어(梵語) [y]는 자주 희랍어 [i]가 되니, '**Antyoko**'가 '**Antiochos**'로 되었으니, 이것은 자주 일어나고 있다. [oo]는 자주 [i]로 바뀌었으니, '**Coocoorus**'가 '**Cichyrus**'로 되었다.

규칙 21. ─위와 같음

규칙 22. ─희랍어 '**tus**' '**thus**' '**dus**' '**des**' '**tis**' '**tes**'는, 범어(梵語) '땅' '나라'인 '**des**'의 대신들이다.

규칙 23. ─규칙 14의 도치(倒置)이다. '**Thraces**'와 '**Thor**'는 '**Sracas**' 와 '**Soor**'로 되었고, '**Tooran**'은 '**Sooran**'이고, '**Tho-rax**' 는 '**Soo-Raksh**'('防禦')이다.

규칙 24. ─'**Maha**'에 [H]는 그 모음과 함께 소멸했으니, '**Maha**'가 '**Ma**'로, '**Mahi**'가 '**Mai**'로 표현 된다.

규칙 25. ─범어(梵語) [J]와 [Ch]는, 희랍어 [Z]로 표현되어, '**Jinos**' 가 '**Zennos**'로, '**Chakras**'가 '**Zagreus**'로 표현되었다.

규칙 26. ─범어(梵語) [j]는 자주 희랍어 [s]가 되니, '**Balanos**'는 '**Apollos**'이고, '**Dheseuj**'는 '**Theseus**'이고, '**Naugraraj**'는 '**Naucraros**'이다.

부록 21. '불타(佛陀) 명칭들'의 다양성

'부다(Bud'ha)', '부다(Buddha)', '부다(Budda)', '부드(Budh)', '부다(Boodha)', '보우타(Boutta)', '포우트(Pout)', '포테(Pote)', '프토(Pto)', '브도(Bdho)', '보데(Wode)', '보덴(Woden)', '파트(Pat)', '(페트Pet)', '프트(Pt)', '프타(Pta)', '프테(Pte)', '프테(Phthe)', '프타(Phtha)', '푸트(Phut)', '푸트(Phoot)', '포트(Phot)', '프트(Pht)', '보트(Bot)', '보티(Botti)', '보우트(Bout)', '보우티(Boutti)', '바티(Bhatti)', '부티(Bhutti)', '포드(Pod)', '브드(Bd)'.

첨부 : 지도의 효용성'에 대하여

'북부 희랍(Northern Greece)'과 '펀자브(Punjab)의 지도'는, '역사적 문서의 빛(the light of historial document)'으로, 우리는 많은 경우에서 지도상의 명칭들이 서로 겹쳐 있다는 것을 확인했다. 어떤 명칭은 희랍어로 바뀐 범어(梵語)이거나, 다른 경우는 범어(梵語)의 희랍 식 번역(飜譯)이었다.

'펀자브(Punjab)'의 지도상의 명칭들이 '팔레스타인'과 '희랍' 지방 이름으로 자리 잡은 것은, 펀자브에서 팔레스타인과 희랍의 이민(移民)이 개시(開始)되었다는 것을 말해 주는 것이다.

'파이니카(Phainica)' '코루반테스(Corubantes)' '아토레트 카르나임(Ashtoreth Carnaim)' '페니키안 도르(Phenician Dor)' '아타크(Attac)' '아티카(Attica)' '베후트 강(Riv. Behoot, Behooti)' 지역도 마찬가지다. 약간의 명칭들이 이 책에서는 있었으나, '타울란티(Taulantii)'와 '불리니(Bullini)' 같은 것은 사실 지도의 확장이 없이는 끼어 넣을 수도 없었다. 그러나 그것들은 일상적 고전 지도에서도 쉽게 확인할 수가 있다.

다음은, **'북부 희랍 지명(地名) 제작 방식들'**의 요약이다.

'북부 희랍의 지명(地名)'	'힌두 관련 명칭'	'범어(梵語)로의 의미'
'아바이 (Abae)'	'아부이 (Abooi)'	'아부 (Aboo, Ara Boodh) 사람들'
'아반테스 (Abantes, Eubaea)'	'아반티 (Abanti)'	'오우제인 (Oujein) 사람들'
'아카르나아 (Acarnania)' 지방	'카르난 ('Carnan)'	'카르나스 (Carnas)의 땅'
'아켈로우스 (Achelous)'	'아크 헬라바스 (Ac Helawas)'	'헬라스 물 인더스 (Helaswater Indus)'
'아이기나 (Aegina)'	'바이지나 (Vaiyj'ina)'	'바이자야 (Vaijaya) 대장'
'아이니아네스 (Aenianes)'	'바이네아네스 (Vaineanes)'	'바라문 (婆羅門, Brahmins)'
'아이톨리아 (Aetolia)' 지방	'아이탈리안 (Ait-alyans)'	'오우데 (Oude) 거주지'
'아그라이 (Agraei)'	'아그라 (Agra)'	'아그라 (Agra) 사람'
'암필로키아 (Amphilochia)' 지방	'암빌루크스 (Am-Bhiloochs)'	'아므의 빌로크스 (Bhiloochs of Am)'
<'아피다누스 강 (Apidanus, R.)'	'아피다누스 (Ap-i-Danus)'	'다나스 물 (Danaswater)'
<'아라투스 강 (Arathus, R.)'>	'아라크데스 (Arac-des)'	'아라크 땅의 강물 (R, of Arac Land)'
'아라칸투스 (Aracanthus)'	'아라칸드 (Ara-cand)'	'산악 지대 (Mountain Country)'
'아르골리스 (Argolis)'	'아르그발라스 (Argwalas)'	'아르그하산 (Arghasan) 사람들'
'아타마니아 (Athamania)'	'도마니아 (Domania)'	'도만의 (Doman) 땅'
'아틴타네스 (Atintanes)'	'아 신다네스 (A Sindanes)'	'신디안 (Sindians)은 없음'
'아티카 (Attica)'	'아트크 (Attac)'	'아타크(Attac)' 사람. '타타(Tatta, Tattaikas, Tattiges)'
'보돈 (Bo don)'	'보단 (Bodhan)'	'불타 족 (The Boodhas)'
'보이오티아 (Boeotia)'	'바이후티 (Baihooti)'	'베호트 (Behoot) 강 사람들'

'보니에느세스 (**Bomienses**)'	'바미벤사 (Bami-vensa)'	'바미안 (Bamian) 족'
'카드메이 (**Cadmei**)'	'간다마스 (Gandamas)'	'불타 (Budha) 사람들'
'칼리에느세스 (**Callienses**)'	'칼리 벤사 (Cali Vensa)'	'무사 족 (War Tribes)'
'칼리드로무스 산 (**M. Callidromus**)'	'쿨알트 라마스 (Cul-Alt-Ramas)'	'오우데 라마 (Oude Ramas) 족'
'칼리테리아 (**Callitheria**)'	'쿨리테로 (Cul-i-Thero)'	'사제 족 (Tribe of Priests)'
'캄부니 산맥 (**Cambunii Montes**)'	'캄부미 (Cam-Bumi)'	'카마의 땅 (Land of the Cama)'
'카날로비 산맥 (**Canalovii Montes**)'	'가나 로바 산맥 (Gana Lava Mounts)'	'로바 족 (Tribe of Lova)'
'카소페이 (**Cassopei**)'	'카소파스 (Cassopas)'	'카슈미르 사람들(Cashmirians)'>
'켄타우르스 (**Centaurs**)'	'칸다하우르스 (Candahaurs)'	'칸다하르 사람들 (Candahar People)'
'케팔레니아 (**Cephallenia**)'	'고팔이니아 (Gopal-inia)'	'카블 왕국 (Kingdom of Cabul)'
'카라드루스 강 (**Charadrus R.**)'	'키라 드라스 (Kira Dras)'	'카슈미르 드라스 강 (R. Dras of Cashmir)'
'카이로나이아 (**Chaeronaea**)'	'카이로나야 (Kaironaya)'	'카슈미르 왕국 (Kingdom of Cashmir)'
'카오네스 (**Chaones**)'	'카후네스 (Cahunes)'	'카훈 대장들 (Cahun chiefs)'
'키타이론 (**Cithaeron**)'	'카티란 (Cathiran)'	'카티 대장들 (Catti chiefs, Cathirs)'
'코파이스 호수 (**Copais Lake**)'	'고파 이스 (Gopa-is)'	'고파 왕, 크리슈나 (The Gopa Lord, Crishna)'
'코락스 산 (**Corax Mount**)'	'고라카 (Ghoraka)'	'고르카 산맥 (Ghoorka Hills)'
'코린투스 (**Corinthus**)'	'코 인두스 (Cor' Indus)'	'코리와 인더스 사람들 (People of Cori and Indus)'
'크리사 (**Crissa**)'	'크리슈나 (Crishna)'	'크리슈나 마을 (Crishna town)'
'크리사이우스 시누스 (**Crisaeus Sinus**)'	'크리슈나이우스 시누스 (Crishnaeus Sinus)'	'크리슈나 빛 (Chrisha Ray)'

'크티메네 (Ctimene)'	'카티 메나비 (Catti-menavi)'	'카디 사람들 (Catti-men)'
'크레테스 (Cretes)'	'코레데스 (Core-des)'	'코레의 땅 (Land of the Coree)'
'델피 (Delphi)'	'델바이 (Delbhai)'	'델비 족, 아르주나 (Clans of Delbhi, Arjuna)'
'도돈 (Dodon)'	'도단 (Dodan)'	'도다 족 (The Dodas)'
'돌로페스 (Dolopes)'	'돌라페스 (Dola-pes)'	'돌라의 대장 (Chief of Dola)'
'드리오페스 (Dryopes)'	'드라바페스 (Drawapes)'	'드라스 강의 대장들 (Chiefs of the Dras R.)'
'엘리미오티스 (Elymiotis)'	'엘루미오데스 (Yelumyo-des)'	'엘룸 강의 땅 (Land of the R. Yelum)'
'에니페우스 (Enipeus)'	'아누페옥쉬 (Anu-pe-ooksh)'	'저지대 옥수스 대장들 (Chiefs of the Lower Oxus)'
'에피라 (Ephyra, Ephura)'	'히푸르 (Hi-pur)'	'히아 마을 (Hya town)'
'에리키니움 (Erikinium)'	'에라키니움 (Erak-inyum)'	'에라크 대장들 마을 (Erac Chiefs town)'
'에우보이아 (Euboea)'	'수바후이아 (Su-Bahooya)'	'대 무사 족 (Great War Caste)'
'에베누스 (Evenus)'	'히베나 (Hi-Vena)'	'히아 브라흐민 (Hya Brahmins)'
'글리키스 (Glykys)'	'굴쿠트스 (Gulcuts)'	'굴쿠트 족 (Goolcuts)'
'곰폴 (Gomphol)'	'강바이 (Gang-Bhai)'	'무사 족 (War Clans)'
'할리아크몬 (Haliacmon)'	'호라크몬 (Ho-Lacmon)'	'루그흐사람 (The Lughman)'
'헤카톰페돈 (Hecatompedon)'	'에카톤부단 (Ekaton-Budhan)'	'사유 불타 족 (Meditative Budhists)'
'헬리콘 (Helicon)'	'헬라가나 (Hela-gana)'	'헬라 족 (Hela tribes)'
'헤라클레움 (Heracleum)'	'헤리쿨리움 (Heri-culyum)'	'불타 족 마을 (Town of Budhas Tribe)'
'헤스티애오티스 (Hestiaeotis)'	'헤스티우데스 (Heshtyu-des)'	'여덟 도시의 땅 (Land of the Eight-cities)'

'히파이루스 (Hipairus, Epeirus)'	'히파이라 (Hi-pa-ira)'	'이야 대장들의 땅 (Yya Chiefs Land)'
'호몰리움 (Homolium)'	'모말리움 (Om-alyum)'	'브라만의 마을 (Brahm-town, Bramton)'
'히안테스 (Hyantes)'	'히안데스 (Hyan-des)'	'히아스 땅 (Hyas Land)'
'이오니안스 (Ionians)'	'히아니안스 (Hyanians)'	'히아 족, 기마 족 (The Hyas, Horse Tribes)'
'케라우니 산맥 (Kheraunii Motes)'	'케란 (Kheran)'	'카란 산맥 (Mountains of Kharan)'
'케르케티우스 언덕 (Kerketius Mons)'	'쿠르쿠차 (Kurkutcha)'	'쿠르쿠차 산맥 (Kurkutcha Mountains)'
'라크몬 (Lacmon)'	'루만 (Luhman)'	'루그만 (Lughman)'
'라미에느세스 (Lamienses)'	'라마벤사 (Lama Vensa)'	'라마 족 (Lama tribes)'
'라피타이 (Lapitae)'	'로파티 (L'hopati)'	로파토스, 불타 족 '(L'hopatos, Bhutias)'
'라리사 (Larissa)'	'라바리스 (Lawaris)'	'라호레 왕국 (Lahore Kingdom)'
'레돈 (Ledon)'	'레흐탄 (Leh-tan)'	'레흐 땅, 라다크 (Leh-land, Ladakh)'
'린고스 언덕 (Lingos Mons)'	'란카 산 (Lancas M.)'	'란카 산맥 (Lanca' Hills)'
'로크리 오졸라이 (Locri-Ozolae)'	'로구리 욱쉬발 (Logurhi Ookshwal)'	'옥수에 로구르 정착민 (Logurh settlers on the Oxus)'
'리코레아 산 (Lycorea, Lucorea M)'	'로구래 (Logurhea)'	'로구르 마을 (Logurh town)'
'마그네테스 (Magnetes)'	'마가네데스 (Mag' gane-des)'	'마가스의 땅 (Land of the Maghas)'
'마케도니아 (Makedonia)'	'마가다니아 (Magadhanya)'	'마가다 땅 (Magadha Land)'
'몰로시 (Molossi)'	'몰부시 (Mool-wusi)'	'몰라關 사람들 (Moola Pass people)'
'올림푸스 (Olympus)'	'울람푸스 (Oolam'pus)'	'라마 상장-上長들 (High Lama Chiefs)'
'오노코누스 강 (Onochonus R.)'	'우나가나 (Oona-gana)'	'우나 족, 콘두즈 강 근처 (Tribe of Oona, near Kondooz River)'

한국어	음차	의미
'오사 산 (Ossa Mount)'	'욱사 (Ooksha and Oocha)'	'옥수스와 우크 (Oxus and Ooch)'
'오트리스 (Othrys)'	'아드리스 (Adris, Odris)'	'히말라야 산맥 (The Himalayan Mountains)'
'파가사이 (Pagasae)'	'파크바시 (Pak-wasi)'	'파크 마을 (Pak-town, Pakton)'
'팜보티스 (Pambotis)'	'팜보르데스 (Pambor-des)'	'팜부르 땅 (Pamboor Land)'
'파미수스 강 (Pamisus R.)'	'바미 수스 (Bami sus)'	'바미 대장들 강 (Bamian Chiefs River)'
'판도시아 (Pandosia)'	'판드부시 (Pand'wusi)'	'판두 마을 (Pandoo town)'
'파르나수스 산 (Parnassus Mount)'	'파르나사 (Parnasa)'	'은둔자의 산 (Hermit's Mt.)'
'파르네스 산 (Parnes Mount)'	'아타크 베나레스 (Attac Benares)'	'베라레스 산 (Berares Mt.)'
'파로라이 (Parorae)'	'파르바 라이 (Parwa Rae)'	'파르바 대장들 (Parwa Chiefs)'
'파사론 (Passaron)'	'파슈바란 (Pashwaran)'	'페사베르 사람들 (Peshawer people)'
'페네이오스 강 (Peneios, R. Oxus)'	'파이니욱슈 (Paeni-ooksh)'	'옥수스의 대장들 (Chiefs of the Oxus)'
'페르호이비 (Perhoebi)'	'페르하이피 (Perhaipi)'	'공작새 대장들 (Peacock Chiefs)'
'파이스투스 (Phaestus)'	'파스데스 (Phasdes)'	'히아 족 땅 (The Hyas Land)'
'팔로리아 (Phaloria)'	'팔바르 (Phal-war)'	'시바 족 마을 (Sivas town)'
'파르카돈 (Pharcadon)'	'파르쿤탄 (Parkuntan)'	'카슈미르 근처 파르쿤타 사람들 (People of Parkunta, near Cashmir)'
'파르살루스 (Pharsalus)'	'푸르살루스 (Pur-Salus)'	'샬의 도시 (City of Shal)'
'페라이 (Pherae)'	'페르래 (Peer Rae)'	'페르 대장들 (Chiefs of Peer)'
'포키스 (Phocis)'	'보자스 (Bhojas)'	'북인도 족 (North-Indian tribes)'
'피티오티스 (Phithiotis)'	'부디오데스 (Bhudyo-des)'	'불타 족, 불타의 땅 (Bhutias, Budha's Land)'

'프루기아 (**Phrugia pura**)'	'비르구푸르 (Birgoo-pur)'	'비르구 마을 (Birgoo town)'
'피에리아 (**Pieria**)'	'비하리아 (Biharia)'	'비하라 족의 땅 (Land of Viharas)'
'푸티움 (**Puthium**)'	'부디움 (Budhyum)'	'불타 마을 (Budha town)'
'살라미스 (**Salamis**)'	'수라마스 (Su Lamas)'	'高 라마 대장들 (The High Lama chiefs)'
'살몬 (**Salmon**)'	'수라만 (Su Laman)'	'高 라마들 (The High Lamas)'
'사로나쿠스 시누스 (**Saronicus Sinus**)'	'수라바니쿠스 시누스 (Sarawanicus, S)'	'스라반 灣 (Gulf of Sarawan)'
'스코투사 (**Scotussa**)'	'수카티부사 (Su Catti-wusa)'	'위대한 카티 마을 (Great Catti town)'
'스페르키우스 (**Sperchius**)'	'스베르기우스 (Sbergius)'	'갠지스 강 (The Ganges, R.)'
'스팀포이아 (**Stymphoea**)'	'스탄프하이아 (Sthan-p-Haya)'	'하야 족의 땅 (Land of the Hayas)'
'탈라레스 (**Talares**)'	'툴라레스 (Tullar-es)'	'툴라 대장들 (Tullar chiefs)'
'타포스 (**Taphos**)'	'토우포우스 (Tou-phous)'	'티베트 사람들 (Thibetians)'
'템페 (**Tempe**)'	'뎀베 (Dembhe)'	'협곡 (The Cleft)'
'테스프로티아 (**Thesprotia**)'	'데스바라티아 (Des Bharatia)'	'바라타스의 땅 (Land of the Bharatas)'
'트라케스 (**Thraces**)'	'스라브카스 (Srawcas)'	'자이나 족 (Jainas)'
'티타루스 언덕 (**Titarus Mons**)'	'타타라 (Tatara)'	'타타라 관문 (Tatara Pass)'
'토마로스 (**Tomaros**)'	'소메로 (Soo-Meroo)'	'메로 대산 (The Great Meroo Mount)'

포콕(E. Pococke)의 참고문헌

아보트(Abbot), <키바와 호라우트(Khiva and Horaut)>
아델링(Adeling), <범어(梵語) 문학 소묘(Sketch of Sanskrit Literature)>
블룬트(Blunt), <고대의 자취(Vestiges of Antiquities)>
분센(Bunsen), <인종학 리포트(Report on Ethnology)>, British Association, 1847.
콜만(Coleman), <힌두 신화(Hindu Mythology)>
크램(Cram), <희랍 지리(The Geography of Greece)>
쿠비어(Cuvier)와 블루멘바흐(Blumenbach), '이집트인의 두개골(Crania Aegyptiaca)'
  Philadelphia, 1844.
다비스(J. F. Davis), <중국인(The Chinese)>
도널드슨(J. W. Donaldson), '새로운 크라틸루스(New Cratylus)'
엘핀스톤(Elpphinstone), <카불 왕국에 대하여(Account of the Kingdom of Cabul)>
그로우트(G. Grote), <희랍의 역사(The History of Greece)>
해밀턴(Hamilton), <동 인도 관보(East India Gazette)>
헤렌(Heeren), <인도인(Indian)>
헤러클(Heracl), <크레머의 희랍(Cramer's Greece)>
헤로도토스(Herodotus), <역사(Histories)>
헤시오도스(Hesiodos), <신통기(神統記, Theogony)>
호머(Homer), <일리아드(Iliad)>
호머(Homer), <오디세이(Odyssey)>
후크(M. Huc), <타르타르 여행 추억(Souvenirs d'un Voyage dans la Tartarrie)>
후그(Hughes), <희랍 여행(Travels in Greece)>
훔볼트(Humboldt), <안데스 고찰(Vue des Cordilleres)>
케이틀리(Keightley), <신화(Mythology)>
말콤(Malcolm), '중부 인도(Central India)'
밀(W. H. Mill), <아시아 사회(Asiatic Society, 1835년 8월 5일.)>
밀턴(Milton), <실락원(Paradise Lost)>

뮬러(M. Mueller), <도리아 족(Dorians)>

뮬러(M. Mueller), Univ. Hist.,

뮬러(M. Mueller), <희랍 지도>

무어(Colonel Mure), <희랍 문학사(The History of Greek Literature)>

뉴먼(Newman), '강론-버밍엄 신화(Lectures, or Birmingham Mythology)'

니부르(B. G. Niebuher), <로마 역사(Histoire Romaine)>

포콕(E. Pocoke), <메트로폴리타나 백과사전(Encyclopaedia Metropoiltana)>

프레스코트(Prescott), <페루(Peru)>

프린셉(H. Prinsep), <티베트 타르타르 몽골(Thibet, Tartary and Mongolia)>, W. H.
    Allen and Co.

리터(C. Ritter), '유럽 종족(種族) 학 입문(Die Vorhalle der Europaeisher Voelke)'

리터(C. Ritter), <유럽 민족사 입문(Die Vorhalle Europaeischer Voelkergeschichten)>

새와 트로이어(Shea & Troyer), <다비스트 사람(The Dabistan)>

슬렌먼(C. Sleenman), <인도 관리 이야기(Rambles of an Indian Official)>

스미스(Smith), <희랍 로마 인명사전(Dictionary of Greece and Roman Biography)>

스미스(Smith), <고어 사전(Dictionary of Antique)>

스미스(Smith), <신화 사전(Myth. Lex.)>

스트라본(Strabo), '희랍 지리(Greek geography)'

토른턴(Thornton) <펀자브의 관보(Gazetteer of the Punjab)>

털월(Tirlwall), <희랍 역사(History of Greece)>

토드(C. Tod), <인도 라지푸타나 지도(Map of India and Rajputana)>, 1823

토드(C. Tod), <라자스탄 연대기(Annals and Antiquities of Rajasthan)>, 1835

토드(C. Tod), <서아시아(Wetern Asia)>

트로이어(Troyer), <라자 타랑기니(Raja Tarangini-'왕들의 강물')>

트로이어(Troyer), '라마유나(The Ramayuna)'

터너(H. G. Turnour) 역 <마하반소(Mahawanso)>

터너(H. G. Turnour), <실론 약사(Sketch of The History of Ceylon)>

비그네(Vigne), <카슈미르(Cashmir)>

윌포드(C. Wilford), <아시아 연구(Asiatic Researches)>

윌포드(C. Wilford), <인도지도(Indian Geography)>

윌슨(Wilson), <범어 사전(Sanskrit Lexicon)>

윌슨(Wilson), '카슈미르 힌두 역사(On the Hindoo History of Cashmir)'

윌슨(Wilson) 역, <리그베다(Reg. Veda Sanhita)>

윌슨(Wilson), '고대 힌두 항해(航海)에 대하여(On Early Hindu Navigation)'

워즈워스(Wordsworth), <희랍 풍경(Pictorial Greece)>

워즈워스(Wordsworth), <그림과 기술의 희랍(Greece, Pictorial and Descriptive)>

'라마유나(Ramayuna)'

메뉴(Menu)
투키디데스(Thucydides),
<벵골(Bengal) 아시아 저널(Asia Journal)>
<인간 육체 역사(Physical History of Man)>
<왕립 아시아 번역(Royal Asia Translation)>
<인도의 남부 스케치(Sketch of the South of India)>
'로드 발렌티나 여행기(Lord Valentina's Travels)'
<아시아 저널(Asiatic Journal)>
Edin. Review. April 1851.
Colebrooke, Roy. Asiat. Trans.

역자(譯者) 후기

이 세상에 '천재(天才) 대가(大家)들'은 많지 않다. 그러나 장구(長久)한 시간 속에 그 출현했던 그 '천재(天才) 대가(大家)들'이 어찌 그 수(數)가 적다고 말할 것인가?

그런데 그 희귀(稀貴)한 '천재(天才) 대가(大家)들'이 그 소중한 인생을 바쳐 탐구한 '과학(科學)의 열매'들이 기록으로 남아, 그 '빛을 전해주고[傳燈]' 있다.

그러므로 '독서(讀書)'를 하지 않으면 어디에서 그 '정보(情報)들'을 확보할 것인가?

그래서 '성인(聖人)'도 배웠다.

'포콕'은 그것(古今)을 모두 '통합하는 놀라운 능력'을 발휘하여, '그 인문학의 모든 것들'을 '하나로 꿰놓은(一以貫之) 영광'을 선점(先占)하였다. 한 마디로 포콕은 '영국이 낳은 역사서술(歷史敍述)에서 **세계적인 욕심쟁이**'다. 그러나 그의 '정신'은 당초에 인류 사랑했던 바로 '성인(聖人)의 마음' 그것이다.

그런데 다른 한편에서, 그 '정보(情報)'를 틀어쥐고 공개를 못 하도록 하는 것은, 천하(天下)에 인간 말종(末種)으로 '고약한 욕심꾸러기들'이다.[聖人을 앞세운 謀利輩]

이에 추수자(秋水子)는, '사해동포주의자' 볼테르(Voltaire) 정신을 계승한 역사가(歷史家) '포콕의 탐구 정신'에 다시 한 번 경의(敬意)를 표한다.

한마디로 "'팔만대장경(八萬大藏經)'과 '성경(聖經)'을 읽기 전에, 합리주의자이며 과학주의자인 포콕(E. Pococke)부터 읽어라."라는 것이 이 추수자(錄拾子)의 간곡한 부탁이다.

2017년 10월 30일

저 자 약 력

저자 : 정 상 균 (Jeong Sang-gyun)

약력 : 문학박사 (1984. 2. 서울대)
조선대학교, 서울시립대학교 교수 역임

논저 : 다다 혁명 운동과 헤겔 미학
다다 혁명 운동과 볼테르의 역사철학
다다 혁명 운동과 니체의 디오니소스주의
다다 혁명 운동과 예술의 원시주의
다다 혁명 운동과 문학의 동시주의 ('2013년 대한민국학술원 우수학술도서' 선정)
다다 혁명 운동과 이상의 오감도
한국문예비평사상사
한국문예비평사상사 2
추상미술의 미학
문예미학
비극론
한국최근시문학사
한국현대시문학사
한국현대서사문학사연구
한국고대서사문학사
한국최근서사문학사연구

논문 : 태종 이방원(李芳遠)의 참성단(參星壇) 재궁(齋宮)시 고찰
수성궁몽유록 연구
한국고전문학교육의 반성
시조가사의 율성 연구
한국 한문학의 국문학으로서의 가능성과 한계성

역서 澤宙先生風雅錄
Aesthetics of Nonobjective Art